KB010992

序 文

세 가지를 갖춘 분의 力著

蒼巖碩彦은 타고난 學究다. 흔히 學究의 세 要件으로 ①穿鑿 ②陳腐 ③勉勵를 든다. 穿鑿은 두말할 것 없이 "파고드는 것"이다. 공부를 하면서 한 字 한 句節도 심상하게 그냥 지나치지 않는다. 새기고 따지고 파고 뚫는다. 蒼巖과 6년 가까이 四書며 易經을 거쳐 春秋左傳 공부를 함께했는데 꼼꼼하게 파고드는 바람에 때로는 逆情이 날 程度다. 사실 그런 學問 태도로 해서 때로는 그사이 미처 깨닫지 못한 곳을 闡發하기도 한다.

두 번째로 든 陳腐는 "낡고 헐었다"는 뜻이다. 썰렁하고 퀴퀴한 냄새가 나는 듯하지만 뒤집어 보면 "固執스럽고 지키는 바가 있다"는 말이다. 특히 學問的으로는 "正統을 尊重해" 한 발자국도 옆으로 벗어나지 않는다는 執念을 內包하고 있다. 蒼巖이 80平生 걸어온 발자취를 보면 딱 들어맞는 말이다. 國語에 빠져 살아 왔고 漢文을 사랑했으며, 老境에 들어서는 漢詩에 情感을 실었고 經書에 精進하고 있다. 그가 漢詩 詩作에 熱情을 쏟아붓고 있는 모습을 보면 그야말로 陳腐의 極致(?)다.

蒼巖은 부지런한 사람이다. 外貌에 부지런함이 확실하게 풍긴다. 그가 그사이 이뤄 놓은 成果가 말해 주기도 한다. 國語國文學 敎育界에 다져 놓은 積功에다 이제는 漢詩 作家로 一家를 이루었고, 經學에 達通해 ≪論語≫註解書를 規模 있게 꾸며 놓았다. 字解와 研究로 나누어 꼼꼼하게 풀이를 하고 있다. 初步者에게 특히 도움을 줄 것으로 믿는다. 지금 中國大陸에서는 論語 解釋書들이 베스트셀러로 讀書界를 휩쓸고 있다. 蒼巖의 論語 著述도 우리 讀書界에 크게 注目을 받고 오래도록 寄與할 것이다.

蒼巖은 學問運에다 子孫福이 많은 幸運을 누리고 있다. 祝福해 마지않는다.

2018(戊戌)年 初秋

成均館 館長 崔根德 識之

祝 刊 辭

論語 譯註의 새로운 試圖

論語는 孔子의 弟子나 제자의 제자에게 전승된 공자의 言行을 기록한 책으로 2000년 동안 동서고금의 많은 사람이 읽어 왔기 때문에 宇宙의 第一書라고 불리고 있다. 공자는 최고의 인격과 사상과 학문의 소유자로 萬人의 師表이며, 우리 과거 문화에 결정적인 영향을 끼친 가장 위대한 인물이며, 그 人間과 思想이 이 論語에 담겨 전한다.

論語의 편찬 시기나 찬자에 대해서는 정확히 알 수 없으나, 後漢의 鄭玄은 "仲弓 子游 子夏 등이 편찬했다" 하였고, 唐나라 柳宗元은 "曾子의 제자 樂正子春과 子思의 무리가 편찬했다"고 하였으며, 南宋의 伊川 程頤는 "有子와 曾子 문인의 찬"이라고 했다. 그러나 일반적으로는 공자 제자들의 기록에 기초하여 孫弟子들이 편찬했을 것으로 보고 있으니, 한 사람이나 한때의 찬은 아니다. 그리고 論語의 명칭도 漢代에 와서 성립된 것이라 보고 있다. 현재 전래하는 論語는 모두 20권으로 구성되어 있다. 그 내용을 일일이 소개할 수 없지만 맨 처음의 學而篇 제1장과 마지막의 堯曰篇의 끝장을 살펴보면 君子로 수미가 일괄하고 있다.

즉, 學而篇에서 "첫째 배우고 익히는 학문의 기쁨으로 출발하였고, 다음 학문으로 인하여 원근에서 모인 학우들과 결합된 友情的 공동체의 즐거움을 나타냈으며, 마지막으로 스승과 문도들의 공동체에서 얻어지는 성과가 자신의 인격도야나 生을 향상시키는 것이지 名利에 있지 않기 때문에 남이 알아주지 않아도 노여워하지 않는 군자가 아니겠는가"라고 하였다. 이 내용은 우리 儒學에서 이상으로 추구하는 군자를 최고 목표로 제시한 것이다. 그리고 論語 맨 끝의 堯曰篇의 마지막 장에 공자가 이르기를 "천명을 알지 못하면 군자가 될 수 없고, 禮를 알지 못하면 입신할 수가 없고, 말을 알지 못하면 사람을 알 수 없다"고 결론한 것을 보면, 공자가 염원하는 교육 목적은 오직 군자에 있었고, 論語를 편찬한 후진들이 이러한 先聖의 의도를 충분히 터득하여 편찬한 것이다.

論語에 대한 註釋書도 그 어느 서적보다 많아 무려 3000종이 넘는다고 한다. 그중에서 대표적인 것을 들어보면, 漢나라 張禹와 鄭玄의 論語註釋이 있고, 魏나라 何晏의 論語集解와 南宋 朱熹의 論語集註가 있으니 이상을 古註라고 부른다. 이 고주 계통으로 宋나라 邢昺의 論語疏와 梁나라 皇侃의 論語義疏와 淸나라 劉寶楠의 論語正義가 있고, 新注로는 宋나라 金履祥의 論語考證과 淸나라 簡朝亮의 論語述疏 등이 있다.

우리나라에서는 新羅의 薛聰이 九經을 강독하였고, 신라 元聖王 때 讀書三品科를 실시했는데 그 교과목에 論語가 모두 포함되어 있었다. 그 뒤 高麗 光宗 때 科擧制度가 실시되었고, 朝鮮朝에서는 儒敎를 國是로 하여 四書五經은 학업의 필수과목이 되었으니, 論語가 포함되어 있었음은 말할 나위가 없다. 따라서 많은 註釋書와 諺解本이 발간되었으니, 退溪 李滉의 論語訓釋을 비롯하여 長齋 李德弘의 四書質疑, 眞一齋 柳崇祖의 七書諺解, 栗谷 李珥의 四書諺解, 沙溪 金長生의 經書辨疑, 茶山 丁若鏞의 論語古今註 등이 그 대표적인 것이다.

오늘날 시중의 각 서점에서 論語의 飜譯書가 무수하게 나와 있다. 이 사실을 긍정적으로 본다면 우리 민족이 그동안 論語를 많이 읽어왔고 지금도 많이 읽고 있다는 사실을 증명하고 있다. 그러나 그 많은 번역서가 과연 經傳의 원문을 얼마만큼 소화하고 本義를 파악하여 번역다운 번역이 되어 있는지 의문이 간다. 이러한 시점에서 蒼巖 鄭在七 선생은 수년 동안 論語를 숙독하고 내용을 연구하여 각고한 노력 끝에 종래의 譯註方法을 탈피하고 새로운 유형의 역주를 시도하여 출간하게 되었다. 特히 各章의 표현법을 처음으로 밝혔고, 또한 各章의 內容 核心을 要約하고 압축하여 主題를 밝히고 부연설명까지 붙인 점은 처음 시도여서 注目할 만하다. 따라서 이 역주서는 논어를 공부하고 연구하는 사람에게 참신한 대본으로 손색이 없을 것이다. 筆者가 근년에 論語를 講義할 때 受講한 인연으로 나에게 賀辭를 청하였다. 나는 同學의 情誼로 사양하지 못하고 이상과 같이 몇 마디 蕪辭로 賀辭에 가름한다.

2018(戊戌)年 初秋
東胡讀書堂 書室에서 文學博士 烏巖 柳豊淵 識

祝 刊 辭

蒼巖 鄭在七 선생님께서 論語 國譯本을 내시게 되었다

선생님께서는 평생을 교육자로 봉직하시다가 정년을 맞아 퇴직하신 후에도, 韓國明倫會의 會長으로 계시면서 儒家的 倫理道德의 宣揚에 매진하고 계시다. 그동안 초등학교나 중등학교나 각종 지방자치단체를 막론하고 선생님을 모시고자 하는 곳이 있으면, 遠近을 가리지 않고 달려가서 至誠을 다하여 논어를 강의하신 것이 二十年이 되었으니, 가히 우리나라의 으뜸가는 論語 傳道師라고 일컬을 만하고, 孔孟之道를 전파하는 데 지칠 줄을 모르시는 誨人不倦하시는 분이라 하겠다. 이러한 논어 강의를 통하여 거칠어 가고 삭막해져 가고 무례해 가고 이기적으로 타락해 가는 청소년들을 비롯한 온 국민에게, 溫柔敦厚한 性情을 지니고 忠孝思想에 바탕을 둔 思慮 깊은 人格人이 되도록 혼신을 다하여 이끌어 가시는 분이 바로 蒼巖선생이시다.

우리나라의 청소년들 모두가 선생님의 논어 강의를 들을 수 있게 된다면 그보다 좋을 것이 없겠지만, 한 사람의 강의는 어차피 시간과 장소의 제약에서 벗어날 수가 없다. 이에 선생께서는 많은 사람들의 권유를 받아들여, 시간과 장소의 제약이 없이 더욱 많은 이들이 선생님의 뜻을 접할 수 있고 이어받을 수 있도록, 지금까지 강의하신 논어에 대한 해박한 견해를 압축하여 책으로 내시면서, 기존의 논어 번역서들이 문장의 번역 위주로 된 것을 보완하여, 매 장마다 主題를 붙여서 思想的 背景과 內容의 核心을 쉽게 이해할 수 있게 하셨으니, 이는 논어 해설에 새로운 경지를 개척하신 위대한 업적이라 할 수 있다.

孔子님과 그 제자들의 말씀과 행동을 위주로 하여 씌어진 論語는, 시대가 어떻게 변화하든 관계없이, 사람이 어떤 생각을 가지고 어떻게 살아가야 할 것인가를 제시해 주는 指南이 되는 經典이다. 인류의 영원한 스승이신 공자님의 思想과 精神, 즉 그분이 바라신 道德理想과 社會理想, 仁과 孝와 孝友之道를 바탕으로 한 修己思想, 教育思想 등은 洋의 東西나 時代의 先後를 막론하고 영원히 인류가 指向해야 할 道를 제시한 것이므로, 儒家뿐이 아니라 佛教

徒건 基督敎徒건 누구나 반드시 배우고 익혀야 할 기본서인 것이다. 그러나 그 原文이 漢文으로 되어 있어서 현대인에게는 讀解에 제약이 있으므로, 國文 飜譯本이 필요한데, 漢學에 능하시고, 喜怒哀樂을 잘 다듬어진 漢詩로 드러내시면서, 또한 평생을 國語선생님으로 봉직하셨던 蒼巖선생이야말로 流麗한 現代文으로 이를 옮길 최적임자라 할 수 있으니, 선생께서 論語 國譯本을 내시는 것은 어쩌면 必然的인 일이라 할 수 있다.

선생님께서 번역하시고 해설하신 이 論語精解가 物質萬能思想으로 병들어 가는 이 사회를 治癒하고 보다 나은 文化社會를 건설하는 데 크게 이바지하게 되기를 간절히 기대하는 바이다.

선생님과 나는 戊寅生 同庚으로, 수년 전 아는 것도 없으면서 떠밀리다시피 傳統文化硏究會에서 論語를 강의한 일이 있는데, 그때에 처음 뵙게 되었다. 선생님께서는 이미 論語에 一家를 이루셨으면서도 다시 나의 拙講을 수강하셨다. 이에 敏而好學 不恥下問을 몸소 실천하시는 투철하신 선생님의 學問姿勢에 스스로 부끄러움을 느끼면서, 畏敬의 念을 금할 수가 없었으며, 그 후부터 지금까지 학문과 인생에 대하여 늘 선생님의 敎導를 받으며 지내오고 있다.

앞으로 내내 康寧하셔서 斯學의 振興과 國民敎化에 계속 크게 이바지하시기를 기원하면서 賀序를 줄인다.

2018(戊戌)年 初秋

公州大學校 漢文敎育科 名譽敎授 申用浩 謹識

卷 頭 言

不肖 本人은 高等學校와 大入再修學院에서 國語를 多年間 指導해 왔으며, 그 過程에서 高校漢文教科書와 大入漢文을 통해서 論語를 部分的이나마 자주 接해 왔다. 그리고 回甲年에 退任하여 經書 工夫를 본격적으로 하였고, 나아가서 市內 老人會館과 文化院, 儒教學術院 등에서 20년간 漢文教育奉仕를 계속하여 約 三千餘名 程度를 지도했다.

그런데 市中에는 論語教材로서 적당한 册이 없어서 本人이 직접 만들어 복사하여 使用해 왔는데, 많은 受講生들이 異口同聲으로 이 프린트 교재를 成册해 달라는 要請을 계속해 왔다. 본디 著術에는 別無欲心이었으나 계속되는 수강생들의 要請에 不知中 은근히 動하여 드디어 <論語講義>라는 册名으로 成均館出版部를 통해 2008(戊子)年에 古稀를 紀念하여 刊行하게 되었다. 그러나 이 册은 판매 목적이 아닌 수강생 교재로 만들다 보니 分量을 고려하여 論語 500章 中에 100여 장을 누락하고 만든 것이다. 이번에는 受講生들이 그 누락된 100여 장을 補充하여 完版이 되게 해 달라는 請을 계속했다. 그리하여 旣刊의 <論語講義>를 전면적으로 修正하는 한편, <論語講義>에 누락된 100여 章을 補充하여 所謂 修正增補版을 八旬을 紀念하여 刊行하면서 册名도 바꾸어 <論語精解>라 하게 되었다.

論語는 東洋最高의 經典으로서 孔子의 格言集이라 할 수 있지만 聖人之微言이라서 여간 조심스럽고 힘든 일이 아니었다. 그러나 기존의 많은 論語解說書들을 크게 參考하면서 그동안의 教材研究와 講義內容 및 경험 등을 바탕으로 誠心을 다해 完成한 것이다.

本書의 編輯上 特色을 簡略히 說明하면 다음과 같다.

1. 各章의 原文을 箱子 속에 넣어 확실히 드러나게 했다.
2. 各章의 原文 끝에 原文의 表現法(修辭法)을 밝혀서 聖人의 말

솜씨를 엿보게 했다.

3. 初學者들의 體系的인 學習을 돕기 爲해 各 章마다 <字解><研究><解說><主題>의 順序로 配列하여 段階的 學習이 可能하도록 했다.
4. <字解>에서는 그 章에서의 뜻만 아니라 轉注에 依한 여러 가지 訓과 音도 밝히고 중요한 글자는 章이 바뀌면 반복되게 했다.
5. <研究>에서는 語句풀이는 朱子의 해석을 따랐으나 異說도 간혹 紹介했고, 꼭 必要한 註文을 古註 新註에서 두루 선택했다.
6. <解說>은 可能한 限 直譯을 해서 언어 구사가 세련되지 못한 点이 있으나 初學者를 배려했기 때문이다.
7. <主題>는 各 章의 內容 核心을 要約壓縮하여 간결히 표현해야 하는 작업이라서 조심스럽고 힘든 작업이었으나 本人이 論語解說書 역사상 처음 試圖한 만큼 자부심을 가진다.

以上과 같은 編輯特色은 本人의 55年間의 講義 經驗에서 나온 것이며, 이 작은 勞力이 論語學習의 初學者들에게 조금이나마 도움이 되었으면 하고 바라는 마음 간절하다.

이 紙面을 통해서 그동안 本人의 漢文 工夫를 指導해 주고 도와주신 崔根德 成均館館長님을 비롯하여 柳豊淵 博士, 成百曉 先生, 申用浩 教授, 吳錫源 教授, 李文周 教授 等 여러 先生님들께 深深한 感謝의 말씀을 衷心으로 드리는 바입니다.

그리고 本書刊行을 爲하여 컴퓨터 작업을 맡아주신 韓國漢詩協會의 金星爛 室長과 出版을 맡아 주신 황금사자出版社 담당자 여러분의 勞苦에 대해서도 깊이 感謝의 말씀을 드리는 바입니다.

2018(戊戌)年 初秋
編著者 蒼巖 鄭在七 謹識

目 次

序　說 (史記의 孔子世家)

史記世家曰 孔子는 名丘요 字仲尼니 其先은 宋人이라. 父는 叔梁紇이요 母는 顔氏니 以魯襄公二十二年인 庚戌之歲의 十一月 庚子에 生孔子於魯昌平鄕鄹邑하다. 爲兒嬉戱에 常陳俎豆하며 設禮容이러시니 及長하야 爲委吏하여는 料量平하고 爲司職吏하여는 畜蕃息하시니라. 適周하사 問禮於老子하시고 旣反而弟子益進이러라.

史記의 孔子世家에 말하기를, 孔子는 이름이 丘요, 字가 仲尼이니, 그 先代는 宋나라 사람이었다. 아버지는 叔梁紇이요, 어머니는 顔氏이니, 魯나라 襄公 22(B.C 551)년인 庚戌年 11月 庚子日(21日)에 孔子를 魯나라 昌平鄕 鄹邑에서 出生하였다. (孔子는) 아이가 되어 장난할 때에 항상 俎豆를 진설하여 禮를 行하는 容貌를 베풀었다. 장성함에 미쳐 위리(창고 관리자)가 되어서는 料量을 平하게 하시고, 司職吏(축산 담당자)가 되어서는 가축이 번성하였느니라. 周나라에 가서 老子에게 禮를 물으시고 돌아오자 제자들이 더욱 많이 찾아왔다.

昭公二十五年甲申은 孔子年三十五라. 而昭公奔齊魯亂하니 於是에 適齊하여 爲高昭子家臣하여 以通乎景公하시다. 公欲封以尼谿之田한대 晏嬰不可라 하니 公惑之어늘 孔子遂行하여 反乎魯하시다. 定公元年壬辰은 孔子年四十三이라. 而季氏强僭하고 其臣陽虎가 作亂專政이라. 故로 孔子不仕하시고 而退하야 修詩書禮樂하시니 弟子彌衆이러라.

昭公25(B.C 517)年 甲申은 孔子 나이 35세였는데, 昭公이 齊나라로 달아나 魯나라가 혼란해지니, (孔子께서는) 이에 齊나라로 가시어 高昭子의 家臣이 되어서 景公에 通하였다. 景公이 尼谿의 土地로 (孔子를) 봉해 주고자 하였으나 안영이 不可하다 하니, 景公이 그를 의혹하기에 孔子는 드디어(마침내) 齊나라를 떠나서 魯나라로 돌아오셨다. 定公元年(B.C 509) 壬辰은 孔子 나이 43세였는데, 季氏가 강하여 참람하고, 그의 家臣인 陽虎가 亂을 일으켜 정권을 전횡(독단)하였다. 그러므로 孔子는 벼슬하지 않고 물러나 詩書와 禮樂을 닦으시니, 제자들이 더욱 많아졌다.

九年庚子는 孔子年五十一이라. 公山不狃가 以費畔季氏하고 召孔子어늘 欲往而卒不行하시니라. 定公이 以孔子爲中都宰하니 一年에 四方則之라. 遂爲司空하시고 又爲大司寇하시다. 十年辛丑에 相定公하사 會齊侯于

夾谷하시니 齊人歸魯侵地하다. 十二年癸卯에 使仲由爲季氏宰하여 墮三都하고 收其甲兵이러니 孟氏不肯墮成이어늘 圍之不克하시다.

(定公) 9年 庚子는 孔子 나이 51세였다. 公山不狃(공산불뉴)가 비읍을 가지고 季氏를 배반하고 孔子를 부르거늘 가시고자 하였으나 끝내 가시지 않으셨다. 定公이 孔子를 中都의 邑宰로 삼으니, 1년 만에 사방에서 그를 본받았다. 드디어 司空이 되시고, 또 大司寇가 되시었다. 10年 辛丑에 定公을 도와서 齊나라 君主(景公)와 夾谷에서 會盟하시니, 齊人이 魯나라에서 침략한 땅을 돌려주었다. 12年 癸卯에 仲由(子路)로 하여금 季氏의 家臣이 되게 하여 세 도읍의 城을 허물게 하고 그 갑옷과 병기를 거두게 하였는데, 孟氏의 집안에서는 成땅의 城을 허물려고 하지 않으므로, 그를 포위하였으나 이기지 못하였다.

十四年乙巳는 孔子年五十六이라. 攝行相事하사 誅少正卯하시고 與聞國政하시니 三月에 魯國大治라. 齊人歸女樂以沮之하니 季桓子受之하고 郊又不致膰俎於大夫한대 孔子行하시니라. 適衛하사 主於子路妻兄顔濁鄒家하시다. 適陳하실새 過匡하시니 匡人以爲陽虎而拘之하다. 旣解에 還衛하사 主蘧伯玉家하사 見南子하시다. 去適宋하신대 司馬桓魋欲殺之어늘 又去適陳하사 主司城貞子家하시고 居三歲而反于衛하시니 靈公不能用하다. 晉趙氏家臣佛肸이 以中牟畔하여 召孔子어늘 孔子欲往이라가 亦不果하시다. 將西見趙簡子라가 至河而反하사 又主蘧伯玉家러시니 靈公問陳이어늘 不對而行하사 復如陳하시다.

(定公) 14年 乙巳는 孔子 나이 56세였다. 정승의 일을 섭행하시어 少正卯를 베시고, 國政에 참여하여 들으시니, 3개월 만에 魯나라가 크게 다스려졌다. 齊人이 아름다운 여자 악사를 보내어 그를(孔子의 다스림을) 저지하니, 季桓子가 이를 받았고, 또 郊祭에 제사 지낸 고기를 大夫들에게 주지 아니하니, 孔子는 魯나라를 떠나셨다. 衛나라에 가시어 子路의 妻兄인 顔濁鄒의 집에 主人을 定하시었다. 陳나라로 가실 적에 匡 땅을 지나시니, 匡 땅 사람들은 陽虎라고 여겨 그(孔子)를 구류하였었다. 풀려나자 衛나라로 돌아오시어 거백옥의 집에 主人을 정하시고 南子(衛靈公의 부인)를 만나보셨다. (衛나라를) 떠나시어 宋나라에 가시니, 司馬인 桓魋가 그(孔子)를 죽이고자 하거늘 또 떠나시어 陳나라에 가시어 司城貞子의 집에 主人을 定하시고, 三年 동안 居住하다가 衛나라로 돌아오셨는데 靈公은 능히 등용하지 못하였다. 晉나라 趙氏의 家臣인 필힐이 中牟 땅을 가지고 배반하여 孔子를 부르거늘, 孔子는 가고자 하였으나 또한 결행하지 않으셨다. 장차 서쪽으로 가서 조간자를 만나고자 하시다가 黃河에

이르러 돌아오시어 또 거백옥의 집에 主人을 定하셨는데, 靈公이 陣法을 묻자 대답하지 않고 떠나시어 다시 陳나라로 가시었다.

季桓子卒에 遺言謂康子하되 必召孔子라 하더니 其臣止之한대 康子乃召冉求하다. 孔子如蔡及葉하시니라. 楚昭王이 將以書社地로 封孔子러니 令尹子西不可라 하니 乃止하니라. 又反乎衛하시니 時에 靈公已卒하고 衛君輒이 欲得孔子爲政하며 而冉求爲季氏將하여 與齊戰有功한대 康子乃召孔子어늘 而孔子歸魯하시니 實哀公之十一年丁巳而孔子年六十八矣라. 然이나 魯終不能用孔子하고 孔子亦不求仕하사 乃敍書傳禮記하시며 刪詩正樂하시며 序易彖繫象說卦文言하시니라.

季桓子가 죽을 적에 康子에게 유언하여 이르되, 반드시 孔子를 부르라(등용하라) 하였는데, 그 신하들이 그를 저지하니 康子는 마침내 冉求를 불러왔다. 孔子는 蔡나라로 가시어 섭(葉) 땅에 이르셨다. 楚나라 昭王은 장차 書社의 땅을 가지고 孔子를 봉해주려 하였는데 令尹인 子西가 不可하다 하니 마침내 중지하였다. 다시 衛나라로 돌아오시니, 이때에 靈公이 이미 죽고 衛君인 첩(輒)이 孔子를 얻어 政治를 하고자 하였으며, 冉求가 (魯나라) 季氏의 將帥가 되어 齊나라와 싸워서 전공을 세우자, 康子가 마침내 孔子를 부르기에 孔子가 魯나라로 돌아오시니, 실로 哀公 11년 丁巳年으로 孔子 나이 68세였다. 그러나 魯나라에서는 끝내 孔子를 등용하지 못하였고, 孔子 또한 벼슬을 求하지 않으시어 마침내 <書傳>과 <禮記>를 敍하시며, <詩>를 刪定하고 樂을 바로잡으시며, <周易>의 彖傳·繫辭傳·象傳·說卦傳·文言傳을 차례로 지으셨다.

弟子蓋三千焉에 身通六藝者七十二人이러라. 十四年庚申에 魯西狩獲麟하니 孔子作春秋하시니라. 明年辛酉에 子路死於衛하고 十六年壬戌四月己丑에 孔子卒하시니 年七十三이라. 葬魯城北泗上하다. 弟子皆服心喪三年而去하되 惟子貢廬於冢上하니 凡六年이러라. 孔子生鯉하시니 字伯魚라. 先卒하고 伯魚生伋하니 字子思니 作中庸하시니라.

弟子가 대개 3천 명이었는데, 몸소 六藝를 通達한 者는 72명이었다. 哀公 14年 庚申에 魯나라에서 서쪽으로 사냥을 나갔다가 기린을 잡으니, 孔子는 春秋를 지으셨다. 이듬해 辛酉에 子路가 衛나라에서 죽었고, 哀公 16年(B.C 479) 壬戌 4月 己丑日(11日)에 孔子가 別世하니 나이가 73세였다. 魯나라 都城 북쪽 泗水 가에 장례하였다. 弟子들이 모두 心喪 三年을 입고 떠났으나, 오직 子貢만은 무덤가에 여막을 짓고 모두 6年을 지내었다. 공자가 鯉를 낳으니, 字가

伯魚였는데 먼저 죽었고, 伯魚가 伋을 낳으니, 字가 子思이며 <中庸>을 지으셨다.

何氏曰 魯論語는 二十篇이요 齊論語는 別有問王知道하여 凡二十二篇이요 其二十篇中章句도 頗多於魯論이라. 古論은 出孔氏壁中하니 分堯曰下章子張問하여 以爲一篇하여 有兩子張하니 凡二十一篇이요 篇次不與齊魯論同이니라.

何氏(何晏)가 말하기를, <魯論語>는 20篇이요, <齊論語>는 별도로 '問王', '知道' 두 篇이 있어서 모두 22篇이요, 그 20篇 가운데의 章句도 魯論보다 자못 많다. <古論語>는 孔氏(孔安國)의 집 벽 속에서 나왔는데, '堯曰' 아래 章의 '子張問'을 나누어 한 篇을 만들어서 두 '子張篇'이 있으니 모두 21篇이요, 篇의 차례도 <齊論語>나 <魯論語>와 같지 아니하다.

程子曰 論語之書는 成於有子曾子之門人이라. 故로 其書獨二子以子稱하니라.

程子曰 讀論語에 有讀了全然無事者하며 有讀了後에 其中得一兩句喜者하며 有讀了後에 知好之者하며 有讀了後에 直有不知手之舞之足之蹈之者니라.

程子曰 今人은 不會讀書로다. 如讀論語에 未讀時도 是此等人이요 讀了後에도 又只是此等人이면 便是不曾讀이니라.

程子曰 頤自十七八로 讀論語하니 當時已曉文義러니 讀之愈久에 但覺意味深長이로라.

程子가 말하기를, <論語>의 冊은 有子와 曾子의 문인에게서 이루어졌다. 그러므로 그 책은 유독 두 분만을 '子'라고 칭하였다.

程子가 말하기를, <論語>를 읽음에 다 읽은 뒤에 전혀 아무런 일이 없는 자도 있으며, 다 읽은 뒤에 그 가운데 한두 句를 터득하고 기뻐하는 자도 있으며, 다 읽은 뒤에 그것을 알고 좋아하는 자도 있으며, 다 읽은 뒤에 곧바로 알지 못하는 사이에 손으로 춤을 추고 발로 뛰는 자도 있느니라.

程子가 말하기를, 지금 사람들은 책 읽음을 알지(깨닫지) 못한다. 이를테면 <論語>를 읽음에 읽기 전에도 이러한(이와 같은) 사람이요, 읽은 후에도 또 다만 이러한 사람이라면, 곧 이것은 일찍이 읽지 아니한 것이니라.

程子가 말하기를, 나는 17・18세로부터 <論語>를 읽었으니, 당시에도 이미 글뜻을 알고 있었는데, 읽기를 더욱 오래함에 다만 의미가 심장함을 느낄(깨달을) 뿐이었다.

第一 學而篇

주제 : 爲學之本

◎ 此는 爲書之首篇이라. 故로 所記多務本之意하니 乃入道之門이요 積德之基니 學者之先務也라. 凡十六章이라. <朱子>

[1]

子曰 學而時習之면 不亦說(열)乎아. 有朋自遠方來면 不亦樂乎아. 人不知而不慍이면 不亦君子乎아. <漸層法 · 反復法 · 設疑法>

【字解】

習 익힐 습, 거듭할 습.
說 말씀 설, 기쁠 열, 달랠 세.
慍 성낼 온.
樂 풍류 악, 즐거울 락, 좋아할 요.

【研究】

學 : 效也 (본받음이다). <朱子> 覺也 (깨달음이다). <白虎通>
子 : 남자의 존칭으로서 선생. ※ 論語에서는 오직 孔子만을 지칭함.
時 : ① 때로, 때때로. ② 언제나. ③ 때에 맞게, 때에 맞추어.
習 : 새가 나는 모습을 상형한 것이니, 배우기를 그치지 않음을 새가 자주 나는 것과 같이함으로 본 것이다.
亦 : 또한, 어찌(?).
不亦～乎 : 또한 ～하지 아니한가?
朋 : 同類(同道之類).
自 : ～로부터 (전치사).
說 : 마음속의 기쁨 (在心).
樂 : 밖에 드러난 기쁨 (在外).
※ 樂은 說을 말미암은 뒤에 얻어짐.
慍 : 含怒意.
人 : 사람, 남.
乎 : ～인가? (의문 어조사).
君子 : 成德之名. 有德及有位者. 三達德(智仁勇)을 具備한 人物.

◎ 說은 喜意也니 旣學而又時時習之면 則所學者熟而中心喜說하여 其進이 自不能已矣리라. <朱子> 說(열)은 기뻐하는 뜻이니, 이미 배우고 또 때때로 그것을 익힌다면 배운 바(것)가 익숙해져서 中心에 희열을 느껴 그 진전이 자연히 그만둘 수 없는 것이다.

◎ 以善及人하여 而信從者衆이라. 故로 可樂이니라. 又曰 說은 在心하고 樂은 主發散이니 在外니라. <程子 : 伊川> 善을 남에게 미쳐서

믿고 따르는 자가 많다. 그러므로 즐거울 수 있는 것이다. 또 말하기를, 說은 마음속에 있는 것이요, 樂(락)은 발산함을 주장하니 외면에 있느니라.

◎ 學은 在己하고 知不知는 在人하니 何慍之有리오. <尹焞>
學問은 自身에게 달려 있고 알아 주고 알아 주지 않음은 남에게 달려 있음이니, 어찌 서운해함이 있으리오.

【解說】 孔子께서 말씀하시기를, 배워서 그것을 때때로 익히면 또한 (어찌) 기쁘지 않겠는가? 同志가 있어 먼 지방으로부터 찾아온다면 또한 즐겁지 않겠는가? 남들이 알아 주지 않더라도 성내지(서운해하지) 않는다면 또한 군자가 아니겠는가?

【主題】 學의 보람과 단계 — 說 · 樂 · 君子.
※ 學의 글자를 中心으로 하여 그 보람과 단계를 말함으로써 온전히 학문하는 모습을 사람들에게 보여 준 것임.
※ 첫 문장은 '好學之境', 둘째 문장은 '博學之境', 셋째 문장은 '活學之境'을 보여 준다고 할 수 있다.

[2]

有子曰 其爲人也孝弟요 而好犯上者鮮矣니 不好犯上이요 而好作亂者는 未之有也니라. 君子는 務本이니 本立而道生하나니 孝弟也者는 其爲仁之本與인저. <平敍法>

【字解】
弟(제) 아우, 공경하다(悌). 鮮(선) 맑다, 적다, 드물다.
爲(위) 하다, 행하다, 하게 하다, 위하다, 되다, 여기다, 삼다, 만들다.
犯(범) 범하다, 침범하다, 달려들다. 作(작) 짓다, 일으키다, 행하다.

【研究】
有子 : 孔子의 제자로 姓은 有요 名은 若. 魯國人으로 공자보다 13세 年下. 論語에서 오직 有若과 曾參에게 '子'를 붙임을 보면 論語는 바로 그들의 제자들이 지은 듯함.
孝 : 善事父母. 弟 : 善事兄長. 鮮 : 少.
犯上 : 干犯在上之人. 作亂 : 悖逆爭鬪之事.

務 : 專力也. 本 : 根也. 未 : 아직 …… 아니다.
道 : 事物當然之理也. 仁 : 愛之理 心之德也.
爲仁 : 行仁. 未之有也 ← 未有之也.
◎ 君子凡事를 專用力於根本이니 根本旣立則其道自生이라. 若上文所謂 孝弟는 乃是爲仁之本이니 學者務此則仁道自此而生也니라. <朱子>
君子는 모든 일을 오로지 근본에 힘을 쓰나니, 근본이 이미 확립되면 그 道가 스스로 생겨난다. 윗글에서 말한 바 孝弟로 말할 것 같으면, 곧 이는 仁을 行하는 근본이니, 배우는 자들이 이것을 힘쓰면 仁의 道가 이로부터 생겨나느니라.

【解說】 유자(有若)가 말하기를, 그 사람됨이 효하고 공경스럽고서 윗사람을 범하기를 좋아하는 자는 드무니, 윗사람을 범하기를 좋아하지 않고서 亂을 일으키기를 좋아하는 자는 아직 있지 아니하니라. 군자는 근본을 힘쓰니 근본이 확립되면 道가 발생하나니, 孝와 弟라는 것은 그 仁을 행하는 근본일 것이다.

【主題】 爲仁之本 — 孝弟.
※ 仁은 孝弟의 근본이요, 孝弟는 仁을 行하는 근본임.
즉, 仁은 體(本性)요 孝弟는 用(屬性)임.

[3]

子曰 巧言令色이 鮮矣仁이니라. <例示法・倒置法>

【字解】
令 하여금 령, 좋을 령.
色 빛 색, 낯 색, 여색 색, 갈래 색.
巧 공교할 교, 좋을 교.
鮮 맑은 선, 드물 선.

【硏究】
巧言 : 말을 좋게(듣기 좋게 꾸며서) 함.
令色 : 얼굴빛을 좋게(보기 좋게 꾸며서) 함.
鮮矣仁 ← 仁鮮矣(어진 이가 적(없)다).
仁 : 本心之全德也(본심의 온전한 덕이다).
◎ 巧言無實 令色無質 <王肅> 교언은 진실이 없고 영색은 실질이 없다.
◎ 好其言 善其色 致於外 務以悅人 則人欲肆而本心之德亡矣. <朱子>

그 말을 아름답게 하고 그 얼굴빛을 좋게 하여 외면에 꾸미기를 지극히 해서, 남을 기쁘게 함을 힘쓴다면, 인욕이 함부로 부려져서 본심의 德이 없어질 것이다.

【解說】 공자께서 말씀하시기를, 말을 듣기 좋게 꾸며서 하고 얼굴빛을 보기 좋게 꾸며서 하는 이는 어진 이가 드무니라.

【主題】 不仁의 例 — 巧言令色.
※ 不仁의 例를 들어 仁이 마음의 온전한 덕임을 깨우친 것임.

[4]

曾子曰 吾日三省吾身하나니 爲人謀而不忠乎아. 與朋友交而不信乎아. 傳不習乎아니라. <列學法>

【字解】
省 살필 성, 줄일 생. 謀 꾀 모, 꾀할 모.

【硏究】
曾子 : 孔子의 제자로서(공자보다 46세 年下) 名은 參, 字는 子輿.
孔子의 學統을 계승. 그의 제자들과 '孝經', '大學'을 지음.
忠 : 盡己之謂. 信 : 以實之謂. 傳 : 受之於師.
習 : 熟之於己. 三省 : 세 가지 일에 대해 反省함.

【解說】 증자가 말씀하시기를, 나는 날마다 내 몸을 세 가지로 살피나니, 남을 위해 일을 도모함에 충성스럽지 못했던가? 벗과 더불어 사귐에 성실하지(실천하지) 못했던가? 전수 받은 것을 복습하지 않았던가(익히지 못한 것을 전했던가) 이니라.

【主題】 曾子 학문의 바탕 — 日三省吾身 (爲己之學).
※ 증자의 학문은 誠實함에 있으니, 그의 爲己之學을 나타낸 것임.

[5]

子曰 道千乘之國하되 敬事而信하며 節用而愛人하며 使民以時니라. <列擧法>

【字解】
道(도) 길, 도리, 방도, 말하다, 다스리다, 인도하다.
乘(승) 타다, 의지하다, 곱하다, 수레(탈것).
節(절) 마디, 예절, 절개, 절제하다, 때(계절).

【研究】
道 : 治也. 千乘之國 → 諸侯之國.
乘 : 갑사3 · 보졸72 · 잡역 등 100여 명이 따르는 사두마 전차.
※ 諸侯는 千乘, 皇帝는 萬乘을 가짐.
敬事而信 : 敬其事而信於民(그 일을 공경하여 백성에게 믿게 함).
時 : 農隙之時(농한기). 節用 : 절제(절약)하여 씀.
※ 仁政의 要諦 — [三事 : 敬事而信, 節用而愛人, 使民以時. / 五要 : 敬·信·節·愛·時.

【解說】 공자께서 말씀하시기를, 천승의 나라(제후국)를 다스리되, 일을 공경하고 믿게(백성에게 믿게) 하며, 쓰기를 절도 있게 하고 백성을 사랑하며, 백성을 부리기를 때로써(때에 맞게) 해야 하느니라.

【主題】 治國之方 — 三事五要.
※ 임금이 마음을 근본으로 나라 다스리는 중요한 方法을 열거한 것임.

[6]

子曰 弟子入則孝하고 出則弟하며 謹而信하며 汎愛衆하되 而親仁이니 行有餘力이어든 則而學文이니라. <列擧法>

【字解】
弟 아우 제, 공손할 제(悌). 汎 넓을 범.

【研究】
弟子 : 아우와 자식 → 청소년, 문하생.
※ 남의 아우가 되고 남의 자식이 될 만한 사람이란 뜻에서 나옴.
謹 : 行之有常(행실이 떳떳함이 있음). 文 : 詩書六藝(經)之文.
信 : 言之有實(말이 성실함이 있음). 汎 : 廣也. 衆 : 衆人.
親 : 近也. 仁 : 仁者. 餘力 : 暇日(여가). 以 : 用.

【解說】 공자께서 말씀하시기를, 弟子가 들어오면 효도하고, 나가면 공손하며, (행실을) 삼가고 (말을) 성실하게 하며, 널리 많은 사람들을 사랑하되, 仁한 이를 친히 해야 하니, 행하고도(孝・弟・謹・信・愛・親을 행하고도) 여가가 있으면 써(여가를 가지고) 글을 배울지니라.

【主題】 弟子의 學之道 — 先行後學.
※ 弟子가 가져야 할 學의 態度에 대하여 德行 우선을 강조한 것임.

[7]

子夏曰 賢賢하되 易色하며 事父母하되 能竭其力하며 事君하되 能致其身하며 與朋友交하되 言而有信이면 雖曰未學이라도 吾必謂之學矣라 하리라. <列擧法>

【字解】
易 쉬울 이, 바꿀 역. 事 일 사, 섬길 사. 竭 다할 갈.
致 이를(이룰) 치, 바칠 치, 지극할 치, 부를 치. 雖 비록 수.

【研究】
子夏 : 孔子의 제자로서 孔子보다 44세 年下인 衛國之人.
姓은 卜이요, 名은 商인데, 子游와 더불어 文學에 뛰어남.
賢賢 : 현인을 어질게 여김(동사+명사).
易色 : ① 色을 좋아하는 마음으로 바꾸어 함. <朱子>
② 아름다운 美人을 좋아하는 것처럼 함(= 如色). <王念孫>
能致其身 : 능히 그 자신을 다 바침.
雖曰未學 : 비록 아직 글을 배우지 않았다 말해도.
吾必謂之學矣 : 나는 반드시 그를 배운 사람이라고 말하리라.

【解說】 子夏가 말하기를, 어진 이를 어질게 여기되 色을 좋아하는 마음으로 바꾸어 하며, 부모를 섬기되 능히 그 힘을 다 하며, 人君을 섬기되 능히 그 몸(자신)을 바치며, 붕우와 더불어 사귀되 말함에 성실함이 있으면, 비록 아직 글을 배우지 않았다 말해도 나는 반드시 그를 배운 사람이라고 말하리라.

【主題】 爲學之本 — 在行倫.
※ 子夏가 학문하는 근본이 윤리를 실천함에 있음을 강조함.

[8]

子曰 君子不重則不威니 學則不固니라. 主忠信하며 無友不如己者요 過則勿憚改니라. <列擧法・禁止法>

【字解】
重(중) 무겁다, 거듭. 威(위) 위엄, 세력, 으르다.
固(고) 굳다, 굳이, 이미, 진실로, 완고하다.
過(과) 지나다, 예전, 허물. 憚(탄) 꺼리다, 두려워하다.

【硏究】
重 : 厚重. 威 : 威嚴. 固 : 堅固. 憚 : 畏難也.
◎ 君子之道는 以威重爲質하여 而學以成之요 學之道는 必以忠信爲主하고 而以勝己者輔之라. <游酢> 君子의 道는 威嚴과 重厚함을 바탕으로 삼아 배워서 그것을 이루어야 하고, 배우는 道는 반드시 忠信으로써 주장을 삼고서 자기보다 나은 자로써 그것(學之道)을 돕게 하여야 한다.

【解說】 공자께서 말씀하시기를, 군자가 厚重하지 않으면 威嚴이 없으니, 학문도 곧 견고하지 못하다. 충과 신을 위주로 하고, 자기만 못한 이를 벗삼지 말고, 허물이 있으면 고치기를 꺼리지 말 것이니라.

【主題】 君子의 自修之道 — 君子之道와 學之道.
※ 君子는 스스로 君子之道와 學之道를 닦아야 함을 말함.

[9]

曾子曰 愼終追遠이면 民德이 歸厚矣니라. <假定法>

【字解】
愼 삼갈 신, 성 신. 追 따를 추, 쫓을 추. 厚 두터울 후, 짙을 후.
【硏究】
愼終 → 喪盡其禮. 追遠 → 祭盡其誠.
民德歸厚 : 下民化之하여 其德亦歸於厚라.
(하민들이 교화되어 그 덕이 또한 후한 데로 돌아감이다.)
◎ 孝子之事親也 有三道焉 生則養 沒則喪 喪畢則祭 <禮記> → 愼終追遠
孝子가 어버이를 섬김에 세 가지 道가 있으니, 살아계시면 봉양하고, 돌아가시면 상을 치르고, 상을 마치면 제사지내느니라.

【解說】 증자가 말씀하시기를, 終(初喪)을 삼가고 돌아가신 먼 조상(先祖)을 추모하면 백성의 덕성이 厚한 데로 돌아갈 것이니라.

【主題】 民德의 根本 — 愼終追遠.
※ 당시 제후와 대부들이 喪事와 祭祀에 소홀하므로 風俗의 敎化를 위해 한 말씀임.

[10]

子禽이 問於子貢曰 夫子至於是邦也하사 必聞其政하시나니 求之與아. 抑與之與아. 子貢曰 夫子는 溫良恭儉讓以得之시니 夫子之求之也는 其諸異乎人之求之與인저. <問答法>

【字解】
禽 새 금. 貢 바칠 공, 천거할 공. 讓 겸손할 양, 사양할 양.

【硏究】
子禽 : 姓은 陳, 名은 亢(이름 강). 衛國之人으로서 孔子의 弟子(孔子보다 40세 年下). 一說에는 子貢의 弟子.
子貢 : 姓은 端木, 名은 賜. 衛國之人으로서 孔子의 빼어난 弟子(孔子

보다 31세 年下). 언어에 能하여 外交活動을 잘하고 또 理財에 밝아 富를 축적해서 孔門을 도왔음.

抑 : 反語辭로서 아니면, 도리어, 혹은. 其政 : 그 정치에 대한 상담.

與之與(동사+대명사+어조사) : 그(공자)에게 주어졌는가?

溫 : 和厚. 良 : 易直(평탄하고 곧음). 恭 : 莊敬. 儉 : 節制.

讓 : 謙遜. 人 : 他人. 其諸 : 齊나라 方言의 어조사로서 '그것은 저 …'.

◎ 夫子之盛德光輝 接於人者也 時君敬信自以其政就而問之耳. <四書大全>

夫子께서는 빛나는 성덕으로 사람들을 접하는 자이므로 당시의 군주들이 공경하고 믿어서 스스로 그 정사를 가지고 그에게 나아가서 물었을 뿐이다.

【解說】 자금이 자공에게 물어 말하기를, 선생님께서 이 나라에 이르시어 반드시 그 정사를 들으실 것이니 그것을 구한 것입니까? 아니면 그에게 주어진 것입니까? 자공이 말하기를, 선생님은 온화하고 어질고 공손하고 검소하고 겸양하여서 이를 얻음이니, 선생님께서 그것을 구하심은(구했다 해도) 다른 사람이 그것을 구함과는 다를 것이로다.

【主題】 孔子의 爲人 — 溫良恭儉讓 (五德의 所有者).

※ 子貢의 대답에는 평범한 사람의 지력으로는 孔子의 爲人을 알 수 없다는 뜻이 담겨 있다.

[11]

> 子曰 父在에 觀其志요 父沒에 觀其行이나 三年을 無改於父之道라야 可謂孝矣니라. <列擧法>

【字解】

沒(몰) 빠지다, 다하다, 죽다, 빼앗다, 사라지다, 없다.

孝(효) 효도, 부모 잘 섬기다, 상복 입다, 맏아들, 본받다, 잇다.

【研究】

父在 : 부친 생존 시.

觀其志 觀其行 : (자식이) 부친의 뜻(의향)을 살피고 부친의 행적을 살핌. ※ 朱子는 '其'를 자식으로 봄.

孝 : 크게는 天道를 본받고(效) 따라 행하며, 작게는 先祖나 父親의 뜻과 理想과 事業을 본받아 따름.

三年 : 致喪三年. 鄭玄은 27개월, 王肅은 25개월이라 함.

◎ 子曰 武王周公其達孝矣乎 夫孝者善繼人之志 善述人之事也. <中庸>
孔子께서 말씀하시기를, 武王과 周公은 그 孝에 達했도다. 무릇 孝라는 것은 사람의 뜻을 잘 계승하고 사람의 사업을 잘 傳述함이니라.

【解說】 공자께서 말씀하시기를, 아버지께서 살아계실 적엔 그(아버지)의 뜻을 살피고, 아버지께서 돌아가셨을 적엔 그(아버지)의 행적을 살필(살펴 본받을) 것이나, 三年 동안 아버지의 도(원칙이나 방식)를 고치지 말아야 가히 孝라 이를 수 있느니라.

【主題】 孝之道 — 觀其志 · 觀其行 · 三年無改於父之道.
※ 父母의 뜻과 子息의 뜻이 같지 않은 사람을 위해 孝의 道를 말함.

[12]

有子曰 禮之用이 和爲貴하니 先王之道斯爲美라 小大由之니라. 有所不行하니 知和而和요 不以禮節之면 亦不可行也니라. <平敍法>

【字解】

禮(례) 예, 절, 인사, 예물. 用(용) 쓰다, 쓰이다, 부리다, 써(以).
由(유) 말미암다, 까닭, ~부터, 지나다, 따르다, 의지하다.
爲(위) 하다, 행하다, 다스리다, 되다, 여기다, 삼다, 위하다, 만들다.

【硏究】

禮 : 天理之節文也, 人事之儀則也, 哀慶之準則也, 倫理的 規範也.
和 : 從容不迫之意(조용하여 급박하지 않은 뜻). 和樂.
禮之用 : 예의 작용(적용). 美 : 善. 斯爲美 : 이것을 아름답게 여김.
先王之道 : 先王(요순우탕문무주공)들의 나라 다스리던 원리 방법.

◎ 凡禮之體는 主於敬이요 而其用則以和爲貴하니 敬者는 禮之所以立也요 和者는 樂之所由生也라. <范祖禹>
모든 禮의 體는 敬을 주로 하고 그 用은 곧 和를 귀히 여기니, 敬이란 것은 禮가 확립되는 것이요, 和란 것은 樂이 말미암아 생겨나는 것이다.

◎ 嚴而泰 和而節은 此理之自然이요 禮之全體也라. <朱子>
嚴하면서 泰然하고, 和하면서 절제함은 이는 이치의 자연이요, 禮의 전체다.

【解說】 유자가 말하기를, 禮의 用(적용)은 和가 귀함이 되니, 先王의 道는 이것(和)을 아름답게 여겼으니, 작고 큰 일이 이것(和)을 말미암은(따른) 것이다. 행하지 못할 것(바)이 있으니, 和를 알아서 和만 하고 禮로써 그것(和)을 절제하지 않는다면 또한 가히 행할 수 없느니라.

【主題】 禮之用 — 和.
※ 禮之體는 敬이요 禮之用은 和이다. 和는 다시 禮로써 절제되어야 한다.

[13]

有子曰 信近於義면 言可復也며 恭近於禮면 遠恥辱也며 因不失其親이면 亦可宗也니라. <列擧法>

【字解】
復 [복] 회복하다(復舊), 돌아오다(往復), 대답하다(復命), 갚다(復讐), 되풀이하다(復習). [부] 다시(復活 · 復興)
因 인할 인, 주인 삼을(의지할) 인, 말미암을 인, 까닭 인, 인연 인.
宗 마루(마리, 으뜸) 종, 종묘(사당, 제사) 종, 일족(동성) 종, 갈래(파) 종.

【研究】
信 : 約信 (약속). 義 : 事之宜也. 復 : 踐言也.
恭 : 致敬也. 禮 : 節文也. 因 : 猶依也.
宗 : 猶主也. 親 : 可親之人. 仁愛 또는 仁德.
亦可宗也 : 또한 주인으로 삼을 수 있다.

【解說】 유자가 말하기를, 약속이 의리에 가깝게 되면 말(약속한 말)을 가히 실천할 수 있으며, 공손함이 禮에 가깝게 되면 치욕을 멀리할 수 있으며, 의지함(남을 의지함)이 그 친할 만한 이를(그 仁愛 또는 仁德을) 잃지 않으면 또한 가히 주인으로 삼을 수 있느니라.

【主題】 人之言行交際 — 義와 禮와 親(仁)의 重視.
※ 人之言行交際에 있어서 뉘우침을 멀리하는 방법을 보인 것임.

[14]

子曰 君子는 食無求飽하며 居無求安하며 敏於事而愼於言이요 就有道而正焉이면 可謂好學也已니라. <列擧法>

【字解】
飽 배부를 포. 敏 빠를 민. 愼 삼갈 신. 就 나아갈 취.

【研究】
君子 : 成德之人. 學德兼備의 선비. 東洋의 理想的인 인간형.
道 : 事物當然之理. 公平無私하고 光明正大하며 永久不變한 절대진리.
◎ 不求安飽者는 志有他而不暇及也라. 敏於事者는 勉其所不足이요 謹於言者는 不敢盡其所有餘也라. <朱子>
편안하고 배부름을 구하지 않는 것은 뜻이 다른 데 있어서 미칠 겨를이 없음이다. 일에 민첩히 한다는 것은 그 부족한 바(德行)를 힘씀이요, 말을 삼간다는 것은 그 유여한 바(말)를 감히 다하지 않음이다.

【解說】 공자께서 말씀하시기를, 君子는 먹음에 배부름을 구하지 않으며, 거처함에 편안함을 구하지 않으며, 일을 민첩히 하면서 말을 삼가며, 도가 있는 이에게 나아가서 질정한다면 가히 학문을 좋아한다고 이를지니라.

【主題】 君子好學之道 — 實踐을 通한 人格完成.
※ 君子의 好學하는 姿勢에 대하여 말한 것임.

[15]

子貢曰 貧而無諂하며 富而無驕하면 何如하니잇고. 子曰 可也나 未若貧而樂하며 富而好禮者也니라. 子貢曰 詩云如切如磋하며 如琢如磨라 하니 其斯之謂與인저. 子曰 賜也는 始可與言詩已矣로다. 告諸往而知來者온여. <問答法·引用法>

【字解】
諂 아첨할 첨. 驕 교만할 교. 磋 : 갈 차. 琢 : 쪼을 탁.

磨 갈 마. 諸 모든(여러) 제, 어조사 저(之於의 축약).

【研究】

諂 : 卑屈也 (낮추고 굽힘이다). 驕 : 矜肆也 (자랑하고 방사함이다).
未若 : 아직 ~만은 못하다. 詩 → 詩經 <衛風淇奧篇>

◎ 無諂無驕則知自守矣나 而未能超乎貧富之外也라. 樂則心廣體胖而忘其貧이요 好禮則安處善樂循理하여 亦不自知其富矣라. <朱子>
아첨함이 없고 교만함이 없다면 스스로 지킴을 안 것이나 그러나 능히 빈부의 밖에 초월하지는 못하는 것이다. 즐거워한다면 마음이 넓고 몸이 펴져서 그 가난함을 잊을 것이요, 禮를 좋아한다면 善에 처함을 편안히 여기고 이치를 따르기를 즐거워해서 또한 스스로 부유함을 알지 못할 것이다.

◎ 治骨角者는 既切之而復磋之하고 治玉石者는 既琢之而復磨之하니 治之已精而益求其精也라. <朱子>
뼈와 뿔을 다스리는 자는 이미 그것을 절단한 다음 다시 그것을 갈고, 옥과 보석을 다스리는 자는 이미 그것을 쪼아 놓은 다음 다시 그것을 가니, 다스림이 이미 정한데 더욱 그 정함을 求함이다.

【解說】 子貢이 말하기를, 가난하되 아첨함이 없으며, 부하되 교만함이 없으면 어떻습니까? 공자께서 말씀하시기를, 가하나(괜찮으나) 가난하면서도 즐거워하며 부하면서도 禮를 좋아하는 것만은 못하니라. 자공이 말하기를, 詩經에 절단해 놓은 듯하며 다시 간 듯하며, 쪼아놓은 듯하며 다시 간 듯하다 했으니, 그것이 이것을 말함일 것입니다. 공자께서 말씀하시기를, 賜(子貢)는 비로소 더불어 詩를 말할 만하도다. 지나간 것을 말해 주자 올 것(말해 주지 않은 것)을 아는구나.

【主題】 貧富之道 — 貧而樂 富而好禮.
※ 孔子께서 子貢이 아직 이르지 못한 것에 대해 말하여 그가 진취할 수 있게 한 것임.

[16]

子曰 不患人之不己知요 患不知人也니라. <命令法 · 倒置法>

【字解】

患 근심(근심할) 환, 병 환. 人 사람 인, 남 인.

【研究】

人之不己知 : 남들이 자기(나)를 알아주지 않는다.

不己知 : '不知己'의 倒置.

患不知人也 : (내가) 남을 알지 못함을 근심한다.

◎ 君子는 求在我者라. 故로 不患人之不己知요 不知人則是非邪正을 或不能辨이라. 故로 以爲患也니라. <尹焞>

君子는 나에게 있는 것을 求한다. 그러므로 남이 자기를 알아주지 않음을 걱정하지 않는 것이요, 내가 남을 알지 못하면 옳고 그름과 간사하고 정직함을 혹 분별할 수 없으므로 그것을 걱정으로 삼는 것이니라.

【解說】 공자께서 말씀하시기를, 남들이 자기(나)를 알아주지 못함을 걱정하지 말고, (내가) 남을 알지 못함을 근심해야 하느니라.

【主題】 君子의 學問的 態度 — 患不知人.

※ 君子의 학문은 爲己之學이므로 남의 병통은 근심하지 않고 제 몸의 병통을 근심해야 함을 말한 것임.

第二 爲政篇

주제 : 爲政治民之道 — 孝敬信勇

◎ 學而後入政 故次前篇也. <邢昺>

[1]

子曰 爲政以德이 譬如北辰이 居其所어든 而衆星이 共(拱)之니라. <比喩法>

【字解】

爲 다스릴 위. 譬 비유할 비. 居 머무를 거. 共 향할 공.

【硏究】

譬如 : 비유하면 ~와 같다. 北辰(북진) : 북극성.

共 : ① 向하다. <朱子> ② 拱手, 경례하다. <鄭玄>

◎ 政之爲言은 正也니 所以正人之不正也요 德之爲言은 得也니 行道而有得於心也라. 居其所는 不動也라. 爲政以德이면 則無爲而天下歸之리니 其象如此라. <朱子>

政事란 말은 바르게 함이니, 사람의 바르지 못함을 바르게 하는 것이요, 德이란 말은 얻음이니, 道를 行하여 마음에 얻음이 있는 것이다. 제자리에 머물러 있다는 것은 움직이지 않음이다. 德으로써 政事를 하면 하는 일이 없어도 天下가 돌아올 것이니, 그 형상이 이와 같은 것이다.

◎ 爲政以德이면 則不動而化하고 不言而信하고 無爲而成하여 所守者至簡而能御煩하고 所處者至靜而能制動하고 所務者至寡而能服衆이니라. <范祖禹> 德으로써 政事를 하면 動하지 않아도 敎化되고, 말하지 않아도 믿고, 하는 일이 없어도 이루어져서, 지키는 바가 지극히 간략하면서도 능히 번거로운 것을 제어할 수 있고, 처하는 바가 지극히 고요하면서도 능히 움직이는 것을 제어할 수 있고, 힘쓰는 바가 지극히 적으면서도 능히 여러 사람을 복종시킬 수 있느니라.

【解說】 공자께서 말씀하시기를, 덕으로써 정사를 다스림은 비유하면 북극성이 제자리에 머물러 있으면 뭇별들이 그에게 향함과 같으니라.

【主題】 爲政之本 — 爲政以德.

※ 政治는 사람을 바르게 함이니, 德으로써 政治를 하면 백성들이 敎化되어 바르게 됨을 비유적으로 말한 것임.

[2]

子曰 詩三百을 一言以蔽之하니 曰 思無邪니라. <括約法>

【字解】
蔽 가릴 폐, 단정지을 폐. 邪 간사할 사, 사특할 사.

【硏究】
◎ 詩는 三百十一篇이니 言三百者는 擧大數也라. 蔽는 猶蓋也라. 思無邪는 魯頌駉(말건장할 경)篇之辭라. 凡詩之言이 善者는 可以感發人之善心하고 惡者는 可以懲創人之逸志하니 其用은 歸於使人得其情性之正而已라. <朱子> <詩經>은 삼백 십일 편인데, 삼백이라 말한 것은 큰 數를 든 것이다. 蔽는 蓋(덮다)와 같다. 思無邪(생각에 간사함이 없다)는 <魯頌駉篇>의 말이다. 모든(무릇) 詩의 말이 선한 것은 가히 써 사람의 선한 마음을 감발할 수 있고, 악한 것은 가히 써 사람의 방탕한 마음(뜻)을 징계할 수 있으니, 그 효용은 사람으로 하여금 그 성정의 바름을 얻음에 돌아가게 할 뿐이다.

【解說】 공자께서 말씀하시기를, 詩經 삼백 편의 뜻을 한 마디의 말로써 그것을 단정지을(요약할) 수 있으니, 생각에 간사함이 없다는 말이다.

【主題】 詩經詩의 意味 — 思無邪.
※ 孔子가 詩經詩의 뜻을 思無邪라 하여 先王이 詩로써 백성을 가르친 뜻을 알게 한 것이다.

[3]

子曰 道之以政하고 齊之以刑이면 民免而無恥니라. 道之以德하고 齊之以禮면 有恥且格이니라. <對照法>

【字解】
道(도) 길, 도리, 방도, 말하다, 다스리다, 인도하다.
齊 ① 제—가지런하다, 엄숙하다, 재빠르다, 나라 이름, 같다.

② 재—재계하다. ③ 자—옷자락, 상복.
格 ① 격—이르다(至), 자품, 겨루다, 바르다. ② 각—그치다.

【研究】
道 : 引導. 政 : 法制禁令. 齊 : 所以一之也(그것을 하나로 함이다).
免而無恥 : 苟免刑罰而無所羞愧.
(만일 형벌을 면해도 부끄러워하는 바가 없다).
禮 : 制度品節(제도와 품절이다). 格 : 至也. ※ 一說에는 正也.
◎ 愚謂 政者는 爲治之具요 刑者는 輔治之法이요 德禮則所以出治之本이며 而德又禮之本也라. 故治民者는 不可徒恃其末이요 又當深探其本也니라. <朱子> 내가 생각하건대, 政이란 것은 政治를 하는 도구요, 刑이란 것은 政治를 돕는 法이요, 德과 禮는 곧 政治를 내는 根本인 것이며, 德은 또 禮의 根本이다. 그러므로 백성을 다스리는 자는 한갓 그 말단(法制와 刑罰)만을 믿어서는 안 되고, 또 마땅히 그 근본(德과 禮)을 깊이 탐구해야 하느니라.

【解說】 공자께서 말씀하시기를, 법령으로써 그들을 인도하고 형별로써 그들을 가지런히 한다면, 백성들이 (형벌을) 면할(피할) 수는 있으나 부끄러워함은 없을 것이니라. 덕으로써 그들을 인도하고 예로써 그들을 가지런히 한다면 부끄러워함이 있고 또 (善에) 이르게(바르게) 될 것이니라.

【主題】 治民之道 — 道之以德 齊之以禮.
※ 나라를 다스림에는 政治와 刑罰[末端]보다는 德과 禮[根本]를 더 重視해야 함을 말한 것임.

[4]

子曰 吾十有五而志于學하고 三十而立하고 四十而不惑하고 五十而知天命하고 六十而耳順하고 七十而從心所欲하되 不踰矩호라. <漸增法 · 列擧法>

【字解】
踰 넘을 유. 矩 법도 구, 曲尺(곡척) 구.

【研究】

吾十有五 : 나는 15세에. 于 : 於 (= ～에).
立 : 能自立於斯道. 矩 : 法度之器니 所以爲方者也라.
天命 : 天道之流行而賦於物者. 志 : 心之所之(마음이 지향해 가는 바).

◎ 古者에 十五而入大學이라. 此所謂學은 卽大學之道也라. <朱子>
옛적엔 15세에 大學에 들어갔다. 여기에서 이른바 학문은 곧 大學의 道이다.

◎ 孔子는 生而知之也로되 言亦由學而至는 所以勉進後人也라. 立은 能自立於斯道也요 不惑은 則無所疑矣요 知天命은 窮理盡性也요 耳順은 所聞皆通也요 從心所欲不踰矩는 則不勉而中矣니라. <程子>
孔子는 나면서 아는 자로되 또한 학문으로 말미암아 이르렀다고 말씀하신 것은 써 後人을 권면하여 나아가게 하신 것이다. 立은 능히 스스로 도에 서는 것이요, 不惑은 곧 의심하는 바가 없는 것이요, 知天命은 理를 궁구하고 性을 다함이요, 耳順은 듣는 바를 모두 통함(깨달음)이요, 從心所欲不踰矩는 곧 힘쓰지 않아도 道에 맞는 것이니라.

【解說】 공자께서 말씀하시기를, 나는 열다섯 살에 학문에 뜻을 두었고, 서른 살에 자립하였고, 마흔 살에 사리에 의혹됨이 없었고, 쉰 살에 천명을 알았고, 예순 살에 귀가 순해졌고(들으면 이해되었고), 일흔 살에 마음이 하고자 하는 바를 따라도(좇아도) 법도에 넘지 않았도다.

【主題】 孔子의 學問修養의 發展過程.
※ 孔子가 平生 동안 꾸준히 학문하면서 몸소 체득하고 시험 실천해 온 과정을 기록한 것임.

[5]

孟懿子問孝한대 子曰 無違니라. 樊遲御러니 子告之曰 孟孫이 問孝於我어늘 我對曰 無違라 호라. 樊遲曰 何謂也니잇고. 子曰 生事之以禮하며 死葬之以禮하며 祭之以禮니라. <問答法・列擧法>

【字解】

孟 맏 맹, 성 맹. 懿 아름다울 의. 違 어길 위, 떠날 위.
樊 울타리 번. 遲 늦을 지. 御 임금 어, 말 몰 어.
何 어찌 하, 어느 하, 무엇(무슨) 하. 葬 장사(장사지낼) 장.

【研究】

孟懿子 : 魯國大夫로서 姓은 仲孫, 名은 何忌, 諡號는 懿. 魯國의 三勢家(仲孫(孟孫), 叔孫, 季孫)의 한 가문. 그의 부친 孟僖子(맹희자)가 아들에게 '내가 죽으면 공자에게 예를 배우라' 했고, 그래서 공자에게 孝를 물었음.

樊遲 : 魯國之人으로 孔子의 제자(공자보다 36세 年下)이며 名은 須.

無違 : 不背於理(도리에 위배되지 아니함).

御 : 爲孔子御車也.　　孟孫 = 仲孫.　　禮 : 理之節文.

◎ 人之事親은 自始至終에 一於禮而不苟면 其尊親也至矣라. <朱子> 사람이 어버이를 섬김은 처음부터 끝까지 禮에 한결같이 하여 구차히 하지 않는다면, 어버이를 높임이 지극한 것이다.

◎ 人之欲孝其親은 心雖無窮이나 而分則有限이니 所謂以禮者는 爲其所得爲者而已矣니라. <致堂 胡寅> 사람이 그 어버이에게 효도하고자 함은 마음은 비록 다함(끝)이 없으나 분수는 곧 한계가 있으니, 이른바 禮로써 한다는 것은 그가 능히 할 수 있는 바를 할 뿐이니라.

※ 喪事稱家之有無 (상사는 집안의 유무에 걸맞아야 한다).

【解說】 맹의자가 효를 물으니, 공자께서 말씀하시기를, 어김(도리에 어긋남)이 없어야 하느니라. 번지가 수레를 몰고 있었는데 공자께서 그에게 말씀하시기를, 맹손씨(맹의자)가 나에게 효를 묻기에 내가 대답해 말하기를, 어김이 없음이라 했다. 번지가 말하기를, 무엇을 이른 것입니까? 공자께서 말씀하시기를, 살아계시면 예로써 그(어버이)를 섬기고, 돌아가시면 예로써 그(어버이)를 장사지내며, 예로써 그(어버이)를 제사지내는 것이니라.

【主題】 孝에 대한 가르침 — 無違.

※ 孝를 無違라 함은 父母를 禮로써 섬기고 장사지내고 제사지냄이다.

[6]

孟武伯이 問孝한대 子曰 父母는 唯其疾之憂시니라. <問答法>

【字解】

伯 맏 백, 우두머리 백.　疾 병 질, 괴로워할 질, 미워할 질, 빠를 질.

【研究】

孟武伯 : 孟懿子(맹의자)의 아들로 名은 彘(돼지 체)요, 武는 諡號요,

伯은 長子의 뜻. 인간성이 모질고 과격한 魯人으로 齊와 전쟁을 했고 成邑의 民을 무참히 유린한 武人.

唯其疾之憂 : ① 오직 그가(자식이) 병들 것을 근심하신다.
※ 父母之心이 無所不至나 唯恐其有疾病하여 常以爲憂也라. 人子體此而以父母之心爲心이면 豈不可以爲孝乎아. <朱子>
② (부모에게는) 오직 그가(자식이) 질병이 있을 때만을 근심하게 해야 한다.
※ 孝子不妄爲非하니 唯疾病然後使父母憂니라. <馬融>

【解說】 맹무백이 孝를 묻자 공자께서 말씀하시기를, 부모는 오직 그가(아들이) 병듦을(병들까) 근심하신다.

【主題】 孝에 대한 가르침 — 父母唯其疾之憂.
※ 孔子께서 부귀한 집안 자식인 孟武伯의 단점을 고쳐주려 한 말씀임.

[7]

子游問孝한대 子曰 今之孝者는 是謂能養이니 至於犬馬하여도 皆能有養이니 不敬이면 何以別乎리오. <例示法・設疑法・問答法>

【字解】
者 놈 자(指人之辭), 것 자(指物之辭), ~가지, ~ 경우, ~일 적.

【研究】
子游 : 吳國之人으로 孔子의 제자(공자보다 45세 年下). 姓은 言, 名은 偃(누울 언), 字가 子游. 子夏와 함께 文學에 뛰어남.
是 : 只是(=다만).
◎ 人畜(휵)犬馬에도 皆能有以養之하니 若能養其親而敬不至면 則與養犬馬者何異리오. <朱子> 사람이 견마를 기름에도 모두 능히 써 그를 길러줌이 있나니, 만약 능히 그 어버이를 봉양만 하고 공경함이 지극하지 아니하다면, 견마를 기르는 것과 무엇이 다르리오.

【解說】 子游가 孝를 묻자, 공자께서 말씀하시기를, 지금의 孝라는 것은 다만 능히 봉양함(음식으로 받듦)을 이르나니, 견마에 이르러도 다 능히 길러 줌이 있으니, 공경하지 않으면 무엇으로 분별(구별)하겠는가?

【主題】 孝의 根本에 대한 가르침 — 敬親.
※ 孔子는 子游가 孝에 敬親의 마음이 不足할까 염려해 가르친 것임.

[8]

子夏問孝한대 子曰 色難이니 有事어든 弟子服其勞하고 有酒食(사)어든 先生饌이 曾是以爲孝乎아. <問答法・設疑法>

【字解】
服 실천할 복. 　　食 먹을 식, 어길 식, 밥 사. 饌 먹을 찬, 반찬 찬.

【研究】
子夏 : 學而篇 [7] 參照.
食 : 飯. 先生 : 父兄. 饌 : 飮食之也. 曾 : 嘗. 弟子 : 아우나 자식.
色難 : ① 부모를 섬김에 (自己의) 안색을 온화하게 함이 어렵다.
※ 蓋孝子之有深愛者는 必有和氣하고 有和氣者는 必有愉(화할 유)色하고 有愉色者는 必有婉(공손할 완)容이라. 故로 事親之際에 惟色爲難耳니 服勞奉養은 未足爲孝也라.<朱子>
② 父母의 안색을 받들어 순종함이 어렵다.
※ 承順父母之色이 爲難이라. <鄭玄>

【解說】 子夏가 孝를 묻자, 孔子께서 말씀하시기를, 부모를 섬김에 안색을 부드럽게 함이 어려우니, (父兄에게) 일이 있으면 弟子가 그 수고로움을 대신 실천하고, 술과 밥이 있으면 父兄(先生)을 잡숫게 하는 것을 일찍이 이를 孝라 하겠는가?

【主題】 孝에 대한 가르침 — 色難 (以和色承順父母之難).
※ 孔子는 子夏가 直義하나 온화한 빛이 不足하다 여겨 가르친 것임.

※ 上記 [5]~[8]에 나타난 孝의 차이.
程子曰 告懿子는 告衆人者也요(일반인에게 말한 것이요),
告武伯者는 以其人多可憂之事요
(그 사람이 근심할 만한 일이 많기 때문이요),
告子游는 能養而或失於敬이요

(봉양은 잘하나 혹 공경을 잃을까 해서요),
告子夏는 能直義而或少溫潤之色이니
(능히 강직하고 의로우나 혹 온화한 빛이 부족해서이니),
各因其材之高下와 與其所失而告之라. 故로 不同也라.
(각각 그 재질의 높고 낮음과 그 결함에 따라서 그에게 말해 주었으므로 (말씀이) 똑같지 아니하다.)

[9]

子曰 吾與回言終日에 不違如愚러니 退而省其私한대 亦足以發하나니 回也不愚로다. <抑揚法>

【字解】
與(여) 주다, 함께, 더불어, ~와(과), 돕다. 省 살필 성, 줄일 생.

【硏究】
回 : 魯國之人으로 孔子의 首弟子(孔子보다 30세 年下). 姓은 顔, 名은 回, 字는 子淵. 41세로 卒하니, 子曰 噫天喪予 天喪予라 함.
不違 : ① 意不相背하여 有聽受而無問難也라. <朱子>
② 無所怪問於孔子之言. <孔安國>
如愚 : 어리석은 듯하다. 어리석은 사람 같다. 亦 : 그러나.
省其私 : 그의 사생활이나 私處할 때를 살핌. 發 : 發明所言之理.

【解說】 공자께서 말씀하시기를, 내가 回와 더불어 종일 얘기함에 내 뜻을 어기지 않아 어리석은 사람인 듯하더니, 물러난 뒤 그의 사생활을 살펴봄에 충분히 발명하니(실천하여 나타내니), 回는 어리석지 않도다.

【主題】 回의 悟道에 대한 稱讚 — 不違如愚 回也不愚.
※ 孔子께서 안회가 道를 깨쳐 가는 묘리를 형용해서 칭찬한 것임.

[10]

子曰 視其所以하며 觀其所由하며 察其所安이면 人焉廋哉리오. 人焉廋哉리오. <列擧法・漸增法・反復法>

【字解】
焉 어찌 언, 於之의 축약, 어조사 언.　　廋 숨길 수.

【研究】
視 : 見. → 　觀 : 比視爲詳矣. → 察 : 比觀加詳矣.　　以 : 爲.
安 : 所樂也.　焉 : 何.　　　　　　廋 : 匿.　　　　　由 : 從.
◎ 爲善者爲君子요 爲惡者爲小人이라. 事雖爲善이나 而意之所從來者有未善焉이면 則亦不得爲君子矣라. 所由雖善이나 而心之所樂者不在於是면 則亦僞耳니 豈能久而不變哉리오. <朱子> 善을 행하는 자는 군자가 되고, 惡을 행하는 자는 小人이 된다. 일은 비록 善을 행하나 뜻(마음)의 소종래(所從來: 그 원인)가 善하지 못함이 있다면 또한 능히 君子가 될 수 없다. 所由來가 비록 善하나 마음의 즐거워하는 바가 여기에 있지 않다면 또한 거짓일 뿐이니, 어찌 능히 오래도록 변하지 않으리오.

【解說】 孔子께서 말씀하시기를, 그 하는 바[事]를 보며, 그 연유하는 바(이유)[意]를 살피며, 그 편안히 여기는 바[心]를 살펴본다면, 사람들이 어찌 (自身을) 숨길 수 있으리오? 사람들이 어찌 숨길 수 있으리오?

【主題】 觀人法의 세 가지 — 視其所以[事], 觀其所由[意], 察其所安[心].
※ 사람 보는 법은 그의 事와 意와 心을 살펴서 君子와 小人을 판별함에 있음을 말했음.

[11]

子曰 溫故而知新이면 可以爲師矣니라. <假定法>

【字解】
溫 따뜻할 온, 익힐 온.　　爲(위) 하다, 행하다, 되다, 여기다, 삼다.

【研究】
溫 : 尋繹(생각할 역)也.　故 : 舊所聞.　　　　　新 : 今所得.
◎ 學能時習舊聞而每有新得이면 則所學在我而其應不窮이라. 故로 可以爲人師라. 若夫記問之學은 則無得於心而所知有限이라. 故로 學記(禮記篇名)에 譏其(記問之學)不足以爲人師라 하니 正與此意로 互相發也라. <朱子> 배움은 예전에 들은 것을 능히 때때로 익히어 매양(항상) 새로 터득함이 있으면 배운 바가 나에게 있어서 그 응용이 끝이 없다.

그러므로 가히 써 스승이 될 수 있는 것이다. 만약 무릇 암기나 하고 묻기나 하는 학문이라면 마음에 터득함이 없어서 아는 바가 한계가 있다. 그러므로 <學記>에 그것(記問之學)은 족히 써 스승이 될 수 없다고 비판하였다 하니, 바로 이 뜻과 서로 발명된다.

【解說】 孔子께서 말씀하시기를, 옛 것(학문)을 익히어(찾아 생각하여) 새 것(새로 터득한 바)을 알면, 가히 써 스승이 될 수 있느니라.

【主題】 참된 학문의 方法 — 溫故知新 (※ 法故創新)
※ 참된 學問은 마음으로 터득하여 知新함에 있음을 말씀하시었음.

[12]

子曰 君子는 不器니라. <比喩法>

【字解】 省 略

【研究】
君子 : 修己治人의 成德之士. 즉 學德兼備의 人格者로서의 지도자.
不器 : 器物 같은 存在가 아니다. 그릇처럼 용도가 국한되지 않음.
◎ 器者는 各適其用而不能相通이라. 成德之人은 體無不具라. 故로 用無不周하니 非特爲一才一藝而已니라. <朱子> 器란 것은 각각 그 용도에만 적합하여 능히 서로 통용될 수 없는 것이다. 德을 이룬 사람[君子]은 體가 갖추어지지 않음이 없다. 그러므로 用(쓰임)이 두루하지 않음이 없으니, 다만 한 가지 재주 한 가지 기예일 뿐만이 아니니라.

【解說】 孔子께서 말씀하시기를, 君子는 기물 같은 存在가 아니니라(그릇처럼 국한된 존재가 아니니라).

【主題】 君子의 爲人 — 不器(萬事通達之人).
※ 君子는 특정한 용도에 국한된 그릇 같은 人物이 아니고 모든 면에 통달하는 人物임을 말한 것임.

[13]

子貢이 問君子한대 子曰 先行其言이오 而後從之니라. <問答法>

【字解】
貢(공) 바치다, 천거하다. 從(종) 따르다, ~로부터.

【硏究】
先行其言 : 行之於未言之前(아직 말하기 전에 그것을 행함).
後從之 : 言之於旣行之後(이미 말을 행한 후에 그것을 말함).
◎ 子貢之患은 非言之艱이요 而行之艱이라. 故로 告之以此하시니라. <范祖禹> ※ 子貢은 말 잘하는 공자 제자.
子貢의 병통은 말하기가 어려움이 아니요, 실행함이 어려웠다. 그러므로 이것으로써 그에게 말하심이니라.

【解說】 자공이 군자에 대해서 물으니, 공자 말씀하시기를, 먼저 그 말한 것을 실행하고, 그 뒤에 (말이) 그것(행동)을 따르게 하는 것이니라.

【主題】 君子之言行 — 先行後言.
※ 君子는 말보다 실천이 중요함을 강조한 말씀임.

[14]

子曰 君子는 周而不比하고 小人은 比而不周니라. <對照法>

【字解】
周(주) 두루, 둘레, 두르다, 주밀하다, 돌다.
比(비) 견주다, 비례, 무리, 나란하(나란히하)다, 친하다.

【硏究】
周 : 大義를 밝히고 서로 和同함. 公에 해당.
比 : 편파적이고 일시적 이득을 위해 한패가 됨. 私에 해당.
君子 : 公을 중시하는 人物로 나보다 전체를, 물질보다 정신을, 개인의 부귀영화보다 국가 국민의 번영 안락을 앞세움.
小人 : 私를 중시하는 人物로서 君子와 反對임.
◎ 周는 普徧也요 比는 偏黨也니 皆與人親厚之意로되 但周公而比私爾라. <朱子> 周는 널리 하는 것이며, 比는 편당하는 것이니, 모두 사람과 친하고 두터이 하는 뜻이로되, 다만 周는 公이요 比는 私일 뿐이다.
◎ 君子小人所爲不同은 如陰陽晝夜하여 每每相反이라. 然이나 究其所以分이면 則在公私之際毫釐之差耳라. <朱子> 君子와 小人의 所行이

같지 않음은 陰陽과 晝夜와 같아서 매양 서로 반대된다. 그러나 그 나누어지는 까닭을 연구해 보면 公과 私의 사이로 털끝만한 차이가 있을 뿐이다.

【解說】 孔子께서 말씀하시기를, 君子는 두루 和하고 偏黨하지 않으며, 小人은 偏黨하고 두루 和하지 않느니라.

【主題】 君子와 小人의 行實上의 차이 — 周[公]와 比[私]의 차이.
※ 孔子께서 君子와 小人은 행실 면에서 公私의 상반적 차이가 있음을 지적하신 것임.

※ 君子와 小人의 比較

君　子	篇　名	小　人
喩於義 (의에서 깨달음)	里仁	喩於利 (이에서 깨달음)
泰而不驕	里仁	驕而不泰
和而不同	子路	同而不和
坦蕩蕩 (편안하고 늠름함)	述而	長戚戚 (불안하고 근심스러움)
求諸己	衛靈公	求諸人
不可小知而可大受也	衛靈公	不可大受而可小知也
成人之美	顔淵	成人之惡
有勇而無義爲亂	陽貨	有勇而無義爲盜
上達 (達於仁義)	憲問	下達 (達於財物)

[15]

子曰 學而不思則罔하고 思而不學則殆니라. <對照法>

【字解】
罔 없을 망.　　殆 위태할 태, 거의 태.

【硏究】
罔 : 사리나 의리에 어두워 얻음이 없음.

殆 : 위태롭고 불안함. 도리를 모르고 독단에 빠져 위태로움.

◎ 不求諸心이라. 故로 昏而無得이요 不習其事라. 故로 危而不安이라. <朱子> 마음에 (그것을) 구하지 아니한다. 그러므로 어두워서 얻음이 없고, 그 일을 익히지 아니한다. 그러므로 위태로워 불안한 것이다.

◎ 博學 審問 愼思 明辨 篤行 五者에 廢其一이면 非學也니라. <程子> 박학·심문·신사·명변·독행 이 다섯 가지에서 그 하나라도 폐한다면 학문이 아니니라.

【解說】 孔子께서 말씀하시기를, 배우기만 하고서 사색하지 않으면 어두워져서 (사리를) 얻음이 없고, 생각하기만 하고 배우지 않으면 위태로우니라.

【主題】 爲學의 基本態度 — 學而思.

※ 학문하는 기본 태도는 배우고 생각함을 한쪽으로 치우치게 하지 말라는 의미임.

[16]

子曰 攻乎異端이면 斯害也已니라. <假定法>

【字解】

攻 칠 공, 닦을 공, 다스릴 공.　　斯 이 사, 그 사.

【硏究】

攻 : 專治, 專攻.　　　乎 : 於.

異端 : 聖人之道가 아닌 雜書나 學說 等. 예를 들면, 儒家의 正統이 아닌 道家思想(無爲自然思想)이나 楊子思想(個人主義思想)이나 墨子思想(兼愛說)이나 佛氏思想(人生無常의 虛無主義思想) 등임.

斯害也已 : 그런 것들은 해가 될 뿐이다.

◎ 異端은 非聖人之道而別爲一端이니 如楊墨是也라. 其率天下하여 至於無父無君하니라. <范祖禹>
異端은 聖人의 道가 아니고 별도로 一端이 된 것이니, 楊朱와 墨翟 같은 것이 이것이다. 그들은 天下를 거느려 無父無君의 지경에 이르게 했느니라.

◎ 佛氏之言은 比之楊墨하면 尤爲近理하니 所以其害爲尤甚이라. <程子>
佛氏의 말은 그것을 양주 묵적에 비하면 더욱 이치에 가까우니, 이 때문에 그 해됨이 더욱 심하다.

【解說】 孔子께서 말씀하시기를, 이단을 전공하면 해가 될 뿐이니라.

【主題】 學問的 異端에 대한 경계 — 斯害也已.
※ 사람들로 하여금 그 배움을 바르게 하고 異端에 빠지지 말라는 뜻.

[17]

子曰 由아. 誨女知之乎아. 知之爲知之요 不知爲不知 是知也니라. <頓呼法>

【字解】
誨 가르칠 회. 女 계집 녀, 딸 녀, 너 여(=汝).

【硏究】
由 : 孔子의 빼어난 弟子(공자보다 9세 年下)로 魯國人. 姓은 仲, 名은 由, 字는 子路(또는 季路)인데, 지나치게 용감하고 성미가 급해서 꾸지람을 듣기도 했음.
知之爲知之 : 아는 것을 그것을 안다고 하다. 여기서 앞의 '之'는 '~을'(虛辭), 뒤의 '之'는 '그것'이란 代名詞로서 目的語임.
◎ 子路好勇하니 蓋有强其所不知以爲知者라. 故로 夫子告之니라. <朱子> 子路는 용맹을 좋아하였으니, 아마도(蓋) 억지로 그가 알지 못하는 바를 안다고 한 것이 있었을 것이다. 그러므로 夫子(선생님)께서 그것을 말씀하신 것이니라.

【解說】 孔子께서 말씀하시기를, 由야 (내가) 너에게 아는 것을 가르쳐 줄까? 아는 것을 그것(아는 것)을 안다 하고, 알지 못함(모름)을 알지 못한다(모른다) 함이, 이것이 아는 것이니라.

【主題】 知의 참된 의미 — 知之爲知之 不知爲不知.
※ 子路는 모르는 것을 안다 함이 있었기에 참된 앎에 대해 말한 것임.

[18]

子張이 學干祿한대 子曰 多聞闕疑요 愼言其餘則寡尤며 多見闕殆요 愼行其餘則寡悔니 言寡尤하며 行寡悔면 祿在其

中矣니라. <問答法>

【字解】
干(간) 방패(干城), 범하다(干犯), 구하다(干祿), 마르다(干滿), 간여하다(干與), 천간(干支), 얼마(若干). 尤(우) 탓하다, 허물, 더욱. 悔 뉘우칠 회. 闕 빠질(뺄) 궐, 대궐 궐. 寡 적을 과.

【研究】
子張 : 陳人으로서 孔子의 弟子(공자보다 48세 年下). 姓名 顓孫師.
闕 : 缺. 祿 : 仕者之奉(俸). 殆 : 위태로움(불확실 애매함).
◎ 尤는 罪自外至者也요 悔는 理自內出者也니라. <程子> 尤는 죄가 밖으로부터 이르는 것이요, 悔는 이치가 안으로부터 나오는 것이다.
◎ 疑者는 所未信이요 殆者는 所未安이라. <呂大臨>
疑란 것은 아직 자신할 수 없는 것이요, 殆란 것은 不安한 것이다.
◎ 多聞見者는 學之博이요 闕疑殆者는 擇之精이며 謹言行者는 守之約이라. 凡言在其中者는 皆不求而自至之辭니라. <朱子>
듣고 보는 것을 많이 하는 것은 배움이 넓은 것이요, 의심나는 것과 위태로운 것을 빼버리는 것은 가리기를 정밀히 함이요, 말과 행동을 삼가는 것은 지키기를 요약함이다. 무릇 그 가운데 있다고 말하는 것은 모두 구하지 않아도 저절로 이른다는 말이다.

【解說】 子張이 祿을 求하는 방법을 배우려 하니, 孔子께서 말씀하시기를, 많이 듣고서 의심나는 것을 빼 버리고 그 나머지를 삼가서 말하면 허물이 적어지며, 많이 보고서 위태로운(모호 애매한) 것을 빼 버리고 그 나머지를 삼가서 행하면 후회함이 적어질 것이니, 말에 허물이 적으며 행실에 후회함이 적으면 녹이 그 가운데 있느니라.

【主題】 干(求)祿之道 — 言寡尤 行寡悔.
※ 子張이 外的條件에 힘씀을 보고, 학문함에는 스스로 言行을 삼감이 중요함을 말한 것임.

[19]

哀公이 問曰 何爲則民服이니잇고. 孔子對曰 擧直錯諸枉이면 則民服하고 擧枉錯諸直이면 則民不服이니이다. <問答法・對照法>

【字解】
擧(거) 들다, 날다, 일으키다, 거동.
錯(착) 꾸미다, 섞이다, 줄, 숫돌. (조) 두다, 올려놓다.
服(복) 옷, 직책, 일, 행하다, 생각하다, 다스리다, 입다, 좇다.

【研究】
哀公 : 魯의 君主로 定公의 아들이며 姓은 姬, 名은 蔣, 謚號는 哀. 이때 공자는 魯나라에 있었음.
孔子對曰 : 대체로 윗사람의 질문에 대답 시에 윗사람을 높여 씀.
何爲則民服 : 어찌하면 백성들이 복종하겠는가?
錯 : 捨置也(버려둠이다). 諸 : 모든, 之於의 축약.
◎ 擧錯得宜면 則人心服이니라. <程子>
들어 쓰고 버려둠이 마땅함을 얻으면 인심이 복종하느니라.
◎ 好直而惡枉은 天下之至情也니 順之則服이요 逆之則去는 必然之理也라. <謝良佐> 정직함을 좋아하고 굽음을 미워함은 天下의 지극한 인정이니, 이것을 따르면 (백성들이) 복종하고, 이것을 거스르면 (백성들이) 배반함은 필연의 이치이다.

【解說】 哀公이 물어 말하기를, 어떻게(어찌) 하면 백성들이 복종합니까? 孔子께서 대답해 말씀하시기를, 곧은(정직한) 사람을 들어 쓰고 모든 굽은 사람을 버려두면 백성들이 복종하며, 굽은 사람을 들어 쓰고 모든 곧은 사람을 버려두면 백성들이 복종하지 않습니다. (※ 諸의 해석에 따라 다른 해석이 可함.)

【主題】 治民之本 — 擧直錯枉.
※ 王이 人才登用에 公正해야 백성을 服從시킬 수 있음을 孔子가 哀公에게 말한 것임.

[20]

季康子問 使民敬忠以勸하되 如之何잇고. 子曰 臨之以莊則敬하고 孝慈則忠하고 擧善而敎不能則勸이니라. <問答法 · 列擧法>

【字解】
臨(림) 임하다, 대하다, 그리(쓰)다. 莊(장) 별장, 엄하다, 바르다.

【研究】

季康子 : 魯國의 卿(大夫)으로서 季桓子의 아들이며, 名은 肥, 諡號는 康이다. 魯國의 세도가 三桓氏의 한 집안인 季孫氏의 堂主로서 세도가 임금보다 컸다.

莊 : 容貌端嚴也(용모가 단정하고 엄숙함이다). 如之何 : 어찌합니까.

◎ 臨民以莊이면 則民敬於己하고 孝於親慈於衆이면 則民忠於己하고 善者擧之而不能者教之면 則民有所勸而樂於爲善이라. <朱子>

장엄함으로써 백성에게 대하면 백성들이 자기(윗사람)에게 공경하고, 어버이에게 孝하고 무리를 사랑하면 백성들이 자기(윗사람)에게 충성하고, 잘하는 자는 그를 등용하고 능하지 못한 자는 그를 가르치면 백성들이 권면되는 바가 있어 善을 행하기를 즐거워할 것이다.

【解說】 季康子가 묻기를, 백성들로 하여금 (윗사람에게) 공경하고 충성하게 하며 써(일을 잘하도록) 권면하려면 어떻게 합니까? 공자께서 말씀하시기를, 장엄함으로써 대하면 (백성들이) 공경하고, (당신 자신이) 효도하고 자애하면 (백성들이) 충성하고, 선한 이를 들어 쓰고 능하지 못한 이를 가르치면 권면될 것입니다.

【主題】 德治之本 — 臨之以莊, 孝慈, 擧善而教不能.

※ 질문의 요점은 '使'字에 있고, 대답의 요점은 '則'字에 있으니, 自己自身에게 있는 것을 극진히 하라는 뜻이 들어 있음.

[21]

> 或이 謂孔子曰 子奚不爲政이니까. 子曰 書云孝乎인저. 惟孝하며 友于兄弟하여 施於有政이라 하니 是亦爲政이니 奚其爲爲政이리오. <問答法 · 引用法 · 設疑法>

【字解】

奚 어찌 해.　　施 베풀 시, 줄 시, 옮길 이.

【研究】

或 : 어떤 사람.　書 : 冊名. 書(春秋代), 尙書(漢代), 書經(宋代).

奚其爲爲政 : 어찌 그 (정사를) 하는 것만이 정사를 하는 것인가?

◎ 書(君陳篇)言 君陳이 能孝於親하고 友於兄弟하며 又能推廣此心하

여 以爲一家之政이라 하니 孔子引之하여 言如此則是亦爲政矣니 何必居位라야 乃爲爲政乎아. <朱子>
書經에 말하기를, 君陳이 능히 어버이에게 孝하고 형제간에 우애하며, 또 이 마음을 능히 미루어 넓혀서 한 집안의 정사를 하였다 하니, 孔子께서 이를 인용하여 이와 같이 하면 이 또한 政事를 하는 것이니, 어찌 반드시 지위에 있어야 곧 정사를 함이 되겠는가라고 말씀하신 것이다.

【解說】혹자가 孔子께 말씀하시기를, 先生께서는 어찌 정사를 하지 않으십니까? 孔子께서 말씀하시기를, 書經에 孝에 대하여 말했도다. '孝하며 형제간에 우애하여 정사에 베푼다' 하였으니, 이 또한 정사를 하는 것이니, 어찌 그 정사하는 것만이 정사를 하는 것이겠는가?

【主題】仁政之道 — 孝友(← 父慈子孝 兄友弟恭)
※ 먼저 집안을 바르게 하면 정치하는 도리가 여기에서 벗어나지 않음을 보인 것임.

[22]

子曰 人而無信이면 不知其可也로라. 大車無輗하며 小車無軏이면 其何以行之哉리오. <比喩法・設疑法>

【字解】
輗 끌채끝 예.　　軏 끌채끝 월.

【硏究】
大車 : 平地任載之車(평지에 짐을 싣는 수레).
※ 大車는 牛를, 小車는 馬를 사용.
小車 : 田車(사냥용 수레), 兵車(전투용 수레), 乘車(승마용 수레).
輗(예) : 大車의 끌채끝의 멍에를 매는 가로 댄 나무(轅端橫木).
軏(월) : 小車의 끌채끝의 위로 굽은 갈고리(轅端上曲鉤).
不知其可也 : 그의 가능성을 알 수 없다. 쓸 만한 데가 없다.
◎ 輗는 轅端橫木이니 縛軛以駕牛者라. 軏은 轅端上曲鉤이니 衡以駕馬者라. 車無此二者면 則不可以行이니 人而無信이면 亦猶是也니라.
<朱子> 예는 멍에 끝에 가로 댄 나무이니, 멍에를 묶어서 소에게 멍에하는 것이다. 월은 멍에 끝에 위로 굽은 갈고리이니, 가로 댄 나무로써 말에게 멍에하는 것이다. 수레에 이 두 가지가 없으면 가히 써 갈 수 없으니,

사람으로서 신이 없으면 또한 이와 같음이니라.

【解說】 공자께서 말씀하시기를, 사람으로서 信이 없으면 그 가함을 알지 못하겠도다(사람 노릇을 할지 모르겠도다). 큰 수레에 예(수레 채마구리)가 없으며 작은 수레에 월(멍에막이)이 없다면 그 무엇으로써 갈 수 있으리오.

【主題】 信의 重要性 — 人而無信 不知其可也.
※ 사람에게 있어서 信의 重要性을 비유로써 표현했음.

※ 비 유 [원관념(본의) — 人之信 (신)
보조관념(유의) — [大車之輗 (예) / 小車之軏 (월)]

[23]

子張이 問十世를 可知也(乎)잇가. 子曰 殷因於夏禮하니 所損益을 可知也며 周因於殷禮하니 所損益을 可知也니 其或繼周者면 雖百世라도 可知也니라. <問答法・列擧法>

【字解】 省 略

【研究】

十世 [① 10代(1世는 父子가 교차하는 30年). ※ 世代同也.
② 王朝가 10차례 바뀌는 세월(王者易姓受命 爲一世 ; 朱子).

可知也 : 알 수 있는가? ※ 也를 乎로도 썼음(陸氏曰 也는 一作乎라).
禮 : 여기서는 政治 社會 文化 制度 전부를 지칭한 말임.
損益 : 加減(가감), 調節(조절).
夏 : 禹王이 세운 古代王朝. 17王 471年間(B.C 2200-1760) 존속.
殷 : 湯王이 夏를 멸하고 세운 王朝. 28王 645年間(B.C 1760-1122) 존속.
周 : 武王發이 殷을 멸하고 세운 王朝. 35王 874年間(B.C 1122-249) 존속.
◎ 所因은 謂三綱五常이요 所損益은 謂文質三統이라. 愚按三綱은 謂君爲臣綱이요 父爲子綱이요 夫爲婦綱이며 五常은 謂仁義禮智信이라. 文質은 謂夏尙忠 商尙質 周尙文이요 三統은 謂夏正建寅하니 爲人通

이요 商正建丑하니 爲地統이요 周正建子하니 爲天統이라. 三綱五常은 禮之大體니 三代相繼하여 皆因之而不能變하고 其所損益은 不過文章制度小過不及之間이어늘 而其已然之迹을 今皆可見이니 則自今以往으로 或有繼周而王者면 雖百世之遠이라도 所因所革이 亦不過此라 豈但十世而已乎아. 聖人所以知來者蓋如此하시니 非若後世讖緯術數之學也니라. <馬融> 인습한 바는 삼강과 오상을 이름이고, 손익(가감)한 바는 文(문식)과 質(형질)과 삼통을 이른다. 내가 살펴보건대, 三綱은 임금은 신하의 근본이 되고, 아비는 자식의 근본이 되고, 남편은 아내의 근본이 됨을 이르며, 五常은 仁·義·禮·智·信을 이른다. 文과 質은 夏나라는 忠을 숭상하고 商나라는 質을 숭상하고 周나라는 文을 숭상함을 이르고, 三統은 夏나라는 正月을 寅方(북두성 자루가 寅方을 가리킴)으로 세우니 人統이 되고, 商나라는 正月을 丑方으로 세우니 地統이 되고, 周나라는 正月을 子方으로 세우니 天統이 됨을 이른다. 三綱과 五常은 예의 대체이니, 三代가 서로 계승하여 모두 그대로 인습하여 능히 변경하지 않았고, 그 손익(가감)한 바는 문장과 제도에 조금 지나치거나 미치지 못함에 지나지 않거늘, 그 이미 그러한 자취를 이제 모두 볼 수 있으니, 그렇다면 지금부터 이후로 혹 周나라를 계승하여 왕 노릇하는 자가 있다면 비록 백 세 뒤의 먼 것이라도 인습하는 바와 변역하는 바는 또한 이에 지나지 않을 것이니, 어찌 다만 十世뿐이겠는가? 聖人이 미래를 아는 바가 대저 이와 같으니, 후세의 참위(도참설)나 술수학과는 같지 아니하니라.

【解說】 子張(顓孫師)이 묻기를, 열 王朝後의 일을 알 수 있습니까? 孔子께서 말씀하시기를, 殷나라는 夏나라의 禮를 인습하였으니 손익(가감)한 바를 알 수 있으며, 周나라는 殷나라의 禮를 인습하였으니 손익한 바를 알 수 있으니, 그 혹시라도 周나라를 계승한 자가 있다면 비록 百世後의 일이라도 알 수 있을지니라.

【主題】 未來 豫知의 理致 — 禮의 不變性.
※ 禮는 세상 유지의 근본이니, 세상이 변해도 禮의 大體는 변하지 않는다. 三代가 서로 禮를 이어받았음을 증거로 미래 예지의 理致를 말한 것임.

[24]

子曰 非其鬼而祭之이 諂也요 見義不爲이 無勇也니라.<平敍法>

【字解】
諂 아첨할 첨.

【硏究】
鬼 : 죽은 사람이나 선조의 영혼(人神曰鬼). 爲 : 行.
非其鬼 : 非其所當祭之鬼(그 마땅히 제사지낼 바의 귀신이 아님).
諂 : 求媚也(잘 보이기를 구함이다).
◎ 知而不爲면 是無勇也. <朱子>
알면서 행하지 않으면 이는 용맹이 없음이다.
◎ 天子는 天神에 제사 지내고, 諸侯는 地祇에 제사 지내고, 士庶人은 自己 先祖에 제사 지낸다. <鄭玄>

【解說】 孔子가 말씀하시기를, 그 제사 지낼 귀신이 아닌데도 (그를) 제사 지냄은 아첨함이요, 義를 보고 行하지 않음은 용기가 없음이니라.

【主題】 잘못된 禮와 行해야 할 義.
※ 두 개의 條件을 들어서 하나는 마땅히 하지 말아야 할 것을 하는 것이고, 하나는 마땅히 해야 할 것을 하지 않음에 대해 말했음.

第三 八 佾 篇

주제 : 論禮樂之事

※ 古代中國에서는 禮樂으로 政事를 바로잡고 百姓을 敎化했으므로 <爲政篇> 다음에 <八佾篇>을 配置했다.

◎ 凡 二十六章이라. 通前篇末二章하여 皆論禮樂之事라. <朱子>

◎ 爲政之善은 莫善於禮樂이라. 禮以安上治民하며 樂以移風易俗하니 得之則安하고 失之則危하니라. 故로 此篇論禮樂得失也라. <邢昺>(형병)

[1]

孔子謂季氏하시되 八佾로 舞於庭하니 是可忍也면 孰不可忍也리오. <設疑法>

【字解】

季 : 끝 계, 철 계.　　佾 : 춤출 일.
孰 : 누구 숙, 무엇 숙.　　忍 : 참을 인, 차마할 인.

【研究】

謂季氏 : 季氏를 비판(탓)하여 말하다.

季氏 : 魯國의 大夫인 季孫氏. 당시 魯國의 實權은 三桓(魯桓公에서 나온 孟孫氏·叔孫氏·季孫氏)에게 있어서 君主를 무시하고 僭越한 짓을 자행했으니, 그중 季孫氏가 더욱 심하여 大夫의 身分으로 사당 제사에 天子의 八佾을 추게 함.

八佾 : 天子의 舞樂. 魯는 周公의 아들 伯禽이 건국했는데, 魯公은 八佾을 行할 수 있었음.

◎ 佾은 舞列也니 天子八佾이요 諸侯六이요 大夫四요 士二며 每佾人數는 如其佾數라. <朱子>

佾은 춤추는 列이니, 天子는 八列이요 諸侯는 六列이요 大夫는 四列이요 士는 二列이며, 列마다 인원수는 그 列의 數와 같다.

◎ 孔子爲政이면 先正禮樂하시니 則季氏之罪는 不容誅矣라.<范祖禹>

孔子께서 政事를 하신다면 먼저 禮樂을 바로잡으셨을 것이니, 그렇다면 季氏의 罪는 誅戮(주륙)을 당해도 용서받지 못할 것이다.

【解說】 孔子께서 季氏를 두고(비판하여) 말씀하시기를, (天子의) 팔일

무를 뜰에서 춤추게 하니, 이것(이짓)을 가히 차마 한다면 무엇을 가히 차마 하지 못하겠는가?

【主題】 季氏의 無禮 — 八佾舞於庭.
※ 孔子가 季氏의 무례하고 참람함을 꾸짖어 名分을 바로잡으려 했다.

[2]

> 三家者以雍徹이러니 子曰 相維辟公이어늘 天子穆穆을 奚取於三家之堂고. <引用法>

【字解】
雍 화할 옹. 徹(철) 뚫다, 통하다, 거두다.
相(상) 서로, 재상, 돕다. 辟(벽) 임금, 물리치다. (피) 피하다.
穆(목) 온화하다, 아름답다, 화목하다, 공경하다.

【研究】
三家 : 魯大夫孟孫叔孫季孫之家(魯의 대부 맹손 숙손 계손의 집안).
雍 : 周頌篇名也(詩經 周頌의 편명이다). 維 : 語助辭.
徹 : 祭畢而收其俎也(제사를 마치고 그 제기를 거두는 것이다).
相 : 助也(도움이다). 辟公 : 諸侯也(제후이다).
穆穆 : 深遠之意니 天子之容也(심원하다는 뜻이니 천자의 용모다).
相維~穆穆→ 詩經 周頌 雍篇의 詩句. 堂 : 제사 드리는 廟의 中央.
◎ 此는 雍詩之辭니 孔子引之하사 言三家之堂에 非有此事어늘 亦何取於此義而歌之乎아 하시니 譏其無知妄作하여 以取僭竊之罪하시니라. <朱子> 이것은 雍詩의 가사이니, 孔子께서 그것을 인용하여 '三家의 堂에는 이런 일이 있어서는 안 되거늘 또한 어찌 이 뜻을 취하여 그것을 노래하는가?'라고 말씀하셨으니, 그들이 무지해서 망령되이 행동하여 참람히 도용하는 죄를 취함을 기롱하신 것이니라.
◎ 周公之功이 固大矣나 皆臣子之分所當爲니 魯安得獨用天子禮樂哉아. 成王之賜와 伯禽之受皆非也라. 其因襲之弊가 遂使季氏僭八佾하고 三家僭雍徹이라. 故로 仲尼譏之시니라. <程子> 周公의 功이 진실로 크지만 모두 신하의 직분상 마땅히 해야 할 바이니, 魯나라만이 어찌 능히 홀로 天子의 예악을 쓸 수 있겠는가? 成王이 (天子 예악을 魯나라에) 준 것과 伯禽(周公의 자)이 (그것을) 받은 것은 모두 잘못이다. 그 인습의 폐단이 드디어 季氏로 하여금 八佾舞를 참람히 사용하게 하고 三家

로 하여금 참람하게 雍詩를 노래하며 철상하게 했던 것이다. 그러므로 仲尼께서 그것을 기롱(비판)하신 것이니라.

【解說】 三家(세 대부의 집)에서 詩經 雍篇을 노래하면서 撤床(철상)하니, 孔子께서 말씀하시기를, '諸侯들이 제사를 돕거늘 天子의 威儀는 深美하도다'라는 가사를 어찌해서 三家의 堂에서 취하여 쓰는가?

【主題】 天子之廟樂을 僭竊한 三家에 대한 孔子의 叱責.
※ 前章에서 季氏의 무례하고 참절함을 질책했다면, 此章에서는 三家의 無知妄作함을 질책한 것이다.

[3]

子曰 人而不仁이면 如禮何며 人而不仁이면 如樂何리오.
<反復法・設疑法>

【字解】
樂 풍류 악, 즐거울 락, 좋아할 요.

【硏究】
人而不仁 : 사람으로서(이면서) 仁하지(어질지) 못하다.
如禮何 : 예를 어찌할(어떻게 사용할) 것인가?
즉 형식적으로 禮를 차려도 아무 소용이 없다.
如樂何 : 樂을 어찌할(어떻게 사용할) 것인가?
즉 음악을 연주하여도 아무 소용이 없다.
◎ 人而不仁이면 則人心亡矣니 其如禮樂에 何哉리오. 言雖欲用之나 而禮樂不爲之用也라. <游酢> 사람으로서 仁하지 못하면 사람의 마음이 없음이니, 그 禮樂을 어찌하리오. 비록 그것(禮樂)을 쓰려고 하나 禮樂이 그를 위하여 쓰이지 않을 것이라고 말씀하신 것이다.
◎ 仁者는 天下之正理니 失正理則無序而不和니라. <程子>
仁이란 것은 天下의 바른 이치이니, 바른 이치를 잃으면 질서가 없어져 和하지 못하니라.

【解說】 孔子께서 말씀하시기를, 사람으로서 仁하지 못하면 禮를 어떻게 사용하며, 사람으로서 仁하지 못하면 樂을 어떻게 사용할 수 있겠는가?

【主題】 禮樂之誤用 — 不仁不用.
※ 不仁하면서도 禮樂을 잘못 行하고 있음을 개탄하고 있음.

[4]

林放이 問禮之本한대 子曰 大哉라 問이여. 禮는 與其奢也론 寧儉이요 喪은 與其易也론 寧戚이니라. <倒置法 · 對句法 · 比較法 · 問答法>

【字解】
寧(녕) 편안하다, 차라리, 어찌. 戚(척) 겨레, 슬프다, 근심하다.
奢 사치할 사. 易 바꿀 역, 주역 역. 다스릴 이, 쉬울 이.

【研究】
林放 : 魯國의 사람. 易(이) : 다스림⇒형식적으로 잘 치름.
與其~寧~ : ~하느니보다 차라리 ~이다(함이 낫다).
◎ 孔子以時方逐末이어늘 而放獨有志於本이라. 故로 大其問이라. 蓋得其本이면 則禮之全體無不在其中矣라. <朱子>
孔子는 당시 사람들이 바야흐로 말단적인 것을 따르거늘 임방만이 유독 근본에 뜻을 두었기 때문에 그 질문을 크게(훌륭하게) 여긴 것이다. 무릇 그 근본을 얻으면 禮의 전체가 그 가운데 있지 않음이 없다.
◎ 禮貴得中이니 奢易則過於文이요 儉戚則不及而質이니 二者皆未合禮라. 然이나 凡物之理는 必先有質而後有文하니 則質乃禮之本也라. <朱子> 禮는 中을 얻음을 귀하게 여기니, 奢와 易는 곧 文에 지나치고, 儉과 戚은 미치지 못해서 질박하니, 두 가지는 모두 禮에 未合하다. 그러나 모든 사물의 이치는 반드시 먼저 質이 있은 뒤에 文이 있음이니, 그렇다면 質이 곧 禮의 근본이다.
◎ 儉者는 物之質이요 戚者는 心之誠이라. 故로 爲禮之本이라. <范祖禹> 儉이란 것은 사물의 바탕이고, 戚이란 것은 마음의 정성이다. 그러므로 禮의 근본이 되는 것이다.

【解說】 林放이 禮의 근본을 물으니, 孔子께서 말씀하시기를, 훌륭하도다 질문이여(큼직한 질문이로다)! 禮는 그 사치하기보다는 차라리 검소해야 하고, 喪은 그 잘 다스림(잘 치르기)보다는 차라리 슬퍼해야 하느니라.

【主題】 禮之本 — 質(儉 · 戚)先於文(奢 · 易)

※ 공자가 당시에 질보다 文이 勝한 폐단을 지적하여 禮之本을 밝힌 것임.

[5]

子曰 夷狄之有君이 不如諸夏之亡也니라. <比較法>

【字解】
夷(이) 오랑캐, 상하다, 죽이(멸하)다, 평정하다, 평탄하다.
狄(적) 오랑캐, 악공. 亡 멸할(죽을) 망, 잃을 망, 없을 무.

【研究】
夷狄 : 東夷・西戎・南蠻・北狄 등의 오랑캐(야만).
不如 : ~만 하지(같지) 못하다. ~와 같지 않다.
夏 : 華(中華)와 通함. 亡 : 無. 諸夏 : 중국의 여러 제후국.
◎ 夷狄도 且有君長하니 不如諸夏之僭亂하여 反無上下之分也니라. <程子> 夷狄들도 또한 君主가 있으니, 諸夏가 참람하여 도리어 상하의 구분이 없음과는 같지 아니하다.
◎ 孔子傷時之亂而歎之也시니 無는 非實無也요 雖有之나 不能盡其道爾니라. <尹焞> 孔子께서 당시의 어지러움을 슬퍼하시어 그것을 탄식하심이니, 無는 실제로 없음이 아니요, 비록 그것이 있더라도 능히 그 도리를 다할 수 없을 뿐이니라.

【解說】 孔子께서 말씀하시기를, 오랑캐(夷狄)에게도 君主가 있으니, 諸夏(중국의 여러 제후국)에 없는 것과는 같지 아니하다.
※ 공자께서 말씀하시기를, 오랑캐 나라에 임금이 있다 해도 中華의 여러 나라에 임금이 없음만도 못하다. (異說)

【主題】 諸夏之亡에 대한 한탄. (異說 : 中華文化의 우수성)
※ 孔子가 당시 諸夏의 어지러움을 깊이 개탄하신 것임.

[6]

季氏旅於泰山이러니 子謂冉有曰 女弗能救與아. 對曰 不能이로소이다. 子曰 嗚呼라 曾謂泰山이 不如林放乎아. <問答法・感歎法・比喩法>

【字解】
旅(려) 나그네, 여행하다, 군대, 무리, 산신제 지내다.
曾(증) 일찍, 거듭, 마침내(곧).

【研究】
旅 : 祭名也(제사 이름이다). ※ 諸侯가 주재하는 山祭・山川祭 등.
泰山 : 山名이니 在魯地라(산 이름이니 노나라 땅에 있다).
冉有 : 孔子 제자(공자보다 29세 年下)로 名은 求, 字는 子有. 季氏之宰.
救 : 謂救其陷於僭竊之罪(참람히 도용하는 죄에 빠짐을 구원함을 이름).
嗚呼 : 歎辭(탄식하는 말). 女 : 汝(너). 曾 : 乃(마침내, 곧).
◎ 禮에 諸侯祭封內山川하니 季氏祭之는 僭也라. 言神不享非禮하니 欲季氏知其無益而自止요 又進林放以厲冉有也라. <朱子>
禮에 諸侯가 封內(국경 안)의 山川에 제사한다 했으니, 季氏가 그것(山川)에 제사함은 참람한 짓이다. 神은 禮가 아닌 것을 흠향하지 않음을 말씀하셨으니, 季氏가 그것이 무익함을 알아서 스스로 그만두게 하려 하셨고, 또 林放을 추켜세워 冉有를 권면하신 것이다.
◎ 冉有從季氏하니 夫子豈不知其不可告也리오. 然而聖人이 不輕絶人하여 盡己之心하시니 安知冉有之不能救와 季氏之不可諫也리오. 既不能正이면 則美林放以明泰山之不可誣하시니 是亦敎誨之道也니라.<范祖禹> 冉有는 季氏를 따랐으니, 夫子께서 어찌 그(염유)가 고할 수 없음을 몰랐으리오. 그러나 聖人은 가벼이 사람을 끊지 않아 自己의 마음을 다하시니, 冉有가 바로잡을(구할) 수 없음과 季氏가 간할 수 없는 인물임을 어찌 아셨으리오(따졌으리오). 이미 바로잡을 수 없다면 林放을 찬미함으로써 泰山의 神을 속일 수 없음을 밝히셨으니, 이 역시 가르치는 방도니라.

【解說】 季氏가 泰山에 여제를 지내려 하니, 孔子께서 冉有에게 일러 말씀하시기를, 네가 바로잡을 수 없겠는가? (冉有가) 대답해 말하기를, 불가능합니다. 孔子께서 말씀하시기를, 아! 마침내 泰山(泰山의 神)이 (禮의 근본을 물은) 林放만 같지 못하다고 생각하는가?

【主題】 季氏의 無禮僭竊함을 救하려는 孔子의 努力.
※ 孔子께서는 冉有를 통해서 季氏의 잘못을 꾸짖어 바로잡으려 했으며, 또 林放을 칭찬함으로써 冉有를 일깨우려 한 것이다.

[7]

子曰 君子無所爭이나 必也射乎인저. 揖讓而升하여 下而飮하니 其爭也君子니라. <平敍法>

【字解】
揖 읍할 읍, 모일 집. 讓 겸손할 양, 사양할 양.

【研究】
君子無所爭 : 군자는 다투는 바가 없다.
必也射乎 : 반드시(어쩔 수 없이) (경쟁은) 활쏘기에서 한다.
揖讓而升 : 大射之禮에 耦進三揖而後升堂也.
下而飮 : 射畢揖降하여 以俟衆耦皆降하여 勝者乃揖하면 不勝者升하여 取觶(잔치)立飮也라.
◎ 君子恭遜하여 不與人爭이나 惟於射而後有爭이라. 然이나 其爭也雍容揖遜이 乃如此하니 則其爭也君子而非若小人之爭也라. <朱子>
君子는 공손하여 남과 다투지 않으나 오직 활쏘기로 한 후에는 다툼이 있다. 그러나 그 다툼의 화락한 모습과 읍하고 겸손함이 마침내 이와 같으니, 그렇다면 그 다툼은 君子다워서 小人의 다툼과는 같지 아니하다.
※ 옛날 弓術大會에는 大射, 賓射, 燕射, 鄕射 등이 있었음.

【解說】 孔子께서 말씀하시기를, 君子는 다투는 바가 없으나, 반드시 활쏘기에서는 경쟁하는도다. (상대에게) 읍하고 사양하면서 (堂에) 올랐다가 (활을 쏜 뒤에는) 내려와 마시니, 그러한 다툼이 군자다우니라.

【主題】 大射之禮 — 君子辭讓之德.
※ 孔子가 大射의 爭과 禮로써 君子辭讓之德을 보이고자 한 것임.

[8]

子夏問曰巧笑倩兮며 美目盼兮여. 素以爲絢兮라 하니 何謂也잇고. 子曰 繪事後素니라. 曰 禮後乎인저. 子曰 起予者는 商也로다. 始可與言詩已矣로다. <問答法・引用法・比喩法>

【字解】

倩 예쁠 천.　　盼 아름다운 눈 변(반).

絢 문채날 현.　　素(소) 바탕, 희다.

【硏究】

巧 : 好也(아름다움이다).　　倩 : 好口輔也(보조개가 예쁨이다).

盼 : 目黑白分也(눈동자에 흑백이 분명함이다).

素 : 粉地니 畫之質也(분칠하는 자리이니 그림의 바탕이다).

絢 : 彩色이니 畫之飾也(채색이니 그림의 꾸밈이다).

[巧笑～絢兮]→逸詩(일시 : 散佚된 詩로서 詩經에 수록되지 않은 시).

繪事 : 繪畫之事也(그림을 그리는 일이다).

後素 : 後於素也(흰 천을 마련함보다 뒤에 함이다).

起予 : 言能起發我之志意라(능히 나의 志意를 감발시킴을 말함이다).

禮 : 必以忠信爲質이니 猶繪事必以粉素爲先이라.(반드시 忠信을 바탕으로 삼으니, 그림 그리는 일에 반드시 칠할 바탕을 우선함과 같다).

◎ 言人有此倩盼之美質하고 而又加以華采之飾이니 如有素地而加采色也라. 子夏疑其反謂以素爲飾이라. 故로 問之하니라. 考工記曰 繪畫之事後素功이라 하니 謂先以粉地爲質而後에 施五采하니 猶人有美質然後에 可加文飾이라. <朱子>

사람이 예쁜 보조개와 흑백이 분명한 눈동자의 아름다운 바탕을 가지고 있고, 또 화려한 채색의 꾸밈을 더하는 것이니, 마치 흰 바탕이 있고 채색을 더하는 것과 같음을 말씀하신 것이다. 子夏는 아마도 도리어 흰 비단으로써 채색을 한다고 생각한 듯하다. 그러므로 그것을 물어본 것이다. 考工記(周禮의 冬官에 해당. 百工의 일을 기록)에 말하기를, 그림 그리는 일은 흰 바탕(비단)을 마련한 뒤에 하는 공이라 했으니, 먼저 粉地(칠할 자리;비단)로써 바탕을 삼은 뒤에 五色의 채색을 칠함을 말함이니, 마치 사람이 아름다운 자질을 지닌 뒤에야 문식을 加할 수 있음과 같은 것이다.

◎ 甘受和하고 白受采하고 忠信之人이라야 可以學禮라. 孔子曰 繪事後素라 하신대 而子夏曰 禮後乎인저 하니 可謂能繼其志矣로다. 所謂起予는 則亦相長之義也니라. <楊時>

단맛은 調味를 받아들이고, 흰 것은 채색을 받아들이고, 忠信한 사람이라야 禮를 배울 수 있는 것이다. 孔子께서 말씀하시기를, 그림 그리는 일은 흰 바탕(비단)을 마련함보다 뒤에 한다고 하시자, 子夏가 禮가 뒤이겠군요라고 말하였으니, 능히 그 뜻을 계승했다고 이를 만하도다. 이른바 起予는 곧 또한 (禮記에서 말한) 敎學相長의 뜻이니라.

【解說】 子夏(卜商)가 묻기를, 아름다운 웃음에 보조개가 예쁘며, 아름

다운 눈에 눈동자가 선명함이여! 흰 비단으로 채색을 한다 하였으니, 무엇을 말한 것입니까? 孔子께서 말씀하시기를, 그림 그리는 일은 흰 비단을 마련함보다 뒤에 함이니라. (子夏가) 禮가 (忠信보다) 뒤이겠군요라고 말했다. 孔子께서 말씀하시기를, 나를 흥기시키는(감발하는) 자는 商(子夏)이로구나! 비로소 함께 詩를 말할 만하도다.

【主題】 禮必以忠信爲質(예는 반드시 忠信으로서 바탕을 삼음).
※ 繪事에서 采素(粉地;비단)를 먼저 마련해야 하듯이 人間完成에 있어서 最後의 裝飾인 禮도 忠信의 자질을 갖춘 뒤에 가능함을 말했다. 그리고 師弟之間의 대화에서 教學相長의 意味를 엿볼 수 있다.

[9]

子曰 夏禮를 吾能言之나 杞不足徵也며 殷禮를 吾能言之나 宋不足徵也는 文獻이 不足故也니 足則吾能徵之矣로리라. <例證法>

【字解】
杞 나라 이름 기. 獻(헌) 문헌, <u>어질다</u>, 바치다.
徵(징) 부르다, <u>징험하다</u>. (치) 성조 이름.

【研究】
杞 : 夏之後(하나라의 후손). 宋 : 殷之後(은나라의 후손).
徵 : 證也(증명함이다). 文 : 典籍也(전적이다). 獻 : 賢也(현인이다).
◎ 言二代之禮를 我能言之나 而二國이 不足取以爲證하니 以其文獻不足故也라. 文獻若足이면 則我能取之하여 以證吾言矣리라. <朱子>
두 시대의 禮를 내가 그것을 말할 수 있으나 두 나라(杞와 宋)에서 취하여서 증거로 삼을 수 없으니, 그 전적과 현인이 부족하기 때문이다. 전적과 현인이 만약 충분하다면 내가 능히 그것을 취하여 내 말을 증명할 수 있으리라고 말씀하신 것이다.

【解說】 孔子께서 말씀하시기를, 夏나라의 禮를 내가 (그것을) 말할 수 있으나 (夏의 후손 나라인) 杞나라가 충분히 증명해 주지 못하며, 殷나라의 禮를 내가 (그것을) 말할 수 있으나 (殷의 후손 나라인) 宋나라가 충분히 증명해 주지 못함은 전적과 현인(遺賢)이 부족하기 때문이니, (문헌이) 충분하다면 내가 그것(내말)을 증명할 수 있으리라.

【主題】 夏殷之禮에 관한 文獻不足에 대한 孔子의 恨歎.
※ 夏禮와 殷禮를 전술하여 周禮와 함께 後世에 傳하고자 함이 孔子의 뜻이었으나, 文獻 不足으로 뜻을 이루지 못함을 한탄하심이다.

[10]

子曰 禘自旣灌而往者는 吾不欲觀之矣로라. <平敍法>

【字解】
禘 큰제사 체.　　　　灌 물댈 관, 강신제 지낼 관, 더부룩할 관.

【研究】
禘 : 王者之大祭也. 즉 天子만이 宗廟에서 하늘과 始祖를 모시는 큰 제사다. 周 成王은 周公이 큰 공이 있다 하여 周公의 사당에 禘 제사를 지내게 하였으나 그 後에도 제후국인 魯國에서 禘 제사를 지냈으니 이는 道에 벗어난 非禮로 보았음.
灌 : 方祭之始에 用鬱鬯之酒하여 灌地以降神也라. (바야흐로 제사하는 시초에 울창주를 사용하여 땅에 술을 부어 강신함이다).
◎ 蓋魯祭非禮니 孔子本不欲觀이요 至此而失禮之中에 又失禮焉이라. 故로 發此歎也시니라. <朱子> 무릇 魯나라의 禘제사는 禮가 아니니, 孔子께서는 본래 보고자 하지 아니했고, 이때에 이르러서는 失禮한 가운데 또 失禮를 하였다. 그러므로 이런 탄식을 발하신 것이니라.

【解說】 孔子께서 말씀하시기를, 禘 제사는 이미 강신주를 따른 뒤로부터는 내 그것을 보고 싶지 아니하도다.

【主題】 魯國 禘祭의 非禮.
※ 孔子가 魯國에서 禘祭를 행함이 예가 아님을 보인 것임.

[11]

或問禘之說한대 子曰 不知也로라. 知其說者之於天下也에 其如示諸斯乎인저 하시고 指其掌하시다. <問答法 · 比喩法>

【字解】
諸(저) 之於의 축약.　　斯 이(그) 사, 어조사 사, 천할 시.
示 볼 시, 보일 시, 가리킬 시, 땅귀신 기.　掌 손바닥 장, 다스릴 장.

【研究】
◎ 不王不禘之法은 又魯之所當諱者라. 故로 以不知答之라. 指其掌은 言其明且易也라. 蓋知禘之說이면 則理無不明하고 誠無不格하여 而治天下不難矣라. 聖人於此에 豈眞有所不知也哉시리오. <朱子>
王者가 아니면 禘제사를 지내지 못하는 법은 또한 魯나라가 마땅히 諱해야 할 바이다. 그러므로 不知로써 그에게 답하신 것이다. 그 손바닥을 가리킴은 그것이 분명하고 또 쉬움을 말함이다. 무릇 禘제사의 내용을 알면 이치가 밝지 않음이 없고 정성이 감동하지(바르지) 않음 없어서 天下를 다스림이 어렵지 않을 것이다. 聖人이 이(체 제사)에 대하여 어찌 참으로 알지 못하는 바가 있으시리오.

【解說】 혹자가 禘 제사의 내용을 물으니, 공자께서 말씀하시기를, 알지 못하겠노라. 그 내용을 아는 자는 天下에(天下를 다스림에) 대하여 여기에 그것을 (올려놓고) 보는 것과 같을 것이다 하시고 그 손바닥을 가리키셨다.

【主題】 禘祭에 대한 暗示 — 禘祭는 治天下之事.
※ 禘祭의 내용이 治天下之理를 담고 있음을 암시적으로 말했음.

[12]

祭如在하시며 祭神如神在러시다. 子曰 吾不與祭면 如不祭니라. <比喩法>

【字解】
與(여) 더불다, 및(와/과), 편들다, 돕다, 주다, 참여하다, 어조사.

【研究】
◎ 祭는 祭先祖也요 祭神은 祭外神也라. 祭先은 主於孝하고 祭神은 主於敬이니라. <程子> 祭는 先祖에게 제사함이요, 祭神은 外神(先祖이외의 神)에게 제사함이다. 先祖에게 제사함은 孝를 위주로 하고, 神에게 제사함은 敬을 위주로 하느니라.

◎ 愚謂 此는 門人記孔子祭祀之誠意라. <朱子> 내가 생각하기에는 이는 門人들이 孔子께서 제사 지내는 정성스런 뜻을 기록한 것이다.

◎ 有其誠則有其神이요 無其誠則無其神이니 可不謹乎아. 吾不與祭면 如不祭는 誠爲實이요 禮爲虛也니라. <范祖禹> 그 정성이 있으면 그 神이 있고, 그 정성이 없으면 그 神이 없는 것이니, 可히 삼가야 하지 않겠는가? 내가 제사에 참여하지 않으면 제사하지 않음과 같다 함은 정성이 실제가 되고 禮가 形式的인 것(虛)이 됨이니라.

【解說】 제사를 지내실 적에는 (先祖가) 계신 듯이 하셨으며, 神을 제사 지낼 적에는 神이 계신 듯이 하시었다. 孔子께서 말씀하시기를, 내가 제사에 참여하지 않으면 마치 제사하지 않은 것과 같으니라.

【主題】 奉祭之誠.

※ 제사를 받드는 일은 그 禮보다 정성이 중요함을 강조하시었다.

[13]

王孫賈問曰 與其媚於奧론 寧媚於竈라 하니 何謂也잇고. 子曰 不然하다. 獲罪於天이면 無所禱也니라. <問答法·引用法·比喩法>

【字解】

賈 성 가, 장사 고.(※ 坐賈行商)　　媚 아첨할 미.
奧 아랫목 오, 깊을 오.　　竈 부엌 조.

【研究】

王孫賈(왕손가) : 衛國의 大夫. 姓은 王孫, 名은 賈. 衛國의 權臣.
奧 : 방 아랫목에 있는 神.　　竈 : 부엌에 있는 神.

◎ 時俗之語에 因以奧有常尊이나 而非祭之主요 竈雖卑賤이나 而當時用事하니 喩自結於君이 不如阿附權臣이라. 賈는 衛之權臣이라. 故로 以此諷孔子라. <朱子>

당시 世俗의 말에 이것으로 인하여서 아랫목 神은 항상 높음이 있으나 제사의 주인이 아니요, 부엌 神은 비록 낮고 천하나 당시에 用事하니, 스스로 君에게 결탁함이 권신에게 아부함만 같지 못함을 비유했다. 王孫賈는 衛나라의 권신이었다. 그러므로 이로써 孔子를 풍자하였다.

◎ 天은 卽理也니 其尊無對하여 非奧竈之可比也라. 逆理則獲罪於天矣니 豈媚於奧竈하여 所能禱而免乎아. <朱子>

天은 곧 理이니, 그 높음이 상대가 없어 아랫목 神과 부엌 神에 가히 比할 수 없다. 이치를 거스르면 하늘에 죄를 얻으니, 어찌 아랫목 神과 부엌 神에게 아첨하여 빌어서 면할 수 있을 것인가?

【解說】 왕손가가 물어 말하기를, 아랫목 神에게 잘 보이기보다는 차라리 부엌 神에게 잘 보이라 하니, 무슨 말입니까? 孔子께서 말씀하시기를, 그렇지 아니하다. 하늘에 죄를 얻으면 빌 곳이 없느니라.

【主題】 阿附權勢의 不當性.
※ 孔子가 王孫賈의 질문에 하늘을 들어 阿附權勢의 부당함을 말했음.

[14]

子曰 周監於二代하니 郁郁乎文哉라. 吾從周호리라. <感歎法>

【字解】
監 볼 감. 郁 빛날 욱.

【研究】
監 : 視也(봄이다). 郁郁 : 文盛大之貌也(文이 성대한 모양이다).
二代 : 夏商(殷)也니 言其視二代之禮而損益之라(夏나라와 商나라이니, 그 二代의 禮를 보아서 손익(가감)했음을 말함이다).
文 : 文化禮儀文物制度之總稱(문화와 예의 문물제도를 통틀어 말함).
◎ 三代之禮가 至周大備하니 夫子美其文而從之라. <尹焞>
三代(夏殷周)의 禮가 周나라에 이르러 크게 갖추어지니, 夫子께서 그 文을 찬미하시고 그것(周禮)을 따르리라 하신 것이다.

【解說】 孔子께서 말씀하시기를, 周나라는 二代(夏殷)를 보았으니, 찬란(성대)하도다, 文이여! 나는 周(周之文)를 따르리라.

【主題】 周之文에 대한 찬미와 孔子의 從周之意.
※ 三代의 禮(文)가 周에 이르러 크게 갖추어지니, 孔子께서 그를 아름답게 여겨 따르겠다는 뜻이다.

[15]

子入大(太)廟하사 每事問하신대 或曰 孰謂鄹人之子를 知禮乎아. 入大廟하여 每事問이온여. 子聞之하시고 曰是禮也니라.

<引用法・設疑法>

【字解】

廟 사당 묘. 孰 누구 숙. 鄹 나라(땅)이름 추(鄒同).

【研究】

大廟 : 魯周公廟(노나라 주공의 사당).

鄹 : 魯邑名(노국 읍의 이름). ※ 孔子父 叔梁紇이 그 邑 大夫를 지냈음.

鄹人之子→孔子. 孰謂 : 누가 ~라고 말했는가?

◎ 此는 蓋孔子始仕之時에 入而助祭也라. 孔子自少로 以知禮聞이라. 故로 或人이 因此而譏之라. 孔子言是禮者는 敬謹之至가 乃所以爲禮也라. <朱子> 이는 아마도 孔子께서 처음 벼슬할 때에 (太廟에) 들어가서 제사를 도운 것인 듯하다. 孔子께서는 젊어서부터 禮를 안다고 소문이 났다(알려졌다). 그러므로 어떤 사람이 이로 인하여서 그를 비판한 것이다(비아냥거린 것이다). 孔子께서 이것이 禮이다 라고 말씀하신 것은 공경과 삼감이 지극한 것이 곧 써 禮를 행하는 것이기 때문이다.

◎ 禮者는 敬而已矣니 雖知亦問은 謹之至也라. 其爲敬이 莫大於此어늘 謂之不知禮者 豈足以知孔子哉리오. <尹焞>
禮라는 것은 敬일 뿐이니, 비록 알더라도 또한 묻는 것은 삼감이 지극한 것이다. 그 敬을 행함이 이보다 더 큼이 없거늘, 그(孔子)를 일러 禮를 알지 못한다고 하는 자가 어찌 족히 써 孔子를 알 수 있으리오.

【解說】 孔子께서 大廟에 들어가시어 매사를 물으시니, 어떤 이가 말하기를, 누가 추땅 사람의 아들(孔子)을 禮를 안다고 하였는가? 大廟에 들어가 매사를 묻는구나 하였다. 孔子께서 그 말을 들으시고 말씀하시기를, 이것이 바로 禮이니라 하셨다.

【主題】 禮之本意 ― 敬謹之至.

※ 孔子께서 지극히 엄격한 大廟之祭를 통하여 禮의 근본 의미가 지극히 공경하고 지극히 삼감에 있음을 행동으로 보인 것이다.

[16]

子曰 射不主皮는 爲力不同科니 古之道也니라. <平敍法>

【字解】
科 등급(품등) 과, 조목 과, 법 과, 죄(형벌) 과.

【研究】
射不主皮[儀禮 鄕射禮] : 활 쏨에 과녁을 뚫음을 주로 하지 않는다.
爲力不同科 : 힘의 등급이 같지 않기 때문이다.
古之道也 : 옛날 君子의 弓術道이다.
◎ 記(禮記)曰 武王克商하고 散軍郊射에 而貫革之射息이라 하니 正謂此也라. 周衰에 禮廢하고 列國兵爭하여 復(부)尙貫革이라. 故로 孔子歎之니라. <朱子> 禮記에 이르기를, 武王이 商(殷)나라를 이기고 군대를 해산하여 교외에서 활쏘기를 함에 가죽(과녁)을 꿰뚫는 활쏘기가 종식되었다 하였으니, 바로 이것을 말함이다. 周나라가 쇠퇴함에 禮가 폐지되고 列國들이 무력으로 다투어 다시 가죽(과녁)을 꿰뚫는 것을 숭상하였다. 그러므로 孔子께서 이를 한탄하심이니라.
◎ 古者에 射以觀德하여 但主於中하고 而不主於貫革하니 以人之力有强弱不同等也라. <朱子> 옛적에 활쏘기로써 덕행을 관찰하여 다만 적중함만을 주로 하고 가죽(과녁)을 뚫는 것을 주로 하지 않았으니, 사람의 힘이 강약이 있어 동등하지 않기 때문이다.

※ 射 [修養目的 — 不主皮
　　　 尙武目的 — 主皮

【解說】 孔子께서 말씀하시기를, 활을 쏨에는 가죽(과녁) 뚫는 것을 주장하지 않음은 힘의 등급이 같지 않기 때문이니, 옛날의 (활쏘는) 道니라.

【主題】 射禮 타락에 대한 개탄.
※ 孔子가 武力行事로 타락한 射禮를 개탄해서 古之道를 말한 것임.

[17]

子貢 欲去告朔之餼羊한대 子曰 賜也아 爾愛其羊가. 我愛其禮하노라. <對照法・頓呼法>

【字解】
告 아뢸(알릴) 고, 하소연할(고소할) 고, 청할 곡.
餼 희생 희. 爾 너 이, 어조사 이. 朔 초하루 삭, 북방 삭.
賜 줄 사. 愛(애) 사랑(사랑하다), 그리워하다, 아끼다.

【研究】
去 : 그만두다, 제거하다, 떠나다. 餼 : 生牲(날고기의 희생).
告朔(고삭) : 초하루를 고하는 제사. 告朔禮.
告朔之餼羊 : 초하룻날 告由하면서 바치는 희생 羊.
◎ 告朔은 諸侯所以稟命於君親이니 禮之大者라. 魯不視朔矣나 然이나 羊存則告朔之名未泯하여 而其實因可擧니 此夫子所以惜之也라. <楊時> 告朔은 제후가 임금(天子)과 어버이(祖上)에게 命을 稟하는 것이니, 禮의 큰 것이다. (이때에) 魯나라는 초하루에 고유하는 禮를 살펴보지 않았으나 羊이라도 남아 있으면 告朔이라는 명칭이 없어지지 않아 그 실상을 이로 인하여 거행할 수 있으니, 이것이 夫子께서 그것을 아끼신 까닭이다.

【解說】 자공이 (祠堂에) 초하룻날 告由하면서 바치는 희생양을 없애려고(그만두려고) 하자, 공자께서 말씀하시기를, 賜야! 너는 그 羊을 아까워하는가? 나는 그 禮를 아까워하노라.

【主題】 傳統과 祭禮의 重要性 强調.
※ 孔子가 희생양을 소재로 성현의 예를 유지하려는 마음을 보인 것임.

[18]

子曰 事君盡禮를 人以爲諂也로라. <引用法>

【字解】
事 일 사, 섬길 사. 諂 아첨할 첨.

【研究】
以爲 : ~라고 한다(여긴다, 생각한다, 친다).
諂 : 아첨하다(비굴하게 굽혀 득을 보려 하다).
◎ 聖人事君盡禮를 當時以爲諂이라 하니 若他人言之면 必曰我事君盡禮어늘 小人以爲諂이로되 而孔子之言이 止於如此하시니 聖人道大德宏을 此亦可見이니라. <程子> 聖人께서 임금 섬김에 禮를 다함을 당시

사람들은 아첨한다고 했으니, 만일 다른 사람들이 그것을 말했다면 반드시 내가 임금 섬김에 예를 다했거늘 小人들이 아첨한다고 하는구나 라고 말했을 것이로되, 孔子의 말씀은 (小人이란 말은 하지 않고) 이와 같음에 그쳤으니, 聖人의 道가 크고 德이 넓음을 여기에서 또한 볼 수 있느니라.

【解說】 孔子께서 말씀하시기를, 임금 섬김에 禮를 다함을 사람들은 아첨한다고 하는구나!

【主題】 事君盡禮에 대한 世人들의 曲解.
※ 孔子가 事君之臣을 위해 신하의 도리를 말한 것임.

[19]

定公問 君使臣하며 臣事君하되 如之何잇고. 孔子對曰 君使臣以禮하며 臣事君以忠이니이다. <問答法・對句法>

【字解】
使 하여금 사, 부릴 사. 事 일 사, 섬길 사.

【硏究】
定公 : 魯國의 君主로서 襄公의 子. 名은 宋, 謚號는 定. 孔子가 그를 섬기고 三桓의 세력을 누르려 했으나 失敗하고 魯를 떠남.

◎ 二者(君使臣以禮 臣事君以忠)는 皆理之當然이니 各欲自盡而已라. <朱子> 두 가지는 모두 도리의 당연함이니, 각각 스스로 다하고자 할 뿐이다.

◎ 使臣에 不患其不忠이요 患禮之不至하며 事君에 不患其無禮요 患忠之不足이니라. <呂大臨>
신하를 부림에 그가 충성하지 않음을 근심(걱정)하지 말고 (自身의) 禮가 지극하지 못함을 걱정해야 하며, 임금을 섬김에는 그(임금)가 禮가 없음을 걱정하지 말고 (自身의) 충성이 부족함을 걱정해야 하느니라.

◎ 君臣은 以義合者也라. 故로 君使臣以禮면 則臣事君以忠이라. <尹焞> 君臣은 義로써 결합된 것이다. 그러므로 임금이 신하를 부림에 禮로써 하면 신하가 임금을 섬김에 忠으로써 하는 것이다.

【解說】 定公이 묻기를, 임금이 신하를 부리며 신하가 임금을 섬김에 어찌해야 합니까? 孔子께서 대답해 말씀하시기를, 임금은 신하를 부리기를 예로써 하고, 신하는 임금을 섬기기를 충으로써 해야 합니다.

【主題】 君臣之正道 — 君使臣以禮 臣事君以忠.
※ 孔子가 君臣관계에서 그 근본(기준)을 세운 것임.

[20]

子曰 關雎는 樂而不淫하고 哀而不傷이니라. <平敍法>

【字解】
雎 물수리 저. 淫(음) 음탕하다, 어지럽다, 과하다(넘치다).
傷(상) 상하(다치)다, 해치다, 애태우다, 근심하다.

【研究】
關雎 : 詩經 첫머리인 <國風>의 첫머리편의 詩.
※ '關關雎鳩 在河之州 窈窕淑女 君子好逑'로 詩題를 '關雎'라 함.
淫 : 樂之過而失其正者也(즐거움이 지나쳐 그 바름을 잃음이다).
傷 : 哀之過而害於和者也(슬픔이 지나쳐 화를 해침이다).
◎ 其憂雖深이나 而不害於和하고 其樂雖盛이나 而不失其正이라. 故로 夫子稱之如此하시니 欲學者玩其辭하고 審其音하여 而有以識其性情之正也시니라. <朱子> 그 근심이 비록 깊으나 화를 해치지 않고, 그 즐거움이 비록 성대하나 그 바름을 잃지 않았다. 그러므로 夫子께서 그것을 칭찬하시기를 이와 같이 하셨으니, 배우는 자들이 그 말을 음미해 보고 그 音을 살펴서 써 그 性情의 바름을 인식할 수 있게 하고자 하심이니라.

【解說】 孔子께서 말씀하시기를, (詩經의) 關雎篇은 즐거우면서도 지나치지 않고, 슬프면서도 和를 해치지 않느니라.

【主題】 關雎의 詩에 對한 孔子의 評價 — 樂而不淫 哀而不傷.
※ 孔子가 시인의 性情이 바름을 들어서 학자에게 본받게 한 것임.

[21]

哀公이 問社於宰我하신대 宰我對曰 夏后氏는 以松이요 殷人은 以柏이요 周人은 以栗이니 曰 使民戰栗이니이다. 子聞之하시고 曰 成事라 不說하며 遂事라 不諫하며 旣往이라 不咎로라. <問答法 · 列擧法>

【字解】

宰(재) 재상, 주장하다, 다스리다, 잡다. 諫 간할 간.

社(사) 토신(땅귀신), 단체, 사일(社日), 제사 지내다.

遂(수) 이루다, 드디어, 나아가다. 咎(구) 허물, 재앙, 꾸짖(탓하)다.

【研究】

哀公 : 定公의 뒤를 이은 魯國의 君主로서 '哀'는 諡號. 襄公・昭公・定公・哀公・悼公(末王)의 順임.

宰我 : 孔子의 能辯의 제자. 姓은 宰, 名은 予, 字는 子我.

社 : 土地神을 모신 壇인데, 新主의 象徵으로 주위에 나무를 심었으니, 여기서는 壇 주위의 神木.

夏后氏 : 夏나라 始祖인 禹王. ※ 夏以揖讓受禪爲君 故褒之稱后 <白虎通>

殷人 : 殷나라 사람. ※ 因人得之 故曰人也 <白虎通>

使民戰栗 : 백성들로 하여금 전율케 하다.

成事 : 이미 성취된 일. 遂事 : 이미 끝난(나아간) 일.

◎ 三代之社不同者는 古者立社에 各樹其土之所宜木하여 以爲主也라. <朱子> 三代(夏殷周)의 社가 똑같지 않은 것은 옛적에 社樹를 세움에 각각 그 토질에 마땅한 바의 나무를 심어 社主로 삼았기 때문이다.

◎ 古者에 各以所宜木名其社하니 非取義於木也어늘 宰我不知而妄對라. 故로 夫子責之라. <尹焞> 옛적에는 각각 (토질에) 마땅한 바의 나무로써 그 社에 이름을 붙였으니, 나무에서 뜻을 취함이 아니었거늘, 宰我가 알지 못하고 함부로 대답했다. 그러므로 夫子께서 그를 책하신 것이다.

【解說】 哀公이 宰我에게 社樹에 대하여 물으니, 宰我가 대답하기를, 夏后氏는 소나무를 (심어서 社主로) 사용하였고, 殷人들은 잣나무를 사용하였고, 周人들은 밤나무를 사용하였으니, (밤나무를 사용한 이유는) 백성들로 하여금 전율을 느끼게 함입니다. 孔子께서 이를 들으시고 말씀하시기를, 이미 이루어진 일이라 (내가) 말하지 않으며, 끝난(나아간) 일이라 간하지 않으며, 이미 지나간 일이라 탓(허물)하지 아니하노라.

【主題】 宰我의 妄對에 대한 孔子의 질책.

※ 宰我가 社樹(社主)의 본의를 모르면서 妄對하므로 깊이 책망하여 말을 삼가야 함을 보인 것임.

[22]

子曰 管仲之器小哉라. 或曰 管仲은 儉乎잇가. 曰 管氏有三歸하며 官事를 不攝하니 焉得儉이리오. 然則管仲은 知禮乎잇가. 曰 邦君이야 樹塞(색)門이어늘 管氏亦樹塞門하며 邦君이야 爲兩君之好에 有反坫이어늘 管氏亦有反坫하니 管氏而知禮면 孰不知禮리오. <問答法·例證法·設疑法>

【字解】

管(관) 대통, 맡다, 관리하다, 성. 攝(섭) 끌어잡다, 겸하다, 대신하다.
樹(수) 나무, 심다, 세우다, 병풍. 塞(새) 변방, (색) 막다, 막히다.
坫(점) 잔대, 경계(구역).

【研究】

管仲 : 齊나라 大夫. 姓은 管, 名은 夷吾, 字는 仲으로서 齊의 桓公을 諸侯의 霸者가 되게 한 名相. 孔子는 禮德面에서 그를 평했음.

器 : 기량, 기국. ※ 器小는 言其不知聖賢大學之道라. 故로 局量褊淺하고 規模卑狹하여 不能正身修德以致主於王道라(器局이 작다는 것은 성현의 大學의 道를 몰랐기 때문에 국량이 좁고 얕으며 규모가 낮고 협소하여 몸을 바르게 하고 德을 닦아 君主를 王道에 이르게 하지 못했음을 말한 것이다).

或人 : 어떤 사람. ※ 或人은 蓋疑器小之爲儉이라(或人은 아마도 기국이 작은 것이 검소함이 되는가 하고 의심한 듯하다).

三歸
- ① 臺名(대명). <說苑: 前漢末 劉向이 지음>
- ② 한꺼번에 세 姓氏의 아내를 얻음. <包咸>
- ③ 3채의 저택을 지었다, 또는 市租의 10分의 3을 받았다 등.

攝 : 兼也(겸함이다). ※ 家臣은 不能具官하고 一人常兼數事어늘 管仲不然하니 皆言其侈라(家臣은 관속을 다 갖출 수 없고 한 사람이 항상 몇 가지 일을 겸하거늘 관중은 그렇지 않았으니 모두 그 사치함을 말한다).

樹 : 屛也(병풍이다). 塞 : 蔽也(가림이다).

好 : 好會(우호의 모임). 坫 : 盞臺(잔대).

反坫 : 在兩楹之間하니 獻酬飮畢이면 則反爵於其上이라. 此皆諸侯之禮어늘 而管仲이 僭之하니 不知禮也라(두 기둥 사이에 있으니, 술잔을 주고받아 마시기를 마치면 술잔을 그 위에 되돌려 놓는다. 이는 모두 제후의 禮이거늘 관중이 그것을 참람히 했으니 예를 모름이다).

◎ 愚謂孔子譏管仲之器小하시니 其旨深矣라. 或人이 不知而疑其儉이라. 故로 斥其奢하여 以明其非儉하시고 或又疑其知禮라. 故로 又斥其僭하여 以明其不知禮하시니 蓋雖不復明言小器之所以然이나 而其所以小者를 於此에 亦可見矣라. <朱子> 내가 생각하건대, 孔子께서 관중의 기국이 작다고 비판하셨으니, 그 뜻이 깊다. 어떤 사람이 알지 못하고 그가 검소하다고 의심하였다. 그러므로 그의 사치함을 지적하여서 그가 검소하지 않음을 밝히셨고, 어떤 사람은 또 그가 禮를 알았다고 의심하였다. 그러므로 또 그의 참람함을 지적하여서 그가 禮를 알지 못했음을 밝히셨으니, 이는 비록 기국이 작은 소이연(까닭)을 다시 분명히 말하지는 않았으나 그 작은 까닭을 여기에서 또한 볼 수 있다.

◎ 奢而犯禮하니 其器之小를 可知라. 蓋器大則自知禮而無此失矣라. <朱子> 사치하고 禮를 범했으니, 그의 기국이 작음을 알 만하다. 대저 기국이 컸다면 스스로 禮를 알아서 이러한 잘못이 없었을 것이다.

【解說】孔子께 말씀하시기를, 管仲은 기국이 작도다! 어떤 사람이 말하기를, 管仲은 검소했습니까? (孔子께서) 말씀하시기를, 管氏는 三歸(호화로운 대의 이름)를 두었으며, 家臣의 일을 겸직시키지 않았으니, 어찌 검소했다 할 수 있으리오. 그렇다면 管仲은 禮를 알았습니까? (孔子께서) 말씀하시기를, 나라의 임금이어야 병풍으로 문을 가리거늘, 管氏 또한 병풍으로 문을 가렸으며, 나라 임금이어야 두 임금이 우호로 만날 때에 술잔을 되돌려 놓는 자리를 두거늘, 管氏도 또한 술잔을 되돌려 놓는 자리를 두었으니, 管氏가 禮를 안다면 누가 禮를 알지 못하리오.

【主題】管仲에 대한 孔子의 否定的 批判 — 器小하여 奢而犯禮.

※ 孔子께서 齊의 名相 管仲을 그의 政治的 能力이 아닌 禮와 德의 人格面에서 奢而犯禮를 들어 器小하다고 否定的으로 評價했음.

[23]

子語魯大(太)師樂曰 樂은 其可知也니 始作에 翕如也하여 從(縱)之에 純如也하며 皦如也하며 繹如也하여 以成이니라. <平敍法>

【字解】

翕 합할 흡. 皦 밝은 교. 從 풀어놓을 종(縱). 繹(역) 연달다, 풀다.

【研究】

語 : 告也(말해 줌이다). 樂 : 여기서는 음악 연주의 뜻.

大師 : 樂官의 長. ※ 孔子 自衛反魯時에 樂師인 摯가 大師로 부임했음.

翕 : 合也(합함이다). 從 : 放也(풀어놓음이다).

純 : 和也(조화함이다). 皦 : 明也(분명함이다).

繹 : 相續不絶也(서로 이어져 끊이지 않음이다).

成 : 樂之一終也(음악이 한 번 끝남이다).

◎ 五音六律이 不具면 不足以言樂이니 翕如는 言其合也라. 五音이 合矣면 淸濁高下如五味之相濟而相和라. 故로 曰純如요 合而和矣면 欲其無相奪倫이라. 故로 曰皦如라. 然이나 豈宮自宮而商自商乎아. 不相反而相連하여 如貫珠可也라. 故로 曰繹如也하여 以成이라. <朱子> 五音과 六律이 갖추어지지 않으면 樂이라 말할 수 없으니, 翕如는 그 합함을 말한다. 五音이 합하였으면 淸濁과 高下가 마치 五味가 서로 도와주어서 서로 조화됨과 같다. 그러므로 純如라 말한 것이요, 합하여 조화를 이루었으면 서로 차례를 빼앗음이 없고자 한다. 그러므로 皦如라 말한 것이다. 그러나 어찌 宮은 宮音만 내고 商은 商音만 내겠는가? 서로 반대되지 않고 서로 연결되어 마치 구슬을 꿴 듯해야 한다. 그러므로 繹如라 말하여서 樂을 끝내는 것이다.

※
- 五音 : 宮,商,角,徵,羽. 五味 : 酸(산),鹹(함),辛(신),甘(감),苦(고).
- 六律(陽) : 黃鍾(황종), 太蔟(태주), 姑洗(고선), 蕤賓(유빈), 夷則(이칙), 無射(무역).
- 六呂(陰) : 大呂(대려), 夾鍾(협종), 仲呂(중려), 林鍾(임종), 南呂(남려), 應鍾(응종).

【解說】 孔子께서 魯나라 大師에게 樂에 대해 말씀하시기를, 樂은 알 수 있으니, 처음 시작함에는 (五陰을) 合하여 그것(樂)을 풀어놓음에 조화를 이루며, 분명하며 연속되어서 한 장을 끝내야 하느니라.

【主題】 孔子의 樂에 대한 견해 — 翕→純→皦→繹→成.
※ 孔子께서 당시 樂이 쇠퇴했으므로 大師에게 樂理를 설명한 것임.

[24]

儀封人이 請見(현)曰 君子之至於斯也에 吾未嘗不得見也로라. 從者見(현)之한대 出曰 二三子는 何患於喪乎리오. 天下之無道也久矣라. 天將以夫子爲木鐸이시리라. <引用法・設疑法>

【字解】
封(봉) 봉하다, 흙더미 쌓다, 제후 봉하다, 지경.
見 볼 견, 견해 견, 뵐 현, 나타날(드러날) 현.
嘗(상) 일찍, 맛보다, 시험하다. 久 오랠 구.
喪(상) 초상, 죽다, 복입다, 잃다, 망하다. 鐸 방울 탁.
將(장) 장수, 장차, 거느리다, 받들다, 나아가다, 돕다, 가지다.

【研究】
儀 : 地名으로 衛國의 한 邑. 封人 : 國境을 관장하는 官員.
請見 : 謁見(알현)을 청하다, 뵙기를 청하다.
未嘗不 : 일찍이(전에) ~하지 않은 일이 없다.
君子 : 當時의 賢者. 見之(현지) : 그를 뵙게 하다.
二三子 : 여러분(그대들). 喪 : 벼슬을 잃다(失位).
木鐸 : 나라의 政敎를 베풀(政令을 알릴) 때에 길에서 흔들어 소리를 내는 방울. 文事에는 방울의 혀를 나무로, 武事에는 쇠로 된 것을 흔들었음. → 社會의 선구적 지도자.
天將以夫子爲木鐸 : 하늘이 장차 夫子를 목탁으로 삼으실 것이다.
① 亂極當治니 天必將使夫子得位設敎하여 不久失位也라. <朱子>
② 天使夫子失位하고 周流四方하여 以行其敎를 如木鐸之徇于道路也라. <異說>
※ 魯國 定公 13年(孔子 56歲) 孔子께서 魯國에서 실각하고 衛國의 국경을 넘어갈 때의 일인 듯함.

【解說】 儀 땅의 封人이 (孔子를) 뵙기를 청하여 말하기를, 君子께서 여기에 이름에 내 일찍이 뵙지(만나보지) 않음(않은 적)이 없었도다. 從者(孔子의 隨行者)가 그를 뵙게 해 주니, (그가 뵙고) 나와서 말하기를, 그대들(여러분들)은 어찌 (孔子께서) 벼슬 잃음을 걱정할 것인가? 天下에 道 없어진 지 오래되었다. 하늘이 장차 夫子를 목탁으로 삼으시리라.

【主題】 聖人을 알아보는 儀封人의 至賢.
※ 벼슬 낮은 儀封人이 聖人을 알아보고 聖人을 칭송한 내용임.

[25]

子謂韶하사되 盡美矣요 又盡善也라 하시고 謂武하사되 盡美矣요 未盡善也라 하시다. <對照法>

【字解】
韶 순임금 음악 소, 밝은 소. 盡(진) 다, 다하다, 지극하다.
善(선) 착하다, 잘, 좋다.

【硏究】
韶 : 舜樂也(순임금 음악이다). 武 : 武王樂也(무왕의 음악이다).
美 : 聲容之盛(소리 모습이 성대함). 善 : 美之實也(아름다움의 실제이다).
◎ 舜은 紹堯致治하고 武王은 伐紂救民하니 其功이 一也라. 故로 其樂이 皆盡美라. 然이나 舜之德은 性之也요 又以揖遜而有天下하고 武王之德은 反之也요 又以征誅而得天下라. 故로 其實이 有不同者니라. <朱子> 舜 임금은 堯 임금을 이어 治世를 이루었고, 武王은 紂王을 정벌하여 백성을 구제하였으니, 그 功이 동일하다. 그러므로 그 음악이 모두 극진히 아름다운 것이다. 그러나 舜 임금의 德은 그것을 천성대로 한 것이고, 또 읍하고 사양함으로써 天下를 소유했고, 武王의 德은 그것(천성)을 되찾은 것이고, 또 정벌하고 주살함으로써 天下를 얻었다. 그러므로 그 실제가 같지 않음이 있는 것이니라. ※ 性之와 反之는 聖人과 賢人의 차이.
◎ 成湯放桀에 惟有慚德하시니 武王亦然이라. 故로 未盡善이라. 堯舜湯武其揆一也니 征伐은 非其所欲이요 所遇之時가 然爾라. <程子> 成湯이 桀王(夏의 末王)을 내침에 부끄러워하는 德이 있었으니, 武王 또한 그러하였다. 그러므로 극진히 좋지는 못한 것이다. 堯(唐王)·舜(虞王)·湯(殷王)·武(周王)는 그 법도가 동일하니, 정벌함은 그들이 하고자 했던 바가 아니고 만난 바의 때가 그러했을 뿐이다.

【解說】 孔子께서 韶樂을 평하시되, 지극히 아름답고 또한 지극히 좋다 하시고, 武樂을 평하시되, 지극히 아름다우나 지극히 좋지는 못하시다 라고 하시었다.

【主題】 孔子의 韶樂과 武樂에 대한 評價.
※ 孔子께서 韶樂과 武樂을 評하시고 舜과 武를 칭송하였음.

[26]

子曰 居上不寬하며 爲禮不敬하며 臨喪不哀면 吾何以觀之哉리오. <列擧法・設疑法>

【字解】 省 略

【研究】

◎ 居上엔 主於愛人이라. 故로 以寬爲本이요 爲禮엔 以敬爲本이요 臨喪엔 以哀爲本이니 旣無其本이면 則以何者而觀其所行之得失哉아. <朱子> 윗자리에 있음에는 사람을 사랑함을 주로 한다. 그러므로 너그러움으로써 근본을 삼고, 禮를 행함에는 敬으로써 근본을 삼고, 초상에 임함에는 슬퍼함으로써 근본을 삼으니, 이미 그 근본이 없다면 어느 것(무엇)으로써 그의 행하는 바의 득실(잘잘못)을 관찰하겠는가?

【解說】 孔子께서 말씀하시기를, 윗자리에 있으면서 너그럽지 못하며, 禮를 행함에 공경스럽지 못하며, 초상에 임함에 슬퍼하지 아니한다면 내가 무엇으로써 그(其所行之得失)를 관찰하겠는가?

【主題】 人間本心의 喪失에 대한 警戒.

※ 爲人之本은 心之本을 잃지 않음에 있음을 强調했음.

第四 里仁篇

주제 : 明仁 (인을 밝힘)

◎ 此篇明仁 仁者善行之大名也. 君子體仁必能行禮樂. 故以次前也. <邢昺>

[1]

子曰 里仁이 爲美하니 擇不處仁이면 焉得知리오. <假定法・設疑法>

【字解】
里(리) 마을, 이수(路程單位), 살다(처하다).
擇(택) 가리다, 뽑다. 焉(언) 어찌, 어조사.

【研究】
里仁爲美 : ① 인자가 살고 있는 마을이 아름답다.
居仁者之里爲美 <鄭玄>
② 자기가 살고 있는 마을도 어진 땅이라야 아름답다.
所居之里 尙以仁地爲美 <黃侃황간>
③ 마을에 인후한 습속이 있음이 아름답다.
里有仁厚之俗爲美 <朱子>
擇不處仁 焉得知
① 擇里而不居於是焉 則失其是非之本心 而不得爲知矣. <朱子>
(마을을 선택하되 이(仁)에 처하지 않는다면 그 시비의 본심을 잃음이어서 지혜롭다 할 수 없다.)
② 況擇身所處 而不處仁道 安得知乎. <黃侃>
(하물며 몸이 처할 곳은 택하면서 인도에 처하지 않는다면 어찌 지혜를 얻은 것인가?)

【解說】 孔子께서 말씀하시기를, 마을에 인후한 습속이 있음이(仁者가 살고 있는 마을이) 아름다우니, (人心이 좋은 마을을) 택하되 仁에 처하지 않는다면 어찌 지혜롭다 하겠는가.

【主題】 處仁의 重要性.
※ 사는 곳의 선택을 말한 것이지, 일의 선택을 말함이 아니다.

[2]

子曰 不仁者는 不可以久處約이며 不可以長處樂이니 仁者는 安仁하고 知者는 利仁이니라. <比較法 · 列擧法>

【字解】
約(약) 대략, 약속, 기약하다, 간략하다, 검소하다, 곤궁하다.
利(리) 이익, 이롭다, 날카롭다, 편리하다, 통하다, 변리(이식), 이기다.

【研究】
約 : 窮困 (궁곤). 不可以 : ~ 할 수 없다.
不仁者 : 어질지 못한 사람. 仁을 行하지 못하는 사람.
利 : 猶貪也니 蓋深知篤好而必欲得之也
(탐함과 같으니, 독호를 깊이 알아 반드시 그것을 얻고자 함이다).
不仁者 不可以久處約 不可以長處樂
① 不仁者 久困則爲非 久樂則必驕淫 <孔安國>
(인하지 못한 자는 오래 곤궁하면 비행을 하고, 오래 즐거우면 반드시 교만하고 음란해진다).
② 不仁之人 失其本心 久約必濫 久樂必淫 <朱子>
(인하지 못한 자는 그 본심을 잃어서, 오래 곤궁하면 반드시 넘치고 오래 즐거우면 반드시 빠진다).
仁者 安仁 :① 惟性仁者 自然體之 故安仁 <包咸> (오직 본성이 어진 자만이 자연히 그것(仁)을 체득한다. 그러므로 인에 안주한다).
② 惟仁者則安其仁 而無適不然 <朱子> (오직 인자만이 곧 그 仁을 편안히 여겨 가는 곳마다 그렇지 않음이 없다).
知者 利仁 :① 知仁爲美 故利而行之 <王肅>
(인덕이 아름답다 함을 알므로 그것을 이롭게 여겨 행한다).
② 知者則利於仁 而不易所守 <朱子>
(지혜로운 자는 仁을 이롭게 여겨 지키는 바를 바꾸지 않는다).

【解說】 孔子께서 말씀하시기를, 仁하지 못한 者는 가히 오래 곤궁함에 처할 수 없으며, 가히 오래 즐거움에 처할 수 없으니, 仁者는 仁을 편안히 여기고, 知者는 仁을 이롭게 여긴다(仁을 利用한다).

【主題】 仁者와 知者의 差異.
※ 仁을 中心으로 仁者와 知者의 차이를 비교하였음.

[3]

子曰 惟仁者아 能好人하며 能惡人이니라. <平敍法>

【字解】
惟(유) 생각하다(思也), 오직(獨也).
惡 악할(나쁠) 악, 미워할(싫어할) 오, 어찌 오.

【研究】
仁者 : 仁德을 갖춘 사람. 仁道를 行하고 仁德을 세운 人格者.
能好人 能惡人 : 능히 사람을 좋아하고 미워할 수 있다.
◎ 唯有仁德者 無私於物 故能審人之好惡也. <正義>
오직 仁德이 있는 사람만이 사물에 대하여 私心이 없다. 그러므로 능히 사람의 좋고 나쁨을 심판할(살필) 수 있다.
◎ 蓋無私心然後 好惡當於理 程子所謂得其公正 是也. <朱子>
대체로 私心이 없어진 뒤에 좋아하고 미워함이 이치에 마땅하니, 程子가 이른바 그 公正함을 얻었다 함이 이것이다.
◎ 好善而惡惡 天下之同情 然 人每失其正者 心有所繫而不能自克也 惟仁者 無私心 所以能好惡也. <游酢> 善을 좋아하고 惡을 미워함은 天下의 똑같은 심정이다. 그러나 사람이 매양 그 올바름을 잃는 것은 마음이 매여 있는 바가 있어서 능히 스스로 극복할 수 없기 때문이다. 오직 仁者는 私心이 없으니, 때문에 능히 좋아하고 미워할 수 있는 것이다.

【解說】 孔子께서 말씀하시기를, 오직 仁者라야 능히 사람을 좋아하며 능히 사람을 미워할 수 있는 것이니라.

【主題】 仁者의 好惡 — 無私心.
※ 仁者의 好惡를 들어서 無私心을 마음의 준칙으로 삼은 것이다.

◎ 參 考
1. 仁者의 三達德 — 知・仁・勇
2. 仁의 實踐面에서의 人間의 三類形 — 仁者・不仁者・知者
3. 仁의 現代的 意味 — 仁은 同類意識을 바탕으로 共生共存하는 실천 윤리의 德行이다. <陳立夫敎授 : 人理學概說>

[4]

子曰 苟志於仁矣면 無惡也이니라. <假定法>

【字解】
苟(구) 진실로, 만약(만일), 구차하다.

【硏究】
無惡也 : ① 무악야 — 악함이 없다, 나쁜 짓을 안 하다.
② 무오야 — 미워함이 없다, 미워하지 아니하다.
志 : 心之所之也(마음이 지향해 가는 바이다). 곧 — 貫之心.
◎ 此章言 誠能志在於仁 則其餘行終無惡也 <正義>
이 글은 진실로(참으로) 능히 뜻이 仁에 있다면 그의 다른 행동도 마침내 악함이 없을 것임을 말한 것이다.
◎ 其心誠在於仁 則必無爲惡之事矣. <朱子>
그 마음이 진실로 仁에 있으면 반드시 惡을 행하는 일이 없으리라.
◎ 苟志於仁 未必無過擧也 然而爲惡則無矣. <楊時>
진실로 仁에 뜻을 두었더라도 반드시 지나친 행동이 없지는 않다. 그러나 惡을 행함은 곧 없으리라.

【解說】 孔子께서 말씀하시기를, 진실로 仁에 뜻을 두면 惡함이(惡行이) 없을 것이니라.

【主題】 志仁者의 爲人 — 無惡.
※ 仁을 行함에 정성이 없는 자를 위하여 깨우치려 하신 말씀이다.

[5]

子曰 富與貴是人之所欲也나 不以其道得之어든 不處也하며 貧與賤是人之所惡也나 不以其道得之라도 不去也니라. 君子去仁이면 惡乎成名이리오. 君子無終食之間違仁이니 造次에 必於是하며 顚沛에 必於是니라. <對句法・設疑法>

【字解】
處(처) 곳, 머무르다, 처리하다. 欲(욕) 하고자 하다. 바라다. 탐내다.

去(거) 가다, 지나다, 버리다, 물리치다. 惡 어찌 오.
違 어기다, 떠나다. 顚 거꾸러질 전. 沛 자빠질 패.

【硏究】
惡乎成名 : 어찌 이름을 이룰 수 있겠는가?
終食之間 : 식사를 마칠 때까지의 시간. 한 번 식사하는 사이.
必於是 : 이(仁)에 반드시 하다.
造次 : 急遽苟且之時(급거하고 구차한 때. 즉 경황 중).
顚沛 : 傾覆流離之際(경복을 당하고 유리하는 즈음. 즉 위급한 상황).
◎ 於富貴則不處하고 於貧賤則不去하니 君子之審富貴而安貧賤也如此니라. <朱子> 부귀에 있어서는 곧 처하지 않고, 빈천에 있어서는 곧 버리지 않으니, 君子가 부귀를 살피고 빈천을 편안히 여김이 이와 같으니라.
◎ 君子所以爲君子는 以其仁也니 若貪富貴而厭貧賤이면 則是自離其仁하여 而無君子之實矣니 何所成其名乎아. <朱子>
君子가 君子가 된 까닭은 그 仁 때문이니, 만약 부귀를 탐하고 빈천을 싫어한다면, 이것은 스스로 그 仁을 떠나서 君子의 실제가 없음이니, 어떻게 그 이름을 이룰 것인가?

【解說】 孔子께서 말씀하시기를, 부와 귀는 사람들이 바라는 바이나 그 道로써 그것을 얻지 않으면 처하지 말아야 하며, 빈과 천은 사람들이 싫어하는 바이나 그 道(정상적인 方法)로써 그것을 얻지 않았다 하더라도 버리지 말아야 한다. 君子가 仁을 버리면 어찌 이름을 이루리오? 君子는 식사하는 동안이라도 仁을 떠남이 없으니, 경황 중에도 이(仁)에 반드시 하며, 위급한 상황에도 이에 반드시 해야 하느니라.

【主題】 君子守仁之道 — 君子無終食之間違仁.
※ 君子는 항상 仁에서 떠나지 말아야 함을 강조했음.

[6]

子曰 我未見好仁者와 惡(오)不仁者로라. 好仁者는 無以尙之요 惡不仁者는 其爲仁矣에 不使不仁者加乎其身이니라. 有能一日用其力於仁矣乎아. 我未見力不足者로라. 蓋有之矣어늘 我未之見也로다. <設疑法・列擧法>

【字解】
尙(상) 오히려, 아직, 일찍, 높이다, 숭상하다, 낫다, 더하다, 바라다.

【硏究】
我未見 : 나는 아직 보지 못했다.
無以尙之 : 그보다 더함(더할 것, 더 나음)이 없다.
不使不仁者 : 不仁한 것으로 하여금 ~하지 못하게 하다.
蓋有之矣 : 아마도 그런 사람이 있을 듯한데.
我未之見也 : 나는 아직 그런 이를 보지 못했다.
◎ 好仁惡不仁者를 雖不可見이나 然이나 或有人果能一旦奮然用力於仁이면 則我又未見其力有不足者라. 蓋爲仁在己라. 欲之則是니 而志之所至에 氣必至焉이라. 故로 仁雖難能이나 而至之亦易也라. <朱子>
仁을 좋아하고 不仁을 미워하는 자를 비록 볼 수 없으나, 그러나 혹시라도 사람들이 과연 능히 하루아침에 분발하여 仁에 힘을 씀이 있다면, 내 또한 그 힘이 不足함이 있는 자를 보지 못하였다. 대저 仁을 행함은 자기에게 달려 있다. 그것(仁)을 하고자 하면 바로 되는 것이니, 뜻이 지극한 바에 기운이 반드시 이르는 것이다. 그러므로 仁이 비록 能하기 어려우나 이르기는 또한 쉬우니라.

【解說】 孔子께서 말씀하시기를, 나는 仁을 좋아하는 者와 不仁을 미워하는 者를 보지 못하였다. 仁을 좋아하는 者는 그보다 더할 수(더 나음이) 없고, 不仁을 싫어하는 者는 그가 仁을 行함에 不仁한 것으로 하여금 그 몸에 加하지 못하게 하는 것이다. 능히 하루라도 仁에 그 힘을 쓴 이가 있는가? 나는 힘이 부족한 자를 아직 보지 못했노라. 아마도 그런 사람이 있을 듯한데 나는 아직 그런 이를 보지 못했노라.

【主題】 仁에 힘쓰지 않음에 대한 警戒.
※ 사람은 마땅히 仁에 힘을 써야 하니, 力不足이라 핑계 말라는 뜻임.

[7]

子曰 人之過也는 各於其黨이니 觀過면 斯知仁矣니라. <平敍法>

【字解】
過(과) 지나다, 지나치다, 예전, 허물(잘못).

【研究】
黨 : 類, 類型, 部類. (또는 鄕黨?)
◎ 人之過也는 各於其類니 君子는 常失於厚하고 小人은 常失於薄하며 君子는 過於愛하고 小人은 過於忍이니라. <程子> 사람의 과실은 각기 그 類대로 함이니, 君子는 항상 후함에 잘못되고, 小人은 항상 박함에 잘못되며, 君子는 사랑에 지나치고, 小人은 잔인함에 지나치느니라.
◎ 於此觀之면 則人之仁不仁을 可知矣리라. <尹焞> 여기(過失)에서 그것(仁)을 관찰하면 사람의 仁하고 不仁함을 알 수 있으리라.

【解說】 孔子께서 말씀하시기를, 사람의 과실은 각기 그 유에 의함이니, (그 사람의) 과실을 보면 그 仁을 알 수 있느니라.

【主題】 過와 仁의 관계 — 觀過知仁.
※ 그 過의 부류를 보아서 그 사람의 仁不仁을 알 수 있다는 말이다.

[8]

子曰 朝聞道면 夕死라도 可矣니라. <假定法>

【字解】
聞(문) 듣다, 들리다, 맡다, 알려지다, 이름, 깨닫다.

【研究】
◎ 道者는 事物當然之理니 苟得聞之면 則生順死安하여 無復遺恨矣라. 朝夕은 所以甚言其時之近이라. <朱子> 道라는 것은 사물의 당연한 이치이니, 만일 그것을 얻어 듣는다면, 살면 이치에 순하고 죽으면 편안해서 다시 유한이 없으리라. 朝夕은 그때의 가까움을 심하게 말한 것이다.
◎ 言人不可以不知道니 苟得聞道면 雖死라도 可也니라. 又曰 皆實理也니 人知而信者爲難이라. 死生亦大矣니 非誠有所得이면 豈以夕死爲可乎아. <程子>
사람은 가히 써 道를 알지 않으면 안 되니, 만일 道를 얻어 듣는다면 비록 죽더라도 可하다고 말씀하신 것이니라. 또 말씀하시기를, 모두 진실한 이치이니, 사람이 알아서 믿는 것이 어렵다. 죽고 삶은 또한 큰 것이니, 진실로 얻은 바가 있지 않다면 어찌 써 저녁에 죽음을 可하다 하겠는가?

【解說】 孔子께서 말씀하시기를, 아침에 道를 들으면(깨달으면) 저녁에

죽더라도 可하니라(괜찮도다).

【主題】 聞道의 重要性.
※ 孔子가 사람은 道를 듣지(깨닫지) 않을 수 없음을 깊이 말한 것임.

[9]

子曰 士志於道而恥惡衣惡食者는 未足與議也니라. <平敍法>

【字解】
惡 나쁠 악, 악할 악, 미워할(싫어할) 오, 어찌 오.
道(도) 길, 도리, 방법, 인도하다, 다스리다, 말하다.

【研究】
◎ 心欲求道로되 而以口體之奉不若人으로 爲恥면 其識趣之卑陋甚矣니 何足與議於道哉리오. <朱子> 마음에 道를 구하고자 하되 그러나 口體의 봉양이 남만 같지 못함을 가지고 부끄러움을 삼는다면, 그 지식과 취향의 비루함이 심하니, 어찌 족히 더불어 道를 의논하리오.
◎ 志於道而心役乎外면 何足與議也리오. <程子>
道에 뜻을 두되 마음이 외물에 사역된다면 어찌 족히 더불어 의논하리오.

【解說】 孔子께서 말씀하시기를, 선비가 道에 뜻을 두면서 나쁜 옷과 나쁜 음식을 부끄러워하는 자는 족히 더불어 (道를) 의논할 수 없느니라.

【主題】 士의 態度 — 志於道 (心不役乎外).
※ 道에 뜻을 둔 士에게 마음이 外物에 현혹되지 말아야 함을 깨우침.

[10]

子曰 君子之於天下也에 無適也며 無莫也하여 義之與比니라. <平敍法>

【字解】
適(적) 맞다, 가다(시집가다), 마침내, 주장하다.
比(비) 견주다, 나란(나란히)하다, 따르다, 무리.

【研究】

適 : 專主也(오로지 주장함이다). ※ 吾誰適從 <春秋>

莫 : 不肯也 (즐겨하지 않음이다). 比 : 從也 (따름이다).

義之與比 : 與義比之 (의와 함께 그것을 따르다, 즉 의를 따르다).

◎ 適은 可也요 莫은 不可也니 無可無不可하여 苟無道以主之면 不幾於猖狂自恣乎아. 此佛老之學이 所以自謂心無所住而能應變이라 하나 而卒得罪於聖人也라. 聖人之學은 不然하여 於無可無不可之間에 有義存焉하니 然則君子之心이 果有所倚乎아. <謝良佐>

適은 可함이요 莫은 不可함이니, 可함도 없고 不可함도 없어서 만일 道로써 그것을 주장함이 없다면 猖狂하여 스스로 방사함에 가깝지 않겠는가? 이는 佛老의 학문이 스스로 마음에 머무르는(집착하는) 바가 없어서 변화에 응할 수 있다고 말하나 마침내 성인에게 죄를 얻게 된 이유다. 성인의 학문은 그렇지 않아서 可함도 없고 不可함도 없는 사이에 義가 거기에 존재하니, 그렇다면 君子의 마음이 과연 치우치는 바가 있겠는가?

【解說】 孔子께서 말씀하시기를, 君子는 天下(天下의 일)에 있어서 오로지 주장함도 없으며, 즐겨 하지 않는다는 것도 없어서 義를 따를 뿐이니라.

【主題】 君子時中之道 — 義.

※ 君子는 主觀的인 私意를 따르지 않고 客觀的 規準에 合하는 義, 즉 時中之道인 義를 따라야 한다는 意味다.

[11]

子曰 君子는 懷德하고 小人은 懷土하며 君子는 懷刑하고 小人은 懷惠니라. <對照法>

【字解】 省 略

【研究】

懷 : 思念也(생각함이다). 懷惠 : 謂貪利(이익을 탐함을 말함).

懷德 : 謂存其固有之善(그 고유한 선을 보전함을 말함).

懷土 : 謂溺其所處之安(그 거처하는 곳의 편안함에 빠짐을 말함).

懷刑 : 謂畏法(법을 두려워함을 말함).

◎ 君子小人趣向不同은 公私之間而已矣라. <朱子>

君子와 小人의 취향이 같지 않음은 公과 私의 사이일 뿐이다.

◎ 樂善惡不善은 所以爲君子요 苟安務得은 所以爲小人이라. <尹焞>
선을 좋아하고 불선을 싫어함은 君子가 되는 까닭이요, 구차히 편안하고 얻기를 힘씀은 小人이 되는 까닭이다.

【解說】 孔子께서 말씀하시기를, 君子는 德을 생각하고, 小人은 처하는 곳의 편안함을 생각하며, 君子는 刑을 생각하고, 小人은 은혜를 생각하느니라.

【主題】 君子와 小人의 趣向上 差異点 — 公私之間의 차이.
※ 君子와 小人의 취향상 차이는 결국 公과 私의 차이일 뿐이다.

[12]

子曰 放於利而行이면 多怨이니라. <假定法>

【字解】
放(방) 놓다, 내쫓다, 방자하다, 버리다, 의지하다.

【研究】
放 : 依. 多怨 : 多取怨.
◎ 欲利於己면 必害於人이라. 故로 多怨이니라. <程子>
자기에게 이롭고자 하면 반드시 남에게 해를 끼치므로 원망이 많으니라.
◎ 君子謀道 不謀食 君子憂道 不憂貧 <論語>
君子는 道를 도모하되 먹을 것을 도모하지 아니하고, 君子는 道를 근심하되 가난을 근심하지 아니한다.

【解說】 孔子께서 말씀하시기를, 이익에 依하여 行動하면 원망이 많으니라.

【主題】 利益追求의 害惡 — 多怨.
※ 자기의 利益만 따르면 남에게 害를 끼치게 되니 원망이 많음을 지적하여 경계하였음.

[13]

子曰 能以禮讓이면 爲國乎에 何有며 不能以禮讓爲國이면 如禮何오. <設疑法>

【字解】
讓 겸손할 양, 사양할 양, 꾸짖을 양.

【研究】
禮讓 : 禮와 謙讓. 혹은 예의와 양보. 讓 : 禮之實也(예의 실제이다).
爲國 : 나라를 다스리다.　　何有 : 何難之有(무슨 어려움이 있으랴).
◎ 有禮之實以爲國이면 則何難之有리오. 不然이면 則其禮文雖具나 亦且無如之何矣어든 而況於爲國乎아. <朱子>
禮의 실제를 두어서 나라를 다스린다면 무슨 어려움이 있으리오. 그렇지 않다면 그 예문이 비록 갖추어져 있으나 또한 장차 어찌할 수 없는데, 하물며 나라를 다스림에 있어서이겠는가?

【解說】孔子께서 말씀하시기를, 능히 예와 겸양으로써 한다면 나라를 다스림에 무슨 어려움이 있으며, 예와 겸양으로써 나라를 다스리지 못한다면 예를 어찌하리오.

【主題】爲國之本 — 禮讓.
※ 나라를 다스림에 마땅히 禮讓으로 해야 함을 강조했음.

[14]

子曰 不患無位요 患所以立하며 不患莫己知요 求爲可知也니라. <對句法>

【字解】省 略

【研究】
位 : 지위, 관직, 작위.　　莫己知 ← 莫知己
所以立 : 謂所以立乎其位者(그 지위에 설 수 있는 것을 말함).
可知 : 謂可以見知之實(가히 알려질 만한 실제를 말함).
◎ 君子는 求其在己者而已矣라. <程子>
군자는 자기에게 있는 것을 구할 뿐이다.

【解說】孔子께서 말씀하시기를, 지위가 없음을 걱정하지 말고 지위에 설 것을(설 수 있는 바탕 만들기를) 걱정하며, 자기를 알아주지 않

음을 걱정하지 말고 알려질 만하기를 구해야 하느니라.

【主題】 自身의 修養과 努力의 强調.
※ 사람은 이름과 지위만 求하지 말고 스스로 수양하고 노력해야 한다.

[15]

子曰 參乎아. 吾道는 一以貫之니라. 曾子曰 唯라. 子出이어시늘 門人問曰 何謂也잇고. 曾子曰 夫子之道는 忠恕而已矣니라. <問答法>

【字解】
唯 오직 유, 빨리 대답할 유(↔ 諾).

【研究】
參乎 : 呼曾子之名而告之(증자의 이름을 불러 그에게 말함).
唯 : 應之速而無疑者也(응하기를 속히 하여 의심이 없는 것이다).
忠 : 盡己之謂(자기 마음을 다함을 이름).
恕 : 推己之謂(자기 마음을 미루는 것을 이름).
◎ 以己及物은 仁也요 推己及物은 恕也니 違道不遠[中庸]이 是也라. 忠恕一以貫之니 忠者天道요 恕者人道며 忠者無妄이요 恕者所以行乎忠也라. 忠者는 體요 恕者는 用이니 大本達道也라. <程子> 自己로써 남에게 미침은 仁이요, 自己 마음을 미루어서 남에게 미침은 恕이니, (忠과 恕는) 道와 거리(떨어짐)가 멀지 않다 함이 이것이다. 忠과 恕는 한 이치로써 그것을 꿰뚫으니, 忠이란 것은 天道요 恕라는 것은 人道며, 忠이란 것은 詐妄(사망)함이 없고 恕란 것은 써 忠을 이행함이다. 忠이란 것은 體(내면적 본질)요 恕란 것은 用(외면적 활용)이니, 大本과 達道이다.

【解說】 孔子께서 말씀하시기를, 參(삼)아! 우리 道는 한 가지 理로써 그것(만 가지 일)을 꿰뚫는다 하시니, 曾子께서 '예'라고 대답하였다. 孔子께서 나가시자, 門人들이 '무슨 말씀입니까?' 하고 물으니, 曾子께서 말씀하시기를, 夫子의 道는 忠과 恕일 뿐이니라.

【主題】 孔子의 一以貫之之道 — 忠恕之道.
※ 一以貫之의 道는 孔子의 核心思想인 忠恕之道로서 大本達道임.

[16]

子曰 君子는 喩於義하고 小人은 喩於利니라. <對照法>

【字解】
喩(유) 깨우치다(알려주다), 이르다(고하다), 비유하다.

【研究】
喩 : 猶曉也(깨닫다와 같다). 利 : 人情之所欲(인정이 바라는 바이다).
義 : 天理之所宜(천리의 마땅한 바이다).
◎ 君子有舍生而取義者하니 以利言之면 則人之所欲無甚於生이요 所惡無甚於死하니 孰肯舍生而取義哉리오. 其所喩者義而已요 不知利之爲利故也라. 小人은 反是니라. <楊時> 君子는 生(삶)을 버리고서 義를 취하는 자가 있으니, 利로써 그것을 말한다면 사람이 바라는 바가 삶보다 심함이 없고, 싫어하는 바가 죽음보다 심함이 없으니, 누가 즐겨(기꺼이) 生을 버리고 義를 취하리오. 그가 깨닫고 있는 바가 義일 뿐이요, 利가 이익(利益)됨을 알지 못하기 때문이다. 小人은 이와 반대니라.

【解說】孔子께서 말씀하시기를, 君子는 義에서 깨닫고, 小人은 利에서 깨닫느니라.

【主題】君子와 小人의 心術上의 差異.
※ 君子와 小人의 心術上의 差異를 말하여 義와 利의 한계를 분명히 함.

[17]

子曰 見賢思齊焉하며 見不賢而內自省也니라. <對照法>

【字解】
齊(제) : 가지런하다, 같다, 엄숙하다, 재빠르다, 국명.
(재) : 재계하다. (자) : 옷자락, 상복.

【研究】
思齊焉 : 그와 같기를 생각하다.
冀己亦有是善(자기도 또한 이런 선이 있기를 바람).

內自省 : 안으로 스스로 반성한다.

恐己亦有是惡(자기도 또한 이런 악이 있을까 두려워함).

◎ 見人之善惡不同而無不反諸身者면 則不徒羨人而甘自棄요 不徒責人而忘自責矣리라. <胡寅>

사람의 善과 惡이 같지 않음을 보고서 自身에게 그것을 돌이키지 않음이 없다면, 한갓(다만) 남을 부러워하지 않고 스스로 버리기를 달갑게 여길 것이요, 한갓 남을 꾸짖지 않고 自責하기를 잊지 않을 것이다.

【解說】 孔子께서 말씀하시기를, 어진 이를 보고는 그와 같기를 생각하며, 어질지 못한 이를 보고는 안으로 스스로 반성해야 하느니라.

【主題】 反求諸己의 努力 — 思와 省의 努力.

※ 사람들로 하여금 反求諸己하는 학문을 하도록 권면한 것임.

[18]

子曰 事父母하되 幾諫이니 見志不從하고 又敬不違하며 勞而不怨이니라. <列擧法>

【字解】

幾(기) 몇(얼마), 기미, 거의, 가깝다, 위태하다, 바라다.

【硏究】

幾 : 微. 幾諫 : 은미하게 간함(조용히 나타나지 않게 간함).

見志不從 : 부모의 뜻이 내 간언을 따르지 않음을 보다(알다).

◎ 此章은 與內則[禮記]之言相表裏라. 幾諫은 所謂父母有過어든 下氣怡色柔聲以諫也요 見志不從하고 又敬不違는 所謂諫若不入이면 起敬起孝하여 悅則復(부)諫也요 勞而不怨은 所謂與其得罪於鄕黨州閭론 寧孰諫이니 父母怒不悅而撻之流血이라도 不敢疾怨이요 起敬起孝也라. <朱子> 이 章은 內則(禮記)의 내용(말씀)과 서로 표리가 된다. 은미하게 간한다는 것은 (內則의) 이른바 부모가 過失이 있거든 기운을 내리고 안색을 화하게 하여 부드러운 소리로써 간함이요, 부모의 뜻이 나의 간언을 따르지 않음을 보고도 더욱(또한) 공경하고 어기지 말라함은 (內則에) 이른바 간언이 만일 받아들여지지 않으면 다시(더욱) 공경하고 다시 효하여 기뻐하시면 다시 간함이요, 수고롭되 원망하지 아니한다 함은 (內則에) 이른바 그(부모)가 향당주려에서 죄를 얻기보다는 차라리 익숙히 간해야

할 것이니, 부모가 노하고 기뻐하지 않아서 종아리를 쳐 피가 흐르더라도 감히 미워하고 원망하지 말 것이요, 더욱 공경하고 더욱 효하라 함이다.

【解說】 孔子께서 말씀하시기를, 父母를 섬기되 은미하게 諫해야 하니, 父母의 뜻이 내 간언을 따르지 않음을 보고서도 더욱(또한) 공경하고 어기지 않으며, (간함이) 힘들어도(수고롭되) 원망하지 않아야 하느니라.

【主題】 事父母之道 — 幾諫.
※ 事父母하되 父母를 깨우쳐 드리는 道는 은미하게 해야 함을 말함.

[19]

子曰 父母在어시든 不遠遊하며 遊必有方이니라. <平敍法>

【字解】
方(방) 모(네모), 방위(방향), 이제, 방법(술법), 바르다(떳떳하다), 견주(비슷하)다, 바야흐로, 처방.

【研究】
必有方 : ① 반드시 일성한 방소가 있어야 한다.
② 반드시 언행에 방정함이 있어야 한다.

◎ 遠遊則去親遠而爲日久하고 定省曠而音問疎하니 不惟己之思親不置라 亦恐親之念我不忘也니라. 遊必有方은 如已告云之東이면 則不敢更適西이니 欲親必知己之所在而無憂하고 召己則必至而無失也니라. <朱子> 멀리 놀면 어버이 떠나기를 멀리하여 날짜가 오래되고, 昏定晨省을 비우게 되어 음성으로 문안함이 소원해지니, 오직 自己가 어버이를 그리워하여 버려두지 못할 뿐만 아니라, 또한 어버이께서도 나를 생각하여 잊지 못할까 두려워하심이니라. 遊必有方은 이미 東으로 간다고 아뢰었으면 감히 다시 西로 가지 못함과 같음이니, 어버이가 반드시 自己의 소재를 알아서 근심함이 없고, 自己를 부르면 반드시 이르러 실수가 없고자 해서이니라.

◎ 子能以父母之心爲心則孝矣라. <范祖禹>
자식이 능히 父母의 마음으로써 (自己의) 마음을 삼는다면 孝할 것이다.

◎ 爲人子之禮는 出必告하고 反必面하며 所遊必有常하며 所習必有業이니라. <皇侃> 사람의 자식된 자의 예는 나감에 반드시 청하여 아뢰고, 돌아옴에 반드시 얼굴을 뵙고, 노는 장소는 반드시 일정함이 있어야 하고, 익히는 바는 반드시 業이 있어야 하느니라.

【解說】孔子께서 말씀하시기를, 父母께서 生存해 계시거든 먼 데 놀지 말며, 놀더라도 반드시 일정한 方所가 있어야 하느니라.

【主題】事父母之道 — 不遠遊 遊必有方.
※ 父母를 섬기는 道는 父母가 나를 염려하지 않도록 해야 함을 말함.

[20]

子曰 三年을 無改於父之道라야 可謂孝矣니라. <平敍法>

※ 學而篇 [11]章 重出.

[21]

子曰 父母之年은 不可不知也니 一則以喜요 一則以懼니라. <平敍法>

【字解】
年 해 년, 나이 년.

【硏究】
知 : 猶記憶也(기억함과 같다). 一則以喜 : 한편으로는 기쁘다.
一則以懼 : 한편으로는 두렵다.
◎ 常知父母之年이면 則旣喜其壽하고 又懼其衰하여 而於愛日之誠에 自有不能已者니라. <朱子> 항상 부모의 나이를 기억하고 있으면 이미 그 오래 사셨음이 기쁘고, 또 그 노쇠하심이 두려워서 날짜를 아끼는 정성에 있어서 저절로 능히 그만둘 수 없음이 있을 것이니라.

【解說】孔子께서 말씀하시기를, 父母의 나이는 가히 기억하지(알지) 않으면 안 되니, 한편으로는 기쁘고 한편으로는 두려우니라.

【主題】孝子之心 — 一則以喜 一則以懼.
※ 孝子之心을 들어 及時盡孝해야 한다는 교훈을 감추고 있다.

[22]

子曰 古者에 言之不出은 恥躬之不逮也니라. <平敍法>

【字解】
躬 몸(몸소) 궁.　　　　逮(체) 미치다, 쫓다, 잡다.

【研究】
古者 : 옛 적.　　　　言之不出 : 말을 함부로 내지 않음.
◎ 行不及言은 可恥之甚이니 古者에 所以不出其言은 爲此故也라.<朱子> 행실이 말에 미치지 못함은 부끄러워할 만함이 심한 것이니, 옛적에 말을 함부로 내지 않은 까닭은 이 때문이었다.
◎ 君子之於言也에 不得已而後出之하니 非言之難이요 而行之難也라. 言之를 如其所行하고 行之를 如其所言이면 則出諸其口에 必不易矣리라. <范祖禹> 君子는 말씀에 있어서 부득이한 뒤에 그것(말)을 내는 것이니, 말하기가 어려움이 아니요 행함이 어렵기 때문이다. 말함을 그 행하는 바와 같이 하고, 행함을 그 말한 바와 같이 한다면, 그 입에서 말을 냄에 반드시 쉽게 하지 못하리라.

【解說】 孔子께서 말씀하시기를, 옛적에(옛날에) 말을 함부로 내지 않았음은 궁행이 미치지 못할까 부끄러워하는 까닭이니라.

【主題】 古人之愼言 — 恥躬之不逮.
※ 古人之愼言을 들어서 言行一致해야 함을 강조한 것임.

[23]

子曰 以約失之者 鮮矣니라. <平敍法>

【字解】
約(약) [대략(대개), 약속(기약), 맹세하다, 맺다.
　　　　 간략하다(간추리다), 검소하다, 얽매다(구속하다).
鮮(선) 곱다, 맑다, 좋다, 새것, 날것, 드물다, 적다.

【研究】
約 : 마음으로 긴장하고 언행을 단속하다.

◎ 不侈然以自放之謂約이라. <謝良佐>
잘난 체하여서 스스로 방사하지 않음을 約이라 이른다.
◎ 凡事約則鮮失이니 非止謂儉約也라. <尹焞>
모든 일을 단속하면 실수가 적음이니, 다만 儉約만을 말함이 아니다.

【解說】孔子께서 말씀하시기를, 단속함으로써 실수하는 者는 적으니라.

【主題】修身之要 — 約. ※ 사람들에게 몸을 단속하는 도리를 보인 것임.

[24]

子曰 君子는 欲訥於言而敏於行이니라. <平敍法>

【字解】
訥 말 더듬을 눌.

【研究】
訥於言 : 말을 더듬거리다(말을 신중히 한다는 뜻).
而 (역접 접속사) : 그러나. 敏於行 : 행동을 민첩하게 하다.
◎ 放言易라. 故로 欲訥이요 力行難이라. 故로 欲敏이니라. <謝良佐>
함부로 말하기가 쉽다. 그러므로 어눌하고자 하고, 힘써 행하기가 어렵다. 그러므로 민첩하고자 함이니라.

【解說】孔子께서 말씀하시기를, 君子는 말을 어눌하게 하되 행동을 민첩하게 하고자 하느니라.

【主題】君子之言行 — 訥於言而敏於行(訥言敏行).
※ 가벼운 것을 바로잡고 게으른 것을 경계하는 君子之言行을 보였음.

[25]

子曰 德不孤라 必有隣이니라. <比喩法>

【字解】
隣 이웃(이웃할) 린, 보필 린.

【研究】

◎ 德不孤立하여 必以類應이라. 故로 有德者는 必有其類從之니 如居之有鄰也라. <朱子> 德은 고립되지 않아서 반드시 類로써(同類끼리) 응한다. 그러므로 德이 있는 者는 반드시 그 類가 그를 따름이 있으니, 거주지에 이웃이 있음과 같다.

【解說】 孔子께서 말씀하시기를, 德은 외롭지 않아서 반드시 이웃이 있느니라.

【主題】 德의 特性 — 必有隣.

※ 德이 외롭지 아니한 특성을 들어 힘써 修德할 것을 권면한 것임.

[26]

子游曰 事君數이면 斯辱矣요 朋友數이면 斯疏矣니라. <對句法>

【字解】

數 셈(헤아릴, 두어, 운수, 분수) 수, 자주 삭, 촘촘할 촉.

疏(소) 트다, 나누다, 멀다, 성기다, 상소하다.

【研究】

子游 : 孔子 弟子로서 姓은 言, 名은 偃. 文學에 빼어났음.

◎ 事君에 諫不行則當去요 導友에 善不納則當止니 至於煩瀆이면 則言者輕하고 聽者厭矣라. 是以로 求榮而反辱하고 求親而反疏也니라. <胡寅> 임금을 섬김에 간하는 말이 행해지지 않으면 마땅히 떠나야 하고, 벗을 인도함에 착한 말이 받아들여지지 않으면 마땅히 중지해야 하니, 번거로움에 이르면 말한 자는 가벼워지고 듣는 자는 싫어한다. 이 때문에 영화를 구하다가 도리어 욕을 당하고 친함을 구하다가 도리어 멀어지느니라.

【解說】 子游가 말하기를, 임금을 섬김에 자주 간하면 이로써 욕을 당하고, 붕우 간에 자주 충고하면 이로써 소원해(멀어)지느니라.

【主題】 事君導朋之道 — 不數諫言 不數導言.

※ 君臣朋友는 以義合者니 事君에 不數諫言하고 導朋에 不數導言해야 하는 事君導朋之道를 말한 것임.

第五 公冶長篇

주제 : 論古今人物賢否得失

◎ 此篇은 皆論古今人物賢否得失하니 蓋格物窮理之一端也니 凡二十七章이라. 胡氏以爲疑多子貢之徒所記云이라.
※ 1~2章을 한 章으로 보아 27장임.

[1]

子謂公冶長하시되 可妻也로다. 雖在縲絏之中이나 非其罪也라 하시고 以其子妻之하시다. <平敍法>

[2]

子謂南容하시되 邦有道에 不廢하며 邦無道에 免於刑戮이라 하시고 以其兄之子妻之하시다. <平敍法>

【字解】

冶(야) 쇠불리다, 단련하다, 예쁘다, 요염하다.
妻(처) 아내, 아내 삼다, 시집보내다.
縲 끈 루. 絏 묶을 설. 戮 죽일 륙.
子(자) [①아들 ②자식 ③딸 ④첫째 지지 ⑤자작 ⑥새끼 ⑦열매(씨) ⑧당신(자네) ⑨임 ⑩사람 ⑪접미사

【研究】

謂 : ①이르다, ②평하다, ③생각하다.
公冶長 : 孔子의 弟子로서 姓은 公冶, 이름은 長, 字는 子長. 魯國之人 또는 齊人이라 함. 孔子의 사위. ※ 논어엔 여기 한 번 나옴.
可妻 : 아내 삼을(시집보낼) 만하다, 사위 삼을 만하다.
縲 : 黑索也(검은색의 줄이다, 검은 포승이다).
◎ 古者獄中에 以黑索拘攣(묶을 련)罪人이라. 長之爲人은 無所考나 而夫子稱其可妻하시니 其必有以取之矣라. 又言其人雖嘗陷於縲絏之中이나 而非其罪이니 則固無害於可妻也라. <朱子> 옛적에 옥중에서는 검정색 포승으로써 죄인을 결박하였다. 公冶長의 사람됨은 상고할 곳이 없으

나, 그러나 夫子께서 '사위 삼을 만하다'고 칭찬하였으니, 그에게 반드시 취할 것이 있었을 것이다. 또 그 사람이 비록 일찍이 옥중에 갇혔으나(빠졌으나) 그의 죄가 아니었으니, 곧 진실로 가히 사위 삼음에 나쁠 것이 없다고 말씀하신 것이다.

南容 : 孔子 弟子니 居南宮하고 名縚(실띠 도)요, 又名适(빠를 괄)이요, 字는 子容이며 謚는 敬叔이니 孟懿子之兄也라. 南宮子容을 줄여 '南容'임. 一說에 魯國人.

◎ 不廢는 言必見用也라. 以其謹於言行이라. 故로 能見用於治朝하고 免禍於亂世也니라. <朱子> 不廢는 반드시 쓰임을 당할 것이라는 말이다. 그는 言行을 삼갔다. 그러므로 능히 잘 다스려지는 조정에서는 쓰임을 당하고, 난세에는 화를 면할 것이니라.

◎ 公冶長之賢이 不及南容이라. 故로 聖人이 以其子妻長하고 而以兄子妻容하니 蓋厚於兄而薄於己也니라. <或子> 公冶長의 어짊이 南容에 미치지 못하였다. 그러므로 聖人이 그의 딸을 公冶長에게 시집보내고 兄의 딸을 南容에게 시집보냈으니, 아마도 兄에게 후하고 自己에게 박한 것이리라.

【解說】

[1] 孔子께서 公冶長을 두고 評하시기를, 사위 삼을 만하다. 비록 포승으로 묶인 가운데(옥중에) 있었으나 그의 죄가 아니었다 하시고 그의 딸을 그에게 시집보내셨다.

[2] 孔子께서 南容을 두고 評하시기를, 나라에 道가 있을 때에는 버려지지 않을 것이요, 나라에 道가 없을 때에는 형벌을 면할 것이다 하시고, 그 兄의 딸을 그에게 시집보내셨다.

【主題】 公冶長과 南容을 알아보시는 孔子의 혜안.

※ 公冶長과 南容에게 自身의 딸과 姪女를 各各 시집보내셨으니, 그들의 사람됨을 알아보는 孔子의 혜안이 보임.

[3]

子謂子賤하시되 君子哉라 若人이여. 魯無君子者면 斯焉取斯리오. <倒置法・設疑法>

【字解】

若(약) 같다, 만약, 너, 어조사, 및, 어리다.　　斯(사) 이, 그.

【研究】

子賤 : 魯人으로서 孔子의 門人(공자보다 49세 年下).
　　姓은 宓(복), 名은 不齊, 字는 子賤.

君子哉若人 : 君子답도다, 이(이 같은) 사람이여.

斯焉取斯 : 이 사람이 어찌 이런 덕을 취했으리오.
　　※ 앞의 斯는 '此人'이요, 뒤의 斯는 '此德'임.

◎ 子賤은 蓋能尊賢取友하여 以成其德者라. 故로 夫子旣歎其賢하시고 而又言若魯無君子면 則此人이 何所取以成此德乎아 하시니 因以見(현)魯之多賢也시니라. <朱子> 子賤은 아마도 능히 어진 이를 존경하고 훌륭한 벗을 취하여서 그 德을 이룬 자인 듯하다. 그러므로 夫子께서 이미 그의 어짊을 찬탄하시고, 그리고 다시(또) 만약 魯나라에 君子가 없었다면 이 사람이 어디에서 취하여서 이러한 德을 이루었겠는가 라고 말씀하셨으니, 이로 인하여서 魯나라에 현인(군자)이 많았음을 나타내신 것이니라.

※ <說苑>이나 <漢詩外傳>을 보면, 子賤이 어버이처럼 섬기고 배운 사람이 三名이요, 兄처럼 섬긴 이가 五名이요, 사귄 벗이 12名이요, 스승으로 받든 사람이 一名이어서 그들로부터 배우고 익혀 成德했으며, 그들은 모두 魯國의 君子들이었다 함.

【解說】 孔子께서 子賤을 두고 評하시기를, 君子답도다, 이 사람이여! 魯나라에 君子가 없었다면 이 사람이 어디에서 이러한 德을 취했으리오.

【主題】 子賤之爲人과 魯之多賢.

※ 子賤의 君子다움과 賢人이 많은 魯나라를 들어서 사람들이 德을 닦을 것을 권면하고 있음.

[4]

子貢問曰 賜也는 何如하니잇고. 子曰 女는 器也니라. 曰 何器也잇고. 曰 瑚璉也니라. <問答法 · 比喩法>

【字解】

器 그릇 기.　　瑚 제기 호.　　璉 제기 연.

【研究】

◎ 器者는 有用之成材라. 夏曰 瑚요 商曰璉이요 周曰簠簋(보궤)니 皆宗廟盛黍稷(서직)之器而飾以玉하니 器之貴重而華美者也라. 子貢見孔

子以君子許子賤이라. 故로 以己爲問에 而孔子告之以此하시니 然則子貢이 雖未至於不器나 其亦器之貴者歟인저. <朱子> 器란 것은 쓰임이 있는 완성된 재질이다. 夏나라에서는 '호'라 말하고, 商(殷)나라에서는 '연'이라 말하고, 周나라에서는 '보궤'라 말하니, 모두 종묘에서 서직을 담는 그릇인데 玉으로써 장식하였으니, 그릇 중에 귀중하고 화려한 것이다. 子貢은 孔子께서 子賤을 君子로서 허여하심을 보았다. 그러므로 自己를 묻게 됨에 孔子께서 이로써 그에게 말씀하셨으니, 그렇다면 子貢은 비록 不器(聖人경지)에 이르지는 못했으나, 또한 그릇의 귀한 것이리라.

【解說】 子貢이 묻기를, 저는 어떻습니까? 孔子께서 말씀하시기를, 너는 그릇이니라. (子貢이) 말하기를, 어떤 그릇입니까? (孔子께서) 말씀하시기를, 瑚·璉이니라.

【主題】 孔子의 子貢에 대한 評價 — 瑚璉之器.
※ 孔子가 子貢을 瑚璉이라 評함으로써 그의 明敏 通達함을 인정함이다.

[5]

或曰 雍也는 仁而不佞이로다. 子曰 焉用佞이리오. 禦人以口給하여 屢憎於人하나니 不知其仁이어니와 焉用佞이리오.
<問答法·設疑法·反復法>

【字解】
雍 화락할 옹. 佞(녕) 아첨하다, 간사하다, 말 잘하다, 뛰어난 재주.
禦(어) 막다, 멈추다. 給(급) 주다, 대다, 넉넉하다, 말 잘하다.
屢(루) 자주, 여러. 於(어) ~에게 ~당하다(피동전치사).

【研究】
雍 : 孔子의 弟子로서 姓은 冉(염), 명은 雍, 字는 仲弓. 魯國人.
有德而無辯之人(덕은 있으나 말을 잘하지 못한 사람).
佞 : 口才也(말재주이다). 給 : 辯也(말 잘함이다).
禦 : 當也니 猶應答也라(당함이니 응답함과 같다).
焉用佞 : 말재주를 어디에 쓰겠는가?
◎ 仲弓은 爲人이 重厚簡默而時人以佞爲賢이라. 故로 美其優於德而病其短於才也라. <朱子> 仲弓은 사람됨이 중후하고 소탈 과묵했으나, 당시 사람들은 말 잘하는 것으로써 훌륭함을 삼았다. 그러므로 그가 德에 빼

어남을 찬미하면서도 그가 말재주에 부족함을 흠으로 여긴 것이다.

◎ 佞人所以應答人者는 但以口取辯而無情實하여 徒多爲人所憎惡爾라. 我雖未知仲弓之仁이나 然이나 其不佞은 乃所以爲賢이요 不足以爲病也라. <朱子> 구변 좋은 사람이 남과 응답하는 것은 다만 입으로 말 잘함을 취하나 실정이 없어서 한갓 남들이 미워하는 바가 됨이 많을 뿐이다. 내 비록 仲弓이 仁한지는 알지 못하겠으나, 그러나 그가 말재주 없음은 곧 써 훌륭함이 되는 것이요 족히 흠되지 아니한다 하신 것이다.

※ 孔門十哲
- 德行 : 顔回(子淵), 閔損(子騫), 冉耕(伯牛), 冉雍(仲弓)
- 言語 : 宰予(子我), 端木賜(子貢)
- 政事 : 冉求(子有), 仲由(子路・季路)
- 文學 : 言偃(子游), 卜商(子夏)

【解說】 혹자가 말하기를, 雍은 仁하나 말재주가 없습니다. 孔子께서 말씀하시기를, 말재주를 어디에다 쓰겠는가? 약삭빠른 구변으로 남의 말을 막아서(응답해서) 자주 남에게 미움 받을 뿐이니, 그가 仁한지는 모르겠으나 말재주를 어디에 쓰리오.

【主題】 말재주에 대한 警戒.

※ 말재주를 중히 여기던 당시 사람들을 경계해서 仁者不佞임을 깨우침.

[6]

子使漆雕開仕하신대 對曰 吾斯之未能信이로소이다. 子說(열)하시다. <問答法>

【字解】

漆 옷칠 칠.　雕 새길 조(彫).　仕 벼슬할 사.　說 기쁠 열(悅).

【研究】

漆雕開 : 魯國人으로 孔子의 弟子(孔子보다 11年下). 姓은 漆雕, 名은 開, 字가 子若임. 尙書에 몰두하고 出仕하지 아니함.

◎ 斯는 指此理而言이요 信은 謂眞知其如此而無毫髮之疑也라. 開自言未能如此하여 未可以治人이라. 故로 夫子說其篤志시니라. <朱子>
斯는 이 이치를 가리켜서 말함이요, 信은 참으로(진실로) 그것이 이와 같음을 알아 털끝만한 의심도 없음을 말한다. 칠조개는 스스로 말하기를, 아직 능히 이와 같지 못하여 가히 써 사람들을 다스릴 수 없습니다 하였다.

그러므로 夫子께서 그의 뜻이 돈독함을 기뻐하신 것이니라.

◎ 漆雕開已見大意라. 故로 夫子說之시니라. 又曰 古人은 見道分明이라. 故로 其言如此니라. <程子> 칠조개는 이미 大意를 보았다. 그러므로 夫子께서 그것을 기뻐하신 것이니라. 또 말씀하시기를, 옛사람들은 道를 봄이 분명하였다. 그러므로 그 말이 이와 같음이니라.

【解說】 孔子께서 칠조개에게 벼슬하게 하시니(권하시니), 대답하기를, 저는 그것(벼슬하는 이치)에 대해 아직 自信할 수 없습니다 하니, 孔子께서 기뻐하시었다.

【主題】 漆雕開의 爲人 칭찬.

※ 孔子는 漆雕開가 不仕함을 보고 그의 학문에 대한 돈독한 뜻을 이해하고 기뻐하신 것임.

[7]

> 子曰 道不行이라 乘桴하여 浮于海호리니 從我者는 其由與인저. 子路聞之하고 喜한대 子曰 由也는 好勇이 過我나 無所取材(裁)로다. <假定法・抑揚法>

【字解】

桴 뗏목 부. 浮 뜰 부. 裁 마름질할 재. 與 허여할 여.

【硏究】

桴 : 筏也(뗏목이다).

取材(裁) : 裁度(탁)事理以適於義也(사리를 헤아려 의에 맞게 함이다).

由 : 孔子의 제자(孔子보다 9세 年下). 姓은 仲, 名은 由, 字는 子路(季路). 孔子의 弟子中 年長者로서 好勇했으나 輕率함이 있었음.

◎ 浮海之歎은 傷天下之無賢君也라. 子路勇於義라. 故로 謂其能從己하시니 皆假設之言耳어늘 子路以爲實然하여 而喜夫子之與己라. 故로 夫子美其勇하시고 而譏其不能裁度事理以適於義也시니라. <程子>
바다에 떠다니겠다는 탄식은 天下에 賢君이 없음을 슬퍼하신 것이다. 子路는 義理에 용감하였다. 그러므로 그가 능히 자기를 따라올 것이라고 하신 것이니, 모두 가설해서 말했을 뿐이거늘 子路는 실제로 여겨 夫子께서 자기를 허여해 주심을 기뻐했다. 그러므로 夫子께서 그의 용맹을 찬미하시고, 그가 사리를 헤아려 義에 맞게 하지 못함을 비판하신 것이니라.

【解說】 孔子께서 말씀하시기를, 道가 행해지지 않음이라 뗏목을 타고 바다에 뜨려 하나니, 나를 따라올 사람은 아마도 由일진저. 子路가 그것(그 말씀)을 듣고 기뻐하니, 孔子께서 말씀하시기를, 由는 용맹을 좋아함이 나보다 더하나(나으나) 사리를 헤아려 맞게 하는 바가 없도다.

【主題】 道不行에 대한 孔子의 恨歎 — 浮海之歎.
※ 孔子께서 天下 周遊時 道不行을 한탄하시어 乘桴浮于海를 假設해 말하신 가운데는 天下를 차마 잊지 못하는 마음이 담겨 있으며, 愛弟子 仲由를 생각하시어 그의 長短点까지 評하셨음.

[8]

孟武伯이 問子路仁乎잇가. 子曰 不知也로라. 又問한데 子曰 由也는 千乘之國에 可使治其賦也어니와 不知其仁也로라. 求也는 何如하니잇고. 子曰 求也는 千室之邑과 百乘之家에 可使爲之宰也어니와 不知其仁也로라. 赤也는 何如하니잇고. 子曰 赤也는 束帶立於朝하여 可使與賓客言也어니와 不知其仁也로라. <問答法 · 列擧法>

【字解】
乘(승) 타다, 수레. 賦(부) 주다, 세금, 군사. 宰(재) 재상, 가신.

【研究】
孟武伯 : 魯國의 大夫. (爲正 [6] 參照)
子路 : 孔子의 弟子인 仲由. (前章 參照)
求 : 孔子의 弟子인 冉求. (八佾 [6] 參照)
赤 : 孔子의 弟子. 姓은 公西, 名은 赤, 字는 子華. 禮式에 通했음.
賦 : 兵也(병(군)이다). ※ 古者 以田賦出兵 故謂兵爲賦(옛적에 토지 세금으로써 군사를 내었으므로 兵을 일러 賦라 한다).
千乘之國 : 諸侯의 나라. 千室之邑 : 일천 戶가 사는 큰 邑.
百乘之家 : 兵車 百乘을 내는 卿大夫의 집.
宰 : 邑長家臣之通號(읍장과 가신의 통칭).
◎ 子路之於仁에 蓋日月至焉者니 或在或亡하여 不能必其有無라. 故로 以不知告之하시니라. <朱子> 子路는 仁에 있어서 대개 하루나 한 달에

한 번 거기(仁)에 이르는 者이니, 혹은 있기도 하고 혹은 없기도 하여 그 유무를 기필할 수 없었다. 그러므로 알지 못하겠다로써 그에게 말씀하신 것이니라.

※ 仁 (孔子의 核心思想)

1. 發端 : 惻隱之心 2. 意味相通之字 : 人(사람 인)
3. 意味 [일반적 의미 : 愛之理 心之德也 / 절대적 의미 : 私欲盡去而心德之全也]
4. 性格 : 無私心(毋意・毋必・毋固・毋我)
5. 仁之體用 [體(내면적 본성) : 德 (行道而有得於心者也) / 用(외면적 속성) : 愛 (仁之施也)]
6. 爲仁之道
   - 乾道 : 克己復禮 — [非禮勿視・非禮勿聽 / 非禮勿言・非禮勿動]
   - 坤道 : 主敬行恕 — [主敬 : 出門如賓・使民如祭 / 行恕 : 己所不欲勿施於人]
7. 守仁之道 : 無終食之間違仁 8. 仁之效 : 博施濟衆
9. 保仁之道 : 博學而篤志 切問而近思

【解說】 孟武伯이 묻기를, 子路는 仁합니까? 孔子께서 말씀하시기를, 알지 못하겠노라. 다시 물으니, 孔子께서 말씀하시기를, 由(子路)는 千乘의 나라(諸侯國)에 그 軍(軍政)을 다스리게 할 수는 있거니와 그가 仁한지는 알지 못하겠노라. 求(冉有)는 어떻습니까? 孔子께서 말씀하시기를, 求는 千室(千戶)의 큰 읍과 百乘(卿大夫)의 집안에 그 宰가 되게 할 수는 있거니와 그가 仁한지는 알지 못하겠노라. 赤은 어떻습니까? 孔子께서 말씀하시기를, 赤(公西赤)은 띠를 매고 조정에 서서 빈객과 더불어 말하게 할 수는 있거니와 그가 仁한지는 알지 못하겠노라.

【主題】 孔門弟子들의 仁에 대한 問答.
※ 절대적 의미의 仁은 聖人의 경우에나 可能하므로 孔子께서 세 제자의 재능은 各各 認定했으나 그들의 仁은 認定하지 않았음.

[9]

子謂子貢曰 女與回也로 孰愈오. 對曰 賜也何敢望回리잇고. 回也는 聞一以知十하고 賜也는 聞一以知二하노이다. 子曰 弗如也니라. 吾與女弗如也하노라. <比較法・問答法・設疑法>

【字解】
孰 누구 숙.　　愈(유) 더하다, 낫다, 병 낫다.
聞(문) 듣다, 들리다, 맡다, 알려지다, 소문, 이름.
望(망) 바라다, 바라보다, 원망하다, 보름.　　弗 아닐 불.

【研究】
子貢 : 端木賜(字 子貢).　　回 : 顔回(字 子淵).
愈 : 勝也(나음이다).　　女 : 汝(너 여).

吾與女弗如也 [① 나는 너가 같지 못함을 허여한다.
② 나와 너는 (그만) 같지 못하다.

◎ 一은 數之始요 十은 數之終이라. 二者는 一之對也라. 顔子는 明睿所照에 卽始而見終하고 子貢은 推測而知하여 因此而識彼하니라. <朱子> 一은 數의 시작이요 十은 數의 끝이다. 二란 것은 一의 상대이다. 顔子는 밝은 지혜가 비추는 바로 시작에서 나아가 끝을 알았고(보았고), 子貢은 추측하여서 알아 이것으로 인하여서 저것을 알았느니라.

◎ 聞一知十은 上知之資니 生知之亞也라. 聞一知二는 中人以上之資니 學而知之之才也라. 子貢平日에 以己方回하야 見其不可企及이라. 故로 喩之如此하니라. <胡寅> 聞一知十은 上知의 자질이니, 生知(태어나면서부터 아는 이)의 다음이다. 聞一知二는 中人 以上의 자질이니, 學而知之(배워서 아는 이)의 재주이다. 子貢이 平素에 自身을 顔回에 견주어 그가 가히 미칠(따라갈) 수 없음을 알았다. 그러므로 그와 비유하기를 이와 같이 함이니라.

※ 知之의 等級 : 生而知之・學而知之・困而學之・困而不學

【解說】 孔子께서 子貢에게 일러 말씀하시기를, 너는 안회와 더불어 누가 나은가? 대답하기를, 저가 어찌 감히 안회를 바라보겠습니까? 안회는 하나를 들어서 열을 알고, 저는 하나를 들어서 둘을 압니다. 孔子 말씀하시기를, 너가 안회만 못하니라. 나는 너가 그만 못함을 인정하노라.

【主題】 子貢과 顔回의 比較.
※ 孔子가 回를 끌어다가 子貢을 비교하게 함으로써 子貢을 격려했음.

[10]

宰予晝寢이어늘 子曰 朽木은 不可雕也오 糞土之墻은 不可杇

也니 於予與에 何誅리오. 子曰 始吾於人也에 聽其言而信其行이러니 今吾於人也에 聽其言而觀其行하노니 於予與에 改是로라. <引用法·對句法>

【字解】

予 나 여.　　寢 잠잘 침.　　朽 썩을 후.
雕 새길 조.　　糞 거름 분.　　墻 담 장.
杇 흙손질할 오.　　誅(주) 베다, 꾸짖다.

【硏究】

宰予 : 孔子의 弟子로서 姓은 宰, 名은 予, 字는 子我. 말을 잘했음.
晝寢 : 當晝而寢(낮을 당하여 잠).　　朽 : 腐也(썩음이다).
雕 : 刻畵也(조각함이다).　　與 : 語辭(어사).
杇 : 鏝也니 言其志氣昏惰하여 敎無所施也라(흙손질이니, 그 뜻과 기운이 흐리고 게을러 가르침을 베풀 곳이 없음을 말함이다).
誅 : 責也니 言不足責은 乃所以深責之라(꾸짖음이니, 족히 꾸짖을 것이 없다 말함은 바로 그를 깊이 꾸짖으신 것이다).
◎ 宰予能言而行不逮라. 故로 孔子自言於予之事而改此失이라 하시니 亦以重警之也시니라. <朱子> 宰予는 말은 잘 하였으나 행실이 미치지 못하였다. 그러므로 孔子께서 宰予의 일에서 (나의) 이러한 잘못을 고쳤다고 自言하셨으니, 또한 거듭 그를 깨우치신 것이니라.
◎ 君子之於學에 惟日孜孜하여 斃而後已하여 惟恐其不及也어늘 宰予晝寢하니 自棄孰甚焉고. 故로 夫子責之시니라. <范祖禹> 君子가 학문에 있어 날로 부지런히 하여 죽은 이후에야 그만두어 오직 미치지 못할까 두려워하거늘 宰予는 낮잠을 잤으니, 스스로 포기함이 무엇이 이보다 심하겠는가? 그러므로 夫子께서 그를 책망하신 것이니라.

【解說】 宰予가 낮잠을 자자, 孔子께서 말씀하시기를, 썩은 나무는 조각할 수 없고, 거름흙으로 쌓은 담장은 흙손질할 수 없으니, 宰予에 대해 어찌 꾸짖을 수 있으리오. 孔子께서 말씀하시기를, 내가 처음에는 남에 대하여 그의 말을 듣고 그의 행실을 믿었는데, 지금 나는 남에 대하여 그의 말을 듣고 그의 행실을 살펴보노니, 宰予에게서 이것을 고치게 되었노라.

【主題】 宰予의 게으름에 대한 孔子의 심한 叱責.

※ 本文의 전반부는 宰予로 하여금 깨닫게 한 것이고, 후반부는 孔子自身에게 허물이 있다 하여 宰予를 부끄럽게 했다.

[11]

子曰 吾未見剛者로라. 或對曰 申棖이니이다. 子曰 棖也는 欲이어니 焉得剛이리오. <問答法・設疑法>

【字解】
剛 굳셀 강.　　棖 문설주 정.　　焉 어찌 언.

【研究】
剛 : 堅强不屈之意(굳세고 강하여 굽히지 않는 뜻).
申棖 : 孔子弟子姓名(공자의 제자 성명).
欲 : 多嗜欲(기욕이 많음). ※ 多嗜欲則不得爲剛矣.
◎ 人有欲則無剛하고 剛則不屈於欲이라. <程子>
사람이 욕심이 있으면 강할 수 없고, 강하면 욕심에 굽히지 않는다.
◎ 剛與欲은 正相反이니 能勝物之謂剛이라. 故로 常伸於萬物之上하고 爲物揜之謂欲이라. 故로 常屈於萬物之下라. 自古로 有志者少하고 無志者多하니 宜夫子之未見也라. 棖之欲은 不可知나 其爲人이 得非悻悻自好者乎아. 故로 或者疑以爲剛이라. 然이나 不知此其所以爲欲耳니라. <謝良佐>
剛과 欲은 서로 정반대이니, 物을 이길 수 있음을 剛이라 한다. 그러므로 항상 만물 위에 펴 있고, 物에 가려지게 됨을 欲이라 말한다. 그러므로 항상 만물의 아래에 굽혀진다. 예로부터 의지가 있는 者가 적고 의지가 없는 자가 많으니, 夫子께서 (剛한 者를) 보지 못하심이 당연하다. 申棖의 欲은 (어떤 것인지) 알 수 없으나 그 사람됨이 고집 세고 스스로(自己 지조)를 아끼는 자가 아니었겠는가? 그러므로 아마도 혹자가 剛하다고 여긴 듯하다. 그러나 이것이 그 欲됨의 까닭임을 알지 못했을 뿐이니라.

【解說】 孔子께서 말씀하시기를, 나는 아직 강한 자를 보지 못했도다. 어떤 이가 대답해 말하기를, 신정입니다. 孔子께서 말씀하시기를, 정(신정)은 욕심이 있으니, 어찌 능히 굳세다 하리오.

【主題】 剛者 찾기 어려움에 대한 孔子의 恨歎.
※ 剛者는 正義를 위해 뜻을 굽히지 않는 사람이니 찾기 어렵다. 대

부분의 사람들은 欲心이 있어 利나 勢에 굽혀 求함이 있으므로 剛者가 될 수 없다.

[12]

子貢曰 我不欲人之加諸我也를 我亦欲無加諸人하노이다. 子曰 賜也아 非爾所及也니라. <問答法・頓呼法>

【字解】省 略

【研究】
諸 : ① 모든 제. ② '之於'의 축약으로 음은 '저'.
◎ 子貢言 我所不欲人加於我之事를 我亦不欲以此加之於人이라 하니 此仁者之事니 不待勉强이라. 故夫子以爲非子貢所及이시니라. <朱子>
子貢이 말하기를, 나는 남이 나에게 加하고자 않는 바의 일을 나 또한 이로써 남에게 加하고자 아니한다 하니, 이는 仁者의 일이니 억지로 힘쓰기를 기다리지 않는다. 그러므로 夫子께서 子貢이 미칠 바가 아니라 하심이니라.
◎ 我不欲人之加諸我를 吾亦欲無加諸人은 仁也요 施諸己而不願을 亦勿施於人은 恕也니 恕則子貢或能勉之어니와 仁則非所及矣니라. <程子>
나는 남이 나에게 (그것을) 加하고자 않는 일을 나 또한 남에게 그것을 加하지 아니하고자 함은 仁이요, 自己에게 (그것을) 시행하여서 원하지 않는 것을 (나) 또한 남에게 베풀지 아니함은 恕이니, 恕는 곧 子貢이 或 그것을 힘쓸 수 있으나, 仁은 곧 미칠 수 있는 바가 아니니라.
◎ 愚謂無者는 自然而然이요 勿者는 禁止之謂니 此所以爲仁恕之別이니라. <朱子> 내가 생각건대, (無加諸人의) 無라는 것은 自然히 그렇게 됨이요, (勿施於人의) 勿이란 것은 禁止하는 말이니, 이것이 仁과 恕의 구별이 되는 소이(까닭)이니라.
※ [君子의 境地 — 恕 (推己及人) : 勿施於人(인위적)
聖人의 境地 — 仁 (以己及人) : 無加諸人(자연적)

【解說】子貢이 말하기를, 저는 남이 나에게 加하기를 원하지 않은 일을 저도 또한 남에게 加하지 않으려 합니다. 孔子께서 말씀하시기를, 賜야! 너가 미칠 바가 아니니라.

【主題】仁(聖人)의 境地 — 無加諸人.
※ 子貢이 말한 無加諸人은 仁의 경지이므로, 勿施於人의 恕의 경지

는 몰라도 仁의 경지는 子貢이 미칠 바가 아니라 하셨음.

[13]

子貢曰 夫子之文章은 可得而聞也어니와 夫子之言性與天道는 不可得而聞也니라. <對照法>

【字解】
章(장) 글, 문채, 장(단락), 밝다, 밝히다, 장정, 나타나다, 인장.

【研究】
文章 : 文化的으로 빛나는 문물제도·예악·예의범절 등.
※ 文章은 德之見(현)乎外者니 威儀文辭皆是也라. <朱子>
(문장은 덕이 밖에 나타난 것이니, 위의 문사가 모두 이것이다.)
性 : 人所受之天理(사람이 부여받은 바의 천리).
天道 : 天理自然之本體(천리 자연의 본체).
◎ 夫子之文章은 日見乎外하여 固學者所共聞이어니와 至於性與天道하여는 則夫子罕言之하여 而學者有不得聞者라. <朱子>
夫子의 文章은 날마다 밖으로 드러나서 진실로 배우는 자들이 함께 들을 수 있는 바이나, 性과 天道에 이르러서는 곧 부자께서 그것을 적게(드물게) 말씀하시어서 배우는 자들이 얻어 들을 수 없음이 있는 것이다.
◎ 此는 子貢聞夫子之至論而歎美之言也니라. <程子>
이는 자공이 夫子의 지극한 말씀을 듣고 탄미한 말이니라.

【解說】子貢이 말하기를, 夫子의 文章은 가히 얻어 들을 수 있으나, 夫子께서 性과 天道를 말씀하심은 가히 얻어 들을 수 없느니라.

【主題】夫子의 지극한 말씀에 대한 탄미.
※ 子貢이 孔子로부터 性과 天道에 대한 지극한 말씀을 얻어 듣고 그 아름다움을 탄미한 것임.

[14]

子路는 有聞이요 未之能行하여선 唯恐有聞하더라. <平敍法>

【字解】省 略

【研究】

有聞 : (孔子의 가르침을) 들음이 있음.

未之能行 : 아직 그것(가르침)을 능히 행하지(실천하지) 못함. 未能行之.

◎ 前所聞者를 旣未及行이라. 故로 恐復有所聞而行之不給也라.<朱子> 전에 들은 바를 이미 행함에 미치지 못했으므로, 다시 듣는 바가 있어서 그것을 행함이 충분하지 못할까 두려워함이다.

◎ 子路聞善이면 勇於必行하니 門人自以爲弗及也라. 故著之라. <范祖禹> 子路는 善을 들으면 반드시 실행함에 용감하니, 문인들이 스스로 미칠 수 없다고 여겼다. 그러므로 그것을 드러낸 것이다.

【解說】 子路는 (좋은 말을) 들음이 있고 아직 그것(들은 말)을 능히 실행하지 못했으면, 오직 들음이(가르침이) 있을까 두려워하였다.

【主題】 子路의 학문하는 態度 — 聞善必行.

※ 聞善必行하는 子路의 실천 위주의 학문적 태도를 말했음.

[15]

子貢問曰 孔文子를 何以謂之文也잇고. 子曰 敏而好學하며 不恥下問이라. 是以謂之文也니라. <問答法>

【字解】

敏(민) 민첩하다, 공손하다.　　　　恥 부끄러울 치.

【研究】

孔文子 : 衛國의 大夫. 姓은 孔, 名은 圉(어), 謚號는 文.

謂之文 : 그(그의 시호)를 文이라 이르다.

敏而好學 : 明敏하면서도 배우기를 좋아함.

不恥下問 : 아랫사람에게 묻기를 부끄러워하지 아니함.

◎ 凡人性敏者는 多不好學하고 位高者는 多恥下問이라. 故로 謚法에 有以勤學好問爲文者하니 蓋亦人所難也라. 孔圉得謚爲文은 以此而已니라. <朱子> 무릇 사람은 성품이 명민한 자는 배우기를 좋아하지 않는 이가 많고, 지위가 높은 자는 아랫사람에게 묻기를 부끄러워하는 이가 많다. 그러므로 시호를 내리는 법에 배우기를 부지런히 하고 묻기를 좋아하는 행실을 文이라 하는 경우가 있으니, 대체로 또한 사람이 하기 어려운 바이다. 孔圉가 文이라는 시호를 얻음은 이 때문일 따름이니라.

※ 文諡法(史記) [經緯天地　道德博文　勤學好問
慈惠愛民　愍民惠禮　賜民爵位

【解說】子貢이 물어 말하기를, 孔文子를 어찌하여 그를 文이라 이릅니까? 孔子께서 말씀하시기를, 명민하면서도 배우기를 좋아하였으며, 아랫사람에게 묻기를 부끄러워하지 않았다. 이런 까닭으로 그를 文이라 이르니라.

【主題】孔文子의 文諡의 理由 — 敏而好學 不恥下問.
※ 子貢은 孔文子의 所行을 不足하게 여겨 물었으나, 孔子는 諡法에 依해 설명하였음.

[16]

子謂子産하시되 有君子之道四焉하니 其行己也恭하며 其事上也敬하며 其養民也惠하며 其使民也義니라. <列擧法>

【字解】
使 하여금 사, 시킬(부릴) 사, 사신 사, 가령 사, 사신 보낼 시.

【硏究】
子産 : 鄭나라 大夫. 姓名은 公孫僑, 字는 子産. 22年間 鄭의 大夫로 있으면서 晉楚의 두 강대국 간에 끼어 있는 鄭을 잘 지킨 賢相.
子謂子産 : 공자께서 자산을 評하시었다.
恭 : 謙遜.　敬 : 謹恪(삼감).　惠 : 愛利(사랑하고 이롭게 함).
行己 : 몸가짐.　事上 : 윗사람을 섬김.
養民 : 백성을 양육함.　使民 : 백성을 부림.
◎ 及子産卒 仲尼聞之 出涕曰 古之遺愛也. <左傳 昭公>
자산이 졸함에 미쳐서 공자께서 이를 듣고 눈물을 흘리면서 말씀하시기를, (자산의 仁愛는) 고인의 사랑이 남아 있었느니라.

【解說】孔子께서 子産을 評하시기를, 君子의 道 네 가지가 그에게 있었으니, 그 몸가짐이 겸손하며, 그 윗사람을 섬김이 공경스러우며, 그 백성을 기름이 은혜로우며, 그 백성을 부림이 의로웠느니라.

【主題】 孔子의 子産에 대한 讚揚的 評價.
※ 孔子가 君子의 道에 맞는 네 가지만 들어서 子産을 好評하고 子産의 不足한 점은 드러내지 않았음.

[17]

子曰 晏平仲은 善與人交로다. 久而敬之온여. <感歎法>

【字解】
晏 늦을 안. 久 오랠 구.

【研究】
晏平仲 : 齊나라 大夫로서 名은 嬰, 字는 仲, 諡號는 平. 齊國內政이 混亂했으나 晏嬰이 宰相으로서 잘 收拾했다. 景公이 孔子를 登用하려 할 때 그가 반대했으나 孔子는 그를 잘 평가했다.
◎ 人交久則敬衰하나니 久而能敬은 所以爲善이니라. <程子>
사람은 사귀기를 오래하면 공경이 쇠해지니, 오래되어도 능히 공경함은 (사귐을) 잘하는 것이니라.

【解說】 孔子께서 말씀하시기를, 晏平仲은 남과 사귀기를 잘하도다. 오래되어도 그(상대)를 공경하는구나.

【主題】 晏平仲의 善交에 대한 孔子의 稱讚.
※ 孔子께서 晏平仲의 善交를 稱讚함으로써 세상을 깨우치신 것이다.

[18]

子曰 臧文仲이 居蔡호되 山節藻梲하니 何如其知也리오. <例證法·設疑法>

【字解】
臧(장) 착하다, 숨다, 뇌물, 성. 蔡 거북 채. 節 기둥 절.
藻 마름풀 조. 梲 동자기둥 절.

【研究】

臧文仲 : 魯나라 大夫 藏孫辰. 文은 諡號, 仲은 字인 듯하다. 그의 말 몇 句가 金言으로 남겨져 孔子 시대에도 知者로 알려졌음.
居 : 猶藏也(보관함과 같다). 藻 : 水草名(水草의 이름).
蔡 : 大龜로서 蔡지역에서 생산되었으며 天子만이 居蔡할 수 있음.
節 : 柱頭斗栱也(기둥 머리의 두공이다). ※ 節에 山을 조각했음.
梲 : 梁上短柱也(들보 위의 짧은 기둥이다). ※ 梲에 水草 무늬를 그림.
◎ 蓋爲藏龜之室而刻山於節하고 畫藻於梲也라. 當時에 以文仲爲知하니 孔子言其不務民義하고 而諂瀆鬼神이 如此하니 安得爲知리오 하시니 春秋傳所謂作虛器가 卽此事也니라. <朱子> 이는 거북 껍질을 보관해 두는 집을 만들면서 기둥머리의 斗栱에는 山을 조각하고 들보 위 동자기둥에는 마름(水草)을 그려 넣었다. 당시에 臧文仲을 지혜롭다고 하니, 孔子께서는 그가 사람의 道義를 힘쓰지 않고 鬼神에게 아첨하고 친압함이 이와 같았으니, 어찌 지혜롭다 할 수 있으리오 라고 말씀하셨으니, 春秋傳에 이른바 쓸데없는 기물을 만들었다 함이 곧 이 일이니라.
◎ 山節藻梲하여 爲藏龜之室은 祀爰居之義로 同歸於不知가 宜矣라. <張橫渠> 斗栱에 山을 조각하고 동자기둥에 마름을 그려 거북껍질을 보관하는 집을 만든 것은 爰居라는 새에게 제사하는 意義와 함께 지혜롭지 못함에 돌아감이 마땅하다.

【解說】 孔子께서 말씀하시기를, 張文仲이 큰 거북(거북껍질)을 보관하되, 기둥머리의 斗栱(두공)에는 山을 조각하고 들보 위 동자기둥에는 마름(水草)을 그렸으니, 어찌 그가 지혜롭다 하리오.

【主題】 張文仲의 不知無禮함에 대한 孔子의 批評.
※ 당시에 지혜로운 사람으로 소문난 張文仲에 대해 신분상 예를 어긴 점을 들어 不知하고 無禮한 者로 評한 것이니, 여러 사람이 좋아해도 반드시 그 실질을 살펴보아야 한다는 뜻이 담겨 있음.

[19]

子張이 問曰 令尹子文이 三仕爲令尹호되 無喜色하며 三已之호되 無慍色하여 舊令尹之政을 必以告新令尹하니 何如하니잇고. 子曰 忠矣니라. 曰 仁矣乎잇가. 曰 未知로라. 焉得仁이리오. 崔子弑齊君이어늘 陳文子有馬十乘이러니 棄而違之하고 至於他邦하여 則曰 猶吾大夫崔子也라 하고 違之하며 之一邦하여 則又曰 猶吾

大夫崔子也라 하고 違之하니 何如하니잇고. 子曰 淸矣니라. 曰 仁矣乎잇가. 曰 未知로라. 焉得仁이리오. <問答法 · 反復法 · 設疑法>

【字解】 省 略

【研究】

子張 : 孔子의 제자인 顓孫師(전손사). (爲政 [18] 參照)
子文 : 楚國의 上卿(令尹). 姓은 鬪, 名은 穀於菟(누오도), 字는 子文. 孔子보다 100年 앞선 春秋時代 청렴하고 유능한 정치가.
崔子 : 齊國의 大夫. 姓은 崔, 名은 杼(저), 齊의 君主 莊公을 弑害함.
陳文子 : 齊國의 大夫. 姓은 陳, 名은 須無, 謚號는 文이다.
齊君 : 齊國의 莊公. 崔杼의 妻와 奸通하다가 大夫 崔杼에게 弑害됨.
十乘 : 四十匹. ※ 一乘이 馬四匹임.　　違 : 去也(떠나감이다).
未知 : ① 알지 못하겠다(모르겠다). ② 아직 지혜롭지 못하다.

◎ 子文은 其爲人也喜怒不形하고 物我無間하여 知有其國而不知有其身하니 其忠盛矣라. 故로 子張疑其仁이라. 然이나 其所以三仕三已而告新令尹者가 未知其皆出於天理而無人欲之私也라. 是以로 夫子但許其忠하시고 而未許其仁也시니라. <朱子> 子文은 그의 사람됨이 기쁨과 성냄을 나타내지 않았고, 남과 내가 간격이 없어서 그 國家가 있음만 알고 그 自身이 있음을 알지 못했으니, 그의 忠誠이 성대하다. 그러므로 子張이 그가 仁한가 하고 의심한 것이다. 그러나 그가 세 번 벼슬했다가 세 번 그만두면서 새로 부임하는 영윤에게 (옛 정사를) 말해준 것이 그 모두 天理에서 나와 人欲의 私가 없었는지는 알 수 없다. 이 때문에 夫子께서 다만 그의 忠만을 허여하시고 그의 仁은 허여하지 않으신 것이니라.

◎ 文子潔身去亂하니 可謂淸矣라. 然이나 未知其心果見義理之當然하여 而能脫然無所累乎아. 抑不得已於利害之私하여 而猶未免於怨悔也라. 故로 夫子特許其淸하시고 而不許其仁하시니라. <朱子>
文子가 자기 몸을 깨끗이 하고 어지러운 나라를 떠났으니, 깨끗하다 이를 만 하다. 그러나 그의 마음이 과연 의리의 당연함을 보아서 능히 벗어버려 얽매인 바가 없었는지, 아니면 이해의 사사로움에 부득이해서 아직도 원망과 후회를 면치 못했는지 알 수 없다. 그러므로 夫子께서 다만 그의 깨끗함만 허여하시고 그의 仁함은 허여하지 않으신 것이니라.

【解說】 子張이 물어 말하기를, 令尹(영의정)인 子文이 세 번 벼슬하여 영윤이 되었으되 기뻐하는 기색이 없었으며, 세 번 벼슬을 그만두었으되 서운해하는 기색이 없어서 옛날 (自己가 맡아보던) 영윤의 정

사를 반드시 새로 부임하는 영윤에게 일러 주었으니, 어떻습니까? 孔子께서 말씀하시기를, 충성스러우니라. (子張이) 말하기를, 仁합니까? (孔子께서) 말씀하시기를, 알지 못하겠노라. 어찌 능히 仁하다 하리오. 崔子가 齊나라 임금(莊公)을 시해하자 陳文子가 말 10乘(40匹)을 소유하고 있었는데, 이것을 버리고 떠나서 다른 나라에 이르러 곧 말하기를, (이 사람도) 우리나라 大夫 崔子와 같다 하고 거기를 떠나갔으며, (또) 한 나라에 가서 곧 또 말하기를, (이 사람 역시) 우리나라 大夫 崔子와 같다 하고 거기를 떠나갔으니, 어떻습니까? 孔子께서 말씀하시기를, 깨끗하니라. (子張이) 말하기를, 仁합니까? (孔子께서) 말씀하시기를, 알지 못하겠노라. 어찌 능히 仁하다 하리오.

【主題】 子文과 陳文子에 대한 孔子의 評價 ─ [子文 : 忠而不仁 / 文子 : 淸而不仁

※ 仁을 子張은 일로서 물었고 孔子는 마음으로 판단했다. 子文의 忠과 文子의 淸은 한 가지 일의 善함을 말한 것이지만, 仁이란 義理에 合하며 私心私欲이 없는 心之全德이다.

[20]

季文子三思而後行하더니 子聞之하시고 曰 再斯可矣니라. <平敍法>

【字解】

季(계) 끝, 막내, 철. 斯 이(그) 사, 어조사 사.

【研究】

季文子 : 魯의 大夫. 季孫氏의 三代로 名은 名父(명보), 諡號는 文.

◎ 季文子는 每事必三思而後行하니 若使晉而求遭喪之禮以行이 亦其一事也라. <朱子> 계문자는 매사를 반드시 세 번 생각한 뒤에야 행하였으니, 예를 들면 晉에 사신으로 가면서 (진왕이 병중이란 걸 알고) 상을 당할 경우의 예를 찾아보고 간 것과 같은 것이 또한 그 한 일이다.

◎ 爲惡之人은 未嘗知有思하니 有思則爲善矣라. 然이나 至於再則已審이요 三則私意起而反惑矣라. 故로 夫子譏之시니라. <程子>

惡을 行하는 자는 일찍이 생각함이 있어야 함을 알지 못하니, 생각함이 있으면 善을 行할 것이다. 그러나 두 번 생각함에 이르면 이미 살핀 것이요, 세 번 하면 사사로운 뜻이 일어나 도리어 현혹된다. 그러므로 夫子께서 그것을 비판하신 것이니라.

【解說】季文子가 세 번 생각한 뒤에야 행하니, 孔子께서 이 말을 들으시고 말씀하시기를, 두 번이면 可하니라.

【主題】季文子의 果斷性 不足에 대한 비판.
※ 君子는 窮理에 힘쓰지만 과단성 있는 實行을 귀히 여기므로, 이 점에서 季文子를 비판한 것이다.

[21]

子曰 甯武子邦有道則知(智)하고 邦無道則愚하니 其知는 可及也어니와 其愚는 不可及也니라. <對照法>

【字解】
甯 편안 녕.　　及(급) 미치다(따르다), 및, ~와/과.

【硏究】
甯武子 : 衛國의 大夫. 姓은 甯, 名은 兪, 謚號는 武. 孔子보다 100年 前 인물. 晉楚之間에서 나라 위기를 잘 대처했음.
◎ 按春秋傳컨대 武子仕衛는 當文公成公之時하니 文公有道어늘 而武子無事可見하니 此其知之可及也요 成公無道하여 至於失國이어늘 而武子周旋其間하고 盡心竭力하여 不避艱險하니 凡其所處가 皆智巧之士所深避而不肯爲者로되 而能卒保其身하고 以濟其君하니 此其愚之不可及也니라. <朱子>
春秋傳을 살펴보면 武子가 衛나라에서 벼슬한 것은 文公과 成公 때에 해당하니, 文公은 道가 있었기에 武子는 볼 만한 일이 없었으니, 이는 그 지혜를 따를 수 있는 것이요, 成公은 무도하여 나라를 잃는 지경에 이르렀기에 武子가 그 사이에서 주선하고 마음과 힘을 다하여 어려움과 험함을 피하지 않았으니, 모든 그의 처한 바는 모든 지혜롭고 재주 있는 선비들이 깊이 피하여 즐겨하지 않는 것이었으되, 능히 마침내 自己 몸을 보전하고 그 임금을 구제하였으니, 이는 그의 어리석음을 따를 수 없는 것이니라.

【解說】孔子께서 말씀하시기를, 甯武子는 나라에 道가 있으면 지혜롭고, 나라에 道가 없으면 어리석었으니, 그 지혜는 따를 수 있거니와 그 어리석음은 따를 수 없느니라.
【主題】甯武子의 忠에 대한 孔子의 稱讚.
※ 甯武子의 爲政의 態度를 通해 그의 忠을 칭찬하신 것이다.

[22]

子在陳하사 曰 歸與歸與인저. 吾黨之小子狂簡하여 斐然成章이요 不知所以裁之로다. <列擧法 · 抑揚法>

【字解】
黨(당) 무리, 마을.
狂(광) 미치다, 사납다, 경망하다.
斐 문채날 비.
裁 마름질할 재.
簡(간) 편지, 대쪽(문서), 간략하다, 분별하다(가리다).

【研究】
吾黨 : 우리 마을, 우리 무리.
吾黨小子 : 指門人在魯者(노국에 있는 門人을 가리킴).
狂簡 : 志大而略於事也(뜻은 크나 일에는 소략함이다).
斐 : 文貌(문채 나는 모양).
裁 : 割正也(베어서 바르게 함이다).
成章 : 其文理成就하여 有可觀者라(文理가 성취되어 볼 만함이 있다).
◎ 夫子初心은 欲行其道於天下러시니 至是而知其終不用也라. 於是에 始欲成就後學하여 以傳道於來世하시고 又不得中行之士하여 而思其次하시니 以爲狂士志意高遠하여 猶或可與進於道也라. 但恐其過中失正而或陷於異端耳라. 故로 欲歸而裁之也라. <朱子> 夫子의 처음 마음은 天下에 그의 道를 행하고자 함이었는데, 이때에 이르러 그것(道)이 끝내 쓰이지 못함을 아셨다. 이에 비로소 후학들을 성취시켜서 내세에 道를 전하고자 하셨고, 또 中行의(中道를 행하는) 선비를 얻지 못해서 그 다음 사람을 생각했으니, 狂士는 志意가 高遠하여 아직도 혹 道에 더불어 나아갈 수 있다고 여기셨다. 다만 그 中道를 넘고 正道를 잃어서 혹 이단에 빠질까 염려했을 뿐이다. 그러므로 돌아가 그들을 바로잡고자 했다.

【解說】 孔子께서 陳나라에 계시면서 말씀하시기를, 돌아가리로다 돌아가리로다! 우리 무리의 小子들은 뜻은 크나 일에 소략하여, 빛나게 文章을 이루고도 그것을 마름질할 바(줄)를 알지 못하는구나.

【主題】 道不行에 依한 歸魯之歎 — 歸與歸與.
※ 孔子께서 天下周流 끝에 道不行을 아시고 한탄하시면서 歸魯하여 後學成就로 傳道코자 하시는 뜻을 담고 있음.

[23]

子曰 伯夷叔齊는 不念舊惡이라. 怨是用希니라. <平敍法>

【字解】
伯(백) 맏(첫), 우두머리, 백작. 希(희) 바라다, 드물다.
夷(이) 오랑캐, 상하다, 죽이다(멸하다), 평탄하다, 평정하다.

【研究】
伯夷·叔齊 : 孤竹國 두 王子. 兄인 伯夷는 父王이 弟인 叔齊에게 양위하려는 뜻을 알고 父王 死亡後 周로 떠났고, 叔齊도 뒤따라가서 결국 二子가 왕위를 계승. 兄弟는 周의 武王이 殷의 紂王을 치려고 出動하자 武王의 말고삐를 잡고 '父親의 喪中에 군대 동원은 不孝요, 臣下로서 王을 침은 不忠이다'라 항변했고, 결국 周가 天下를 統一하자 不義한 周의 곡식을 먹을 수 없다 하여 入首陽山하여 고사리를 따먹다가 餓死했다.
用 : 以(때문, 까닭). 是用 : 是以(이로써, 이 때문에).
怨是用希 ┌ ① 이 때문에 원망하는 이가 드물었다.
└ ② 이 때문에 남을 원망하는 일이 드물었다.

◎ 孟子稱其不立於惡人之朝하고 不與惡人言하며 與鄕人立에 其冠不正이어든 望望然去之하여 若將浼(더럽힐 매)焉이라 하시니 其介如此하니 宜若無所容矣라. 然이나 其所惡之人이 能改卽止라. 故로 人亦不甚怨之也라. <朱子> 孟子는 그들을 일컬어 악인의 조정에 서지(벼슬하지) 않았고, 악인과는 말하지 않았으며, 향인(무식인)과 서 있음에 그의 갓이 바르지 않으면 뒤도 돌아보지 않고 그를 떠나서 마치 장차 그에게 더럽혀질 것처럼 여겼다 하셨으니, 그의 절개(지조)가 이와 같았으니, 마땅히 (남을) 포용하는 바가 없을 것 같다. 그러나 그가 미워하던 바의 사람이 능히 (잘못을) 고치면 즉시 (미워하는 마음을) 그쳤다. 그러므로 사람(남)들도 또한 그를 심히 원망하지 않았던 것이다.

※ 聖人之類形
┌ 伯夷(孤竹國王子)—聖之淸者[淸聖]
│ 伊尹(殷湯之臣)—聖之任者[任聖]
│ 柳下惠(魯之大夫)—聖之和者[和聖]
└ 孔子(魯之大學者)—聖之時者[時聖]

【解說】孔子께서 말씀하시기를, 伯夷와 叔齊는 (남이) 옛날에 저지른 잘못을 생각하지 않았다. 이 때문에 원망하는 사람이 드물었느니라.

【主題】 伯夷 叔齊의 爲人 — 不念舊惡.
※ 伯夷叔齊는 청렴과 절개뿐만 아니라 德과 度量이 있었음을 보인 것임.

[24]

子曰 孰謂微生高直고. 或乞醯焉이어늘 乞諸其隣而與之로다.
<設疑法・例示法>

【字解】

乞 빌 걸.	醯 초 혜.	隣 이웃 린.
焉 : 於之.	諸 : 之於.	孰(숙) 누구, 무엇, 어느.

【研究】
微生高 : 姓은 微生, 名은 高이니 魯人으로 平素에 정직한 이로 알려짐.
◎ 人來乞時에 其家無有라. 故로 乞諸鄰家以與之라. 夫子言此는 譏其曲意徇物하고 掠美市恩하여 不得爲直也라. <朱子> 어떤 사람이 빌리러 왔을 때 그의 집에 없으므로 이웃집에서 그걸 빌려서 그에게 주었다. 夫子께서 이를 말씀하심은, 그가 뜻을 굽혀 남의 비위를 맞추고 아름다움을 빼앗아 은혜를 팔았으니, 정직하다 할 수 없다고 비판하신 것이다.
◎ 微生高所枉雖小나 害直爲大니라. <程子>
미생고의 굽은 바는 비록 작으나 정직을 해침은 크니라.

【解說】 孔子께서 말씀하시기를, 누가 미생고를 정직하다 말하는가? 어떤 사람이 그에게서 초를 빌리려 하거늘 그의 이웃집에서 그것을 빌려서 그에게 주었도다.

【主題】 微生高의 直하지 못함에 대한 비판.
※ 孔子는 여러 사람이 좋아하더라도 반드시 살펴보아야 한다는 뜻임.

[25]

子曰 巧言令色足恭을 左丘明恥之러니 丘亦恥之하노라. 匿怨而友其人을 左丘明恥之러니 丘亦恥之하노라. <引用法>

【字解】

令(령) 영(명령), 법(규칙), 벼슬(원), 좋다, 하여금, 가령.
足 발 족, 만족할 족, 지날(지나칠) 주, 보탤 주.
匿(닉) 숨다, 숨기다. 怨(원) 원수, 원망하다.

【研究】
左丘明 : 姓은 左丘, 名은 明. 魯의 大夫. '春秋'에 붙인 '傳'을 쓴 者.
◎ 二者之可恥는 有甚於穿窬也어늘 左丘明恥之하니 其所養可知矣라. 夫子自言丘亦恥之라 하시니 蓋竊比老彭之意요 又以深戒學者하여 使察乎此而立心以直也라. <謝良佐>
두 가지의 부끄러워할 만함은 담을 뚫고 담을 뛰어넘는 도둑질보다 심함이 있거늘, 좌구명이 이를 부끄러이 여겼으니, 그의 수양한 바를 알 만하다. 夫子께서 나 또한 그것을 부끄러워한다고 스스로 말씀하셨으니, 이는 저으기 노팽에게 비한다는 뜻이요, 또 배우는 자들을 깊이 경계함으로써 이 점을 살펴 정직함으로 마음을 세우게 함이다.

【解說】 孔子께서 말씀하시기를, 말을 잘하고 안색을 좋게 하고 공손을 지나치게 함을 좌구명이 그것을 부끄럽게 여겼는데, 나 또한 그것을 부끄럽게 여기노라. 원망을 감추고 그 사람과 사귐을 좌구명이 그것을 부끄럽게 여겼는데, 나 또한 그것을 부끄럽게 여기노라.

【主題】 二重的 言行을 부끄러워하는 마음.
※ 孔子가 배우는 자들을 깊이 경계하여 안으로의 마음과 밖으로의 행동을 한결같이 하게 함이다.

[26]

顔淵季路侍러니 子曰 盍各言爾志오. 子路曰 願車馬衣輕裘를 與朋友共하여 敝之而無憾하노이다. 顔淵曰 願無伐善하며 無施勞하노이다. 子路曰 願聞子之志하노이다. 子曰 老者를 安之하며 朋友를 信之하며 少者를 懷之니라. <問答法・列擧法>

【字解】
盍 어찌 아니 합. 憾 한할 감. 裘 갖옷 구. 敝 해질 폐.
懷(회) 품다, 생각하다, 위로하다. 伐(벌) 치다, 베다, 자랑하다, 공.
施(시) 베풀다, 주다, 자랑하다. 勞(로) 수고롭다, 고단하다, 공로.

【研究】

盍 : 何不也(어찌 아니하는가이다). 衣 : 服之也(입는 것이다).
裘 : 皮服(가죽 옷, 갖옷). 憾 : 恨也(한스러움이다). 敝 : 壞也(해짐이다).
善 : 謂有能(능함이 있음을 말한다). 伐 : 誇也(자랑함이다).
施 : 張大之意(부풀리어 크게 함의 뜻). 勞 : 有功(공로가 있음).

◎ 老子를 養之以安하고 朋友를 與之以信하고 少者를 懷之以恩이라. <朱子> 늙은이를 편안함으로써 (그를) 길러주고, 벗을 믿음으로써 (그와) 함께하고, 젊은이를 은혜로써 (그를) 감싸주는 것이다.

◎ 夫子는 安仁이요 顔淵은 不違仁이요 子路는 求仁이라. 子路顔淵孔子之志는 皆與物共者也니 但有小大之差爾라. <程子>
夫子는 仁을 편안하게(힘쓰지 않고 자연스럽게) 행하신 것이요, 顔淵은 仁을 떠나지 않은 것이요, 子路는 仁을 求한 것이다. 子路 顔淵 孔子의 뜻은 모두 남과 함께하는 것이니, 다만 작고 큰 차이가 있을 뿐이다.

【解說】 顔淵과 季路(子路)가 孔子를 모시고 있었는데, 孔子께서 말씀하시기를, 어찌 각각 너희들 뜻을 말하지 아니하는가? 子路가 말하기를, 수레와 말과 가벼운 갖옷(가죽옷) 입는 것을 벗들과 함께하여서 (그것이) 해지더라도 유감(한스러움)이 없고자 합니다. 顔淵이 말하기를, (自身이) 잘함이 있음을 자랑하지 아니하며, 공로를 과장함이 없고자 합니다. 子路가 말하기를, 선생님의 뜻을 듣고자 합니다. 孔子께서 말씀하시기를, 늙은이를 (그를) 편안히 해주며, 벗을 (그를) 미덥게 해주며, 젊은이를 (그를) 감싸주는 것이니라.

【主題】 師弟三人이 생각하는 水準의 差異.

※ 子路는 仁을 求하는 私 없는 態度를, 顔淵은 仁을 떠나지 않는 誠實謙虛한 資勢를, 孔子께서는 仁을 편안히 行하시어 人倫을 온전히 하시려는 큰 뜻을 各各 펴서 大小의 差異를 보였음.

[27]

子曰 已矣乎라. 吾未見能見其過而內自訟者也라. <感嘆法>

【字解】

訟(송) 송사(송사하다), 시비하다, 자책하다, 드러내다, 주장하다.

【研究】

已矣乎 : 다 끝났도다(다 되었구나), 어쩔 수 없구나.

※ 끝내 그런 사람을 만나 보지 못할까 두려워하여 탄식함이다.

內自訟者 : 口不言而心自咎也(입으로 말하지 않고 內心으로 자책함).

◎ 人有過而能自知者鮮矣요 知過而能內自訟者는 爲尤鮮이라. 能內自訟이면 則其悔悟深切而能改가 必矣라. <朱子>
사람이 허물이 있으나 능히 스스로 아는 자가 드물고, 허물을 알고서 능히 내심으로 자책하는 자는 더욱 드물다. 능히 내심으로 자책한다면, 그 뉘우침과 깨달음이 깊고 간절하여 능히 허물을 고침이 틀림없으리라.

【解說】孔子께서 말씀하시기를, 다 끝났구나! 나는 아직 능히 그 자신의 허물을 보고서 內心으로 自責하는 者를 보지 못했노라.

【主題】허물에 대한 自訟의 重要性.
※ 孔子가 사람들로 하여금 過에 대하여 自訟하여 고치도록 한 것임.

[28]

子曰 十室之邑에 必有忠信如丘者焉이어니와 不如丘之好學也니라. <比較法>

【字解】省 略

【研究】

十室之邑 : 열 가구 정도 사는 작은 마을, 小邑.

◎ 忠信如聖人은 生質之美者也라. 夫子生知而未嘗不好學이라. 故로 言此以勉人이라. <朱子> 忠信이 聖人과 같다면 타고난 자질이 아름다운 者이다. 夫子께서는 태어나면서부터 아신 분이지만 일찍이 학문을 좋아하지 않음이 없었다. 그러므로 이것을 말하여서 사람들을 힘쓰게 하심이니라.

※ 孔子學問之特徵 : 好學 → 博學 → 活學

【解說】孔子께서 말씀하시기를, 十戶가 사는 작은 마을에도 반드시 나처럼 忠信하는 者는 있으나 나처럼 학문을 좋아하는 이는 없을 것이니라.

【主題】聖人의 好學하는 態度.
※ 사람들이 아름다운 바탕을 믿지 말고 학문에 힘써 그 바탕을 채우라고 권면하신 것이다.

第六 雍也篇

주제 [전반부 : 貶責 (폄책)
후반부 : 稱讚 (칭찬)

◎ 凡二十八章이라. 篇內第十四章以前은 大意與前篇同이라. <朱子>

[1]

子曰 雍也는 可使南面이로다. 仲弓이 問子桑伯子한대 子曰 可也簡이니라. 仲弓曰 居敬而行簡하여 以臨其民이면 不亦可乎잇가. 居簡而行簡이면 無乃大(太)簡乎잇가. 子曰 雍之言이 然하다. <問答法・設疑法>

【字解】

桑 뽕나무 상. 簡(간) 편지, 대쪽, 문서, 간략하다, 쉽다, 가리다.

【研究】

雍 : 孔子의 弟子인 冉雍으로 字는 仲弓. (公冶長篇 參照)

◎ 南面者는 人君聽治之位니 言仲弓寬洪簡重하여 有人君之度也라. <朱子> 남면은 인군이 정사를 다스리는 자리니, 仲弓은 마음이 너그럽고 도량이 크며 간략(대범 소탈)하고 중후하여 인군의 도량이 있음을 말한 것이다.

子桑伯子 : 魯人이니 胡氏以爲疑莊周所稱子桑戶者是也. <朱子>
(노나라 사람이니, 胡氏는 아마도 장주가 이른바 子桑戶라는 者가 그인 듯하다 하였다.)

◎ 可者는 僅可而有所未盡之辭요. 簡者는 不煩之謂라. <朱子> 可란 겨우 괜찮아서 미진한 바가 있는 말이요, 簡이란 번거롭지 않음을 이름이다.

◎ 子桑伯子之簡은 雖可取而未盡善이라. 故로 夫子云可也라 하시니라. 仲弓이 因言內主於敬而簡이면 則爲要直이요 內存乎簡而簡이면 則爲疏略이라 하니 可謂得其旨矣로다. <程子>
자상백자의 간략함은 비록 취할 만하나 지극히 선하지는 못하다. 그러므로 夫子께서 겨우 괜찮다고 말씀하신 것이다. 仲弓은 인하여 말하기를, 마음에 경을 주장하면서 간략하면 긴요하고 바름이 되거니와 마음에 간략함을 두고서 간략하면 소략함이 된다 했으니 그 뜻을 얻었다 할 만하도다.

※ 朱子學의 核心 : 居敬 → 窮理 → 力行.

【解說】 孔子께서 말씀하기를, 雍(仲弓)은 南面하게(人君의 位에 앉게) 할 만하도다. 仲弓이 子桑伯子에 대해 물으니, 孔子께서 말씀하시기를, (그의) 간략함도 괜찮다. 仲弓이 말하기를, (自身이) 敬에 처해 있으면서 간략함을 행하여서 그 백성을 대한다면 또한(더욱) 可하지 않겠습니까? (몸가짐이) 간략함에 처하면서 간략함을 행한다면 곧 너무 간략함이 아니겠습니까? 孔子께서 말씀하시기를, 雍의 말이 그러하다.

【主題】 仲弓과 子桑伯子의 爲人 — [仲弓 : 居敬而行簡 / 子桑伯子 : 居簡而行簡]

※ 孔子가 兩人을 評價함에 簡(간략함)을 중요하게 의론한 것임.

[2]

哀公이 問弟子孰爲好學이니잇고. 孔子對曰 有顔回者好學하여 不遷怒하며 不貳過하더니 不幸短命死矣라. 今也則亡(無)하니 未聞好學者也니이다. <問答法>

【字解】 省 略

【研究】

哀公 : 魯의 임금. (爲政篇 [19] 參照)

弟子孰爲好學 : 弟子들 중에 누가 배우기를 좋아합니까?

有顔回者好學 : 안회가 배우기를 좋아합니다.

※ 有는 현상을 나타내는 동사, 번역 불요. 者는 단락 표시 助詞.

◎ 遷은 移也요 貳는 復也니 怒於甲者를 不移於乙하고 過於前者를 不復於後라. 顔子克己之功이 至於如此하니 可謂眞好學矣라. 短命者는 顔子三十二而卒也라. 旣云今也則亡하고 又言未聞好學者는 蓋深惜之하시고 又以見眞好學者之難得也라. <朱子> 遷은 옮김이요, 貳는 다시 함이니, 甲에게 노여워한 것을 乙에게 옮기지 않고, 前에 잘못한 것을 뒤에 다시 하지 않는다. 顔子는 克己의 공부가 이와 같음에 이르렀으니, 가히 참으로 학문을 좋아한다고 말할 만하다. 命이 짧다는 것은 顔子가 삼십이세에 죽었기 때문이다. 이미 지금은 곧 없다고 말씀하고, 또 학문을 좋아하는 자를 듣지 못했다고 말씀하심은 대체로 그를 깊이 애석히 여긴 것이고, 또한 참으로 학문을 좋아하는 자를 얻기 어려움을 나타내신 것이다.

※ 顔景琴은 顔回가 41세(공자 71세시)에 卒했다 함.

※ 孔子 70歲에 아들 孔鯉가 卒하고, 71歲에 首弟子 顔回가 卒했으며,

72歲에 弟子 子路(仲由)가 卒했고, 73歲에 孔子가 卒했음.

◎ 顔子之怒는 在物不在己라. 故로 不遷이요 有不善이면 未嘗不知하고 知之면 未嘗復行하시니 不貳過也라. <程子>

顔子의 노여움은 남(상대방)에게 있고 自己에게 있지 않았다. 그러므로 옮기지 않는 것이고, 善하지 않음이 있으면 일찍이 알지 못함이 없고, 그것을 알면 일찍이 다시 行함이 없으셨으니, 잘못을 다시 하지 않는다.

【解說】 哀公이 묻기를, 제자 중에 누가 학문을 좋아합니까? 孔子께서 대답하여 말씀하시기를, 顔回가 學問을 좋아하여 노여움을 (남에게) 옮기지 않으며, 허물을 두 번 다시 하지 않았는데, 불행히 命이 짧아 죽었습니다. 지금은 없으니 아직 학문을 좋아하는 자를 듣지 못했습니다.

【主題】 顔回의 好學하는 態度 — 不遷怒 不貳過.

※ 顔回의 학문적 성취를 들어 그의 好學하는 태도를 말하면서 아울러 그의 夭折을 애석히 여기고 있음.

[3]

子華使(시)於齊러니 冉子爲其母請粟한대 子曰 與之釜하라. 請益한대 曰 與之庾하라 하시어늘 冉子與之粟五秉한대 子曰 赤之適齊也에 乘肥馬하며 衣輕裘하니 吾聞之也호니 君子는 周急이요 不繼富라 호라. 原思爲之宰러니 與之粟九百이어늘 辭한대 子曰 毋하여 以與爾鄰里鄕黨乎인저. <問答法·引用法>

【字解】

使(사) 하여금, 시키다, 부리다, 사신. (시) 사신 가다, 심부름 가다.
毋 말 무. 粟(속) 조, 곡식. 釜(부) 가마솥, 여섯말 네되.
庾 열 엿말 유, 곳집. 秉(병) 잡다, 열엿섬.
適(적) 맞다, 가다. 裘 갖옷 구. 周(주) 두루, 구휼하다.

【硏究】

子華 : 孔子 제자인 公西赤의 字. (公冶長 [8] 參照)
冉子 : 孔子 제자인 冉求. (八佾 [6] 參照)
原思 : 孔子 제자로 魯國人. 姓은 原, 名은 憲, 字는 子思. 孔子께서 魯國의 司寇로 在職時 孔家의 宰로 있었다 함.

使 : 爲孔子使也(공자를 위하여 심부름 간 것이다).
釜 : 六斗 四升. 庾 : 十六斗. 秉 : 十六斛(16가마니).
急 : 窮迫也(곤궁함이다). 周 : 補不足(부족한 이를 도와주는 것임).
繼 : 續有餘(여유 있는 이에게 계속 대줌이다).
粟 : 宰之祿也(가신의 녹봉이다). 鄰 : 五家戶. 里 : 二十五家戶.
鄕 : 萬二千五百家戶. 黨 : 五百家戶. 毋 : 禁止辭.

◎ 蓋赤苟至乏이면 則夫子必自周之요 不待請矣리라. 原思爲宰면 則有常祿이어늘 思辭其多라. 故로 又敎以分諸隣里之貧者하시니 蓋亦莫非義也니라. <朱子> 아마도 公西赤이 만일 지극히 궁핍했다면 夫子께서 반드시 스스로 그를 구휼해 주셨을 것이요, 요청하기를 기다리지 않았을 것이다. 原思가 家臣이 되었으면 떳떳한 녹봉이 있거늘 原思는 그것이 많다고 사양하였다. 그러므로 또 이웃집과 마을의 가난한 자에게 그것을 나누어 주라고 가르쳐 주셨으니, 대체로 또한 義理가 아님이 없는 것이니라.

◎ 於斯二者에 可見聖人之用財矣니라. <張載>
이 두 가지에서 聖人의 재물 쓰심을 볼 수 있느니라.

【解說】 子華가 (孔子를 위하여) 齊나라에 심부름을 가자, 冉子가 그의 어머니를 위하여 곡식을 줄 것을 요청하니, 孔子께서 말씀하시기를, (그에게) 釜를 주어라. 더 줄 것을 청하자, (孔子께서) 말씀하시기를, 庾를 주어라 하시거늘 冉子가 곡식 五秉을 주니, 孔子께서 말씀하시기를, 赤(子華)이 齊나라에 갈 적에 살찐 말을 타며 가벼운 가죽옷을 입었으니, 내가 들으니 君子는 곤궁한 자를 돌봐주며(구휼하며) 부유한 자를 계속 대주지 아니한다 하였다. 原思가 그(孔子)의 宰(家臣)가 되었는데, (孔子께서) 곡식 九百을 주자 사양하니, 孔子께서 말씀하시기를, 사양하지 말고서 너의 이웃집과 마을 및 향당에 주려무나.

【主題】 孔子用財之理 — 周急不繼富.
※ 冉子와 原思에 대한 孔子 言行에서 聖人用財之理를 볼 수 있다.

[4]

> 子謂仲弓曰 犁(리)牛之子 騂(성)且角이면 雖欲勿用이나 山川이 其舍諸아. <比喩法・設疑法>

【字解】
犁 얼룩소 리. 騂 붉을 성. 諸(제) 모든, (저) 之於. 之乎.

【研究】

犂 : 雜文(무늬가 섞인 것). 犂牛 : 雜文의 耕牛. 얼룩소.

騂 : 赤色(붉은색). ※ 周人은 적색을 숭상해 희생에 붉은 것을 씀.

角 : 角周正하여 中犧牲也라

(뿔이 완전하고 단정하여 희생으로 알맞음이다).

山川 : 山川之神也(산천의 신이다). ※ 人雖不用 神必不舍也.

◎ 仲弓父賤而行惡이라. 故로 夫子以此譬之하시니 言父之惡이 不能廢其子之善이니 如仲弓之賢은 自當見用於世也라. <朱子> 仲弓은 아버지가 미천하고 행실이 악했다. 그러므로 夫子께서 이로써 그를 비유하셨으니, 아버지의 악함이 그 자식의 선함을 버릴 수 없으니, 仲弓과 같이 어진 사람은 스스로 마땅히 세상에 쓰이게 된다고 말씀하신 것이다.

◎ 以瞽叟爲父而有舜하고 以鯀(곤)爲父而有禹하니 古之聖賢이 不係於世類가 尙矣라. 子能改父之過하여 變惡以爲美면 則可謂孝矣니라. <范祖禹> 고수를 아버지로 삼고도 순임금이 있었고, 곤을 아버지로 삼고도 우임금이 있었으니, 옛 성현이 세류(가문과 族類)에 매이지 않았음이 오래되었다. 자식이 아버지의 허물을 고치어 惡을 바꾸어 아름답게 만든다면 孝라 이를 만하니라.

【解說】孔子께서 仲弓(冉雍)에게 일러(평하여) 말씀하시기를, 얼룩소(犂牛) 새끼가 색깔이 붉고 또 뿔이 단정하다면 비록 (희생으로) 쓰지 않고자 하나(하더라도) 山川의 神이 그것(얼룩소 새끼)을 버리겠는가?

【主題】人物見用의 理致 — 賢人自當見用於世.

※ 仲弓이 미천한 自身의 身分을 恨歎함에 孔子께서 비유의 말로써 그를 위로한 말인데, 父母身分이 미천해도 子息이 훌륭하면 반드시 쓰이게 됨을 말씀하신 것이다.

[5]

子曰 回也는 其心三月不違仁이오 其餘則日月至焉而已矣니라. <比喩法>

【字解】省 略

【研究】

回也 : 안회는. '也'는 단락을 나타내는 조사.

其餘 : 그 나머지 사람들. 焉 : 於之.

◎ 三月은 言其久라. 仁者는 心之德이니 心不違仁者는 無私欲而有其德也라. 日月至焉者는 或日一至焉하고 或月一至焉하여 能造其域而不能久也라. <朱子>

3개월은 그 오래됨을 말한다. 仁이란 마음의 덕이니, 마음이 仁을 떠나지 않는다는 것은 사욕이 없어서 그 德을 간직한 것이다. 日月至焉이란 혹 하루에 한 번 거기(仁)에 이르기도 하고, 혹은 한 달에 한 번 거기(仁)에 이르러 능히 그 경지에 나아가되 오래 할 수 없는 것이다.

【解說】孔子께서 말씀하시기를, 안회는 그 마음이 3개월 동안 仁을 떠나지 않았고, 그 나머지 사람들은 하루나 한 달에 한 번 거기(仁)에 이를 뿐이니라.

【主題】孔子의 顔回에 대한 격려 — 其心三月不違仁.

※ 孔子께서 顔回를 순전한 仁을 지녔다 격려하면서 모든 제자들이 안회와 같기를 바라는 마음을 담고 있음.

[6]

季康子問 仲由可使從政也與잇가. 子曰 由也果하니 於從政乎에 何有리오. 曰 賜也可使從政也與잇가. 曰 賜也達하니 於從政乎에 何有리오. 曰 求也可使從政也與잇가. 曰 求也藝하니 於從政乎에 何有리오. <問答法 · 設疑法 · 列擧法>

【字解】

果(과) 열매(과일), 결단하다. 藝 재주 예.

【研究】

季康子 : 魯의 實權을 잡은 大夫로서 後에 魯의 昭公을 몰아냄.

仲由 : 子路의 姓名. 과단성 있고 용감했음.

賜 : 端木賜. 字 子貢. 求 : 冉求. 字 子有.

從政 : 謂爲大夫(대부가 됨을 말함). 藝 : 多才能(재능이 많음).

果 : 有決斷(결단성이 있음). 達 : 通事理(事理에 통달함).

何有 : 何難之有(무슨 어려움이 있으리오).

◎ 季康子問三子之才可以從政乎아 한대 夫子答以各有所長하시니 非惟三子라 人各有所長하니 能取其長이면 皆可用也라. <程子>
계강자가 세 사람의 재능이 정사에 종사할 만합니까 하고 묻자, 夫子께서 각기 所長이 있다고 대답하셨으니, 오직 세 사람뿐만이 아니라 사람마다 각기 소장이 있으니, 능히 그 장점을 취한다면 모두 쓸 수 있다.

【解說】 계장자가 묻기를, 仲由는 정사에 종사시킬 만합니까? 孔子께서 말씀하시기를, 由는 과단성이 있으니 정사에 종사함에 무슨 어려움이 있으리오. (계장자가) 말하기를, 賜(子貢)는 정사에 종사시킬 만합니까? (孔子께서) 말씀하시기를, 賜는 사리에 통달했으니 정사에 종사함에 무슨 어려움이 있으리오. (계강자가) 말하기를, 求(子有)는 정사에 종사시킬 만합니까? (孔子께서) 말씀하시기를, 求는 다재다능하니 정사에 종사함에 무슨 어려움이 있으리오.

【主題】 孔子의 세 제자에 대한 인물 추천 — 各有所長.
※ 孔子는 세 제자의 各有所長을 들어서 季康子에게 추천했으니, 人才登用의 도리가 各用各才에 있음을 보인 것이다.

[7]

季氏使閔子騫으로 爲費宰한대 閔子騫曰 善爲我辭焉하라. 如有復(부)我者면 則吾必在汶上矣로리라. <假定法>

【字解】
季(계) 끝, 계절. 騫 이지러질 건. 宰 재상 재, 주장할 재.
辭(사) 말씀, 사양하다. 汶 물이름 문. 如(여) 같다, 만일, 가다.

【研究】
季氏 : 魯國에서 實權을 잡은 季孫氏 일가로 누구인지는 미상.
閔子騫 : 姓은 閔, 名은 損, 字는 子騫. 孔子의 弟子(공자보다 15세 年下)로 德行이 뛰어남이 顔淵 다음임. 효자로 널리 알려짐.
費 : 季孫氏의 食邑地(領地). 宰 : 食邑地의 長.
善 : 잘, 적절히. 汶 : 齊南과 魯北의 국경에 있는 水名.
如有復我者 : 만일 다시 나를 부름이 있다면.
◎ 閔子不欲臣季氏하여 令使者善爲己辭라. 言若再來召我면 則當去之

齊니라. <朱子> 민자는 계씨에게 신하되고자 아니하여 사자로 하여금 자기를 위해 잘 말하도록 하였다. 만일 나를 부르러 다시 온다면 마땅히 제나라로 가겠다고 말했다.
◎ 仲尼之門에 能不仕大夫之家者는 閔子曾子數人而已라. <程子>
孔子의 문하에서 大夫 집에 벼슬하지 않은 자는 민자 증자 몇 사람뿐이다.
※ 閔損單衣(민손단의) — 민손의 孝行을 말한 故事.

【解說】 季氏가 민자건으로 하여금 비읍의 읍재(읍장)로 삼으려 하니, 만자건이 말하기를, 나를 위하여 잘 말해 주오. 만일 다시 나를 부르러 온다면, 나는 반드시 (魯를 떠나) 汶水 가에 있으리라.

【主題】 閔子騫의 爲人 — 邦無道에 不仕하는 君子의 爲人.
※ 道가 없는 어지러운 나라에 사는 사람으로서 不仕하는 君子다운 현명함이 나타나 있음.

[8]

伯牛有疾이어늘 子問之하실새 自牖執其手曰 亡(無)之러니 命矣夫인저. 斯人也而有斯疾也할새 斯人也而有斯疾也할새.
<反復法・咏嘆法>

【字解】
牖 창문 유. 疾(질) 병, 근심, 미워하다, 빠르다.

【研究】
伯牛 : 孔子의 弟子(공자보다 7세年下)로서 姓은 冉, 名은 耕, 字는 伯牛. 德行이 顔淵・閔子騫 다음임.
有疾 : 병에 걸리다. ※ 先儒以爲癩也(선유들이 나병이라 하였다).
子問之 : 공자께서 그를 문병하다. 牖 : 南牖也(남쪽 창문이다).
亡(無)之 : ① 이런 병에 걸릴 리가 없는데 <朱子>
② 병이 심하여 살아날 수 없는데 <孔安國>
◎ 禮에 病者居北牖下하여 君視之면 則遷於南牖下하여 使君得以南面視己라. 時에 伯牛家以此禮尊孔子하니 孔子不敢當이라. 故로 不入其室하고 而自牖執其手하시니 蓋與之永訣也라. <朱子> 禮에 병자는 북쪽 창문 아래에 居하는데, 君이 그를 보러 오면 남쪽 창 아래로 옮겨 君으로 하여금 남면해서 자기를 볼 수 있게 한다 하였다. 당시 伯牛의 집에서

이 禮로 孔子를 높이니, 孔子께서 감히 감당할 수 없으므로 그 방에 들어가지 않고 창으로부터 그 손을 잡으시니, 아마도 그와 영결함인 듯하다.

◎ 伯牛以德行稱하여 亞於顔閔이라. 故로 其將死也에 孔子尤痛惜之하시니라. <侯仲良> 伯牛는 덕행으로써 일컬어져 顔子와 閔子 다음이었다. 그러므로 그가 장차 죽으려 함에 공자께서 더욱 애통해하셨느니라.

【解說】 伯牛가 병에 걸리자, 孔子께서 그를 문병하실 적에 남쪽 창문으로부터 그의 손을 잡고 말씀하시기를, 이런 병에 걸릴 리가 없는데 운명인가 보다. 이런(이런 덕이 있는) 사람이 이런 병에 걸리다니! 이런 사람이 이런 병에 걸리다니!

【主題】 孔子의 제자 사랑의 至情.

※ 孔子가 師弟之情을 도탑게 한 것을 보여 주었다.

[9]

子曰 賢哉라 回也여. 一簞食와 一瓢飮으로 在陋巷을 人不堪其憂어늘 回也不改其樂하니 賢哉라 回也여. <反復法・詠嘆法・倒置法>

【字解】

簞 대그릇 단. 瓢 표주박 표. 巷 골목 항. 堪 견딜 감.

食 ① 식: 먹다, 어기다. ② 사: 밥, 먹이다. 陋 추할(좁을) 루.

【硏究】

簞 : 竹器. 食 : 飯. 瓢 : 瓠(박 호).

◎ 顔子之貧如此로되 而處之泰然하여 不以害其樂이라. 故로 夫子再言賢哉回也하여 以深嘆美之하시니이다. <朱子> 안자의 가난함이 이와 같았으나 처함이 태연하여 그 즐거움을 해치지 않았으므로, 부자께서 '어질도다 회여'라고 거듭 말씀하셔서 그를 깊이 감탄하고 아름답게 여겼다.

◎ 顔子之樂은 非樂簞瓢陋巷也요 不以貧窶(가난할 구)累其心而改其所樂也라. 故로 夫子稱其賢이시니라. <程子> 顔子의 즐거움은 단표누항을 즐거워한 것이 아니라, 가난으로 그 마음을 얽매어도 그 즐거워하는 바를 고치지 않았다. 그러므로 夫子께서 그의 어짊을 칭찬하셨다.

◎ 貧與賤은 是人之所惡也나 不以其道得之라도 不去也니라. <孔子> 가난함과 천함은 이는 사람들이 싫어하는 바이나 그 도로써 그것(빈천)을 얻지 않았더라도 버려서는 안 되느니라.

【解說】 孔子께서 말씀하시기를, 어질도다 안회여! 한 대그릇의 밥과 한 표주박의 음료로 누추한 시골에 있음을 사람(남)들은 그 근심을 견뎌내지 못하거늘, 顔回는 그 즐거움을 고치지(바꾸지) 않으니, 어질도다 안회여!

【主題】 安貧樂道하는 顔回에 대한 孔子의 찬미.
※ 가난에 얽매이지 않고 安貧樂道하는 顔回의 樂天的 태도를 찬미함.

[10]

> 冉求曰 非不說子之道언마는 力不足也로이다. 子曰 力不足者는 中道而廢하나니 今女畫이로다. <問答法>

【字解】
畫 ① 화: 그림, 그리다. ② 획: 긋다, 가르다, 꾀(꾀하다).

【硏究】
冉求 : 孔子의 弟子로서 姓은 冉, 名은 求, 字는 子有. 冉子有를 줄여 冉有. 착실한 성품이나 소극적이었음.
今女畫 : 지금 너는 (스스로) 한계를 긋고 있다.
◎ 力不足者는 欲進而不能이요 畫者는 能進而不欲이니 謂之畫者는 如畫地以自限也라. <朱子>
힘이 不足하다는 것은 나아가려 해도 할 수 없음이요, 스스로 한계를 긋는다 함은 능히 나아갈 수 있으나 나아가려 하지 않음이니, 그것을 畫이라 이르는 것은 마치 땅에 금을 긋고서 스스로 한계 짓는 것과 같음이다.
◎ 畫而不進이면 則日退而已矣니 此冉求之所以局於藝也니라. <胡寅>
한계를 긋고 나아가지 않으면 날로 퇴보할 따름이니, 이는 염구가 재예에 국한된 까닭이니라.

【解說】 冉求가 말하기를, 선생님의 도(도리나 덕행)를 좋아하지 않음이 아니건마는 힘이 부족합니다. 孔子께서 말씀하시기를, 힘이 不足한 자는 중도에서 그만두는 것이니, 지금 너는 (스스로) 한계를 긋는 것이로다.

【主題】 冉求의 消極的인 探學態度에 대한 警戒.
※ 冉求의 물러서려는 소극적인 探學의 態度를 보고 경계하여 깨우침.

[11]

子謂子夏曰 女爲君子儒요 無爲小人儒하라. <命令法>

【字解】
儒 선비 유, 유교 유.

【硏究】
女 : 汝. 無爲 : 되지 말라. 君子儒 : 君子다운 學者. 君子의 학자. 小人儒 : 小人 같은 學者. 小人의 학자. 儒 : 學者之稱(학자의 칭호).
◎ 君子儒는 爲己하고 小人儒는 爲人이라. <程子>
君子의 학자는 자기를 위하고, 小人의 학자는 남을(남에게 보이기) 위한다.
◎ 君子小人之分은 義與利之間而已라. 然이나 所謂利者는 以私滅公하고 適己自便하여 凡可以害天理者는 皆利也라. 子夏文學雖有餘나 然이나 意其遠者大者或昧焉이라. <謝良佐>
군자와 소인의 구분은 義와 利의 사이일 뿐이다. 그러나 이른바 利란 것은 私로써 公을 없애고 자기에게 맞게 하여 스스로 편하게 해서 무릇 가히 천리를 해칠 수 있는 것은 모두 利이다. 子夏의 문학은 비록 넉넉함이 있으나, 그러나 생각하건대 그 원대한 것은 혹 모르는 듯하다.

【解說】 孔子께서 子夏에게 일러 말씀하시기를, 너는 君子의 학자가 되고 小人의 학자가 되지 말라.

【主題】 子夏에 대한 孔子의 君子儒의 당부.
※ 孔子가 子夏에게 義를 따르는 君子儒가 되라는 당부임.

[12]

子游爲武城宰러니 子曰 女得人焉爾乎아. 曰 有澹臺滅明者하니 行不由徑하며 非公事어든 未嘗至於偃之室也니이다.
<問答法 · 提喩法>

【字解】
澹 담박할 담. 滅 : 없앨 멸. 由(유) 말미암다, <u>지나다</u>.
徑 지름길 경. 偃 : 누울 언. 嘗(상) <u>일찍</u>, 맛보다.

【研究】

子游 : 孔子의 제자인 言偃의 字. (爲政 [7] 參照)

澹臺滅明 : 武城人으로 孔子의 제자(孔子보다 39세 年下). 字 子羽.

武城 : 魯邑名(노나라 읍의 이름). 焉爾乎 : 語辭. ~했는가?

徑 : 路之小而捷者也(길이 작으면서 빠른 것이다).

公事 : 如飮射讀法之類(향음주 향사례 독법 따위와 같은 것).

◎ 不由徑이면 則動必以正하여 而無見小欲速之意를 可知요 非公事어든 不見邑宰면 則其有以自守하여 而無枉己徇人之私를 可見矣라. <朱子> 지름길로 가지 않는다면 행동을 반드시 바르게 해서 작은 것을 보려고 빨리 하려는 뜻이 없음을 알 수 있고, 공적인 일이 아니면 읍재를 만나보지 아니한다면 그 스스로 지킴이 있어서 자신를 굽혀 남을 따르는 사사로움이 없음을 볼 수 있다.

◎ 爲政은 以人才爲先이라. 故로 孔子以得人爲問하시니 如滅明者는 觀其二事之小면 而其正大之情을 可見矣라. 愚謂 持身을 以滅明爲法이면 則無苟賤之羞요 取人을 以子游爲法이면 則無邪媚之惑이니라. <楊時> 政治를 함에는 人才로써 우선을 삼는다. 그러므로 孔子께서 得人으로써 질문을 하셨으니, 滅明과 같은 者는 이 두 가지의 작은 일을 보면 그의 공명정대한 마음을 볼(알) 수 있다. 내가 생각하건대 몸가짐을 滅明으로써 法을 삼는다면 구차하고 천한 부끄러움이 없을 것이요, 사람을 취함을 子游로써 法을 삼는다면 간사하고 아첨함의 의혹이 없을 것이니라.

【解說】 子游가 武城의 邑宰가 되었는데, 孔子께서 말씀하시기를, 너는 人物을 얻었는가? 말하기를, 澹臺滅明이라는 者가 있으니, 다님에 지름길로 지나지 않으며, 公的인 일이 아니면 일찍이 저(언)의 집에 이르지 않습니다.

【主題】 澹臺滅明의 爲人과 子游의 取人의 혜안.

※ 담대멸명의 두 가지 小事를 통해서 그의 爲人을 알 수 있고, 그 사람됨을 알아서 取人한 子游의 혜안이 보인다.

[13]

子曰 孟之反은 不伐이로다. 奔而殿하여 將入門할새 策其馬曰 非敢後也라 馬不進也라 하니라. <引用法・例證法>

【字解】

孟(맹) 맏, 姓(성). 反(반) 돌이키다, 돌아오다, 반대하다, 도리어.
伐(벌) 치다, 자랑하다. 奔 달아날 분. 殿(전) 집, 뒤떨어지다.
策(책) 꾀(계책), 대쪽, 책, 지팡이, 채찍, 채찍질하다.

【研究】

孟之反 : 魯國의 大夫로 姓은 孟, 字는 之反, 名은 側. 莊子의 孟之反. 魯哀公 11년에 魯와 齊의 전쟁에서 魯가 敗走時 後尾를 담당했음.
伐 : 誇功也(공로를 자랑함이다). 殿 : 軍後也(군대의 후미이다).
奔 : 敗走也(패하여 달아남이다). 策 : 鞭也(채찍질함이다).

◎ 戰敗而還(선)에 以後爲功하니 反이 奔而殿이라. 故로 以此言으로 自揜(엄)其功也니 事在哀公十一年하니라. <朱子>
싸움에 패해 돌아올 때에는 군대의 후미에 있는 것을 功으로 여기니, 孟之反이 패주하면서 뒤떨어져 있었다. 그러므로 이 말로써 스스로 그 자신의 공을 가린 것이니, 이 사실이 (春秋左氏傳) 哀公 11年條에 있느니라.

◎ 人能操無欲上人之心이면 則人欲日消하고 天理日明하여 而凡可以矜己誇人者를 皆無足道矣라. 然이나 不知學者는 欲上人之心이 無時而忘也니 若孟之反은 可以爲法矣로다. <謝良佐> 사람이 능히 윗사람이 되고자 하지 아니하는 마음을 가질 수 있다면, 인욕이 날로 사라지고 천리가 날로 밝아져서, 무릇 自己를 자랑하고 남에게 뽐낼 수 있는 것을 다 족히 말할 것이 없다. 그러나 배움을 알지 못하는 자는 윗사람 되고자 하는 마음을 한시도 잊지 못하니, 孟之反 같은 이는 法으로 삼을 만하도다.

【解說】 孔子께서 말씀하시기를, 孟之反은 功을 자랑하지 않는구나. 패주하면서 후미에 처져 있다가 장차 (도성의) 문에 들어오려 할 적에 그(자신의) 말을 채찍질하며 말하기를, (내) 감히 (용감해서) 뒤에 있었던 것이 아니라 말이 나아가지 않았기 때문이다 하니라.

【主題】 孟之反의 謙讓之美德에 대한 孔子의 稱讚.
※ 孔子께서 孟之反이 自己의 功을 가리어 誇示하지 않는 謙讓의 態度를 君子의 美德으로 여겨 칭찬하신 것이다.

[14]

子曰 不有祝鮀之佞이며 而有宋朝之美면 難乎免於今之世矣니라. <假定法>

【字解】
鮀 모래무지 타. 佞 간사할 녕, 말 잘할 녕.

【研究】
祝 : 祭祀를 관장하는 祭官. 祝官. 鮀 : 衛大夫니 字子魚요 有口才라.
朝 : 宋의 公子로 有美色. 衛靈公의 부인인 南子의 옛 애인.
◎ 言衰世好諛悅色하여 非此難免하니 蓋傷之也시니라. <朱子>
衰微한 세상에서는 아첨을 좋아하고 미모를 좋아하여, 이것이 아니면 患難을 면하기 어렵다고 말씀하셨으니, 세상을 서글퍼하신 것이니라.

【解說】 孔子께서 말씀하시기를, 祝官인 鮀의 말재주가 없고 宋의 朝와 같은 미모가 있지 않으면, 지금의 세상에서 환난을 면하기 어려울지니라.
※ 異說 : 孔子께서 말씀하시기를, 祝鮀의 말재주 없이 宋朝의 미모만 있다면, 지금 세상에서 환난을(화를) 면하기 어려울지니라.

【主題】 衰微한 세상에 대한 孔子의 한탄.
※ 孔子가 그릇된 것을 숭상하는 쇠미한 세상을 한탄하심이다.

[15]

子曰 誰能出不由戶리오마는 何莫由斯道也오. <設疑法>

【字解】
由(유) 말미암다, 따르다, 지나다, 의지하다, 까닭, ~부터.

【研究】
出不由戶 : 出入함에 문을 지나지 않는다.
何莫 : 어찌하여 ~하지 않는가? 斯道 : 先王의 道. 또는 仁道.
◎ 言人不能出不由戶언마는 何故로 乃不由此道邪아 하시니 怪而歎之之辭라. <朱子> 사람이 밖을 나감에 문을 지나지 않을 수 없건마는, 무슨 까닭으로 마침내 이 도를 따르지 않는가 라고 말씀하셨으니, 괴이히 여겨 그것을 탄식하신 말씀이다.
◎ 人不知行必由道하니 非道遠人이요 人自遠爾니라. <洪興祚>
사람들이 행함(행동)에 반드시 道를 따라야 함을 알지 못하니, 道가 사람을 멀리함이 아니라, 사람이 스스로 道를 멀리할 뿐이니라.

【解說】 孔子께서 말씀하시기를, 누구인들 밖을 나감에 능히 문을 지나지 않을 수 있을까마는, 어찌하여 이 도(先王之道)를 따르지 않는가?

【主題】 道不行에 대한 孔子의 恨歎.
※ 사람들이 道를 따르지 않음을 恨歎하심이니, 사람들로 하여금 반드시 道를 따라야 함을 알게 함이다.

[16]

子曰 質勝文則野요 文勝質則史니 文質彬彬然後君子니라. <對照法>

【字解】
勝(승) 이기다, 낫다, 훌륭하다, 경치 좋다, 감당하다.
野(야) 들, 백성, 질박하다, 촌스럽다, 비루하다(천하다).
彬(빈) 빛나다, 찬란하다. 史(사) 역사(사기), 사관, 문필가, 기록하다.

【研究】
質 : 소박하고 질박한 바탕.<內容> 文 : 외면적 문화적 꾸밈.<形式>
野 : 野人이니 言鄙略也라(촌사람이니 비루하고 소략함을 말함이다).
史 : 掌文書니 多聞習事而誠或不足也라(문서를 맡은 사람이니 견문이 많아 일에는 익숙하나 성실성이 혹 부족함이다).
彬彬 : 物相雜而適均之貌라(물건과 서로 섞여 적당한 모양이다).
◎ 言學者當損有餘하고 補不足이니 至於成德이면 則不期然而然矣리라. <朱子> 학자는 마땅히 유여함은 덜어내고 부족함은 보충해야 하니, 덕을 이룸에 이르면 그렇게 되기를 기약하지 않아도 그렇게 됨을 말함이다.
◎ 文質은 不可以相勝이라. 然이나 質之勝文은 猶甘之可以受和요 白可以受采也어니와 文勝而至於滅質이면 則其本亡矣니 雖有文이나 將安施乎아. 然則與其史也론 寧野니라. <楊時> 文과 質은 가히 서로 이겨서는 안 된다. 그러나 質이 文을 이김은 단맛이 調味를 받을 수 있고 흰색이 채색을 받을 수 있음과 같거니와, 文이 이겨 質이 없어짐에 이른다면 그 근본이 없어짐이니, 비록 文이 있으나 장차 어디에 베풀겠는가? 그렇다면 그 史함보다 오히려(차라리) 野함이 낫다.

【解說】 孔子께서 말씀하시기를, 質(내용적 바탕)이 文(형식적 외식)을 이기면 野하고(촌스럽고 비루 소략하고), 文이 質을 이기면 史하니

(겉치레만 잘하니), 文과 質이 적당히 배합된 뒤에야 君子다우니라.

【主題】 君子之爲人 — 文質彬彬.
※ 文質不可相勝이므로 君子는 文質彬彬해야 함을 말함.

[17]

子曰 人之生也直하니 罔之生也는 幸而免이니라. <平敍法>

【字解】
罔(망) 없다, 속이다. 幸(행) 다행, 요행, 거동, 바라다, 괴다.

【硏究】
罔之生也 : 罔은 無의 뜻, 之(代名詞)는 直을 가리키니, 그것이 없이 삶은, 정직하지 않으면서 생존함은.
幸而免 : 요행히 (죽음을) 면함.
◎ 生理本直하니 罔은 不直也로되 而亦生者는 幸而免耳니라. <程子>
사람이 사는 이치는 본디 정직해야 하니, 罔은 정직하지 않는 것이로되 그러나 또한 生存함은 요행히 면한 것일 뿐이니라.

【解說】 孔子께서 말씀하시기를, 사람이 살아가는 이치는 正直해야 하니, 正直하지 않으면서도 生存하는 것은 요행히 (죽음을) 면한 것이니라.

【主題】 人之生理 — 直.
※ 사람은 마땅히 理致를 따라 正直하게 살아야 함을 强調하신 것임.

[18]

子曰 知之者不如好之者요 好之者不如樂之者니라. <比較法>

【字解】 省 略

【硏究】
不如 : ~와 같지 않다, ~만 못하다.
知之者 : 知有此道也(이 도가 있음을 아는 것이다).

好之者 : 好而未得也(좋아하되 아직 얻지 못한 것이다).
樂之者 : 有所得而樂之也(얻은 바 있어 즐거워하는 것이다).
◎ 譬之五穀하면 知者는 知其可食者也요 好者는 食而嗜之者也요 樂者는 嗜之而飽者也라. 知而不能好면 則是知之未至也요 好之而未及於樂이면 則是好之未至也니 此古之學者所以自强而不息者與인저. <長敬夫> 이것을 오곡에 비유한다면, 아는 자는 그것이 먹을 수 있음을 아는 자이고, 좋아하는 자는 먹고서 그것을 즐기는 자요, 즐거워하는 자는 그것을 즐거워하여서 배불리 먹는 자이다. 알기만 하고 좋아하지 못하면 이는 앎이 지극하지 못함이요, 그것을 좋아하되 즐거워함에 미치지 못하면 이는 좋아함이 지극하지 못함이니, 이는 옛 학자들이 스스로 힘써서 쉬지 아니했던 이유(까닭)일 것이다.

【解說】孔子께서 말씀하시기를, 道를 아는 자가 그것을 좋아하는 자만 못하고, 道를 좋아하는 자는 그것을 즐기는 자만 못하니라.

【主題】知之者 好之者 樂之者의 差異点.
※ 孔子가 道에 나아가는 깊이를 가르쳐 목표를 갖고 힘쓰게 함이다.

[19]

子曰 中人以上은 可以語上也어니와 中人以下는 不可以語上也니라. <比較法>

【字解】省 略

【研究】
中人以上 : 知性이나 德行이 중간 이상인 사람. 可以語 : 말할 수 있다.
上 : 심오한 철학적인 말이나 학문. 높은 수준의 학문적 내용.
◎ 言敎人者當隨其高下而告語之면 則其言易入하여 而無躐等之弊也라. <朱子> 사람을 가르치는 자는 마땅히 그 높고 낮음에 따라 그것을 말해 준다면 그 말이 들어가기 쉬워서 등급을 뛰어넘는 폐단이 없음을 말했다.
◎ 蓋中人以下之質은 驟(갑자기 취)而語之太高면 非惟不能以入이라 且將妄意躐等하여 而有不切於身之弊하여 亦終於下而已矣라. 故로 就其所及而語之니 是乃所以使之切問近思하여 而漸進於高遠也니라. <長敬夫> 대개 중등 이하의 자질을 가진 사람은 갑자기 너무 높은 것을 그에게 말해 주면 오직 능히 들어갈 수 없을 뿐만 아니라, 또한 장차 망녕

된 뜻으로 등급을 뛰어넘어서 몸에 절실하지 못한 폐단이 있어서 또한 낮은 것에 끝나고 말 뿐이다. 그러므로 그가 미칠 수 있는 바에 나아가 그것을 말할 것이니, 이것이 바로 그로 하여금 절실히 묻고 생각을 가까이하여 점차 높고 먼 데로 나아가게 하는 것이다.

【解說】 孔子께서 말씀하시기를, 중등 인물 이상은 높은 것을 말해 줄 수 있으나, 중등 인물 이하는 높은 것을 말해 줄 수 없느니라.

【主題】 敎人의 方法 — 因材施敎.
※ 敎人은 그 사람의 재능의 수준에 따라 가르쳐야 함을 밝힌 것이다.

[20]

> 樊遲問知(智)한대 子曰 務民之義요 敬鬼神而遠之면 可謂知矣니라. 問仁한대 曰 仁者先難而後獲이면 可謂仁矣니라.
> <問答法>

【字解】
樊(번) 새장, 울타리, 어수선하다.　　遲 더딜 지.　　獲 얻을 획.

【硏究】
樊遲 : 孔子의 제자였으며 또한 孔子의 御者였다. (爲政 [5] 參照)
民 : 人也(사람이다).　　獲 : 得也(얻음이다).
◎ 專用力於人道之所宜하고 而不惑於鬼神之不可知는 知者之事也요 先其事之所難하고 而後其效之所得은 仁者之心也니 此는 必因樊遲之失而告之시니라. <朱子> 人道의 마땅한 바에 오로지 힘을 쓰고 鬼神의 알 수 없는 것에 혹하지 않은 것은 智者의 일이요, 그 일의 어려운 것을 먼저 하고 그 효과의 얻은 바를 뒤에 함은 仁者의 마음이니, 이는 반드시 번지의 결함에 의해서 그에게 말씀해 주신 것이니라.
◎ 人多信鬼神하니 惑也요 而不信者는 又不能敬이니 能敬能遠이면 可謂知矣니라. 又曰 先難은 克己也니 以所難爲先而不計所獲은 仁也니라. <程子> 사람들이 귀신을 많이 믿으니 미혹된 것이요, 믿지 않는 자는 또 능히 공경하지 않으니, 능히 공경하되 멀리할 수 있다면 知라고 이를 만하니라. 또 말씀하시기를, 어려운 일을 먼저 함은 克己의 일이니, 어려운 바를 먼저 하고 얻는 바를 헤아리지 않음은 仁이니라.

【解說】 樊遲가 知에 대해 물으니, 孔子께서 말씀하시기를, 사람의 道義에 힘쓰고 鬼神을 공경하되 그를 멀리한다면 知라고 이를 만하니라. 仁에 대해 물으니 말씀하시기를, 仁이란 어려운 일을 먼저 하고 얻는 것을 뒤에 한다면 仁이라 이를 만하니라.

【主題】 孔子의 知와 仁에 대한 見解 ― [知 : 務民之義 敬鬼神而遠之 / 仁 : 先難而後獲

※ 樊遲의 두 가지 질문에 대해 孔子께서는 樊遲의 失(단점)에 근거하여 知와 仁에 대한 견해를 그에게 말해 주신 것이다.

[21]

子曰 知者는 樂水하고 仁者는 樂山이니 知者는 動하고 仁者는 靜하며 知者는 樂하고 仁者는 壽니라. <列擧法・比較法>

【字解】

樂 풍류 악, 즐거울 락, 좋아할 요.

【硏究】

◎ 知者는 達於事理而周流無滯하여 有似於水라. 故로 樂水하고 仁者는 安於義理而厚重不遷하여 有似於山이라. 故로 樂山이라. 動靜은 以體言이요 樂壽는 以效言也라. 動以不括故로 樂하고 靜以有常故로 壽니라. <朱子> 知者는 事理에 통달하여서 두루 유통하고 막힘이 없어 물과 비슷한 점이 있으므로 물을 좋아하고, 仁者는 의리에 편안하여 중후하고 옮기지 않아서 山과 비슷한 점이 있으므로 山을 좋아하는 것이다. 動과 靜은 體로써 말함이요, 樂과 壽는 효과로써 말함이다. 動하여 맺(막)히지 않으므로 즐거워함이요, 靜하여 일정함이 있으므로 壽함이니라.

◎ 非體仁知之深者면 不能如此形容之니라. <程子> 仁과 知를 체득함이 깊은 자가 아니면 능히 이처럼 그것을 형용할 수 없을 것이니라.

◎ 知者樂運其知才以治世 如水流而不知已 <包咸>

知者는 자기(그)의 지식과 재주를 운용하여서 세상 다스림을 좋아함이 마치 물이 흐르지만 그침을 알 수 없음과 같으니라.

◎ 仁者樂如山之安固 自然不動而萬物生焉 <何晏>

仁者는 山이 안정되고 견고함과 같아서 자연이 움직이지 않아 만물이 거기에서 태어남을 좋아하느니라.

【解說】孔子께서 말씀하시기를, 知者는 물을 좋아하고 仁者는 山을 좋아하나니, 知者는 동적이고 仁者는 정적이며, 知者는 낙천적이고 仁者는 장수하니라.

【主題】知者와 仁者의 差異.
※ 孔子가 知者와 仁者의 差異를 그 資質과 成就의 差異로 비교한 것임.

[22]

子曰 齊一變이면 至於魯하고 魯一變이면 至於道니라. <比較法>

【字解】省 略

【研究】
齊 : 현재의 山東省 일대에 있었던 富强한 나라로서 그 始祖는 太公望(姜太公)임. 太公之子 呂及이 첫 君主임.
魯 : 山東省의 曲阜(곡부)를 都邑(도읍)으로 한 작은 나라로서 그 始祖는 周公旦임. 周公之子 伯禽이 첫 君主임.
◎ 孔子之時에 齊俗은 急功利하고 喜誇詐하니 乃霸政之餘習이요 魯則重禮敎하고 崇信義하여 猶有先王之遺風焉이로되 但人亡(無)政息하여 不能無廢墜耳라. 道는 則先王之道也라. 言二國之政은 俗有美惡이라. 故로 其變而之道에 有難易라. <朱子> 孔子의 당시에 齊나라 풍속은 功利를 급히(우선으로) 여기고 과장과 속임을 좋아했으니, 곧(바로) 패도정치의 남은 습속이요, 魯나라는 곧 禮敎를 중시하고 信義를 숭상하여 아직도 先王의 유풍이 (거기에) 남아 있었으되, 다만 사람이 없고 훌륭한 정치가 그쳐져 폐지되고 실추됨이 없지 않았다. 道는 곧 先王의 道이다. 두 나라의 정치는 풍속의 아름다움과 나쁨이 있으므로 그 변화하여 道(先王의 道)로 감에 있어서 어렵고 쉬움이 있음을 말함이다.
◎ 夫子之時에 齊强魯弱하니 孰不以爲齊勝魯也리오. 然이나 魯猶存周公之法制하고 齊由桓公之霸하여 爲從簡尙功之治하여 太公之遺法이 變易盡矣라. 故로 一變乃能至魯요 魯則修擧廢墜而已니 一變則至於先王之道也라. <程子> 孔子의 당시에 齊나라는 强하고 魯나라는 弱했으니, 누구인들 齊나라가 魯나라보다 낫다고 여기지 않았으리오. 그러나 魯나라는 아직도 周公의 법제가 남아 있었고, 齊나라는 桓公의 패도로 말미암아 간략함을 따르고 功을 숭상하는 정치를 하여 太公이 남긴 法이 변역하여 없어졌다. 그러므로 한 번 변하면 곧 능히 魯나라에 이를 수 있고, 魯나라는 곧 폐지되고 실추된 것을 닦아서 거행할 뿐이니, 한 번 변하면

先王의 道에 이를 것이다.

【解說】孔子께서 말씀하시기를, 齊나라가 한 번 변화하면 魯나라에 이르고, 魯나라가 한 번 변화하면 선왕의 도에 이를지니라.

【主題】齊 魯의 道의 差異.
※ 孔子의 뜻이 先王의 道에 있으므로 두 나라를 비교하면서 모두 변하여 道에 이르기를 바라고 있음.

[23]

子曰 觚不觚면 觚哉 觚哉아. <比喩法・反復法>

【字解】
觚 모난 그릇 고, 술잔 고, 모 고, 대쪽 고.

【研究】
◎ 觚는 稜也니 或曰酒器요 或曰木簡이라 하니 皆器之有稜者也라. 不觚者는 蓋當時失其制而不爲稜也라. 觚哉觚哉는 言不得爲觚也라. <朱子> 觚는 모난 것이니, 或者는 술그릇이라 말하고, 或者는 목간이라 말하니, 모두 器物에 모가 있는 것이다. 모나지 않다는 것은 대개 당시에 그 제도를 잃어서 모나지 않은 것이다. 觚哉觚哉는 모난 술그릇이 될 수 없음을 말함이다.
◎ 觚而失其形制면 則非觚也라. 擧一器에 而天下之物이 莫不皆然이라. 故로 君而失其君之道면 則爲不君이요 臣而失其臣之職이면 則爲虛位니라. <程子> 모난 그릇으로서 그 모양과 제도를 잃으면 모난 그릇이 아니다. 하나의 그릇을 듦에 天下의 만물이 모두 그렇지 않음이 없는 것이다. 그러므로 임금으로서 그 임금의 도리를 잃으면 임금 노릇을 못하는 것이요, 신하로서 그 신하의 직분을 잃으면 빈자리가 되느니라.
◎ 人而不仁이면 則非人이요 國而不治면 則不國矣니라. <范祖禹>
사람으로서 仁하지 못하면 사람이 아니요, 나라로서 다스려지지 않으면 나라가 아니니라.
※ 君王은 君王之道를, 臣은 臣之職分을 지켜야 하는 正命思想에서 비유한 내용임. (君君臣臣父父子子의 正名思想을 비유)

【解說】孔子께서 말씀하시기를, 모난 술그릇이 모나지 않으면 모난

술그릇이겠는가, 모난 술그릇이겠는가?

【主題】 名實相符의 强調 (正名의 重要性 强調).
※ 春秋 시대는 名實相符하지(正名을 지키지) 못한 실상이 많았기 때문에 孔子가 이를 비유해서 强調한 것임.

[24]

宰我問曰 仁者는 雖告之曰 井有仁[人]焉이라도 其從之也로소이다. 子曰 何爲其然也리오. 君子는 可逝也언정 不可陷也며 可欺也언정 不可罔也니라. <設疑法・問答法>

【字解】
宰 재상 재. 逝 갈 서, 죽을 서. 欺 속일 기.
陷 빠질 함, 함정 함. 罔 없을 망, 속일 망, 그물 망.

【硏究】
宰我 : 말을 잘한 孔子의 弟子.(八佾 [21] 參照) 雖 : 비록, 가령, 혹.
井有仁焉 : 우물에 사람이 빠졌다. ※ '仁'은 '人' 또는 '仁者'로 봄.
其從之也 : 그가(仁者가) 거기(우물)에 들어간다.
◎ 劉聘君曰 有仁之仁은 當作人이라 하니 今從之라. 從은 謂隨之於井而救之也라. 宰我信道不篤하여 而憂爲仁之陷害라. 故로 有此問이라. 逝는 謂使之往救요 陷은 謂陷之於井이라. 欺는 謂誑之以理之所有요 罔은 謂昧之以理之所無라. 蓋身在井上이라야 乃可以救井中之人이니 若從之於井이면 則不復能救之矣라. 仁者雖切於救人而不私其身이나 然不應如此之愚也라. <朱子> 劉聘君이 말하기를, 有仁의 仁은 마땅히 人字가 되어야 한다 했으니, 지금 그것을 따른다. 從은 우물에 따라 들어가서 그를 구함을 말한다. 宰我는 道를 믿음이 독실하지 못하여 仁을 행하다가 害에 빠질까 근심하였다. 그러므로 이런 물음이 있었다. 逝는 그로 하여금 가서 구하게 함을 말함이요, 陷은 (그가) 우물에 빠짐을 말한다. 欺는 이치가 있는 것으로써 그를 속임을 말하고, 罔은 이치가 없는 것으로써 그를 속임을 말한다. 대체로 몸이 우물가에 있어야 곧 가히 써 우물 안의 사람을 구할 수 있음이니, 만일 우물로 그를 따라 들어간다면 다시는 능히 그를 구할 수 없을 것이다. 仁者는 비록 사람을 구함에 절실하여 그 자신을 사사로이(돌보지) 아니하나 그러나 응당 이와 같이 어리석지는 않을 것이다.

【解說】 宰我가 물어 말하기를, 仁者는 비록 우물에 사람이 빠졌다고 (그에게) 말해주더라도 (그를 구하려고) 그를 따라 들어가겠습니다. 孔子께서 말씀하시기를, 어찌 그렇게 하겠는가. 君子는 가게 할 수는 있을지언정 빠지게 할 수는 없으며, (이치에 맞는 말로) 속일 수는 있을지언정 (이치가 없는 말로) 속일 수는 없는 것이니라.

【主題】 仁者不愚 — 仁者不可罔也.
※ 孔子가 宰我에게 天下의 일이 仁者를 어렵게 할 수 없음을 말했음.

[25]

子曰 君子博學於文이요 約之以禮면 亦可以弗畔矣夫인저. <假定法>

【字解】
弗(불) 아니다, 떨다, 달러. 畔(반) 두둑, 물가, 배반하다.

【硏究】
博學於文 : 글을 널리 배우다. 여기서 '文'은 주로 詩·書·禮·樂·易·春秋 等 六經의 글로서 이 속에 先王의 道와 文物制度 및 역사의 기록과 평가가 있음.
約之以禮 : 예로써 (그것을) 요약(단속)하다. 여기서 '約'은 광범한 지식을 일관된 도리로써 요약 통괄함이다.
弗畔 : (道에) 어긋나지 아니하다(不背於道). 矣夫 : ~하리라<語助辭>.
◎ 君子는 學欲其博故로 於文에 無不考요 守欲其要故로 其動을 必以禮하니 如此則可以不背於道矣리라. <朱子>
君子는 배움을 널리 하고자 하므로 文에 대하여 고찰하지 않음이 없고, 지킴에 있어서 요약(단속)하고자 하므로 그 행동을 반드시 禮로써 하는 것이니, 이와 같이 한다면 가히 써 도에 위배되지 않으리라.
◎ 博學於文而不約之以禮면 必至於汗漫(한만 : 산만)이니 博學矣요 又能守禮而由於規矩면 則亦可以不畔道矣리라. <程子>
文에 대해 널리 배우고 예로써 그것을 요약(단속)하지 않으면 반드시 한만(산만)함에 이를 것이니, 널리 배우고 또 능히 예를 지켜서 법도를 따른다면 또한 가히 써 道에 위반되지 않으리라.

【解說】 孔子께서 말씀하시기를, 君子가 文에 대하여 널리 배우고 禮로써 (그것을) 요약(단속)한다면 또한 가히 써 (道에) 어긋나지 않을

것이로다.

【主題】君子의 求道之法 — 博文約禮.
※ 孔子께서 道를 求하는 君子에게 博文約禮로 훈계한 것임.

[26]

子見南子하신대 子路不說이어늘 夫子矢之曰 予所否者인댄 天厭之天厭之시리라. <假定法・反復法>

【字解】
見 볼 견, 뵐(보일, 드러날) 현. 說 말씀 설, 달랠 세, 기쁠 열.
矢 화살 시, 맹세할 시. 所 맹세할 소. 厭 싫을 염.

【研究】
南子 : 衛의 靈公의 부인으로 美男인 宋朝와 내통한 음란한 女人.
◎ 孔子至衛에 南子請見한대 孔子辭謝라가 不得已而見之라. 蓋古者에 仕於其國이면 有見其小君之禮어늘 而子路以夫子見此淫亂之人爲辱이라. 故로 不悅이라. 矢는 誓也요 所는 誓辭也요 否는 不合於禮니 不由其道也라. 厭은 棄絶也라. 聖人道大德全하여 無可無不可하니 其見惡人에 固謂在我有可見之禮면 則彼之不善이 我何與焉이리오. 然이나 此豈子路所能測哉리오. 故로 重言以誓之하시니 欲其姑信此而深思以得之也시니라. <朱子> 孔子께서 衛나라에 이르심에 南子가 만나기를 청하니, 孔子께서 사절하시다가 부득이하여 그를 .만났다. 대체로 옛날에는 그 나라에서 벼슬하면 그 小君(임금 부인)을 만나는 예가 있었거늘, 그러나 子路는 夫子께서 이 음란한 女人을 만남을 치욕으로 여겼으므로 기뻐하지 않은 것이다. 矢는 맹세요, 所는 맹세하는 말이요, 否는 예에 합당하지 않음이니, 도리를 따르지 않음이다. 厭은 버리고 끊음이다. 聖人은 道가 크고 德이 완전하여 可함도 不可함도 없으니, 그가 惡한 사람을 만남에 진실로 생각하기를, 나에게 만나볼 만한 예가 있다면 저 사람의 불선(악행)이 나에게 그와 무슨 관계리오, 그러나 이것을 어찌 子路가 능히 헤아리는 바이리오. 그러므로 거듭 말씀하여 그와 맹세하셨으니, 그가 우선 이 말을 믿고 깊이 생각하여서 그것을 터득하게 하고자 하심이니라.

【解說】孔子께서 南子를 만나시자, 子路가 기뻐하지 아니하거늘, 夫子(孔子)께서 그에게 맹세하여 말씀하시기를, 내가 맹세코 잘못된 짓

을 한다면 하늘이 나를 버리시리라 하늘이 나를 버리시리라.

【主題】 孔子의 떳떳한 마음 — 聖人道大德全.
※ 孔子가 음란한 女人을 만남에 떳떳한 마음임을 맹세한 내용임.

[27]

子曰 中庸之爲德也 其至矣乎인저. 民鮮久矣니라. <感歎法>

【字解】
庸(용) 떳떳하다, 쓰다, 어리석다, 범상하다.
至(지) 이르다, 지극하다. 鮮(선) 곱다, 맑다, 적다.

【研究】
中 : 無過不及之名也(지나치거나 미치지 못함이 없는 명칭이다).
不偏不倚也(치우치거나 기울어지지 않음이다). → 天下之正道.
庸 : 平常也(평상이다), 不易也(바뀌지 않음이다). → 天下之定理.
至 : 極也(극진함이다).
民鮮久矣 : 民少有此德 今已久矣
(사람들이 이 덕을 소유한 이가 적은 지 지금 이미 오래되었다).
※ 異說 : 백성은 이 덕을 오래 하는 이가 적다.
◎ 不偏之謂中이요 不易之謂庸이니 中者는 天下之正道요 庸者는 天下之定理라. 自世教衰로 民不興於行하여 少有此德이 久矣라. <程子> 치우치지 않음을 中이라 하고, 바뀌지 않음을 庸이라 이르나니, 中이란 것은 天下의 바른 道요, 庸이란 것은 天下의 일정한 이치다. 세상 교화가 쇠퇴함으로부터 백성들이 (中庸之道를) 행함에 흥기하지 않아 이 德을 간직한 이가 적은 지 오래되었느니라.

【解說】 孔子께서 말씀하시기를, 中庸의 德이 지극하도다. 사람들이(이 德을 所有한 이가) 적은 지 오래이니라(오래되었느니라).

【主題】 中庸之德의 不行에 대한 孔子의 한탄.
※ 孔子가 中庸之德의 偉大함을 생각하여 世教之衰를 恨歎한 것임.

[28]

子貢曰 如有博施於民而能濟衆이면 何如하니잇고. 可謂仁乎잇가. 子曰 何事於仁이리오. 必也聖乎인저. 堯舜도 其猶病諸시니라. 夫仁者는 己欲立而立人하며 己欲達而達人이니라. 能近取譬면 可謂仁之方也已니라. <問答法 · 設疑法 · 例示法>

【字解】
譬(비) 비유하다, 깨닫다. 濟(제) 건너다, 구제하다, 많다.

【研究】
子貢 : 孔子의 弟子. (學而 [10] 參照)
如 : 만일. 濟衆 : 濟民於患難(환란에서 백성을 구제함).
何事於仁 : 어찌 仁을 일삼는데 그치리오. 어찌 仁에만 그치는 일이리오.
仁 : 以理言通上下(이치로 말함이니 위(성인) 아래(현인)에 통함).
聖 : 以地言則造其極之名也(지위로 말함이니 그 극에 나아간 명칭이다).
病 : 心有所不足也(마음에 부족한 바가 있음이다).
能近取譬 : 능히 가까운 데서 취하여 비유함(推己及人).
◎ 言此何止於仁이리오 必也聖人能之乎시니 則雖堯舜之聖이라도 其心猶有所不足於此也라. 以是求仁이면 愈難而愈遠矣라. 以己及人은 仁者之心也니 於此觀之면 可以見天理之周流而無間矣라. 狀仁之體莫切於此니라. 近取諸身하여 以己所欲으로 譬之他人이면 知其所欲亦猶是也니 然後推其所欲하여 以及於人이면 則恕之事而仁之術也라.<朱子>
이것이 어찌 仁에만 그치리오. 반드시 聖人이라야 그것에 능할 것이니, 그렇다면 비록 요순 같은 聖人이라도 그 마음에 오히려 이에 대해 부족한 바가 있었을 것이라 말씀하신 것이다. 이것(有博施於民而能濟衆)으로써 仁을 구한다면 더욱 어렵고 더욱 멀어지리라. 自己로써 남에게 미침은 仁者의 마음이니, 여기에서 그것을 살펴본다면 가히 써 天理가 두루 흘러서 간격이 없음을 볼 수 있다. 仁의 본체를 나타냄이 이보다 더 절심함이 없다. 가까이 自身에게서 (그것을) 취하여 自己가 바라는 바를 가지고 他人에게 그것을 비유하면 그가 바라는 바도 또한 이와 같음을 알게 되나니, 그런 後에 自己가 바라는 바를 미루어서 남에게 미치면 恕의 일로서 仁을 행하는 방법이다.

【解說】 子貢이 말하기를, 만일 백성에게 널리 (은혜를) 베풂이 있어 많은 사람을 구제할 수 있다면 어떠합니까? 仁하다고 이를 만합니

까? 孔子께서 말씀하시기를, 어찌 仁을 일삼는 데 그치리오. 반드시 성인일 것이로다! 요순도 오히려 그(마음)에 부족하게 여겼을 것이다. 무릇 仁者는 자기가 서고자 함에 남도 서게 하며, 자기가 통달하고자 함에 남도 통달하게 하느니라. 가까운 데서 취해 비유할 수 있다면 가히 仁을 행하는 방법이라 이를 만하니라.

【主題】 仁의 本體와 行仁之法 — [仁의 本體 : 主敬(以己及人)
行仁之法 : 行恕(推己及人)

※ 子貢은 仁의 공효를 말했고, 孔子는 仁의 본체와 行仁之法을 말함.

第七 述而篇

주제 : 聖人謙己誨人之辭及其容貌行事之實

◎ 此篇은 多記聖人謙己誨人之辭와 及其容貌行事之實이니 凡三十七章이라. <朱子>

[1]

子曰 述而不作하며 信而好古를 竊比於我老彭하노라. <比較法>

【字解】

竊(절) 도둑, 도둑질하다, 몰래, 적이(삼가, 외람되게).
彭 성(땅)이름 팽, 곁 방, 많을 방.

【研究】

述 : 傳舊而已(옛것을 전술할 뿐임). 作 : 創始也(처음으로 창작함이다).
竊比 : 적이(외람되게) 견주다(尊之之辭 : 그를 높이는 말).
我 : 우리(親之之辭 : 그를 친근히 여기는 말).
老彭 : 商賢大夫니 見(현)大戴禮하니 蓋信古而傳述者也라.(商의 현대부니 대대례에 보이는데 아마도 옛것을 믿고 전술한 자인 듯하다.)

◎ 孔子刪詩書하고 定禮樂하며 贊周易하고 修春秋하사 皆傳先王之舊요 而未嘗有所作也라. 故로 其自言如此하니 蓋不惟不敢當作者之聖이라 而亦不敢顯然自附於古之賢人이니 蓋其德愈盛而心愈下하여 不自知其辭之謙也라. 然이나 當是時하여 作者略備어늘 夫子蓋集群聖之大成而折衷之하시니 其事雖述이나 而功則倍於作矣니라. <朱子> 孔子는 詩와 書를 산삭(刪削)하고 禮樂을 정리하였으며, 周易을 찬술(부연)하고 春秋를 편수하시어, 모두 先王의 옛것을 傳述하였고 일찍이 창작한 것이 있지 않았다. 그러므로 그가 스스로 이와 같이 말씀하셨으니, (이는) 대개 다만 감히 창작하는 聖人으로 자처하지 않았을 뿐 아니라, 또한 감히 드러내놓고(공공연히) 옛 賢人에게도 스스로 붙이지 아니한 것이니, 대체로 그 德이 더욱 성할(높을)수록 마음이 더욱 겸손해져서 自身도 그 말씀이 겸손한 것임을 알지 못하신 것이다. 그러나 이때를 당하여 (당시에) 창작은 대략 갖추어졌으니, 夫子께서는 대체로 여러 성인의 대성을 모아서 그것을 절충하셨으니, 그 일이 비록 전술이나 그 공은 곧 창작보다 곱절이 되느니라.

【解說】 孔子께서 말씀하시기를, 傳述하기만 하고 창작하지 않으며, 옛것을 믿고 좋아함을 내 저으기(외람되게) 우리 노팽에게 견주노라.

【主題】 孔子의 학문적 행적 — 述而不作 信而好古.
※ 孔子가 스스로 말로써 自身의 학문적 행적의 근본을 세운 것임.

[2]

子曰 默而識之하며 學而不厭하며 誨人不倦이 何有於我哉오. <列擧法・設疑法>

【字解】
識 알 식, 적을(기억할) 지.　　倦(권) 게으르다, 고달프다.
何(하) 어찌, 무슨(무엇), 어느, 누구, 얼마.　　誨 가르칠 회.

【研究】
◎ 識는 記也니 默識는 謂不言而存諸心也라. 一說에 識은 知也니 不言而心解也라 하니 前說이 近是라. 何有於我는 言何者能有於我也라. 三者는 已非聖人之極至로되 而猶不敢當하시니 則謙而又謙之辭也라. <朱子> 識(지)는 기억함이니, 默識는 말하지 않으면서도 마음에 (그것을) 간직함을 말한다. 一說에 識(식)은 앎이니, 말하지 않아도 마음에 이해됨이라 하니, 前說이 옳은 듯하다(옳음에 가깝다). 何有於我는 어느 것이 능히 나에게 있겠는가 라는 말이다. 세 가지 일은 이미 聖人의 지극한 일이 아니로되, 오히려 감히 자처하지 않았으니, 곧 겸손하고 또 겸손한 말씀이다.

【解說】 孔子께서 말씀하시기를, 묵묵히 (그것을) 기억하며, 배우되 싫어하지 않으며, 사람을 가르침을 게을리하지 않는 것, 어느 것이 나에게 있으리오.

【主題】 識・學・誨에 대한 마음의 태도 — 默・不厭・不倦.
※ 學誨의 일을 마음을 바탕으로 겸손히 하신 말씀임.

[3]

子曰 德之不修와 學之不講과 聞義不能徙와 不善不能改가 是

吾憂也니라. <列學法>

【字解】
講 풀이할 강, 익힐 강, 화해할 구. 徙 옮길 사.

【研究】
◎ 德必修而後成하고 學必講而後明하며 見善能徙하고 改過不吝이니 此四者는 日新之要也라. 苟未能之면 聖人猶憂어든 況學者乎아. <尹焞> 德은 반드시 닦여진 後에야 이루어지고, 학문은 반드시 강마된 뒤에야 밝아지며, 善을 보면 능히 옮기고(실행하고), 허물을 고침에 인색하지 않아야 하니, 이 네 가지 일은 날로 새롭게 하는 (공부의) 요체이다. 만일 이에 능하지 못하다면 聖人도 오히려 근심하였거든 하물며 배우는 자에 있어서야!

【解說】 孔子께서 말씀하시기를, 德이 닦아지지 못함과 學이 익혀지지(강마되지) 못함과 義를 듣고 능히 옮겨가지(실행하지) 못함과 不善을 능히 고치지 못함이 이것이 나의 걱정이니라.

【主題】 日新之學에 대한 精進.
※ 孔子가 날로 새롭게 하는 학문을 주장하여 권면한 것임.

[4]

子之燕居에 申申如也하시며 夭夭如也러시다. <描寫法>

【字解】
燕 제비 연, 잔치 연, 편안할 연, 나라 이름 연.
夭 일찍 죽을 요, 젊을 요, 얼굴빛 부드러울 요.

【研究】
燕居 : 閒暇無事之時(한가하여 일이 없는 때).
申申 : 其容舒也(그 용모가 펴짐이다).
夭夭 : 其色愉也(그 안색이 온화함이다).
◎ 此弟子善形容聖人處也라. 爲申申字說不盡이라. 故로 更著(착)夭夭字라. 惟聖人은 便自有中和之氣니라. <程子> 이것은 弟子가 聖人을 잘 형용한 부분이다. 申申이라는 글자만으로는 설명을 다 할 수 없으므로 다시

夭夭라는 글자를 놓았다. 오직 聖人은 곧 저절로 中和의 기상이 있느니라.

【解說】 孔子께서 한가로이 계실 적에는, 그 용모가 활짝 펴지셨으며, 그 안색이 온화하시더이다.

【主題】 孔子燕居時의 容貌와 顔色.
※ 孔子燕居時의 용모와 안색을 그 제자들이 드러나게 형용한 것임.

[5]

子曰 甚矣라 吾衰也여. 久矣라 吾不復夢見周公이로다.
<詠嘆法·倒置法>

【字解】 省 略

【研究】
◎ 孔子盛時에 志欲行周公之道라. 故로 夢寐之間에 如或見之러니 至其老而不能行也하사는 則無復是心而亦無復是夢矣라. 故로 因此而自歎其衰之甚也시니라. <朱子>
孔子께서 젊었을 적에는 周公의 道를 行하고자 뜻하였다. 그러므로 잠자며 꿈꾸는 사이에 혹 그를 뵈었더니, 그가 늙어서 (道를) 行할 수 없음에 이르러서는 곧 다시 이런 마음이 없어지고 또한 다시는 이런 꿈이 없어졌다. 그러므로 이로 인하여서 自身의 쇠함이 심함을 스스로 한탄하심이니라.
◎ 孔子盛時에 寤寐常存行周公之道러니 及其老也하사는 則志慮衰而不可以有爲矣라. 蓋存道者心이니 無老少之異어니와 而行道者身이니 老則衰也니라. <程子> 孔子께서 젊었을 적에는 자나 깨나 늘 周公의 道를 行하려는 마음을 두었더니, 늘그막에 이르러서는 곧 意志가 쇠하여 가히 써 할 수 없게 되었다. 대저 道를 두는 것은 마음이니 老少의 차이가 없거니와, 그러나 道를 行함은 몸이니 (몸은) 늙으면 쇠하느니라.

【解說】 孔子께서 말씀하시기를, 심하도다, 나의 쇠함이여! 오래되었도다, 내가 다시는 周公을 꿈속에서 뵙지 못하였도다!

【主題】 周公之道 不行에 대한 恨嘆.
※ 孔子가 老衰하여 周公之道를 行할 수 없음에 대해 한탄하심이다.

[6]

子曰 志於道하며 據於德하며 依於仁하며 遊於藝니라. <列擧法>

【字解】
據 의거할 거, 용납할 거.

【硏究】
志 : 心之所之之謂(마음이 지향해 가는 바를 이름).
道 : 人倫日用之間所當行者也
(인륜과 일상 생활하는 사이에 마땅히 행해야 할 것이다).
據 : 執守之意(잡아서 지킨다는 뜻). 依 : 不違之謂(떠나지 않음을 이름).
德 : 行道而有得於心者也(도를 행하여 마음에 얻음이 있는 것이다).
仁 : 私欲盡去而心德之全也(사욕이 다 없어져 마음의 덕이 온전함이다).
遊 : 玩物適情之謂(사물을 완상하여 성정에 알맞게 함을 이름).
藝 : 禮樂之文과 射御書數之法(예악의 글과 사어서수의 법).
◎ 此章은 言人之爲學이 當如是也라. 蓋學莫先於立志하니 志道則心存於正而不他요 據德則道得於心而不失이요 依仁則德性常用而物欲不行이요 游藝則小物不遺而動息有養이라. 學者於此에 有以不失其先後之序와 輕重之倫焉이면 則本末兼該하고 內外交養하여 日用之間에 無少間隙而涵泳從容하여 忽不自知其入於聖賢之域矣리라. <朱子>
이 章은 사람이 학문을 함이 마땅히 이와 같아야 함을 말씀한 것이다. 대저 학문은 뜻을 세우는 것보다 앞섬이 없으니, 道에 뜻을 두면 마음이 바름에 있어서 다른 데로 흘러가지 않고, 德을 지키면 道가 마음에 얻어져서 잃지 않을 것이요, 仁에 의지하면 德性이 늘 쓰여서 물욕이 行해지지 않을 것이요, 藝에 노닐면 작은 일도 빠뜨리지 않아 움직이거나 쉬거나 수양이 있을 것이다. 배우는 자가 여기에서 그 선후의 순서와 경중의 비중을 잃지 않음이 있다면 본말이 겸하여 갖추어지고 內外가 서로 수양되어, 일상 생활하는 사이에 조금의 간극도 없어 늘 이 속에 빠져 있고 조용하여, 문득 저절로 그 自身이 聖賢의 경지에 들어감을 알지 못하리라.

【解說】 孔子께서 말씀하시기를, 道에 뜻을 두며, 德을 굳게 지키며, 仁에 의지하며, 藝에 노닐어야 하느니라.

【主題】 爲學之道 — 道·德·仁·藝의 重視.
※ 차례를 좇아 心學의 온전한 功을 닦을 것을 권면한 것이다.

[7]

子曰 自行束脩以上은 吾未嘗無誨焉이로다. <平敍法>

【字解】
束 묶을(묶음) 속, 약속할 속. 脩 길 수(長也), 포 수(脯也).

【研究】
束脩 : 한 속(묶음)의 포(脯). 未嘗無 : 일찍이 ~하지 않음이 없다.
◎ 脩는 脯也니 十脡爲束이라. 古者相見에 必執贄以爲禮하니 束脩는 其至薄者라. 蓋人之有生이 同具此理라. 故로 聖人之於人에 無不欲其入於善이로되 但不知來學이면 則無往教之禮라. 故로 苟以禮來면 則無不有以教之也라. <朱子> 脩는 脯이니, 10개의 포를 한 束이라 한다. 옛적에는 서로 만나봄에 반드시 폐백을 바쳐서 禮로 삼았으니, 한 束의 포는 그 지극히 적은 것이다. 대저 사람이 태어남에 똑같이 이 이치를 갖추었다. 그러므로 聖人이 사람에 대하여 그가 善에 들기를 바라지 않음이 없으되, 다만 찾아와서 배울 줄 모르면 가서 가르쳐 주는 禮는 없다. 그러므로 만일 禮로써 찾아오면 그들을 가르쳐 주지 않음이 없었다.

【解說】 孔子께서 말씀하시기를, 스스로 한 束(묶음)의 포(脯) 以上을 禮(執贄의 禮)로 行하는 자에게는 내 일찍이 가르쳐 주지 않음이 없었도다.

【主題】 孔子의 제자 교육에 대한 態度 — 誨人不倦.
※ 禮를 갖추어 찾아오면 가르쳐 주는 誨人不倦의 태도가 드러남.

[8]

子曰 不憤이면 不啓하며 不悱어든 不發호되 擧一隅에 不以三隅反이어든 則不復也니라. <列擧法 · 比喩法>

【字解】
憤 겁낼 분, 분할 분. 啓 열 계.
悱 화낼 비, 말 나오지 아니할 비. 隅 모퉁이 우.

【研究】

憤 : 心求通而未得之意(마음으로 통달함을 구하되 얻지 못한 뜻이다).
悱 : 口欲言而未能之貌(입으로 말하고자 하되 할 수 없는 모습).
啓 : 謂開其意(그 뜻을 열어 줌을 말함). 復 : 再告也(다시 말함이다).
發 : 謂達其辭(그 말을 달하게 함을 말함).
反 : 還以相證之義(되돌려서 서로 증거한다는 뜻).

◎ 上章에 已言聖人誨人不倦之意하시고 因幷記此하여 欲學者勉於用力以爲受敎之地也시니라. <朱子>

위 章에 이미 聖人이 사람을 가르침에 게을리하지 않는 뜻을 말씀하시고, 인하여 이것을 아울러 기록하여, 배우는 자들이 힘을 씀에 부지런히 하여서 가르침을 받을 수 있는 터전을 만들게 하고자 하심이니라.

◎ 憤悱는 誠意之見(현)於色辭者也니 待其誠至而後告之요 旣告之면 又必待其自得하여 乃復告爾시니라. 又曰 不待憤悱而發이면 則知之不能堅固요 待其憤悱而後發이면 則沛然矣리라. <程子>

憤悱는 성의가 안색과 말에 나타남(드러남)이니, 그 성의가 지극함을 기다린 뒤에 그것을 알려주고, 이미 그것을 알려주었으면 또 반드시 그가 自得하기를 기다려서 곧 다시 알려주시니라. 또 말씀하기를, 憤悱함을 기다리지 않고 말해주면 앎이 견고할 수 없고, 그가 憤悱함을 기다린 뒤에 말해주면 패연할(확연히 깨달을) 것이다.

【解說】 孔子께서 말씀하시기를, 마음으로 통하려 노력하지 않으면 열어 주지 않으며, 애태워하지 않으면 말해 주지 않되, 한 귀퉁이를 들어 줌으로써 세 귀퉁이를 반증하지 못하면 다시 일러 주지 않아야 하느니라.

【主題】 孔子의 敎授法 — 學者의 精誠과 努力 유도.

※ 孔子의 敎授法은 배우는 자의 정성을 기다려서 말해 주고, 그 후 自得함을 기다려서 다시 말해 주는 방식임.

[9]

子食於有喪者之側에 未嘗飽也러시다. 子於是日에 哭則不歌러시다. <禁止法>

【字解】

喪 초상 상, 잃을 상. 飽 배부를 포. 哭 울 곡.

【研究】

◎ 臨喪哀하여 不能甘也라. 哭은 謂吊哭이니 一日之內에 餘哀未忘하여 自不能歌也라. <朱子> 喪事에 임함에 슬퍼서 달게 먹을 수 없어서이다. 哭은 弔喪하여 곡함을 말하니, 하루의 안에는 남은 슬픔이 잊히지 않아서 저절로 노래를 부를 수 없다.

◎ 學者於此二者에 可見聖人情性之正也니 能識聖人之情性然後에 可以學道니라. <謝良佐>
배우는 자들은 이 두 가지에서 가히 聖人의 성정이 바름을 볼 수 있으니, 능히 聖人의 성정을 안 뒤에 가히 써 道를 배울 수 있을 것이니라.

※ 哭日不歌 [禮記] — 哀樂不幷行[周禮]

【解說】 孔子께서는 상사가 있는 자의 곁에서 음식을 먹을 때에는 일찍이 배불리 먹지 않으셨다. 孔子께서는 이날에 조곡을 하시면 노래를 부르지 않으셨다.

【主題】 孔子의 吊問 態度 — 喪家不飽食 哭日不歌.

※ 孔子의 吊問 態度에서 聖人의 바른 性情을 볼 수 있다.

[10]

> 子謂顔淵曰 用之則行하고 舍之則藏을 唯我與爾有是夫인저. 子路曰 子行三軍이면 則誰與시리잇고. 子曰 暴虎馮河하여 死而無悔者를 吾不與也니 必也臨事而懼하며 好謀而成者也니라. <問答法・假定法>

【字解】

顔 얼굴 안. 淵 못 연, 깊을 연.

用 쓸 용, 쓰일(등용될) 용, 부릴 용, 써(以) 용.

舍 집 사, 폐할(버릴) 사, 놓을 사, 베풀 사, 쉴 사, 둘 석.

藏 감출(숨을) 장. 暴 맨손으로 칠 포. 馮 걸어서 건널 빙.

【研究】

◎ 用舍는 無與於己요 行藏은 安於所遇니 命不足道也라. 顔子幾於聖人이라. 故로 亦能之니라. <尹焞> (나를) 써 주거나 버리는 것은 나와 상관없고, 행하고 은둔함은 만나는 바(환경)에 따라 편안히 여기니, 운명은

족히 말할 만한 것이 못 된다. 顔子는 聖人에 가깝다. 그러므로 역시 그것에 능했던 것이니라.

◎ 萬二千五百人爲軍이니 大國三軍이라. 子路見孔子獨美顔淵하고 自負其勇하여 意夫子若行三軍이면 必與己同이라. <朱子>
1만 2천 5백 인을 1軍이라 하니, 큰 나라는 三軍을 둔다. 子路는 孔子께서 유독 顔淵만을 찬미함을 보고, 自己의 용맹을 자부하여 夫子께서 만약 三軍을 出動한다면 반드시 自己와 함께할 것이라고 생각한 것이다.

◎ 聖人於行藏之間에 無意無必하여 其行非貪位요 其藏非獨善也라. 若有欲心이면 則不用而求行하고 舍之而不藏矣리라. 是以로 惟顔子爲可以與於此라. 子路는 雖非有欲心者나 然이나 未能無固必也요 至以行三軍爲問하여는 則其論益卑矣라. 夫子之言은 蓋因其失而救之시니라. 夫不謀無成이요 不懼必敗는 小事尙然이어든 而況於行三軍乎아. <謝良佐> 聖人은 행장의 사이에 뜻함도 없고 기필함도 없어 그 (道를) 행함이 자리를 탐해서가 아니요, 그 은둔함도 혼자만이 선하게 하려는 것이 아니다. 만약 하고자 하는 마음이 있다면, 등용해 주지 않아도 행함을 구하고, 버리는데도 은둔하지 못하리라. 이런 까닭으로 오직 안자만이 가히 써 이에 참여할 수 있게 되는 것이다. 子路는 비록 하고자 하는 마음이 있는 자는 아니나, 그러나 능히 고집하고 기필함이 없지는 않았고, 三軍을 출동함을 가지고 질문함에 이르러서는 곧 그 이론이 더욱 비루하다. 夫子의 말씀은 그의 잘못에 인하여서 그를 바로잡은 것이니라. 무릇 꾀하지 않으면 이룰 수 없고, 두려워하지(조심하지) 않으면 반드시 패함은, 작은 일도 오히려 그러하거든 하물며 三軍을 출동함에 있어서이겠는가?

※ 君子 進退之道 ─ [可以仕則仕 可以止則止 / 達則兼善天下 窮則獨善其身]

【解說】 孔子께서 안연에게 일러 말하기를, 쓰이면 道를 행하고 버려지면 은둔하는 것을 오직 나와 너만이 이것을 지니고 있도다. 子路가 말하기를, 夫子께서 三軍을 출동하신다면 누구와 함께하시겠습니까? 孔子께서 말씀하시기를, 맨손으로 범을 잡고 맨발로 강하를 건너려다가 죽어도 후회함이 없는 자를 나는 함께하지 않을 것이니, 반드시 일에 임하여 두려워하며 도모하기를 좋아하여 성공하는 자와 함께하리라.

【主題】 안연에 대한 칭찬과 자로에 대한 교회.
※ 去就가 알맞아서 안연을 인정하고, 子路의 용기를 억제해 교회했다.

[11]

子曰 富而可求也인댄 雖執鞭之士라도 吾亦爲之어니와 如不可求인대 從吾所好호리라. <假定法>

【字解】
執 잡을 집. 鞭 채찍 편. 如(여) 같다, 가다, 만일.

【研究】
而 : 如. ※ 而는 如와 通하며, 또 朱子註解에서 '富若可求'라 했음.
執鞭 : 賤者之事也(천한 자의 일이다).
◎ 設言富若可求인댄 則雖身爲賤役以求之라도 亦所不辭라 然이나 有命焉하여 非求之可得也면 則安於義理而已矣니 何必徒取辱哉아. <朱子> 假設하여 말씀하시기를, 富를 만약 구할 수 있다면(구해서 된다면) 비록 몸소 천한 일을 하여서 그것(富)을 구하더라도 또한 사양하지 않을 것이다. 그러나 天命에 달려 있어 구한다고 얻을 수 있음이 아니라면 義理에 편안히 할 뿐이니, 어찌 반드시 한갓 욕만 취하겠는가?
◎ 聖人이 未嘗有意於求富也시니 豈問其可不可哉리오. 爲此語者는 特以明其決不可求爾시니라. <蘇軾> 성인은 일찍이 부를 구함에 뜻을 두지 않으셨으니, 어찌 그 가능함과 불가능함을 물으시겠는가. 이러한 말씀을 하신 것은 다만 결코 求해서 될 수 없음을 밝혔을 뿐이니라.

【解說】 孔子께서 말씀하시기를, 富를 만일 구해서 될 수 있다면 비록 말채찍을 잡는 사람의 일이라도 나 또한 (그 일을) 하겠거니와, 만일 구하여 될 수 없다면 내가 좋아하는 바를 따르리라.

【主題】 富에 대한 孔子의 見解와 信念 ― 如不可求 從吾所好.
※ 富는 求해서 반드시 얻을 수 있는 것이 아니니, 신뢰할 수 없는 富에 급급하기보다는 내 좋아하는 仁道의 學을 따르리라 하셨음.

[12]

子之所愼은 齊戰疾이러시다. <列擧法>

【字解】
愼 삼갈 신. 疾(질) 병, 근심하다, 미워하다, 빠르다.

齊 [제 : 가지런하다, 엄숙하다, 재빠르다, 같다.
재 : 재계하다. 자 : 옷자락, 상복.

【研究】

齊 : 齊也니 將祭而齊其思慮之不齊者하여 以交於神明也니 誠之至與不至와 神之享與不享이 皆決於此라. (가지런히 함이니, 장차 제사하려 함에 그 사려가 가지런하지 못한 것을 가지런히 하여서 신명과 사귐이니, 정성이 지극함과 지극하지 못함과 신이 흠향함과 흠향하지 못함이 모두 여기(齊)에서 결정된다.)

戰 : 衆之死生과 國之存亡繫焉이라
(여러 사람의 사생과 나라의 존망이 여기에 매여 있다).

疾 : 吾身之所以死生存亡者라(내 몸의 사생과 존망의 이유인 것이다).

◎ 夫子無所不謹하시니 弟子記其大者耳니라. <尹焞> 夫子께서는 삼가지 않는 바가 없었으니, 弟子가 그 큰 것만을 기록했을 뿐이니라.

【解說】 孔子께서 삼가신(신중히 여기신) 바는 재계와 전쟁과 질병이셨다.

【主題】 孔子所愼之事 — 齊 戰 疾.
※ 孔子는 無所不謹이나 그 中 가장 삼가신 바를 들어서 말한 것임.

[13]

子在齊聞韶하시고 (學之)三月不知肉味하사 曰 不圖爲樂之至於斯也호라. <平敍法>

【字解】

韶 아름다울 소, 풍류이름 소. 圖 그림(그릴) 도, 꾀할 도.

【研究】

韶 : 舜代之樂也(舜 임금 시대의 음악이다). 不圖 : 뜻하지 못하다.

◎ 史記에 三月上에 有學之二字라. 不知肉味는 蓋心一於是而不及乎他也라. 曰 不意舜之作樂至於如此之美니 則有以極其情文之備하여 而不覺其歎息之深也라. 蓋非聖人이면 不足以及此니라. <朱子> 史記에 '三月' 위에 '學之' 두 글자가 있다. 고기 맛을 알지 못함은 대개 마음이 여기에 전일해서 다른 것에 미치지 못한 것이다. 舜 임금이 음악을 만드심이

이와 같은 아름다움에 이르실 줄을 생각하지 못했다 말씀하셨으니, 곧 그 情(내용)과 문채의 갖춤을 지극히 함이 있어서 그 탄식(감탄)이 깊어짐을 깨닫지 못한 것이다. 아마도 聖人이 아니면 족히 써 여기에 미치지 못할 것이니라.

◎ 韶는 盡美又盡善하니 樂之無以加此也라. 故로 學之三月에 不知肉味하여 而歎美之如此하시니 誠之至요 感之深也니라. <范祖禹>

韶樂은 지극히 아름답고 또 지극히 좋으니, 음악이 이보다 더한 것이 없다. 그러므로 배우는 삼 개월 동안 고기 맛을 모르시어 탄미하심이 이와 같으셨으니, 정성이 지극하고 감동함이 깊으셨느니라.

◎ 子謂韶 盡美矣 又盡善矣. <論語 : 八佾>

孔子께서 韶樂을 일러 지극히 아름답고 또 지극히 좋도다.

【解說】 孔子께서 齊나라에 계실 적에 韶樂을 들으시고, (배우는) 3개월 동안 고기 맛을 모르시며, 음악을 만듦이 이에(이런 경지에) 이를 줄을 생각지 못했다 하셨도다.

【主題】 韶樂(舜之樂)의 優秀性에 대한 감탄.

※ 孔子가 韶에 耽溺(탐닉)하여 다하지 못한 뜻을 나타냄.

[14]

冉有曰 夫子爲衛君乎아. 子貢曰 諾다. 吾將問之호리라. (子貢) 入하여 曰 伯夷叔齊는 何人也잇고. (孔子) 曰 古之賢人也니라. (子貢) 曰 怨乎잇가. (孔子) 曰 求仁而得仁이어니 又何怨이리오. (子貢) 出曰 夫子不爲也시리라. <問答法 · 例示法>

【字解】

諾 대답할 낙, 승낙(허락)할 낙.

將(장) 장수, 장차, 거느리다, 나아가다, 가지다, 받들다.

【研究】

冉有 : 孔子의 弟子.(八佾篇 參照) 子貢 : 孔子의 弟子.(學而篇 參照)

爲 : 돕다(助). 諾 : 네, 그래, 좋다. 怨 : 猶悔也(후회와 같다).

衛君 : 衛國의 임금 出公. 名은 輒(첩). 靈公(부인은 南子)의 孫子이며 蒯聵(괴외)의 아들. 蒯聵가 南子를 살해하려다 失敗하고 宋과 晉으로 亡命한 뒤 靈公이 죽자 그의 孫子인 輒이 立하여 出公이

됨. 그러자 蒯聵가 귀국하여 임금이 되려 하니 出公이 군대로 그의 父의 귀국을 막았다. 그 後 蒯聵가 귀국하여 立하니 그가 莊公이다. 出公은 魯에 亡命했다가 다시 莊公을 몰아내고 衛의 임금이 되었으니, 父子間의 치열한 권력 다툼을 孔子께서 좋게 보시지 않으셨다.

◎ 伯夷叔齊는 孤竹君之二子라. 其父將死에 遺命立叔齊러니 父卒에 叔齊遜伯夷한대 伯夷曰 父命也라 하고 遂逃去하니 叔齊亦不立而逃之한대 國人立其中子하니라. 其後武王伐紂에 夷齊扣馬而諫이러니 武王滅商한대 夷齊恥食周粟하여 去隱于首陽山이라가 逐餓而死니라. <朱子> 伯夷와 叔齊는 孤竹君의 두 아들이다. 그들의 아버지가 장차 죽으려 할 적에 叔齊를 세우라는 遺命을 하였더니, 아버지가 죽음에 叔齊는 伯夷에게 양보했는데, 伯夷는 아버지의 遺命이라 말하고 마침내 도망가고, 叔齊도 또한 왕위에 서지 않고 도망가니, 나라 사람들은 그 둘째아들을 세웠다. 그 뒤에 武王이 紂王을 정벌함에 伯夷와 叔齊는 말(말고삐)을 잡고 간하더니, 武王이 商을 滅하니 伯夷와 叔齊는 周나라의 祿을 먹음을 부끄럽게 여기어 首陽山으로 떠나 숨어 살다가 드디어 굶어죽었느니라.

◎ 君子居是邦에 不非其大夫어든 況其君乎아. 故로 子貢不斥衛君하고 而以夷齊爲問이어늘 夫子告之如此하시니 則其不爲衛君을 可知矣라. <朱子> 君子가 그(이) 나라에 머무름에 그 大夫도 비난하지 않아야 하거든 하물며 그 임금이겠는가? 그러므로 子貢이 衛나라 君主를 指斥(지척)하지 않고 伯夷 叔齊로써 질문하였거늘, 夫子께서 이와 같이 그에게 말씀하셨으니, 그렇다면 衛나라 君主를 돕지 않으실 것을 알 수 있다.

【解說】 冉有가 말하기를, 夫子께서 衛나라 君主를 도우실까? 子貢이 말하기를 좋다, 내 장차 (그것을) 여쭈어 보리다. (子貢이) 들어가서 伯夷와 叔齊는 어떤 사람입니까? (孔子께서) 말씀하시기를, 옛날의 현인이시다. (子貢이) 말하기를, (백이 숙제가) 후회하였습니까? (孔子께서) 말씀하시기를, 仁을 求하여서 仁을 얻었으니, 또 어찌 後悔하였겠는가? (子貢이) 나와서 말하기를, 夫子께서는 (그를) 돕지 않으실 것이다.

【主題】 夫子不爲衛君之理由 — 衛君不仁.

※ 孔子가 伯夷叔齊를 취하고 衛君을 돕지 않음은 그 仁에 있음이다.

[15]

子曰　飯疏食飮水하고　曲肱而枕之라도　樂亦在其中矣니　不義而富且貴는　於我如浮雲이니라.　<比喩法>

【字解】
飯 밥 반, 먹을 반. 食 ① 식 : 먹다, 어기다. ② 사 : 밥, 먹이다.
疏(소) 트이다, 나누다, 멀다, 드물다, 성기다, 거칠다, 상소하다.
枕 베개 침, 벨 침.　　肱 팔뚝 굉.

【硏究】
飯 : 食之也(먹음이다).　　疏食 : 麤飯也(거친 밥이다).
◎ 聖人之心 渾然天理하여 雖處困極이나 而樂亦無不在焉이라. 其視不義之富貴를 如浮雲之無有하여 漠然無所動於其中也시니라. <朱子>
聖人의 마음은 혼연히 天理여서 비록 곤궁함이 극에 처하더라도 즐거움이 또한 거기에 있지 않음이 없다. 그 義롭지 않은 富貴 보기를 마치 뜬구름이 없는 것처럼 여겨, 막연해서 그 마음에 동요되는 바가 없음이니라.
◎ 非樂疏食飮水也라. 雖疏食飮水라도 不能改其樂也니 不義之富貴를 視之輕如浮雲然이니라. 又曰 須知所樂者何事니라. <程子>
거친 밥을 먹고 물을 마시는 것을 즐거워함이 아니라, 비록 거친 밥을 먹고 물을 마시더라도 능히 그 즐거움을 고칠 수 없는 것이니, 의롭지 않은 부귀 보기를 뜬구름같이 가벼이 여기신 것이니라. 또 말하기를, 모름지기 즐기시는 바가 무슨 일인가 알아야 하느니라.

【解說】 孔子께서 말씀하시기를, 거친 밥을 먹고 물을 마시며 팔을 굽혀 (그것을) 베더라도 즐거움은 또한 그 가운데 있으니, 義롭지 못하고서 부하고 또 귀함은 나에게 뜬 구름과 같으니라.

【主題】 孔子의 人生態度 — 從天理之樂(安貧樂道).
※ 孔子가 天理를 따라 安貧樂道하는 人生態度를 보인 것임.

[16]

子曰　加(假)我數年하여　五十(卒)以學易이면　可以無大過矣리라.　<假定法>

【字解】

假(가) 거짓, 잠시, 임시, 빌다, 빌리다, 가령.
數 셈수, 두어 수, 운수(분수) 수, 몇 수, 꾀 수. 자주 삭. 촘촘할 촉.
卒(졸) 군사, 갑자기, 마치다, 죽다, 종(僕).

【研究】

◎ 劉聘君이 見元城劉忠定公한대 自言嘗讀他論하니 加作假요 五十作卒이라 하니 蓋加假는 聲相近而誤讀이요 卒與五十은 字相似而誤分也라. 愚按 此章之言을 史記에 作假我數年하여 若是면 我於易則彬彬矣라 하여 加正作假하고 而無五十字하니 蓋是時에 孔子年已幾七十矣니 五十字誤는 無疑也라. <朱子> 劉聘君이 元城 劉忠定公을 만났는데, 스스로 말하기를 일찍이 다른 本의 論語를 읽어 보니 加는 假로 되어 있고 五十은 卒로 되어 있었다 하니, 아마도 加와 假는 音이 서로 가까워 잘못 읽은 것이고, 卒과 五十은 글자가 서로 비슷해서 잘못 나뉜 듯하다 하였다. 내가 살펴보건대, 이 章의 내용은 史記에 나에게 몇 년의 수명을 빌려 주어 이와 같이 한다면 내가 周易에 곧 빈빈할 것이다로 되어 있어, 加는 바로 假로 되어 있고, 五十이란 글자는 없으니, 대체로 이때에 孔子의 나이가 이미 七十에 가까웠으니, 五十이란 글자가 잘못되었음은 의심이 없다.

◎ 學易則明乎吉凶消長之理와 進退存亡之道라. 故로 可以無大過라. 蓋聖人深見易道之無窮하고 而言此以敎人하여 使知其不可不學이요 而又不可以易(이)而學也시니라. <朱子>
易을 배우면 길흉과 소장의 이치와 진퇴 존망의 도에 밝아진다. 그러므로 가히 써 큰 허물은 없을 것이다. 아마도 聖人께서는 易道의 무궁함을 깊이 관찰하시고, 이것을 말씀하여서 사람을 가르치어 그 가히 배우지 않으면 안 되고 또 쉽게 배울 수 없음을 알게 하심인 듯하다.

【解說】 孔子께서 말씀하시기를, (하늘이) 나에게 몇 년의 수명을 빌려 주어 마침내 써 周易을 배우게 한다면 가히 큰 허물이 없으리라.

【主題】 學易에 대한 渴望.
※ 易道의 무궁함을 밝혀 사람들에게 가르치려는 소망이 담겨 있음.

[17]

子所雅言은 詩書執禮니 皆雅言也러시다. <列擧法>

【字解】

雅(아) 우아하다(곱다), 바르다, 평상.

【研究】

雅 : 常也(평소이다). 執 : 守也(지킴이다).

◎ 詩以理情性하고 書以道政事하고 禮以謹節文하니 皆切於日用之實이라. 故로 常言之라. 禮獨言執者는 以人所執守而言이요 非徒誦說而已也라. <朱子> 詩로써 성정을 다스리고, 書로써 政事를 말하고, 禮로써 節文을 삼가니, 모두 일상생활의 실제에 절실하다. 그러므로 항상 그것을 말씀하신 것이다. 禮만 유독 지킨다고 말씀한 것은 사람이 잡아서 지켜야 할 바를 가지고 말함이요, 핫갓 외고 말할 뿐만이 아니기 때문이다.

◎ 孔子雅素之言이 止於如此요 若性與天道는 則有不可得而聞者하니 要在默而識之也라. <程子> 孔子 平素의 말씀이 이와 같음에 그칠 뿐이요, 性과 天道로 말할 것 같으면 가히 얻어 들을 수 없으니, 요컨대 묵묵히 그것을 앎(터득함)에 있는 것이다.

◎ 此因學易之語而類記之니라. <謝良佐> 이 章은 (앞 章의) 周易을 배운다는 말에 인하여서 같은 종류끼리 그것을 기록한 것이니라.

※ 孔子之言
- 頻(雅)言 : 詩・書・執禮
- 罕言 : 利・命・仁
- 勿言 : 怪・力・亂・神

【解說】 孔子께서 平素에 늘 말씀하신 바는 詩(시경)와 書(서경)와 禮를 지킴이었으니, 모두 平素의 말씀이시었다.

【主題】 孔子의 雅言 — 詩 書 執禮.

※ 孔子의 雅言은 詩에서 일어나고 書에서 통달하며 禮에서 서게 한 뜻임. (興於詩 達於書 立於禮)

[18]

> 葉公이 問孔子於子路어늘 子路不對한대 子曰 女奚不曰其爲人也發憤忘食하며 樂以忘憂하여 不知老之將至云爾오. <列擧法・設疑法>

【字解】

葉 잎 엽, 성(땅 이름) 섭. 奚 어찌 해.

【研究】

葉公 : 楚나라 大夫로서 姓은 沈, 名은 諸梁, 字는 子高.

◎ 葉公이 不知孔子하니 必有非所問而問者라. 故로 子路不對이나 抑亦以聖人之德이 實有未易(이)名言者與인저. <朱子>
葉公이 孔子를 알지 못했으니, 반드시 물어야 할 바가 아닌데도 물어본 것이다. 그러므로 子路가 대답하지 아니했으나, 아니면 또한 聖人의 德을 실로 쉽게 명언하지(형용하여 말하지) 못함이 있었을 것이로다.

◎ 未得則發憤而忘食하고 已得則樂之而忘憂하여 以是二者로 俛焉日有孶孶하여 而不知年數之不足이니 但自言其好學之篤爾라. 然이나 深味之면 則見其全體至極하여 純亦不已之妙가 有非聖人不能及者라. <朱子> (진리를) 터득하지 못하면 분발하여서 먹는 것도 잊고, 이미 터득했으면 그것을 즐거워하여서 근심을 잊어, 이 두 가지로써 (그것에) 힘써 일마다 부지런함이 있어 年數가 不足함도 알지 못하니, 다만 그가 학문을 좋아함이 독실함을 스스로 말했을 뿐이다. 그러나 그것을 깊이 음미해 보면, 그 전체가 지극하여 순수함이 또한 그침없는 妙가 聖人이 아니면 미칠 수 없는 것이 있음을 볼 수 있다.

【解說】 섭공이 자로에게 孔子의 인물됨을 물었는데, 子路가 대답하지 않으니, 孔子께서 말씀하시기를, 너는 어찌하여 그의 사람됨이 분발하면 먹는 것도 잊고, (이치를 깨달으면) 즐거워서 근심을 잊어 늙음이 장차 이르는 줄도 모른다고 말하지 않았는가?

【主題】 孔子의 爲人 — 好學之篤.

※ 孔子가 好學之篤으로 自身의 爲人을 自言한 것임.

[19]

子曰 我非生而知之者라 好古敏以求之者也로라. <平敍法>

【字解】

敏 민첩할 민, 공손할 민.

【研究】

敏 : 速也니 謂汲汲也라(빠름이니, 급급히 함을 말한다).

生而知之者 : 氣質淸明하고 義理昭著하여 不待學而知也라(기질이 청명하고 의리가 밝게 드러나 배움을 기다리지 않고 앎이다).

◎ 孔子以生知之聖으로 每云好學者는 非惟勉人也라 蓋生而可知者는 義理爾니 若夫禮樂名物古今事變은 亦必待學而後有以驗其實也니라. <尹焞>
孔子는 나면서 (저절로) 아는 聖人으로서 매양 배우기를 좋아했다고 말씀한 것은, 오직(비단) 사람들을 면려하게 함만이 아니라, 대개 나면서부터 (저절로) 알 수 있는 것은 義理일 뿐이니, 저 예악과 물건의 명칭과 고금의 사변으로 말할 것 같으면 또한 반드시 배우기를 기다린 뒤에 써 그 실제를 징험할 수 있기 때문이니라.

【解說】孔子께서 말씀하시기를, 나는 나면서 아는 자가 아니라, 옛것(古聖賢之道)을 좋아하여 급급히 그것을 구하는 자이로다.

【主題】孔子의 謙遜과 他人의 勉學 권유.
※ 孔子는 스스로 生而知之者가 아니라고 겸손히 말하여 他人의 勉學을 권면한 뜻이 있음.

[20]

子不語 怪力亂神이러시다. <列擧法>

【字解】省 略

【研究】
怪 : 怪異나 異變. 力 : 武力이나 暴力.
亂 : 亂動이나 悖亂. 神 : 迷信이나 造化之迹.
◎ 怪異・勇力・悖亂之事는 非理之正이니 固聖人所不語요 鬼神은 造化之迹이니 雖非不正이나 然이나 非窮理之至면 有未易(이)明者라. 故로 亦不輕以語人也시니라. <朱子>
怪異함과 勇力과 悖亂의 일은 이치의 바름이 아니니, 진실로 聖人이 말씀하지 않는 것이요, 鬼神은 造化의 자취이니 비록 바르지 않는 것은 아니나, 그러나 이치를 궁구함이 지극하지 않으면 쉽사리 밝힐 수 없는 것이 있다. 그러므로 또한 가벼이 사람들에게 말씀하시지 않으심이니라.
◎ 聖人은 語常而不語怪하고 語德而不語力하고 語治而不語亂하고 語人而不語神이니라. <謝良佐>
聖人은 떳떳한 일을 말씀하고 괴이한 일을 말씀하지 않으며, 德을 말씀하고 힘을 말씀하지 않으며, 다스려짐을 말씀하고 어지러움을 말씀하지 않으며, 인간의 일을 말씀하고 귀신의 일을 말씀하지 않느니라.

【解說】 孔子께서는 怪異함과 勇力과 悖亂의 일과 鬼神의 일을 말하지 않으셨다.

【主題】 孔子의 不語之事 — 怪 力 亂 神.
※ 孔子의 不語之事 네 가지로 보면 그의 言語態度가 務實(실제에 힘씀)에 있음을 보여줌.

[21]

子曰 三人行에 必有我師焉이니 擇其善者而從之요 其不善者而改之니라. <對句法>

【字解】 省 略

【研究】
三人行 : 세 사람이 길을 가다(일을 행하다).
從之 : 그것(其善)을 따르다. 改之 : 그것(其不善)을 고치다.
◎ 三人同行에 其一我也니 彼二人者一善一惡이어든 則我從其善而改其惡焉이면 是二人者皆我師也라. <朱子> 세 사람이 함께 길을 감에 그 하나는 나이니, 저 두 사람 가운데 한 사람은 선하고 한 사람은 악하다면, 내가 그 (선한 사람의) 선행을 따르고, 그 (악한 사람의) 악행을 (경계 삼아) 고친다면, 이것은 두 사람이 모두 나의 스승이 되는 것이다.
◎ 見賢思齊하고 見不賢而內自省이면 則善惡皆我之師니 進善이 其有窮乎아. <尹焞> 어진 이를 보고 (나도) 그와 같기를(같이하기를) 생각하고, 어질지 못한 이를 보고 안으로 자신을 살펴본다면, 선과 악이 모두 나의 스승일 것이니, 선에 나아감이 (어찌) 다함이 있겠는가?

【解說】 孔子께서 말씀하시기를, 세 사람이 길을 감에(일을 행함에) 반드시 거기에 나의 스승이 있으니, 그 선한 자를 가려서 그것(선함)을 따르고, 그 불선한 자를 가려서 그것(불선함)을 고칠 것이니라.

【主題】 孔子의 反面教師의 가르침.
※ 善人은 勿論이고 惡人도 스승이 될 수 있음을 가르치셨음.

[22]

子曰 天生德於予시니 桓魋其如予何리오. <設疑法>

【字解】

予 나 여. 桓 굳셀 환. 魋 이름 퇴.

【硏究】

天生德於予 : 하늘이 나에게 德을 내려주다.

桓魋(환태) : 宋나라의 司馬인 向魋(상퇴)인데, 宋 桓公의 後孫이어서 桓魋라 함. 孔子가 宋에 있을 때 이 者가 孔子를 죽이려 했음.

◎ 魋欲害孔子한대 孔子言天旣賦我以如是之德하시니 則桓魋其奈我何리오 하시니 言必不能違天害己라. <朱子>

桓魋가 孔子를 해치려 하니, 孔子께서 말씀하시기를, 하늘이 이미 나에게 이와 같은 德을 주었으니, 그렇다면 桓魋가 나를 어찌하리오 하셨으니, (이는) 반드시 능히 하늘의 뜻을 어기고 自己를 해칠 수 없음을 말하심이다.

【解說】 孔子께서 말씀하시기를, 하늘이 나에게 德을 내려 주었으니, 환태가 나를 어찌하겠는가?

【主題】 孔子의 召命意識(확고한 信念).

※ 孔子가 확고한 信念으로 어려움을 克服할 수 있음을 理致로 말했음.

[23]

子曰 二三子는 以我爲隱乎아. 吾無隱乎爾로라. 吾無行而不與二三子者 是丘也니라. <平敍法>

【字解】

爾(이) 너, 그, 어조사(~뿐).

【硏究】

二三子 : 자네들, 그대들. 與 : 猶示也(보여주다와 같다).

以我爲隱乎 : 내가 무엇을 숨긴다 여기는가?

◎ 諸弟子以夫子之道高深하여 不可幾及이라. 故로 疑其有隱하니 而不

知聖人作止語默無非敎也라. 故로 夫子以此言曉之라. <朱子>
모든 제자들은 夫子의 道가 높고 깊어서 거의 미칠 수 없었다. 그러므로 숨기는 것이 있는가 의심했으니, 聖人의 동정과 어묵이 가르침 아님이 없음을 알지 못했다. 그러므로 夫子께서 이 말씀으로써 그들을 깨우쳤다.

◎ 聖人體道無隱하여 與天象昭然하여 莫非至敎라. 常以示人이로되 而人自不察이니라. <呂大臨> 聖人은 道를 體行함에 숨김이 없어서 天象과 더불어 환히 밝아 지극한 가르침이 아님이 없다. (그리하여) 항상 써 사람들에게 보여주되 그러나 사람들이 스스로 살피지 못함이니라.

【解說】 孔子께서 말씀하시기를, 그대들은 내가 무엇을 숨긴다고 여기는가? 나는 그대들에게 숨김이 없노라. 내가 행하고 그대들에게 보여 주지 않음이 없는 자가 바로 나(丘)이니라.

【主題】 弟子에 대한 孔子의 自己告白.
※ 聖人의 體道는 밝아 숨김이 없으나 사람들이 살피지 못함을 말함.

[24]

子以四敎하시니 文行忠信이니라. <列擧法>

【字解】 省 略

【研究】
子以四敎 : 공자께서 네 가지로 가르치다. 行 : 실천적인 행실.
文 : 古典의 글. 忠 : 最善을 다하는 誠心. 信 : 言行一致의 신의.

◎ 敎人以學文修行而存忠信也니 忠信이 本也니라. <程子>
사람으로 하여금 써 글을 배우고 行實을 닦으면서 忠과 信을 (마음에) 간직하게 함이니, (이 中에) 忠과 信이 근본이니라.

【解說】 孔子께서 네 가지로써 가르쳤으니, 文·行·忠·信이니라.

【主題】 子之四敎 — 文行忠信.
※ 文과 行을 가르침은 知行을 극진하게 함이요, 忠과 信으로써 가르침은 內外를 성실하게 함이다.

[25]

子曰 聖人을 吾不得而見之矣어든 得見君子者면 斯可矣니라.
子曰 善人을 吾不得而見之矣어든 得見有恒者면 斯可矣니라..
亡(無)而爲有하며 虛而爲盈하며 約而爲泰면 難乎有恒矣니라.
<漸降法 · 倒置法>

【字解】省 略

【研究】
聖人 : 神明不測之號(신명하여 헤아릴 수 없는 이의 칭호).
君子 : 才德出衆之名(재능과 덕이 출중한 이의 명칭).
善人 : 志於仁而無惡者(仁에 뜻을 두어 악함이 없는 者).
有恒者 : 不二其心者(그 마음을 두 가지로 하지 않는 자).
◎ 聖人君子는 以學言이요 善人有恒者는 以質言이라. 愚謂有恒者之與聖人은 高下固懸絶矣라. 然이나 未有不自有恒而能至於聖者也라. 故로 章末에 申言有恒之義하시니 其示人入德之門이 可謂深切而著明矣로라. <張敬夫 : 張栻> 聖人과 君子는 學問으로써 말하였고, 善人과 有恒者(항심이 있는 자)는 資質로써 말함이다. 내가 생각하건대, 有恒者와 聖人과의 관계는 그 高下가 진실로 현격하다. 그러나 有恒者로부터 하지 않고는 聖人의 경지에 이르는 자는 있지 아니하다. 그러므로 章의 끝에 有恒者의 뜻을 거듭 말씀하셨으니, 德에 들어가는 門을 사람들에게 보여 주심이 깊고 간절하며 분명하다고 이를 만하도다.

【解說】孔子께서 말씀하시기를, 聖人을 내가 만나 볼 수 없다면, 君子라도 만나 볼 수 있다면 가하니라(괜찮으니라). 孔子께서 말씀하시기를, 善人을 내가 능히 만나볼 수 없다면, 恒心이 있는 者라도 만나 볼 수 있다면 가하니라. 없으면서 있는 체하며 비었으면서 가득한 체하며 가난하면서도 태연한 체한다면 恒心이 있기는 어려울지니라.

【主題】進德修業의 四段階와 入德之門에 대한 强調.
※ 孔子께서는 有恒者, 善人, 君子, 聖人 等 進德 四段階의 品格을 말하신 뒤 有恒者를 거듭 말씀하시어 入德之門이 됨을 强調하셨다.

[26]

子는 釣而不綱하시며 弋不射宿이러시다. <平敍法>

【字解】
釣 낚시 조. 綱 그물질할 강. 弋 주살질할 익.
射 쏠 사, 벼슬이름 야, 맞힐 석, 싫을 역. 宿 잠잘 숙, 오랠 숙, 별 수.

【研究】
綱 : 以大繩屬(촉)網하여 絶流而漁者也(굵은 노끈으로써 그물을 연결하여 흐르는 물을 가로질러 고기를 잡는 것이다).
弋 : 以生絲繫矢而射也(생사를 화살에 매어서 쏘는 것이다).
宿 : 宿鳥也(잠자는 새이다).
◎ 孔子少貧賤하사 爲養與祭하여 或不得已而釣弋하시니라. 然이나 盡物取之와 出其不意는 亦不爲也니 此可見仁人之本心矣라. 待物如此면 待人可知요 小者如此면 大者可知니라. <洪興祖>
孔子께서 젊었을 적에 빈천하여 부모 봉양과 조상 제사를 위하여 혹 부득이하여 낚시질하고 주살질하시었느니라. 그러나 생물(고기)을 다 잡는 것과 불의에 공격하는 (잠자는 새를 쏘는) 것은 또 하지 않으셨으니, 여기에서 仁人의 본심을 볼(알) 수 있다. 미물을 대함이 이와 같다면 사람 대함을 알 수 있고, 작은 일에 이와 같다면 큰일을 알 수 있느니라.

【解說】孔子께서는 낚시질은 하시되 큰 그물질은 하지 않으셨으며, 주살질은 하시되 잠자는 새를 쏘아 잡지는 않으시었다.

【主題】聖人之本心 ㅡ 仁之心.
※ 聖人의 仁한 本心은 작은 일에서도 엿볼 수 있으니, 그물질하지 않음은 차마 모두 취하지 못하는 仁한 마음이요, 자는 새를 쏘지 못함은 차마 속여서 취하지 못하는 仁한 마음이다.

[27]

子曰 蓋有不知而作之者아. 我無是也로라. 多聞하여 擇其善者而從之하며 多見而識之가 知之次也니라. <設疑法>

【字解】

識 알 식, 적을(기억할) 지.

蓋 [① 개 : 덮개, 덮다, 대개, 어찌, 아마도, 무릇, 대저.
② 합 : 어찌 아니하다. (何不 ; 盍).

【研究】

識(지) : 記也(기억함이다). 我無是也 : 나는 이러한 일이 없다.

不知而作 : 不知其理而妄作也(그 이치를 모르면서 함부로 행동한다).

◎ 孔子自言未嘗妄作하시니 蓋亦謙辭라. 然이나 亦可見其無所不知也라. 識는 記也라. 所從을 不可不擇이요 記則善惡을 皆當存之하여 以備參考니 如此者는 雖未能實知其理라도 亦可以次於知之者也니라. <朱子> 孔子께서 스스로 말씀하시기를, (나는) 일찍이 함부로 행동함이 없었다 하셨으니, 대체로 또한 겸사이다. 그러나 또한 그 알지 못하는 바가 없음을 볼 수 있다. 識는 기억함이다. 좇는 바를 가히 가리지 않을 수 없고, 기억함은 곧 善과 惡을 다 마땅히 거기(마음)에 간직해서 參考에 대비함이니, 이와 같이 하는 者는 비록 능히 그 이치를 실제로 알지 못한다 하더라도 또한 가히 써 아는 자의 다음은 될 수 있는 것이니라.

【解說】 孔子께서 말씀하시기를, 무릇 알지 못하면서 함부로 행동하는 것이 있는가? 나는 이러한 일이 없노라. 많이 듣고서 그 좋은 것을 가려서 그것을 따르며, 많이 보고서 그것을 기억함이 아는 것의 다음이니라.

【主題】 爲學의 重要点 — 知・聞・見.

※ 爲學은 知聞見에 있으나 妄作하지 않음으로써 이룰 수 있음을 말함.

[28]

互鄕은 難與言이러니 童子見커늘 門人이 惑한대 子曰 人이 潔己以進이어든 與其潔也요 不保其往也며 與其進也요 不與其退也니 唯何甚이리오. <平敍法・設疑法>

【字解】

與(여) 허여하다, 편들다, 돕다, 함께, 더불어, ~와(과).

見(견) 보다, (현) 뵙다, 보이다, 드러나다, 나타나다.

【研究】

互鄕 : 鄕名이니 其人이 習於不善하여 難與言善이라(지방의 이름이니, 그곳 사람들이 불선을 익혀서 함께 선을 말하기 어려웠다).

惑 : 疑夫子不當見之也(夫子께서 그를 만나봄을 부당히 여겨 의심함이다).

潔 : 修治也(닦아 다스림이다). 與 : 許也(허여함이다).

◎ 言人潔已而來면 但許其能自潔耳요 固不能保其前日所爲之善惡也며 但許其進而來見耳요 非許其旣退而爲不善也라. 蓋不追其旣往하고 不逆其將來하여 以是心至면 斯受之耳라. <朱子>

사람이 자기 몸을 깨끗이 하여 찾아오면 다만 그가 능히 스스로 깨끗이 한 것을 허여할 뿐이요, 진실로 그의 지난날 행한 바의 선악을 보장할 수는 없으며, 다만 그가 찾아와 뵙는 것을 허여할 뿐이요, 그가 이미 물러가서 행하는 불선을 허여하는 것은 아님을 말씀하셨다. 이는 대저 그의 이미 지난날을 추론하지 않고 그의 장래(미래)를 미리 예측하지 아니하여 이런 마음으로써 이르면(찾아오면) 그를 받아들일 뿐이다.

【解說】 互鄕 사람들과는 더불어 말하기가 어려웠는데, (互鄕의) 童子가 (찾아와 孔子를) 뵙기에 門人들이 의혹하니, 孔子께서 말씀하시기를, 사람이 自己 몸을 깨끗이 하여서 찾아오거든 그 깨끗이 한 것을 허여할 뿐이요, 그 지난날의 잘잘못을 보장할 수는 없으며, 그 찾아옴을 허여할 뿐이요 그가 물러간 뒤에 잘못을 허여하는 것은 아니니, 어찌 심하게 하리오.

【主題】 現在重視의 孔子敎育理念.

※ 現在를 中心으로 사람을 認定하여 대하니, 後學을 이루어 주려는 교육적 의미가 담겨 있다.

[29]

子曰 仁遠乎哉아. 我欲仁이면 斯仁至矣니라. <設疑法>

【字解】 省 略

【研究】

◎ 仁者는 心之德이니 非在外也로되 放而不求라. 故로 有以爲遠者하나 反而求之면 則卽此而在矣니 夫豈遠哉리오. <朱子>

仁이란 것은 마음의 덕이니, 밖에 있는 것이 아니로되, 놓아 두고 구하지

(찾지) 않는다. 그러므로 멀다고 여기는 자가 있으나, 돌이켜 그것(仁)을 구한다면(찾는다면) 곧 여기에 있는 것이니, 무릇 어찌 멀다 하리오.

◎ 爲仁由己라 欲之則至니 何遠之有리오. <程子> 仁을 행함은 自己에 말미암음이라 그것(仁)을 하고자 하면 이르나니, 어찌 멂이 있으리오.

【解說】 孔子께서 말씀하시기를, 仁이 멀리 있는가? 내가 仁을 하고자 하면, 그 仁이 이르니라.

【主題】 爲仁의 由己性.

※ 仁在心과 爲仁由己를 强調하여 放心하는 者를 경계한 것임.

[30]

陳司敗問 昭公이 知禮乎잇가 孔子曰 知禮시니라. 孔子退어시늘 揖巫馬期而進之하여 曰 吾聞君子不黨이라 하니 君子亦黨乎아. 君取(娶)於吳하니 爲同姓이라 謂之吳孟子라 하니 君而知禮면 孰不知禮리오. 巫馬期以告한대 子曰 丘也幸이로다. 苟有過어든 人必知之온여. <問答法·設疑法>

【字解】

揖 읍할(굽힐) 읍. 黨(당) 무리, 마을, 편벽되다. 取 장가들 취(娶).

【硏究】

陳 : 國名. 舜임금 後孫들이 세운 나라. 지금의 河東省 東南 淮陽縣.

司敗 : 官名이니 卽司寇也라(관명이니 곧 司寇이다).

昭公 : 魯君이니 名稠(주)니 當時以爲知禮라
(노나라 임금으로 이름이 稠이니, 당시에 예를 안다 하였다).

巫馬期 : 孔子의 제자. 姓은 巫馬, 名은 施, 字는 期.

◎ 禮에 不取同姓이어늘 而魯與吳皆姬姓이니 謂之吳孟子者는 諱之하여 使若宋女子姓者然이라. 孔子不可自謂諱君之惡이요 又不可以取同姓爲知禮라. 故로 受以爲過而不辭하시니라. <朱子>

禮에 同姓에게는 장가 들지 않는다 했거늘 魯나라와 吳나라는 모두 姬姓이었으니, 그(그 부인)를 吳孟子라 이른 것은 이것을 숨겨 마치 宋나라 女子로 子氏姓인 것처럼 한 것이다. 孔子께서 임금의 나쁜 일을 숨겼다고 스스로 말할 수도 없고, 또 同姓에게 장가 든 것을 禮를 안다고 할 수도 없었다. 그러므로 받아들여 허물로 삼고 사양하지 않으신 것이니라.

【解說】陳나라 司敗가 묻기를, 昭公이 禮를 알았습니까? 孔子께서 말씀하시기를, 禮를 아시었습니다. 孔子께서 물러가시자 (司敗가) 巫馬期에게 읍하여 나오게 하고서 말하기를, 내가 들으니 君子는 편당하지 아니한다 했는데 君子도 편당을 합니까? 임금(昭公)이 吳나라에 장가 드셨으니, 同姓이 되기에 (그 부인을) 吳孟子라 이르나니, (이러한) 임금으로서 禮를 안다 하면 누가 禮를 알지 못하겠는가? 巫馬期가 이것을 (孔子에게) 아뢰니, 孔子께서 말씀하시기를, 나(丘)는 다행이로다. 만일 잘못이 있으면 남들이 반드시 (그것을) 아는구나.

【主題】孔子의 盛大한 德 — 無所不可.

※ 본문 앞부분은 임금의 잘못을 드러내지 않았음을 보였고, 뒷부분은 司敗의 기롱함을 가지고 허물을 自身에게 돌리었으니, 여기에서 孔子의 寬容의 態度와 高雅한 품격의 큰 德을 알 수 있다.

[31]

子與人歌而善이어든 必使反之하시고 而後和之러시다. <平敍法>

【字解】省 略

【研究】

反 : 復也(반복함이다).

◎ 必使復歌者는 欲得其詳而取其善也요 而後和之者는 喜得其詳而與其善也라. 此見聖人氣象從容하고 誠意懇至하며 而其謙遜審密하여 不掩人善이 又如此하니라. <朱子>

반드시 반복하여 노래를 부르게 하는 것은, 그 상세함을 터득하여서 그 좋은 점을 취하고자 함이요, 뒤에 그것에 화답함(따라 부름)은 그 자세한 것을 터득함을 기뻐하고, 그의 좋은 점을 허여(인정)해 준 것이다. 이는 聖人의 기상이 조용하고, 誠意가 간절하며 겸손하고 치밀하여 남의 좋은 점을 가리우지 않음이 또한 이와 같음을 볼 수 있느니라.

【解說】孔子께서 남과 더불어 노래를 불러서 (상대방이 노래를) 잘하면, 반드시 그것을 반복하게 하시고 뒤에 그에 화답하시었다(따라 부르셨다).

【主題】 孔子의 歌에 대한 이해와 즐거움.
※ 歌를 통해 聖人이 善을 즐기는 마음과 자연스런 기상과 지극한 성의가 드러나 있음.

[32]

子曰 文莫吾猶人也아. 躬行君子는 則吾未之有得호라. <設疑法>

【字解】
躬(궁) 몸, 몸소. 猶(유) 같다, 오히려, 아직.

【硏究】
◎ 猶人은 言不能過人而尙可以及人이요 未之有得은 則全未有得이니 皆自謙之辭로되 而足以見言行之難易緩急이니 欲人之勉其實也라. <朱子> 남과 같다는 것은 능히 남보다 지나치지는 못하나 오히려 남에게 미칠 수 있다는 것이요, 얻음이 있지 못하다 함은 곧 전혀 얻음이 있지 못하다는 말씀이다. 모두 스스로 겸양하신 말씀이로되, 언행의 난이와 완급을 볼 수 있으니, 사람들이 그 실행을 힘쓰게 하려고 하심이다.
◎ 文은 雖聖人이나 無不與人同이라. 故로 不遜이요 能躬行君子면 斯可以入聖이라. 故로 不居하시니 猶言君子道者三에 我無能焉이라. <謝良佐> 文은 비록 聖人이라 할지라도 남들(일반인)과 같지 않음이 없다. 그러므로 겸손해 하지 않음이요, 능히 君子의 道를 몸소 실행하면 가히 써 聖人의 경지에 들 수 있다. 그러므로 자처하지 않으신 것이니, 君子의 道 세 가지에 나는 그것에 능한 것이 없다는 말[中庸의 말]과 같으니라.

【解說】 孔子께서 말씀하시기를, 文은 내 남과 같지 않겠는가마는, 君子의 道를 몸소 행함은 내 아직 (그것을) 얻음이 있지 아니하노라.

【主題】 躬行君子의 어려움.
※ 躬行君子는 入聖의 경지여서 자처하지 않았으니 겸손한 말씀이다.

[33]

子曰 若聖與仁은 則吾豈敢이리오. 抑爲之不厭하며 誨人不倦은 則可謂云爾已矣니라. 公西華曰 正唯弟子不能學也로라.
<假定法·設疑法>

【字解】
豈 어찌 기. 抑(억) 누르다, 반어사(그러나). 厭 싫을 염.
誨 가르칠 회. 倦 게으를 권. 爾(이) 너, 그러하다, ~뿐(따름).

【研究】
聖 : 大而化之(大人으로서 化한 것이다). ※ 大而化之之謂聖 <孟子>
仁 : 心德之全而人道之備也(심덕이 온전하면서 인도가 갖춰짐이다).
爲之 : 謂爲仁聖之道(仁聖의 道를 행함을 말한다).
誨人 : 謂以此敎人也(이것으로써 사람들에게 가르침을 말한다).
◎ 此亦夫子之謙辭也라. 不厭不倦은 非己有之면 則不能이니 所以弟子不能學也라. <朱子> 이 또한 夫子의 겸사이다. 싫어하지 않고 게을리하지 않는 것은 自己가 그것(仁聖之道)을 소유하지 않으면 할 수 없으니, 이 때문에 제자들이 배울 수 없는 것이다.

【解說】 孔子께서 말씀하시기를, 만약 聖과 仁으로 말할 것 같으면 내 어찌 감히 자처하리오. 그러나 그것(聖과 仁)을 행하기를 싫어하지 않으며 남에게 가르치기를 게을리하지 않는 것은 곧 그렇다고 말할 수 있을 뿐이니라. 公西華가 말하기를, 바로 제자들이 배울 수 없는 점입니다.

【主題】 孔子의 謙己之辭 — 若聖與仁 則吾豈敢.
※ 爲之不厭이 聖人之境이요 誨人不倦이 仁之道이거늘, 孔子께서는 聖과 仁을 자임하지 않고 聖을 바라고 仁을 求하는 者로 自處하셨다.

[34]

子 疾病이어시늘 子路請禱한대 子曰 有諸아. 子路對曰 有之하니 誄曰 禱爾于上下神祇라 하니이다. 子曰 丘之禱久矣니라.
<問答法・引用法>

【字解】
疾(질) 병, 빠르다. 禱 빌 도. 誄 제문 뢰. 祇 땅귀신 기.

【研究】
禱 : 禱於鬼神이니 悔過遷善하여 以祈神之佑也라 (귀신에게 비는 것

이니, 잘못을 뉘우치고 善으로 옮겨가서 神의 도움을 빎이다).
有諸 : 問有此理否(이런 이치가 있고 없음을 물음). ※ 諸(저):之乎.
誄 : 哀死而述其行之辭(죽은 이를 애도하여 그의 행실을 서술한 글).
上下 : 謂天地니 天曰神이요 地曰祇라
(하늘과 땅을 이르니, 하늘은 神, 땅은 祇라 함).

◎ 無其理면 則不必禱요 旣曰有之면 則聖人이 未嘗有過하사 無善可遷하여 其素行이 固已合於神이라. 故로 曰丘之禱久矣라 하시니라. 又士喪禮에 疾病이어든 行禱五祀라 하니 蓋臣子迫切之至情이 有不能自已者요 初不請於病者而後禱也라. 故로 孔子之於子路에 不直拒之하시고 而但告以無所事禱之意하시니라. <朱子>
그런 이치가 없다면 빌 필요가 없고, 이미 그런 이치가 있다고 한다면 聖人은 일찍이 잘못(허물)이 없어 옮겨갈 만한 선이 없어서 그의 평소의 행실이 진실로 이미 神明에 合한다. 그러므로 나(丘)는 기도한 지 오래다 라고 말씀하신 것이니라. 또 (禮記의) <士喪禮>에 病이 위독하면 五祀의 神에게 기도를 행한다 하였으니, (이는) 臣子의 절박한 至情이 능히 스스로 그만둘 수 없음이 있는 것이고 애당초 병자에게 청한 뒤에 기도함이 아니다. 그러므로 孔子께서 子路에게 곧바로 그것을 거절하지 않으시고, 다만 기도를 일삼는 바의 뜻이 없는 것으로 말씀하신 것이니라.

【解說】 孔子께서 병환이 위중하시자, 子路가 기도할 것을 청하니, 孔子께서 말씀하시기를, 그런 것(그런 이치)이 있던가? 子路가 대답해 말하기를, 그런 것(그런 이치)이 있으니, 誄文(祭文)에 말하기를, 너를 上下(天地)의 神祇에게 기도하였다고 하였습니다. 孔子께서 말씀하시기를, 나(丘)는 기도한 지가 오래이니라.

【主題】 孔子의 神에 대한 態度와 仁道追求의 마음 — 丘之禱久矣.
※ 孔子께서는 이미 '敬鬼神而遠之 또는 子不語怪力亂神'이라 한 바 있으니, 이 章에서도 같은 태도다. '丘之禱久矣'라 했으니, 이는 곧 孔子의 기도는 현실적인 仁道를 追求하는 마음과 행동일 것이다.

[35]

子曰 奢則不孫하고 儉則固니 與其不孫也론 寧固니라. <比較法>

【字解】
奢(사) 사치, 사치하다.
儉(검) 검소하다, 적다, 넉넉지 못하다.

固(고) 굳다(단단하다), 완고(고루)하다, 진실로, 굳이, 짐짓(일부러).

【硏究】
孫 : 順也(공순함이다). 固 : 陋也(고루함이다).
與其 ~ 寧~ : ~하기보다 차라리 ~함이 낫다.
◎ 奢儉俱失中이나 而奢之害大니라. <朱子>
사치와 검소는 함께 中道를 잃었으나 사치의 해가 (더) 크니라.
◎ 不得已而救時之弊也시니라. <晁說之>
부득이하여 당시의 폐단을 구제하려 하심이니라.
◎ 奢者心常貧하고 儉者心常富니라. <明心寶鑑>
사치하는 자는 마음이 항상 가난하고, 검소한 자는 마음이 항상 부하니라.

【解說】 孔子께서 말씀하시기를, 사치하면 공손하지 못하고 검소하면 고루하니, 그 공손하지 못하기보다는 차라리 고루함이 나으니라.

【主題】 儉과 奢의 比較 — 儉勝於奢.
※ 孔子가 당시의 폐단을 구하려 儉과 비교해 奢之害를 강조했음.

[36]

子曰 君子는 坦蕩蕩이요 小人은 長戚戚이라. <對照法>

【字解】
坦 평탄할 탄. 蕩 넓을 탕. 戚 근심할 척.

【硏究】
坦 : 平也(평탄함이다). 長 : 늘, 항상, 영구히.
蕩蕩 : 너그럽고 넓은 모습. 戚戚 : 두려워하고 근심하는 모습.
◎ 君子는 循理라. 故로 常舒泰하고 小人은 役於物이라. 故로 多憂戚이니라. <朱子> 君子는 天理를 따른다. 그러므로 (心身이) 항상 펴지고 태연하며, 小人은 外物에 使役을 당한다. 그러므로 걱정과 근심이 많으니라.
◎ 君子蕩蕩은 心廣體胖이라. <程子>
君子의 蕩蕩은 마음이 넓고 몸이 펴짐이다.

【解說】 孔子께서 말씀하시기를, 君子는 평탄하며 너그럽고 넓으며, 小人은 늘(항상) 걱정하고 근심스러워하느니라.

【主題】 君子와 小人의 持心上 差異點.

[37]

子는 溫而厲하시며 威而不猛하시며 恭而安이러시다. <列擧法>

【字解】

厲 엄할 려, 엄숙할 려. 猛 사나울 맹.

【硏究】

◎ 人之德性이 本無不備로되 而氣質所賦는 鮮有不偏하니 惟聖人은 全體渾然하여 陰陽合德이라. 故로 其中和之氣見(현)於容貌之間者如此라. 門人이 熟察而詳記之하니 亦可見其用心之密矣라. 程子以爲曾子之言이라 하시니 學者所宜反復而玩心也니라. <朱子>
사람의 德性은 본디 갖추어지지 않음이 없으나, 氣質이 부여받은 바는 편벽되지 않는 자가 드무니, 오직 聖人은 전체가 혼연하여(완전하여) 陰陽(柔剛)의 德이 合하였다. 그러므로 그 中和의 기운이 용모의 사이에 나타남이 이와 같은 것이다. 門人들이 익히 관찰하여 그것을 상세히 기록하였으니, 또한 그 마음씀이 치밀함을 볼 수 있다. 程子는 曾子의 말씀이라 하였으니, 배우는 자는 마땅히 반복하여 마음에 익혀야 할 것이니라.

【解說】 孔子께서는 온화하면서도 엄숙하시며, 위엄이 있으시면서도 사납지 않으시며, 공손하면서도 편안하시었다(자연스러우셨다).

【主題】 孔子의 容色과 態度.

※ 弟子(曾子)가 관찰한 孔子의 容色과 態度를 말한 것인데, 陰陽이 合德된 中和之氣가 聖人의 성품을 이룬 모습이다.

第八 泰伯篇

주제 : 聖賢君子들의 禮讓과 仁孝의 德

◎ 禮讓과 仁孝의 德行을 實踐한 聖賢君子들에 관한 章이 많다. 아울러 배움을 권장하고 몸가짐을 바르게 하며, 道를 지키고 바르게 다스리는 道理를 論한 글도 많다. 聖王 賢人들에 대한 찬양과 禮樂에 대한 글도 있다. <邢昺>(형병) 總二十一章.

[1]

子曰 泰伯은 其可謂至德也已矣로다. 三以天下讓하되 民無得而稱焉이온여. <感歎法>

【字解】

稱(칭) 일컫다, 헤아리다, 저울질하다, 칭찬하다, 걸맞다. 焉 : 之哉.

【硏究】

泰伯 : 殷(商)의 諸侯였던 太王(后稷의 13代孫인 古公亶父)의 長子이며 周 文王의 伯父. 太王이 三子인 季歷을 거쳐 季歷의 아들 昌(文王)으로 位가 계승되기를 바라고 있었으므로 泰伯은 아우인 仲雍과 함께 남쪽 荊蠻의 땅인 吳로 도망가서 斷髮文身하고 몸을 숨겼다. 이에 太王의 死後 그의 三子인 季歷으로, 다시 昌(文王)으로, 다시 發(武王)로 位가 계승됨.

三以天下讓 : 天下를 세 번 양보(사양)하다.

※ 三讓
- ① 禮辭・固辭・終辭.
- ② 泰伯이 南으로 가서 季歷을 喪主되게 한 것.
  季歷이 王이 되었어도 돌아오지 않은 것.
  형만의 땅에 끝까지 숨은 것. <鄭玄>

民無得而稱焉 : 백성들이 (그의 德을) 칭송할 수 없게 하였구나!

至德 : 謂德之至極하여 無以復加者也라
(德이 지극하여 다시 더할 것이 없음을 말한다).

無得而稱 : 其遜隱微하여 無迹可見也라
(그 겸손함이 은미하여 자취를 볼 수 없음이다).

◎ 蓋太王三子에 長은 泰伯이요 次는 仲雍이요 次는 季歷이라. 太王

之時에 商道浸衰하고 而周日彊大하며 季歷이 又生子昌하니 有聖德이라.太王이 因有翦商之志나 而泰伯不從한대 太王遂欲傳位季歷하여 以及昌하니 泰伯知之하고 卽與仲雍으로 逃之荊蠻하다. 於是에 太王乃立季歷하여 傳國至昌하여 而三分天下에 有其二하시니 是爲文王이요 文王崩하고 子發立하여 遂克商而有天下하시니 是爲武王이라. 夫以泰伯之德으로 當商周之際하여 固足以朝諸侯有天下矣어늘 乃棄不取하고 而又泯其迹焉하니 則德之至極이 爲如何哉아. 蓋其心은 卽夷齊扣馬之心이나 而事之難處는 有甚焉者하니 宜夫子之歎息而贊美之也라. 泰伯不從은 事見春秋傳이라. <朱子> 太王의 세 아들에 長子는 泰伯이요, 次子는 仲雍이요, 그 다음은 季歷이다. 太王時에 商(殷)나라의 道(정치)는 점차 쇠약해지고, 周나라는 날로 강대해졌으며, 季歷이 또 아들 昌(後日의 文王)을 낳았으니 聖德이 있었다. 太王이 (이로) 인하여 商 나라를 칠 뜻이 있었으나 泰伯이 따르지 아니하니, 太王은 마침내 季歷에게 王位를 전하여서 昌에게 미치게 하고자 하니, 泰伯은 그것을 알고 곧 仲雍과 더불어 형만(吳國)으로 도망하였다. 이에 太王은 마침내 季歷을 세워 나라를 전하여(물려주어) 昌에게 이르러서는 天下를 三分함에 그 二를 소유하니 이가 文王이요, 文王이 죽고 아들 發이 즉위하여 마침내 商나라를 (征伐하여) 이기고 천하를 소유하시니 이가 武王이다. 저 泰伯의 德으로 商나라와 周나라의 (교체) 지음을 당하여 진실로 족히 써 제후들의 조회를 받고 天下를 소유할 수 있었거늘 마침내 버리고 취하지 않고서 또 그 자취(사양한 자취)마저 없앴으니, 곧 그 德의 지극함이 어떠한가? 아마도 그 마음은 곧 伯夷와 叔齊가 (武王의) 말고삐를 잡고 (商나라 정벌을 못하게) 간하던 마음이었을 것이나 일의 난처함은 그보다 심함이 있었으니, 夫子(孔子)께서 그를 탄식하고 찬미하심이 당연(마땅)한 것이다. 泰伯이 (父王의 뜻을) 따르지 아니한 사실은 春秋傳(春秋左氏傳)에 보인다.

※ 周王의 脈 : 后稷…13代…太王(古公亶父) → 季歷(太王의 三子) → 昌(文王) → 發(武王) → 成王 → 康王 → ……

※ 德의 크기로는 泰伯·文王·武王의 順.

【解說】 孔子께서 말씀하시기를, 泰伯은 지극한 德이 있다고 이를 만하도다. 세 번 天下를 사양하였으되, 백성들이 그 德을 칭송할 수 없게 했구나!

【主題】 泰伯의 至德 稱頌.

※ 孔子가 周 文王의 伯父인 泰伯의 至極한 德을 칭송한 내용임.

[2]

子曰 恭而無禮則勞하고 愼而無禮則葸하고 勇而無禮則亂하고 直而無禮則絞니라. 君子篤於親이면 則民興於仁하고 故舊不遺면 則民不偸니라. <列擧法>

【字解】
葸 두려울 시. 絞 목맬(목매 죽일)교, 급할 교, 초록빛 효.
遺(유) 남(남기)다, 끼치다, 버리다. 偸(투) 훔치다, 박하다, 구차하다.

【研究】
禮 : 理之節文也. ※ 文 : 道之現者也 禮儀制度也.
葸 : 畏懼貌(두려워하는 모양). 偸 : 薄也(각박함이다).
絞 : 急切也(급하고 절박함이다. 또는 강박함, 각박함).
君子 : 在上之人也(윗자리에 있는 사람). 興 : 起也(일어남이다).

◎ 無禮則無節文이라. 故로 有四者之弊라. <朱子>
禮가 없으면 節文이 없다. 그러므로 네 가지의 폐단이 있는 것이다.

◎ 人道에 知所先後면 則恭不勞하고 愼不葸하고 勇不亂하고 直不絞하여 民化而德厚矣리라. <張載> 사람의 도리에 먼저 할 바와 뒤에 할 바를 알면 공손해도 수고롭지 않고, 삼가도 두렵지 않고, 용맹스러워도 난을 일으키지 않고, 곧아도 급하지 않아, 백성들이 교화되어 德이 후해지리라.

◎ 君子以下는 當自爲一章이니 乃曾子之言也라. <吳棫>
君子 이하는 마땅히 스스로 한 章이 되어야 하니, 곧 曾子의 말씀이다.

◎ 愚按 此一節은 與上文不相蒙하고 而與首篇謹終追遠之意로 相類하니 吳說近是라. <朱子> 내가 살펴보니, 이 一節은 윗글과 서로 연결되지 않고, 首篇(學而篇)의 喪事를 삼가고 옛 조상을 추모한다(謹終追遠)는 뜻과 서로 유사하니, 吳氏의 말이 옳은 듯하다.

【解說】 孔子께서 말씀하시기를, 공손하되 禮가 없으면 수고롭고(헛수고가 되고), 삼가되 禮가 없으면 두렵고, 용맹스럽되 禮가 없으면 혼란하고(난폭하고), 강직하되 禮가 없으면 급하다(강박하게 된다). 君子(爲政者)가 친척(父母)에게 후하게 되면 백성들이 仁에 흥기하고, 옛 친구를 버리지 않으면 백성들의 人心이 각박해지지 않느니라.

【主題】 禮의 重要性과 君子之德의 感化力.
※ 禮로써 네 가지 德이 온전해짐을 보이고, 德의 感化力을 보였음.

[3]

曾子有疾하사 召門弟子曰 啓予足하며 啓予手하라. 詩云戰戰兢兢하여 如臨深淵하며 如履薄氷이라 하니 而今而後에야 吾知免夫로라 小子아. <命令法・引用法・頓呼法>

【字解】

啓 열 계.
戰 싸움 전, 두려울 전.
兢 조심할 긍, 삼갈 긍.
履 밟을 리, 신 리.

【研究】

曾子 : 孔子의 학통을 이은 首弟子. 孝로 有名. 저서 <大學>,<孝經>.
有疾 : 병을 앓다. 啓 : 開也(엶이다). 詩 → 詩經 小雅의 小旻篇.
門弟子 : 門人(스승 집에 살면서 배우고 가사를 돌보는 이)과 제자.
戰戰 : 恐懼(두려워함). 兢兢 : 戒謹(경계하고 삼감).
臨淵 : 恐墜(떨어질까 두려워함). 履氷 : 恐陷(빠질까 두려워함).
而今而後 : 이제 이후, 이제부터. 小子 : 門弟子(그대들).

◎ 曾子平日에 以爲身體受於父母하니 不敢毁傷이라. 故로 於此에 使弟子開其衾而視之라. 以其所保之全으로 示門人하고 而言其所以保之之難如此하여 至於將死而後에 知其得免於毁傷也라. <朱子> 曾子가 평소에 신체는 父母에게서 받았으니, 감히 훼상할 수 없다 하였다. 그러므로 이때에 제자들로 하여금 그 이불을 열고 그것(자신의 수족)을 보게 한 것이다. (증자는) 그 보존한 바의 온전한 것으로써 문인들에게 보여주고, 그는 그것을 보존하는 바의 어려움이 이와 같아서 장차 죽음에 이른 뒤에야 그가 훼상함에서 면할 수 있음을 알았다고 말하였다.

◎ 君子保其身以沒을 爲終其事也라. 故로 曾子以全歸爲免矣라. <程子> 君子는 그(자신의) 몸을 보전하여서 죽는 것을 그(自身의) 일을 마치는 것으로 여긴다. 그러므로 曾子께서는 (몸을) 온전히 하여 돌아감으로써 면함을 삼았다.

※ 曾子之孝 : 養口體(事親以衣食)가 아니라 養志(事親以敬心)임.

※ 曾子之學誠 : 人一能之 己百之 人十能之 己千之. → 人一己千.

【解說】 曾子께서 병을 앓으시자, 문제자들을 불러 말씀하시기를, 내 발을 열어 보며 내 손을 열어 보아라. 詩經에 이르되, 두려워하고 조심하여 깊은 못에 임한 듯이 하며 엷은 얼음을 밟듯이 하라 하니, 이제야 나는 (이 몸을 훼상할까 하는 근심에서) 면한 것을 알겠구나! 小子들아.

【主題】 身體保全의 重要性과 어려움.
※ 曾子가 臨終에 弟子들에게 신체 보존의 중요성과 어려움을 보였음.

[4]

曾子有疾이어시늘 孟敬子問之러니 曾子言曰 鳥之將死에 其鳴也哀하고 人之將死에 其言也善이니라. 君子所貴乎道者三이니 動容貌에 斯遠暴慢矣며 正顔色에 斯近信矣며 出辭氣에 斯遠鄙倍矣니 籩豆之事則有司存이니라. <例示法・列擧法>

【字解】
倍(배) 곱절, 더하다, 배반하다.
鄙(비) 더럽다, 마을, 두메, 천하다.
暴(포) 사납다. (폭) 사납다, 지나치다, 갑자기, 나타내다, 쬐다.
籩 제기 변(竹豆).
豆 제기 두(木豆).

【研究】
孟敬子 : 魯大夫仲孫氏로서 名은 捷, 시호는 敬子.
容貌 : 擧一身(온 몸).
氣 : 聲氣也(소리와 숨이다).
暴 : 粗厲也(거칠고 사나움이다).
信 : 實(성실함).
慢 : 放肆也(함부로 함이다).
倍 : 背理也(이치에 위배됨이다).

◎ 道雖無所不在나 然이나 君子所重者는 在此三事而已라. 是皆修身之要요 爲政之本이니 學者所當操存省察하여 而不可有造次顚沛之違者也라. 若夫籩豆之事는 其分則有司之守요 而非君子之所重矣라.<朱子> 道는 비록 있지 않은 곳이 없으나, 그러나 君子가 귀중히 여기는 바는 이 세 가지 일에 있을 뿐이다. 이는 모두 修身하는 요점이요 정치하는 근본이니, 배우는 者들은 마땅히 操存하고 성찰하여 경황중[造次]이거나 위급한 상황[顚沛]이라도 떠나서는 안 된다. 저 변두의 일로 말할 것 같으면 그 직분은 곧 有司(담당자)의 책임이요, 君子가 귀중히 여기는 바가 아니다.

◎ 動容貌는 擧一身而言也니 周旋中禮면 暴慢斯遠矣요 正顔色이면 則不妄이니 斯近信矣요 出辭氣에 正由中出이면 斯遠鄙倍라. 三者는 正身而不外求라. <程子> 용모를 움직인다 함은 온 몸을 들어서 말함이니, 주선(행동)함이 禮에 맞으면 暴慢이 멀어질 것이요, 안색을 바르게 하면 망령되지 아니하니 성실함에 가까워질 것이요, 말과 소리를 낼 적에 바로 中心에서 나오면 비배함이 멀어질 것이다. 세 가지는 몸을 바르게 함이요 밖에서 구하는 것이 아니다.

【解說】 曾子가 병환이 있자, 孟敬子가 그를 문병했는데, 曾子께서 말씀하시기를, 새가 장차 죽으려 함에 그 울음소리가 애처롭고, 사람이 장차 죽으려 함에 그 말이 착하니라. 君子가 귀중히 여기는 바의 道가 세 가지 있으니, 용모를 움직임에는 사나움과 방사(거만)함을 멀리하며, 얼굴빛을 바르게 함에는 誠實함에 가깝게 하며, 말과 소리를 냄에는 비루함과 도리에 위배됨을 멀리해야 하나니, 제기를 다루는 (소소한) 일은 유사(담당자)가 있음이니라.

【主題】 君子修身之三道 ─ ┌ 動容貌 ─ 斯遠暴慢.
│ 正顔色 ─ 斯近信.
└ 出辭氣 ─ 斯遠鄙倍.

※ 曾子가 문병 온 孟敬子에게 修身之道로써 爲政之本으로 삼게 했음.

[5]

曾子曰 以能問於不能하며 以多問於寡하며 有若無하며 實若虛하며 犯而不校를 昔者에 吾友嘗從事於斯矣러니라.

<列擧法・比喩法・例示法>

【字解】 省 略

【研究】

◎ 校는 計校也라. 友는 馬氏以爲顔淵이라 하니 是也라. 顔子之心은 惟知義理之無窮하고 不見物我之有間이라. 故로 能如此라. <朱子> 校는 計校이다. 友는 馬氏(鄭玄 스승 馬融)가 안연이라 하니 (그 말이) 옳다. 顔子의 마음은 오직 義理의 무궁함만을 알고, 남과 나 사이에 간격이 있음을 알지 못하였다. 그러므로 능히 이와 같았던 것이다.

◎ 不知有餘在己하고 不足在人하며 不必得爲在己하고 失爲在人하여 非幾於無我者면 不能也니라. <謝良佐> 유여함이 자신에게 있고 부족함이 남에게 있음을 알지 못하며, 반드시 得이 自己에게 있고 失이 남에게 있다고 여기지 않아서, 無我의 경지에 가까운 자가 아니면 능하지 못하니라.

【解說】 曾子께서 말씀하시기를, 能하면서 能하지 못한 이에게 물으며, 학식이 많으면서 적은 이에게 물으며, (道가) 있으면서 없는 듯이 하며, (德이) 가득하면서도 빈 듯이 하며, (남이 자신에게) 잘못을 범해도 계교하지(따지지) 않음을 옛적에 내 벗이 일찍 이 일에 종사하였느니라.

【主題】 顔淵의 爲人 — 五德의 所有者.
※ 曾子가 顔淵의 훌륭한 德 다섯 가지를 들어 칭찬하였음.

[6]

曾子曰 可以託六尺之孤하며 可以寄百里之命이요 臨大節而不可奪也면 君子人與아. 君子人也니라. <假定法・問答法・列擧法>

【字解】
託(탁) 부탁하다, 의지하다, 맡기다, 핑계하다.
孤(고) 외롭다, 부모 없다, 어린 임금. 寄(기) 부치다, 맡기다.

【研究】
六尺之孤 : 어린 임금. 一尺은 24cm이며 六尺은 15세 이하의 아이의 키.
百里之命 : 四方百里가 되는 諸侯國의 운명.
大節 : 흥망성쇠가 걸린 중대 고비에서의 절개.
◎ 其才可以輔幼君하고 攝國政하며 其節이 至於死生之際而不可奪이면 可謂君子矣라. 與는 疑辭요 也는 決辭니 設爲問答은 所以深著其必然也라. <朱子> 그 재주가 가히 어린 임금을 보필하고 국정을 대행(代行)할 만하며, 그 절개가 죽고 사는 즈음에 이르러서도 빼앗을 수 없다면 군자라 이를 만하다. 與는 의심하는 말이고, 也는 결단하는 말이니, 가설하여 묻고 답을 함은 반드시 그러함을 깊이 드러낸 것이다.
◎ 節操如是면 可謂君子矣니라. <程子>
절개와 지조가 이와 같으면 君子라 이를 만하니라.

【解說】 曾子께서 말씀하시기를, 六尺의 어린 임금을 맡길 만하며, 百里(諸侯國)의 운명을 맡길 만하고, 大節에 임해서 (그 절개를) 빼앗을 수 없다면, 君子다운 사람인가? 君子다운 사람이니라.

【主題】 君子人의 條件 — 才節兼備.
※ 曾子가 君子는 才節을 兼備한 人物이어야 함을 强調했음.

[7]

曾子曰 士不可以不弘毅니 任重而道遠이니라. 仁以爲己任이니 不亦重乎아. 死而後已니 不亦遠乎아. <設疑法>

【字解】
毅 굳셀 의. 已(이) 이미, 그만두다, 그치다.

【研究】
士 : 선비, 君子, 爲政者. 不可以不 : 가히 ~하지 않으면 안 된다.
弘 : 寬廣也(너그럽고 넓음이다). 毅 : 强忍也(강하고 끈질김이다).
◎ 非弘이면 不能勝其重이요 非毅면 無以致其遠이니라. 仁者는 人心之全德이니 而必欲以身體而力行之면 可謂重矣요 一息尙存이라도 此志不容少懈면 可謂遠矣니라. <朱子>
넓은 도량이 아니면 그 중임을 감당할 수 없고, 굳센 의지가 아니면 써 그 먼 곳에 이를 수 없느니라. 仁이란 것은 사람 마음의 온전한 덕이니, 반드시 몸으로써 그것(仁)을 체득하여 힘써 行하고자 한다면 (책임이) 막중하다 할 만하고, 한 숨이 아직 남아 있는 동안이라도 이 뜻이 조금이라도 해이해짐을 용납하지 않는다면 멀다고 이를 만하니라.
◎ 弘而不毅면 則無規矩而難立이요 毅而不弘이면 則隘陋而無以居之니라. 又曰 弘大剛毅然後에 能勝重任而遠到니라. <程子>
너그럽기는 하지만 그러나 굳세지 못하면 규구(법도)가 없어 서기 어렵고, 굳세기는 하지만 그러나 너그럽지 못하면 좁고 비루하여 거기(仁)에 처(거)할 수 없느니라. 또 말하기를, 너그럽고 굳센 연후에 능히 무거운 책임을 감당하고 먼 곳에 이를 수 있느니라.

【解說】 曾子께서 말씀하시기를, 선비는 가히 도량이 넓고 뜻이 굳세지 않으면 안 되나니, 책임(임무)이 무겁고 길이 멀기 때문이니라. (선비 또는 군자는) 仁으로써 자기 책임을 삼으니, 또한 重하지 아니한가? 죽은 뒤에야 그치니(그만두니) 또한 멀지 아니한가?

【主題】 士(君子)의 要德 — 弘毅.
※ 士는 仁을 체득하여 弘毅한 마음을 가져야 함을 말했음.

[8]

子曰 興於詩하며 立於禮하며 成於樂이니라. <比較法・列擧法>

【字解】省 略

【硏究】

◎ 興은 起也라. 詩本性情하니 有邪有正하여 其爲言이 既易知요 而吟詠之間에 抑揚反覆하여 其感人이 又易入이라. 故로 學者之初에 所以興起其好善惡惡之心而不能自已者는 必於此而得之니라. <朱子>
興은 홍기함(일어남)이다. 詩는 性과 情에 근본함이니, 邪도 있고 正도 있어서 그 말한 것이 이미 알기 쉽고, 읊는 사이에 억양과 반복이 있어서 그 사람을 감동함이 또 쉽게 들어간다. 그러므로 배우는 초기에 그 善을 좋아하고 惡을 미워하는 마음을 홍기하여 능히 스스로 그치지 못하는 것은 반드시 이(詩)에서 그것을 얻게 되느니라.

◎ 禮는 以恭敬辭遜爲本하고 而有節文度數之詳하여 可以固人肌膚之會筋骸之束이라. 故로 學者之中에 所以能卓然自立而不能事物之所搖奪者는 必於此而得之니라. <朱子> 禮는 공경하고 사양하는 것으로써 근본을 삼고, 절문과 도수의 상세함이 있어 사람의 기부(살과 피부)의 모임과 근해(근육과 뼈)의 묶인을 견고히 할 수 있다. 그러므로 배우는 중간에 능히 탁연히 자립하여서 사물에 흔들리고 빼앗김을 당하지 않는 섯은 반드시 이(禮)에서 그것을 얻게 되느니라.

◎ 樂有五聲十二律하니 更唱迭和하여 以爲歌舞八音之節하니 可以養人之性情하여 而蕩滌其邪穢하며 消融其查滓라. 故로 學者之終에 所以至於義精仁熟而自和順於道德者는 必於此而得之니 是學之成也라. <朱子> 樂에는 五聲과 十二律이 있으니, 번갈아 唱(先唱)하고 번갈아 화답하여 가무와 팔음의 절도로 삼으니, 가히 사람의 성정을 함양하여 그 간사하고 더러운 것을 깨끗이 씻어내며 찌꺼기를 말끔히 정화시킨다. 그러므로 배우는 종말에 義가 精해지고 仁이 원숙해짐에 이르러 자연히 道德에 和順해짐은 반드시 이(樂)에서 그것을 얻게 되니, 이는 학문의 완성이다.

※ 五聲 : 宮商角徵羽 ※ 八音 : 金・石・絲・竹・布・土・革・木

※ 十二律 [六律[陽] : 황종・대주・고선・외빈・이칙・무역
六呂[陰] : 임종・남여・음종・대려・협종・중려

【解說】孔子께서 말씀하시기를, 詩에서 (마음을) 홍기시키며, 禮에서 (행동거지를) 세우고, 樂에서 (성정을) 완성시키느니라.

【主題】 詩禮樂의 기능 — 興·立·成.
※ 마음에 근본해서 興·立·成하게 하는 詩禮樂의 기능을 말함.

[9]

子曰 民은 可使由之요 不可使知之니라. <使役法>

【字解】
由(유) 말미암다(따르다), 지나다, 까닭, ~부터.

【研究】
◎ 民은 可使之由於是理之當然이요 而不能使之知其所以然也라. <朱子> 백성들은 그들로 하여금 이 이치의 당연함에 따르게 할 수는 있어도, 그러나 그들로 하여금 그(그 이치의) 소이연(이유)을 알게 할 수는 없다.
◎ 聖人設敎에 非不欲人家喩而戶曉也언마는 然이나 不能使之知요 但能使之由之爾라. <程子> 聖人이 가르침을 베풂에 사람의 집집마다 깨우치려 하지 않는 것은 아니건만, 그러나 그들로 하여금 알게 할 수는 없고, 다만 능히 그들로 하여금 그것을 따르게 할 뿐이다.

【解說】 孔子께서 말씀하시기를, 백성은 그것(道理)을 따르게 할 수는 있어도, 그것(그 理由나 原理)을 알게 할 수는 없느니라.

【主題】 治民上의 敎化의 限界.
※ 윗사람(治者)이 백성을 敎化하되 그 한계가 있음을 보인 것임.

[10]

子曰 好勇疾貧이 亂也요 人而不仁을 疾之已甚이 亂也니라. <列擧法>

【字解】
疾(질) 병, 근심하다, 미워하다(싫어하다), 빠르다.

【研究】
◎ 好勇而不安分이면 則必作亂이요 惡不仁之人하여 而使之無所容이면 則必致亂이니 二者之心은 善惡雖殊나 然이나 其生亂則一也니라.

<朱子> 용맹을 좋아하고 분수를 편안히 여기지 못하면 반드시 난을 일으키고, 仁하지 못한 사람을 미워하여 그들로 하여금 용납할 곳이 없게 하면 반드시 난을 일으키니, 이 두 가지의 마음은 선악이 비록 다르나 그러나 그 난을 일으키는 것은 곧 동일한 것이니라.

【解說】孔子께서 말씀하시기를, 용맹을 좋아하고 가난을 싫어하는 것이 亂을 일으키고, 사람으로서 仁하지 못함을 미워함이 너무 심함도 亂을 일으키니라.

【主題】作亂의 두 가지 原因.
※ 孔子가 亂의 싹을 막는 뜻에서 亂의 원인 두 가지를 밝힌 것임.

[11]

子曰 如有周公之才之美라도 使驕且吝이면 其餘는 不足觀也已니라. <假定法>

【字解】
驕 교만할 교.　　吝 아낄 린, 인색할 린.

【硏究】
如有 : 만약 ~을 가지고 있어도.　　使 : 가사, 가령.
才美 : 知能技藝之美(지능과 기예의 아름다움).
驕 : 矜誇(자랑함).　　吝 : 鄙嗇(비루하고 인색함).
◎ 此는 甚言驕吝之不可也라. 蓋有周公之德이면 則自無驕吝이요 若但有周公之才而驕吝焉이면 亦不足觀矣니라. <程子>
이는 교만하고 인색함이 불가함을 심히 말씀한 것이다. 아마도 周公의 德이 있으면 자연히 교만하고 인색함이 없을 것이요, 만일 다만 周公의 재예가 있더라도 교만하고 인색하다면 또한 족히 볼 것이 없느니라.
◎ 驕吝이 雖有盈歉之殊나 然이나 其勢常相因하니 蓋驕者는 吝之枝葉이요 吝者는 驕之本根이라. 故로 嘗驗之天下之人컨대 未有驕而不吝하고 吝而不驕者也니라. <朱子> 驕吝은 비록 (기운이) 차고 부족한 차이가 있으나, 그러나 그 형세는 항상 서로 연관(인연)이 되나니, 대개 驕라는 것은 吝의 지엽이요, 吝이란 것은 驕의 근본이다. 그러므로 일찍이 天下 사람들에게 그것을 징험해 보건대, 교만하고서 인색하지 않은 이가 있지 아니하고, 인색하고서 교만하지 않은 자도 있지 아니하니라.

【解說】 孔子께서 말씀하시기를, 만일 周公의 지능과 기예의 아름다움이 있더라도, 가령 교만하고 또 인색하다면, 그 나머지는 족히 볼 것이 없느니라.

【主題】 驕吝에 대한 警戒.
※ 사람이 재주를 믿고 교만하고 인색하지 않아야 함을 경계한 것임.

[12]

子曰 三年學에 不至(志)於穀을 不易得也니라. <平敍法>

【字解】 省　略

【硏究】
◎ 穀은 祿也라. 至는 疑當作志라. 爲學之久而不求祿은 如此之人을 不易得也라. <朱子> 穀은 녹봉이다. 至는 아마도 마땅히 志字가 되어야 할 듯하다. 학문을 함이 오래되어도 祿을 구하지 않는 이와 같은 사람을 쉽게 얻지 못한다는 것이다.
◎ 雖子張之賢으로도 猶以干祿爲問하니 況其下者乎아. 然則三年學而不志於穀을 宜不易得也라. <楊時> 비록 子張의 어짊으로도 오히려 녹봉 구함을 물으니, 하물며 그 아랫사람에 있어서야. 그렇다면 3년 배우고도 녹봉에 뜻을 두지 않는 자를 쉽게 얻지 못함이 마땅할 것이다.

【解說】 孔子께서 말씀하시기를, 三年을 배우고서도 녹봉(祿)에 뜻을 두지 않는 자를 쉽게 얻지 못하겠느니라(볼 수 없도다).

【主題】 純一한 學問의 어려움.
※ 사람이 마음을 순수하게 학문에 전일함이 귀함을 보인 것임.

[13]

子曰 篤信好學하며 守死善道니라. 危邦不入하고 亂邦不居하며 天下有道則見하고 無道則隱이니라. 邦有道에 貧且賤焉이 恥也며 邦無道에 富且貴焉이 恥也니라. <列擧法・對照法>

【字解】省 略

【研究】

◎ 篤은 厚而力也라. 不篤信이면 則不能好學이라. 然이나 篤信而不好學이면 則所信이 或非其正이요 不守死면 則不能以善其道라. 然이나 守死而不足以善其道면 則亦徒死而已라. 蓋守死者는 篤信之效요 善道者는 好學之功이니라. <朱子> 篤은 독실히 힘씀이다. 독실히 믿지 않으면 학문을 좋아할 수 없다. 그러나 독실히 믿지만 학문을 좋아하지 않는다면 믿는 바가 혹 그 正道가 아니고, 죽음으로써 지키지 않는다면 그 道를 잘할 수 없다. 그러나 죽음으로 지키지만 그 道를 잘할 수 없다면 또한 헛된 죽음일 뿐이다. 죽음으로 지킨다는 것은 독실히 믿는 공효요, 道를 잘하는 것은 학문을 좋아한 공효니라.

◎ 君子見危授命이니 則仕危邦者는 無可去之義어니와 在外則不入可也라. 亂邦은 未危而刑政紀綱紊矣라. 故로 潔其身而去之라. 天下는 擧一世而言이라. 無道則隱其身而不見也니 此는 惟篤信好學하고 守死善道者라야 能之라. <朱子> 君子가 위태함을 보면 목숨을 바치니, 그렇다면 위태한 나라에서 벼슬하는 자는 떠날 수 있는 義가 없거니와 밖에 있다면 들어가지 않음이 옳다. 亂邦은 위태롭지는 않아도 刑政과 기강이 문란하다. 그러므로 그 몸을 깨끗이 하고 떠나야 한다. 天下는 온 세상을 들어 말함이다. 道가 없으면 그(자기) 몸을 숨기고 나타나지 않는 것이니, 이는 오직 독실히 믿으면서도 학문을 좋아하고, 죽음으로 지키면서도 道를 잘하는 자라야 그것을 할 수 있다.

◎ 有學有守而去就之義潔하고 出處之分明이니 然後에 爲君子之全德也라. <晁說之> 학문도 있고 지조도 있으면서 거취의 義가 깨끗하고 출처의 분별이 명백해야 하니, 그런 뒤에야 君子의 온전한 德이 된다.

【解說】孔子께서 말씀하시기를, 독실하게 믿으면서도 학문을 좋아하며, 죽음으로 지키면서도 道를 잘해야 하느니라. 위태로운 나라에는 들어가지 않고, 어지러운 나라에는 살지 않으며, 天下에 道가 있으면 나타나고, 道가 없으면 숨어야 하느니라. 나라에 道가 있을 때에 가난하고 천함이 부끄러운 일이며, 나라에 道가 없을 때에 부하고 귀함이 부끄러운 일이니라.

【主題】君子之全德 ― 篤信好學 守死善道.

※ 君子가 去就의 마땅함을 얻어 부끄러움 없는 全德을 닦는 法을 제시하였다.

[14]

子曰 不在其位하여는 不謀其政이니라. <禁止法>

【字解】 省 略

【研究】

◎ 不在其位는 則不任其事也라. 若君大夫問而告者는 則有矣라. <程子> 그 지위에 있지 않음은 곧 그 일을 맡지 아니함이다. 만일 인군이나 대부가 물어서 말하는(대답하는) 경우는 곧 있는(있을 수 있는) 것이다.

【解說】 孔子께서 말씀하시기를, 그 지위에 있지 않으면 그 政事를 도모하지 말아야 하느니라.

【主題】 君子의 守分 — 不越職侵權.

※ 君子는 自己 직분을 지키고 남의 직권을 침범하지 말 것을 강조함.

[15]

子曰 師摯之始에 關雎之亂이 洋洋乎盈耳哉라. <感嘆法>

【字解】

摯 도타울 지. 關 새 우는 소리 관. 雎 물수리 저.
亂 풍류 끝장단 란. 洋 큰 바다 양. 盈 찰(가득할) 영.

【研究】

師摯 : 魯나라 樂官의 大師인 摯(名). 始 : 초기, 처음 부임시.
關雎 : 詩經 '國風'의 첫 篇名. ※ 關關雎鳩 在河之洲 窈窕淑女 君子好逑
亂 : 樂曲의 終章. 洋洋 : 美盛意(아름답고 성한 뜻).

◎ 亂은 樂之卒章也니 史記曰 關雎之亂이 以爲風始라 하니라. 孔子自衛反魯而正樂하시니 適師摯在官之初라. 故로 樂之美盛이 如此니라. <朱子> 亂은 樂의 끝장이니, 史記에 말하기를, 關雎(관저)의 끝장이 國風의 시작이 된다 하였다. 孔子께서 衛나라로부터 魯나라로 돌아오시어 樂을 바로잡으셨으니, 이때 마침 樂士인 摯가 악관에 임명된 초기였다. 그러므로 樂의 아름답고 성함이 이와 같았던 것이니라.

【解說】孔子께서 말씀하시기를, 樂師(樂官의 大師)인 摯가 처음 부임시에 (연주하던) 관저편의 악곡 끝장이 (아직도) 양양하게 귀에 가득하구나!

【主題】關雎之亂의 아름다움.
※ 孔子가 魯國 음악의 盛함과 악사 摯에 대한 찬탄을 보임.

[16]

子曰 狂而不直하며 侗而不愿하며 悾悾而不信을 吾不知之矣로다. <列擧法>

【字解】
侗 미련할 동. 愿 삼갈 원. 悾 무식할 공.

【硏究】
狂 : 높은 뜻은 있으나 실천이 부족한 자. 愿 : 謹厚(근후함).
侗 : 無知貌(무지한 모습). 悾悾 : 無能貌(무능한 모습).
吾不知之矣 : 나는 그런 사람을 (어찌해야 할지) 모르겠다.
◎ 天之生物에 氣質不齊하니 其中材以下는 有是德이면 則有是病이요 有是病이면 必有是德이라. 故로 馬之蹄齧者는 必善走하고 其不善者는 必馴하나니 有是病而無是德이면 則天下之棄才也니라. <蘇軾>
하늘이 만물을 낳음에 기질이 같지 않으니, 그 中財 이하는 이 德이 있으면 이 병통이 있고, 이 병통이 있으면 반드시 이 德이 있음이다. 그러므로 말이 발질하고 깨물고 하는 것은 반드시 잘 달리고, 그 잘하지(잘 달리지) 못하는 것(말)은 반드시 순하니, 이러한 병통만 있고 이러한 德이 없다면 天下에 버림받을 재질이니라.
※ 狂・侗・悾 — 선천적. 直・愿・信 — 후천적.
※ 狂者多直爽하고 無知者多謹厚하고 無才能者多信實하니 各育病德이라.

【解說】孔子께서 말씀하시기를, 狂이면서도 곧지 못하며, 무지하면서도 謹厚하지 못하며, 무능하면서도 信實하지 못한 사람을 나는 그런 사람을 (어찌해야 할지) 알지 못하겠노라.

【主題】敎育不能의 대상자.
※ 狂者・無知者・無能者도 長点이 있는데, 그 長点을 잃으면 버려지

게 됨을 말한 것임.

[17]

子曰 學如不及이요 猶恐失之니라. <比喩法>

【字解】 省 略

【硏究】
學如不及 : 배움은 미치지(따라가지) 못할 듯이 함.
猶恐失之 : 오히려(행여) 그것(學)을 잃을까 두려워함.
◎ 言人之爲學이 旣如有所不及矣요 而其心猶竦然하여 惟恐其或失之니 警學者當如是也라. <朱子> 사람들이 학문을 함이 이미 미치지 못하는 바가 있는 듯이 하고, 그리고 그 마음에 오히려 두려워하여, 오직 혹시라도 그것(學)을 잃을까 두려워함(염려함)을 말한 것이니, 배우는 자들이 마땅히 이처럼 해야 함을 경계하신(일깨우신) 것이다.
◎ 學如不及이요 猶恐失之하여 不得放過니 才(纔)說姑待明日이면 便不可也니라. <程子> 배움에(학문을 함에) 미치지(따라가지) 못할 듯이 하고, 오히려 그것(배운 것)을 잃을까 두려워하여 放過할 수 없는 것이니, 잠깐이라도 우선 내일을 기다린다고 말한다면 곧 불가한 것이니라.

【解說】 孔子께서 말씀하시기를, 배움은 미치지(따라가지) 못할 듯이 할 것이요, 오히려(행여) 그것(배운 것)을 잃을까 두려워해야 하느니라.

【主題】 學者의 바른 學習態度.
※ 學者가 가져야 할 바른 학습의 태도와 마음가짐을 밝힌 것임.

[18]

子曰 巍巍乎라. 舜禹之有天下也而不與焉이여. <感嘆法・倒置法>

【字解】
巍 높고 클 외.

【硏究】
巍巍 : 高大之貌(높고 큰 모양). 舜禹 : 舜 임금과 禹 임금.

不與 : 不相關이니 言其不以位爲樂也라(서로 관여하지 않음이니, 그 지위를 즐겁게 여기지 않았음을 말함이다).
焉 : 於之(그것에, 그것에 대하여). 有 : 所有.
※ 任賢使能 無爲而治 (恭己正南面而已矣)
(현인에게 맡겨 할 수 있게 하면 힘쓰지 않아도 다스려진다).
※ 治政之善順 : 無爲而治>德治>法治>力治

【解說】孔子께서 말씀하시기를, 위대하시도다! 순 임금과 우 임금은 天下를 소유하셨으나 그것(천하)에 관여하지 않으심이여!

【主題】舜禹의 治政 讚揚 — 有天下而不與焉.
※ 舜禹가 天下를 所有했으나 관여하지 않고 無爲而治함을 찬양했음.

[19]

子曰 大哉라 堯之爲君也여. 巍巍乎唯天이 爲大어시늘 唯堯則之하시니 蕩蕩乎民無能名焉이로다. 巍巍乎其有成功也여 煥乎其有文章이여. <感嘆法 · 倒置法>

【字解】
巍 높을 외. 蕩 넓을 탕.
則 곧 즉, 법 칙, 본받을 칙. 煥 빛날 환.

【研究】
唯 : 獨也(홀로이다). 文章 : 禮樂法度也(예악과 법도이다).
則 : 準也(같음이다). ※ 效也(본받음이다). <尹氏>
蕩蕩 : 廣遠之稱也(넓고 원대함의 칭호이다).
煥 : 光明之貌(찬란히 빛나는 모습이다). 成功 : 事業也(사업이다).
◎ 言物之高大는 莫有過於天者어늘 而獨堯之德이 能與之準이라. 故로 其德之廣遠이 亦如天之不可以言語形容也라. <朱子>
물건 중에 높고 큰 것은 하늘보다 더함은 있지 않거늘 홀로 堯 임금의 德이 능히 그(하늘)와 같았다. 그러므로 그 德의 넓고 원대함이 또한 하늘을 말로써 형용할 수 없는 것과 같음을 말씀하신 것이다.
◎ 天道之大하여 無爲而成이어늘 唯堯則之하여 以治天下라. 故로 民無得而名焉이요 所可名者는 其功業文章이 巍然煥然而已라. <尹焞>

天道가 위대하여 하는 것 없이 이루어지거늘 오직 堯 임금만이 이것을 본받아서 天下를 다스렸다. 그러므로 백성들이 (그 德을) 형용할 수 없는 것이요, 형용할 수 있는 것은 그 功業과 文章이 드높고 찬란함뿐이다.

【解說】 孔子께서 말씀하시기를, 偉大하도다, 堯 임금의 임금 노릇하심이여! 높고 크도다, 홀로 하늘이 偉大하시거늘 오직 堯 임금만이 그와 같으셨으니(그를 본받으셨으니), (그 功德이) 넓고 넓어 백성들이 형용할 수 없구나. 높고 크도다, 그 성공이여! 찬란하도다, 그 문장이여!

【主題】 堯 임금의 聖德 讚揚.
※ 堯 임금의 德治는 天道와 一致하며 成功이 偉大하고 文章이 찬란하다.

[20]

舜이 有臣五人而天下治하니라. 武王曰 予有亂臣十人호라. 孔子曰 才難이 不其然乎아. 唐虞之際於斯爲盛하나 有婦人焉이라 九人而已니라. 三分天下에 有其二하사 以服事殷하시니 周之德은 其可謂至德也已矣로다. <列擧法·設疑法>

【字解】
亂(란) 어지럽다, <u>다스리다</u>(乿 : 治의 古字). 予 나 여(余, 吾, 我).

【硏究】
五人 : 禹(토목치수 담당), 稷(농사 담당), 契(교육 담당), 皐陶(고요:사법 담당), 伯益(산택 수렵 담당).
亂 : 治也(다스림이다). ※ 或曰 亂은 本作乿하니 古治字也라.
十人 : 周公旦, 召公奭, 太公望, 畢公, 榮公, 太顚, 閎夭, 散宜生, 南宮适(괄), 文母(文王妃). <書經 : 泰誓>
※ 劉時讀曰 以爲子無臣母之義 蓋邑姜也 九人治外 邑姜治內 (유시독이 말하기를, 자식된 자로서 어머니를 신하로 삼는 의가 없으니 아마도 邑姜(武王妃)일 것이다. 九人은 밖을 다스리고 邑姜은 안을 다스렸다).
才難 : 蓋古語而孔子然之也
(아마도 옛말일 것이나 孔子께서 그 말을 옳게 여기신 듯하다).
才 : 德之用也(德의 用이다). 際 : 交會之間(서로 만나는 사이).

唐虞(당우) : 堯舜有天下之號(요순이 천하를 소유한 칭호이다).

◎ 周室人才之多가 惟唐虞之際 乃盛於此요 降自夏商으로는 皆不能及이라. 然이나 猶但有此數人爾니 是才之難得也라. 春秋傳曰 文王이 率商之畔國하여 以事紂라 하니 蓋天下에 歸文王者六州니 荊梁雍豫徐揚也요 惟靑兗冀尙屬紂耳라. <朱子>

周의 王室에 人才가 많아 오직 唐·虞의 즈음만이 이(周)보다 성하였고 내려와서 夏商으로부터는 모두 미칠 수 없었다. 그러나 오히려 다만 이 몇 사람이 있을 뿐이니, 이는 人才를 얻기 어려운 것이다. 春秋傳에 말하기를, 文王이 商을 배반한 나라를 거느리고서 紂王을 섬겼다 하였으니, 대저 天下에 文王에게 귀속한 者가 六州니, 荊州 梁州 雍州 豫州 徐州 揚州이고 오직 靑州 兗州 冀州만이 아직도 紂王에게 소속해 있을 뿐이다.

◎ 文王之德이 足以代商하여 天與之하고 人歸之로되 乃不取而服事焉하시니 所以爲至德也라. 孔子因武王之言하사 而及文王之德하시고 且與泰伯으로 皆以至德稱之하시니 其指微矣로다. <范祖禹>

文王의 德은 족히 商나라를 대신할 만하여 하늘이 그에게 주고 사람들이 그에게 귀의하였으되, 마침내 취하지 않고 그(紂王)에게 복종하여 섬기었으니, 이 때문에 지극한 德이 되는 것이다. 孔子께서 武王의 말씀에 因하여서 文王의 德을 언급하시었고, 또 泰伯(文王의 伯父)과 함께 모두 至德으로써 그들을 칭찬하셨으니, 그 뜻이 은미하도다.

【解說】 舜 임금이 신하 五人을 두심에 天下가 다스려졌느니라. 武王이 말씀하시기를, 나는 다스리는 신하 十人을 두었노라. 孔子께서 말씀하시기를, 人才를 얻기 어렵다는 말이 그것이 그렇지(맞지) 않겠는가? 唐·虞의 지음만이 이(周 나라)보다 성하였으나 (十人中에) 부인이 있었으니 九人일 뿐이니라. (文王은) 天下를 三分함에 그 둘을 소유하시고도 복종하여서 殷나라를 섬기셨으니, 周나라의 (文王의) 德은 그 至德이라 이를 만하도다.

【主題】 周初의 역사와 周의 至德 讚揚.

※ 人才로는 唐虞만 못하지만 天下의 大部分(三分之二)을 所有하고도 殷의 紂를 섬기었던 周(文王)의 至德을 찬양한 것이다.

[21]

子曰 禹는 吾無間然矣로다. 非飮食而致孝乎鬼神하시며 惡衣服而致美乎黻冕하시며 卑宮室而盡力乎溝洫하시니 禹는 吾無

間然矣로다. <列擧法・反復法>

【字解】

間(간) 사이, 흠잡다. 菲 박할 비.
致(치) 이르다, 그만두다, 지극하다, 다하다, 이루다, 부르다.
黻 슬갑 불. 冕 면류관 면. 溝 도랑 구. 洫 도랑 혁.

【研究】

禹 : 夏나라를 세운 王. 舜帝의 五賢臣中 한 사람으로 父 鯀(곤)의 뒤를 이어 治水로 功을 세워 舜의 선양으로 王位에 오름.
間 : 罅隙(하극)也니 謂指其罅隙而非議之也라
(틈이니, 그 틈을 지적하여 그것을 비난함을 말한다).
菲 : 薄也(박함이다). 衣服 : 常服也(평상복이다).
致孝鬼神 : 謂享祀豊潔(先祖의 제사를 풍성하고 깨끗하게 함을 말한다).
黻 : 蔽膝也니 以韋爲之라(무릎을 가리는 것이니, 가죽으로 만든다).
冕 : 冠也니 皆祭服也(관이니, 모두 제복이다).
溝洫 : 田間水道니 以正疆界하고 備旱潦(로)者也라(전답 사이의 물길이니, 경계를 바르게 하고 가뭄과 장마를 대비하는 것이다).
◎ 或豊或儉이 各適其宜하니 所以無罅隙之可議也라. 故로 再言以深美之라. <朱子> 혹 풍성하게 혹 검소하게 함이 각각 그 마땅함에 맞았으니, 이 때문에 비난할 만한 틈이 없다. 그러므로 재언하여 그를 심미했다.
◎ 薄於自奉호되 而所勤者는 民之事요 所致飾者는 宗廟朝廷之禮니 所謂有天下而不與也라. <楊時> 自己를 받듦에 박하였으되 부지런히 한 것은 백성의 일이었고, 꾸밈을 지극히 한 것은 宗廟와 朝廷의 禮였으니, 이른바 天下를 所有하였으나 관여하지 않았다는 것이다.

【解說】 孔子께서 말씀하시기를, 禹임금은 내가 흠잡을 데가 없으시도다. 음식은 박하게 하시면서도 귀신에게 孝誠을 다하시며, 衣服은 나쁘게 하시면서도 黻・冕의 제복에는 아름다움을 다하시며, 宮室은 낮게 하시면서도 도랑을 만듦에는 힘을 다하셨으니, 禹임금은 내가 흠잡을 데가 없으시도다.

【主題】 禹王의 美德과 功德 讚揚.
※ 孔子께서 禹王의 勤儉節約의 美德과 治水의 功德을 찬양했음.

第九　子 罕 篇

주제 : 孔子의 德行

◎ 主로 孔子의 德行을 記述한 글이 많다. 그래서 古聖賢들의 德을 記述한 泰伯篇 다음에 놓았다. 모두 三十章이다. <邢昺>

[1]

子는 罕言利與命與仁이러시다. <列擧法>

【字解】

罕 드물 한, 그물 한.

【研究】

罕 : 少也(적음이다).

◎ 計利則害義요 命之理微하고 仁之道大하니 皆夫子所罕言也라. <程子> 利를 따지면 義를 해치며, 命의 理致는 은미하고 仁의 道는 크니, 모두 夫子께서 드물게 말씀하신 것이다.

※ 子之言
- 頻言 : 詩・書・執禮
- 罕言 : 利・命・仁
- 勿言 : 怪・力・亂・神

【解說】 孔子께서는 利와 命과 仁을 드물게 말씀하셨다.

※ 異說 : 孔子께서는 세속적인 이득을 천명이나 인덕과 함께(결부시켜) 말씀하시지는 않았다. <淸나라 焦循>

【主題】 孔子의 罕言 대상 — 利・命・仁

[2]

達巷黨人曰 大哉라 孔子여. 博學而無所成名이로다. 子聞之하시고 謂門弟子曰 吾何執고. 執御乎아. 執射乎아. 吾執御矣로리라. <引用法・倒置法・抑揚法>

【字解】
黨 무리 당, 마을 당. 射 쏠 사, 벼슬이름 야, 맞힐(싫을) 역.
御(어) 어거하다, 거느리다, 드리다, 막다, 마부, 말 몰다.

【研究】
達巷 : 黨名(마을 이름). 執 : 專執也(전문으로 잡음이다).
◎ 博學而無所成名은 蓋美其學之博而惜其不成一藝之名也라. 射御는 皆一藝나 而御爲人僕하여 所執尤卑라. 言欲使我何所執以成名乎아. 然則吾將執御矣라 하시니 聞人譽己하고 承之以謙也시니라. <朱子> 박학하였으나 (어느 한 가지로) 이름을 이루어낸 것이 없다는 것은 대개 그 학문의 넓음을 찬미하면서도 한 기예로 이름을 이루지 못했음을 애석히 여긴 것이다. 射와 御는 모두 한 기예이나 御는 남의 마부가 되는 것이어서 잡는 바가 더욱 비천하다. "나로 하여금 어느 것을 전문으로 잡아서 이름을 이루게 하려고 하는가? 그렇다면 나는 장차 말 모는 일을 잡겠다." 고 말씀하셨으니, (이는) 남들이 자기를 칭찬하는 말을 듣고서 겸사로써 (그것을) 이어받은 것이니라.
◎ 聖人은 道全而德備하여 不可以偏長目之也라. 達巷黨人이 見孔子之大하고 意其所學者博이나 而惜其不以一善得名於世하니 蓋慕聖人而不知者也라. 故로 孔子曰 欲使我何所執而得爲名乎아. 然則吾將執御矣라 하시니라. <尹焞> 성인은 道가 온전하고 德이 완비되어 한 가지 장기로써 그를 지목할 수 없다. 달항 마을의 사람들은 孔子의 위대함을 보고서 생각하기를, 그 배운 바가 넓으나 그가 한 가지를 잘함으로써 세상에 이름을 얻지 못했음을 애석히 여겼으니, 대저 성인을 흠모했으나 (성인을) 알지 못한 것이다. 그러므로 孔子께서 말씀하시기를, 나로 하여금 어느 것을 (전문적으로) 잡아서 이름을 얻게 하려고 하는가? 그렇다면 나는 장차 말 모는 일을 잡겠다고 하셨느니라.

【解說】 達巷의 마을 사람들이 말하기를, 위대하구나, 孔子여! 박학하였으나 (어느 한 가지로) 이름을 낸(이루어 낸) 것이 없구나. 孔子께서 이(달항당인의 말)를 들으시고 門下의 弟子들에게 일러 말씀하시기를, 내가 무엇을 (전문으로) 잡아야 하겠는가? 말 모는 일을 잡아야 하겠는가? 활 쏘는 일을 잡아야 하겠는가? 내 말 모는 일을 잡겠노라.

【主題】 孔子의 爲人(能力面) — 不器(萬事通達之人).
※ 聖人은 道全德備하여 한 가지 기예로 말할 수 없으니 달항당인은 공자를 몰랐던 것이다.

[3]

子曰 麻冕이 禮也어늘 今也純(준)하니 儉이라. 吾從衆호리라.
拜下禮어늘 今拜乎上하니 泰也라. 雖違衆이나 吾從下호리라.
<列擧法>

【字解】
麻 삼 마. 冕 면류관 면. 儉 검소할 검.
純(순) 순수하다, 천진하다, 오로지, (준)생사(실).
泰(태) 크다, 편안하다, 태연하다, 교만하다.

【硏究】
麻冕 : 緇布冠(치포관)也(검정 베로 만든 관이다).
泰 : 驕慢也(교만함이다).
純(준) : 絲也(생사이다). 儉 : 省(생)約也(생략됨이다).
◎ 緇布冠은 以三十升布爲之하니 升八十縷니 則其經이 二千四百縷矣라. 細密難成하니 不如用絲之省約이라. 臣與君行禮에 當拜於堂下니 君辭之면 乃升成拜라. <朱子> 치포관은 30새의 베로 그것을 만드나니, 1새는 80올이니 곧 그 날실이 2400올이다. 세밀하여 만들기 어려우니, 생사 사용의 생략됨만 같지 못하다. 신하가 군주와 예를 行함에 마땅히 堂下에서 절해야 하니, 군주가 그것을 사양하면 곧 당에 올라 절을 끝낸다.
◎ 君子處世에 事之無害於義者는 從俗可也어니와 害於義면 則不可從也니라. <程子> 군자가 처세함에 일이 義理에 해롭지 않는 것은 時俗을 따름이 괜찮지만 義理에 해로우면 (時俗을) 따를 수 없는 것이니라.

【解說】 孔子께서 말씀하시기를, 베로 면류관을 만드는 것이 (본래의) 禮이거늘 지금에는 生絲로 만드니 검소하다. 나는 여러 사람들(時俗)을 따르리라. (堂) 아래에서 절함이 (본래의) 禮이거늘 지금에는 (堂) 위에서 절하니 교만하다. 비록 여러 사람들과 어긋나더라도 나는 (堂) 아래에서 절함을 따르리라.

【主題】 禮之正道 — 不害於義.
※ 儉은 禮에 合하므로 吾從衆이나 泰는 禮에 不合하므로 吾從下라 하는 意味로 볼 때, 禮之正道는 不害於義라 할 수 있겠다.

[4]

子絶四러시니 毋意 毋必 毋固 毋我러시다. <列擧法>

【字解】省 略

【研究】

絶 : 無之盡者(없게 함을 다한 것이다).
毋 : 史記에 作無하니 是也라(史記에 '無'로 되어 있으니 옳다).
意 : 私意(사사로운 뜻). 必 : 期必(기필함).
固 : 執滯(집체함). 我 : 私己(사사로운 자기).

◎ 四者相爲終始하니 起於意하여 遂於必하고 留於固하여 而成於我也라. 蓋意必은 常在事前이요 固我는 常在事後나 至於我又生意면 則物欲牽引하여 循環不窮矣리라. <朱子> 네 가지는 서로 始終이 되니, 사사로운 뜻에서 시작되어 기필하는 마음으로 이행되고(이루어지고), 고집하는 마음에 머물러 이기적인 자아로 완성된다. 대체로 意와 必은 항상 일이 생기기 전에 있고, 固와 我는 항상 일이 생긴 뒤에 있으나, 我가 다시 사의를 냄에 이르면 物欲에 이끌려 순환됨이 다함 없으리라.

◎ 四者에 有一焉이면 則與天地不相似니라. <張載>
네 가지 중에 하나라도 거기(마음)에 있으면 天地와 서로 같지 못하니라.

◎ 非知足以知聖人하고 詳視而默識之면 不足以記此니라. <楊時>
지혜가 성인을 알 수 있고, 그를 자세히 살펴보아서 묵묵히 깨닫는 자가 아니면 이것(성인의 이 같은 점)을 기록할 수 없느니라.

【解說】孔子께서는 네 가지의 마음이 전혀 없으셨으니, 사사로운 뜻이 없으셨으며, 기필하는 마음이 없으셨으며, 집착(고집)하는 마음이 없으셨으며, 나라는 것(사사로이 자기를 내세우는 마음)이 없으셨다.

【主題】孔子의 爲人(持心面) — 無私心(絶四).
※ 聖人의 사람됨이 私心이 없음을 보인 것이다.

[5]

子畏於匡이러시니 曰 文王既沒하시니 文不在茲乎아. 天之將喪斯文也신댄 後死者不得與於斯文也어니와 天之未喪斯文也시니 匡人이 其如予何리오. <假定法·設疑法>

【字解】
畏(외) 두려워하다, 꺼리다. 匡(광) 바로잡다, 두려워하다, 밥통.

【研究】
畏 : 有戒心之謂(경계하는 마음을 품고 있음을 말함).
文 : 道之顯者를 謂之文이니 蓋禮樂制度之謂라
(道가 드러남을 文이라 이르니, 대개 예악 제도를 이른다).
茲 : 此也니 孔子自謂라(이것이니 공자 자신을 이른다).
◎ 匡은 地名이라. 史記云 陽虎曾暴於匡이러니 夫子貌似陽虎라. 故로 匡人圍之라. <朱子> 匡은 지명이다. 史記에 이르기를, 陽虎가 일찍이 匡 땅에서 포악한 짓을 했는데, 夫子의 모습이 陽虎와 비슷했다. 그러므로 匡 땅 사람들이 그(孔子)를 포위했다.
◎ 文王 旣沒이라. 故로 孔子自謂後死者라. 言天若欲喪此文인댄 則必不使我得與於此文이어니와 今我旣得與於此文하니 則是天未欲喪此文也라. 天旣未欲喪此文이면 則匡人이 其奈我何리오 하시니 言必不能違天害己也라. <馬融> 文王이 이미 돌아가셨다. 그러므로 孔子께서 自身을 '뒤에 죽는 사람'이라 이르신 것이다. 하늘이 만약 이 文을 없애려고 하셨다면 반드시 나로 하여금 이 文에 참여할 수 없게 하였을 것이어니와, 지금 나는 이미 이 文에 참여함을 얻었으니, 그렇다면 이는 하늘이 아직 이 文을 없애고자 하지 않으신 것이다. 하늘이 이미 이 文을 없애고자 아니하셨다면 匡 땅 사람들이 나를 어찌하리오 라고 말씀하셨으니, (이는) 반드시 하늘의 뜻을 어기고 自己를 해칠 수 없음을 말씀하신 것이다.

【解說】 孔子께서 匡 땅에서 경계심을 품고 계시더니 말씀하시기를, 文王이 이미 돌아가셨으니, 文이 이 몸(孔子)에게 있지 않겠는가? 하늘이 장차 이 文을 없애려(버리려) 하셨다면 뒤에 죽는 사람(孔子)이 이 文에 참여할 수 없었을 것이어니와 하늘이 이 文을 없애지(버리지) 않으셨으니, 匡 땅 사람들이 나를 어찌하리오.

【主題】 孔子의 召命意識 — 天賦於我文王之文.
※ 聖人이 斯文의 興亡을 自身의 存亡으로 여겨 天命을 믿음을 보임.

[6]

大宰問於子貢曰 夫子聖者與아. 何其多能也오. 子貢曰 固天縱之將聖이시고 又多能也시니라. 子聞之하시고 曰

> 大宰知我乎인저. 吾少也賤이라 故로 多能鄙事하니 君子는 多乎哉아. 不多也니라. 牢曰 子云 吾不試라 故로 藝라 하시니라. <問答法・引用法>

【字解】
宰(재) 재상, 주장하다, 다스리다, 잡다. 牢 굳을 뢰.
縱(종) 세로, 비록, 늘어지다, 놓다, 놓아주다, 방자하다.

【研究】
大宰(태재) : 官名. 吳・宋・魯에만 있던 官名인데, 一說에 依하면 吳의 宰相인 白嚭(백비)라 함.
縱 : 肆也니 不爲限量也라(풀어놓음이니 한량하지 못함이다).
將 : 殆也니 謙若不敢知之辭
(거의의 뜻이니, 겸손하여 감히 알지 못하는 듯한 말씀임).
牢(뢰) : 孔子의 弟子이니, 姓은 琴이요 字는 子開・子張.
試 : 用也(등용됨이다). 鄙事 : 비루한 일(技藝小事).
◎ 言由少賤이라. 故로 多能이나 而所能者鄙事爾요 非以聖而無不通也라. 且多能은 非所以率人이라. 故로 又言君子不必多能以曉之라. <朱子> 젊어서 미천했다. 그러므로 능한 것이 많으나, 능한 것은 천한 일들뿐이요, 聖人이라서 통달하지 못함이 없는 것은 아니라고 말씀하신 것이다. 또 능함이 많은 것은 써 사람들을 거느리는(지도하는) 것이 아니다. 그러므로 君子는 반드시(굳이) 능함이 많지는 않다고 또(다시) 말씀하시어서 그들을 깨우치신 것이다.

【解說】 大宰가 子貢에게 물어 말하기를, 孔子는 聖者이신가? 어찌 그리 能함이 많으신가? 子貢이 말하기를, 진실로 하늘이 풀어놓은 거의 聖人일 것이요, 또 能함이 많으시니라. 孔子께서 이 말을 들으시고 말씀하시기를, 大宰가 나를 아는구나! 내 젊었을 적에 미천했기 때문에 비천한 일에 능함이 많으니, 君子는 能함이 많은가? 많지 않느니라. 牢가 말하기를, 선생님께서 말씀하셨으니 내가 등용되지 못했기 때문에 재주를 익혔다 하셨느니라.

【主題】 聖者에 대한 誤解의 지적 — 聖者不多能.
※ 태재와 자공이 聖者에 대해 오해하고 있어서 孔子께서 이를 지적하여 깨우쳤음.

[7]

子曰 吾有知乎哉아. 無知也로라. 有鄙夫問於我하되 空空如也라도 我叩其兩端而竭焉하노라. <平敍法>

【字解】
叩 두드릴 고. 端 끝 단. 竭 다할 갈.

【硏究】
叩 : 發動也(발동함이다). 鄙夫 : 비천하고 무식한 사람.
兩端 : 猶兩頭이니 言終始本末上下精粗無所不盡이라(양쪽 머리와 같으니, 시종·본말·상하·정조를 다하지 않음이 없음을 말한다).

◎ 聖人之敎人에 俯就之若此로되 猶恐衆人以爲高遠而不親也라. 聖人之道는 必降而自卑하니 不如此則人不親이요 賢人之言은 則引而自高하니 不如此則道不尊이니 觀於孔子孟子면 可見矣리라. <程子>
聖人이 사람을 가르침에 구부리고 나아가게 함이 이와 같되, 오히려 많은 사람들이 고원(高遠)하다 여겨서 가까이하지 않을까 염려하였다. 聖人의 道는 반드시 내려서 스스로 낮추니, 이와 같이 하지 아니하면 사람들이 가까이하지 아니하고, 현인의 말씀은 곧 끌어올려 스스로 높이니, 이와 같이 하지 않으면 道가 높아지지 아니하니, (이러한 점은) 孔子와 孟子에게서 관찰해 보면 알 수 있으리라.

◎ 聖人之言은 上下兼盡하니 卽其近이면 衆人皆可與知요 極其至면 則雖聖人이라도 亦無以加焉이니 是之謂兩端이라. <尹焞>
聖人의 말씀은 上下를 겸하여 다하니, 그 천근(淺近)한데 나아가면 보통 사람들도 모두 참여하여 알 수 있고, 그 지극한 것을 다하면 비록 聖人이라도 또한 이보다 더할 수 없으니, 이를 양단이라 이르니라.

【解說】 孔子께서 말씀하시기를, 내가 아는 것이 있는가? 아는 것이 없도다. 어떤 비천하고 무식한 사람이 나에게 묻되, 무식하다 하더라도 나는 그(묻는 내용의) 양단을 발동하여 그에게 다 말해 주겠노라.

【主題】 孔子敎人之道 — 叩其兩端而竭焉.
※ 孔子는 鄙夫들이 高遠하다 여길까 염려하여 내용의 양단을 들어 敎人한다 하심.

[8]

子曰 鳳鳥不至하며 河不出圖하니 吾已矣夫인저. <感歎法>

【字解】省 略

【研究】

◎ 鳳은 靈鳥니 舜時來儀하고 文王時鳴於岐山이라. 河圖는 河中龍馬負圖니 伏羲時出하니 皆聖王之瑞也라. <朱子>
봉은 신령스러운 새이니, 舜 임금 때 나타나서 춤을 추었고, 文王 때에는 기산에서 울었다. 하도(河圖)는 황하(黃河) 속에서 나온 용마가 등에 진(그려진) 그림이니, 복희 때 나왔으니, 모두 聖王의 祥瑞(상서)이다.

◎ 鳳至圖出은 文明之祥이어늘 伏羲舜文之瑞不至하니 則夫子之文章이 知其已矣라. <張載> 봉황새가 이르고 하도가 나옴은 문명의 조짐이거늘, 복회와 순 임금과 文王과 같은 聖王의 祥瑞가 나오지(이르지) 않으니, 그렇다면 夫子(孔子)의 文章이 그 끝남(행해지지 않음)을 알 수 있다.

※ 伏羲 : 先天八卦 [河圖]
　 文王 : 後天八卦 [洛書]

※ 四靈
　 鳳 : 羽虫之靈
　 龍 : 鱗虫之靈
　 麟 : 毛虫之靈
　 龜 : 介虫之靈

※ 鳳鳥와 河圖의 不出은 聖王 不出의 意味다. 聖王이 出해야만 仁政과 德治가 實現될 것인데, 聖王이 出할 징조가 보이지 않으므로 孔子께서 크게 恨嘆하신 것이다.

【解說】孔子께서 말씀하시기를, 봉황새가 이르지(오지) 않으며, 황하에서 河圖가 나오지 않으니, 내 그만이구나(이미 끝났구나.)!

【主題】聖君 不出 및 道不在에 대한 自嘆.
※ 聖君 不出을 생각하여 道가 行해지지 못함을 한탄함이다.

[9]

子見 齊衰者와 冕衣裳者와 與瞽者하시고 見之에 雖少[坐]나 必作하시며 過之에 必趨러시다. <列擧法>

【字解】
齊 가지런할 제, 엄숙할 제, 재빠를 제, 나라이름 제, 같을 제.
재계할 재, 옷자락 자, 상복 자.
衰 쇠할 쇠, 약할 쇠, 상복 최.
趨 추창할 추, 재촉할 촉.
冕 면류관 면.
瞽 소경(맹인) 고.

【研究】
齊衰(자최) : 喪服(상복).
冕 : 冠也(관이다).
※ 喪服 [斬衰(참최) : 三年服 ※ 아랫단을 꿰매지 않은 喪服.
齊衰(자최) : 期年服・大功服・小功服・緦麻服.
衣 : 上服(웃옷).
裳 : 下服(아래옷).
冕衣裳 : 貴者之盛服也(귀한 자(관직자)의 성복(성장)이다).
瞽 : 無目者(눈이 없는 자).
作 : 起也(일어남이다).
趨 : 疾行也(빨리 걸어감이다).
◎ 或曰 少는 當作坐라. <朱子>
어떤 자가 이르기를 '少'字는 마땅히 '坐'字가 되어야 한다.
◎ 聖人之心이 哀有喪하고 尊有爵하고 矜不成人하니 其作與趨蓋有不期然而然者니라. <范祖禹>
성인의 마음은 喪이 있는 이를 슬퍼하고, 관작이 있는 이를 높이고, 불성인(불구자)을 가엽게 여기시니, 그가 일어남과 종종걸음하심은 대체로 그렇게 하기를 기약하지 않아도 (저절로) 그렇게 되신 것이니라.
◎ 此는 聖人之誠心이 內外一者也니라. <尹焞>
이것은 聖人의 정성스러운 마음이 內外가 한결같은 것이니라.

【解說】孔子께서는 자최를 입은 자와 관을 쓰고 의상을 차린 자와 장님을 만나고 그들을 보심에 비록 나이가 적더라도(앉아 있다가도) 반드시 일어나셨고, 그 곁을 지남에 반드시 종종걸음을 하시었다.

【主題】孔子의 至極한 禮.
※ 孔子의 안으로의 공경하는 마음과 밖으로의 겸손한 행동이 모두 誠心으로 일치하는 禮로 나타남을 보인다.

[10]

顔淵이 喟然歎曰 仰之彌高하며 鑽之彌堅하며 瞻之在前이러니

忽然在後로다. 夫子循循然善誘人하사 博我以文하시고 約我以禮하시니라. 欲罷不能하여 旣竭吾才호니 如有所立이 卓爾라. 雖欲從之나 末由也已로다. <列擧法>

【字解】

喟 한숨쉴 위. 彌 더욱 미. 鑽 뚫을 찬. 瞻 볼 첨.
忽 문득 홀. 罷 마칠(그만둘) 파. 卓 높을 탁. 末 없을(끝) 말.

【研究】

喟 : 歎聲也(탄식하는 소리이다). 仰彌高 : 不可及(미칠 수 없음이다).
鑽彌堅 : 不可入(들어갈 수 없음이다).
循循 : 有次序貌(차서가 있는 모습).
在前在後 : 恍惚不可爲象(황홀하여 형상할 수 없음).
誘 : 引進也(이끌어 나아감이다). 卓 : 立貌也(서 있는 모습이다).
博文約禮 : 教之序也(가르침의 순서이다). 末 : 無也(없음이다).
顔淵…… 在後 : 顔淵深知夫子之道無窮盡無方體하고 而歎之也라 (안연이 夫子의 道가 무궁무진하고 방소와 형체가 없음을 깊이 알고 그것을 감탄함이다).
夫子…… 以禮 : 言夫子道雖高妙나 而教人有序也라(夫子의 道가 비록 높고 묘하나 사람을 가르침에 순서가 있음을 말함이다).
欲罷…… 也已 : 顔子自言其學之所至也니 蓋悅之深而力之盡하여 所見益親이나 而又無所用其力也라(안자가 그 배움이 이른 바를 자언함이니, 기쁨이 깊고 힘씀이 극진하여 보는 바(道)가 더욱 가까우나 또한 그 힘을 쓸 데가 없음이다).

◎ 無上事而喟然歎하니 此顔子學旣有得이라. 故로 述其先難之故와 後得之由하고 而歸功於聖人也라. 高堅前後는 語道體也요 仰鑽瞻忽은 未領其要也라. 惟夫子循循善誘하사 先博我以文하여 使我知古今達事變하고 然後에 約我以禮하여 使我尊所聞行所知를 如行者之赴家와 食者之求飽라. 是以로 欲罷不能하여 盡心盡力하여 不少休廢하니 然後에 見夫子所立之卓然하고 雖欲從之나 末由也已라. 是는 蓋不怠所從하여 必求至乎卓立之地也라. <胡寅> (顔子가) 앞에 아무 일이 없이 감탄하였으니, 이는 顔子가 배움에 이미 터득한 바가 있으므로 그 먼저는 그것을 어렵게 여긴 까닭과 뒤에 그것을 터득하게 된 연유를 서술하고 聖人에게 功을 돌린 것이다. 높고 견고하며 앞에 있고 뒤에 있다는 것은 道의 본체를 말함이요, 우러러보고 뚫으며 바라보고 홀연하다는 것은 그 요

점을 알지 못한 것이다. 夫子께서 차근차근히 잘 이끄시어 먼저 文으로써 나를 박학하게 하시어 나로 하여금 古今의 역사를 알게 하고 일의 변화를 통달하게 해 주셨고, 그런 뒤에 禮로써 나의 행동을 要約(단속)하게 하시어 나로 하여금 견문한 바를 높이게 하고 아는 바를 행하게 하기를, 마치 길을 떠난 者가 집에 달려오고 밥 먹는 者가 배부르기를 구하는 것과 같이 하셨다. 이 때문에 그만두고자 해도 그만둘 수 없어 마음을 다하고 힘을 다하여 조금도 쉬지 않았으니, 그렇게 한 뒤에야 夫子의 선 바가 우뚝함을 보고 비록 그를 따르고자 하였으나 말미암을 데가 없었던 것이다. 이는 따르는 바를 게을리하지 않아 반드시 우뚝 서 있는 경지에 이르기를 구한 것이다.

【解說】 顔淵이 크게 탄식하며 말하기를, (夫子의 道는) 그것을 우러러 볼수록 더욱 높고 뚫을수록 더욱 견고하며, 그것을 바라봄에 앞에 있더니 홀연히 뒤에 있도다. 夫子께서 차근차근 사람을 잘 이끄시어 文으로써 나의 지식을 넓혀 주시고 禮로써 나의 행실을 要約(단속)하게 해 주셨느니라. (工夫를) 그만두고자 해도 그만둘 수 없어 이미 나의 재주를 다하니, (夫子의 道가) 마치 (내 앞에) 우뚝 서 있는 듯하다. 비록 이것을 따르고자 하나 말미암을 데가 없도다.

【主題】 夫子道之妙에 대한 稱讚.

※ 顔子가 孔子의 學德과 道를 讚揚한 것인데, 첫 문장에선 聖人의 道之妙를, 둘째 문장에선 聖人之敎의 有序함을, 셋째 문장은 聖人學問이 도달한 바를 말해서 聖人의 道가 더욱 妙함을 보여 준다.

[11]

子疾病이어시늘 子路使門人으로 爲臣이러니 病間曰 久矣哉라 由之行詐也여. 無臣而爲有臣하니 吾誰欺오. 欺天乎인저. 且予與其死於臣之手也론 無寧死於二三子之手乎아. 且予縱不得大葬이나 予死於道路乎아. <倒置法・感歎法・設疑法>

【字解】

間 뜸할 간. 詐 속일 사. 寧(녕) 편안하다, 차라리, 어찌.
縱(종) 세로, 늘어지다, 놓다, 방자하다, 비록. 欺 속일 기.

【研究】

病間 : 少差也(조금 차도가 있음이다).

大葬 : 君臣禮葬也(임금이나 신하를 예장함이다).

死於道路 : 謂棄而不葬이니 又曉之以不必然之故라
(시신이 버려져서 장례하지 않음을 이르니, 또 굳이 그럴 것 없는 이유로써 그를 깨우침이다).

◎ 夫子時已去位하여 無家臣이어늘 子路欲以家臣治其喪하니 其意實尊聖人이나 而未知所以尊也라. 病時不知라가 旣差에 乃知其事라. 故로 言我之不當有家臣을 人皆知之하여 不可欺也어늘 而爲有臣하니 則是欺天已矣라. 人而欺天은 莫大之罪어늘 引以自咎하시니 其責子路深矣로다. <朱子> 夫子께서 이때에 이미 벼슬에서 떠나 家臣이 없었는데, 子路가 家臣으로써 그 喪을 치르고자 하였으니, 그 뜻은 실로 聖人을 높이는 것이었으나 높이는 바(방법)를 몰랐다. 병이 심할 때는 알지 못했다가 이미 차도가 있은 뒤에 곧 그 일을 아셨다. 그러므로 내가 家臣을 둠이 부당함을 사람들이 모두 그것을 알고 있어서 속일 수가 없거늘 그러나 家臣을 두게 되었으니, 곧 이는 하늘을 속일 뿐이라고 말씀하신 것이다. 사람으로서 하늘을 속임은 막대한 罪이거늘 끌어다가 自咎(自責)하셨으니, 子路를 꾸짖으심이 깊도다.

【解說】 孔子께서 病이 심해지자 子路가 門人으로 하여금 家臣으로 삼았는데, 病이 좀 덜하시자 말씀하시기를, 오래되었구나, 由(子路)가 거짓을 행함이여! (나는) 家臣이 없어야 하는데, 家臣을 두게 되었으니 내 누구를 속였는가? 하늘을 속였구나! 또 내가 그 家臣의 손에서 죽기보다는 차라리 그대들의 손에서 죽음이 낫지 않겠는가? 또 내가 비록 큰 장례는 얻지 못할지라도 내 길거리에서 죽겠는가?

【主題】 子路의 脫義理之情에 대한 孔子의 叱責.

※ 義俠한 子路의 행동은 스승을 爲함이었으나 義理에 벗어난 情誼는 過誤가 됨을 몰랐기 때문에 孔子에게 심한 叱責을 당한 것이다.

[12]

子貢曰 有美玉於斯하니 韞匵而藏諸잇가. 求善賈(價)而沽諸잇가.
子曰 沽之哉 沽之哉나 我는 待賈者也로라.<比喩法・問答法・反復法>

【字解】
韞 감출 온.　　匵 궤 독.　　賈 값 가.　　沽 팔 고.

【研究】
韞 : 藏也(감춤이다).　　匵 : 匱也(궤이다).
沽 : 賣也(파는 것이다).　　諸 : 之乎.

◎ 子貢이 以孔子有道不仕라. 故로 設此二端以問也라. 孔子言固當賣之나 但當待賈요 而不當求之耳라. <朱子>

子貢은 孔子가 道를 지니고 계시면서도 벼슬하지 않으므로 이 두 가지를 가설하여서 물은 것이다. 孔子께서는 진실로 그것(美玉)을 마땅히 팔아야겠으나, 다만 마땅히 값(좋은 값)을 기다려야 할 것이요, 마땅히 그것(팔리기)을 구해서는 안 될 뿐이라고 말씀하신 것이다.

◎ 君子未嘗不欲仕也언마는 又惡不由其道하니 士之待禮는 猶玉之待賈也라. 若伊尹之耕於野와 伯夷太公之居於海濱에 世無成湯文王이면 則終焉而已요 必不枉道以從人하고 衒玉而求售也리라. <范祖禹>

※ 濱 물가 빈. 衒 자랑할 현. 售 팔 수.

君子가 일찍이 벼슬하고자 아니함은 아니건만, 또 그 道(정당한 방법)를 따르지 않음을 싫어하나니, 선비가 예우를 기다리는 것은 玉이 값을 기다림과 같다. 예컨대 伊尹이 신야에서 농사짓고(밭 갈고) 伯夷와 太公이 바닷가에서 은거할 적에, 세상에 成湯과 文王이 없었다면 (이들은) 거기에서 일생을 마쳤을 뿐이요, 반드시 道를 굽혀서 남을 따르고 玉을 자랑하여 팔리기를 구하지 않았음과 같을 것이다.

【解說】子貢이 말하기를, 여기에 아름다운 玉이 있으니, 그것을 궤에 감추어 숨겨두겠습니까? 좋은 값을 구하여서 그것을 팔겠습니까? 孔子께서 말씀하시기를, 그것을 팔아야지, 그것을 팔아야 하나 나는 (좋은) 값을 기다리는 자이로다.

【主題】孔子의 仕(政治參與)에 대한 態度 — 賢君禮遇에 대한 期待.
※ 聖人이 세상에 쓰이기를 기다리지만 그것을 求하지는 아니함을 비유로 나타냄. ※ 玉 → 道, 善賈 → 禮遇, 沽 → 出仕.

[13]

子欲居九夷러시니 或曰 陋어니 如之何잇고. 子曰 君子居之면 何陋之有리오. <問答法・設疑法>

【字解】
夷(이) 오랑캐, 동방 종족, 상하다, 죽이다, 평이(평탄)하다.
陋(루) 추하다, 좁다.

【研究】
九夷 : 東方의 오랑캐 나라. ※ 皇侃(황간)의 말에 依하면, 玄菟(현토)·樂浪(낙랑)·高麗(고려)·滿飾(만식)·鳧更(부갱)·索家(삭가)·東屠(동도)·倭人(왜인)·天鄙(천비)라고 한다.
◎ 東方之夷有九種이라. 欲居之者는 亦乘桴浮海之意라. 君子所居則化니 何陋之有리오. <朱子> 東方의 夷族에는 아홉 종족이 있다. 거기(九夷)에 살고자 하심은 또한 (公冶長篇의) 뗏목을 타고 바다를 떠다니겠다는 뜻이다. 君子가 사는 곳이면 教化되니, 무슨 누추함이 있으리오.

【解說】 孔子께서 九夷(東方의 오랑캐 나라)에 살고자 하시니, 혹자가 말하기를, (그곳은) 누추하니 어떻게 하시겠습니까? 孔子께서 말씀하시기를, 君子가 거기에 거주한다면 무슨 누추함이 있으리오?

【主題】 聖人의 道不行에 대한 心情 — 自歎之心.
※ 孔子가 中國에서 道不行이므로 九夷에 居하기를 칭탁하여 슬퍼함이다.

[14]

子曰 吾自衛反魯然後樂正하여 雅頌이 各得其所하니라. <平敍法>

【字解】
雅 바를(고울) 아. 頌 칭송할(읠) 송.

【研究】
自衛反魯 : 衛나라로부터 魯나라로 돌아오다.
※ 孔子가 13年間(56~68세) 편력을 마치고 魯哀公 11年(공자 68세, B.C. 484年)에 귀국해서 73세(卒年)까지 約5年間 講學과 古典整理 및 文物制度를 바로잡는 데 主力했고 詩經도 그 中에 포함된다.
◎ 魯哀公十一年冬에 孔子自衛反魯하니 是時에 周禮在魯라. 然이나 詩樂이 亦頗殘缺失次라. 孔子周流四方하여 參互考訂하여 以知其說이러시니 晩知道終不行이라. 故로 歸而正之시니라. <朱子> 魯나라 哀公 11年 겨울에 孔子께서 衛나라로부터 魯나라로 돌아오셨으니, 이때에 周

나라 禮가 魯나라에 남아 있었다. 그러나 시와 음악이 또한 자못 손상되고 빠져 순서를 잃었다. (이에) 孔子께서 四方을 주류하시어 (각 나라의 것들을) 이리저리 상고하고 조사하시어 그 내용을 알게 되었는데, 만년에 道가 끝내 행해질 수 없음을 아셨기 때문에 (魯나라로) 돌아와 그것(음악)을 바로잡으시니라.

※ 詩經 [三經 : 風(民謠), 雅(士大夫 연향악), 頌(제례악) / 三緯 : 賦(直敍), 比(비유), 興(배경 제시)] 六義
└── 3000여 편 — 정리 → 305편.

※ 이 章이 바로 '孔子刪詩說'의 근거가 됨.

【解說】 孔子께서 말씀하시기를, 내가 衛나라로부터 魯나라로 돌아온 뒤로 음악이 바루어져서 雅와 頌이 각각 그(제) 자리를 얻었느니라.

【主題】 孔子의 詩經詩 整理의 功.
※ 孔子가 魯나라 음악(詩)을 바르게 한 功을 스스로 폈음.

[15]

子曰 出則事公卿하고 入則事父兄하며 喪事를 不敢不勉하며 不爲酒困이 何有於我哉오. <列擧法 · 設疑法>

【字解】 省 略

【研究】
出 : 밖에 나가다, 出仕하다.　　　入 : 入家.
公卿 : 三公과 九卿. 즉 朝廷의 高官들.
事父兄 : 父母兄弟를 잘 섬김. 孝悌之道를 다함.
喪事不敢不勉 → 喪盡其禮(禮記).
不爲酒困 : 술에(술 때문에) 곤함을 당하지 않음.
何有 : ① 어느 것이 있겠는가? ② 何難之有(무슨 어려움이 있겠나?)
◎ 說見第七篇이라. 然이나 此則其事愈卑而意愈切矣라. <朱子>
내용(해설)이 제7편(述而篇)에 보인다. 그러나 이것은 곧 그 일이 더욱 비근하고(낮고) 뜻이 더욱 간절하다.

【解說】 孔子께서 말씀하시기를, 나가서는(出仕하여서는) 公卿을 섬기

고, 들어와서는(入家하여서는) 父兄을 섬기며, 喪事를 감히 힘쓰지 않음이 없으며, 술에 困함을 당하지(술에 困하게 되지) 않은 것, 어느 것이 나에게(무슨 어려움이 나에게) 있겠는가?

【主題】 孔子出入時의 行道之事 — 四者之德.
※ 孔子가 몸을 겸손히 하여 네 가지 德의 실천을 가르쳤음.

[16]

子在川上曰 逝者如斯夫인저. 不舍晝夜로다. <感嘆法 · 比喩法>

【字解】
逝 갈 서, 죽을 서. 舍(사) 집, 폐하다, 놓다, 베풀다, 쉬다, (석) 두다.

【硏究】
川上 : 川邊(냇가). 如斯夫 : 이와 같구나! 舍 : 休(쉬다, 그치다).
◎ 天地之化는 往者過하고 來者續하여 無一息之停하니 乃道體之本然也라. 然이나 其可指而易見者는 莫如川流라. 故로 於此에 發以示人하시니 欲學者時時省察하여 而無毫髮之間斷也라. <朱子>
天地의 造化는 가는 것은 지나가고 오는 것은 이어져서 한순간의 그침도 없으니, 바로 도체의 본연이다. 그러나 그 가히 지적하여 쉽게 볼 수 있는 것으로는 시냇물의 흐름만한 것이 없다. 그러므로 여기에서 (이것을) 말씀하여 사람들에게 보여 주셨으니, 배우는 자들이 때때로 성찰하여 털끝만한 간단도 없게 하고자 하신 것이다.
◎ 此道體也니 天運而不已하여 日往則月來하고 寒往則暑來하며 水流而不息하고 物生而不窮하니 皆與道爲體하여 運乎晝夜하여 未嘗已也라. 是以로 君子法之하여 自强不息하나니 及其至也엔 純亦不已焉이라. <程子> 이는 道體이니, 하늘은 운행하여 그침이 없어서, 해가 지(가)면 달이 뜨(오)고 추위가 가면 더위가 오며, 물은 흘러 쉼이 없고 물건은 생겨나 다함이 없으니, 모두 道와 일체가 되어 밤낮으로 운행하여 일찍이 그침이 없다. 이로써 군자는 이를 본받아 스스로 힘써 쉬지 않으니, 그 지극한 경지에 이르면 순수함이 또한 그침이 없다.

【解說】 孔子께서 시냇가에 계시면서 말씀하시기를, 가는(지나가는) 것이 이(물)와 같구나! 밤낮을 쉬지(그치지) 아니하도다.

【主題】 天道를 본받으려는 孔子의 마음 — 自强不息.
※ 孔子가 道體를 본받아 自强不息하려는 마음을 보인 것임.

[17]

子曰 吾未見好德如好色者也로라. <比喩法>

【字解】 省 略

【研究】
未見 : 아직 보지 못하다.
如好色者 : 여자를 좋아하듯이 하는 사람.
◎ 好好色 惡惡臭는 誠也니 好德如好色이면 斯誠好德矣라. 然이나 民鮮能之니라. 史記에 孔子居衛하실새 靈公이 與夫人同車하고 使孔子爲次乘하여 招搖市過之한대 孔子醜之라. 故로 有是言이라. <朱子>
아름다운 여색을 좋아하고 악취를 싫어함은 (속임 없는) 성실함이니, 德을 좋아하기를 女色을 좋아하듯이 한다면 이는 진실로 德을 좋아함이다. 그러나 백성들은 이것에 능한 이가 드무니라. 史記에 孔子께서 衛나라에 계실 적에 靈公이 부인과 수레를 함께 타고 孔子로 하여금 다음 수레를 타게 하고 의기양양하게(거들먹거리며) 市內를 지나가자, 孔子께서 이를 추하게 여기셨다. 그러므로 이 말씀이 있게 된 것이다.

【解說】 孔子께서 말씀하시기를, 나는 아직 德을 좋아하기를 女色을 좋아하듯이 하는 자를 보지 못했노라.

【主題】 好德者 없는 세상에 대한 孔子의 한탄.
※ 孔子 居衛時에 靈公이 與夫人同車하고 가는 醉態를 보고 한 말임.

[18]

子曰 譬如爲山에 未成一 簣하여 止도 吾止也며 譬如平地에 雖覆一簣나 進도 吾往也니라. <對句法·比喩法>

【字解】
譬 비유할 비, 깨우칠(깨달을) 비.　　簣 삼태기 궤.
覆(복) 뒤엎다, 넘어지다, 배반하다. (부) 덮다, 퍼지다.

【研究】

◎ 書曰爲山九仞에 功虧一簣라 하니 夫子之言이 蓋出於此라. 言山成而但少一簣하여 其止者도 吾自止耳요. 平地而方覆一簣하여 其進者도 吾自往耳라. 蓋學者自强不息이면 則積少成多하고 中道而止면 則前功盡棄니 其止其往이 皆在我而不在人也라. <朱子> 서경에 산 아홉 길을 만듦에 功이 (흙) 한 삼태기로 무너진다(이지러진다) 하였으니, 夫子의 말씀은 아마도 여기에서 나온 듯하다. 山을 이루되 다만 한 삼태기가 적어서 그 중지함도 나 스스로 중지함일 뿐이요, 땅을 평평하게 함에 막(바야흐로) 한 삼태기를 덮어 부어 그 나아가는 것도 나 스스로 나아갈 뿐이다. 대개 배우는 자들이 스스로 힘써 쉬지 않으면 작은 것을 쌓아 많은 것을 이루고, 중도에서 그만두면 전날의 功이 다 버려지니, 그 중지함과 나아감이 모두 나에게 달려 있고 남에게 달려 있음이 아니라 말씀하셨다.

【解說】 孔子께서 말씀하시기를, (학문을) 산을 만듦에 비유하면 흙 한 삼태기를 (붓지 않아 산을) 못 이루고서 중지함도 내가(내 자신이) 중지함과 같으며, 땅을 평평하게 함에 비유하면 비록 흙 한 삼태기를 덮어 붓더라도 나아감은 내가(나 자신이) 나아감과 같으니라.

【主題】 進德修業의 態度 — 不可中道而止.

※ 學者의 進德修業이 自身에게 있음을 비유적으로 말하면서 中道而止를 경계하였다.

[19]

子曰 語之而不惰者는 其回也與인저. <平敍法>

【字解】

惰 게으를 타.

【研究】

惰 : 懈怠也(게으름이다). 其 : 未定之辭(그 아마도).

◎ 顏子聞夫子之言하고 而心解力行하여 造次顚沛에 未嘗違之하니 如萬物得時雨之潤하여 發榮滋長이니 何有於惰리오. 此群弟子所不及也니라. <范祖禹> 顏子는 夫子의 말씀을 듣고 마음으로 이해하며 힘써 행하여 조차(경황없는 시간)와 전패(위급한 상황)에도 일찍이 그것(道)을 어기지 않았으니, (이는) 만물이 때맞게 오는 비의 윤택함을 얻어 꽃을 피

우고 더욱 자라남과 같으니, 어찌 태만함이 있으리오. 이는 여러 제자들이 미치지 못하는 바이니라.

【解說】 孔子께서 말씀하시기를, 그것(道)을 말해 주면 게을리하지 않는 자는 그 아마도 顔回일 것이로다.

【主題】 顔回의 誠實勤勉한 학문적 태도.
※ 孔子가 顔回의 성실근면한 학문적 태도를 칭찬해서 한 말임.

[20]

子謂顔淵曰 惜乎라. 吾見其進也요 未見其止也로라. <感嘆法>

【字解】
惜(석) 아끼다, 아깝게 여기다, 애석하다.

【研究】
◎ 進止二字는 說見(현)上章이라. 顔子旣死에 而孔子惜之하사 言其方進而未已也라. <朱子> 進과 止 두 글자는 해설이 앞 장에 보인다. 顔子가 이미 죽음에 孔子께서 그를 애석히 여기시어, 그가 바야흐로 나아가고 그치지 않았음을 말씀하신 것이다.

【解說】 孔子께서 안연을 두고(評하여) 말씀하시기를, 애석하도다(그의 죽음이여)! 나는 그가 전진하는 것만 보았고, 그가 중지하는 것을 보지 못했노라.

【主題】 孔子의 顔回에 대한 死後評價.
※ 前章에서처럼 顔回의 근면한 학문적 태도를 칭찬한 것임.

[21]

子曰 苗而不秀者有矣夫며 秀而不實者有矣夫인저. <反復法・對句法・比喩法>

【字解】
苗 싹 묘.　　秀(수) 빼어나다, 패다, 이삭.

【研究】

◎ 穀之始生曰苗요 吐華曰秀요 成穀曰實이라. 蓋學而不至於成이 有如此者라. 是以로 君子貴自勉也니라. <朱子>

곡식이 처음 나는 것을 苗(싹)라 하고, 꽃이 피는 것을 秀라 하고, 곡식이 성숙됨을 實이라 한다. 대개 학문을 하지만 완성에 이르지 못함이 이와 같은 것들이 있다. 이 때문에 君子는 스스로 힘씀을 귀히 여기니라.

※ 苗 ⇒ 글을 배워 사물의 도리를 깨닫기 시작함. [好學之境]
秀 ⇒ 더욱 努力하여 博學多識한 경지에 이름. [博學之境]
實 ⇒ 학문이 남에게 仁德을 베푸는 경지에 이름. [活學之境]

◎ 靡不有初 鮮克有終. <詩經>

처음이 있지 않음은 아니지만 능히 마침이 있기는 드무니라.

【解說】 孔子께서 말씀하시기를, 싹이 났으나 꽃이 피지 못하는 경우도 있으며, 꽃은 피었으나 열매를 맺지 못하는 경우도 있도다.

【主題】 學者修學의 여러 경우 — 君子貴自勉.

※ 孔子가 學者修學의 경우, 중도에 폐함을 경계하고 自勉을 강조함.

[22]

子曰 後生이 可畏니 焉知來者之不如今也리오. 四十五十而無聞焉이면 斯亦不足畏也已니라. <設疑法>

【字解】

畏(외) 두려워하다, 꺼리다. 焉(언) 어찌, 어조사, 於之.
聞(문) 듣다, 들리다, 맡다, 알려지다, 이름, 소문.

【研究】

後生 : 뒤에 태어난 後輩. 젊은 학자들.

◎ 孔子言 後生은 年富力强하며 足以積學而有待니 其勢可畏라. 安知其將來不如我之今日乎아. 然이나 或不能自勉하여 至於老而無聞이면 則不足畏矣니 言此以警人하여 使及時勉學也시니라. <朱子>

孔子께서 말씀하시기를, 後生은 나이가 적고 힘이 强하여 족히 써 학문을 쌓아 기대할 수 있으니, 그 세가 두려워할 만하다. 그의 장래가 나의 오늘날만 같지 못할 것을 어찌 알겠는가? 그러나 혹 능히 스스로 힘쓰지 아니하여 늙음에 이르러서도 (세상에) 알려짐이 없다면 족히 두려워할 것이 없으니, 이것을 말씀하여서 사람들을 경계해서 그들로 하여금 때에 미쳐 학문에 힘쓰게 하신 것이니라.

◎ 少而不勉하여 老而無聞이면 則亦已矣어니와 自少而進者는 安知其不至於極乎아. 是可畏也니라. <尹焞>
젊어서 (학문에) 힘쓰지 않아 늙어도 알려짐이 없다면 또한 그만이거니와, 젊어서부터 전진하는 자는 그가 지극함(지극한 경지)에 이르지 못할 것을 어찌 알겠는가? 이것이 가히 두려워할 만한 것이니라.

【解說】孔子께서 말씀하시기를, 後生이 두려울 만하니, 來者가(後生의 장래가) (나의) 지금만 같지 못할 것을 어찌 알겠는가? 사십 오십이 되어도 알려짐이 없으면 그(이) 또한 족히 두려울 것이 없느니라.

【主題】後生에 대한 孔子의 見解 — 後生可畏・不足畏.
※ 孔子가 後生을 可畏 또는 不足畏라 하여 及時勉學을 强調하였음.

[23]

子曰 法語之言은 能無從乎아. 改之爲貴니라. 巽與之言은 能無說乎아. 繹之爲貴니라. 說而不繹하며 從而不改면 吾未如之何也已矣니라. <設疑法・對句法>

【字解】
巽(손) 괘이름, 사양하다, 공손하다.
繹(역) 당기다, 연달다, 풀다(풀리다), 찾다, 생각하다.

【硏究】
法語 : 바르게 하는 말(正言). 법도에 맞는 말.
巽言 : 완곡하게 인도해 주는 말. 부드럽게 타이르는 말.
繹 : 尋其緖也(그 실마리를 찾음이다).
◎ 法言은 人所敬憚이라. 故로 必從이나 然이나 不改면 則面從而已요 巽言은 無所乖忤라. 故로 必說이나 然이나 不繹이면 則又不足以知其微意之所在也니라. <朱子> 法言은 (듣는) 사람들이 공경하고 꺼리는 바이다. 그러므로 반드시 따를 것이나 그러나 (제 잘못을) 고치지 않는다면 외면으로만 따를 뿐이요, 巽言은 (마음에) 어그러지거나 거슬리는 바가 없다. 그러므로 반드시 기뻐할 것이나 그러나 실마리를 찾지 않는다면 또

한 족히 그 은미한 뜻의 소재를 알 수 없을 것이니라.

【解說】孔子께서 말씀하시기를, 법도에 맞는 말을 따르지 않을 수 있겠는가? (그 말을 따라) 그것(제 잘못)을 고침이 귀중하니라. 부드럽게 타이르는 말이 기쁘지 않을 수 있겠는가? (그 말의) 실마리를 찾음이 귀중하니라. 기뻐하기만 하고 실마리를 찾지 않으며, 따르기만 하고 잘못을 고치지 않는다면, 내 그를 어찌할 수 없느니라.

【主題】法語나 巽言의 청취 요령 — 改繹.
※ 남의 法語나 巽言을 들을 때 그 말을 바탕으로 제 잘못을 고치고 그 말의 실마리를 찾음이 중요함을 강조하셨다.

[24]

子曰 主忠信하며 毋友不如己者요 過則勿憚改니라.
<禁止法・列擧法>

【字解】
憚(탄) 꺼리다, 두려워하다.

【研究】
※ 重出而逸其半이라(거듭 나왔으나 그 절반이 빠져 있다).
(學而篇 [8章] 參照)

【解說】孔子께서 말씀하시기를, 忠과 信을 爲主로 하며, 자기보다 못한 자를 벗삼지 말고, 허물이 있으면 고치기를 꺼리지 말아야 하느니라.

【主題】君子의 修身之道.
※ 君子가 학문을 함에 있어 스스로를 다스리는 방법을 제시했음.

[25]

子曰 三軍은 可奪帥也어니와 匹夫는 不可奪志也니라. <對照法>

【字解】
帥 장수 수, 거느릴 솔. 匹(필) 짝, 상대, 천한 사람, 동물 세는 단위.

【研究】
三軍 : 一軍은 12,500名. 天子는 六軍이며 諸侯國은 그 크기에 따라 三軍・二軍・一軍을 지님.
◎ 三軍之勇은 在人하고 匹夫之志는 在己라. 故로 帥可奪이나 而志不可奪이니 如可奪이면 則亦不足謂之志矣니라. <侯仲良>
三軍의 용맹은 남에게 달려 있고, 匹夫의 뜻은 자기에게 있다. 그러므로 장수는 빼앗을 수 있으나, 뜻은 빼앗을 수 없는 것이니, 만약 빼앗을 수 있다면 또한 족히 그것을 뜻이라 이를 수 없느니라.

【解說】 孔子께서 말씀하시기를, 三軍(諸侯國의 大軍)의 장수는 빼앗을 수 있으나 匹夫(신분이 낮은 사내)의 뜻은 빼앗을 수 없느니라.

【主題】 志의 重要性 — 不可奪志.
※ 孔子가 사람은 뜻을 세움이 重要함을 말한 것임.

[26]

子曰 衣敝緼袍하여 與衣狐貉者로 立而不恥者는 其由也與인저. 不忮不求면 何用不臧이리오. 子路終身誦之한대 子曰 是道也 何足以臧이리오. <感歎法・引用法・設疑法>

【字解】
敝 해질 폐. 緼(온) 헌솜, 솜옷. 袍(포) 도포, 솜옷.
狐 여우 호. 貉 단비 학. 忮 해칠 기. 臧 착할 장.

【研究】
敝 : 壞也(해짐이다). 緼 : 枲著也(시저야 ; 수삼으로 만든 솜이다).
袍 : 衣有著者也니 蓋衣之賤者라(옷에 솜을 둔 것이니, 옷 중 천한 것이다).
狐貉 : 以狐貉之皮爲裘니 衣之貴者라
(여우나 단비 가죽으로써 만든 갖옷이니 옷 중의 귀한 것이다).
忮 : 害也(해침이다). 求 : 貪也(탐함이다). 臧 : 善也(선함이다).
不忮不求 何用不臧 : 不忮不求면 則何爲不善乎아(해치지 않고 탐하지

않는다면 어찌 불선을 행하리오). ※ 詩經 衛風 雄雉篇 詩句임.

◎ 子路之志如此면 則能不以貧富動其心하여 而可以進於道矣라. 故로 夫子稱之하시니라. 此는 衛風雄雉之詩니 終身誦之면 則自喜其能하여 而不復求進於道矣라. 故로 夫子復言此以警之하시니라. <朱子>

子路의 뜻이 이와 같다면 능히 빈부로써 그 마음을 동요하지 않아서 道에 나아갈 수 있다. 그러므로 夫子께서 그를 칭찬하신 것이니라. 이것은 (詩經의) 衛風雄雉의 詩니, 終身토록 그것을 왼다면 스스로 自身의 능력을 기뻐하여서 다시 道에 나아가기를 구하지 못할 것이다. 그러므로 夫子께서 다시 이를 말씀하여서 그를 일깨우셨느니라.

【解說】 孔子께서 말씀하시기를, 해진 솜옷을 입고서 여우나 단비 가죽으로 만든 갖옷을 입은 자와 함께 서 있으면서도 부끄러워하지 않는 자는 아마도 由(子路)일 것이로다. 남을 해치지 않고 남의 것을 탐하지 않는다면 어찌 선하지 않으리오. 子路가 終身토록 그것(위의 詩句를)을 외려 하니, 孔子께서 말씀하시기를, 이 道가 어찌 足히 좋으리오.

【主題】 貧而志高한 子路에 대한 稱讚과 勸勉.

※ 가난하면서도 의연한 뜻을 지닌 子路를 칭찬하면서도 道에 정진할 것을 勸勉했음.

[27]

子曰 歲寒然後에 知松柏之後彫也니라. <比喩法>

【字解】

彫(조) 새기다(刻), 시들다(凋).

【研究】

歲寒 → 역경이나 난세. 松柏 → 志節.

◎ 小人之在治世엔 或與君子無異하나 惟臨利害遇事變然後에 君子之所守를 可見也니라. <范祖禹>

小人은 治世(太平盛世)에 있어서는 혹 君子와 다르지 아니하나 오직 利害를 당하고 사변을 만난 뒤에야 君子의 지키는 바를 볼 수 있느니라.

◎ 士窮에 見節義하고 世亂에 識忠臣이니라. <謝良佐> 선비는 궁할 때에 절의를 볼 수 있고, 세상이 어지러울 때에 忠臣을 알 수 있느니라.

【解說】 孔子께서 말씀하시기를, 겨울 날씨가 추워진 뒤에야 소나무와 잣나무가 뒤늦게 시듦을 알 수 있느니라.

【主題】 君子之志節.
※ 君子의 志節(지조와 절개)이 역경이나 난세에 드러남을 보인 것임.

[28]

子曰 知者不惑하고 仁者不憂하고 勇者不懼니라. <列擧法・比較法>

【字解】 省 略

【研究】

※ 君子의 三達德者 (三達德 : 知仁勇)
- 知者 : 天道를 깨닫고 실천하는 者.
- 仁者 : 萬民萬物을 사랑하고 덕을 베푸는 者.
- 勇者 : 正義를 용감히 실천하는 者.

◎ 明足以燭理故로 不惑이요 理足以勝私故로 不憂요 氣足以配道義故로 不懼니라. <朱子> 지혜의 밝음이 사리를 밝힐 수 있으므로 의혹하지 아니하고, 천리가 사욕을 이길 수 있으므로 근심하지 아니하고, 기운이 도의에 배합될 수 있으므로 두려워하지 않느니라.

【解說】 孔子께서 말씀하시기를, 지혜로운 자는 의혹하지 않고, 仁한 자는 근심하지 않고, 용맹한 자는 두려워하지 않느니라.

【主題】 知者 仁者 勇者의 差異.
※ 知仁勇의 心體를 들어서 各各 그 特性上의 차이를 말한 것임.

[29]

子曰 可與共學이라도 未可與適道며 可與適道라도 未可與立이며 可與立이라도 未可與權이니라. <漸增法・列擧法・連鎖法>

【字解】
適(적) 맞다, 마침(마침내), 가다, 시집가다.
權(권) 권세, 권도, 저울질하다.

【研究】

可與 : 其可與共爲此事也(가히 더불어 함께 이 일을 함이다).

◎ 可與共學은 知所以求之也요 可與適道는 知所往也요 可與立者는 篤志固執而不變也라. 權은 稱錘也니 所以稱物而知輕重者也라. 可與權은 謂能權輕重하여 使合義也라. 漢儒以反經合道爲權이라. 故로 有權變權術之論하니 皆非也라. 權은 只是經也니 自漢以下로 無人識權字니라. <程子> 가히 더불어 함께 배운다는 것은 그것(道)을 求하는 것을 아는 것이요, 가히 함께 道에 나아간다는 것은 나아갈 바를 아는 것이요, 가히 함께 선다는 것은 뜻을 독실히 하고 굳게 지켜 변하지 않는 것이다. 權은 저울이니 물건을 저울질하여 경중을 아는 것이다. 가히 함께 권도를 행한다는 것은 능히 경중을 저울질하여 의리에 合하게 함을 이른다. 漢나라 유자들은 경도를 뒤집어서 道에 合함을 권도라 하였다. 그러므로 권변·권술의 말이 있었으니 모두 옳지 않다. 권도는 다만 경도일 뿐이니, 漢나라로부터 以下로 權字의 뜻을 아는 사람이 없었느니라.

◎ 知爲己면 則可與共學矣요 學足以明善然後可與適道요 信道篤然後可與立이요 知時措之宜然後可與權이니라. <楊時>
爲己之學을 안다면 가히 더불어 함께 배울 수 있는 것이요, 학문이 善을 밝힐 수 있은 연후에 함께 道에 나아갈 수 있는 것이요, 道를 믿음이 돈독한 연후에 함께 설 수 있는 것이요, 때의 상황에 따라 조치함이 마땅함을 안 연후에 함께 권도를 행할 수 있는 것이니라.

◎ 以孟子嫂溺援之以手之義推之면 則權與經은 亦當有辨이니라. <朱子> 孟子에 형수가 물에 빠짐에 손으로 (잡아서라도) 그를 구원한다는 뜻으로 그를 미루어 본다면 權과 經은 또한 마땅히 분별이 있어야 하느니라.
※ 王道에는 經道·權道·覇道가 있음.

【解說】 孔子께서 말씀하시기를, 더불어 함께 배울 수는 있어도 함께 道에 나아갈 수는 없으며, 함께 道에 나아갈 수는 있어도 함께 설 수는 없으며, 함께 설 수는 있어도 함께 權道를 行할 수는 없느니라.

【主題】 君子之學의 順序 — 學·道·立·權.
※ 君子가 학문을 함에 學·道·立·權하는 단계적 순서가 있음을 보임.

[30]

唐棣之華여 偏其反而로다. 豈不爾思리오마는 室是遠而니라.
子曰 未之思也언정 夫何遠之有리오. <詠歎法・引用法・設疑法>

【字解】
棣 아가위 체. 偏(편) 치우치다, 기울다, 편벽되다.
爾(이) 너(汝), 그(其), 그대. 反 뒤집힐 번.

【研究】
唐棣 : 아가위나무, 자두나무(郁李).
◎ 偏은 晉書作翩(펄럭일 편)하니 然則反亦當與翻(뒤집힐 번)同이니 言華之搖動也라. 而는 語助也라. 此는 逸詩也니 於六義屬興이라. 上兩句는 無意義요 但以起下兩句之辭耳라. 其所謂爾는 亦不知其何所指也니라. 夫子借其言而反之하시니 蓋前篇(述而篇)仁遠乎哉之意라. <朱子> 偏은 晋書에 翩으로 되어 있으니, 그렇다면 反(번)도 또한 당연히 翻과 같아야 할 것이니, 꽃의 흔들림을 말함이다. 而는 어조사다. 이는 逸詩이니 六儀에서 興에 속한다. 위의 두 句는 뜻이 없고 다만 써 아래 두 句의 말을 일으켰을 뿐이다. 그 이른바 '너'는 또한 그 무엇(누구)을 가리킨 것인지 알 수 없다. 夫子께서는 그 말(詩)을 빌려서 (그것을) 반론하셨으니, 아마도 전편에 '仁이 멀리 있는가'라는 뜻이다.
◎ 聖人이 未嘗言易以驕人之志하고 亦未嘗言難以阻人之進하시고 但曰 未之思也언정 夫何遠之有리오 하시니 此言이 極有涵蓄하여 意思深遠이니라. <程子> 聖人은 일찍이 쉬움을 말씀하여 사람들의 뜻을 교만하게 하지 않고, 또한 일찍이 어려움을 말씀하여서 사람들의 진전을 가로막지 아니하고, 다만 그를 생각지 않을지언정 어찌 멂이 있으리오 하시니, 이 말씀은 지극히 함축성이 있어서 뜻이 심원하니라.

【解說】 아가위 나무의 꽃이여! 바람에 펄럭이는구나. 어찌 임(그대)을 생각하지 않으리오마는, (그대의) 집이 (너무) 멀도다! 孔子께서 말씀하시기를, 그를 생각하지 않을지언정 무릇 어찌 멂이 있으리오.

【主題】 공자의 從道的 意志.
※ 孔子는 詩(逸詩)를 인용해서 詩에 담긴 理致로써 가까운 학문을 생각하고 從道의 뜻을 은근히 보인 것임.

第十 鄕黨篇

주제 : 孔子의 日用生活과 動靜之貌

◎ 聖人之所謂道者는 不離乎日用之間也라. 故로 夫子之平日에 一動一靜을 門人皆審視而詳記之하니라. <楊時>

◎ 甚矣라 孔門諸子之嗜學也여. 於聖人之容色言動에 無不謹書而備錄之하여 以貽後世하니 今讀其書하고 卽其事하면 宛然如聖人之在目也라. <尹焞> ※ 古註에서는 凡二十五章, 新註에서는 凡十七章으로 나누었음.

[1]

孔子於鄕黨에 恂恂如也하사 似不能言者러시다. 其在宗廟朝廷하사는 便便言하사되 唯謹爾러시다. <描寫法>

【字解】

恂 성실할 순. 廟 사당 묘.

便(편) 편하다. (변) 말 잘하다, 문득, 곧, 똥오줌.

【研究】

鄕黨 : 향리나 마을, 地方.

※ 周代의 지방 구역은 黨이 500戶, 鄕은 25黨(12,500戶)임.

恂恂 : 信實之貌(신실한 모습). 便便 : 辯也(말을 잘함이다).

◎ 似不能言者는 謙卑遜順하여 不以賢知先人也라. 鄕黨은 父兄宗族之所在라. 故로 孔子居之에 其容貌辭氣如此하시니라. 宗廟는 禮法之所在요 朝廷은 政事之所出이니 言不可以不明辯이라. 故로 必詳問而極言之로되 但謹而不放爾라. <朱子>

말씀을 잘하지 못하는 것처럼 한다는 것은 겸손하고 공순하여 어짊과 지혜로써 남에게 앞서려 하지 않는 것이다. 향당은 父兄과 宗族이 계신 곳이므로 孔子께서 거기에 居하심에 그 용모와 말씀이 이와 같으셨던 것이다. 宗廟는 禮法이 있는 곳이요, 朝廷은 政事가 나오는 곳이니, 말은 가히 분명히 분별하지 않을 수 없다. 그러므로 반드시 자상히 묻고 그것을 극진히 말하되 다만 삼가서 함부로 하지 않았을 뿐이다.

【解說】 孔子께서 향당(地方)에 계실 때에는, 信實히 하시어 말씀을 잘하지 못하는 것처럼 하시었다. 종묘와 조정에 계실 때에는 말씀을

잘하시되, 오직(다만) 삼가시었다.

【主題】 孔子在鄕黨宗廟朝廷言貌之不同.
(孔子가 향당과 종묘와 조정에 계실 때 말과 모습이 같지 않음.)

[2]

朝에 與下大夫言에 侃侃如也하시며 與上大夫言에 誾誾如也러시다. 君在어시든 踧踖如也하시며 與與如也러시다. <列擧法·描寫法>

【字解】
侃 강직할 간.
誾 화할 은.
踧 조심하여 걸을 축.
踖 조심하여 걸을 척.

【硏究】
下大夫 → 大夫.
上大夫 → 卿.
※ 古代身分은 諸侯·卿·大夫·士의 순서임.
侃侃 : 剛直也(강직함이다).
誾誾 : 和悅而諍也(화열하면서 간함이다).
踧踖 : 恭敬不寧之貌(공경하여 편치 않은 모양).
與與 : 威儀中適之貌(위의가 알맞은 모양).

【解說】 조정에서 下大夫와 말씀하심에는 강직하게 하시며, 上大夫와 말씀하심에는 화열하게 간하시었다. 임금이 계심에는 공경하는 태도로 하시며 위의를 차리셨다.

【主題】 孔子在朝廷事上接下之不同.
(孔子가 조정에 계실 때 위를 섬기고 아래를 접함이 같지 않음.)

[3]

君召使擯이어시든 色勃如也하시며 足躩如也러시다. 揖所與立하사대 左右手러시니 衣前後襜如也러시다. 趨進에 翼如也러시다. 賓退어든 必復命曰 賓不顧矣라 하더시다. <列擧法·描寫法>

【字解】
擯 손님 맞는 사신 빈.
躩 발 굽힐 각(확).
勃 발끈할 발, 낯 변할 발.
襜 가즈런할 첨.

【研究】
擯 : 主國之君이 所使出接擯者라
(주인된 나라 군이 신하로 하여금 나가 손님을 접대하게 하는 것이다).
※ 擯의 區分 : 上擯(卿)·中擯(大夫)·下擯(士).
勃 : 變色貌(낯빛을 고치는 모양).
躩 : 盤辟貌(발자국을 마음대로 떼지 못하고 조심하는 모양).
所與立 : 同爲擯者(함께 빈이 된 자). 襜 : 整貌(가지런한 모양).
趨進翼如也 : 疾趨而進에 張拱端好하여 如鳥舒翼이라.
(빨리 종종걸음으로 나아감에 몸을 펴고 손을 모은 것이 단정하고 아름다워 새가 날개를 폄과 같으니라.)
賓不顧矣 : 紓君敬也(임금의 공경을 풀게 함이다).

【解說】 임금이 불러 국빈을 접대하게 하시면, 낯빛을 고치시며 발걸음을 조심하시었다. 함께 서 있는 빈(동료의 빈)에게 읍하시되 손을 좌우로 하셨는데, 옷의 앞뒤 자락이 가지런하시었다. 빨리(종종걸음으로) 나가심에 새가 날개를 편 듯하시었다. 손님이 물러가면, 반드시 복명하여 말하기를 '손님이 돌아보지 않고 잘 갔습니다' 하시었다.

【主題】 孔子爲君擯相之容.
(孔子가 임금을 위하여 빈상이 되었을 때의 모습.)

[4]

入公門하실새 鞠躬如也하사 如不容이러시다. 立不中門하시며 行不履閾이러시다. 過位하실새 色勃如也하시며 足躩如也하시며 其言이 似不足者러시다. 攝齊升堂하실새 鞠躬如也하시며 屛氣하사 似不息者러시다. 出降一等하사는 逞顔色하사 怡怡如也하시며 沒階하사는 趨(進)翼如也하시며 復其位하사는 踧踖如也러시다. <列擧法·描寫法>

【字解】
鞠 굽힐 국. 閾 문지방 역. 齊 옷자락 자, 가지런할 제.
屛 감출 병, 병풍 병. 息 숨쉴 식, 쉴 식. 逞 펼 령.
怡 화할 이. 沒 다할 몰. 趨 달려갈 추.

【硏究】
◎ 鞠躬은 曲身也라. 公門高大로되 而若不容은 敬之至也라. 中門은 中於門也니 君出入處也라. 閾은 門限也라. 位는 君之虛位니 人君宁立之處라. 言似不足者는 不敢肆也라. 攝은 摳也요 齊는 衣下縫也라. 屛은 藏也요 息은 鼻息出入者也라. 等은 階之級也라. 逞은 放也라. 怡怡는 和悅也라. 沒階는 下盡階也라. 趨는 走就位也라. 復位踧踖은 敬之餘也라. <朱子> 鞠躬은 몸을 굽히는 것이다. 公門이 높고 큰데도 용납하지 못하는 듯이 하심은 공경함이 지극하기 때문이다. 中門은 문에서 가운데이니, 임금이 出入하는 곳이다. 閾은 문의 한계다. 位는 임금의 빈자리이니, 人君이 (신하를) 기다리며 서 있는 곳이다. 말씀을 不足한 듯이 함은 감히 함부로 하지 않는 것이다. 攝은 잡는 것이요, 齊(자)는 옷의 아랫자락이다. 屛은 감추는 것이요, 息은 코의 숨이 나가고 들어오는 것이다. 等은 계단의 층계이다. 逞은 펴는 것이다. 怡怡는 화평하고 기쁜 것이다. 沒階는 계단을 다 내려옴이다. 趨는 빨리 걸어서 제자리로 나아감이다. 제자리로 돌아와서 축척함은 공경이 남음이다.

【解說】 公門(궁문)에 들어가실 적에는 몸을 굽혀 용납하지 못할 듯이 하셨다. 서 있음에 문 가운데에 서지 않으시고, 다니심에 문지방을 밟지 않으셨다. 자리(임금 계시던 자리)를 지나실 적에는 낯빛을 바꾸시고 발걸음을 조심하시며 말씀을 부족한 듯이 하셨다. 옷자락을 잡고 당에 오르실 적에는 몸을 굽히시며 숨을 죽여 숨을 쉬지 않는 듯이 하셨다. 나오시어 한 층계를 내려서서는 낯빛을 펴서 화평하게 하시며, 층계를 다 내려와서는 빨리 걸으시되 새가 날개를 편 듯이 하시며, 자기 자리에 돌아와서는 조심하는 듯이 하셨다.

【主題】 孔子在朝之容. (孔子가 조정에 계실 때의 모습.)

[5]

執圭하사대 鞠躬如也하사 如不勝하시며 上如揖하시고 下如授하시며 勃如戰色하시며 足蹜蹜如有循이러시다. 享禮에 有容色

하시며 私覿에 愉愉如也러시다. <列擧法·描寫法>

【字解】
圭(규) 홀, 모(모나다), 용량 단위. 揖 읍할(굽힐) 읍, 모일 집.
蹜 종종걸음칠 축. 覿 볼 적. 愉 화할 유.

【研究】
圭 : 諸侯命圭니 聘問鄰國則使大夫執以通信이라.
(제후의 命圭이니 인국에 빙문하게 되면 대부로 하여금 잡게 해서 信을 통하는 것이다.)
如不勝 : 執主器에 執輕을 如不克이니 敬謹之至也라.
(임금의 기물을 잡음에 가벼운 것을 잡되 이기지 못하는 것처럼 함이니, 공경하고 삼가기를 지극히 함이다.)
上如揖 下如授 : 圭를 잡음이 평형을 이루어 높아도 揖할 때의 위치를 지나지 않고 낮아도 물건을 주는 위치를 벗어나지 않음.
戰色 : 戰而色懼也(두려워하여 안색이 두려운 모습이다).
蹜蹜 : 擧足促狹也(발걸음을 급하고 좁게 함이다).
如有循 : 行不離地하여 如緣物也라.
(걸음이 땅에서 떨어지지 않아 물건을 따르는 것처럼 함이다.)
享禮 : 獻禮. 圭를 바치고 난 후 여러 예물을 올리는 의식.
有容色 : 온화한(부드러운) 낯빛이 있으셨다.
私覿 : 以私禮見也(사적인 예로써 만나봄이다).

【解說】 命圭를 잡으시되 몸을 굽혀 (그 무게를) 이기지 못하는 듯이 하셨으며, (命圭를 잡는 위치는) 위로는 揖할 때의 위치와 같게 하시고 아래로는 (물건을) 줄 때의 위치와 같게 하시며, 안색을 변하여 두려워하는 듯한 빛을 띠시며, 발걸음을 급하고 좁게 하시어 (물건을) 따름이 있는 듯이 하시었다. 연향하는 예석에서는 온화한 낯빛이 있으셨으며, 사사로이 만나심에는 화평한 듯이 하시었다.

【主題】 孔子爲君聘於鄰國之禮.
(孔子가 임금을 위하여 이웃 나라에 빙문하는 예)

[6]

君子는 不以紺緅飾하시며 紅紫로 不以爲褻服이러시다. 當暑하사 袗絺綌을 必表而出之러시다. 緇衣엔 羔裘요 素衣엔 麑裘요 黃衣엔 狐裘러시다. 褻裘는 長호되 短右袂러시다. 必有寢衣하시니 長이 一身有半이러라. 狐貉之厚로 以居러시다. 去喪하사는 無所不佩러시다. 非帷裳이어든 必殺之러시다. 羔裘玄冠으로 不以弔러시다. 吉月에 必朝服而朝러시다. <列擧法>

【字解】

紺 아청 감. 緅 붉을 추. 褻 평상복 설.
袗 홑옷 진. 絺 가는 갈포 치. 綌 굵은 갈포 격.
緇 검을 치. 羔 염소 고. 裘 갖옷 구.
麑 고라니 예. 狐 여우 호. 袂 옷소매 몌.
貉 담비 학. 佩 찰 패. 帷 휘장 유.

【研究】

君子 : 謂孔子也(공자를 말함이다).
紺 : 深靑揚赤色이니 齊服也라
(짙게 푸르러 붉은색을 드러내니, 재계할 때 입는 옷이다).
緅 : 絳色이니 三年之喪에 以飾練服也라. (붉은색이니, 三年喪의 練服에 선두르는 것이다.) ※ 絳 붉을 강. 飾 : 領緣(옷깃에 선두름).
紅紫 : 間色이니 不正이오 且近於婦人女子之服也라.
(간색이니 바르지 않고 또 부인과 여자들의 옷색깔에 가깝다.)
褻服 : 私居服也라(사사로이 있을 때에 입는 옷이다).
袗 : 單也(홑옷이다). 緇 : 黑色也(흑색이다).
羔裘 : 用黑羊皮라(검은 염소 가죽을 사용해 만든 것이다).
絺綌 : 絺는 葛之精者요 綌은 葛之麤也라.
(絺는 갈포의 고운 것이요, 綌은 갈포의 거친 것이다.)
表而出之 : 謂先著(착)裡衣하고 表絺綌而出之於外라. (먼저 속옷을 입고 갈포옷을 겉에 입어서 밖에 그것을 드러냄을 말한다.)
麑 : 鹿子니 色白也(사슴 새끼이니 색이 희다). 狐 : 色黃也(색이 누렇다).
[緇衣……狐裘] : 衣以裼裘하니 欲其相稱이라. ※ 裼 웃옷 석.
(옷을 갖옷 위에 덧입으니, 색깔이 서로 걸맞게 하려 함이다).
長 : 欲其溫(따뜻하게 하고자 함). 短右袂 : 所以便作事(일함에 편케 함).

[必有寢……有半] : 齊主於敬하니 不可解衣而寢이요 又不可著明衣而寢이라. 故로 別有寢衣라. 其半은 蓋以覆(부)足이라. (재계함에는 敬을 주로 하니, 옷을 벗고 잘 수 없고, 또 명의(속옷)를 입고 잘 수도 없다. 그러므로 따로 잠옷이 있었다. 그 반은 아마도 발을 덮기 때문인 듯하다.)

[狐貉之厚 以居] : 狐貉은 毛深溫厚하니 私居에 取其適體라 (호학은 털이 길어 따뜻하고 폭신하니, 사사로이 거처함에 몸에 맞음을 취함이다).

[羔裘玄冠 不以弔] : 喪主素하고 吉主玄하니 弔必變服은 所以哀死라 (초상엔 흰 것을 주로 하고 길사엔 검은 것을 주로 하니, 조문에 반드시 변복함은 죽은 이를 슬퍼하는 것이다).

[吉月 必朝服而朝] : 吉月은 月朔也라 孔子在魯致仕時에 如此러시다 (吉月은 月의 초하루이다. 孔子께서 벼슬 그만두고 魯에 계실 적에 이와 같았다).

【解說】 君子는 紺色과 붉은색으로 옷깃에 선두르지 않으시며, 다홍색과 자주색으로 평상복을 만들지 않으셨다. 더위를 당하시어 가는 갈포와 굵은 갈포로 만든 홑옷을 반드시 겉에 입고 그것을 밖으로 드러내셨다. 검은 옷에는 염소 가죽옷을 입고, 흰 옷에는 고라니 갖옷을 입고, 누런 옷에는 여우 갖옷을 입으셨다. 평상시에 입는 갖옷은 길게 하되 오른쪽 소매를 짧게 하셨다. 반드시 잠옷이 있으셨으니, 길이가 한 길 하고 또 반이었다. 여우와 담비의 두터운 갖옷으로 거처하셨다. 脫喪하시고는 (패물을) 차지 않는 것이 없었다. 帷裳이 아니면 반드시 (치마 허리에 주름잡지 않고) 그것을 줄여서 꿰매셨다. 염소 갖옷과 검은 冠으로 조문하지 않으셨다. 吉月(초하루)에는 반드시 조복을 입고 조회하시었다.

【主題】 孔子의 衣服之制.

※ 孔子의 衣服制度를 말한 것인데, 이를 通해 孔子의 生活方式과 君子의 節度 있는 格式을 엿볼 수 있다.

[7]

齊必有明衣러시니 布러라. 齊必變食하시며 居必遷坐러시다. <列擧法>

【字解】 省 略

【研究】

◎ 齊必沐浴하고 浴竟에 卽著明衣하니 所以明潔其體也니 以布爲之라. 變食은 謂不飮酒不茹葷이요 遷坐는 易常處也라. <朱子>

재계할 때에는 반드시 목욕하고, 목욕을 마침에 곧 명의를 입었으니, 써 몸을 명결하게 하는 것이니, 베로써 그것을 만들었다. 변식은 술을 마시지 않고 마늘을 먹지 않음을 말함이요, 천좌는 평상시 거처를 바꾸는 것이다.

◎ 齊는 所以交神이라. 故로 致潔變常하여 以盡敬이라. <楊時>

齊는 신과 사귀는 것이다. 그러므로 깨끗함을 지극히 하고 평상시의 것을 바꾸어 敬을 다하신 것이다.

【解說】 재계하실 때에는 반드시 明衣(깨끗한 속옷)가 있었으니 베로 만들었다. 재계하실 때에는 반드시 음식을 바꾸시며, 거처함에는 반드시 자리를 옮기셨다.

【主題】 孔子謹齊之事. (孔子가 齊戒를 삼가신 일)

[8]

食不厭精하시며 膾不厭細러시다. 食饐而餲와 魚餒而肉敗를 不食하시며 色惡不食하시며 臭惡不食하시며 失飪不食하시며 不時不食이러시다. 割不正이어든 不食하시며 不得其醬이어든 不食이러시다. 肉雖多나 不使勝食氣하시며 唯酒無量하시되 不及亂이러시다. 沽酒市脯를 不食하시며 不撤薑食하시며 不多食이러시다. 祭於公에 不宿肉하시며 祭肉은 不出三日하시더니 出三日이면 不食之矣니라. 食不語하시며 寢不言이러시다. 雖疏食菜羹이라도 瓜(必)祭하시되 必齊如也러시다. <列擧法・否定法>

【字解】

饐 밥쉴 애(의). 餲 밥쉴 애(알). 餒 물러디질(문드러진) 뇌.
飪 익음 임. 醬 장 장. 沽 살 고. 市 살 시.
撤 거둘 철. 薑 생강 강. 菜 나물 채. 羹 국 갱.

【硏究】

食 : 飯(밥). 精 : 鑿(대낀 것).

膾 : 牛羊與魚之腥을 聶而切之
(소·양과 어물의 날고기를 저며서 그것을 썰어 놓은 것).

饐 : 飯傷熱濕也(밥이 열과 습기에 상함이다).

餲 : 味變也라(맛이 변함이다). 餒 : 魚爛(생선이 상함).

敗 : 肉腐(고기가 부패함). 不得 : 不備(구비하지 않음).

惡 : 未敗而色臭變也(부패하지 않았으나 색과 냄새가 변함이다).

飪 : 烹調生熟之節也(날것과 익은 것을 삶아서 조리하는 절차이다).

不時 : 五穀不成하고 果實未熟之類라
(오곡이 여물지 않았거나 과일이 미숙한 따위다).

◎ 不及亂者는 非唯不使亂志라 雖血氣라도 亦不可使亂이니 但浹洽而已可也니라. <程子> 어지러움에 이르지 않는다 함은 비단 뜻(정신)을 어지럽게 하지 않을 뿐만 아니라, 비록 혈기라도 또한 어지럽게 해서는 안 됨이니, 다만 몸에 훈훈하게 하면 그만둠이 가하니라.

◎ 沽市는 皆買也니 恐不精潔하여 或傷人也시니 與不嘗康子之藥同意라. <朱子> 沽와 市는 모두 사는 것이니 정결하지 못하여 혹시라도 사람을 해칠까 두려워해서이니, 季康子의 약을 맛보지 아니함과 같은 뜻이다.

◎ 薑은 通神明하고 去穢惡故不撤이라. <朱子>
생강은 神明을 통하고 더러움과 악취를 없애는 까닭으로 거두지 않았다.

◎ 聖人은 存心不他하여 當食而食하고 當寢而寢하니 言語는 非其時也라. <范祖禹> 聖人은 마음 두기를 딴 데 하지 않아서, 먹을 때를 당하면 먹고 잘 때를 당하면 자니, (이때에) 말함은 그때(적당한 때)가 아니다.

◎ 魯論에 瓜作必이라. <陸元朗> (<魯論>에는 瓜字가 必字로 되어 있다.)

【解說】 밥은 精한(깨끗이 대낀) 것을 싫어하지 않으시며, 膾는 가늘게 썬 것을 싫어하지 않으셨다. 밥이 상하여서 쉰 것과 생선이 상해서(문드러져서) 고기가 부패한 것을 먹지 않으셨으며, 빛깔이 나쁜 것을 먹지 않으시고, 냄새가 나쁜 것을 먹지 않으셨으며, 요리가 잘못된 것을 먹지 않으시고, 때(제때)가 아닌 것을 먹지 않으셨다. 자른 것이 바르지 않으면 먹지 않으시고, 간장을 얻지 못하면 먹지 않으셨다. 고기가 비록 많으나 밥 기운을 이기게 하지 않으시며, 술은 일정한 양이 없으셨는데 어지러운 경지에 이르지(미치지) 않게 하셨다. (시장에서) 산 술과 산 포를 먹지 않으셨으며, 생강을 먹음을 거두지 않으셨으며, 많이 잡수시지 않으셨다. 나라에서 제사 지냄에 (받은) 고기를 묵히지 않으셨으며, (집에서) 제사 지낸 고기는 三日

을 넘기지 않으셨으니, 三日이 지나면 그것을 먹지 못하느니라. 음식을 먹으면서 말씀하지 않으시며, 잠을 자면서 말씀하지 않으셨다. 비록 거친 밥과 나물국이라도 반드시 祭(고수레)하시되, 반드시 공경히 하시었다.

【主題】 孔子飮食之節. (孔子의 음식에 대한 예절)

[9]

席不正이어든 不坐러시다. <平敍法>

【字解】 省 略

【研究】

◎ 聖人은 心安於正이라. 故로 於位之不正者에 雖小나 不處니라. <謝良佐> 聖人은 마음이 바름에서 편안하다. 그러므로 자리가 바르지 않은 것에는 비록 잠깐이라도 머물지 않으셨느니라.

※ 席不正 : 비유적 의미를 크게 보면 道에 어긋나는 벼슬자리요, 작게 보면 질서에 어긋나는 자리일 것이다.

【解說】 자리가 바르지 않으면 앉지 않으셨느니라.

【主題】 孔子의 向道心.

※ 작은 行實이라도 반드시 삼가는 孔子의 向道心이 보임.

[10]

鄕人飮酒에 杖者出이어든 斯出矣러시다. 鄕人儺에 朝服而立於阼階러시다. <平敍法>

【字解】

儺 굿할(역귀 쫓을) 나. 阼 동쪽뜰 조.

【研究】

鄕人飮酒 : 향당인들이 경로 친목으로 주연을 베푸는 의식. 鄕飮禮.

杖者 : 지팡이를 짚은 노인. 禮記에 의하면, 50세가 되면 집에서, 60세가 되면 鄕에서, 70·80세가 되면 朝廷에서도 지팡이를 各各 짚을 수가 있다. (五十而杖於庭 六十而杖於鄕 七十而杖於朝)

儺 : 儺禮. 年末에 疫鬼를 쫓아내는 굿 같은 儀式으로 方相氏 등 여러 假面이 登場하는 무속가면극.

◎ 杖者는 老人也니 六十에 杖於鄕이라. 未出에 不敢先이요 旣出에 不敢後라. 儺는 所以逐疫이니 周禮에 方相氏掌之라. 阼階는 東階也라. 儺雖古禮而近於戱어늘 亦朝服而臨之者는 無所不用其誠敬也니라. 或曰 恐其驚先祖五祀之神하여 欲其依己而安也라. <朱子> 지팡이를 짚은 분은 老人이니, 六十에 향당에서 지팡이를 짚는다. (老人이) 나가기 전에는 감히 먼저 나가지 못하고, 이미 나감에 감히 뒤에 남지 못한다. 굿은 써 역귀를 쫓는 것이니, 周禮에 方相氏(상려를 행함에 험하게 꾸며 상려를 행하는 자)가 그것을 관장한다 하였다. 阼階(조계)는 동쪽 섬돌이다. 굿은 비록 古禮(고례)이나 장난에 가깝거늘 또한 朝服(조복)을 입고서 거기에 임하시는 것은 그 정성과 공경을 쓰지 않는 바가 없음이니라. 어떤 이가 말하기를, 先祖와 五祀(門·庭·戶·竈·中霤)의 神들을 놀라게 할까 두려워해서 그들(神들)이 自己에게 의지하여 편안케 하고자 해서이다 라고 했다.

【解說】 향리의 사람들과 함께 술을 드실 적에 지팡이를 짚은 분(노인)이 나가면 곧 따라 나가셨다. 향리의 사람들이 나례(굿)를 지낼(할) 적에 조복을 입고 동쪽 섬돌에 서 계셨다.

【主題】 孔子居鄕之事. (孔子가 향당에 거처하신 일.)

[11]

問人於他邦하실새 再拜而送之러시다. 康子饋藥이어늘 拜而受之曰 丘未達이라 不敢嘗이라 하시다. <平敍法>

【字解】

饋 줄 궤, 보낼 궤, 권할 궤.

【硏究】

問人於他邦 : 다른 나라에 사람을 방문케 하다.

康子 : 魯國의 大夫인 季康子로 참월한 세도가.

◎ 拜送使者하여 如親見(현)之는 敬也니라. <朱子>

使者를 절하고 보내어 친히 그를 뵈옵는 것처럼 함은 공경하심이니라.

◎ 凡賜食에 必嘗以拜하니 藥未達이면 則不敢嘗이요 受而不食이면 則虛人之賜라. 故로 告之如此시니라. <范祖禹> 무릇 음식물을 주면 반드시 맛보고서 절하니, 약을 알지 못하면 감히 맛볼 수 없고, 받고서 먹지 않으면 남이 주는 것을 헛되이 함이다. 그러므로 말씀하심이 이와 같으시니라.

◎ 大夫有賜어든 拜以受之는 禮요 未達不敢嘗은 謹疾也요 必告之는 直也니라. <楊時>
大夫가 주는 것이 있으면 절하고 받음이 禮이고, 알지 못하여 감히 맛보지 못함은 병을 삼가는 것이요, 반드시 그것을 말함은 정직함이니라.

【解說】 사람을 다른 나라에 (보내어) 문안케 하심에, 두 번 절하고 보내셨다. 季康子가 약을 보내오자, 그것에 절하고 받으면서 말씀하시기를, 나는 이 약을 알지 못함이라 감히 맛보지 못합니다 하시었다.

【主題】 孔子與人交之誠意. (공자가 남들과 교제할 때의 성의)

[12]

廐焚이어늘 子退朝曰 傷人乎아 하시고 不問馬하시다. <平敍法>

【字解】

廐 마구간 구.　　　　焚 탈 분, 태울 분.

【硏究】

◎ 非不愛馬나 然이나 恐傷人之意多라. 故로 未暇問하시니 蓋貴人賤畜이 理當如此니라. <朱子> 말을 사랑하지 않는 것은 아니나, 그러나 사람이 상했을까 두려워하는 뜻이 많으므로 물을 겨를이 없음이니, 대체로 사람을 귀히 여기고 가축을 천히 여김이 도리가 마땅히 이와 같으시니라.

【解說】 마구간에 불이 났었는데, 孔子께서 退朝하여 말씀하시기를, 사람이 다쳤느냐 하시고, 말에 대해서는 묻지 않으셨다.

※ 異說 : "傷人乎아 不(否)아 하시고 問馬러시다"로 봄. <陸德明>

【主題】 孔子의 人間重視之貌.

※ 孔子가 사람에게 仁하고 동물을 사랑함이 다름이 있음을 보임.

[13]

君賜食이어든 必正席先嘗之하시고 君賜腥이어시든 必熟而薦之하시고 君賜生이어시든 必畜之러시다. 侍食於君에 君祭어시든 先飯이러시다. 疾에 君視之어시든 東首하시고 加朝服拖紳이러시다. 君命召어시든 不俟駕行矣러시다. 入太廟하사 每事問이러시다. <列擧法>

【字解】

腥 날고기 성. 薦 올릴(바칠) 천. 侍 모실 시.
拖 걸(끌) 타. 紳 띠 신. 俟 기다릴 사.

【研究】

◎ 食은 恐或餕餘라. 故로 不以薦이라. 正席先嘗은 如對君也라. 言先嘗이면 則餘當以頒賜矣라. 腥은 生肉이니 熟而薦之祖考는 榮君賜也라. 畜之者는 仁君之惠하여 無故면 不敢殺也니라. 周禮에 王日一擧하니 膳夫授祭品嘗食이어든 王乃食이라. 故로 侍食者君祭면 則己不祭而先飯하여 若爲君嘗食然하니 不敢當客禮也라. 東首는 以受生氣也라. 病臥에 不能著衣束帶하고 又不可以褻服見君이라. 故로 加朝服於身하고 又引大帶於上也라. 不俟駕行은 行出而駕車隨之라. <朱子>
음식은 혹 준여(먹다가 남은 밥 : 대궁밥)인가 두려우므로 祖上께 올리지 않는 것이다. 자리를 바루고 먼저 맛봄은 임금을 대함과 같이 하심이다. 먼저 맛본다고 말했으면 나머지는 마땅히 써 나누어 주는 것이다. 腥은 날고기이니, 그것을 祖上께 익혀서 올림은 임금의 주심을 영화롭게 함이다. 기르는 것은 임금의 은혜를 사랑하여 연고가 없으면 감히 죽이지 않는 것이니라. 周禮에 王은 매일 성찬을 한 번 드나니, 膳夫(주방장 : 요리사)가 祭할 물건을 올리고 음식을 맛보면 王이 마침내 먹는다 하였다. 그러므로 (王을) 모시고 먹는 자는 임금이 祭하면 自己는 祭하지 않고 먼저 먹어 마치 임금을 위하여 음식을 맛보는 것처럼 하니, 감히 손님의 예를 감당하지 못해서이다. 머리를 동쪽으로 두는 것은 써 생기를 받으려 해서이다. 병들어 누워 있음에 능히 옷을 입고 띠를 맬 수 없고 또 가히 평상복으로 임금을 뵐 수 없다. 그러므로 조복을 몸에 가하고 또 띠를 (그) 위에 걸쳐놓는 것이다. (수레에) 멍에하기를 기다리지 않고 걸어가심은 걸어 나가면 멍에한 수레가 그를 따르는 것이다.

【解說】 임금이 음식을 주시면 반드시 자리를 바루고 먼저 (그것을)

맛보시며, 임금이 날고기를 주시면 반드시 (그것을) 익혀서 (조상께) 올리시고, 임금이 살아 있는 것을 주시면 반드시 (그것을) 기르셨다. 임금을 모시고 (밥을) 먹을 적에 임금이 祭(고수레)하시면 먼저 밥을 잡수셨다. 병이 있을 때에 임금이 (그에게) 문병 오시면 머리를 동쪽으로 두시고 朝服을 몸에 걸치고 띠를 (그 위에) 걸쳐 놓으셨다. 임금이 命하여 부르시면 (수레에) 멍에하기를 기다리지 않고 (도보로) 걸어가셨다. 太廟에 들아가서는 모든 일을 물으셨다.

【主題】 孔子事君之禮. (공자의 임금 섬기는 예)

[14]

朋友死하여 無所歸어든 曰於我殯이라 하시다. 朋友之饋는 雖車馬라도 非祭肉이어든 不拜러시다. <平敍法>

【字解】

殯 빈소 빈. 饋 줄 궤.

【硏究】

◎ 朋友는 以義合하니 死無所歸는 不得不殯이니라. 朋友는 有通財之義라. 故로 雖車馬之重이라도 不拜하고 祭肉則拜者는 敬其祖考를 同於己親也라. <朱子> 朋友는 의리로써 합한 것이니, 죽어서 돌아갈 곳이 없으면 능히 빈소하지 않을 수 없는 것이니라. 朋友 간에는 財物을 통하는 義가 있다. 그러므로 비록 수레와 말 같은 중대한 물건이라도 절하지 않고, 제사 지낸 고기를 주면 절하고 받는 것은 그 祖上을 공경함을 自己 어버이와 같이 하심이니라.

【解說】 朋友가 죽어서 돌아갈 곳이 없으면, "우리 집에 빈소를 차리라"고 말씀하시었다. 朋友의 선물(예물)은 비록 수레와 말이라도 제사 지낸 고기가 아니면 절하지 않으셨다.

【主題】 孔子交朋友之義. (공자가 벗을 사귀는 의)

[15]

> 寢不尸하시며 居不容이러시다. 見齊衰者하시고 雖狎이나 必變하시며 見冕者與瞽者하시고 雖褻이나 必以貌러시다. 凶服者를 式之하시며 式負版者러시다. 有盛饌이어든 必變色而作이러시다. 迅雷風烈에 必變이러시다. <列擧法>

【字解】

尸 주검(시체) 시.	容 꾸밀(모양 낼) 용.	狎 친할 압.
瞽 봉사(소경) 고.	式 공경할 식.	褻 더러울 설.
版 나뭇조각 판.	饌 음식 찬.	作 일어날 작.
迅 빠를 신.	雷 우레 뢰.	

【研究】

尸 : 謂偃臥似死人也(뻗어 누워서 죽은 사람처럼 함을 이름이다).
居 : 居家(집에 거처함). 容 : 容儀(모습을 꾸밈).
狎 : 謂素親狎(평소에 절친함을 말함). 迅 : 疾也(빠름이다).
褻 : 謂燕見(편안하게 (사석에서) 만나 봄을 말함).
貌 : 謂禮貌(예모를 말함). 烈 : 猛也(맹렬함이다).
式 : 車前横木이니 有所敬이면 則俯而憑之라(수레 앞에 가로로 댄 나무이니, 공경할 일이 있으면 몸을 굽혀서 그것에 기댐이다).
負版者 : 持邦國圖籍者(나라의 지도와 호적을 가진 자).
必變色而作 : 敬主人之禮요 非以其饌也라
(주인의 예우를 공경한 것이지 그 성찬 때문이 아니다).
必變 : 所以敬天之怒(하늘의 震怒를 공경하는 까닭임).

◎ 寢不尸는 非惡其類於死也요 惰慢之氣를 不設於身體하여 雖舒布其四體라도 而亦未嘗肆耳라. 居不容은 非惰也요 但不若奉祭祀見賓客而已니 申申夭夭가 是也라. <范祖禹>
寢不尸는 그 죽은 사람과 유사함을 미워해서가 아니요, 타만한 기운을 몸에 베풀지 아니하여 비록 그 四體(四肢)를 펴더라도 또한 일찍이 함부로 하지 않을 뿐이다. 居不容은 태만함이 아니고, 다만 제사를 받들고 손님을 접견할 때와 같게 하지 않을 뿐이니, 申申夭夭가 이것이다.

◎ 式此二者는 哀有喪하고 重民數也라. 人惟萬物之靈이요 而王者之所天也라. 故로 周禮에 獻民數於王이어든 王拜受之하니 況其下者敢不敬乎아. <朱子> 이 두 사람에게 공경함은 喪이 있는 사람을 슬퍼하고, 백성의 숫자(명부)를 중하게 여기신 것이다. 사람은 오직 만물의 영장이요,

王者가 하늘로 여기는 바이다. 그러므로 周禮에 백성의 명부를 王에게 올리면 王도 절하고 그것을 받는다 하였으니, 하물며 그 아랫사람이야 감히 공경하지 않겠는가?

◎ 若有疾風迅雷甚雨어든 則必變하여 雖夜必興하여 衣服冠而坐라. <禮記> 만약 빠른 바람과 빠른 우레와 심한 비가 있으면 반드시 낯빛을 바꾸어 비록 밤중이라도 반드시 일어나서 옷 입고 관 쓰고 앉는다.

【解說】 잠잘 때에는 주검처럼 하지 않으시며, 집에 거처할 때에는 모양을 내지 않으셨다. 상복 입은 자를 보시면 비록 절친한 사이라도 반드시 낯빛을 변하시며, 면류관을 쓴 자와 봉사를 보시면 비록 私席이라도 반드시 禮貌로 대하셨다. 喪服 입은 사람을 공경하시며, 地圖와 戶籍을 짊어진 자에게 공경하셨다. 성찬을 받으시면 반드시 낯빛을 변하시고 일어나셨다. 우레가 빠르고 바람이 맹렬함에 반드시 낯빛을 변하셨다.

【主題】 孔子容貌之變. (공자 용모의 변화)

[16]

升車하사 必正立執綏러시다. 車中에 不內顧하시며 不疾言하시며 不親指러시다. <列擧法>

【字解】

升(승) 되, <u>오르다</u>. 綏 끈 수. 顧 돌아볼 고. 疾(질) 병, <u>빠르다</u>.

【硏究】

綏 : 挽以上車之索也(붙잡고서 수레에 오르는 끈이다).

內顧 : 回視也(돌아보는 것이다).

[升車……執綏] : 正立執綏면 則心體無不正而誠意肅恭矣라. 蓋君子莊敬이 無所不在하니 升車則見於此也라

(바르게 서서 끈을 잡으면 마음과 몸이 바르지 않음이 없어 뜻이 성실하며 모습이 엄숙하고 공손해진다. 君子의 莊敬이 있지 않은 데가 없으니, 수레에 오르면 여기에 나타난다).

[車中……不親指] : 三者는 皆失容이오 且惑人이라

(세 가지는 모두 용모를 잃고 또 남을 의혹하는 것이다).

【解說】 수레에 오르실 때에는 반드시 바르게 서서 끈을 잡으시었다. 수레 속에서 안을 돌아보지 않으시며, 말씀을 빨리 하지 않으시며, 직접(친히) 손가락질을 하지 않으시었다.

【主題】 孔子의 升車之容. (孔子의 수레 타는 모습)
※ 첫 문장은 공경의 모습이고, 다음 문장은 의혹을 일으키는 방자함이 없는 모습을 드러내었다.

[17]

色斯擧矣하여 翔而後集이니라. 曰 山梁雌雉 時哉時哉인저. 子路共之한대 三嗅而作하시다. <感歎法>

【字解】

翔 날 상.　　集 앉을 집.　　梁 다리 량.
雉 꿩 치.　　雌 암컷 자.　　嗅 냄새 맡을 후.

【硏究】

時哉 : 雉之飮啄得其時
(꿩이 물 마시고 모이를 쪼아 먹음이 제때를 얻음이다).

[色斯……後集] : 言鳥見人之顏色不善이면 則飛去하여 回翔審視而後에 下止하니 人之見幾而作하여 審擇所處가 亦當如此라. 然이나 上下必有闕文矣라. <朱子> (새가 사람 안색이 좋지 못함을 보면 날아가 빙빙 돌면서 살펴본 뒤에 내려앉으니, 사람이 기미를 보고 일어나 거처할 곳을 살펴 선택함이 또한 마땅히 이와 같아야 함을 말한 것이다. 그러나 상하에 반드시 빠진 글이 있다.)

◎ 劉聘君曰 嗅當作狊(꿩날아갈 격)이니 張兩翅(날개 시)也라 見爾雅라. 愚按 共字當爲拱執之義라. 然이나 此必有闕文이니 不可强爲之說이라. <朱子> 劉聘君(朱子丈人劉勉之)이 말하기를, 嗅字는 마땅히 狊字가 되어야 하니, 두 날개를 펴고 날아감이니 <爾雅>에 보인다. 내가 살펴보건대 共字는 마땅히 붙잡는다는 뜻이 되어야 한다. 그러나 여기에는 반드시 빠진 글이 있으니, 억지로 그것을 해설할 수는 없다.

【解說】 (새가) 사람의 안색을 보고 날아가 빙빙 돌며 살펴본 뒤에 내려앉느니라. (孔子께서) 말씀하시기를, 산간 다리목 암꿩이 때를 만났구나 때를 만났구나. 子路가 그것(암꿩)을 잡아 올리니, (孔子께

서) 세 번 냄새를 맡고서 일어나시었다.

【主題】(意味不明).

※ 이 章은 自古로 意味不分明하여 不可解라 했고, 朱子도 上下에 빠진 글이 많아 억지로 해설할 수 없다 했다.

第十一 先進篇

주제 : 多評弟子賢否

◎ 此篇은 多評弟子賢否하니 凡二十五章이라. <朱子>

◎ 此篇은 記閔子騫言行者四而其一은 直稱閔子하니 疑閔氏門人所記也라. <胡寅>

※ 第一篇에서 第十篇까지를 上論이라 하고, 第十一篇에서 第二十篇까지를 下論이라 한다. 下論은 上論에 比해 體裁와 義例面에서 많은 相異點이 있는 것으로 보아 上論보다 뒤에 만들어 보충한 듯함.

[1]

> 子曰 先進이 於禮樂에 野人也요 後進이 於禮樂에 君子也라 하나니 如用之則吾從先進하리라. <對照法>

【字解】省 略

【研究】

先進 : 前輩·先輩. 즉 초기의 공자 제자들로 子路·閔子騫·漆雕開 등.

※ 異說 : 先進은 五帝까지의 선비들. <皇侃>

後進 : 後輩. 즉 후기의 제자들로서 子夏·子遊·子張 등.

※ 異說 : 後進은 三王 이후의 선비들. <皇侃>

野人 : 郊外의 백성. 또는 소박하고 촌스러운 사람.

君子 : 어진 士大夫. 또는 세련되고 화려한 문화인. 학덕 겸비의 선비.

◎ 先進이 於禮樂에 文質得宜어늘 今反謂之質朴하여 而以爲野人이라 하고 後進之於禮樂에 文過其質이어늘 今反謂之彬彬하여 而以爲君子라 하니 蓋周末文勝이라 故로 如此라. <程子>

선배는 禮樂에 있어 文(문채)과 質(바탕)이 마땅함을 얻었거늘, 지금 사람들은 도리어 그것을 질박하다고 말하여 촌스런 사람이라 하고, 후배는 禮樂에 있어 文이 그 質보다 지나치거늘, 지금 사람들은 도리어 그것을 빈빈하다(적절히 조화되다)고 말하여 君子라고 하니, 아마도 周나라 말기에 文에 치우쳤으므로 이와 같이 된 듯하다.

【解說】孔子께서 말씀하시기를, 선배들은 예악에 대해서는 (지금 사람들이 말하기를) 촌스러운 사람이라 하고, 후배들은 예악에 대해서는

군자라고 하나니, (내가) 만일 예악을 쓴다면 나는 선배들을 따르리라.

【主題】孔子의 禮樂에 대한 견해 — 文質得宜.
※ 孔子는 禮樂이 文과 質이 中을 얻어야 한다고 본 것임.

[2]

子曰 從我於陳蔡者皆不及門也로다. 德行엔 顔淵閔子騫冉伯牛仲弓이요 言語엔 宰我子貢이요 政事엔 冉有季路요 文學엔 子游子夏니라. <列擧法>

【字解】
騫 이지러질 건. 冉 나아갈 염, 부드럽고 약할 염.

【研究】
從我於陳蔡者 : 나를 따라 陳과 蔡에 가서 苦生한 弟子들.
※ 孔門의 十人(윗글에 열거한 제자)을 '孔門十哲'이라 하고, 윗글에 열거한 네 개의 項目(德行 · 言語 · 政事 · 文學)을 '孔門四科'라 함.
皆不及門 : 모두 문하에 있지 아니하다.
※ 異說 : 모두 벼슬의 문에 오르지(미치지) 못했다.
德行 : 덕행에 뛰어난 사람. 言語 : 말재주. 언변과 설득력.
政事 : 행정 능력. 文學 : 詩書禮樂의 古典 학문.
◎ 孔子嘗厄於陳蔡之間할새 弟子多從之者러니 此時皆不在門이라. 故로 孔子思之하시니 蓋不忘其相從於患難之中也시니라. 弟子因孔子之言하여 記此十人하고 而幷目其所長하여 分爲四科하니 孔子敎人에 各因其材를 於此可見이니라. <朱子> 孔子께서 일찍이 陳나라와 蔡나라 사이에서 곤액을 당하실 적에 제자들 가운데 따르는 자들이 많더니, 이때에는 모두 문하에 있지 않았다. 그러므로 孔子께서 그들을 생각하신 것이니, (대개) 환난 가운데서 서로 따르던 것을 잊지 않으신 것이니라. 제자들이 孔子의 말씀에 依하여 이 十人을 기록하고, 아울러 그 所長을 지목하여 나누어서 四科(德行 · 言語 · 政事 · 文學)로 만들었으니, 孔子께서 사람을 가르침에 各各 그 材質에 因하였음을 여기에서 볼 수 있느니라.
◎ 四科는 乃從夫子於陳蔡者爾라. 門人之賢者固不止此하니 曾子傳道而不與焉이라. 故로 知十哲世俗論也니라. <程子> 四科는 곧 陳나라 蔡나라에서 夫子(孔子)를 따르던 者들뿐이다. 門人 중에 어진 자들이 진실로 여기에 그치지 않았으니, 曾子는 道를 전수했는데도 여기에 참여되지

못했다. 그러므로 十哲은 世俗論임을 알 수 있느니라.

【解說】 孔子께서 말씀하시기를, 陳나라 蔡나라에서 나를 따르던 자들이 (지금은) 모두 문하에 있지 아니하도다! 德行에는 안연·민자건·염백우·중궁이요, 言語에는 재아·자공이요, 政事에는 염유·계로요, 文學엔 자유·자하니라.

【主題】 孔子의 지난날 回顧와 門人들에 대한 回想.
※ 孔子가 지난날 患難을 같이했던 門人들을 회상하면서 그들의 所長을 말했음.

[3]

> 子曰 回也는 非助我者也로다. 於吾言에 無所不說이온여.
> <反語法·感嘆法>

【字解】 省 略

【研究】
◎ 顔子於聖人之言에 默識心通하여 無所疑問이라. 故로 夫子云然하시니 其辭若有憾焉이나 其實은 乃深喜之시니라. <朱子>
顔子는 聖人의 말씀에 대하여 묵묵히 알고 마음으로 통하여 의문하는 바가 없었다. 그러므로 夫子께서 그렇게 말씀하신 것이니, 그 말씀은 유감이 있는 듯하나 그 실제는 곧 그를 깊이 기뻐하신 것이니라.
◎ 夫子之於回에 豈眞以助我望之리오. 蓋聖人之謙德이요 又以深贊顔氏云爾니라. <胡寅>
夫子께서 顔回에 대하여 어찌 참으로 自己를 도와주기를 바랐으리오. (이는) 대체로 聖人의 겸손한 德이요, 또 써 顔氏를 깊이 칭찬했을 뿐이니라.

【解說】 孔子께서 말씀하시기를, 顔回는 나를 돕는 자가 아니로다. 나의 말에 대하여 기뻐하지 않는 바가 없구나!

【主題】 孔子의 顔子에 대한 칭찬 — 於吾言 無所不說.
※ 孔子는 顔回가 도와주기를 바람이 아니고 그를 칭찬하신 것임.

[4]

子曰 孝哉라 閔子騫이여. 人不間於其父母昆弟之言이로다.
<倒置法・感嘆法>

【字解】
間 흠잡을 간. 昆 맏 곤, 많을 곤.

【研究】
閔子騫 : 孔子의 弟子로서 名은 損, 字는 子騫. 公門 중에 德行으로서는 顔淵 다음이다. 계모에게 冷待를 받고도 그를 감싸준 孝行의 說話가 傳해지고 있다. ※ 閔損單衣.

◎ 父母兄弟稱其孝友에 人皆信之하야 無異辭者는 蓋其孝友之實이 有以積於中而著於外라. 故로 夫子嘆而美之시니라. <胡寅>
부모 형제가 그 孝友(효도와 우애)를 칭찬함에 사람들이 모두 그것을 믿어 딴 말이 없는 것은 대체로 그 孝友의 실제가 心中에 쌓여서 밖에 드러남이 있었기 때문이다. 그러므로 夫子께서 그를 감탄하고 찬미하심이니라.

【解說】 孔子께서 말씀하시기를, 효성스럽도다, 민자건이여! 사람들이 그 부모 형제의 (칭찬하는) 말에 트집 잡지 못하는구나!

【主題】 孔子의 민자건의 孝에 대한 칭찬.

[5]

南容이 三復白圭어늘 孔子以其兄之子로 妻之하시다. <因果法>

【字解】
復 되풀이할 복. 圭 홀 규. 子 딸 자. 妻 시집보낼 처.

【研究】
南容 : 孔子의 弟子로서 姓은 南宮, 名은 适(괄), 字는 子容.
(公冶長篇 [2] 參照)
白圭 : 白玉으로 만든 圭로서 장방형의 玉牌인데, 使臣이 外國의 君主에게 信任으로 바치는 신표. 이글에서는 <詩經> 大雅 抑篇의 詩句임.

◎ 詩大雅抑之篇曰 白圭之玷(옥티점)은 尙可磨也어니와 斯言之玷은

不可爲也라 하니 南容이 一日三復此言이라. 事見家語하니 蓋深有意於謹言也라. 此는 邦有道에 所以不廢요 邦無道에 所以免禍라. 故로 孔子以兄子妻之시니라. <朱子> <詩經>의 <大雅抑篇>에 白圭의 흠은 오히려 가히 갈 수(갈면 될 수) 있거니와 이 말의 흠은 가히 갈 수 없다 하였으니, 南容이 하루에 세 번 이 말을 되풀이했다. 이 일은 <家語>에 보이니, 대체로 말을 삼감에 깊이 뜻을 둔 것이다. 이는 나라에 道가 있음에 써 버려지지 않을 것이요, 나라에 道가 없음에 써 화를 면할 수 있음이다. 그러므로 孔子께서 兄의 딸(姪女)을 그에게 시집보내심이니라.

◎ 言者는 行之表요 行者는 言之實이니 未有易其言而能謹於行者라. 南容이 欲謹其言如此면 則必能謹其行矣리라. <范祖禹>
말이란 것은 행실의 표현이요 행실이란 것은 말의 실상이니, 그 말을 쉽게(함부로) 하고서 능히 행실을 삼가는 자는 있지 아니하다. 南容이 그 말을 삼가고자 함이 이와 같았다면, 반드시 능히 그 행실을 삼갔을 것이니라.

【解說】 南容이 白圭란 내용의 詩를 (하루에) 세 번 되풀이해서 외우니, 孔子께서 그 兄의 딸을 그에게 시집보내시었다.

【主題】 孔子의 南容의 愼言性에 대한 높은 評價.
※ 사람이 말을 삼감(愼言)이 중요함을 보인 것임.

[6]

季康子問 弟子孰爲好學이니잇고. 孔子對曰 有顔回者好學하더니 不幸短命死矣라. 今也則亡(무)하니라. <問答法>

【字解】 省 略

【研究】
季康子 : 魯國의 大夫. 姓은 季氏, 名은 肥, 康은 諡號.

◎ 哀公康子問同而對有詳略者는 臣之告君에 不可不盡이요 若康子者는 必待其能問이라야 乃告之하시니 此敎誨之道也니라. <范祖禹>
哀公과 康子의 물음이 같으나 대답에 상세하고 간략함이 있는 것은, 신하가 임금에게 말씀 드림에는 가히 다하지 않을 수 없어서요, 康子와 같은 者는 반드시 그 능히 물음을 기다려서야 곧 그에게 말해주니, 이는 가르침의 方法이니라.

【解說】 季康子가 묻기를, 弟子 중에 누가 학문을 좋아합니까? 孔子께서 대답해 말씀하시기를, 顔回라는 者가 학문을 좋아했었는데 불행히도 命이 짧아 죽었습니다. 지금은 없습니다.

【主題】 顔回의 好學.
※ 季康子의 질문에 孔子는 好學의 대표적인 인물로 顔回를 든 것임.

[7]

顔淵이 死어늘 顔路請子之車하여 以爲之椁한대 子曰 才不才에 亦各言其子也니 鯉也死어늘 有棺而無椁하니 吾不徒行以爲之椁은 以吾從大夫之後라 不可徒行也일새니라. <問答法·例證法>

【字解】
椁 관(외관) 곽. 鯉 잉어 리.

【硏究】
顔路 : 顔回의 父. 名은 無由. 孔子의 초기 弟子로서 孔子보다 6세 年下.
鯉 : 孔子의 아들로서 名이 鯉, 字는 伯魚.
※ 孔子는 70歲에 50歲의 아들 鯉를 잃었고, 71歲엔 41歲의 首弟子인 顔淵을 잃었다.

◎ 椁은 外棺也니 請爲椁은 欲賣車以買椁也라. 言鯉之才雖不及顔淵이나 然이나 己與顔路以父視之면 則皆子也라. 孔子時已致仕로되 尙從大夫之列이어늘 言後는 謙辭라. <朱子>
椁은 外棺이니, 椁을 만들 것을 請함은 수레를 팔아 椁을 사려고 함이다. 鯉의 재주가 비록 顔淵에게 미치지 못하나 自己와 顔路가 아버지로서 그것을 본다면 모두 자식이라고 말씀하신 것이다. 孔子가 당시에 이미 致仕하였으되 아직도 大夫의 반열을 따랐거늘 뒤라고 말하심은 겸사이다.

◎ 孔子遇舊館人之喪하여 嘗脫驂以賻之矣어늘 今乃不許顔路之請은 何邪오. 葬可以無椁이요 驂可以脫而復求며 大夫不可以徒行이요 命車不可以與人而鬻諸市也라. 或者以爲君子行禮는 視吾之有無而已라 하나 夫君子之用財는 視義之可否니라. <胡寅> 孔子께서 옛 여관 주인의 喪을 만나서 일직이 참마(곁말)를 벗겨서 그에게 부의를 하셨거늘, 지금은 곧 顔路의 請을 不許하심은 어째서인가? 장사는 가히 椁이 없어도 되고 곁말은 벗겼다가 다시 구할 수 있으며, 大夫는 가히 걸어 다닐 수 없고, 命車(임금이 하사한 수레)는 가히 남에게 주어서 시장에서 그것을 팔 수

없기 때문이다. 혹자는 (말하기를) 君子가 禮를 行함은 나의(나의 家勢의) 있고 없음을 살필 뿐이라 하였으나, 무릇 君子가 재물을 씀에는 義의 可否(옳고 그름)를 살펴야 하느니라.

【解說】 顔淵이 죽자 顔路가 孔子의 수레로써(수레를 팔아서) 槨(外棺)을 만들 것을 請하니, 孔子께서 말씀하시기를, 재능이 있거나 없거나 간에 또한 각각 자기의 아들이라 말할 것이니, 鯉가 죽었을 때에 棺만 있었고 槨은 없었으니, 내가 걸어 다니면서 (수레를 팔아) 槨을 만들어 주지 못함은 내가 대부의 뒤를 따르기 때문에 도보로 다닐 수 없어서이다.

【主題】 禮(義)重於私情.
※ 子息을 사랑하는 父母의 私情보다 循理의 禮(義)가 重함을 보였음.

[8]

顔淵死어늘 子曰 噫라 天喪予삿다 天喪予삿다. <感嘆法・反復法>

【字解】
噫 슬플 희, 한숨쉴 희. 喪 초상 상, 잃을 상, 버릴 상.

【硏究】
噫 : 傷痛聲 (슬퍼하고 애통해하는 소리).
天喪予 : 하늘이 나를 버렸도다. 하늘이 나를 망치었구나.
◎ 悼道無傳하여 若天喪己也라. <朱子>
道가 傳해지지 못하여 마치 하늘이 자신을 버린 것처럼 슬퍼함이다.

【解說】 顔淵이 죽자, 孔子께서 말씀하시기를, 아! 하늘이 나를 버렸구나, 하늘이 나를 버렸구나!

【主題】 孔子의 顔淵死에 대한 歎息.
※ 孔子가 顔淵을 通해 道를 傳하지 못함에 대해 슬퍼하심이다.

[9]

顏淵死어늘 子哭之慟하신대 從子曰 子慟矣시니이다. 曰 有慟乎아. 非夫人之爲慟이요 而誰爲리오. <問答法·設疑法>

【字解】
哭 울 곡. 　　慟 애통할 통.

【硏究】
慟 : 哀過也(슬퍼함이 지나침이다).
有慟乎 : 哀傷之至하여 不自知也라.
(슬퍼하고 상심함이 지극하여 스스로 알지 못함이다.)
◎ 夫人은 謂顏淵이라. 言其死可惜하여 哭之宜慟하니 非他人之比也라. <朱子> 夫人(저 사람)은 안연을 말한다. 그의 죽음이 애석할 만하여 곡함이 마땅히 애통해야 하니, 다른 사람에 견줄 것이 아님을 말씀하신 것이다.
◎ 痛惜之至에 施當其可하니 皆情性之正也니라. <胡寅> 애통 애석함이 지극함에 마땅히 그 옳음을 베풀었으니, 모두 性情의 올바름이니라.

【解說】 顏淵이 죽자, 孔子께서 곡하시기를 지나치게 애통해하시니, 從子가 말하기를, 先生님께서 지나치게 애통해하십니다. (孔子께서) 말씀하시기를, 지나치게 애통해함이 있었는가? 저 사람을 위해서 애통해하지 않고서 누구를 위해 애통해하리오.

【主題】 顏淵死에 대한 子之痛.
※ 顏淵死에 대한 子之痛이 지나침이 아님을 보인 것임.

[10]

顏淵死어늘 門人이 欲厚葬之한대 子曰 不可니라. 門人이 厚葬之한대 子曰 回也는 視予猶父也어늘 予不得視猶子也하니 非我也라 夫二三子也니라. <比喩法>

【字解】
猶 오히려 유, 아직 유, 같을 유. 　　葬 장사 장, 장사지낼 장.

【研究】
門人 : 孔子의 門人. ※ 異說 : 顔淵의 門人 <皇侃>
視 : 보다, 여기다, 대하다, 대우하다.
◎ 喪具는 稱家之有無니 貧而厚葬은 不循理也라. 故로 夫子止之시니라. 嘆不得如葬鯉之得宜하여 以責門人也라. <朱子>
초상에 쓰는 도구는 집안(가세)의 있고 없음에 걸맞아야 하니, 가난하면서 후히 장사 지냄은 이치를 따름이 아니다. 그러므로 夫子께서 그를 만류하신 것이다. 鯉를 장사 지낼 적에 마땅함을 얻었던 것처럼 하지 못함을 탄식함으로써 門人들을 책망하신 것이다.

【解說】 顔淵이 죽자, 門人들이 그를 후히 장사 지내려 하니, 孔子께서 말씀하시기를, 옳지 않다 하시니라. 門人들이 그를 후히 장사 지내자 孔子 말씀하시기를, 顔回는 나를 여기기(대하기)를 아버지같이 하였거늘 나는 (그를) 능히 자식같이 여기지 못하였으니, 내 잘못(때문)이 아니라 저 두서 너 제자들 때문이니라.

【主題】 葬之正道 — 稱家之有無.
※ 葬事의 바른 道는 循理守分의 태도에 있음을 말함.

[11]

季路問事鬼神한대 子曰未能事人이면 焉能事鬼리오. 敢問死하나이다. 曰 未知生이면 焉知死리오. <問答法 · 設疑法>

【字解】 省 略

【研究】
季路 : 孔子의 제자인 子路. 姓名은 仲由.
◎ 問事鬼神은 蓋求所以奉祭祀之意요 而死者는 人之所必有니 不可不知라. 皆切問也라. 然이나 非誠敬足以事人이면 則必不能事神이요 非原始而知所以生이면 則必不能反終而知所以死라. 蓋幽明始終이 初無二理로되 但學之有序하여 不可躐等이라. 故로 夫子告之如此하시니라. <朱子> 귀신 섬김을 물음은 (대개) 제사를 반드는 바의 뜻을 구함이요, 죽음이라는 것은 사람에게 반드시 있는 것이니, 가히 알지 않을 수 없다. (이는) 모두 절실한 질문이다. 그러나 정성과 공경심이 족히 써 사람을 섬길 수 있는 자가 아니면 반드시 능히 귀신을 섬길 수 없을 것이요, 시초

를 근원해서 사는 바를 알지 못하면 반드시 능히 終으로 돌아가서 죽는 바를 알지 못할 것이다. 대개 저승과 이승, 生과 死는 애당초 두 가지 이치가 아니로되, 다만 배움에는 차례가 있어 가히 등급을 뛰어넘을 수 없는 것이다. 그러므로 夫子께서 그에게 이와 같이 말씀하심이니라.

◎ 晝夜者는 死生之道也니 知生之道면 則知死之道요 盡事人之道면 則盡事鬼之道니 死生人鬼는 一而二요 二而一者也라. 或言夫子不告子路라 하니 不知此乃所以深告之也니라. <程子> 낮과 밤이란 것은 生과 死의 道이니, 生의 道를 알면 死의 道를 알 것이요, 사람 섬기는 道理를 다하면 귀신 섬기는 道를 다할 것이니, 死와 生, 人과 鬼는 하나이면서 둘이요 둘이면서 하나인 것이다. 혹자들은 말하기를, 夫子께서 子路에게 말해주지 않았다 하니, 이는 곧 그에게 깊이 일러준 것임을 알지 못함이니라.

【解說】 季路가 귀신 섬김을 묻기에 孔子께서 말씀하시기를, 사람을 능히 섬기지 못한다면 어찌 능히 귀신을 섬기리오. 감히 죽음을 묻겠습니다. (孔子께서) 말씀하시기를, 삶을 알지 못한다면 어찌 죽음을 알리오.

【主題】 人鬼生死之理 — 無二理.

※ 人鬼生死(幽明始終)이 初無二理임을 말한 것임.

[12]

閔子는 侍側에 誾誾如也하고 子路는 行行(항항)如也하고 冉有子貢은 侃侃如也어늘 子樂하시다. 若由也는 不得其死然이로다. <列學法>

【字解】

侍 모실 시.　　誾 화할 은.　　行 굳셀 항.　　侃 굳셀 간.

【研究】

閔子 : 閔損(字 子騫).　　子路 : 仲由(字 子路, 季路).

冉有 : 冉求(字 子有).　　子貢 : 端木賜(字 子貢).

誾誾 : 溫和之貌(온화한 모습).　　行行 : 康强之貌(굳세고 강한 모습).

侃侃 : 剛直之貌(강직한 모습).　　如也 : ~한 듯하다.

子樂 : 子之樂得英才而敎育之
(孔子께서 영재를 얻어 교육함을 즐거워하심이다).

若由也 不得其死然 : 子路剛强하여 有不得其死之理라. 故로 因以戒之러시니 其後에 子路卒死於衛孔悝(회)之難하니라. <尹焞> (子路는

剛强하여 제대로 죽지 못할 이치가 있었다. 그러므로 인하여서 그를 경계하셨는데, 그 뒤 子路는 마침내 衛 공회의 난에 죽었다.)

※ 孔悝之難 : 孔悝는, 아버지는 시호가 文子인 孔圉이고, 어머니는 孔姬로 靈公의 太子인 蒯聵(괴외)의 누이이다. 靈公의 夫人인 南子가 음란한 행실이 있자, 괴외는 이것을 부끄러워하여 그녀를 시해하려다가 뜻을 이루지 못하고 晉나라로 망명하였다. 그 후 靈公이 죽자, 괴외의 아들인 輒이 즉위하고 孔悝가 執政大臣이 되었는데, 괴외가 본국에 들어가 孔悝를 협박하여 아들 輒을 축출하고 자신을 군주로 추대할 것을 강요하다가 난이 일어났다.

【解說】閔子騫은 (孔子를) 옆에서 모실 적에 溫和하였고, 子路는 굳세고 강하였고, 冉有와 子貢은 강직하니, 孔子께서 즐거워하시었다. 由(子路) 같은 자는 제대로 죽지 못하리로다.

【主題】孔子의 弟子들에 대한 즐거움과 경계.

※ 앞 문장에서는 제자들이 道에 나아갈 바탕이 있음을 즐거워하심이고, 뒤 문장에서는 제자들 중 지나치게 剛强한 子路를 경계하시었다.

[13]

魯人爲長府어늘 閔子騫曰 仍舊貫如之何오. 何必改作이리오. 子曰 夫人이 不言이언정 言必有中이니라. <引用法・設疑法>

【字解】

仍 인할 잉, 그대로 잉. 貫 일 관, 꿸 관. 中 맞힐(맞을) 중, 가운데 중.

【硏究】

◎ 魯人 : 노국의 사람. 아마도 魯의 召公인 듯함.

※ 異說 : 魯國의 실권자인 三桓氏를 뜻함.

◎ 長府는 藏名이라. 藏貨財曰府라. 爲는 蓋改作之라. 仍은 因也요 貫은 事也라. 王氏曰 改作은 勞民傷財하니 在於得已면 則不如仍舊貫之善이라 하니라. 言不妄發하고 發必當理는 惟有德者能之니라. <朱子>
長府는 창고 이름이다. 재화를 보관해 두는 곳을 府라 한다. 爲는 아마도 그것을 고쳐 짓는 것인 듯하다. 仍은 그대로 따름이요, 貫은 일이다. 王氏가 말하기를, 고쳐 짓는 것은 백성을 수고롭게 하고 재물을 손상시키니, 능히 그만둘 수 있음에 있다면 옛일의 선함을 그대로 따름만 같지 못하다 하니라. 말을 망발하지 않고 말을 내면 반드시 이치에 마땅함은 오직 덕이 있는 자만이 그것에 능한 것이니라.

【解說】 魯나라 사람이 長府(창고명)를 만들기에(짓기에), 민자건이 말하기를, 옛일을 그대로 따름이 어떠한가? 하필 고쳐지어야 하는가? 孔子께서 말씀하시기를, 저 사람이 말을 하지 않을지언정, 말을 하면 반드시 (道理에) 맞음이 있느니라.

【主題】 민자건에 대한 孔子의 칭찬 — 言必有中.
※ 長府改作은 徵稅의 시작이므로 이 改作을 반대하는 민자건을 칭찬한 것임.

[14]

子曰 由之瑟을 奚爲於丘之門고. 門人이 不敬子路한대 子曰 由也는 升堂矣요 未入於室也니라. <比喩法>

【字解】
瑟 비파 슬. 奚 어찌 해. 升 오를 승.

【研究】
◎ 言其聲之不和하여 與己不同也라. 家語云子路鼓瑟에 有北鄙殺伐之聲이라 하니 蓋其氣質剛勇而不足於中和라. 故로 其發於聲者如此니라. <程子> 그 소리가 조화되지 못하여 자기와 같지 않음을 말씀하신 것이다. 家語에 이르기를, 子路가 비파를 탐에 북쪽 변방의 살벌한 소리가 있었다 하니, (이는) 아마도 그의 기질이 굳세고 용맹하여 中和에 부족했던 듯하다. 그러므로 그 소리에 나타난 것이 이와 같았던 것이니라.
◎ 門人이 以夫子之言으로 遂不敬子路라. 故로 夫子釋之시니라. 升堂入室은 喩入道之次第라. 言子路之學이 已造乎正大高明之域이요 特未深入精微之奧耳니 未可以一事之失而遽忽之也니라. <朱子> 門人들이 夫子의 말씀으로 (인해) 마침내 子路를 공경하지 아니하므로, 夫子께서 그것을 해석해 주신 것이니라. 당에 오르고 방에 들어감은 道에 들어가는 차례를 비유한 것이다. 子路의 학문이 이미 정대하고 고명한 경지에 나아갔고, 다만 정미의 깊은 곳에 깊이 들어가지 못했을 뿐이니, 가히 한 일의 잘못으로써 대번에(급거히) 그를 경홀히 해서는 안 됨을 말씀하심이니라.

【解說】 孔子께서 말씀하시기를, 由(子路)의 비파 가락을 어찌 나(丘)의

문에서 연주하는가? 門人들이 子路를 공경하지 아니하기에 孔子께서 말씀하시기를, 由는 堂에는 올랐고 아직 방에 들어오지 못한 것이니라.

【主題】 孔子의 子路에 대한 評價 — 升堂而未入室.
※ 孔子가 子路를 認定하여 나아가게 함이니 제자를 성취시키려는 뜻임.

[15]

子貢이 問師與商也孰賢이니잇고. 子曰 師也는 過하고 商也는 不及이니라. 曰 然則師愈與잇가. 孔子曰 過猶不及이니라.
<比較法・問答法>

【字解】
愈 나을 유.

【研究】
師與商也 : 師(顓孫師)와 商(卜商)은. 師는 子張의 名이며 商은 子夏의 名인데, 兩人은 다 같이 孔子의 弟子임.
◎ 子張은 才高意廣而好爲苟難이라. 故로 常過中하고 子夏는 篤信謹守而規模狹隘라. 故로 常不及이라. 道는 以中庸爲至하니 賢知之過가 雖若勝於愚不肖之不及이나 然이나 其失中則一也라. <朱子>
子張은 재주가 높고 뜻은 넓었으나 구차히 어려운 일을 하기 좋아했다. 그러므로 항상 中道에 지나쳤고, 子夏는 독실히 믿고 삼가 지켰으나 규모가 협소했다. 그러므로 항상 미치지 못하였다. 道는 中庸으로써 지극함을 삼으니, 현자와 지자의 지나침이 비록 우자와 불초자의 미치지 못함보다 나을 것 같으나 그러나 그 中道를 잃음은 곧 같음(동일함)이니라.
◎ 中庸之爲德也其至矣乎인저. 夫過與不及이 均也니 差之毫釐면 繆以千里라. 故로 聖人之教는 抑其過하고 引其不及하여 歸於中道而已니라. <尹焞> 中庸의 德됨이 지극하도다. 무릇 지나침과 미치지 못함이 균등하니, (처음에는) 차이남이 털끝만 하면 (끝에는) 천리로써 어긋난다. 그러므로 聖人의 가르침은 그 지나침을 억제하고 그 미치지 못함을 이끌어 中道에 돌아가게 할 뿐이니라.
※ 東洋思想의 核心 : 順理思想・中庸思想・變易思想

【解說】 子貢이 師(子張)와 商(子夏)은 누가 낫습니까 하고 물으니, 孔子께서 말씀하시기를, 師는 지나치고 商은 미치지 못하느니라. (子貢

이) 말하기를, 그렇다면 師가 낫습니까? 孔子께서 말씀하시기를, 지나침은 미치지 못함과 같으니라.

【主題】 師와 商에 대한 孔子의 評價 — 皆失中.
※ 兩人이 나아간 바는 다르나 中을 失함은 같다 평하여 歸於中을 강조했음.

[16]

季氏富於周公이어늘 而求也 爲之聚斂而附益之한대 子曰 非吾徒也로소니 小子아 鳴鼓而攻之可也니라. <頓呼法>

【字解】
聚(취) 모으다, 마을, 무리. 斂 거둘 렴. 附 붙을 부. 鳴 울 명.
徒(도) 무리, 한갓, 헛되다, 걷다. 鼓 북 고. 攻(공) 치다, 닦다.

【研究】
季氏 : 魯國의 참월한 大夫(卿)로서 季孫氏. 執權者로서 魯國領土의 반을 차지함.
周公 : 周 武王의 아우인 姬旦으로서 魯國의 始祖.
※ 이 글에선 魯公을 가리킨다는 說이 있음.
求 : 孔子의 제자인 冉求(字 子有). 冉有. 政事에 才能이 있어 당시에 季康子 밑에서 宰가 됨.
非吾徒 : 絶之也(그를 끊음이다).
小子鳴鼓而攻之 : 使門人으로 聲其罪以責之라.
(문인들로 하여금 그 죄를 성토해 그를 꾸짖게 함이다).
◎ 周公은 以王室至親으로 有大功하고 位冢宰하니 其富宜矣어니와 季氏는 以諸侯之卿으로 而富過之하니 非攘奪其君하고 刻剝其民이면 何以得此리오. 冉求爲季氏宰하여 又爲之急賦稅以益其富하니라. 聖人之惡(오)黨惡而害民也如此라. 然이나 師嚴而友親이라. 故로 已絶之하되 而猶使門人正之하시니 又見其愛人之無已也니라. <朱子> 周公은 왕실의 至親으로서 큰 공이 있었고, 지위가 총재였으니 그 부유함이 마땅하거니와, 季氏는 諸侯의 卿으로서 부유함이 그(周公)를 지나쳤으니, 그 君主의 것을 훔쳐 빼앗고 그 백성들에게 각박하게 빼앗아(벗겨) 먹지 않았다면 어찌 이(富)를 얻었으리오. 冉求가 季氏의 宰(家臣)가 되어서 또 그(季氏)를 위해 부세를 급히 거두어 그의 富를 더해(늘려)준 것이니라. 聖人께

서 악인과 무리지어 백성 해침을 미워하심이 이와 같았다. 그러나 스승은 엄하고 벗은 친하므로 이미 그(求)와 끊었으되, 오히려 門人들로 하여금 그를 바로잡게 하였으니, 또한 그 사람을 사랑함이 그침이 없음을 보겠다.

【解說】 季氏가 周公보다 부유했거늘, 求(冉有)는 그(季氏)를 위해 취렴하여(세금을 많이 거두어) 그것(富)을 더해(늘려) 주니, 孔子께서 말씀하시기를, (求는) 우리 무리가 아니니, 小子들아! 북을 울려 그(求)를 성토함이 옳으니라.

【主題】 失仁政한 求에 대한 孔子의 甚責.
※ 權勢에 아부하여 害民하는 冉求를 失仁政으로 여겨 孔子께서 甚責한 것이다. 전반부는 事實의 記述이요, 子曰 以下 후반부는 孔子의 비판이니 前後는 因果 관계다.

[17]

(子曰) 柴也는 愚하고 參也는 魯하고 師也는 辟하고 由也는 喭이니라. <比較法・列擧法>

【字解】
柴 나무(땔나무) 시. 魯 둔할 노. 辟 한쪽 벽. 喭 거칠 언.

【硏究】
柴 : 孔子의 弟子로서 姓은 高, 名은 柴, 字는 子羔(자고).
參 : 曾子의 名, 字 子輿. 師 : 子張의 名, 顓孫師.
愚 : 우직함. 魯 : 둔(鈍) 함. 由 : 子路의 名, 仲由.
辟 : 便辟(편벽)됨. 喭 : 粗俗(거칠고 속됨).
◎ 愚者는 知不足而厚有餘라. 家語에 記柴也는 其足不履影하고 啓蟄不殺하고 方長不折하며 執親之喪에 泣血三年에 未嘗見齒하고 避難而行에 不徑不竇(구멍 두)라 하니 可以見其爲人矣라. <朱子>
愚란 것은 지혜가 부족하나 후덕함이 유여하다. <家語>에 기록하기를, 柴는 발로 (남의) 그림자를 밟지 않고, (봄에) 겨울잠에서 깨어난 벌레를 죽이지 않았고, 한창 자라는 초목을 꺾지 않았으며, 부모의 상례를 집행함에 三年 동안 피눈물을 흘리고 일찍이 이를 드러내지(웃지) 않았으며, 난리를 피하여 감에 지름길로 가지 않고 구멍으로 나가지 않았다 하였으니, 가히 써 그 사람됨(인품)을 알(볼) 수 있다.

◎ 參也는 竟以魯得之니라. 曾子之學은 誠篤而已라. 而卒傳其道는 乃質魯之人爾라. 故로 學以誠實爲貴也니라. <程子>
參은 마침내 노둔함으로써 그것(道)을 얻었다. 曾子의 학문은 성실과 돈독함뿐이다. 그러나 마침내 그 道를 전수함은 곧(바로) 질박하고 노둔한 사람이었다. 그러므로 학문은 誠實함을 귀히 여기느니라.
◎ 四者는 性之偏이니 語之하여 使知自勵也라. <楊時> 이 네 가지는 성격의 편벽됨이니, 그것을 말씀하여 스스로 힘쓸 것을 알게 하심이다.

【解說】(孔子께서 말씀하시기를) 柴(子羔)는 어리석고, 參(曾子)은 노둔하고, 師(子張)는 한쪽(外貌)만 잘하고, 由(子路)는 거칠도다.

【主題】孔子 四弟子의 爲人之短 — 性之偏.
※ 孔子께서 네 제자의 性之偏을 지적하여 各自 깨달아 힘쓰게 함이다.

[18]

子曰 回也는 其庶乎요 屢空이니라. 賜는 不受命이요 而貨殖焉이나 億則屢中이니라. <比較法>

【字解】
庶(서) 여러(무리), 가깝다, 바라다, 첩아들.
屢(루) 자주, 여러. 殖(식) 심다, 불리다.
億(억) 억(數名), 많은 수, 억측하다(臆).

【硏究】
命 : 天命. 其庶乎 : 그 道에 가까웠다. 屢空 : 자주 쌀궤가 비었다.
億 : 意度(뜻으로 헤아림). 貨殖 : 貨財生殖也(재화를 증식함이다).
◎ 子貢不如顏子之安貧樂道나 然이나 其才識之明이 亦能料事而多中也라. <朱子> 子貢은 顏子의 안빈낙도만은 못하였으나 그러나 그 재주와 학식이 명철하여 또한 능히 일을 헤아리면 적중함이 많았다.
◎ 子貢之貨殖은 非若後人之豐財로되 但此心未忘耳라. 然이나 此亦子貢少時事요 至聞性與天道하여는 則不爲此矣리라. <程子> 子貢이 財貨를 증식함은 後世 사람들이 재물을 풍부히 함과는 같지 않았으나 다만 이 마음을 잊지 못했을 뿐이다. 그러나 이 또한 子貢이 젊었을 때의 일이요, 性과 天道를 들음에 이르러서는 곧 이것을 하지 않았을 것이다.
◎ 屢空者는 簞食瓢飮이 屢絶而不改其樂也니 天下之物이 豈有可動其

中者哉리오. 貧富在天이어늘 而子貢以貨殖爲心하니 則是不能安受天命矣요 其言而多中者는 億而已니 非窮理樂天者也라. <范祖禹>
자주 끼니를 굶었다는 것은 한 대그릇의 밥과 한 표주박의 음료도 자주 끊어졌으나 그 즐거움을 고치지 않았음이니, 天下의 사물이 어찌 가히 그 마음을 움직일 만한 것이 있었으리오. 빈부는 하늘에 달려 있거늘, 子貢이 재화 증식으로써 마음을 삼았다면, 이는 天命을 능히 편안히 받아들이지 못한 것이요, 그가 말함에 적중함이 많았던 것은 臆測일 뿐이니, 이치를 궁구하고 天命을 즐긴 것은 아니었다.

【解說】孔子께서 말씀하시기를, 顔回는 道에 가까웠고 자주 끼니를 굶었느니라. 賜(子貢)는 天命을 받아들이지 않고 재화를 늘렸으나 억측하면 자주 맞았느니라.

【主題】顔回와 子貢의 進道上의 差異 — 受命과 貨殖의 차이.
※ 兩人이 道에 나아감이 다름을 들어 子貢에게 힘쓸 바를 알게 함.

[19]

子張이 問善人之道한대 子曰 不踐迹이면(이나) 亦不入於室이니라. <問答法・比喩法>

【字解】省 略

【研究】
◎ 善人은 質美而未學者也라. <朱子>
善人은 자질은 아름다우나 배우지 못한 자이다.
◎ 踐迹은 如言循途守轍이라. 善人은 雖不必踐舊迹이라도 而自不爲惡이라. 然이나 亦不能入聖人之室也니라. <程子>
踐迹은 길을 따르고 바퀴자국을 지킨다는 말과 같다. 善人은 비록 굳이 옛 자취를 밟지 않더라도 저절로 악한 짓을 하지 않는다. 그러나 또한 능히 聖人의 방(경지)에 들어갈 수는 없느니라.
◎ 善人은 欲仁而未志於學者也라. 欲仁故로 雖不踐成法이라도 亦不蹈於惡하고 由不學故로 無自而入聖人之室也니라. <張載>
善人은 仁을 하려고 하나 학문에 뜻을 두지 않은 자이다. 仁을 하려고 하므로 비록 (聖人이) 이루어 놓은 법을 밟지 않더라도 또한 惡을 밟지 않고 배우지 아니한 까닭으로 말미암아 스스로 성인의 방에 들어갈 수 없느니라.

【解說】 子張이 善人의 道를 물으니, 孔子께서 말씀하시기를, 聖人의 자취를 밟지 않으면 또한 房에는(聖人의 경지에는) 들어가지 못하느니라.

【主題】 善人之道 — 不踐迹 不入於室.
※ 善人은 仁을 行하고자 하나 未學故로 聖人之境에 들 수 없음을 말함.

[20]

子曰 論篤을 是與면 君子者乎아. 色莊者乎아. <設疑法>

【字解】 省 略

【研究】
論篤 : 言論이 독실하다. 色莊者 : 외모만 장하게 꾸민 자.
是與 : 그를 편들다. 그를 친히하다.
◎ 言但以其言論篤實而與之면 則未知爲君子者乎아. 爲色莊者乎아. 此言不可以言貌取人也라. <朱子> 다만 그 언론이 독실하다고 하여서 그를 친히 한다면 君子다운 자인가, 얼굴만 장엄한 자인가 알지 못하겠다고 말씀한 것이다. 이는 말과 외모로써 사람을 취해서는 안 됨을 말한 것이다.

【解說】 孔子께서 말씀하시기를, 言論이 독실한 사람을 그를 편든다면 (친히 한다면) 君子다운 자인가? 용모만 장하게 꾸민 자인가?

【主題】 取人之道 — 以言貌不取人(君子不在於論篤色莊).
※ 사람을 취할 때 言貌로 하지 말고 참된 것으로 살펴야 함을 말함.

[21]

子路問 聞斯行諸잇가 子曰 有父兄在하니 如之何其聞斯行之리오. 冉有問 聞斯行諸잇가. 子曰 聞斯行之니라. 公西華曰 由也問聞斯行諸어늘 子曰 有父兄在라 하시고 求也問聞斯行諸어늘 子曰 聞斯行之라 하시니 赤也惑하여 敢問하노이다. 子曰 求也는 退故로 進之하고 由也는 兼人故로 退之니라.
<問答法・反復法・比較法>

【字解】
惑 의혹할 혹.　　兼 겸할 겸.　　諸(제) 모든. (저)之於, 之乎.

【硏究】
公西華 : 孔子의 제자로서 姓은 公西, 名은 赤, 字는 子華. 諸 : 之乎.
兼人 : 勝人也(보통 사람보다 나음이다).　　斯 : 則也(곧이다).

◎ 聞義면 固當勇爲나 然이나 有父兄在면 則有不可得而專者니 若不稟命而行이면 則反傷於義矣라. 子路는 有聞이오 未之能行하여선 惟恐有聞하니 則於所當爲에 不患其不能爲矣요 特患爲之之意或過하여 而於所當稟命者에 有闕耳라. 若冉求之資稟은 失之弱하니 不患其稟命也요 患其於所當爲者에 逡巡畏縮하여 而爲之不勇耳라. 聖人이 一進之하고 一退之하시니 所以約之於義理之中하여 而使之無過不及之患也시니라. <張敬夫 : 張栻>

義를 들으면 진실로 마땅히 용감히 해야 하나, 그러나 父兄이 계시면 능히 마음대로 할 수 없음이 있는 것이니, 만일 명을 받지 않고서 행한다면 도리어 義를 해치게 된다. 子路는 들음이 있어 아직 능히 그것(들은 것)을 행하지 못했으면 오히려(행여) (다른 말을) 들음이 있을까 두려워했으니, 그렇다면 마땅히 해야 할 일에 있어 그 행할 수 없음을 근심하지 않고, 다만 그것을 행하려는 뜻이 혹 지나쳐서 마땅히 명을 받아야 할 것에 빠뜨림이 있을까 근심할 뿐이다. 冉求의 자품으로 말할 것 같으면, 그 나약함에 결함이 있으니, 그 命을 받음은 근심할 것이 없고, 마땅히 해야 할 것에 있어 머뭇거리고 위축되어 하기를 용감히 하지 못할까 근심할 뿐이다. 聖人이 한 사람은 나아가게 하고 한 사람은 물러나게 하셨으니, 義理의 中道에 그들을 묶어서 그들로 하여금 過不及의 병통이 없게 함이니라.

【解說】 子路가 묻기를, (옳은 것을) 들으면 곧 그것을 실행해야 합니까? 孔子께서 말씀하시기를, 父兄이 계시니 어찌 들으면 곧 그것을 행할 수 있으리오. 冉有(冉求)가 묻기를 들으면 곧 그것을 실행해야 합니까? 孔子께서 말씀하시기를, 들으면 곧 그것을 실행해야 하느니라. 公西華가 말하기를, 由(子路)가 묻기를 들으면 그것을 실행해야 합니까 하니 선생님께서 父兄이 계신다 하셨고, 求(冉有)가 묻기를 들으면 곧 그것을 실행해야 합니까 하니, 선생님께서 말씀하시기를 들으면 곧 그것을 행하라 하시니, 저(赤)는 의혹하여 감히 묻습니다. 孔子께서 말씀하시기를, 求는 물러나므로 그를 나아가게 한 것이고, 由는 보통 사람보다 나으므로 그를 물러나게 한 것이니라.

【主題】 孔子의 弟子 敎授方法 — 因材施敎.

※ 孔子의 教授方法은 배우는 者의 재질에 따라 달리 가르치는 것이다. 여기서도 적극적인 由는 물러나게 하고 소극적인 求를 나아가게 했으니, 이는 각각 그 편벽됨에 근거해서 中道를 取하게 하심이다.

[22]

子畏於匡하실새 顔淵後러니 子曰 吾以女爲死矣로다. 曰 子在어시니 回何敢死리잇가. <問答法・設疑法>

【字解】
畏(외) 두려워하다, 꺼리다. 匡(광) 바르다(바로잡다), 두려워하다, 밥통.

【研究】

◎ 後는 謂相失在後라. 何敢死는 謂不赴鬪而必死也라. <朱子>
後는 서로 잃어 뒤에 있음을 말한다. 何敢死는 싸움에 달려가되 반드시 죽지 않음을 말한다.

◎ 先王之制에 民生於三하니 事之如一이니 惟其所在에 則致死焉이라. 況顔淵之於孔子에 恩義兼盡하니 又非他人之爲師弟子者而已라. 卽夫子不幸而遇難이면 回必捐生以赴之矣요. 捐生以赴之하여 幸而不死면 則必上告天子하고 下告方伯하여 請討以復讎요 不但已也리라. 夫子而在면 則回何爲而不愛其死하여 以犯匡人之鋒乎아. <胡寅>
先王의 제도에 民은 세 가지에서 살게 되니, 섬기기를 한결같이 함이니, 오직 그가 (섬기고) 있는 곳에서 곧 (그에게) 죽음을 바친다. 하물며 안연은 孔子에 대해 은혜와 의가 아울러 극진하였으니, 또한 다른 사람의 師弟間과 같을 뿐만이 아니었다. 만일 夫子께서 불행이 난을 만났다면 안회는 반드시 생명을 버리고 거기(싸움)에 달려들었을 것이요, 생명을 버리어 거기에 달려들어 다행히 죽지 않았으면 반드시 위로는 天子에게 告하고 아래로는 方伯에게 告하여 토벌해서 복수할 것을 청했을 것이요, 단지 그만두지는 않았으리라. (그러나) 夫子께서 살아계신다면 안회가 어찌하여서 그 죽음을 아끼지 않고서 匡 땅 사람들의 칼날을 범했겠는가?

【解說】 孔子께서 匡 땅에서 두려워하는(경계하는) 마음을 품고 계실 적에 顔淵이 뒤처져 있었는데, (그가 오자) 孔子께서 말씀하시기를, 나는 너가 죽은 줄로 여겼노라. (안연이) 말하기를, 선생님께서 계신데 제가(회가) 어찌 감히 죽겠습니까?

【主題】 師弟間의 道와 信 — 生死一致.

[23]

> 季子然이 問仲由冉求는 可謂大臣與잇가. 子曰 吾以子爲異之問이러니 曾由與求之問이로다. 所謂大臣者는 以道事君하다가 不可則止하나니 今由與求也는 可謂具臣矣니라. 曰 然則從之者與잇가. 子曰 弑父與君은 亦不從也리라. <問答法>

【字解】

弑 죽일(윗사람 죽일) 시.　　　曾(증) 일찍, 마침내, 거듭.

【硏究】

季子然 : 魯國 三桓의 한 사람인 季子平의 아들이며 季桓子의 동생. 子路와 冉求는 이때에 季氏의 家臣이었음.

仲由 : 子路.　　　冉求 : 子有.

具臣 : 단지 員數만 채우며 임금의 뜻대로 따르는 신하.

異 : 非常也(보통이 아니다).　　　曾 : 猶乃也(乃와 같음이다).

◎ 以道事君者는 不從君之欲이요 不可則止者는 必行己之志라. 意二子旣非大臣이면 則從季氏之所爲而已라. 言二子雖不足於大臣之道나 然이나 君臣之義則聞之熟矣니 弑逆大故는 必不從之라. <朱子>
道로써 君主를 섬긴다는 것은 君主의 慾望을 따르지 않음이요, 不可能하면 그만둔다는 것은 반드시 自己의 뜻을 실행함이다. 두 사람이 이미 大臣이 아니라면 季氏가 하는 바를 따르기만 할 뿐이라고 생각한 것이다. 두 사람이 비록 大臣의 道에는 不足하나 그러나 君臣之義라면 (그것을) 익히 들었으니, 윗사람을 시해하고 반역하는 큰 변고는 반드시 (그것을) 따르지 않을 것이라고 말씀한 것이다.

◎ 季氏專權僭竊이어늘 二子仕其家而不能正也하고 知其不可而不能止也하니 可謂具臣矣라. 是時에 季氏已有無君之心이라. 故로 自多其得人이요 意其可使從己也라. 故로 曰弑父與君은 亦不從也라 하시니 其庶乎二子可免矣로다. <尹焞> 季氏가 권력을 전횡하고 참람했거늘 두 사람은 그 집에서 벼슬하면서도 능히 바로잡지 못했고, 그것이 不可함을 알면서도 능히 (벼슬을) 그만두지 못했으니, 具臣이라 이를 만한 것이다. 이때에 季氏가 이미 임금을 무시하는 마음이 있었으므로 그 人才 얻었음을 자부함이 많았고, 그 가히 自己를 따르게 할 수 있다고 생각했다. 그러므로 (孔子께서) 말씀하시기를, 부모와 군주를 시해하는 일은 또한 따르지

않을 것이라 한 것이니, 二子는 거의 (이 죄에서) 면할 수 있었다.

【解說】 季子然이 묻기를, 仲由·冉求는 가히 大臣이라 이를 만합니까? 孔子께서 말씀하시기를, 나는 그대가 특이한 질문을 하리라 여겼더니, 마침내 由와 求에 대한 질문이로구나! 이른바 大臣이란 것은 道로써 君主를 섬기다가 불가능하면 그만두는 것이니, 지금 由와 求는 숫자만 채우는 신하라고 이를 만하니라. (季子然이) 말하기를, 그렇다면 (이들은) 따르기만 하는 자들입니까? 孔子께서 말씀하시기를, 아버지와 임금을 시해하는 일은 또한 따르지 않으리라.

【主題】 孔子의 두 弟子에 대한 評價 — 具臣.
※ 孔子가 大臣之道를 들어서 評한 가운데 季氏를 꺾는 마음이 담김.

[24]

子路使子羔로 爲費宰한대 子曰 賊夫人之子로다. 子路曰 有民人焉하며 有社稷焉하니 何必讀書然後에 爲學이리잇고. 子曰 是故로 惡(오)夫佞者하노라. <問答法·設疑法>

【字解】
羔 염소 고. 賊 해칠 적, 도적 적. 佞(녕) 간사하다, 말 잘하다.
社 토신 사. 稷 곡신 직. 夫(부) 사내, 남편, 저, 무릇, 어조사.

【研究】
子羔 : 孔子의 제자인 高柴(고시). 賊 : 害也(해침이다).
費 : 魯나라의 地名으로 季氏의 私邑.
社稷 : 土神과 穀神의 뜻에서 나와 '國家, 朝廷'의 뜻.
[子路使子羔 爲費宰] : 子路爲季氏宰而擧之也
(子路가 季氏의 家臣이 되어 그를 등용한 것이다).
[賊夫人之子] : 子羔質美而未學이어늘 遽使治民이면 適以害之라
(子羔가 자질이 아름다우나 아직 배우지 못했기에 갑자기 治民을 하게 하면 다만 그를 해침이다).
[子路曰……爲學] : 治民事神이 皆所以爲學이라
(백성을 다스리고 귀신을 섬김이 모두 학문을 하는 것이다).
[惡夫佞者] : 夫子不斥其非하고 而特惡其佞也라(夫子께서 그의 그름

을 지적하지 않고 다만 그의 말재주만을 미워한 것이다).

◎ 古者에 學而後에 入政하니 未聞以政學者也라. 蓋道之本이 在於修身하니 而後及於治人이라. 其說이 具於方冊하니 讀而知之然後에 能行이니 何可以不讀書也리오. 子路乃欲使子羔로 以政爲學하니 失先後本末之序矣어늘 不知其過하고 而以口給禦人이라. 故로 夫子惡其佞也시니라. <范祖禹> 옛적에는 배운 뒤에 政事에 들어갔으니, 政事로써 배운다는 것은 아직 듣지 못했다. 대저 道의 근본이 몸을 닦음에 있으니, 그런 뒤에 사람을 다스림에 미치는 것이다. 그 내용이 책에 갖추어져 있으니, 그것(책)을 읽어서 안 연후에 실행할 수 있는 것이니, 어찌 가히 책을 읽지 않을 수 있으리오. 子路가 마침내 子羔로 하여금 政事로써 학문하게 하려고 했으니, 선후와 본말의 차례를 잃었거늘 그 잘못을 알지 못하고 口給(구변)으로써 남의 말을 막으려 했다. 그러므로 夫子께서 그의 말재주를 미워하신 것이니라.

【解說】 子路가 子羔로 하여금 費邑의 邑宰로 삼으니, 孔子께서 말씀하시기를, 저 남의 자식을 해치는구나. 子路가 말하기를, 人民이 있으며 社稷이 있으니, 어찌 반드시 책을 읽은 뒤에야 학문을 하겠습니까? 孔子께서 말씀하시기를, 이 때문에 저 말 잘하는 자를 미워하노라.

【主題】 學而後入政의 原理强調.

※ 子路의 잘못된 處事를 보시고 孔子께서 學德을 닦고 쌓은 다음에 政事에 參與해야 하는 原理를 强調하시어 子路를 叱責하신 것이다.

[25]

子路曾晳冉有公西華侍坐러니 子曰 以吾一日長乎爾나 毋吾以也하라. 居則曰 不吾知也라 하나니 如或知爾면 則何以哉오. 子路率爾而對曰 千乘之國이 攝乎大國之間하여 加之以師旅요 因之以饑饉이어든 由也爲之면 比及三年하여 可使有勇이요 且知方也케 호리이다. 夫子哂之하시다. 求아 爾는 如何오. 對曰方六七十과 如五六十에 求也爲之면 比及三年하여 可使足民이어니와 如其禮樂엔 以俟君子호리이다. 赤아 爾는 如何오. 對曰 非曰能之라 願學焉하노이다. 宗廟之事와 如會同에 端章甫로 願爲小相焉하노이다. 點아 爾는 如何오.

鼓瑟希러니 鏗爾舍瑟而作하여 對曰 異乎三子者之撰이니다. 子曰 何傷乎리오. 亦各言其志也니라. 曰 莫春者에 春服旣成이어든 冠者五六人과 童子六七人으로 浴乎沂하고 風乎舞雩하여 詠而歸하리이다. 夫子喟然嘆曰 吾與點也하노라. 三子者出커늘 曾晳이 後러니 曾晳曰 夫三子者之言이 何如하니잇고. 子曰 亦各言其志也已矣니라. 曰 夫子何哂由也시니잇고. 曰 爲國以禮어늘 其言이 不讓이라. 是故로 哂之로라. 唯求則非邦也與잇가. 安見方六七十과 如五六十而非邦也者리오. 唯赤則非邦也與잇가. 宗廟會同이 非諸侯而何오. 赤也爲之小면 孰能爲之大리오. <問答法·列擧法>

【字解】

晳 밝을 석. 鏗 쇠소리 갱. 撰 지을 찬, 갖출 선. 攝 낄 섭.
莫 저물 모. 沂 기수 기. 雩 기우제 우. 喟 한숨쉴 위.
饉 굶주릴 근. 比 미칠 비. 哂 웃을 신. 如 혹 여.

【研究】

曾晳 : 孔子의 弟子로서 姓은 曾, 名은 點, 字는 晳. 曾子의 父.
一日長乎爾 : 너희보다 약간 나이가 많다.
毋吾以也 : 내가 있다고 해서(나 때문에) 어려워 말라.
※ 孔安國은 '女無以我長故難對'라 함.
居則 : 居常, 평소, 늘. 何以哉 : 어떻게 하겠나.
希 : 間歇也. 作 : 起也. 撰 : 具也. 浴 : 盥濯也.
沂 : 水名. 風 : 乘涼也. 舞雩 : 祭天禱雨之處也.
詠 : 歌也. 攝 : 管束也.

◎ 曾點之學이 蓋有以見夫人欲盡處에 天理流行하여 隨處充滿하여 無少闕이라. 故로 其動靜之際에 從容如此하고 而其言志則又不過卽其所居之位하여 樂其日用之常이요 初無舍己爲人之意니라. <朱子> 曾點의 학문은 대개 人欲이 다한 곳에 天理가 유행하여 곳을 따라 충만하여 조금도 결함이 없음을 보여줌이 있었다. 그러므로 그 동정의 즈음에 조용함(차분하고 자연스러움)이 이와 같았고, 그리고 그 뜻을 말함에는 곧 또한 自己(其)가 거한 바의 위치에 나아가 그 日常生活의 떳떳함을 즐기는 데에 지나지 않았고, 애당초 자신을 버리고 남을 위하려는 뜻이 없었다.

【解說】子路·曾晳·冉有·公西華가 (孔子를) 모시고 앉았는데, 孔子께서 말씀하시기를, 내가 너희들보다 (나이가) 조금(다소) 많다 하여서 나 때문에 어렵게 여기지 말라. (너희들이) 平素에 말하기를 내가 알아주지 않는다 하는데, 만일 혹시라도 너희들을 알아준다면 어떻게 하겠는가? 子路가 경솔하게 대답하기를, 千乘의 제후국이 대국 사이에서 속박받아 사려(침공)가 그에게 加해지고 그로 인해 기근이 들거든 제가 그를 다스리면 3년에 미쳐 (백성들을) 용기를 가지게 할 수 있고 또 (義理로) 향할 줄 알게 할 수 있습니다. 夫子께서 미소 지으셨다. (孔子께서) 求(冉有)야, 너는 어떠한가. 대답하기를, 사방 육칠십 리 혹은 오륙십 리를(작은 나라를) 제가 그것을 다스린다면 3년에 미쳐 백성을 풍족하게 할 수 있거니와 혹 그 예악에 있어서는 君子를 기다리겠습니다. 赤아 너는 어떠한가. 대답하기를, (제가) 능하다는 말이 아니라 배우기를 원합니다. 宗廟의 일과 혹은 제후들이 회동함에 玄端服을 입고 章甫冠을 쓰고 작은 相이 되기를 원합니다. 點아, 너는 어떠한가. 비파 타기를 드물게 하더니, 쨍그렁하고 비파를 놓으며 일어나서 대답하기를, 세 사람이 갖춘 것과는 다릅니다. 孔子께서 말씀하시기를, 무엇이 나쁘겠느냐? 또한 각기 자기 뜻(포부)을 말하는 것이니라. (點이) 말하기를, 늦봄에 봄옷이 이미 이루어지면 어른 5~6인과 동자 6~7인과 함께 기수에서 목욕하고 무우에서 바람 쐬고 노래하면서 돌아오겠습니다. 공자께서 아! 하고 감탄해 말씀하시기를, 나는 點을 허여하노라. 세 사람이 나가자 曾晳이 뒤에 남았는데, 曾晳이 말하기를, 저 세 사람의 말이 어떻습니까? 孔子께서 말씀하시기를, 또한 各各 제 뜻을 말했을 뿐이니라. (曾晳이) 말하기를, 夫子께서 어찌 由를 비웃었습니까? (孔子께서) 말씀하시기를, 예로써 나라를 다스려야 하거늘 그의 말이 겸손하지 않았다. 이런 까닭으로 그를 비웃는 것이로다. (曾晳이) 求가 말한 것은 곧 나라를 다스리는 일이 아닙니까? (孔子께서) 사방 육칠십 리, 또는 오륙십 리이면서 나라가 아님을 어디에서 보리오. (曾晳이) 赤은 나라를 다스리는 일이 아닙니까? (孔子께서) 宗廟의 일과 회동함이 제후의 일이 아니고 무엇인가? 赤이 小가 된다면 누가 大가 될 수 있으리오.

【主題】孔子의 四弟子의 포부 청취와 點에 대한 認定.

第十二 顔淵篇

주제 : 仁與仁政之道及其他

◎ 凡 二十七章也.

◎ 이 편에는 論한 內容이 많다. 仁과 仁政之道를 밝히고 아울러 그 道를 達成하는 길을 말했으며, 君臣과 父子의 禮, 獄事를 처결하는 일, 君子의 學問과 德行 等이 언급되었다. 이들 가르침은 다 聖賢의 格言이며, 同時에 벼슬에 나가는 기본 단계이다. 그러므로 <先進篇> 뒤에 놓았다. <邢昺>

[1]

顔淵問仁한대 子曰 克己復禮爲仁이니 一日克己復禮면 天下歸仁焉하리니 爲仁由己니 而由人乎哉아. 顔淵曰 請問其目하노이다. 子曰 非禮勿視하며 非禮勿聽하며 非禮勿言하며 非禮勿動이니라. 顔淵曰 回雖不敏이나 請事斯語矣리이다.

<問答法・列擧法・設疑法・命令法>

【字解】

復(복) 회복하다, 돌아오다, 되풀이하다, 아뢰다, 갚다. (부) 다시.
歸(귀) 돌아가다, 시집가다, 참여하다, 허여하다, 편들다.
克(극) 이기다, 능히. 敏(민) 민첩하다. 事(사) 일, 섬기다, 종사하다.

【研究】

仁 : 本心之全德也(본심의 온전한 德이다).
克 : 勝也(이김이다). 己 : 身之私欲也(일신의 사욕이다).
復 : 反也(돌아감이다). 歸 : 猶與也(허여함과 같다).
禮 : 天理之節文也(천리의 節文이다). 人事之儀則也(인사의 의칙이다).
爲仁

① 所以全其心之德也라. 蓋心之全德이 莫非天理나 而亦不能不壞於人欲이라. 故로 爲仁者必有以勝私欲而復於禮면 則事皆天理하여 而本心之德이 復全於我矣라. <朱子>

그 마음의 덕을 온전히 하는 것이다. 대저 마음의 온전한 덕은 天理 아님이 없으나, 또한 능히 인욕에 파괴되지 않을 수 없다. 그러므로 仁을 하는 자는 반드시 私欲을 이김이 있어서 예에 돌아가면 일마다 모두 天理여서 본심의 덕이 다시 나(내몸)에게 온전하게 된다.

② 身能反禮則爲仁. <孔安國> 몸이 능히 예에 돌아오면 仁이 된다.

③ 身有嗜慾하니 當以禮義齊之면 嗜慾與禮義戰이라. 使禮義勝嗜慾이면 身得復歸於禮하니 如是乃爲仁也라. <邢昺>
몸에는 기욕이 있으니, 마땅히 예의로써 그것을 가지런히 하면 기욕과 예의가 싸우게 된다. 예의로 하여금 기욕을 이기게 하면 몸이 능히 예에 돌아가게 되나니, 이와 같이 함이 곧 仁을 행함이다.

◎ 一日克己復禮면 則天下之人皆與其仁이니 極言其效之甚速而至大也라. 又言爲仁由己而非他人所能預니 又見其機之在我而無難也라. 日日克之하여 不以爲難이면 則私欲淨盡하고 天理流行하여 而仁不可勝用矣리라. <朱子> 하루 동안이라도 克己復禮하면 天下의 사람들이 모두 그 仁을 허여하게 되나니, 그 효과가 심히 빠르며 지극히 큼을 극언함이다. 또 인을 행함은 자기에게 말미암음이고 他人이 능히 간여할 수 있는 바가 아님을 말씀하셨으니, (이것은) 또 그 기틀이 나에게 있어서 어려움이 없음을 보임이다. 날마다 그것(私欲)을 이겨서 어렵게 여기지 않는다면 私欲이 깨끗이 다하고 天理가 유행하여서 仁을 이루 다 쓸 수 없으리라.

◎ 視聽言動 四者는 身之用也라. 由乎中而應乎外하나니 制於外는 所以養其中也라. 顔淵事斯語하니 所以進於聖人이니 後之學聖人者는 宜服膺而勿失也니라. 因箴以自警하노라.

視箴曰 心兮本虛하니 應物無迹이라. 操之有要하니 視爲之則이라. 蔽交於前하면 其中則遷하나니 制之於外하여 以安其內니라. 克己復禮하면 久而誠矣리라.

聽箴曰 人有秉彝는 本乎天性이언마는 知誘物化하여 遂亡其正하나니라. 卓彼先覺은 知止有定이라. 閑邪存誠하여 非禮勿聽하나니라.

言箴曰 人心之動이 因言以宣하나니 發禁躁妄이라야 內斯靜專하나니라. 矧是樞機라. 興戎出好하나니 吉凶榮辱이 惟其所召니라. 傷易則誕하고 傷煩則支하며 己肆物忤하고 出悖來違하나니 非法不道하여 欽哉訓辭하라.

動箴曰 哲人知幾하여 誠之於思하고 志士勵行하여 守之於爲하나니 順理則裕요 從欲則危니 造次克念하여 戰兢自持하라. 習與性成하면 聖賢同歸하리라. <程子>

視・聽・言・動 네 가지는 몸의 用인데, 心中에 말미암아 밖에 응하나니, 밖에서 제재함은 그 心中을 기르는 것이다. 안연이 이 말씀을 종사하였으니, 이 때문에 聖人에 나아간 것이다. 後世에 聖人을 배우는 자들은 마땅히 (이것을) 가슴에 생각하여 잃지 말아야 할지니라. 인하여 잠을 지어서 스스로 경계하노라.

視箴 에 말하기를, 마음이여! 본디 허하니, 사물에 응함에 자취가 없다. 그것(마음)을 잡음에는 요점이 있으니, 보는 것이 그 法이 된다. 사물의 가리움이 눈앞에 사귀면 그 마음은 곧 (그리로) 옮겨가니, 밖에서 그것을 제재하여서 그 안을 편안히 할지니라. 克己復禮하면 오래할 경우 誠하게(자연스럽게) 되리라.
聽箴 에 말하기를, 사람이 떳떳한 양심을 잡고 있음은 天性에 근본하고 있건만 知(欲心의 지각)가 사물에 유혹되고 동화되어 드디어(마침내) 그 바름을 잃게 된다. 드높은 저 선각자들은 그칠 데를 알아 定함이 있었다. 邪를 막고 誠을 保存해서 禮가 아니면 듣지 아니하느니라.
言箴 에 말하기를, 人心이 動함은 말로 인하여 베풀어지니, 말을 발할 때에 조급함과 경망함을 금하여야 안이 고요하고 專一해진다. 하물며 이(말)는 몸의 추기(사물의 요체)여서 전쟁을 일으키기도 하고 友好를 내기도 하나니, 길흉과 영욕은 오직 그것(말)이 부르는 바이니라. 쉬움에 상하면 허탄해지고, 번거로움에 상하면 자리해지며, 自己가 함부로 하면 남도 거스르게 되고, 나가는 말이 (道理에) 어그러지면 오는 말도 (理致를) 어기게 되나니, 法이 아니면 말하지 말아서 훈계 말씀을 공경하라.
動箴 에 말하기를, 哲人은 기미를 알아서 생각함에 그것을 성실히 하고, 志士는 行實을 힘써 행위에 그것을 지키나니, 天理를 순종하면 여유가 있고, 人欲을 따르면 위험해지니, 조차라도 능히 생각해서 전전긍긍하여 스스로 잡아라, 습관이 天性과 함께 이뤄지면 聖賢과 함께 돌아가리라.

【解說】 顔淵이 仁을 물으니, 孔子께서 말씀하시기를, 자기의 私慾을 이겨서 禮에 돌아감이 仁을 행함이니, 하루 동안이라도 私慾을 이겨서 禮에 돌아가면 天下가 仁을 허여하리니, 仁을 行함은 자기에게 말미암음이지 남에게 말미암음이겠는가? 顔淵이 말하기를, 請컨대 그 條目을 묻나이다. 孔子께서 말씀하시기를, 禮가 아니면 보지 말며, 禮가 아니면 듣지 말며, 禮가 아니면 말하지 말며, 禮가 아니면 動하지 말지니라. 顔淵이 말하기를, 저(回)가 비록 不敏하오나 청컨대 이 말씀을 종사하리이다.

【主題】 爲仁之道 — 克己復禮 [乾道] —
- 非禮勿視
- 非禮勿聽
- 非禮勿言
- 非禮勿動.

※ 克己復禮함이 爲仁之道가 됨을 强調한 것이다.

[2]

仲弓問仁한대 子曰 出門如見大賓하고 使民如承大祭하며 己所不欲을 勿施於人이니 在邦無怨하며 在家無怨이니라. 仲弓曰 雍雖不敏이나 請事斯語矣리이다. <比喩法·問答法·列擧法>

【字解】

承(승) 잇다, 받들다, 받다, 받아들이다.

【研究】

仲弓 : 姓名은 冉雍, 字는 仲弓. 孔子의 弟子로서 德行이 높은 者.

※ 孔子曰 雍也可使南面(雍은 남면하게 할 만하다).

大賓 : 國賓이나 公卿. 大祭 : 禘祭나 郊祭. 邦 : 諸侯國. 家 : 大夫家.

◎ 孔子言仁에 只說出門如見大賓하고 使民如承大祭하시니 看其氣象하면 便須心廣體胖하여 動容周旋中禮니 惟謹獨이 便是守之之法이니라. <程子> 孔子께서 仁을 말씀하심에 다만 문을 나갔을 때에는 큰 손님을 뵈온 듯이 하고, 백성을 부릴 때에는 큰 제사를 받들 듯이 하라고 말씀하셨으니, 그 기상을 보면 곧 모름지기 마음이 넓고 몸이 펴져서 動容하고 周旋함에 禮에 맞아야 하니, 오직 謹獨이 곧 이것을 지키는 法이니라.

◎ 敬以持己하고 恕以及物이면 則私意無所容而心德全矣라. 內外無怨은 亦以其效言之니 使以自考也라. 克己復禮는 乾道也요 主敬行恕는 坤道也니 顔冉之學이 其高下淺深을 於此可見이라. 然이나 學者誠能從事於敬恕之間而有得焉이면 亦將無己之可克矣리라. <朱子>
敬으로써 自己 몸을 갖고 恕로써 남에게 미친다면 私意가 용납될 곳이 없어서 마음의 德이 온전해진다. 內外로 원망함이 없음은 또한 그 효험으로써 그것을 말씀하심이니, 써 스스로 생각하게 함이다. 克己復禮는 乾道요, 敬을 주장하고 恕를 行함은 坤道이니, 顔子와 冉子의 학문은 그 높고 낮음과 얕고 깊음을 여기에서 볼 수 있다. 그러나 배우는 자가 진실로 능히 敬과 恕의 사이에서 종사하여 거기에서 얻음이 있으면 또한 장차 이길 만한 사욕이 없게 되리라.

【解說】 仲弓(冉雍)이 仁을 물으니, 孔子께서 말씀하시기를, 문을 나가서는 큰 손님을 뵈온 듯이 하며, 백성을 부림에는 큰 제사를 받들 듯이 하며, 자기가 하고자 하지(바라지) 않는 바를 남에게 베풀지 말아야 하니, (이렇게 하면) 나라(諸侯國)에 있어서도 원망함이 없으며, 집안(大夫家)에 있어서도 원망함이 없을 것이니라. 仲弓이 말하기를, 제

(雍)가 비록 不敏하오나 청컨대 이 말씀을 從事하겠습니다.

【主題】 爲仁之道 — 主敬行恕[坤道].

※ 爲仁(行仁)之道 ┌ 主敬[仁之則也] — ┌ 出門如見大賓
　　　　　　　　　　　　　　　　　　　　└ 使民如承大祭
　　　　　　　　　└ 行恕[追己及人] — 己所不欲 勿施於人

[3]

> 司馬牛問仁한대 子曰 仁者는 其言也訒이니라. 曰 其言也訒이면 斯謂之仁矣乎잇가. 子曰 爲之難하니 言之得無訒乎아.
> <問答法・設疑法>

【字解】

訒 참을 인, 참아할 인.

【研究】

司馬牛 : 孔子의 弟子로서 名은 犁(리) 또는 耕, 字는 子牛. 宋나라 桓魋(환퇴)의 동생. 경솔하게 말을 많이 했다 함.

訒 : 忍也며 難也라(참음이며 어려워함이다).

◎ 仁者는 心存而不放이라. 故로 其言이 若有所忍而不易發이니 蓋其德之一端也라. 夫子以牛多言而躁라. 故로 告之以此하사 使其於此而謹之하시니 則所以爲仁之方이 不外是矣리라. 牛意仁道至大하여 不但如夫子之所言이라. 故로 夫子又告之以此하시니라. 蓋聖人之言이 雖有高下大小之不同이나 然이나 其切於學者之身하여 而皆爲入德之要는 則又初不異也니 讀者其致思焉이니라. <朱子>

仁者는 마음이 보존되어 방심하지 않는다. 그러므로 그 말이 마치 참는 바가 있어서 쉽게 발하지 않는 듯하니, (이는) 대저 그 德의 일단인 것이다. 夫子로서는 司馬牛가 말이 많고 조급하므로 이것으로써 그에게 말씀해 주시어, 그로 하여금 이것(말)에 삼가게 하신 것이니, 그렇다면 仁을 하는 방법도 여기에서 벗어나지 않는 것이다. 司馬牛의 뜻은 仁의 道가 지극히 커서 다만 夫子께서 말씀하신 바와 같지 않다고 여겼다. 그러므로 夫子께서 다시 이것으로써 그에게 말씀하신 것이니라. 무릇 聖人의 말씀은 비록 高下와 大小의 같지 않음이 있으나, 그러나 그 배우는 자의 몸에 간절해서 모두 德에 들어가는 요점이 됨은 곧 또한 애당초 차이가 없는 것이니, 독자들은 그 생각을 지극히 해야 할 것이니라.

◎ 雖爲司馬牛多言故로 及此나 然이나 聖人之言이 亦止此爲是니라. <程子> 비록 司馬牛가 말이 많으므로 이것을 언급하게 되었으나, 그러나 聖人의 말씀은 또한 여기에만 그쳐도 옳다 할 것이니라.

【解說】 司馬牛가 仁을 물으니, 孔子께서 말씀하시기를, 仁者는 그 말함을 참아서 하느니라. (司馬牛가) 말하기를, 그 말함을 참아서 하면 그것을 仁이라 이를 수 있습니까? 孔子께서 말씀하시기를, 그것(仁)을 行하기가 어려우니, 그것을 말함을 능히 참아서 하지 않을 수 있겠는가?

【主題】 仁의 意味 — 其言也訒.
※ 司馬牛가 말이 많고 조급하므로 그 질문에 근거해서 말을 참고 어렵게 하는 마음이 곧 仁임을 가르친 것임.

[4]

司馬牛問君子한대 子曰 君子는 不憂不懼니라. 曰 不憂不懼면 斯謂之君子矣乎잇가. 子曰 內省不疚어니 夫何憂何懼리오. <問答法·設疑法>

【字解】
懼 두려울(두려워할) 구.　　　疚 병들 구, 고질병 구, 흠 구.

【硏究】
疚 : 病也(병(瑕疵하자)이다).
◎ 尙魋(상퇴)作亂하니 牛常憂懼라. 故로 夫子告之以此하시니라. 牛之再問은 猶前章之意라. 故로 復告之以此하시니라. 言由其平日所爲無愧於心이라. 故로 能內省不疚하여 而自無憂懼니 未可遽以爲易而忽之也라. <朱子> 상퇴가 亂을 일으키니 司馬牛가 항상 근심하고 두려워했다. 그러므로 夫子께서 이로써 그에게 말씀하시니라. 司馬牛가 다시 물음은 앞 章의 뜻과 같다. 그러므로 다시 이로써 그에게 말씀하시니라. 그 평소(平日)에 행하는 바로 말미암아 마음에 부끄러움이 없으므로 능히 안으로 반성하여 하자가 없어서 스스로 근심과 두려움이 없음이니, 가히 대번에 쉽게 여겨서 그것을 소홀히 해서는 안 됨을 말함이다.
※ 司馬牛에게는 司馬桓魋라는 惡한 兄이 있었다. 桓魋는 自身이 섬기는 君主를 弑害하고 또 孔子도 殺害하려고 계획한 사내다. 이런 兄을 가진 司馬牛는 항상 끊이지 않는 근심도 있었을 것이고, 또 禍

가 생길 때마다 늘 두려움이 있었을 것이다. 그래서 孔子께서 '不憂不懼'라 教訓하셨다.

◎ 不憂不懼는 由乎德全而無疵라. 故로 無入而不自得이요 非實有憂懼而强排遣之也니라. <晁說之> 근심하지 않으며 두려워하지 않음은 德이 온전하고 하자가 없음에 말미암는다(연유한다). 그러므로 들어가는 곳마다 自得하지 않음이 없음이요, 실제로 근심과 두려움이 있으면서 억지로 그것(근심걱정)을 배척하여 보냄은 아니니라.

【解說】 司馬牛가 君子를 물으니, 孔子께서 말씀하시기를, 君子는 걱정하지 않으며 두려워하지 않느니라. (司馬牛가) 말하기를, 걱정(근심)하지 않으며 두려워하지 않으면 그를 君子라 이를 수 있겠습니까? 孔子께서 말씀하시기를, 안(내심)으로 반성하여 하자가 없으니, 무릇 어찌 근심하며 어찌 두려워하리오.

【主題】 君子의 意味 — 不憂不懼者(內省不疚者).

※ 司馬牛가 그 兄인 桓魋로 하여 항상 憂懼하므로 孔子께서 內省不疚함으로써 不憂不懼하는 者가 君子라 한 것임.

[5]

司馬牛憂曰 人皆有兄弟어늘 我獨亡(무)로다. 子夏曰 商은 聞之矣로니 死生有命이요 富貴在天이라 호라. 君子敬而無失하며 與人恭而有禮면 四海之內가 皆兄弟也니 君子何患乎無兄弟也리오. <引用法・設疑法>

【字解】 省 略

【研究】

子夏 : 孔子의 제자로서 姓은 卜(복), 名은 商, 字가 子夏.

無失 : 無失道(道를 잃지 않음).

四海之內 : 온 天下 안. 전 세계 내.

聞之 : 들으니. ※ 蓋聞之夫子(아마도 夫子에게서 들은 듯함).

◎ 牛有兄弟而云然者는 憂其爲亂而將死也라. 命은 稟於有生之初니 非今所能移요 天은 莫之爲而爲(無爲而爲)니 非我所能必이니 但當順受而已라. 既安於命하고 又當修其在己者라. 故로 又言苟能持己以敬而

不間斷하며 接人以恭而有節文이면 則天下之人이 皆愛敬之를 如兄弟矣라. 蓋子夏欲以寬牛之憂하여 而爲是不得已之辭리라. <朱子>
司馬牛는 형제가 있었으나 그렇게 말한 것은 그 亂을 하다가 장차 죽을까 근심해서이다. 命은 태어나는 초기에 받음이니, 지금에 능히 옮길 수 있는 바가 아니요, 하늘은 그것을 만들지 않아도 (저절로) 되는 것이니 내가 능히 기필할 수 있는 바가 아니니, 다만 마땅히 받은 것에 순응할 뿐이다. 이미 天命을 편안히 여기고 또 마땅히 自己에게 있는 것을 닦아야 한다. 그러므로 또(다시) 말하기를 만일 능히 몸가지기를 敬으로써 하고 간단하지 않으며, 사람을 접하기를 공손으로써 하고 節文이 있으면 天下 사람들이 모두 그를 사랑하고 공경하기를 兄弟와 같이한다 하셨다. 아마도 子夏는 司馬牛의 근심을 풀어주고자 하여 이 부득이한 말을 한 것이리라.

【解說】 司馬牛가 근심하면서 말하기를, 사람들은 모두 兄弟가 있거늘 나만이 홀로 없도다. (※ 실제는 牛의 兄弟는 五兄弟임) 子夏가 말하기를, 나(商)는 (孔子에게서) 들으니, 死와 生은 命에 달려 있고 富와 貴는 하늘에 달려 있다 하였다. 君子가 공경하면서 (道를) 잃음이 없으며 남들에게 공손하면서 禮가 있으면 四海의 안이(온 天下가) 다 兄弟이니, 君子가 어찌 兄弟 없음을 걱정하리오.

【主題】 司馬牛의 근심에 대한 子夏의 위로적 教訓.
※ 子夏가 司馬牛의 근심을 위로하여 敬과 恭의 教訓을 말해 줌.

[6]

子張이 問明한대 子曰 浸潤之譖과 膚受之愬가 不行焉이면 可謂明也已矣니라. 浸潤之譖과 膚受之愬가 不行焉이면 可謂遠也矣니라. <問答法・反復法>

【字解】

浸 젖을 침. 潤 젖을 윤. 譖(참) 참소하다, 거짓.
膚 살갗 부. 愬 하소연할 소.

【硏究】

子張 : 孔子의 제자인 顓孫師. 明 : 명석한 통찰력. 明智. 聰明.
遠 : 遠則明之至也니 書(書經太甲)曰 視遠惟明이라.
(遠은 곧 밝음이 지극함이니, 書에 이르기를 遠을 봄은 오직 밝음이다.)

浸潤 : 如水之浸灌滋潤하여 漸漬而不驟也라. ※ 漬 담글지. 驟 급할 취.
(물이 배어들고 적셔지는 것과 같아서 점점 스며들고 갑자기 하지 않는 것이다.)

譖 : 毁人之行也(남의 행실을 헐뜯음이다).

膚受 : 謂肌膚所受利害切身
(피부로 받는 바의 이해가 몸에 절실함을 이른다).

愬 : 愬己之冤也(자기의 억울함을 하소연함이다).

◎ 毁人者漸漬而不驟면 則聽者不覺其入而信之深矣요 愬寃者急迫而切身이면 則聽者不及致詳而發之暴(폭)矣라. 二者는 難察而能察之면 則可見其心之明而不蔽於近矣니라. 此亦必因子張之失而告之라. 故로 其辭繁而不殺(쇄)하여 以致丁寧之意云이라. <朱子>
남을 헐뜯는 자가 점점 배어들게 하고 갑작스럽게 하지 않으면 듣는 자가 (거기에) 빠져들어 감을 깨닫지 못해서 그것을 믿기를 깊이 하고, 억울함을 하소연하는 자가 급박하게 하고 몸에 절실하게 하면 듣는 자가 미처 상세함을 다하지 못해서 발하기(성내기)를 갑자기 한다. 이 두 가지는 살피기 어려운 것이지만 능히 그것을 살필 수 있다면 그 마음이 밝아서 가까운 것에 가리우지 않음을 볼(알) 수 있느니라. 이 또한 반드시 子張의 결함에 인하여서 말씀하신 것이다. 그러므로 그 말씀이 번거로운데도 줄이지 않아서 정녕한(간절한) 뜻을 지극히 한 것이다.

◎ 驟而語之와 與利害不切於身者不行焉은 有不待明者能之也라. 故로 浸潤之譖과 膚受之愬不行然後에 謂之明이요 而又謂之遠이니 遠則明之至也라. 書曰 視遠惟明이라 하니라. <楊時>
갑자기 그것(남을 헐뜯음)을 말함과 이해가 몸에 절실하지 않은 것(하소연)을 실행하지 않음은 明者를 기다리지 않고도 그것을 할 수 있다. 그러므로 서서히 젖어드는 참소와 피부로 받는 하소연이 행해지지 아니한 뒤에야 그것을 明이라 이르고 또 그것을 遠이라 이르나니, 遠은 곧 明이 지극한 것이다. 書(書經太甲)에 말하기를, 遠을 봄은 오직 밝음이라 하니라.

【解說】 子張이 明을 물으니, 孔子께서 말씀하시기를, 서서히 젖어드는 참소와 피부로 받는 하소연이 행해지지 않는다면 明이라 이를 만하니라. 서서히 젖어드는 참소와 피부로 받는 하소연이 행해지지 않는다면 遠이라 이를 만하니라.

【主題】 明과 遠에 대한 孔子의 가르침.
※ 浸潤之譖이나 膚受之愬에 흔들리지 않아서 그것을 실행하지 않음이 明이요 遠이라 하셨으니, 外面에 힘쓰고 高遠함을 指向하는 子張의 失을 감안해서 지극히 가까운 데서 현명함을 求하라는 意味인 듯하다.

[7]

子貢이 問政한대 子曰 足食足兵이면 民이 信之矣리라. 子貢曰 必不得已而去인댄 於斯三者에 何先이리잇고. 曰 去兵이니라. 子貢曰 必不得已而去인댄 於斯二者에 何先이리잇고. 曰 去食이니 自古皆有死어니와 民無信不立이니라. <列擧法・問答法・漸層法>

【字解】省 略

【研究】

◎ 倉廩實而武備修然後에 敎化行而民信於我라야 不離叛也라. 食足而信孚(미쁠 부)면 則無兵而守固矣라. 民無食必死라. 然이나 死者는 人之所必不免이요 無信則雖生而無以自立이니 不若死之爲安이라. 以人情而言하면 則兵食足而後吾之信이 可以孚於民이요 以民德而言하면 則信本人之所固有니 非兵食所得而先也라. 是以로 爲政者當身率其民하여 而以死守之요 不以危急而可棄也니라. <朱子>
창고가 차 있고 武備가 닦여진 뒤에 교화가 행해져서 백성들이 나를 믿어야 이반하지 않는다. 양식이 풍족하고 믿음이 미쁘면 兵이 없어도 지킴이 견고해진다. 백성은 양식이 없으면 반드시 죽는다. 그러나 죽음이란 것은 사람이 반드시 면할 수 없는 것이요, 신의가 없으면 비록 살더라도 써 스스로 설 수 없으니, 죽음의 편안함만 같지 못하다. 人情으로써 말한다면 兵과 양식이 풍족한 뒤에 나의 신의가 백성들에게 가히 믿어질 수 있음이요, 백성의 德으로써 말한다면 信은 본디 인간의 고유한 것이니, 兵과 양식이 능히 앞설 수 있음이 아니다. 이 때문에 위정자들은 마땅히 몸소 그 백성들에게 솔선하여 죽음으로써 그것(信)을 지킬 것이요, 위급하다 해서 가히 (그것을) 버려서는 안 되느니라.

◎ 孔門弟子善問하여 直窮到底하니 如此章者는 非子貢이면 不能問이요 非聖人이면 不能答也니라. <程子> 孔門 제자들이 묻기를 잘하여 바로 궁구함이 밑바닥까지 이르렀으니, 이 章과 같은 것은 子貢이 아니면 능히 질문할 수 없었을 것이요, 聖人이 아니면 능히 답하지 못했을 것이니라.

【解說】子貢이 政事를 물으니, 孔子께서 말씀하시기를, 양식을 풍족히 하고 兵을 풍족히 하면 백성들이 그를 믿을 것이니라. 子貢이 말하기를, 반드시 부득이해서 버린다면 이 세 가지 중에 무엇이 먼저입니까? (孔子께서) 말씀하시기를, 兵을 버릴 것이니라. 子貢이 말하기를, 반드시 부득이하여 버린다면 이 두 가지 중에 무엇이 먼저입니

까? (孔子께서) 말씀하시기를, 양식을 버릴 것이니, 예로부터 모두 죽음이 있거니와 백성들이 믿지 않으면 설 수 없느니라.

【主題】 政의 要諦와 그 輕重 — 足食・足兵・民信.
※ 政에서 가장 중요함이 民信임을 強調한 것임.

[8]

棘子成曰 君子는 質而已矣니 何以文爲리오. 子貢曰 惜乎라 夫子之說이 君子也나 駟不及舌이로다. 文猶質也며 質猶文也니 虎豹之鞟(鞹)이 猶犬羊之鞹이니라. <問答法・感歎法・比喩法>

【字解】
棘 가시나무 극. 惜(석) 아끼다, 애석하다. 猶(유) 같다, 오히려, 아직.
駟 사마 사. 豹 표범 표. 鞟(鞹) 털 없는 가죽 곽.

【研究】
棘子成 : 衛大夫니 疾時人文勝이라. 故로 爲此言이라
(衛나라 大夫이니, 당시 사람들이 文이 (質보다) 우세함을 미워했으므로 이런 말을 한 것이다).
何以文爲 : 何用爲文이니 '文을 어디에 쓰리오'의 뜻.
※ 異說 : 어찌 文飾(외면적인 꾸밈)을 하는가.
質 : 내면적 본질. 바탕. 文 : 외면적(후천적)으로 닦고 꾸밈. 文飾(문식).
[夫子之說 君子也] : 夫子(棘子成)의 말씀이 君子답다.
異說 : 夫子께서 君子를 설명하심이여.
[惜乎……駟不及舌] : 言子成之言이 乃君子之意나 然이나 言出於舌이면 則駟馬不能追之니 又惜其失言也라. <朱子>
(子成의 말이 바로 君子의 뜻이나 말이 혀에서 나오면 駟馬도 그것을 따라잡을 수 없음을 말함이니, 또한 그가 失言함을 애석히 여겼다.)
鞟(鞹) : 皮去毛者也(가죽에 털을 제거한 것이다).
◎ 言文質等耳라. 不可相無니 若必盡去其文而獨存其質이면 則君子小人을 無以辨矣라. 夫子成은 矯當時之弊에 固失之過하고 而子貢은 矯子成之弊에 又無本末輕重之差니 胥失之矣라. <朱子>
文과 質은 동등할 뿐이다. 서로 없을 수 없으니, 만일 반드시 그 文을 다 버리고 홀로 그 質만 보존한다면 君子와 小人을 분별할 수 없음을 말한 것이다. 저 棘子成은 당시의 폐단을 바로잡음에 있어서 진실로 그 過함(지나침)에 잘못되었고, 子貢(端木賜)은 子成의 폐단을 바로잡음에 있어서 또 본말과 경중의 차이가 없었으니, 서로 그것을 잘못한 것이다.

【解說】 棘子成이 말하기를, 君子는 質뿐이니, 文을 어디에 쓰리오(어찌 외면적 문식을 하리오). 子貢이 말하기를, 애석하도다(아깝도다)! 夫子(棘子成)의 말씀이 君子다우나 駟馬도 혀에 미치지 못하리로다(혀에서 나오는 말을 따라잡지 못하리로다). 文이 質과 같으며 質이 文과 같으니, 虎豹의 털 없는 가죽이 犬羊의 털 없는 가죽과 같은 것이니라.

【主題】 君子에 있어서 文과 質의 關係 — 文質等耳(文質彬彬).
※ 君子의 質만 重視하는 棘子成에 대하여 子貢은 文과 質이 같다 하여 孔子의 이른바 '文質彬彬然後君子'(雍也[16])를 强調하였음.

[9]

哀公이 問於有若曰 年饑用不足하니 如之何오. 有若이 對曰 盍徹乎시니잇고. 曰 二도 吾猶不足이어니 如之何其徹也리오. 對曰 百姓이 足이면 君孰與不足이며 百姓이 不足이면 君孰與足이리잇고. <問答法 · 設疑法>

【字解】
饑 굶주릴 기. 盍 어찌 아니 합(何不). 徹 통할 철. 孰 누구 숙.

【硏究】
哀公 : 魯國의 君主(B.C 494年에 卽位). 哀公 16年에 孔子가 逝去함.
有若 : 孔子의 弟子. 有子. ※ 有子라 不稱함은 '君前臣名'의 원칙임.
用 : 謂國用이라. 公意蓋欲加賦以足用也라(國家의 財用을 이른다. 哀公의 뜻은 賦稅를 더해서 財用을 풍족히 하고자 함이다).
徹 : 徹은 通也며 均也라. 周制는 一夫受田百畝하여 而與同溝共井之人으로 通力合作하여 計畝均收하니 大率(율)民得其九하고 公取其一이라. 故로 謂之徹이라. 魯自宣公稅畝하고 又逐畝什取其一하니 則爲什而取二矣라. (徹은 통함이며 고름이다. 周의 제도는 한 家長이 田地 百畝를 받아서 도랑을 함께하고 井을 함께한 사람과 노동력을 통하여 合作해서 이랑을 계산하여 균등히 수확하니, 대체의 비율은 民은 그 九(十分

之九)를 얻고, 公(국가)은 그 一(十分之一)을 취한다. 그러므로 그것을 徹이라 이른다. 魯國은 宣公으로부터 畝에 稅를 내게 하고 또 畝마다 十分之一을 취했으니, 그렇다면 十分之二를 취함이 된다.)

[二도 吾猶不足이어니 如之何其徹也리오] : 二는 所謂什二也라. 公以有若不喩其旨라. 故로 言此以示加賦之意라(二는 이른바 十分之二라는 것이다. 公은 有若이 自己의 뜻을 깨닫지 못했다고 여겼다. 그러므로 이것을 말함으로써 賦稅를 더 거두려는 뜻을 보인 것이다).

[百姓足……君孰與足] : 民富則君不至獨貧이요 民貧則君不能獨富라. 有若이 深言君民一體之意하여 以止公之厚斂하니 爲人上者所宜深念也니라(백성들이 부유하면 君主만이 홀로 가난함에 이르지 않을 것이요, 백성들이 가난하면 君主만이 홀로 부유할 수는 없는 것이다. 有若은 君主와 백성이 일체인 뜻을 깊이 말하여서 公이 후렴함(세금을 많이 거둠)을 저지하였으니, 人民의 윗사람 된 者가 마땅히 깊이 생각해야 할 것이니라).

【解說】 哀公이 有若에게 물어 말하기를, 年事(한 해의 農事)가 흉년이 들어서 財用이 不足하니 (그것을) 어찌해야 하는가?: 有若이 대답해 말하기를, 어찌하여 徹法을 쓰지 않습니까? (哀公이) 말하기를, 二(十分之二)도 내 오히려 不足하거니 어찌 그 徹法을 쓰리오. (有若이) 대답해 밀하기를, 百姓이 풍족하면 君主가 누구와 더불어 不足할 것이며, 百姓이 풍족하지 못하면 君主가 누구와 더불어 풍족하겠습니까?

【主題】 有若의 君民一體思想.

※ 哀公의 뜻은 富國에 있고 有若의 뜻은 民富에 있는 듯하나, 百姓을 풍족히 함이 결국 나라를 풍족히 함이라는 君民一體의 主張임.

[10]

子張이 問崇德辨惑한대 子曰 主忠信하며 徙義가 崇德也니라. 愛之란 欲其生하고 惡之란 欲其死하나니 旣欲其生이요 又欲其死가 是惑也니라. (誠不以富요 亦祇以異니라) <問答法>

【字解】

辨 가릴 변. 惑 의혹할 혹. 徙 옮길 사. 誠 진실로 성.

祇 다만 지, 땅귀신 기. ※ 祗 공경할지, 삼갈 지

【研究】

子張 : 孔子의 제자(孔子보다 48세 年下)로서 陳人. 姓名은 顓孫師.

[主忠信……徙移崇德也] : 主忠信則木立이요 徙義則日新이라. <朱子>
(忠臣을 주로 하면 근본이 서고, 義로 옮겨가면 날로 새로워진다.)

[愛之……是惑也] : 愛惡는 人之常情也라. 然이나 人之生死有命하며 非可得而欲也라. 以愛惡而欲其生死면 則惑矣요 旣欲其生하고 又欲其死면 則惑之甚也라. <朱子> (사랑함과 미워함은 사람의 상정(일반적 감정)이다. 그러나 사람의 생사는 天命에 달려 있으며 바란다고 될 수 있음이 아니다. 愛惡로써 그 生死를 바란다면 미혹된 것이요, 이미 살기를 바라고 또 죽기를 바란다면 미혹이 심하다.)

[誠不以……以異] : 此는 詩小雅我行其野之詞也라. 舊說에 夫子引之하여 以明欲其生死者不能使之生死하니 如此詩所言不足以致富而適足以取異也라. <朱子> 此는 錯簡이니 當在第十六篇齊景公有馬千駟之上이라. <程子> (이는 詩經 小雅의 '我行其野'의 말이다. 옛 주석에 夫子가 이것을 인용하여 살고 죽기를 바라는 者가 능히 그(상대)로 하여금 살고 죽게 할 수 없으니, 이 詩에서 말한 바와 같이 富함을 이루지 못하고 다만 남에게 괴이함을 취할 뿐임을 밝힌 것이다. 이는 착간이니, 마땅히 제16편(季氏篇[12]) 齊景公有馬千駟의 위에 있어야 한다.)

【解說】 子張이 德을 높이고 의혹을 분별함을 물으니, 孔子께서 말씀하시기를, 忠과 信을 주로 하며 義에 옮김이 德을 높이는 것이니라. 그를 사랑할 때는 그가 살기를 바라고, 그를 미워할 때는 그가 죽기를 바라니, 이미 그가 살기를 바라고 또 그가 죽기를 바람이 이것이 미혹이니라. (진실로 부유하지도 못하고 또한 다만 이상함만 취할 뿐이니라.)

【主題】 崇德의 方法과 辨惑의 例.

※ 崇德의 方法은 主忠信과 徙義요, 辨惑의 例로서는 愛惡에 依한 欲其生死의 人之事를 들었다.

[11]

齊景公이 問政於孔子한대 孔子對曰 君君 臣臣 父父 子子니이다. 公曰 善哉라. 信如君不君 臣不臣 父不父 子不子면 雖有粟이나 吾得而食諸아. <問答法・設疑法・列擧法>

【字解】省 略

【研究】

齊景公 : 齊나라 景公(B.C 547~490년 在位)으로 姓은 姜, 名은 杵臼(저구). 靈公의 子. 大夫崔杼(최저)가 자기 妻와 밀통한 莊公을 죽이고 내세운 임금. 58年間 在位했으나 大夫들의 세력에 시달렸고 마침내 大夫 陳桓에게 弑害당하고 나라까지 찬탈당했다. 孔子가 景公을 두 번(魯召公 20年과 25年) 만났다 한다.

◎ 孔子之言은 人道之大經이요 政事之根本也라. 是時에 景公失政而大夫陳氏厚施於國하고 景公又多內嬖而不立太子하여 其君臣父子之間에 皆失其道라. 故로 夫子告之以此하시니라. 景公이 善孔子之言이로되 而不能用이러니 其後에 果以繼嗣不定으로 啓陳氏弑君簒國之禍하니라. <朱子> 孔子의 말씀은 人道(人倫)의 큰 法이요, 政事의 근본이다. 이때에 景公은 政權을 잃어서 大夫인 陳氏가 나라에 (은혜를) 후하게 베풀었고, 景公은 또 안에 총애하는 여자가 많아서 太子를 세우지 않아, 君臣間과 父子間에 모두 그 道를 잃었다. 그러므로 夫子께서 이것으로써 그에게 말씀하신 것이니라. 景公은 孔子의 말씀을 좋게 여겼으되 능히 쓰지(등용하지) 못했는데, 그 뒤에 과연 후계자를 정하지 못함으로써 陳氏가 君主를 시해하고 나라를 찬탈하는 화를 열어줌이니라.

◎ 君之所以君과 臣之所以臣과 父之所以父와 子之所以子는 是必有道矣라. 景公이 知善夫子之言이로되 而不知反求其所以然하니 蓋悅而不繹者니 齊之所以卒於亂也니라. <楊時> 임금이 임금이 된 소이(까닭)와 신하가 신하된 소이와 아버지가 아버지된 소이와 자식이 자식된 소이는 이는 반드시 道가 있는 것이다. 景公은 夫子의 말씀을 좋게 여길 줄 알았으되, 그러나 그 소이연(所以然)을 되찾을(도리어 구할) 줄을 알지 못했으니, 대체로 (그 말을) 기뻐하기는 하였으나 (뜻을) 연역하지 않는 자이니, 齊나라는 이 때문에 亂으로 마친(끝난) 것이니라.

【解說】齊景公이 孔子에게 政事를 물으니, 孔子께서 대답하시기를, 임금은 임금 노릇하며, 신하는 신하 노릇하며, 아버지는 아버지 노릇하며, 자식은 자식 노릇하는 것입니다. 公이 말하기를, 좋습니다! 진실로 만일 임금이 임금 노릇을 못하며, 신하가 신하 노릇을 못하며, 아비가 아비 노릇을 못하며, 자식이 자식 노릇을 못한다면, 비록 곡식이 있은들 내가 능히 그것을 먹을 수 있겠습니까?

【主題】政事의 根本 — 君君 臣臣 父父 子子 (孔子之正名思想).

※ 人倫을 밝히는 일이 政事의 根本임을 보인 것임.

[12]

子曰 片言에 可以折獄者는 其由也與인저. 子路는 無宿諾이러라. <平敍法>

【字解】
折(절) 끊다, 결단하다. 宿(숙) 자다(묵히다), 오래다.

【硏究】
片言 : 半言(반 마디 말). 折 : 斷也(결단함이다).
宿 : 留也니 急於踐言하여 不留其諾也라
(묵힘이니, 말을 실천함에 급해서 그 허락함을 묵히지 않음이다).
◎ 子路忠信明決이라. 故로 言出而人信服之하여 不待其辭之畢也니라. <朱子> 子路는 忠信하고 밝게 결단하였다. 그러므로 말이 나오면 사람들이 그것을 믿고 복종하여 그 말이 끝나기를 기다리지 않았느니라.
◎ 小邾射(소주역)이 以句繹奔魯하여 曰 使季路要(약속할 요)我면 吾無盟矣라 하니 千乘之國이 不信其盟而信子路之一言하니 其見信於人을 可知矣라. 一言而折獄者는 信在言前하여 人自信之故也니 不留諾은 所以全其信也니라. <尹焞> 소주역이 句繹의 땅을 가지고 魯나라로 망명 와서 말하기를, 季路로 하여금 나와 약속하게 하면 나는 맹약을 않겠다 하였으니, 千乘의 나라(제후국)가 그 맹약을 믿지 않고서 子路의 한마디 말을 믿었으니, 그(子路)가 남에게 신임을 받은 것을 알 수 있다. 한마디 말로 옥사를 결단할 수 있었던 것은 신임이 말하기 이전에 있어서 사람들이 스스로 그를 믿었기 때문이니, 승낙함을 묵힘이 없었음은 써 그 信을 온전히 한 것이니라.

【解說】 孔子께서 말씀하시기를, 반 마디 말에 옥사를 결단할 수 있는 자는 그 由(子路)일 것이로다. 子路는 승낙함을 묵힘이 없었느니라.

【主題】 孔子의 子路의 爲人 稱讚 — 子路之信.
※ 사람은 마땅히 信이 있어야 함을 보인 것임.

[13]

子曰 聽訟이 吾猶人也나 必也使無訟乎인저. <禁止法>

【字解】
聽(청) 듣다, 기다리다. 염탐하다, 관청. 訟 송사할 송.

【硏究】
◎ 聽訟者는 治其末塞其流也니 正其本淸其源이면 則無訟矣리라. <范祖禹> 송사를 심리함은 그 지엽을 다스리고 그 흐름을 막음이니, 그 근본을 바로잡고 그 근원을 맑게 한다면 송사함이 없어지리라.
◎ 子路片言에 可以折獄이나 而不知以禮遜爲國하니 則未能使民無訟者也라. 故로 又記孔子之言하여 以見(현)聖人不以聽訟爲難하고 而以使民無訟爲貴니라. <楊時> 子路가 반마디 말로 옥사를 결단할 수 있었으나, 그러나 예와 겸양으로써 나라를 다스릴 줄은 알지 못하였으니, 그렇다면 능히 백성으로 하여금 송사함이 없게 할 수는 없는 자였다. 그러므로 또 공자의 말씀을 기록하여서 聖人은 송사를 심리함으로써 어려움을 삼지 않고 백성으로 하여금 송사함이 없게 함을 귀하게 여김을 나타냄이다.

【解說】 孔子께서 말씀하시기를, 訟事를 심리함(결단함)은 나도 남과 같이 하겠으나, 반드시 (사람들로 하여금) 訟事함이 없게 할 것이로다.

【主題】 孔子의 訟事에 대한 견해 — 使無訟.
※ 德과 禮로 民을 敎化하여 訟事를 없게 함이 貴하다는 뜻임.

[14]

子張問政한대 子曰 居之無倦이요 行之以忠이니라. <問答法·對句法>

【字解】
倦(권) 게으르다, 진력나다, 고달프다.

【硏究】
居之 [거기(벼슬자리)에 마음을 두다. <朱子>
　　 [자리(벼슬자리)에 있다. <異說>
◎ 居는 謂存諸(之於)心이니 無倦則始終如一이요 行은 謂發於事니 以忠則表裏如一이라. <朱子> 居는 마음에 그것을 보존함을 이르니, 게으름이 없으면 始終이 한결같을 것이요, 行은 일에 나타남을 이르니, 忠으로써 한다면 表裡가 한결같을 것이니라.
◎ 子張少仁하여 無誠心愛民하니 則必倦而不盡心이라. 故로 告之以此

하시니라. <程子> 子張은 仁이 不足하여(없어서) 誠心으로 백성을 사랑함이 없었으니, 그렇다면 반드시 게을러져서 마음을 다하지 않을 것이다. 그러므로 이것으로써 그에게 말씀하신 것이니라.

【解說】 子張이 政事를 물으니, 孔子께서 말씀하시기를, 거기(벼슬자리)에 마음 두기를 게을리 말며, 그것(政事)을 行함에 忠으로 할지니라.

【主題】 爲政之道 — 居之無倦 行之以忠.
※ 子張이 少仁하고 無誠心하여 그에게 誠實이 貴함을 말한 것임.

[15]

子曰 博學於文이요 約之以禮면 亦可以不畔矣夫인저. <平敍法>

【字解】 省 略

【硏究】 第六 雍也篇 [25章]의 重出임.

【解說】 孔子께서 말씀하시기를, (君子가) 文에 대하여 널리 배우고 禮로써 (그것을) 요약(단속)한다면 또한 (道에) 위배되지 않을 것이로다.

【主題】 君子의 求道之法(學問的 態度) — 博文約禮.
※ 孔子께서 道를 求하는 君子에게 훈계한 내용임.

[16]

子曰 君子는 成人之美하고 不成人之惡하나니 小人은 反是니라. <比較法>

【字解】 省 略

【硏究】
◎ 成者는 誘掖奬勸하여 以成其事也라. 君子小人은 所存이 旣有厚薄之殊하고 而其所好又有善惡之異라. 故로 其用心不同이 如此라. <朱子> 成이란 것은 이끌어 주고 권장하여서 그 일을 이룸이다. 君子와 小

人은 마음에 둔 바가 이미 후박의 다름(차이)이 있고, 그 좋아하는 바가 또 선악의 차이가 있다. 그러므로 그 마음 씀이 같지 않음이 이와 같다.

【解說】 孔子께서 말씀하시기를, 君子는 남의 아름다움을 이루어 주고 남의 악을 이루어 주지 않으니, 小人은 이와 반대이니라.

【主題】 君子와 小人의 用心上 差異点.
※ 君子와 小人은 남을 대접하는 마음이 서로 다름을 보인 것임.

[17]

季康子 問政於孔子한대 孔子對曰 政者는 正也니 子帥以正이면 孰敢不正이리오. <問答法・設疑法>

【字解】
帥 장수 수, 거느릴 솔. 孰(숙) 누구, 무엇, 어느.

【研究】
季康子 : 魯國의 참월무도한 大夫. 魯國 三桓의 一家인 季孫의 子.
◎ 未有己不正而能正人者니라. <范祖禹>
自身이 바르지 못하면서 남을 바르게 할 수 있는 자는 있지 아니하니라.
◎ 魯自中葉으로 政由大夫하니 家臣效尤하여 據邑背叛하여 不正甚矣라. 故로 孔子以是告之하시니 欲康子以正自克하여 而改三家之故시니라. <胡寅> 魯나라는 중엽으로부터 政事가 大夫에 말미암으니, 가신들이 허물을 본받아 邑을 점거하고 배반하여 바르지 못함이 심했다. 그러므로 孔子가 이것으로써 그에게 말씀하셨으니, 康子가 올바름으로써 스스로 극복하여 三家의 옛 버릇을 고치게 하려 하심이니라.

【解說】 季康子가 孔子에게 政事를 물으니, 孔子께서 대답해 말씀하시기를, 政이란 것은 바로잡음이니, 그대가 바름으로써 솔선한다면(거느린다면) 누가 감히 바르지 않으리오.

【主題】 爲政之法 — 正也.
※ 孔子께서 大夫 집안들(三桓)의 不正을 고치게 하려고 '正'으로써 季康子에게 훈계한 것임.

[18]

季康子 患盜하여 問於孔子한대 孔子對曰 苟子之不欲이면 雖賞之라도 不竊하니라. <假定法・問答法>

【字解】
竊(절) 도둑, 도둑질하다, 몰래.

【硏究】
◎ 子不貪欲이면 則雖賞民하여 使之爲盜라도 民亦知恥而不竊이니라. <朱子> 그대가 탐욕을 부리지 않는다면 비록 백성들에게 賞을 주어 그들로 하여금 도둑질하게 해도 백성들은 또한 부끄러움을 알아서 도둑질하지 않을 것이니라.
◎ 季氏竊柄하고 康子奪嫡하니 民之爲盜는 固其所(當然)也라. 盍(何不)亦反其本邪아. 孔子以不欲啓之하시니 其旨深矣로다. <胡寅>
季氏는 정권을 도둑질하고, 康子는 嫡子를 빼앗았으니, 백성들이 도둑질함은 진실로 당연함이다. 어찌 또한 그 근본을 되돌려야 하지 않겠는가? 孔子께서 탐욕을 부리지 말라는 말씀으로써 그(季康子)를 계도하셨으니, 그 뜻이 깊도다.

【解說】 季康子가 도둑을 걱정하여 孔子에게 (대책을) 물으니, 孔子께서 대답해 말씀하시기를, 만일 그대가 탐욕을 부리지 않는다면 비록 백성들에게 賞을 주더라도 도둑질하지 않으리라.

【主題】 孔子의 防盜之方 — 不欲.
※ 盜는 貪欲에서 생기므로 季康子에게 不欲을 말한 것임.

[19]

季康子問政於孔子曰 如殺無道하여 以就有道인댄 如何하니잇고. 孔子對曰 子爲政에 焉用殺이리오. 子欲善이면 而民善矣리니 君子之德은 風이요 小人之德은 草라. 草上之風이면 必偃하나니라. <問答法・比喩法>

【字解】
偃 누울 언. 上 윗상, 오를 상, 더할 상.

【研究】
◎ 爲政者는 民所視效니 何以殺爲리오. 欲善則民善矣라. <朱子>
政事를 행하는 者는 백성들이 보고 본받는 것이니, 어찌 죽임으로써 하리오, 善하고자 하면 백성들이 선해진다.
◎ 殺之爲言이 豈爲人上之語哉리오. 以身教者는 從(民從之)하고 以言教者는 訟(民訟之)하니 而況於殺乎아. <尹焞> 죽인다는 말이 어찌 人民의 윗사람 된 자의 말이리오. 몸으로써 가르치는 자는 (백성들이) 따르고, 말로써 가르치는 자는 (백성들이) 다투나니, 하물며 죽임에 있어서이겠는가?

【解說】 季康子가 孔子에게 政事를 물으며 말하기를, 만일 무도한 자를 죽여서 道 있는 데로 나아가게 하면 어떻습니까? 孔子께서 대답해 말씀하시기를, 그대가 政事를 행함에 어찌 죽임을 쓰리오. 그대가 善하고자 하면 백성들이 善해지리니, 君子의 德은 바람이요 小人의 德은 풀이다. 풀에 그 바람이 加해지면 반드시 (풀은) 쓰러지느니라.

【主題】 爲政之道 — 以德(善)化民.
※ 季康子가 以刑爲政코자 함에 공자는 以德(善)化民으로 교훈함.

[20]

子張이 問士何如라야 斯可謂之達矣니잇고. 子曰 何哉오. 爾所謂達者여. 子張이 對曰 在邦必聞하며 在家必聞이니이다. 子曰 是는 聞也라 非達也니라. 夫達也者는 質直而好義하며 察言而觀色하며 慮以下人하나니 在邦必達하며 在家必達이니라. 夫聞也者는 色取仁而行違요 居之不疑하나니 在邦必聞하며 在家必聞이니라. <問答法・倒置法・比較法>

【字解】
聞(문) 듣다, 들리다, 알려지다(소문나다), 맡다.
慮(려) 생각하다, 걱정하다.

【研究】

達 : 德孚於人而行無不得之謂
(德이 남에게 믿어져서 行함에 얻지 못함이 없음을 말함이다).
[在邦必聞 在家必聞] : 言名譽著聞也(명예가 드러나고 알려짐을 말한다).
[是聞也 非達也] : 聞與達은 相似而不同하니 乃誠僞之所以分이라.
(聞과 達은 서로 비슷하나 같지 않으니, 바로 誠과 僞의 분별이다).
◎ 學者는 須是務實이요 不要近名이니 有意近名이면 大本已失이니 更學何事리오. 爲名而學이면 則是僞也라. 今之學者는 大抵爲名하니 爲名與爲利는 雖淸濁不同이나 然이나 其利心則一也니라. <程子>
배우는 자는 모름지기 실제를 힘쓸 것이요, 명예를 가까이 구하지 말아야 하니, 뜻이 명예를 가까이 함에 있으면 큰 근본이 이미 상실된 것이니, 다시 무슨 일을 배우리오. 명예를 위해서 배운다면 이는 거짓이다. 지금의 배우는 자들은 대부분 명예를 위하니, 명예를 위함과 이익을 위함은 비록 淸과 濁이 같지 않으나 그러나 그 利의 마음은 곧 동일한 것이니라.

【解說】 子張이 묻기를, 선비가 어떠해야 그를 達이라 이를 만합니까? 孔子께서 말씀하시기를, 무엇인가? 너가 말하는 바 達이란 것이. 子張이 대답해 말하기를, 나라에 있어서도 반드시 소문이 나며 집안에 있어서도 반드시 소문이 나는 것입니다. 孔子께서 말씀하시기를, 이것은 聞이지 達이 아니니라. 무릇 達이란 것은 질박하고 정직하고 義를 좋아하며, 남의 말을 살피고 안색을 관찰하며, 생각하여서 남에게 몸을 낮추는 것이니, 나라에 있어서도 반드시 達하며 집안에 있어서도 반드시 達하느니라. 무릇 聞이란 것은 안색은 仁을 취하나 행실은 위배되고, 거기에 머물면서 의심하지 않는 것이니, 나라에 있어서도 반드시 소문이 나며 집안에 있어서도 반드시 소문이 나는 것이니라.

【主題】 達士와 聞士의 差異 — 誠僞之所以分.
※ 達士와 聞士는 相似而不同하니 그 差異는 誠과 僞의 差異다. 孔子 말씀의 속뜻은 모두 實에 힘쓰고 名에 힘쓰지 말라는 뜻이다.

[21]

樊遲從遊於舞雩之下러니 曰敢問崇德修慝辨惑하노이다. 子曰 善哉라 問이여. 先事後得이 非崇德與아. 攻其惡이요 無攻人之惡이 非修慝與아. 一朝之忿으로 忘其身하여 以及其親이 非惑與아. <問答法 · 倒置法 · 感歎法 · 設疑法>

【字解】

樊 울타리 번. 遲(지) 늦다, 더디다. 雩 기우제 지낼 우.
慝 간특할 특. 攻(공) 치다, 닦다. 忿 분할 분.

【研究】

樊遲 : 孔子의 제자였으며 또한 孔子의 禦者였다. (爲政 [5] 參照)
慝 : 從心從匿하니 蓋惡之匿於心者라
(心을 따르고 匿을 따랐으니 惡이 마음속에 숨어 있는 것이다).
修 : 治而去之라(그것을 다스려 제거함이다).
先事後得 : 先難後獲(어려운 일을 먼저 하고 소득을 뒤에 함이다).
◎ 爲所當爲而不計其功이면 則德日積而不自知矣요 專於治己而不責人이면 則己之惡이 無所匿이요 知一朝之忿爲甚微而禍及其親甚大면 則有以辨惑而懲其忿矣라. 樊遲麤鄙近利라. 故로 告之以此三者하시니 皆所以救其失也시니라. <朱子> 당연히 해야 할 바를 하고 그 공효를 계산하지 않는다면 德이 날로 쌓이면서도 스스로 알지 못할 것이요, 自己 몸을 다스림에 오로지 하고 남을 책하지 않는다면 自身의 惡이 숨을 곳이 없을 것이요, 하루아침의 분노는 심히 작고 禍가 그 부모에게 미침은 심히 큼을 안다면 미혹됨을 분별하여 그 분함을 징계함이 있을 것이다. 번지는 거칠며 비루하고 利를 가까이했다. 그러므로 이 세 가지로써 그에게 말씀해 주셨으니, 모두 그의 잘못을 바로 잡으신 것이니라.

【解說】 樊遲가 孔子를 따라 舞雩의 아래에 갔었는데, 德을 높이고 간특함을 닦고 미혹을 분별함을 감히 묻나이다 라고 하였다. 孔子께서 말씀하시기를, 좋다 (너의) 질문이여! 일을 먼저하고 소득을 뒤에 함이 德을 높임이 아니겠는가? 自身의 惡을 다스리고 남의 惡을 다스리지 않음이 간특함을 닦는 것이 아니겠는가? 하루아침의 분노로 自身을 잊어서 (禍가) 그 부모에게까지 미치게 함이 미혹됨이 아니겠는가?

【主題】 樊遲에 대한 孔子의 세 가지 가르침.
※ 산책 중의 사제 간 문답으로서, 孔子께서는 거칠고 비루하고 利를 가까이 하는 樊遲의 失을 救하기 爲해 가르침을 베푼 것이다.

[22]

樊遲問仁한대 子曰 愛人이니라. 問知(智)한대 子曰 知人이니라. 樊遲未達이어늘 子曰 擧直錯諸(제)枉이면 能使枉者直이니라. 樊遲退하여 見子夏曰 鄕(曏)也에 吾見(현)於夫子而問知호니 子曰 擧直錯諸枉이면 能使枉者直이라 하시니 何謂也오. 子夏曰 富哉라 言乎여. 舜有天下에 選於衆하사 擧皐陶하시니 不仁者遠矣요 湯有天下에 選於衆하사 擧伊尹하시니 不仁者遠矣니라. <問答法・倒置法・例證法>

【字解】

錯(조) 두 다, 버리다. (착) 꾸미다, 섞이다, 줄, 숫돌.
諸(제) 모든. (저)之於, 之乎.　枉 굽을 왕.　皐 높을 고.
鄕(향) 마을, 고을(시골), 고향, 지난번.　陶(도) 질그릇. (요) 즐겁다.

【研究】

伊尹 : 湯之相也(탕 임금의 재상이다).
愛人 : 仁之施也(仁의 베풂이다).　知人 : 知(智)之務也(知의 일이다).
樊遲未達 : 遲之意는 蓋以愛欲其周而知有所擇이라. 故로 疑二者之相悖耳라. <曾幾> (번지의 뜻은 愛(仁)는 그 두루 하고자 하나 知는 선택하는 바가 있다고 여겼다. 그러므로 두 가지가 서로 모순된다고 의심한 것이다.)
擧直錯諸枉 : ① 곧은 자를 들어 굽은 자 위에 두다.
② 곧은 자를 들어 쓰고 모든 굽은 자를 버리다.
[擧直錯……枉者直] : 擧直錯枉者는 知也요 使枉者直은 則仁矣니 如此면 則二者不惟不相悖라 而反相爲用矣니라. <朱子>
(곧은 이를 들어 쓰고 굽은 이를 버림은 知요, 굽은 이로 하여금 곧게 함은 仁이니, 이같이 하면 두 가지가 서로 어긋나지 않을 뿐 아니라 도리어 서로 쓰임이 되는 것이니라.)
[富哉라 言乎여] : 歎其所包者廣하여 不止言知라. <朱子> (그 포함하는 바가 넓어서 知를 말함에 그치지 않음을 감탄한 것이다.)
[舜有天下……不仁者遠矣] : 不仁者遠은 言人皆化而爲仁하여 不見有不仁者하여 若其遠去爾니 所謂使枉者直也라. 子夏蓋有以知夫子之兼仁知而言矣니라. <朱子> (不仁한 者가 멀어졌다는 것은 사람들이 모두 변화해서 仁을 행하여 不仁한 者가 있음을 볼 수 없어서

멀리 사라진 것과 같음을 말하니, 이른바 부정한 자로 하여금 곧게 한다는 것이다. 子夏(卜商)는 夫子께서 仁과 知를 겸하여 말했음을 알았던 것이다.)

◎ 聖人之語가 因人而變化하여 雖若有淺近者나 而其包含이 無所不盡을 觀於此章에 可見矣니 非若他人之言이 語近則遺遠하고 語遠則不知近也니라. <程子> 聖人의 말씀은 사람에 따라 변화해서 비록 천근함이 있는 것 같으나 그 포함한 것은 다하지 않음이 없음을 이 章에서 보면 알 수 있으니, 다른 사람의 말이 천근함을 말하면 멂을 빠뜨리고 멂을 말하면 천근함을 알지 못하는 것과는 같지 않느니라.

【解說】 樊遲가 仁을 물으니, 孔子께서 말씀하시기를, 사람을 사랑하는 것이니라. 知를 물으니, 孔子께서 말씀하시기를, 사람을 아는 것이니라. 樊遲가 그 내용을 통달하지 못하자, 孔子께서 말씀하시기를, 곧은 이를 들어 쓰고 모든 굽은 이를 버리면 굽은 이로 하여금 곧게 할 수 있는 것이니라. 樊遲가 물러가서 子夏(卜商)를 보고 말하기를, 지난번 내가 夫子를 뵈옵고 知를 물었더니, 孔子께서 말씀하시기를, 곧은 이를 들어 쓰고 모든 굽은 이를 버리면 능히 굽은 이로 하여금 곧게 할 수 있다 하셨으니, 무슨 말입니까? 子夏가 말하기를, 풍부하도다, 그 말씀이여! 舜임금이 天下를 소유하심에 여러 사람 중에서 선발하여 皐陶를 들어 쓰시니 不仁者들이 멀리 사라졌고, 湯임금이 천하를 소유하심에 여러 사람 중에서 선발하여 伊尹을 들어 쓰시니 不仁者들이 멀리 사라졌느니라.

【主題】 仁과 知(智)에 대한 孔子의 가르침.

※ 樊遲에게 말한 孔子의 말씀은 仁과 知가 서로 이루어지는 妙함을 보이는데, 핵심은 知에 있으니 仁에 어그러지지 않고 知를 이루는 것을 舜湯之例로써 증거하고 있다.

[23]

子貢問友한대 子曰 忠告而善道之하되 不可則止하여 無自辱焉이니라. <問答法・禁止法>

【字解】 省 略

【研究】

◎ 友는 所以輔仁이라. 故로 盡其心以告之하고 善其說以道之라. 然이나 以義合者也라. 故로 不可則止니 若以數(삭)而見疏면 則自辱矣라. <朱子> 벗은 써 仁을 돕는 것이다. 그러므로 그 마음을 다하여서 그에게 말해주고, 그 말을 잘하여서 그를 인도할 것이다. 그러나 義로 合한 者이다. 그러므로 不可能하면 그만두어야 하니, 만약 자주 말하다가 소원함을 당하면 스스로 욕되는 것이다.

【解說】 子貢이 벗(交友)에 대하여 물으니, 孔子께서 말씀하시기를, 충심으로 말해 주고 그를 잘 인도하되 불가능하면 그만두어서 스스로 욕보지 말지니라.

【主題】 交友之道 — 忠告而善道之 不可則止.

※ 孔子께서 벗을 사귀는 도리를 밝히신 것임.

[24]

曾子曰 君子는 以文會友하고 以友輔仁이니라. <對句法・連鎖法>

【字解】 省 略

【研究】

◎ 講學以會友면 則道益明하고 取善以輔仁이면 則德日進이니라. <朱子> 학문을 강하여서 벗을 모으면 道가 더욱 밝아지고, (상대방의) 善을 취해서 仁을 돕는다면 德이 날로 진전되느니라.

【解說】 曾子가 말하기를, 君子는 文(學問)으로써 벗을 모으고, 벗으로써 仁(나의 行仁)을 돕느니라.

【主題】 君子之取友 — 會友而輔仁.

※ 曾子께서 벗을 取하는 유익함을 보인 것임.

第十三 子 路 篇

주제 : 爲政之事及道德

◎ 凡三十章.

◎ 先人이나 君子들이 나라를 다스리고 百姓을 敎化하는 仁政과 孝悌에 대한 글들이 많다. 특히 中庸의 道를 지키고 倫理道德을 實踐함이 修身과 治國의 根本임을 밝혔다. <邢昺>

[1]

子路問政한대 子曰 先之勞之니라. 請益한대 曰 無倦이니라. <問答法>

【字解】 省 略

【研究】

先之勞之 : 백성들에 솔선해야 하며 백성을 위해 힘들여 일해야 한다.

※ 先道之以德 使民信之然後勞之. <孔安國>

◎ 凡民之行을 以身先之면 則不令而行이요 凡民之事를 以身勞之면 則雖勤不怨이니라. <蘇軾> 대체로 백성들이 행해야 함[道理]을 自身(爲政者)이 그것을 솔선하면 (윗사람이) 명령하지 않아도 행해지고, 대체로 백성들이 행해야 할 일을 自身이 그것을 애써 하면 (백성들이) 비록 수고롭더라도 (윗사람을) 원망하지 않느니라.

◎ 勇者는 喜於有爲而不能持久라. 故로 以此告之니라. <吳棫>
용맹스런 자는 일하기를 기뻐하나 오래 버틸 수 없다. 그러므로 이것으로써 그에게 말씀하심이니라.

◎ 子路問政에 孔子旣告之矣요 及請益에 則曰無倦而已요 未嘗復有所告하니 姑使之深思也니라. <程子>
子路가 政事를 물음에 孔子께서 이미 그것을 말하였고, 더 말해 주기를 청함에 미쳐 곧 말하기를 게을리하지 말라 했을 뿐이요, 일찍이 다시 말한 바가 있지 않으니, 우선(일부러) 그로 하여금 깊이 생각하게 하심이니라.

【解說】 子路가 政事를 물으니, 孔子께서 말씀하시기를, 백성들에 솔선하며 그들을 위해 힘들여 일할 것이니라. 더 자세히 말씀해 주시기를 請하니, 게을리하지 말지니라 하셨다.

【主題】 爲政者의 바른 자세 — 先之勞之(無倦).
※ 政治의 根本이 治者의 率先躬行과 無倦에 있음을 강조했음.

[2]

仲弓이 爲季氏宰하여 問政한대 子曰 先有司요 赦小過하며 擧賢才니라. 曰 焉知賢才而擧之리잇고. 曰 擧爾所知면 爾所不知를 人其舍諸아. <問答法・列擧法・設疑法>

【字解】
宰(재) 재상, 주장하다, 다스리다, 잡다. 赦 용서할 사.

【硏究】
宰 : 領地의 邑長, 家臣之長, 家宰. 諸 : 之乎.
有司 : 일의 담당자. 각종 직분을 분담하여 관리하는 邑의 관리.
◎ 有司는 衆職也라. 宰兼衆職이나 然이나 事必先之於彼而後에 考其成功이면 則己不勞而事畢擧矣라. 過는 失誤也라. 大者는 於事或有所害하니 不得不懲이어니와 小者赦之면 則刑不濫而人心悅矣라. 賢은 有德者요 才는 有能者니 擧而用之면 則有司皆得其人하여 而政益修矣리라. <朱子> 有司는 여러 직책을 맡은 자이다. 宰는 여러 직책을 겸하나 그러나 일을 반드시 저들(有司)에게 그것을 먼저 시킨 후에 그 이룬 공적을 살핀다면 자기는 수고롭지 않고도 일이 다 거행될 것이다. 過는 실수로 잘못함이다. 큰 것(잘못)은 일에 혹 해로운 바가 있으니, 능히 징계하지 않을 수 없거니와 작은 것(잘못)은 그것을 용서해 주면 형벌이 남용되지 않아서 人心이 기뻐할 것이다. 賢은 德이 있는 者요, 才는 재능이 있는 자이니, 그들을 등용하여 쓰면 有司는 모두 그 사람(적임자)을 얻어 政事가 더욱 닦여지리라.
◎ 便見仲弓與聖人用心之大小라. 推此義면 則一心可以興邦과 一心可以喪邦이 只在公私之間爾니라. <程子> 仲弓과 聖人의 마음 씀이 크고 작음을 곧 볼 수 있다. 이 뜻을 미루어 나간다면, 한 마음이 가히 써 나라를 부흥시킬 수 있음과 한 마음이 가히 써 나라를 잃게 할 수도 있음이 다만 公과 私의 사이에 달려 있을 따름이니라.
◎ 不先有司면 則君行臣職矣요 不赦小過면 則下無全人矣요 不擧賢才면 則百職廢矣라. 失此三者면 不可以爲季氏宰어든 況天下乎아. <范祖禹> 有司에게 먼저 시키지 않으면 君主가 臣下의 직무를 행하게 될 것이요, 작은 허물을 용서하지 않으면 아래에 온전한 사람이 없게 될 것이요, 어진 이와 유

능한 이를 등용하지 않으면 모든 직무가 마비될 것이다. 이 세 가지를 잃으면 가히 써 季氏의 가신도 될 수 없거든 하물며 天下를 다스림에 있어서야!

【解說】 仲弓(冉雍)이 季氏의 家臣(家宰)이 되어 政事를 물으니, 孔子께서 말씀하시기를, 有司에게 먼저 시키고 작은 허물을 용서해 주며 어진 이와 유능한 이를 등용할지니라. (仲弓이) 말하기를, 어떻게 어진 이와 유능한 이를 알아서 (그를) 등용합니까? (孔子께서) 말씀하시기를, 네가 아는 자를 등용하면 네가 모르는 자를 남들이 (그를) 내버려 두겠는가?

【主題】 政事의 大原則 — 先有司 赦小過 擧賢才.

[3]

子路曰 衛君이 待子而爲政인댄 子將奚先이시리잇고. 子曰 必也正名乎인저. 子路曰 有是哉라 子之迂也여. 奚其正이시리잇고. 子曰 野哉라 由也여. 君子於其所不知에 蓋闕如也니라. 名不正이면 則言不順하고 言不順이면 則事不成하고 事不成이면 則禮樂不興하고 禮樂不興이면 則刑罰不中하고 刑罰不中이면 則民無所措手足이니라. 故로 君子名之면 必可言也며 言之면 必可行也니 君子於其言에 無所苟而已矣니라.<問答法·連鎖法·倒置法>

【字解】

迂(우) 멀다, 굽다.
奚(해) 어찌, 무엇.
野(야) 들, 백성, 질박하다, 속되다.
闕 빼놓을 궐.

【硏究】

衛君 : 出公輒(衛靈公의 孫이며 蒯聵의 子).
迂 : 謂遠於事情이니 言非今日之急務也라. 野 : 謂鄙俗(비속함을 이름).
※ 이때는 魯의 哀公 10年으로 孔子는 楚에서 衛로 오신 때이다. 衛는 世子 蒯聵가 그의 모친인 南子의 음란함을 부끄럽게 생각하여 죽이려 하다가 決行하지 못하고 國外로 도망하자 靈公은 公子 郢(영)을 세우려고 했으나 郢은 사양했다. 靈公이 죽자 南子는 蒯聵의 아들인 輒을 즉위시켜 그의 아비인 蒯聵를 막게 했다. 子路는 輒을

끝까지 섬기다가 蒯聵가 入國하면서 죽음을 당했다.

◎ 是時에 出公이 不父其父而禰(아버지사당 녜)其祖하여 名實紊矣라. 故로 孔子以正名爲先이라. <朱子> 이때에 出公은 自己의 아버지를 아버지로 여기지 않고, 自己의 할아버지를 아비로 삼아, 名分과 實狀이 문란하였다. 그러므로 孔子께서 名分을 바로잡음으로써 우선을 삼았다.

◎ 正名은 雖爲衛君而言이나 然이나 爲政之道는 皆當以此爲先이니라. <謝良佐> 名分을 바로잡는 일은 비록 衛나라 君主 때문에 하신 말씀이나, 政事를 하는 道理는 모두 당연히 이것으로써 우선을 삼아야 하느니라.

◎ 名不當其實則言不順하고 言不順則無以考實而事不成이라. <楊時> 名分이 그 실제와 합당하지 않으면 말이 (이치에) 순하지 못하고, 말이 (이치에) 순하지 못하면 실상을 살필 수 없어 일이 이루어지지 못한다.

◎ 事得其序之謂禮요 物得其和之謂樂이니 事不成則無序而不和라. 故로 禮樂不興이요 禮樂不興則施之政事에 皆失其道라. 故로 刑罰不中이니라. <范祖禹> 일이 그 질서를 얻음을 禮라 이르고, 사물이 그 和함을 얻음을 樂이라 이르나니, 일이 이루어지지 못하면 秩序가 없어져서 和하지 못하다. 그러므로 禮樂이 일어나지 못하고, 禮樂이 일어나지 못하면 政事를 시행함에 모두 그 道를 잃게 된다. 그러므로 형벌이 알맞지 못하게 됨이니라.

◎ 名實相須하니 一事苟면 則其餘皆苟矣니라. <程子> 名分과 實相은 서로 필요하니, 한 가지 일이 구차하면 그 나머지도 모두가 구차해지느니라.

【解說】 子路가 말하기를, 衛나라 君主가 선생님을 기다려서 政事를 하려 하신다면 선생님께서는 장차 무엇을 우선하시렵니까? 孔子께서 대답하시기를, 반드시 명분을 바로잡을 것이로다. 子路가 말하기를, 이러하십니다 그려, 선생님의 우활하심이여! 어떻게 바로잡을 수 있겠습니까? 孔子께서 말씀(대답)하시기를, 비속하구나, 由여! 君子는 그가(자기가) 알지 못하는 것에는 말하지 않고 가만히 있는 것이다. 명분이 바르지 못하면 말이 (이치에) 순하지 못하고, 말이 (이치에) 순하지 못하면 일이 이루어지지 못하고, 일이 이루어지지 못하면 禮樂이 일어나지 못하고, 禮樂이 일어나지 못하면 刑罰이 알맞지 못하고, 刑罰이 알맞지 못하면 백성들이 손발을 둘 곳이 없어지느니라. 그러므로 君子가 이름(명분)을 붙이면 반드시 말할 수 있으며, 말할 수 있으면 반드시 행할 수 있으니, 君子는 그 말에 대하여 구차히 함이 없을 뿐이니라.

【主題】 爲政混亂의 收拾策 — 正名.

※ 道德的 政治의 要道로서 正名을 强調함.

[4]

樊遲請學稼한대 子曰 吾不如老農호라. 請學爲圃한대 曰 吾不如老圃호라. 樊遲出이어늘 子曰 小人哉라 樊須여. 上好禮면 則民莫敢不敬하고 上好義면 則民莫敢不服하고 上好信이면 則民莫敢不用情이니 夫如是則四方之民이 襁負其子而至矣리니 焉用稼리오. <問答法·列擧法·設疑法>

【字解】

稼 심을 가. 圃 채전 포. 襁 포대기 강. 負(부) 지다, 업다.

【硏究】

稼 : 種五穀也(오곡을 심는 것이다). 圃 : 種蔬菜也(채소를 심는 것이다).

小人 : 謂細民이니 孟子所謂小人之事者也라
(서민을 이르니, 孟子의 이른바 소인의 일이다).

禮義信 : 大人之事也라. 好義則事合宜라
(大人의 일이다. 義를 좋아하면 일이 마땅함에 맞는다).

敬服用情 : 各以其類而應也라(각기 그 유에 따라 응함이다).

襁 : 織縷爲之하여 以約小兒於背者라
(실을 짜서 만들어 어린이를 등에 묶어 매는 것이다).

◎ 樊須遊聖人之門而問稼圃하니 志則陋矣라. 辭而闢之可也어늘 待其出而後에 言其非는 何也오. 蓋於其問也에 自謂農圃之不如하시니 則拒之者至矣라. 須之學疑不及此하여 而不能問하니 不能以三隅反矣라. 故로 不復(부)하시고 及其旣出하여는 則懼其終不喩也하여 求老農老圃而學焉이면 則其失愈遠矣라. 故로 復言之하여 使知前所言者意有他하시니라. <楊時> 樊須가 聖人의 문하에 있으면서(놀면서) 농사 짓는 방법과 채전 가꾸는 일을 물었으니, 뜻이 곧 비루하다. (孔子께서) 말씀하시어 그를 물리치심(열어주심)이 옳거늘 그가 나가기를 기다린 뒤에 그의 잘못을 말씀하신 것은 어째서인가? 그가 물었을 적에 스스로 농부와 원예사만 못하다(같지 못하다)고 말씀하셨으니, 곧 그를 거절함이 지극한 것이다. 樊須의 학문이 아마도 이에 미치지 못하여서 물을 수 없었던 듯하니, (이는 한 모서리를 들어 일러줌에) 능히 세 모서리로써 반증하지 못한 것이다. 그러므로 다시 하지(다시 말씀해 주시지) 않으셨고, 그가 이미 나감에 미쳐서는 끝내 깨닫지 못하여 늙은 농부와 늙은 원예사를 찾아가서 그에게 배운다면 그의 잘못이 더욱 커질까 두려웠다. 그러므로 그것을 다시 말씀하시어 앞에서 말한 바가 뜻이 다른 데 있음을 알게 하신 것이니라.

【解說】 樊遲가 농사일 배우기를 청하니, 孔子께서 말씀하시기를, 나는 늙은 農夫만 같지 못하도다. 채전 가꾸는 일 배우기를 청하니, (孔子께서) 말씀하시기를, 나는 늙은 원예사만 같지 못하노라. 樊遲가 나가자 孔子께서 말씀하시기를, 小人이로다, 樊須여! 윗사람이 禮를 좋아하면 백성들이 감히 공경하지 않는 이가 없고, 윗사람이 義를 좋아하면 백성들이 감히 복종하지 않는 이가 없고, 윗사람이 信을 좋아하면 백성들이 감히 성실로써 하지 않는 이가 없으니, 무릇 이와 같이 하면 四方의 백성들이 그 자식을 포대기에 업고 올(이를) 것이니, 어찌 농사짓는 법을 쓸(배울) 필요가 있으리오.

【主題】 百姓敎化의 敎訓 — 禮・義・信의 强調.

※ 君子(治者)의 使命을 깨닫지 못한 樊遲의 질문을 받고 禮와 義와 信으로써 百姓을 敎化함이 政治의 根本임을 孔子께서 敎訓하신 것이다.

[5]

子曰 誦詩三百하되 授之以政에 不達하며 使於四方에 不能專對하면 雖多나 亦奚以爲리오. <假定法・設疑法>

【字解】

誦 욀 송. 授(수) 주다, 맡기다. 使(사) 하여금, 부리다. (시) 사신가다.

【硏究】

詩 : 詩經(毛詩). 專 : 獨(擅)也(홀로이다).

授之以政 : 政事를 그에게 맡기다.

奚以爲 : 무슨 쓸모가 있는가(무슨 소용이 있는가).

專對 : 독단으로 응대하다. 達 : 達成.

◎ 詩本人情하고 該物理하여 可以驗風俗之盛衰하고 見政治之得失하고 其言이 溫厚和平하여 長於風諭라. 故로 誦之者必達於政而能言也라. <朱子> (詩經의) 詩는 人情에 근본하고, 사물의 이치를 갖추어(포괄하여) 風俗의 성쇠를 징험하고, 정치의 잘잘못을 볼 수 있으며, 그 말(내용)이 온후하고 화평하여 풍자해서 깨우침에 뛰어나다. 그러므로 그것(詩)을 외는 자는 반드시 정치에 통달하고 언어에 능하다.

◎ 窮經은 將以致用也니 世之誦詩者果能從政而專對乎아. 然則其所學者는 章句之末耳니 此는 學者之大患也니라. <程子> 경서를 궁구함은 장차 써 實用을 이루려 함이니, 世上에 詩를 외는 자들이 과연 능히 정치

에 종사하여 혼자서 대응할(처결할) 수 있겠는가? (절대로 그렇지 못하다) 그렇다면 그가 배운 바는 章句의 말단(지엽)일 뿐이니, 이는 배우는 자들의 큰 병통이니라.

【解說】 孔子께서 말씀하시기를, 詩經의 三百首의 詩를 외면서도 政事를 그에게 맡겼을 때 달성하지 못하고, 四方에 사신으로 나가서 혼자(독단으로) 응대(처결)하지 못한다면, 비록 많이 왼다 한들 또한 무슨 쓸모가 있는가?

【主題】 詩經의 올바른 학습과 그 내용(仁政과 德治)의 실천 강조.
※ 詩를 배움에 마음으로 터득하여 실제 쓰는 것이 중요함을 말함.

[6]

子曰 其身正이면 不令而行하고 其身不正이면 雖令不從이니라. <對照法>

【字解】 省 略

【研究】 省 略

【解說】 孔子께서 말씀하시기를, 그(자기) 자신이 바르면 명령하지 않아도 행해지고, 그 자신이 바르지 못하면 비록 명령한다 하더라도 따르지 않느니라.

【主題】 治民의 基本 — 修身.
※ 治民者는 마땅히 修身을 먼저 해야 함을 보임.

[7]

子曰 魯衛之政이 兄弟也로다. <隱喩法>

【字解】 省 略

【研究】

◎ 魯는 周公之後요 衛는 康叔之後니 本兄弟之國이요 而是時衰亂하여 政亦相似라 故로 孔子嘆之하시니라. <朱子>

魯나라는 周公의 후손이요 衛나라는 康叔의 후손이니 본디 형제의 나라이고, 그리고 이 당시 쇠하고 혼란하여 政情도 또한 서로 비슷하였다. 그러므로 孔子께서 이를 탄식하신 것이니라.

【解說】 孔子께서 말씀하시기를, 魯나라와 衛나라의 政情은 형제간이로다.

【主題】 魯衛之政 — 兄弟(難兄難弟).

※ 본디 兄弟之國인 魯衛兩國이 당시에 衰亂한 政情(정치의 정세)이 相似함을 보시고 孔子께서 탄식하신 말씀이나, 이면엔 양국의 장래를 희망하는 의미도 있는 듯하다.

[8]

子謂衛公子荊하시되 善居室이로다. 始有에 曰 苟合矣라 하고 少有에 曰 苟完矣라 하고 富有에 曰 苟美矣라 하니라. <漸層法·列擧法>

【字解】

苟(구) 구차하다, 진실로, 만약.　　荊 가시나무 형.

【研究】

公子荊 : 衛의 大夫로서 節儉知足의 君子임.　謂 : 이르다, 비평하다.
居室 : 집에 거처함. 治家. 家庭經營.　合 : 聚也(모음이다).
苟 : 간신히, 그럭저럭, 그런대로 대강(이만하면).　完 : 備也(갖춤이다).

◎ 言其循序而有節하여 不以欲速盡美累其心이라. <朱子>

그 순서를 따르고 절도가 있어 빨리 하고 모두 아름답게 하고자 함으로써 그 마음을 얽매지 않음을 말함이다.

◎ 務爲全美면 則累物而驕吝之心生이라. 公子荊이 皆曰苟而已하니 則不以外物爲心하여 其欲이 易足故也니라. <楊時>

완전히 아름답게 하기를 힘쓰면 물욕에 얽매여서 교만하고 인색한 마음이 생긴다. 公子荊은 모두 '그런대로 이만하면'이라 했으니, 그렇다면 外物로써 마음을 삼지 아니하여 그 욕망이 충족되기 쉽기 때문이니라.

【解說】 孔子께서 衛나라의 公子인 荊을 評하여 말씀하시기를, 집에 거

처하기(治家 또는 家庭經營)를 잘 하였도다. 처음 (가재도구를) 소유했을 때는 말하기를, 그럭저럭 이만하면 모여졌다 하였고, 다소 갖추어졌을 때에는 말하기를, 그럭저럭 이만하면 갖추어졌다 하였고, 많이 가지게 되었을 때에는 말하기를, 그럭저럭 이만하면 아름답다 하였느니라.

【主題】 治家之要道 — 不以外物爲心(富而無驕).
※ 公子荊의 居室의 훌륭함을 칭찬하고 그를 통해 治家之道를 보임.

[9]

子適衛하실새 冉有僕이러니 子曰 庶矣哉라. 冉有曰 旣庶矣어든 又何加焉이리잇고. 曰 富之니라. 曰 旣富矣어든 又何加焉이리잇고. 曰 教之니라. <問答法·漸層法>

【字解】
適(적) 가다, 맞다, 맞이하다. 僕(복) 종, 마부. 庶(서) 무리, 많다.

【研究】
僕 : 御車也(수레를 모는 것이다). 庶 : 衆也라(많음이다). 焉 : 於之.
◎ 庶而不富면 則民生不遂라. 故로 制田里薄賦斂以富之니라. 富而不教면 則近於禽獸라. 故로 必立學校明禮義以教之니라. <朱子>
백성들이 많지만 부유하지 못하면 백성들의 생활이 이루어지지 못한다. 그러므로 토지와 주택을 마련해 주고 세금을 가볍게 하여서 그들(백성들)을 부유하게 해 주는 것이다. 부유하지만 가르치지 않으면 금수에 가까워진다. 그러므로 반드시 학교를 세워 예의를 밝혀서 그들을 가르쳐야 한다.
◎ 天生斯民에 立之司牧하여 而寄以三事라. 然이나 自三代之後로 能擧此職者는 百無一二라. <胡寅>
하늘이 이 백성을 내심에 그 맡아 기를 사람(임금)을 세워서 이 세 가지 일(庶·富·教)을 붙여(맡겨) 주었다. 그러나 三代(夏·殷·周) 이후부터는 능히 이 직분을 거행한 者(군주)는 百名에 한둘도 없었다.

【解說】 孔子께서 衛나라에 가실 때에 冉有가 수레를 몰았는데, 孔子께서 말씀하시기를, (百姓들이) 많기도 하구나! 冉有가 말하기를, 이미 백성들이 많으면 또 거기에 무엇을 더해야 합니까? 말씀하시기를, 그들을 富하게 해야 하느니라. (冉有가) 말하기를, 이미 부유해

지면 또 거기에 무엇을 더해야 합니까? 말씀하시기를, 그들을 가르쳐야 하느니라.

【主題】治民의 段階와 方法 — 庶・富・教.
※ 衛의 백성을 보고 王道의 큰 條件을 언급함.

[10]

子曰 苟有用我者면 朞月而已라도 可也니 三年이면 有成이니라. <假定法>

【字解】
苟(구) 진실로, 구차히, 만약, 혹.　　朞 기년 기.

【研究】
朞月 : 周一歲之月也(일년의 12개월을 일주함이다).
可 : 僅辭니 言紀綱布也(겨우란 말이니 기강이 베풀어짐을 말한다).
有成 : 治功成也(다스리는 공이 이루어짐이다).
◎ 孔子歎當時莫能用己也라. 故로 云然이라. <尹焞>
孔子께서 당시에 自己를 능히 등용하는 자가 없음을 한탄하셨다. 그러므로 그렇게(이렇게) 말씀하신 것이다.
◎ 愚按史記에 此蓋爲衛靈公不能用而發이라. <朱子>
내가 살펴보니, 史記에 이 말씀은 아마도 위령공이 능히 등용해 주지 못했기 때문에 말씀하신 듯하다 하였다.

【解說】孔子께서 말씀하시기를, 만일 나를 登用해 주는 자가 있다면, 일 년뿐이라도 괜찮을(좋아질) 것이니, 삼 년이면 이루어짐(성과)이 있을 것이니라.

【主題】孔子의 不用에 대한 自歎.
※ 孔子가 自身이 登用되면 有成이 빠를 것임을 말한 것임.

[11]

子曰 善人이 爲邦百年이면 亦可以勝殘去殺矣라 하니 誠哉라 是言也여. <引用法・倒置法・感嘆法>

【字解】省 略

【研究】

◎ 爲邦百年은 言相繼而久也라. 去殺은 謂民化於善하여 可以不用刑殺也라. 勝殘은 化殘暴之人하여 使不爲惡也라. 蓋古有是言이어늘 而夫子稱之시니라. <朱子> 나라를 다스림을 백년 동안 한다 함은 서로 이어 오래함을 말한다. 去殺은 백성들이 善에 교화되어 가히 써 死刑을 쓰지 않을 수 있음을 말한다. 勝殘은 잔인하고 포악한 사람을 교화하여 악한 짓을 하지 않게 하는 것이다. 아마도 예로부터 이런 말이 있었거늘(있었기에) 夫子께서 그것(이것)을 칭찬하신 것이니라.

◎ 漢自高惠로 至於文景에 黎民醇厚하여 幾致刑措하니 庶乎其近之矣로다. <程子>
漢나라는 高祖 惠帝로부터 文帝 景帝에 이르기까지 백성들이 순후하여 거의 형벌을 폐함(놓음)에 이르렀으니, 거의 이에 가까울 것이로다.

◎ 勝殘去殺은 不爲惡而已니 善人之功如是요 若夫聖人은 則不待百年하고 其化亦不止此니라. <尹焞>
잔포한 사람을 교화시키고 死刑을 없앰은 악행을 하지 않게 할 뿐이니, 善人의 공효는 이와 같음이요, 저 聖人으로 말할 것 같으면, 백년을 기다리지 않고도 그 교화가 또한 여기에 그치지 않을 것이니라.

【解說】孔子께서 말씀하시기를, 善人이 나라를 百年 동안 다스린다면 또한 가히 殘暴한 사람을 교화시키고 殺刑을 없앨 수 있다고 하니, 참으로 옳도다, 이 말이여!

【主題】善人爲邦에 대한 所望.

※ 孔子께서 당시 無道한 政治狀況을 보고 古人의 말을 인용해서 自身의 심정을 보인 것임.

[12]

子曰 如有王者라도 必世而後仁이니라. <假定法>

【字解】 省 略

【研究】

◎ 王者는 謂聖人受命而興也라. 三十年爲一世라. 仁은 謂教化浹也라. <朱子> 王者는 聖人이 天命을 받아서 일어남을 말한다. 三十年을 一世라 한다. 仁은 교화가 무젖음(흡족함)을 말한다.

◎ 周自文武로 至於成王而後에 禮樂興하니 卽其效也라. 或問三年必世遲速不同은 何也오. 程子曰 三年有成은 謂法度紀綱有成而化行也라. 漸民以仁하고 摩民以義하여 使之浹於肌膚하고 淪於骨髓하여 而禮樂可興이 所謂仁也니 此非積久면 何以能致리오. <程子>
周나라는 文王 武王으로부터 成王에 이른 뒤에야 禮樂이 일어났으니, 바로(곧) 그 효험이다. 혹자가 묻기를, 三年이라 하기도 하고 반드시 한 세대라고도 하여 더디고 빠름이 같지 아니함은 어째서입니까? 程子가 말하기를, 三年이면 이루어짐이 있다 함은 법도와 기강이 이루어짐이 있고 교화가 행해짐을 말한다. 仁으로써 백성을 무젖게 하고 義로써 백성을 연마하여 그들로 하여금 피부에 무젖게 하고 골수에 스며들게 하여 禮樂이 일어남이 이른바 仁이니, 이것은 쌓고 오래하지 않으면 어찌 써 능히 이루리오.

【解說】 孔子께서 말씀하시기를, 만일 王者가 있다 하더라도 반드시 한 世代가 지난 뒤에야 (百姓들이) 仁해질 것이니라.

【主題】 王治의 功效 — 必世而後仁.
※ 王者가 오래 다스려야 王道(仁)를 이룰 수 있음을 말함.

[13]

子曰 苟正其身矣면 於從政乎에 何有며 不能正其身이면 如正人何오. <設疑法>

【字解】 省 略

【研究】
何有 ← 何難之有(무슨 어려움이 있으리오).
※ 제13 子路篇 [6]과 비슷한 내용임.

【解說】 孔子께서 말씀하시기를, 진실로 그 자신을 바르게 한다면 政事에 종사함에 무슨 어려움이 있으며, 능히 그 자신을 바르게 할 수 없으면 어찌 남을 바르게 할 것인가?

【主題】 治政의 根本 — 正其身.
※ 훌륭한 다스림을 돕는 근본이 正其身임을 말함.

[14]

冉子退朝어늘 子曰 何晏也오. 對曰 有政이러이다. 子曰 其事也로다. 如有政인댄 雖不吾以나 吾其與聞之니라. <問答法>

【字解】
晏(안) 늦다, 편안하다.

【研究】
晏 : 晩也. 政 : 國政. 事 : 家事. 以 : 用也(雖不吾以→雖不用吾).
◎ 冉有時爲季氏宰라. 朝는 季氏之私朝也라. 禮에 大夫雖不治事라도 猶得與聞國政이라. 是時季氏專魯하여 其於國政에 蓋有不與同列議於公朝하고 而獨與家臣謀於私室者라. 語意與魏徵獻陵之對略相似하니 其所以正名分抑季氏하여 而敎冉有之意深矣로다. <朱子>
冉有는 당시에 季氏의 家臣으로 있었다. 朝는 季氏의 私朝(사사로이 조회 받는 곳)이다. 禮에 大夫(전임 대부)는 비록 정사를 다스리지 않더라도 오히려 능히 국정에 참여하여 들을 수 있다 했다. 이때에 季氏는 魯나라를 독단하여 그 國政에 있어서 同列들과 公朝에서 의논하지 아니하고 혼자 家臣들과 私室에서 도모함이 있었다. 말씀하신 뜻이 魏徵의 獻陵에 대한 대답과 대략 서로 비슷하니, 그 名分을 바르게 하여서 季氏를 억제하고 冉有를 가르치신 뜻이 깊도다.

【解說】 冉子(冉有)가 조정에서 물러나오자, 孔子께서 말씀하시기를, 어찌하여 늦었는가? 대답해 말하기를, 國政이 있었습니다. 孔子께서 말씀하시기를, 그것은 大夫 집안일이었을 것이다. 만일 國政이 있었

다면 비록 나를 써주지는 않았으나 나도 그에 참여하여 들었을 것이다.

【主題】 季氏에 대한 비난과 冉有에 대한 깨우침.
※ 季氏가 國政을 사사로이 함에 바른 名分으로 季氏를 꺾고 염유를 가르친 뜻이 담김.

[15]

定公이 問 一言而可以興邦이라 하니 有諸잇가. 孔子對曰 言不可以若是其幾也어니와 人之言曰 爲君難하며 爲臣不易라 하나니 如知爲君之難也인댄 不幾乎一言而興邦乎잇가. 曰 一言而喪邦이라 하니 有諸잇가. 孔子對曰 言不可以若是其幾也어니와 人之言曰 予無樂乎爲君이요 唯其言而莫予違也라 하나니 如其善而莫之違也인댄 不亦善乎잇가. 如不善而莫之違也인댄 不幾乎一言而喪邦乎잇가. <問答法·引用法·設疑法>

【字解】
幾(기) 몇, 거의, 기약. 喪(상) 초상, 잃다, 버리다.

【硏究】
定公 : 魯國의 임금. 在位 15年(B.C 509~494).
幾 : 期也(기약함이다). 有諸 : 有之乎(그런 것이 있습니까).
◎ 知爲君之難이면 則必戰戰兢兢하여 臨深履薄하여 而無一事之敢忽하리니 然則此言也豈不可以必期於興邦乎아. <朱子> 임금 노릇하기가 어려움을 안다면 반드시 두려워하고 조심하여 깊은 못에 임한 듯 엷은 얼음을 밟듯하여 한 가지 일도 감히 소홀히 함이 없으리니, 그렇다면 이 말이 어찌 가히 써 반드시 나라를 흥하게 함을 기약하지 않겠는가?
◎ 如不善而莫之違면 則忠言不至於耳하여 君日驕而臣日諂하리니 未有不喪邦者也라. <范祖禹> 만일 선하지 못한데도 그것을 어기지 않는다면 충성스런 말이 (임금의) 귀에 이르지 않아, 임금은 날로 교만해지고 신하는 날로 아첨하리니, (그러고도) 나라를 잃지 않는 자는 있지 아니할 것이다.
◎ 知爲君之難이면 則必敬謹以持之요 唯其言而莫予違면 則讒諂面諛之人이 至矣리니 邦未必遽興喪也로되 而興喪之源이 分於此라. <謝良佐> 임금 노릇하기가 어려움을 알면 반드시 공경하고 삼가서 그것을 유지할 것

이요, 오직 그가 말을 하면 자기(나)의 말을 어기지 아니한다면 참소하고 아첨하고 면전에서 아유하는(비위를 맞추는) 사람들이 이를 것이니, 나라는 반드시 갑자기 흥하거나 망하지는 아니하되 흥하고 망하는(잃는) 근원은 여기에서 나누어진다.

【解說】 定公이 묻기를, 한마디 말로 가히 써 나라를 흥하게 할 수 있다 하니, 그런 것이 있습니까? 孔子께서 대답해 말씀하시기를, 말은 가히 써 이와 같이 (효과를) 기약할 수는 없거니와, 사람들 말에 임금 노릇하기가 어려우며 신하 노릇하기가 쉽지 않다 하였으니, 만약 임금 노릇하기가 어려움을 안다면 한마디 말로 나라를 흥하게 함을 기약하지 않겠습니까? (定公이) 말하기를, 한마디 말로 나라를 잃을 수 있다 하니, 그런 것이 있습니까? 孔子께서 대답해 말씀하시기를, 말은 가히 써 이와 같이 (효과를) 기약할 수는 없거니와, 사람들의 말에 나는 임금 노릇함에는 즐거움이 없고, 오직 (내가) 말을 하면 나를(내 말을) 어기지 않음이 즐겁다 하니, 만약 그것(임금의 말)이 선한데도 그것을 어기지 않는다면 또한 좋지 않습니까? 만약 (임금 말이) 선하지 않는데도 그것(임금의 말)을 어기지 않는다면 한마디 말로 나라를 잃게 됨을 기약하지 않겠습니까?

【主題】 興邦・喪邦之源 — [興邦之源 : 君知爲君之難
喪邦之源 : 君不善而莫之違

※ 나라의 흥망이 임금의 마음에 달려 있음을 말함.

[16]

葉公이 問政한대 子曰 近者說하며 遠者來니라. <問答法・對句法>

【字解】 省　略

【研究】

葉公(섭공) : 楚國의 葉縣의 長. 姓名 架諸梁, 字 子高.

◎ 被其澤則說(悅)하고 聞其風則來라. 然이나 必近者說而後에 遠者來也니라. <朱子>

그 은택을 입으면 기뻐하고 그 소문을 들으면 오게 된다. 그러나 반드시 가까이 있는 자들이 기뻐한 뒤에야 먼 곳에 있는 자들이 오느니라.

【解說】 葉公이 정치를 묻자, 孔子께서 말씀하시기를, 가까이 있는 자들이 기뻐하며, 먼 곳에 있는 자들이 오게 해야 하느니라.

【主題】 政事의 근본 — 近者說 遠者來.
※ 政事의 근본이 民心을 얻음에 있음을 말함.

[17]

子夏爲莒父宰하여 問政한대 子曰 無欲速하며 無見小利니 欲速則不達하고 見小利則大事不成이니라. <問答法>

【字解】
莒 땅 이름 거.　　父 아비 부, 이름 보.

【硏究】
莒父 : 魯國의 邑名. 現山東省 莒縣.
◎ 欲事之速成이면 則急遽無序하여 而反不達이요 見小者之爲利면 則所就者小하고 而所失者大矣리라. <朱子> 일을 속히 이루고자 하면 급하여 순서가 없어져서 도리어 달성하지 못하고, 작은 것의 이로움 됨을 보게 되면 이루는 것은 작고 잃는 것은 크게 되리라.
◎ 子張問政에 子曰 居之無倦하며 行之以忠이라 하시고 子夏問政에 子曰 無欲速하며 無見小利라 하시니 子張은 常過高而未仁하고 子夏之病은 常在近小라. 故로 各以切己之事告之라. <程子>
子張이 정사를 물음에 孔子께서 마음에 두기를 게을리하지 말고 행가기를 忠으로써 하라고 말씀하셨고, 子夏가 정사를 물음에 孔子께서 속히 하려 하지 말고 작은 이익을 보지 말라고 말씀하셨으니, 子張은 언제나 지나치게 높아 仁하지 못하였고, 子夏의 병통은 항상 천근하고 소소함에 있었다. 그러므로 각기 자신에게 절실한 일로써 그들에게 말씀해 주심이니라.

【解說】 子夏가 莒父의 邑宰가 되어 政事를 묻자, 孔子께서 말씀하시기를, 속히 하려 하지 말고 작은 이익을 보려 하지 말아야 하나니, 속히 하려고 하면 달성하지 못하고, 작은 이익을 보려 하면 큰일을 이루지 못하느니라.

【主題】 爲政의 要領 — 無欲速 無見小利.
※ 뜻이 작은 子夏에게 큰 王道를 일러서 경계하여 가르침을 보임.

[18]

葉公이 語孔子曰 吾黨에 有直躬者하니 其父攘羊이어늘 而子證之하니이다. 孔子曰 吾黨之直者는 異於是하니 父爲子隱하며 子爲父隱하나니 直在其中矣니라. <問答法・例示法>

【字解】
黨(당) 무리, 마을(500家口). 攘 훔칠 양.

【研究】
直躬 : 直身而行者(몸을 정직하게 하여 행동하는 자).
攘 : 有因而盜(원인이 있어서 훔치는 것).
◎ 父子相隱은 天理人情之至也라. 故로 不求爲直이나 而直在其中이니라. <朱子> 아버지와 자식이 서로 숨겨 줌은 天理와 人情이 지극함이다. 그러므로 정직함을 구하지 않더라도 정직함이 그 가운데 있느니라.
◎ 順理爲直이니 父不爲子隱하고 子不爲父隱이면 於理順邪아. 瞽瞍殺人이어든 舜竊負而逃하여 遵海濱而處하시리니 當是時하여 愛親之心勝하니 其於直不直에 何暇計哉리오. <謝良佐>
이치를 따름이 正直함이니, 아버지가 자식을 위하여 숨겨 주지 않고 자식이 아버지를 위하여 숨겨 주지 않는다면 이치에 순응함인가? 고수(舜之父)가 사람을 죽였다면, 舜 임금은 몰래 업고서 도망하여 바닷가를 따라서 살았을 것이니, 이때를 당하여 어버이를 사랑하는 마음이 우세하니, 그가 정직하고 정직하지 않음에 대해 어느 겨를에 헤아리리오.

【解說】 葉公이 孔子에게 이야기하며 말하기를, 우리 마을(무리)에 몸을 정직하게 행동하는 자가 있으니, 그의 아버지가 羊을 훔치자, 아들이 그것을 증명하였습니다. 孔子께서 말씀하시기를, 우리 마을(무리)의 정직한 자는 이(그)와 다르니, 아버지가 자식을 위하여 숨겨 주고 자식이 아버지를 위하여 숨겨 주나니, 정직함이 그 가운데 있는 것이니라.

【主題】 直의 참된 意味 — 不害於天理人情.
※ 참된 直은 天理와 人情에 順해야 함을 보인 것임.

[19]

樊遲問仁한대 子曰 居處恭하며 執事敬하며 與人忠을 雖之夷狄이라도 不可棄也니라. <問答法·列擧法>

【字解】省 略

【研究】

◎ 恭은 主容이요 敬은 主事니 恭見於外하고 敬主乎中이라. 之夷狄不可棄는 勉其固守而勿失也라. <朱子>
恭은 용모를 위주로 하고 敬은 일을 위주로 하니, 恭은 외모에 나타나고 敬은 속마음에 주로 한다. 夷狄의 나라에 가더라도 버려서는 안 되는 것은 굳게 지키고 잃지 말 것을 면려(勉勵)한 것이다.

◎ 此是徹上徹下語니 聖人은 初無二語也라. 充之면 則睟面盎背요 推而達之면 則篤恭而天下平矣니라. <程子> ※ 睟 윤택할 수. 盎 가득할 앙.
이것은 상하를 통하는 말이니, 聖人은 애당초 두 말씀이 없는 것이다. 이것을 (몸에) 채우면 얼굴에 덕스러운 모습이 빛나며 등에 가득하고, 그것을 미루어서 달하면 공손함을 독실히 하여 天下가 平해지는 것이니라.

◎ 樊遲問仁者三이니 此最先이요 先難(先難後獲)이 次之요 愛人이 其最後乎인저. <胡寅> 樊遲가 仁을 물은 것이 셋이니, 이것이 맨 먼저(처음)이고, (雍也篇의) 어려움을 먼저 하고 얻음을 뒤에 함이 다음이고, (顔淵篇의) 사람을 사랑한다는 것이 맨 뒤(나중)일 것이로다.

【解說】樊遲가 仁을 물으니, 孔子께서 말씀하시기를, 거처함에 공손하며, 일을 집행함에 공경하며, 사람 대하기를(남들과 함께함에) 충성스럽게 함을, 비록 夷狄의 나라에 가더라도 버려서는 안 되느니라.

【主題】仁者의 態度 — 居處恭·執事敬·與人忠.
※ 孔子께서 樊遲에게 말씀하신 세 가지 仁者의 態度는 모두 心身의 謹愼을 가르친 것이지만 그것이 결국 仁에 이르는 기본인 것이다.

[20]

子貢問曰 何如라야 斯可謂之士矣잇고. 子曰 行己有恥하며 使(시)於四方하여 不辱君命이면 可謂士矣니라. 曰 敢問其次하노이다. 曰 宗族稱孝焉하며 鄕黨稱弟焉이니라. 曰 敢問其次하노이다. 曰 言必信하며 行必果가 硜硜然小人哉나 抑亦可以爲次矣니라. 曰 今之從政者는 何如하니잇고. 子曰 噫라 斗筲之人을 何足算也리오. <問答法·漸降法·例示法>

【字解】

硜 단단할 경. 噫 슬플 희. 筲 한 말 두 되 들이 대그릇 소.

【研究】

斯(이 사) : 强調辭. 行己 : 자기 몸을 행함. 몸을 세상에 처해 나감.
果 : 必行也(반드시 실행함이다).
硜 : 小石之堅確者也(작은 돌이 단단함이다).
小人 : 其識量之淺狹也(식견과 도량이 얕고 좁음이다).
行己有恥 使於四方 不辱君命 → 其志有所不爲而其材足以有爲者也
(그 뜻은 하지 못할 바가 있고 그 재주는 족히 행함이 있는 것이다).
宗族稱孝焉 鄕黨稱弟焉 → 本立而材不足者
(근본은 섰으나 재주가 부족한 자).
言必信 行必果 硜硜然小人哉 → 其本末皆無足觀 然亦不害其爲自守也(그 본말이 모두 족히 볼 것이 없으나 또한 그가 자신을 위해 지킴이 무방함이다).
今之從政者 → 蓋如魯三家之屬(아마도 노국의 三家와 같은 따위).
噫 : 心不平聲(마음이 편치 못하여 하는 소리).
斗筲之人 : 言鄙細也(비루하고 자질구레함을 말함이다).
算 : 數也(헤아림이다).

◎ 子貢能言이라. 故로 以使事告之하시니 蓋爲使之難이 不獨貴於能言而已니라. <朱子> 子貢은 말을 잘했다. 그러므로 使臣가는 일로써 그에게 말씀하신 것이니, 대개 使臣 노릇하기가 어려움은 유독(비단) 말만 잘함을 귀히 여길 뿐만이 아니니라.

◎ 子貢之意는 蓋欲爲皎皎之行하여 聞於人者요 夫子告之는 皆篤實自得之事니라. <程子> 子貢의 뜻은 남들이 알아주는 특별한 행동을 하여 남들에게 소문나고자 하는 것이었고, 夫子께서 그에게 말씀하심은 모두 독

실하여 스스로 만족하는 일이었느니라.

【解說】 子貢이 물어 말하기를, 어떠해야 가히 (그를) 선비라 이를 만합니까? 孔子께서 말씀하시기를, 자기 몸을 행함에(自己 行動에) 부끄러움이 있으며, 四方에 使臣으로 가서는 君主의 命을 욕되게 하지 않으면 가히 선비라 이를 만하니라. (子貢이) 말하기를, 감히 그 다음을 묻나이다. (孔子께서) 말씀하시기를, 종족들이 (그를) 효성스럽다고 칭찬하며, 향당에서 (그를) 공손하다고 칭찬하는 인물이니라. (子貢이) 말하기를, 감히 그 다음을 묻나이다. (孔子께서) 말씀하시기를, 말을 반드시 미덥게 하며 행실을 반드시 과단성 있게 함은 국량이 좁은 小人이나 도리어 또한 가히 써 다음이 될 만하니라. (子貢이) 말하기를, 지금의 政事에 從事하는 者들은 어떠합니까? 孔子께서 말씀하시기를, 아! 비루하고 자질구레한 소견을 가진 사람들을 어찌 족히 헤아리겠는가(선비로 보겠는가)?

【主題】 士의 部類(범주) — ① 行己有恥 使於四方 不辱君命者
② 宗族稱孝焉 鄕黨稱弟焉者
③ 言必信 行必果 硜硜然小人者

※ 聖人이 선비를 의론하여 세 가지 부류를 말했음.
※ 士希賢 賢希聖 聖希天.

[21]

子曰 不得中行而與之인댄 必也狂狷乎인저. 狂者는 進取요 狷者는 有所不爲也니라. <比較法>

【字解】
狂(광) 미치다, 사납다, 경망하다.　　狷(견) 성급하다, 견개하다.

【硏究】
中行 : 中道之行者(중용의 도를 행하는 자).
狂者 : 志極高而行不掩者
(뜻은 지극히 높으나 행동이 말을 가리우지 못하는 자).
狷者 : 知未及而守有餘者(지식은 미치지 못하나 지킴은 유여한 자).
◎ 蓋聖人本欲得中道之人而敎之라. 然이나 旣不可得이요 而徒得謹厚之人이면 則未必能自振拔而有爲也라. 故로 不若得此狂狷之人이니 猶可因其志節而激厲裁抑之하여 以進於道요 非與其終於此而已也라. <朱子>

대개 성인은 본디 中道를 行하는 사람을 얻어서 (그를) 가르치려 하였다. 그러나 이미 얻을 수 없고, 한갓 근후한 사람만 얻는다면 반드시 능히 스스로 분발하여 일어나 훌륭한 일을 하지 못할 것이다. 그러므로 이 狂人이나 狷人을 얻음만 같지 못하니, (이들은) 오히려 가히 그 지절을 인하여 그들을 격려 억제하여서 道에 나아가게 하고 여기에서 마칠 뿐임을 허여함은 아니다.

◎ 孔子豈不欲得中道哉시리오마는 不可必得이라. 故로 思其次也시니 如琴張曾晳牧皮者 孔子之所謂狂也니라. 狂者를 又不可得이어든 欲得不屑不潔之士而與之하시니 是狷也니 是又其次也니라. <孟子>
孔子께서 어찌 中道를 행하는 者를 얻으려 하지 않았으리오마는 반드시 얻을 수는 없었으므로 그 다음의 인물을 생각하셨으니, 금장・증석・목피 같은 者가 孔子께서 말씀하신 바 狂者이니라. 狂者를 또 얻을 수 없다면 불결함을 달갑게 여기지 않는 선비를 얻어서 그들과 함께하려 하였으니, 이런 사람이 狷者이니, 이것이 또 그 다음이니라.

【解說】 孔子께서 말씀하시기를, 中庸의 道를 行하는 선비를 얻어서 그와 함께할 수 없다면, 반드시 狂者나 狷者와 함께할 것이로다. 狂者는 진취적이요 狷者는 하지(惡을 행하지) 않는 바가 있느니라.

【主題】 孔子가 弟子로서 바라는 人物 — 中行者, 狂者, 狷者.
※ 孔子가 道를 전하기 위해 中行者를 얻고자 했으나 不得하여 狂者와 狷者를 생각한 것임.

[22]

子曰 南人이 有言曰 人而無恒이면 不可以作巫醫라 하니 善夫라. 不恒其德이면 或承之羞라 하니 子曰 不占而已矣니라.
<引用法・感嘆法>

【字解】 省 略

【研究】
南人 : 南國之人(남국의 사람). 恒 : 常久也(항상 하고 오래함이다).
巫 : 所以交鬼神(귀신과 사귀는 것). 醫 : 所以寄死生(생사를 맡기는 바).
不可以作巫醫 [① 무당이나 의원도 될 수 없다.
② 무당이나 의원도 어찌할(고칠) 수 없다.

不恒其德 或承之羞 [周易 恒卦 九三爻辭] : 그 德을 항상 하지 않으면 혹자가 그에게 부끄러움을 올린다.

不占而已矣 ┌ ① 未詳. ② 점치지 아니할 뿐이다.
│ ③ (그런 道德性은) 점을 치지 아니한다.
└ ④ 점괘를 보지 않았을 뿐이다.

◎ 巫醫雖賤役이나 而尤不可以無常이니 孔子稱其言而善之시니라. <朱子> 무당과 의원은 비록 천한 일을 하나 더욱 恒心이 없어서는 안 되는 것이니, 孔子께서 그 말을 칭송하시어 그것을 좋게 여김이시니라.

◎ 君子於易에 苟玩其占이면 則知無常之取羞矣니 其爲無常也는 蓋亦不占而已矣라 하니 意亦略通이니라. <楊時> 君子가 周易에 대하여 만일 그 점괘의 내용을 음미해 본다면, 恒心 없음이 부끄러움을 취하게 됨을 알 것이니, 그 恒心이 없는 짓을 함은 아마도 또한 점괘의 내용을 보지 않았을 뿐이다 했으니, 뜻이 또한 대략 통하느니라.

【解說】 孔子께서 말씀하시기를, 남쪽 나라 사람들의 말에 사람으로서 恒心이 없으면 무당이나 의원도 될 수 없다(고칠 수 없다) 하니 좋은 말이다. (周易에) 그 德을 항상 하지 않으면 혹자가 그에게 부끄러움을 올린다 하니, 孔子께서 말씀하시기를, 점괘를 보지 않았을 뿐이니라.

【主題】 恒心(恒德)의 重要性.
※ 사람이 반드시 恒心(일정한 마음)이 있어야 함을 말함.

[23]

子曰 君子는 和而不同하고 小人은 同而不和니라. <對照法>

【字解】 省 略

【研究】

◎ 和者는 無乖戾之心이요 同者는 有阿比之意라. <朱子> 和란 것은 어그러진 마음이 없음이요, 同이란 것은 아첨하는 뜻이 있는 것이다.

◎ 君子는 尙義故로 有不同이요 小人은 尙利하니 安得而和리오. <尹焞> 君子는 의리를 숭상하므로 雷同하지 않음이 있고, 小人은 利를 숭상하니 어찌 능히 和同하리오.

※ 和而不同 : 和는 盲目的으로 附和하지 않고 異見異議를 調和함이며, 同은 맹목적으로 남의 의견에 부화뇌동(附和雷同)함이다.

【解說】 君子는 和同하지만 雷同하지 아니하고, 小人은 雷同하지만 和同하지 않느니라.

【主題】 君子와 小人의 交際上 差異点.
※ 君子와 小人의 마음 씀의 차이로 생긴 교제상의 차이점을 말함.

[24]

子貢問曰 鄕人이 皆好之면 何如하니잇고. 子曰 未可也니라. 鄕人이 皆惡之면 何如하니잇고. 子曰 未可也니라. 不如鄕人之善者好之하고 其不善者惡之니라. <問答法·對句法>

【字解】 省 略

【研究】
◎ 一鄕之人은 宜有公論矣라. 然이나 其間에 亦各以類自爲好惡也라. 故善者好之하고 而惡者不惡면 則必其有苟合之行이요 惡者惡之하고 而善者不好면 則必其無可好之實이니라. <朱子>
한 고을 사람들은 마땅히 公論이 있을 것이다. 그러나 그 사이에 또한 각기 부류에 따라 스스로 좋아하고 미워하게 된다. 그러므로 선한 자가 그를 좋아하고 악한 자가 미워하지 않는다면 반드시 구차하게 영합하는 행실이 있는 것이요, 악한 자가 그를 미워하고 선한 자가 좋아하지 않는다면 반드시 좋아할 만한 실상이 없는 것이니라.

【解說】 子貢(端木賜)이 물어 말하기를, 고을 사람들이 모두 그를 좋아하면 어떠합니까? 孔子께서 말씀하시기를, 可하지 아니하니라. 고을 사람들이 모두 그를 미워하면 어떠합니까? 孔子께서 말씀하시기를, 可하지 아니하니라. 고을 사람들 중 선한 자가 그를 좋아하고 선하지 않은 자가 그를 미워하는 것만 같지 못하니라.

【主題】 鄕中의 참된 人物 — 善者好之 不善者惡之者.
※ 鄕人中의 참된 人物(조정에 추천하는 鄕中人物)을 설명한 것임.

[25]

子曰 君子는 易事而難說也니 說之不以道면 不說也요 及其使人也하여는 器之니라. 小人은 難事而易說也니 說之雖不以道라도 說也요 及其使人也하여는 求備焉이니라. <對照法>

【字解】 省　略

【研究】
器之 : 謂隨其材器而使之(그 재목과 기량에 따라 그를 부림을 말함).
◎ 君子之心은 公而恕하고 小人之心은 私而刻하니 天理人欲之間에 每相反而已矣니라. <朱子> 君子의 마음은 公正하면서 恕하고, 小人의 마음은 사사로우면서 각박하니, 天理와 人欲의 사이에 매양 서로 반대될 뿐이니라.

【解說】 孔子께서 말씀하시기를, 君子는 섬기기는 쉽지만 기쁘게 하기는 어려우니, 기쁘게 하기를 道로써 하지 않으면 기뻐하지 아니하고, 그(君子)가 사람을 부림에 이르러서는 그를 그릇(기량)에 따라 하느니라. 小人은 섬기기는 어려워도 기쁘게 하기는 쉬우니, 기쁘게 하기를 비록 道로써 하지 않더라도 기뻐하고, 그(小人)가 사람을 부림에 이르러서는 그에게 (모든 것이) 구비되기를 요구하느니라.

【主題】 君子와 小人의 爲人上 差異点.
※ 君子는 公而恕하고 小人은 私而刻하여 爲人上 차이 있음을 보임.

[26]

子曰 君子는 泰而不驕하고 小人은 驕而不泰니라. <對照法>

【字解】 省　略

【研究】
◎ 君子는 循理故로 安舒而不矜肆하고 小人은 逞欲故로 反是니라. <朱子> 君子는 天理를 따르므로 편안하고 펴 있으나 자랑하거나 방사하지 아니하고, 小人은 人欲을 펴므로 이와 반대니라.

【解說】 孔子께서 말씀하시기를, 君子는 태연하되 교만하지 아니하고, 小人은 교만하되 태연하지 않느니라.

【主題】 君子와 小人의 處身上 差異点.
※ 君子는 循理하고 小人은 逞欲하여 處身上 차이 있음을 보임.

[27]

子曰 剛毅木訥이 近仁이니라. <平敍法>

【字解】
剛 굳셀 강(의자가 굳음 : 剛直). 訥 말 더듬을(어눌할) 눌.
毅 굳셀 의(기상 기개가 높고 큼 : 毅然).

【硏究】
◎ 木者는 質樸이요 訥者는 遲鈍이니 四者는 質之近乎仁者也니라.
<程子> 木이란 것은 질박함이요, 訥이란 것은 더디고 둔함이니, 네 가지는 자질이 仁에 가까운 것이니라.
◎ 剛毅則不屈於物欲하고 木訥則不至於外馳라. 故로 近仁이니라.
<楊時> 강하고 굳세면 물욕에 굽히지 않고, 질박하고 어눌하면 外物로 치달음에 이르지 않는다. 그러므로 仁에 가까운 것이니라.

【解說】 孔子께서 말씀하시기를, 강하고 굳세며 질박하고 어눌함이 仁에 가까우니라.

【主題】 近仁之天稟 — 剛毅木訥.
※ 사람의 천품상 仁에 가까운 것이 있음을 보인 것임.

[28]

子路問曰 何如라야 斯可謂之士矣잇고. 子曰 切切偲偲하며 怡怡如也면 可謂士矣니 朋友엔 切切偲偲요 兄弟엔 怡怡니라. <問答法>

【字解】
偲 자세히 힘쓸 시. 怡 화할 이.

【研究】

◎ 切切은 懇到也요 偲偲는 詳勉也요 怡怡는 和悅也니 皆子路所不足이라. 故로 告之요 又恐其混於所施면 則兄弟有賊恩之禍하고 朋友有善柔之損이라. 故로 又別而言之라. <胡寅> 切切은 간곡하고 주밀함이요, 偲偲는 자상하게 권면함이요, 怡怡는 和悅함이니, 모두 子路에게 부족한 바이다. 그러므로 그것을 말씀하심이요, 또 그 시행하는 바에 혼동하게 되면 兄弟間에는 은혜를 해치는 화가 있고, 朋友間에는 유순하기를 잘하는 손해가 있을까 염려된다. 그러므로 또 그것을 구별하여 말하신 것이다.

【解說】 子路가 물어 말하기를, 어떠하여야 그를 선비라 이를 만합니까? 孔子께서 말씀하시기를, 간절하고 주밀하며 자상히 권면하고 화락하면 가히 선비라 이를 만하니, 붕우간에는 간절하고 주밀하며 자상히 권면하고, 형제간에는 和樂해야 하느니라.

【主題】 士의 資質 — 切切偲偲 怡怡如也.

※ 子路에게 不足한 士의 資質을 들어서 가르침을 베풀었음.

[29]

子曰 善人이 敎民七年이면 亦可以卽戎矣니라. <假定法>

【字解】 省 略

【研究】

◎ 敎民者는 敎之以孝弟忠信之行과 務農講武之法이라. 卽은 就也요 戎은 兵也라. 民知親其上死其長이라. 故로 可以卽戎이라. <朱子> 백성을 가르친다는 것은 孝弟忠信의 행실과 농사를 힘쓰고 무예를 강마하는 법으로써 그들을 가르침이다. 卽은 나아감이요, 戎은 전쟁이다. (백성을 가르치면) 백성들이 자기 윗사람에게 친히 하고 自己 官長을 위하여 죽을 줄 안다. 그러므로 가히 써 전장에 나아갈 수 있는 것이다.

【解說】 孔子께서 말씀하시기를, 善人이 칠 년간 백성을 가르치면 또한 가히 써 전쟁에 나아가게 할 수 있느니라.

【主題】 善人之敎化力.

※ 善人之敎化力을 强調함이지 卽戎之事를 强調함이 아님.

[30]

子曰 以不教民戰이면 是謂棄之니라. <假定法>

【字解】 省　略

【研究】
以 : 用也(쓰는 것이다).
◎ 用不教之民以戰이면 必有敗亡之禍하니 是棄其民也라. <朱子>
가르치지 않은 백성을 써서 싸우게 하면 반드시 패망의 화가 있게 되니, 이는 그 백성을 버림이다.

【解說】 孔子께서 말씀하시기를, 가르치지 아니한 백성을 써서 전쟁을 하면 이는 백성을 버림이라 이르니라.

【主題】 教民의 重要性 — 戰의 前提條件.
※ 教民의 重要性을 戰의 전제조건으로 말했음.

第十四 憲 問 篇

주제 : 諸侯大夫들의 行跡과 修己安民·爲仁知恥의 政事

◎ 胡氏曰 此篇은 疑原憲所記라. 凡四十七章이라.

◎ 邢昺曰 此篇은 主로 三王과 二霸의 歷史的 흔적과 諸侯大夫들의 行跡을 論했으며, 아울러 爲仁知恥와 修己安民이 政治的 大節임을 밝혔다. 故로 子路가 問政한 第十三篇 다음에 놓았다.

[1]

憲問恥한대 子曰 邦有道에 穀하며 邦無道에 穀이 恥也니라. <問答法 · 逆說法>

【字解】省 略

【研究】

憲 : 孔子의 제자인 原憲. 魯國之人. 字는 子思. 清淨守節하며 貧而樂道하는 인물임. 孔子보다 36세 年下임.

穀(곡식 곡) : 祿也(녹봉이다).

◎ 邦有道에 不能有爲하고 邦無道에 不能獨善하고 而但知食祿은 皆可恥也라. 憲之狷介로 其於邦無道穀之可恥엔 固知之矣로되 至於邦有道穀之可恥하여는 則未必知也라. 故로 夫子因其問而并言之하여 以廣其志하여 使知所以自勉而進於有爲也시니라. <朱子>

나라에 道가 있을 때에 능히 훌륭한 일을 하지 못하고, 나라에 道가 없을 때에 능히 홀로 선하게 하지 못하면서, 다만 祿만 먹을 줄 아는 것은 모두 수치스러울 만하다. 原憲의 狷介(志操)로 그가 나라에 道가 없을 때에 祿을 먹는 것이 수치스러운 일이란 것에 대해서는 진실로 그것을 알고 있었으되, 나라에 道가 있을 때에 녹만 먹는 것이 수치스러운 일임에 이르러서는 곧 반드시 알지 못했을 것이다. 그러므로 孔子께서 그의 질문에 의하여(인하여) 이것까지 아울러 말씀하시어, 그 뜻을 넓히어 써 스스로 힘쓸 바를 알게 하고 훌륭한 일을 할 수 있음에 나아가게 하신 것이니라.

【解說】原憲이 수치스러운 일을 물으니, 孔子께서 말씀하시기를, 나라에 道가 있을 때에 祿만 먹으며, 나라에 道가 없을 때에 祿만 먹는 것이 수치스러운 일이니라.

【主題】 不當한 食祿의 부끄러움.

[2]

克伐怨欲을 不行焉이면 可以爲仁矣잇가. 子曰 可以爲難矣어니와 仁則吾不知也로라. <問答法>

【字解】

克(극) 이기다, 능하다. 伐(벌) 치다, 베다, 자랑하다.

【研究】

克 : 好勝(이기기를 좋아함). 伐 : 自矜(스스로 자랑함).
怨 : 忿恨(분하게 여기고 한스러워함). 欲 : 貪慾(탐욕).

◎ 有是四者而能制之하여 使不得行이면 可謂難矣라. 仁則天理渾然하여 自無四者之累하니 不行은 不足以言之也라. <朱子> 이 네 가지가 (마음속에) 있으나 능히 그것을 제지하여 행해지지 못하게 한다면 가히 어렵다 말할 수 있다. 仁은 곧 天理가 혼연(완전)하여 저절로 네 가지의 누가 없으니, 행해지지 못하게 하는 것은 족히 써 (그것을) 말할 것이 못 된다.

◎ 或曰 四者不行은 固不得爲仁矣라. 然이나 亦豈非所謂克己之事求仁之方乎아. 曰 克去己私하여 以復乎禮면 則私慾不留而天理之本然者得矣어니와 若但制而不行이면 則是未有拔去病根之意하여 而容其潛藏隱伏於胸中也니 豈克己求仁之謂哉아. 學者察於二者之間이면 則其所以求仁之功이 益親切而無滲漏矣리라. <程子>
或者가 말하기를, 네 가지를 행하지 않음은 진실로 능히 仁이라 할 수는 없다. 그러나 또한 어찌 이른바 克己하는 일과 仁을 求하는 方法이 아니겠는가 했다. (내가) 말하기를, 自己의 사사로움을 이겨(극복하여) 버리어서 禮로 돌아간다면 私欲이 남아 있지 않아서 天理의 본연을 얻게 될 것이거니와, 만일 다만 제어하여 行해지지 못하게 할 뿐이라면 이는 병의 뿌리를 뽑으려는 뜻이 있지 아니하여 가슴속에 잠복시키는 것을 용납함이니, 어찌 克己와 求仁이라 이르겠는가? 학자들이 이 두 가지 사이를 살펴본다면 그 仁을 求하는 공부가 더욱 가깝고 절실하여 빠짐이 없을 것이다.

【解說】 이기기를 좋아하고 스스로를 자랑하며 남을 원망하고 남의 것을 탐욕함을 행해지지 않게 한다면 가히 써 仁이라 할 수 있습니까? 孔子께서 말씀하시기를, 가히 어렵다고는 할 수 있으나 仁인지는 곧 내가 알지 못하겠노라.

【主題】 不行克伐怨欲之未及仁.
※ 仁이란 制私에 있지 않고 無私에 있음을 보인 것임.

[3]

子曰 士而懷居면 不足以爲士矣니라. <列擧法>

【字解】
懷(회) 품다, 생각하다, 위로하다.

【研究】
居 : 謂意所便安處也(마음에 편안히 처하는 것(바)을 말함이다).

【解說】 孔子께서 말씀하시기를, 선비로서 편안히 거처하기를 생각하면 족히 써 선비라 할 수 없느니라.

【主題】 士의 態度 — 不懷居.
※ 士는 理致의 편안함을 좇아야 함을 보인 것임.

[4]

子曰 邦有道엔 危言危行하고 邦無道엔 危行言孫이니라. <對照法>

【字解】 省 略

【研究】
危 : 高峻也(높고 준엄히 함이다). 孫(遜) : 卑順也(낮추고 순함이다).
◎ 君子之持身은 不可變也어니와 至於言하여는 則有時而不敢盡하여 以避禍也라. <尹焞> 君子의 몸가짐은 가히 변할 수 없거니와 말에 이르러서는 곧 때로는 감히 다하지 아니하여 써 화를 피함이 있는 것이다.

【解說】 孔子께서 말씀하시기를, 나라에 道가 있을 때는 말을 높고 준엄히 하며 행실을 높고 준엄히 하고, 나라에 道가 없을 때는 행실을 높고 준엄히 하되 말은 공손히 할지니라.

【主題】 治世와 亂世에서의 言行의 差異.
※ 君子處世之道로서 言行을 처지에 맞게 해야 함을 말함.

[5]

子曰 有德者는 必有言이어니와 有言者는 不必有德이니라. 仁者는 必有勇이어니와 勇者는 不必有仁이니라. <對照法>

【字解】 省 略

【研究】
◎ 有德者는 和順積中하여 英華發外요 能言者는 或便佞口給而已라. 仁者는 心無私累하여 見義必爲요 勇者는 或血氣之强而已니라. <朱子>
德이 있는 者는 和順이 心中에 쌓여서 아름다운(꽃다운) 영화가 밖으로 나타나거니와, 말을 잘하는 者는 간혹 입으로 말만 잘할 뿐이다. 仁者는 마음에 私累가 없어서 義를 보면 반드시 行하고, 용감한 자는 간혹 血氣만 强할 뿐이니라.
◎ 有德者는 必有言이어니와 徒能言者는 未必有德也요 仁者는 志必勇이어니와 徒能勇者는 未必有仁也니라. <尹焞>
德이 있는 자는 반드시 훌륭한 말이 있거니와(말을 하거니와), 한갓 말만 잘하는 者는 반드시 德이 있지는 못하고, 仁者는 뜻이 반드시 용감하거니와, 한갓 용감하기만 한 者는 반드시 仁이 있지는 아니하니라.

【解說】 孔子께서 말씀하시기를, 德이 있는 者는 반드시 훌륭한 말을 함이 있거니와 훌륭한 말을 함이 있는 者는 반드시 德이 있지는 못하니라. 仁者는 반드시 용기가 있거니와 勇者는 반드시 仁이 있지는 못하니라.

【主題】 有德者와 有言者, 仁者와 勇者의 差異点.
※ 말과 용맹만으로 德과 仁을 믿어서는 안 됨을 말한 것임.

[6]

南宮适이 問於孔子曰 羿(예)는 善射하고 奡(오)는 盪舟호되 俱不得其死어늘 然이나 禹稷은 躬稼而有天下하시니이다. 夫子

不答이러시니 南宮适이 出커늘 子曰 君子哉라 若人이여. 尙德哉라 若人이여. <問答法・擧例法・倒置法・感嘆法>

【字解】
适 빠를 괄. 羿 이름 예. 奡 이름 오. 盪 움직일 탕. 稷 피 직.
躬 몸소 궁. 稼 심을 가. 尙(상) 오히려, 아직, 일찍, 숭상하다, 바라다.

【研究】
南宮适 : 魯의 大夫이며 孔子의 제자. 姓은 南宮, 名은 适・縚(도), 字는 子容이다.
羿(예) : 有窮之君이니 善射하여 滅夏后相而簒其位러니 其臣寒浞이 又殺羿而代之라. <朱子> (有窮(國名)의 임금이니, 활을 잘 쏘아 夏后相을 멸하고 그 지위(왕위)를 찬탈했었는데, 그 신하 寒浞(한착)이 또 羿를 죽이고 그를 대신하였다.)
※ 夏后相 : 夏后는 夏后氏로 夏나라를 가리키며 相은 그 君의 名이다. 夏나라는 禹王이 세우고 아들 啓를 이어 太康 仲康을 거쳐 相이 즉위했다. 相은 王位를 羿에게 찬탈당하고 羿는 신하 寒浞에게 뺏기고 相의 아들 小康이 되찾음.
奡(오) : 春秋傳에 作澆(엷을 요)하니 浞之子也라. 力能陸地行舟러니 後爲夏后少康所誅하니라. <朱子>
(春秋傳에 澆로 되어 있으니 寒浞의 아들이다. 힘이 능히 육지에 배를 끌고 다녔는데, 뒤에 夏后 少康에게 죽음을 당했다.)
禹稷 : 禹平水土하고 暨(더불 기) 稷播種하여 身親稼穡(거둘 색)之事러니 禹受舜禪而有天下하시고 稷之後는 至周武王하여 亦有天下하니라. <朱子> (禹王은 水土를 다스리고 稷(禹의 신하)과 더불어 씨앗을 뿌려 몸소 친히 농사짓는 일을 했는데, 禹는 舜帝의 선위를 받아 天下를 소유하셨고, 稷의 후손은 周나라 武王에 이르러 또한 天下를 소유하였느니라.)
◎ 适之意는 蓋以羿奡로 比當世之有權力者하고 而以禹稷으로 比孔子也라. 故로 孔子不答이라. 然이나 适之言이 如此니 可謂君子之人而有尙德之心矣니 不可以不與라. 故로 俟其出而贊美之하시니라. <朱子>
南宮适의 뜻은 羿와 奡를 당세에 권력을 소유한 자에게 비유하고, 禹王과 稷으로써 孔子에 비유하였다. 그러므로 孔子께서 대답하지 않으셨다. 그러나 南宮适의 말이 이와 같으니, 君子다운 사람이어서 德을 숭상하는 마음이 있다고 이를 만하니, 許與하지 않을 수 없다. 그러므로 그가 나가기를 기다려서 그를 讚美하신 것이니라.

【解說】 南宮适이 孔子에게 물어 말하기를, 羿(예)는 활을 잘 쏘았고, 奡(오)는 (힘이 세어 육지에서) 배를 끌고 다녔으되 함께(모두) 제대로 죽음을 얻지 못하였거늘, 그러나 禹王과 稷은 몸소 농사를 지었으나 天下를 소유하셨습니다. 夫子께서 대답하지 않으시더니, 南宮适(南容)이 밖으로 나가자, 孔子께서 말씀하시기를, 君子로구나, 이(이 같은) 사람이여! 德을 숭상하는구나, 이(이 같은) 사람이여!

【主題】 南宮适의 尙德之心에 대한 孔子의 讚美.

※ 南宮适이 역사적 진실을 근거로 尙德之心을 보였으므로 孔子께서 그를 許與(認定)하시고 君子라고 讚美하신 것이다.

[7]

子曰 君子而不仁者는 有矣夫어니와 未有小人而仁者也니라. <比喩法>

【字解】 省　略

【硏究】

◎ 君子志於仁矣나 然이나 毫忽之間에 心不在焉이면 則未免爲不仁也니라. <謝良佐>　君子는 仁에 뜻을 두지만 그러나 잠깐 사이라도 마음이 거기(仁)에 있지 않으면 不仁함을 면하지 못하느니라.

【解說】 孔子께서 말씀하시기를, 君子로서 仁하지 못한 者는 있거니와, 小人으로서 仁한 者는 있지 않느니라.

【主題】 君子와 小人의 差異.

※ 君子를 권면하고 小人을 징계하여 爲仁의 어려움을 보임.

[8]

子曰 愛之인댄 能勿勞乎아 忠焉인댄 能勿誨乎아. <設疑法>

【字解】 省　略

【研究】

◎ 愛而勿勞는 禽犢之愛也요 忠而勿誨는 婦寺之忠也라. 愛而知勞之면 則其爲愛也深矣요 忠而知誨之면 則其爲忠也大矣니라. <蘇軾>
사랑하기만 하고 수고롭게 하지 않음은 짐승들의 사랑이요, 충성하기만 하고 깨우쳐 주지 않음은 부인과 내시들의 충성이다. 그들을 사랑하면서도 수고롭게 할 줄 안다면 그 사랑함이 깊음이요, 그에게 충성하면서도 깨우쳐 줄 줄 안다면 그 충성됨이 큰 것이니라.

【解說】 孔子께서 말씀하시기를, 그를 사랑한다면 능히 수고롭게 하지 않겠는가? 그에게 충성한다면 능히 깨우쳐 주지 않겠는가?

【主題】 愛와 忠의 참된 意味 — 勞와 誨.
※ 참으로 충성하고 사랑함에 그 행할 바를 말한 것임.

[9]

子曰 爲命에 裨諶草創之하고 世叔討論之하고 行人子羽修飾之하고 東里子産潤色之하니라. <列擧法>

【字解】

裨 도울 비. 諶 믿을 심(침). 飾 꾸밀 식.
潤(윤) 윤택하다, 젖다, 이득, 적시다.

【研究】

草 : 略也(대략이다). 修飾 : 謂增損之(보충하고 삭제함을 말함).
創 : 造也니 謂造爲草藁也라(만듦이니 초고를 만듦을 말한다).
世叔 : 游吉也니 春秋傳에 作子太叔이라.
(游吉이니 춘추전에 子太叔으로 되어 있다.)
討 : 尋究也(찾고 연구함이다). 論 : 講議也(강론하고 의론함이다).
行人 : 掌使之官(사신을 관장하는 관리). 子羽 : 公孫揮也(공손휘이다).
東里 : 子産所居之地名(자산이 거주하던 곳의 지명).
潤色 : 謂加以文采也(문채를 더함을 말함).
◎ 裨諶以下四人은 皆鄭大夫라. 鄭國之爲辭命에 必更此四賢之手而成하니 詳審精密하여 各盡所長이라. 是以로 應對諸侯에 鮮有敗事라. 孔子言此는 蓋善之也시니라. <朱子> 裨諶 이하 네 사람은 모두 鄭나라 大夫이다. 鄭나라에서 使命을 만듦에는 반드시 이 네 현자의 손으로 고

쳐서 이루어지나니, 자상하고 정밀하여 각기 所長을 다하였다. 이 때문에 (이로써) 제후들과 응대함에 실패하는 일이 있음이 적었다. 孔子께서 이것을 말씀하심은 그것을 좋게 여김이시니라.

【解說】 孔子께서 말씀하시기를, (鄭國에서는) 辭命(외교문서)을 만듦에 비심(침)이 초고를 만들고, 世叔이 토론하고, 行人인 子羽가 수식을 하고, 東里의 子産이 윤색을 하였나니라.

【主題】 鄭國 賢臣들에 대한 칭찬.
※ 鄭國의 外交文書 作成을 통해 사람을 쓰는 공효를 보임.

[10]

或이 問子産한대 子曰 惠人也니라. 問子西한대 曰 彼哉彼哉여. 問管仲한대 曰 人也奪伯氏駢邑三百하여늘 飯疏食하되 沒齒無怨言하니라. <問答法·列擧法>

【字解】
駢 땅이름 병.　　飯(반) 밥, 밥 먹다.　　齒(치) 이, 나이.

【硏究】
子産 : 鄭國이 大夫로서 政治的인 功이 큼.
※ 子産之政이 不專於寬이나 然이나 其心則一以愛人爲主라. 故로 孔子以爲惠人이라. <朱子> (자산의 정사는 너그러움에 오로지 하지 않았으나 그러나 그의 마음은 곧 한결같이 애인으로써 위주로 하였다. 그러므로 孔子께서 은혜로운 사람이라 하였다.)
子西 : 楚國의 公子인 申이며 昭王의 아우로 令尹임.
※ 子西는 楚公子申이니 能遜楚國하고 立昭王하여 而改紀其政하니 亦賢大夫也라. 然이나 不能革其僭王之號하고 昭王欲用孔子에 又沮止之하니 則其爲人可知矣라. <朱子>
(子西는 초나라 公子인 申이니, 능히 초국을 사양하고 昭王을 세워서 기강과 정치를 개혁했으니 또한 현대부이다. 그러나 王을 참칭하는 칭호를 능히 고치지 못하였고, 昭王이 孔子를 등용하고자 함에 또한 그것을 저지했으니, 그렇다면 그 사람됨을 알 수 있다.)
管仲 : 齊國의 大夫로 桓公을 霸者로 만든 名相.
※ 桓公奪伯氏之邑하여 以與管仲하니 伯氏自知己罪而心服管仲之

功이라. 故로 窮約以終身하되 而無怨言이라. <朱子>
(환공이 伯氏의 식읍지를 빼앗아서 관중에게 주니, 伯氏는 스스로 자기의 죄를 알고 관중의 功에 심복하였다. 그러므로 궁핍함으로써 종신하였으되 원망하는 말이 없었다.)

伯氏 : 齊國의 大夫. 名은 偃(언).

騈邑三百 : 騈邑은 地名. 三百은 三百戶의 땅.

彼哉 : 그 사람이여! ※ 外之之詞(그를 외면하는 말).

◎ 管仲之德 不勝其才 子産之才 不勝其德이라. <朱子> 관중의 德은 그의 재주를 이기지 못했고, 자산의 재주는 그의 德을 이기지 못했다.

【解說】 혹자가 子産(자산의 인품)을 물으니, 孔子께서 말씀하시기를, 은혜로운 사람이니라. 子西를 물으니, 말씀하시기를, 그 사람이여 그 사람이여! 管仲을 물으니, 말씀하시기를, 이 사람은 伯氏의 騈邑三百戶를 빼앗았거늘 (伯氏는) 거친 밥을 먹으며 平生을 마치도록 원망의 말이 없었느니라.

【主題】 子産・子西・管仲에 대한 孔子의 評價.

※ 聖人의 人物評論에 포폄함이 私私로운 뜻이 없음을 보임.

[11]

子曰 貧而無怨은 難하고 富而無驕는 易하니라. <對照法>

【字解】 省 略

【硏究】

◎ 處貧難하고 處富易는 人之常情이라. 然이나 人當勉其難이요 而不可忽其易也니라. <朱子> 가난에 처하기는 어렵고 부에 처하기는 쉬운 것은 사람들의 떳떳한 정이다. 그러나 사람들은 마땅히 그 어려움을 힘써야 하고, 가히 그 쉬운 것도 소홀히 해서는 안 되느니라.

【解說】 孔子께서 말씀하시기를, 가난하지만 원망하지 아니하기는 어렵고, 부유하지만 교만하지 아니하기는 쉬우니라.

【主題】 貧富에 處하는 사람의 마음가짐.

※ 사람의 떳떳한 정과 일의 추세에 대해 말한 것임.

[12]

子曰 孟公綽이 爲趙魏老則優어니와 不可以爲滕薛大夫니라.
<抑揚法>

【字解】
綽 너그러울 작. 優 넉넉할 우. 滕 나라 이름 등. 薛 나라 이름 설.

【研究】
孟公綽 : 魯나라 大夫. 寡欲한 사람이나 大夫로서 재능이 不足했음.
趙魏 : 各各 晋國 六卿의 집안. 뒤에 各各 獨立해서 大國이 되었음.
老 : 家臣之長(가신의 우두머리). 大夫 : 任國政者(국정을 맡은 자).
優 : 有餘也(남음이 있음이다). 滕薛 : 二國之名也(두 나라의 이름이다).
◎ 大家는 勢重而無諸侯之事하고 家老는 望尊而無官守之責이라. 滕薛은 國小政繁하고 大夫는 位高責重하니 然則公綽은 蓋廉靜寡欲而短於才者也라. <朱子> 大家는 권세가 중하나 제후의 일이 없고, 家老는 명망이 높으나 관직을 맡은 책임이 없다. 滕과 薛은 나라가 작으나 정사가 번거롭고, 大夫는 지위가 높으나 책임이 중하니, 그렇다면 公綽은 아마도 청렴하고 고요하며 욕심이 적으나 재능에 부족한(짧은) 자인 듯하다.
◎ 知之不豫하여 枉其才而用之면 則爲棄人矣니 此君子所以患不知人也라. 言此면 則孔子之用人을 可知矣니라. <楊時> (사람의 재능을) 알기를 미리 하지 못하여(미리 알지 못하여) 그 재능을 굽혀서 그를 등용한다면 인재를 버리게 되나니, 이는 君子가 남을 알지 못함을 근심하는 이유이다. 이것을 말씀하셨으면 孔子의 사람 등용을 알 수 있느니라.

【解說】 孔子께서 말씀하시기를, 孟公綽은 趙氏와 魏氏의 家老가 되는 것은 충분(넉넉)하거니와 滕나라와 薛나라의 大夫가 될 수는 없는 것이니라.

【主題】 孔子의 孟公綽에 대한 才能評價.
※ 孔子께서 魯나라 大夫인 孟公綽에 대하여 爲人은 廉靜寡欲하지만 才能의 不足함을 評했으니, 은연중 魯國의 用人이 잘못되었음을 기롱한 것이라고도 볼 수 있다.

[13]

子路問成人한대 子曰 若臧武仲之知와 公綽之不欲과 卞莊子之勇과 冉求之藝에 文之以禮樂이면 亦可以爲成人矣니라. 曰 今之成人者는 何必然이리오. 見利思義며 見危授命하며 久要에 不忘平生之言이면 亦可以爲成人矣니라. <問答法 · 列擧法 · 設疑法>

【字解】

臧(장) 착하다, 좋다, 숨다, 감추다, 뇌물, 종(奴).
綽 너그러울 작.
卞 고을이름 변, 성 변.
冉(염) 나아가다, 부드럽고 약하다.
授(수) 주다, 가르치다.

【硏究】

成人 : 완전한 사람.
久要 : 舊約(오래된 약속).
平生 : 平日也(평일이다).
授命 : 不愛其生하여 持以與人也라.
(그 목숨을 아끼지 않고 가져다가 남에게 줌이다.)
臧武仲 : 魯國의 大夫로 名은 紇(흘)이며, 諡號는 武이요, 仲은 行列인 듯하나 未詳. 지혜로운 人物이었다 함.
公綽 : 魯國의 大夫인 孟公綽. 寡欲한 人物이라 함.
卞莊子 : 魯國의 卞邑의 大夫. 용맹하여 두 마리 호랑이를 잡았다 함.
冉求 : 孔子의 弟子로 多才多能했다 함.

◎ 兼此四子之長이면 則知足以窮理하고 廉足以養心하고 勇足以力行하고 藝足以泛應이요 而又節之以禮하고 和之以樂하여 使德成於內而文見(현)乎外면 則材全德備하여 渾然不見一善成名之迹이요 中正和樂하여 粹然無復偏倚駁雜之蔽하여 而其爲人也亦成矣라. 然이나 若論其至인댄 則非聖人之盡人道면 不足以語此니라. 復加曰字者는 旣答而復言也라. 有是忠信之實이면 則雖其才知禮樂이 有所未備나 亦可以爲成人之次也니라. <朱子> 이 네 사람의 장점을 겸하면 지혜는 이치를 궁구할 수 있고, 청렴은 마음을 수양할 수 있고, 용기는 힘써 행할 수 있고, 재예는 두루 응용할 수 있고, 또 禮로써 그것을 절제하고 樂으로써 그것을 조화하여 德이 안에 이루어지고 文이 밖에 나타나게 한다면, 재주가 완전하고 德이 갖추어져 혼연(완전)하여 한 가지 선으로 이름을 이룬 자취를 볼 수 없고, 中正하고 和樂해서 순수하여 다시는 편벽되고 잡박한 가리움이 없어져서 그 사람됨이 또한 이루어질 것이다. 그러나 만일 그 지극한 것을 논한다면, 聖人이 人道를 다하지 아니했다면 족히 써 이것을 말할 수

없느니라. 다시 曰字를 더한 것은 이미 대답하고 다시 말씀하신 것이다. 이러한 忠信의 실상이 있으면 비록 그 才智와 禮樂이 갖추어지지 않는 바가 있더라도 또한 가히 써 成人의 다음은 되느니라.

◎ 知之明 信之篤 行之果는 天下之達德也니 若孔子所謂成人은 亦不出此三者라. 武仲은 知也요 公綽은 仁也요 卞莊子는 勇也요 冉求는 藝也니 須是合此四人之能하고 文之以禮樂이면 亦可以爲成人矣라. <程子>
지혜가 밝고 信義가 독실하고 行함이 과감한 것은 天下의 達德이니, 만약 孔子의 이른바 成人으로 말할 것 같으면 또한 이 세 가지에서 벗어나지 않는다. 장무중은 智이고, 공작은 仁이고, 변장자는 勇이고, 염구는 재예이니, 모름지기 이 네 사람의 능함(장점)을 합하고 禮樂으로써 (그것을) 문채 내면 또한 가히 써 成人이 될 수 있다.

【解說】 子路가 완성된 사람을 물으니, 孔子께서 말씀하시기를, 만일 장무중의 지혜와 공작의 탐욕하지 않음과 변장자의 용기와 염구의 재예에 예악으로써 (그것을) 文采를 내면 이 역시 가히 써 成人이 될 수 있을 것이다. (다시) 말씀하시기를, 지금의 成人이란 어찌 반드시 그러하리오? 利를 보고 義를 생각하며 위태로움을 보고 목숨을 바치며, 오래된 언약에 평소의 말을 잊지 않는다면 또한 成人이 될 수 있을 것이니라.

【主題】 成人의 意味.
※ 孔子가 子路에게 成人의 理想形과 現實形을 말했음.

[14]

子問公叔文子於公明賈曰 信乎夫子不言不笑不取乎아. 公明賈對曰 以告者過也로소이다. 夫子時然後言이라 人不厭其言하며 樂然後笑라 人不厭其笑하며 義然後取라 人不厭其取하나니이다. 子曰 其然가. 豈其然乎리오. <問答法・列擧法>

【字解】
賈 살 고, 장사 고, 값 가, 성(姓) 가.

【硏究】
公叔文子 : 衛의 大夫로서 獻公의 孫子. 姓은 公叔, 名은 枝, 諡는 文.
公明賈 : 衛人. 姓은 公明, 名은 賈이다.

夫子 : 그분(大夫 地位의 人物에 대한 指稱이 본뜻임).

◎ 文子爲人은 其詳不可知나 然이나 必廉靜之士라. 故로 當時에 以三者稱之라. 然이나 此言也는 非禮義充溢於中하여 得時措之宜者면 不能이니 文子雖賢이나 疑未及此라. 但君子與人爲善이요 不欲正言其非也라. 故로 曰 其然가. 豈其然乎리오. 蓋疑之也라. <朱子>

文子의 사람됨은 그 상세한 것은 알 수 없으나 그러나 반드시 청렴한 선비였을 것이다. 그러므로 당시에 이 세 가지로써 그를 칭찬했던 것이다. 그러나 이 말은 禮儀가 심중에 충만(충일)하여 조치함이 때에 알맞음을 얻은 자가 아니면 能할 수 없음이니, 文子가 비록 어질었으나 아마도 여기에 미치지는 못할 듯하다. 다만 君子는 남이 선을 행하도록 도와주고, 그것이 아님을 바로 말하려고 하지 않는다. 그러므로 '그러할까? 어찌 그럴 수 있으리오'라고 말씀하셨으니, 대체로 그를 의심한 것이다.

【解說】 孔子께서 公明賈에게 公叔文子의 인품을 물어서 말씀하시기를, 참으로 그분(夫子)께서는 말씀하지 않고 웃지 않고 취하지 않으시는가? 公明賈가 대답하기를, 말한 자가 지나쳤습니다. 夫子는 때에 맞은 연후에 말씀하시므로 사람들이 그의 말을 싫어하지 않으며, 즐거운 연후에 웃으므로 사람들이 그의 웃음을 싫어하지 않으며, 義에 맞은 연후에 취하므로 사람들이 그의 취함을 싫어하지 않습니다. 孔子께서 말씀하시기를, 그러한가? 어찌 그러하리오?

【主題】 公叔文子의 爲人. ※ 人情에 지나침이 中道가 아님을 보임.

[15]

子曰 臧武仲이 以防으로 求爲後於魯하니 雖曰不要君이나 吾不信하노라. <平敍法>

【字解】

臧 착할 장.　　要(요) 구하다, 중요하다.

爲(위) 하다, 위하다, 되다, 여기다, 삼다, 만들다, 다스리다, 때문.

【研究】

臧武仲 : 魯나라 大夫. 名은 紇(흘).

防 : 地名이니 武仲所封邑也(지명이니, 무중에게 봉해진 바의 읍이다).

要 : 有挾而求也(믿음이 있어 요구함이다).

◎ 武仲이 得罪奔邾러니 自邾如防하여 使請立後而避邑하여 以示若不得請이면 則將據邑以叛하니 是要君也라. <朱子>
臧武仲이 죄를 얻고 邾나라로 달아났는데, 邾에서 防邑으로 가서 사람을 시켜 (自己의) 후계자를 세워 주면 防邑에서 떠나겠다고 청하게 하여, 만일 요청을 들어주지 않으면 장차 防邑을 점거해 배반할 것을 보였으니, 이는 임금에게 강요한 것이다.

◎ 要君者는 無上이니 罪之大者也라. 武仲之邑은 受之於君이니 得罪出奔이면 則立後在君이니 非己所得專也라. 而據邑以請하니 由其好知而不好學也라. <范祖禹> 임금에게 강요하는 것은 주상(임금)을 무시함이니, 죄의 큰 것이다. 장무중의 봉읍은 임금에게서 그것을 받았으니, 죄를 얻어 밖으로 달아났으면 (그의) 후계자를 세움은 임금에게 달려 있으니, 자기가 능히 마음대로 할 수 있는 바가 아니다. 그런데도 防邑을 점거해 요청했으니, 그 지혜를 좋아하고 배우기를 좋아하지 않기 때문이다.

【解說】 孔子께서 말씀하시기를, 臧武仲이 防邑을 가지고 魯나라에 (自己의) 후계자를 세워 줄(삼아 줄) 것을 요구했으니, 비록 임금에게 강요하지 않았다고 말하나 나는 믿지 아니하노라.

【主題】 臧武仲의 無君之心에 대한 孔子의 批評.
※ 得罪奔邾한 臧武仲이 自身의 封土인 防邑을 점거하고 魯君에게 自己 후계자를 세워주기를 强要하니, 이 無君之心을 孔子께서 비평 질책한 것임.

[16]

子曰 晋文公은 譎而不正하고 齊桓公은 正而不譎하니라. <對照法・比較法>

【字解】
晋 나라 이름 진. 譎 속일 휼.
齊(제) 나라 이름, 가지런하다, 엄숙하다, 같다. (재) 재계하다. (자) 상복.

【研究】
晋文公 : 春秋 시대 霸者(盟主)였던 晋나라 君主. 名은 重耳.
齊桓公 : 春秋 시대 霸者였던 齊나라 君主. 名은 小白.
◎ 二公은 皆諸侯盟主니 攘夷狄以尊周室者也라. 雖其以力假仁하여 心皆不正이나 然이나 桓公伐楚에 仗義執言하여 不由詭道하니 猶爲彼善

於此요 文公則伐衛以致楚하고 而陰謀以取勝하니 其譎이 甚矣라. 二君他事亦多類此라. 故로 夫子言此하여 以發其隱하시니라. <朱子>
두 公은 모두 제후의 맹주이니, 이적(오랑캐)을 물리쳐서 周나라 王室을 높인 자들이다. 비록 그들이 무력으로써 仁을 빌려 마음이 모두 바르지 않았으나, 그러나 桓公은 楚나라를 침에 대의에 의지해서 말을 지켜 속이는 방법을 따르지 않았으니, 오히려 저것(桓公)이 이것(文公)보다 나음이 되고, 文公은 곧 衛나라를 쳐서 楚나라를 불러들이고 음모로써 승리를 취했으니 그 속임이 심하다. 두 임금의 다른 일도 또한 이와 같은 것이 많다. 그러므로 夫子께서 이를 말씀하여서 숨겨진 사실을 드러내신 것이니라.

【解說】 孔子께서 말씀하시기를, 晋文公은 속이고 바르지 않았으며, 齊桓公은 바르고 속이지 않았느니라.

【主題】 晋文公과 齊桓公에 대한 孔子의 比較評價.
※ 晋文公과 齊桓公의 은미한 일을 中心으로 比較評價하신 것이다.

[17]

子路曰 桓公이 殺公子糾어늘 召忽은 死之하고 管仲은 不死하니 曰未仁乎인저. 子曰 桓公이 九(糾)合諸侯호되 不以兵車는 管仲之力也니 如其仁 如其仁이리오. <問答法・擧例法・反復法>

【字解】
糾 살필 규.
九(구) 아홉, 모으다(糾通).
忽 문득(갑자기) 홀.
管(관) 통(관), 맡다.

【研究】
糾 : 齊襄公의 아들로 小白(桓公)의 庶兄.
召忽 : 管仲과 함께 公子糾를 받들어 奔魯했다가 糾가 죽으니 殉死했음.
管仲 : 公子糾를 받들다가 糾가 죽으니 鮑叔牙의 도움으로 桓公의 相이 됨.
九 : 春秋傳에 作糾하니 督也니 古字通用이라.
(春秋左傳에 糾로 되어 있으니, 감독함이니 古字에 통용되었다)
不以兵車 : 言不假威力也(위엄과 힘을 빌리지 않았음을 말한 것이다).
如其仁 : 言誰如其仁者니 又再言以深許之하시니라. (누가 그의 仁과 같을 것인가 라고 말했으니, 또 두 번 말해서 그를 깊이 허여함이다.)
◎ 按春秋傳에 齊襄公이 無道한대 鮑叔牙奉公子小白奔莒하고 及無知

弑襄公에 管夷吾召忽이 奉公子糾奔魯러니 魯人이 納之未克하여 而小白이 入하니 是爲桓公이라. 使魯殺子糾而請管召한대 召忽은 死之하고 管仲은 請囚러니 鮑叔牙言於桓公하여 以爲相하니라. 子路疑管仲忘君事讐하니 忍心害理하여 不得爲仁也라. 蓋管仲이 雖未得爲仁人이나 而其利澤及人이면 則有仁之功矣니라. <朱子> 春秋左傳을 살펴봄에 齊나라 襄公이 無道하니 鮑叔牙는 公子 小白을 받들어 莒나라로 출분하고, 無知가 襄公을 시해함에 미쳐 管夷吾(管仲)와 召忽은 公子糾를 받들어 魯나라로 出奔했는데, 魯나라 사람들이 그(公子糾)를 (齊나라로) 들여보내려 했으나 이기지(성공하지) 못하여 小白이 들어가니, 이가 桓公이다. (桓公이) 魯나라로 하여금 子糾를 죽이게 하고 管仲과 召忽을 (보내줄 것을) 청하니, 召忽은 거기에서 죽고 管仲은 (함거에) 갇히기를 자청했는데, 鮑叔牙(管仲의 幼友)가 桓公에게 말하여 재상을 삼게 하였다. 子路는 管仲이 主君을 잊고 원수를 섬겼으니, 마음을 차마(잔인하게) 하고 天理를 해쳐 仁이 될 수 없다고 의심하였다. 管仲이 비록 仁人이 될 수는 없으나 그러나 그 이택(혜택)이 사람들에게 미쳤으면 仁의 功이 있음이니라.

【解說】 子路가 말하기를, 桓公이 公子糾를 죽이니, 召忽은 (거기에서) 죽었고(殉死했고) 管仲은 죽지 않았으니, (管仲은) 仁하지 못하다 할 것입니다. 孔子께서 말씀하시기를, 桓公이 諸侯들을 규합하되 兵車를 쓰지 않음은 管仲의 힘이었으니, 그의 仁만 같으리오 그의 仁만 같으리오.

【主題】 管仲의 仁之功에 대한 孔子의 認定.
※ 子路는 管仲을 마음에 입각해서 仁을 의론한 것이지만, 孔子께서는 管仲을 공로에 입각해서 仁을 보인 것이다.

[18]

子貢曰 管仲은 非仁者與인저. 桓公이 殺公子糾어늘 不能死요 又相之온여. 子曰 管仲이 相桓公霸諸侯하여 一匡天下하니 民到于今에 受其賜하나니 微管仲이면 吾其被髮左衽矣리라. 豈若匹夫匹婦之爲諒也하여 自經於溝瀆而(人)莫之知也리오.

<問答法・設疑法>

【字解】
桓(환) 굳세다, 머뭇거리다. 糾 살필 규. 微 없을 미.

霸(패) 두목, 으뜸.　　匡 바로잡을 광.　　諒 믿을 량.
被(피) 입다, 헤치다.　　衽 옷깃 임.　　瀆 도랑 독.
經(경) 날, 지나다, 목매다.　　溝 도랑 구.

【研究】

桓公 : 齊의 王으로 諸侯의 霸者가 되어 夷狄을 물리치고 周室을 崇尙함.
霸 : 長也(우두머리이다).　　匡 : 正也(바로잡음이다).
一匡天下 → 尊周室 攘夷狄之事
(주의 왕실을 존중하고 오랑캐를 물리친 일).
微 : 無也(없음이다).　　衽 : 衣衿也(상의의 옷깃이다).
被髮左衽 → 夷狄之俗(오랑캐의 풍속).
諒 : 小信也(작은 신의이다).　　經 : 縊也(목 맴이다).
莫之知 : 人不知也(사람들이 알지 못함이다).

◎ 子貢이 意不死猶可어니와 相之則已甚矣라. <朱子>
子貢은 (管仲이) 죽지 않은 것은 오히려 可하거니와, 그(桓公)를 도운 것은 곧 너무 심하다고 생각한 것이다.

◎ 桓公은 兄也요 子糾는 弟也니 仲私於所事하여 輔之以爭國은 非義也니 桓公殺之雖過나 而糾之死實當이라. 仲始與之同謀하니 遂與之同死可也요 知輔之爭爲不義하고 將自免以圖後功도 亦可也라. 故로 聖人不責其死而稱其功이라. 如唐之王珪魏徵은 不死建成之難하고 而從太宗하니 可謂害於義矣라. 後雖有功이나 何足贖哉리오. 愚謂管仲은 有功而無罪라. 故로 聖人獨稱其功이요 王魏는 先有罪而後有功하니 則不以相掩이 可也니라. <程子> 桓公은 兄이고 子糾는(公子糾는) 아우였으니, 管仲은 섬기던 바에 사사로이 하여서 그를 도와서 나라를 다툼은 義가 아니니, 桓公이 그를 죽인 것은 비록 지나쳤으나 그러나 子糾의 죽음은 실로 마땅하였다. 管仲은 처음에 그(子糾)와 더불어 함께 모의하였으니, 마침내 그(子糾)와 더불어 함께 죽는 것도 괜찮았고, 그(子糾)를 도와 (나라를) 다툼이 義가 아님을 알고, 장차 스스로 (죽음을) 면하여서 후일의 공을 도모함도 또한 괜찮은 일이다. 그러므로 聖人께서 그의 죽음을 나무라지 않고 그의 功을 칭찬하신 것이다. 唐의 王珪와 魏徵으로 말할 것 같으면 건성의 난리에 죽지 않고 太宗을 따랐으니, 가히 義를 해쳤다고 말할 수 있다. 뒤에 비록 功이 있었으나 어찌 족히 속죄할 수 있으리오. 나는 생각건대, 管仲은 功은 있으나 죄가 없다. 그러므로 聖人께서 유독 그 功만을 칭찬한 것이요, 王珪와 魏徵은 먼저 罪가 있고 뒤에 功이 있었으니, 그렇다면 써(功으로써) 서로 덮어 주지 않음이 옳으니라.

【解說】 子貢이 말하기를, 管仲은 仁者가 아닐 것입니다. 桓公이 公子

紂를 죽였거늘 능히 죽지 못하고 또 그(桓公)를 도와 주었으니…. 孔子께서 말씀하시기를, 管仲이 桓公을 도와 제후의 패자가 되게 하여 한번 天下를 바로잡아, 백성들이 지금까지 그의 혜택을 받고 있으니, 管仲이 없었다면 나는 그 머리를 풀어헤치고 옷깃을 왼편으로 하게 되었을 것이다. 어찌 匹夫匹婦들이 작은 信義를 위하여 스스로 도랑에서 목매어 죽어서 (남이) 그를 알지 못함과 같이 하겠는가.

【主題】 管仲의 功業에 대한 孔子의 칭찬.
※ 孔子께서 칭찬한 諸侯國 宰相으로는 鄭의 子産, 齊의 管仲, 衛의 安嬰 등이 있다.

[19]

公叔文子之臣大夫僎이 與文子로 同升諸公이러니 子聞之하시고 曰 可以爲文矣로다. <擧例法>

【字解】
僎 이름 선. 升 오를 승. 諸(제) 모든, (저) 之於, 之乎.

【研究】
孔叔文子 : 衛大夫인 孔孫拔로 謚號는 文.
◎ 臣은 家臣이요 公은 公朝니 謂薦之하여 與己同進하여 爲公朝之臣이라. 文者는 順理而成章之謂니 謚法에 亦有所謂錫民爵位曰文者라. <朱子> 臣은 家臣이요 公은 公朝니, 그(僎)를 천거하여 自身(文子)과 함께 나아가 公朝의 신하가 됨을 이른다. 文이란 것은 이치를 따라서 文章을 이룸을 이르니, 시법에 또한 이른바 백성에게 작위를 내려 주는 것을 文이라고 한다는 것이 있다.
◎ 家臣之賤而引之하여 使與己並이 有三善焉하니 知人이 一也요 忘己가 二也요 事君이 三也니라. <洪興祖> 家臣의 천한 신분이로되, 그를 이끌어 自身과 함께 나란히 서게 함이 세 가지 善이 있으니, 사람을 알아본 것이 첫째요, 自身의 貴함을 잊은 것이 둘째요, 君主를 섬김이 셋째이니라.

【解說】 公叔文子의 家臣인 大夫 僎이 文子와 함께 公朝에 올랐는데, 孔子께서 (그것을) 들으시고 말씀하시기를, 가히 (謚號를) 文이라 할 만하도다.

【主題】 孔叔文子의 善行에 대한 孔子의 稱讚.
※ 孔叔文子가 自己 家臣을 천거해서 公朝의 大夫가 되게 함을 孔子께서 들으시고 文의 諡法에 맞는 善行이라 하여 칭찬하신 것임.

[20]

子言衛靈公之無道也러시니 康子曰 夫如是로되 奚而不喪이니잇고. 孔子曰 仲叔圉(어)는 治賓客하고 祝鮀(타)는 治宗廟하고 王孫賈(가)는 治軍旅하니 夫如是어니 奚其喪이리오.
<問答法・列擧法・設疑法>

【字解】
奚 어찌 해. 喪(상) 초상, 잃다, 버리다. 圉 변방 어. 鮀 모래무지 타. 賈(고) 장사, 사다, (가) 값. 旅(려) 나그네, 군대, 무리, 여행하다.

【研究】
康子 : 魯나라 執政大夫인 季康子. 喪 : 失位也(지위를 잃음이다).
仲叔圉 : 孔文子. ※ 公冶長 [15] 參照.
祝鮀 : 衛의 大夫로서 字는 子魚. ※ 雍也 [14] 參照.
王孫賈 : 衛의 大夫. ※ 八佾 [13] 參照.
◎ 三人은 皆衛臣이니 雖未必賢이나 而其才可用이요 靈公用之에 又各當其才하니라. <朱子> 세 사람은 모두 衛나라 신하이니, 비록 반드시 어질지는 못했으나 그 재주가 쓸 만하였고, 靈公이 이들을 등용함에 또 각각 그 재주에 마땅하게 하였느니라.
◎ 衛靈公之無道는 宜喪也로되 而能用此三人하여 猶足以保其國하니 而況有道之君이 能用天下之賢才者乎아. <尹焞>
衛靈公의 無道함은 마땅히 (地位를) 잃었어야 할 것이로되, 능히 이 세 사람을 登用하여 오히려 그 나라를 보전할 수 있었으니, 하물며 道가 있는 君主가 能히 天下의 현재를 등용함에 있어서이겠는가.

【解說】 孔子께서 衛靈公의 無道함을 말씀하시니, 康子가 말하기를, (그것이) 이와 같은데도 어찌하여 지위를 잃지 아니합니까? 孔子께서 말씀하시기를, 仲叔圉는 빈객을 다스리고, 祝鮀는 宗廟를 다스리고, 王孫賈는 군대를 다스리니, (그것이) 이와 같으니 어찌 그 지위를 잃으리오.

【主題】 孔子의 人才登用의 重要性 强調.

※ 衛靈公이 비록 無道했으나 用人에 各當其才하여 不喪其位함을 들어서, 孔子께서 君主의 善用人才가 保國에 重要함을 强調하셨다.

[21]

子曰 其言之不怍이면 則爲之也難하니라. <平敍法>

【字解】 省 略

【研究】
◎ 大言不慙이면 則無必爲之志하여 而自不度(탁)其能否矣니 欲踐其言이나 豈不難哉아. <朱子> 큰소리를 치며 부끄러워하지 않으면 반드시 실천하려는 뜻이 없어서 스스로 그 능하고 능하지 못함을 헤아리지 않는 것이니, 그가 한 말을 실천하고자 하지만 어찌 어렵지 않겠는가?
◎ 揚言者는 寡信이니라. <逸周書>
말을 올려 하는(과장하는) 자는 믿음성이 적으니라.
◎ 輕諾者는 寡信이라. <老子> 가벼이 승낙하는 자는 믿음성이 적다.
◎ 其言 : ① 바르고 알찬 말. <古註> (漢代 학자의 註)
② 터무니없는 말. <新註> (宋代 학자의 註)

【解說】 孔子께서 말씀하시기를, 그 말함을 부끄러워하지 않으면 행함(실천함)이 어려우니라.

【主題】 실천하기 어려운 말하기의 부끄러움.
※ 사람은 반드시 실천할 수 있는 말을 표현해야 함을 강조했음.

[22]

陳成子弑簡公이어늘 孔子沐浴而朝하사 告於哀公曰 陳恒弑其君하니 請討之하소서. 公曰 告夫三子하라. 孔子曰 以吾從大夫之後라 不敢不告也하니 君曰 告夫三子者온여. 之三子하여 告하신대 不可라 하여늘 孔子曰 以吾從大夫之後라 不敢不告也니라. <問答法·反復法>

【字解】 省 略

【研究】

陳成子 : 齊의 大夫로서 名은 恒, 諡號는 成.

簡公 : 齊의 君으로서 名은 壬. 悼公의 子.

三子 : 魯의 三大夫인 季孫・孟孫・叔孫의 三家로서 魯의 實權者임.

◎ 是時에 孔子致仕居魯라. 沐浴齊戒以告君은 重其事而不敢忽也라. 臣弑其君은 人倫之大變이라. 天理所不容이니 人人得而誅之온 況隣國乎아. 故로 夫子雖已告老나 而猶請哀公討之시니라. 三子는 三家也니 時에 政在三家하여 哀公不得自專이라. 故로 使孔子告之라. 以君命往告로되 而三子는 魯之强臣으로 素有無君之心하여 實與陳氏聲勢相倚라. 故로 沮其謀而夫子復以此應之하시니 其所以警之者甚矣라. <朱子> 이때에 孔子는 致仕하고 魯나라에 계셨다. 목욕재계하고서 임금에게 아뢴 것은 그 일을 중히 여겨 감히 소홀히 하지 못하신 것이다. 신하가 그의 君主를 사해함은 인륜의 큰 변고이다. 天理가 용납하지 못하는 바이니, 사람마다 능히 그를 주벌할 수 있거든 하물며 이웃 나라이겠는가? 그러므로 夫子(孔子)께서 비록 이미 告老하였으나 오히려 哀公에게 그(陳成子)를 토벌하기를 청하심이니라. 三子는 三家이니 당시에 정권이 三家에게 있어서 哀公이 능히 스스로 專決할 수 없었다. 그러므로 孔子로 하여금 그들에게 말씀하게 한 것이다. 임금의 명령으로 가서 말씀하였으되, 三家는 魯나라의 强한 신하로 본디 임금을 무시하는 마음이 있어서 실로 陳氏와 聲勢가 서로 의지하였다. 그러므로 그의 계획을 저지한 것인데 夫子께서 다시 이 말씀으로 그에게 응하셨으니, 그 경계하신 바가 심하도다.

【解說】 陳成子가 簡公을 시해하자, 孔子께서 목욕하고 조회에 나가시어 哀公에게 아뢰기를, 陳恒이 그 君主를 시해하였으니 그를 토벌하소서. 哀公이 말씀하시기를, 저 三子에게 말하라. 孔子께서 말씀하시기를, 내가 大夫의 뒤[末席]를 따랐기 때문에 감히 아뢰지 않을 수 없었는데, 임금께서는 저 三子에게 말하라 하시는구나! 三子에게 가서 말하자 不可하다 하니, 孔子께서 말씀하시기를, 내가 大夫의 뒤를 따랐기 때문에 감히 말하지 않을 수 없었느니라.

【主題】 哀公의 無能과 三子의 無道 — 失君臣之道.

※ 孔子가 陳恒의 討伐을 諫하여 君臣之道를 바르게 했음을 보여 줌.

[23]

子路問事君한대 子曰 勿欺也요 而犯之니라. <問答法>

【字解】省 略

【研究】

◎ 犯은 謂犯顔諫爭이라. <朱子>
犯은 임금의 얼굴에 대놓고 간쟁함을 말함이다.

◎ 犯은 非子路之所難也요 而以不欺爲難이라. 故로 夫子告以先勿欺而後犯也시니라. <范祖禹>
犯은 子路의 어려운 바가 아니요, 속이지 않음이 어려운 것이었다. 그러므로 夫子께서 속이지 말 것을 먼저 하고 뒤에 간쟁할 것을 말씀한 것이다.

※ 諫의 종류 : 直諫・諷諫・譎諫・尸諫.

※ 生三事
- 事君(事以義) ― 無隱而有犯
- 事師(事以恩) ― 無隱而無犯
- 事父(事以無方) ― 有隱而無犯

【解說】子路가 임금 섬김을 물으시니, 孔子께서 말씀하시기를, 속이지 말고 그에게 얼굴을 대놓고 간쟁할 것이니라.

【主題】事君之道 ― 勿欺而犯之.
※ 孔子가 子路의 實情에 맞게 事君之道를 가르친 것임.

[24]

子曰 君子는 上達하고 小人은 下達이니라. <對照法>

【字解】省 略

【研究】

◎ 君子는 循天理故로 日進乎高明하고 小人은 徇人欲故로 日究乎汚下라. <朱子> 君子는 天理를 따르는 까닭으로 날로 高明함(仁義)에 나아가고, 小人은 人慾을 따르는 까닭으로 날로 汚下함(財利)에 궁구한다.

◎ 上達者는 謂達於仁義하고 下達者는 謂達於財物이니라. <皇侃>
위로 통달하는 것은 仁義에 달함을 말하고, 아래로 통달하는 것은 財物에 달함을 말한다.

【解說】孔子께서 말씀하시기를, 君子는 위로 통달하고 小人은 아래로 통달하느니라.

【主題】 君子와 小人의 指向點의 差異.

[25]

子曰 古之學者는 爲己러니 今之學者는 爲人이로다. <對照法>

【字解】 省 略

【研究】

◎ 古之學者는 爲己하여 其終至於成物이러니 今之學者는 爲人하여 其終至於喪己니라. <程子> 옛날의 학자들은 自己를 위하여(위하는 학문을 하여) 끝내는 남을 이루어 줌에 이르더니, 지금의 학자들은 남을 위하여(위한 학문을 하여) 끝내는 自身을 상실함에 이르니라.

◎ 聖賢論學者用心得失之際에 其說多矣라. 然이나 未有如此言之切而要者하니 於此에 明辨而日省之면 則庶乎其不昧於所從矣리라.<朱子> 성현이 학자들의 用心에 대한 잘잘못(得失)의 사이를 논함에 그 말씀이 많다. 그러나 이 말씀과 같이 절실하고 긴요한 것은 있지 않으니, 이에 대하여 밝게 분변하고 날마다 그것을 살피면 거의 따르는 바에 어둡지 않게 되리라.

【解說】 孔子께서 말씀하시기를, 옛날에 배우는 자들은 自身을 爲하였는데(自身을 爲한 학문을 하였는데), 지금에 배우는 자들은 남을 爲하는도다(남을 爲한 학문을 하는도다).

【主題】 古之學者와 今之學者의 爲學의 差異.
※ 爲學의 目的이 爲人之學이 아니라 爲己之學에 있음을 强調했음.

[26]

蘧伯玉이 使(시)人於孔子어늘 孔子與之坐而問焉曰 夫子何爲오. 對曰 夫子欲寡其過而未能也니이다. 使者出커늘 子曰 使乎使乎여. <問答法・感歎法>

【字解】

蘧 풀 이름 거. 焉(언) 어찌, 어조사, 於之.
使(사) 하여금, 시키다, 보내다, 사신, (시) 사신 보내다, 심부름 보내다.
夫(부) 사내, 남편, 무릇, 저(그).

【研究】

蘧伯玉 : 衛大夫니 名 瑗이라. 孔子居衛하실새 嘗主於其家러시니 旣而反魯라. 故로 伯玉이 使人來也라. <朱子>
(위나라 大夫이니, 이름이 瑗이다. 孔子께서 衛나라에 계실 적에 일찍이 그의 집에 主人을 삼으셨는데, 이윽고 魯나라로 돌아오셨다. 그러므로 蘧伯玉이 사람을 심부름 보내온 것이다.)
與之坐 : 敬其主以及其使也라
(그 주인을 공경하여서 그 使者에게 미친 것이다).
夫子 : 指伯玉也(蘧伯玉을 가리킴이다).
◎ 言其但欲寡過而猶未能하니 則其省身克己하여 常若不及之意를 可見矣라. 使者之言이 愈自卑約이나 而其主之賢이 益彰하니 亦可謂深知君子之心而善於詞令者矣라. 故로 夫子再言使乎하여 以重美之하시니라. <朱子> 그 다만 허물을 적게 하고자 하나 오히려 능하지 못하다고 말하였으니, 그렇다면 그가 自身을 성찰하고 사욕을 이겨 항상 미치지 못할 듯이 여기는 뜻을 볼 수 있다. 使者(시자)의 말이 더욱 스스로 겸손(비약)하였으나 그 主人(伯玉)의 훌륭함이 더욱 드러났으니, 또한 君子의 마음을 깊이 알고 司令을 잘하는 者라고 이를 만하다. 그러므로 夫子께서 두 번 使乎(시호)라고 말씀하시어서 거듭 그(使者)를 찬미하신 것이니라.

【解說】 蘧伯玉이 孔子에게 사람을 심부름 보내자, 孔子께서 그와 함께 앉고서 그에게 물어 말씀하시기를, 夫子(거백옥)께서는 무엇을 하시는가? 대답해 말하기를, 夫子께서는 그 허물을 적게 하고자 하나 아직 능하지 못하십니다. 使者(시자)가 나가자, 孔子께서 말씀하시기를, 훌륭한 使者로다! 훌륭한 使者로다!

【主題】 蘧伯玉 使者의 謙遜함에 대한 孔子의 칭찬.
※ 孔子께서는 거백옥의 使者가 그 主人의 근황을 설명함이 그 主人을 위한 가장 적절한 표현이라 여기시어, 그 使者의 謙遜한 태도와 말을 칭찬하신 것이다.

[27]

子曰 不在其位하여는 不謨其政이니라. <禁止法>

【字解】省 略

【硏究】

◎ 不在其位는 則不任其事也라. 若君大夫問而告者는 則有矣니라. <程子> 그 자리(지위)에 있지 않다 함은 곧 그 일을 맡지 않음이다. 만약 君이나 大夫가 물어서 아뢰는 것은 곧 있을 수 있느니라.

※ 第八 泰伯篇 14章의 重出임.

【解說】孔子께서 말씀하시기를, 그 지위에 있지 않으면 그 政事를 도모하지 말아야 하느니라.

【主題】君子의 守分 — 不越職侵權.

[28]

曾子曰 君子는 思不出其位니라. <否定法>

【字解】省 略

【硏究】

◎ 此는 艮卦之象辭也니 曾子蓋嘗稱之라. 記者因上章之語而類記之也라. <朱子> 이것은 (周易) 艮卦의 象辭이니, 曾子가 아마도 일찍이 그것을 일컬으셨을 것이다. 기록하는 자가 윗 장의 말에 인하여 같은 類끼리 그것을 기록한 것이다.

◎ 物各止其所에 而天下之理得矣라. 故로 君子所思不出其位에 而君臣上下大小가 皆得其職也니라. <范祖禹>
사물이 각각 제자리에 머무름에 天下의 이치가 얻어진다. 그러므로 군자의 생각하는 바가 그 지위를 벗어나지 아니함에 君臣과 上下와 크고 작은 것들이 모두 그 직분을 얻게 되는 것이니라.

【解說】曾子께서 말씀하시기를, 君子는 생각이 그 지위(위치)를 벗어나지 않아야 하니라.

【主題】 君子之思 — 思不出其位.
※ 君子가 그칠 줄 알아야 함을 보인 것임.

[29]

子曰 君子는 恥其言而過其行이니라. <平敍法>

【字解】 省 略

【研究】
◎ 恥者는 不敢盡之意이요 過者는 欲有餘之辭라. <朱子> 恥란 것은 敢히 다하지 못한다는 뜻이요, 過란 것은 有餘하고자 한다는 말이다.
◎ 孔子疾夫言之過其行者라. <王符 : 潛夫論>
孔子께서는 무릇 말이 그 행동을 지나침을 미워하셨다.

【解說】 孔子께서 말씀하시기를, 君子는 그 말을 부끄러워하여서 그 실행을 말보다 지나치게(앞서게) 하느니라.

【主題】 君子之言行 — 其行之過其言(先行後言).
※ 孔子께서 君子다운 言行을 보여서 경계하게 하셨음.

[30]

子曰 君子道者三에 我無能焉하니 仁者는 不憂하고 知者는 不惑하고 勇者는 不懼니라. 子貢曰 夫子自道也샷다. <列擧法>

【字解】 省 略

【研究】
◎ 自責以勉人也라. 道는 言也니 自道는 猶云謙辭라. <朱子> 자책하여서 사람을 면려하신 것이다. 道는 말함이니, 自道는 謙辭란 말과 같다.
◎ 成德은 以仁爲先하고 進學은 以知爲先이라. <尹焞> 德을 이룸에는 仁으로써 우선을 삼고, 학문에 나아감에는 知로써 우선을 삼는다.
※ 自罕篇 28章 (子曰 知者不惑하고 仁者不憂하고 勇者不懼니라) 參照.
※ 君子之 三德 : 智・仁・勇.

【解說】孔子께서 말씀하시기를, 君子의 道 세 가지에 나는 (거기에) 능한 것이 없다. 仁者는 근심하지 아니하고, 知者는 의혹하지 아니하고, 勇者는 두려워하지 않느니라. 子貢이 말하기를, 夫子께서는 스스로 겸손히 말씀하심이로다.

【主題】君子之三道 — 不憂·不惑·不懼.
※ 孔子는 君子之三道를 통해서 自身의 겸손한 인품을 나타내었음.

[31]

子貢方人하더니 子曰 賜也는 賢乎哉아. 夫我則不暇로라. <逆說法>

【字解】
方 견줄 방. 暇 말미(겨를) 가.

【硏究】
方 : 比也(견줌이다). 乎哉 : 疑辭(의심하는 말).
◎ 比方人物而較其短長은 雖亦窮理之事나 然이나 專務爲此면 則心馳於外하여 而所以自治者疎矣라. 故로 褒之而疑其辭하고 復自貶以深抑之하시니라. <朱子>
인물을 견주어서 그 장단을 비교함은 비록 또한 궁리의 일이나, 그리나 오로지 이것을 함에 힘쓰면 마음이 밖으로 달려서, 써 自身을 다스리는 것이 소홀해지는 것이다. 그러므로 그(子貢)를 칭찬하면서 그 말씀을 의문사로 하셨고, 다시 자신을 폄하하여서 그를 깊이 억제하신 것이니라.
◎ 聖人責人에 辭不迫切而意已獨至가 如此시니라. <謝良佐>
聖人이 사람을 꾸짖음에 말씀은 박절하지 않으면서도 뜻만은 이미 유독 지극함이 이와 같으시니라.
※ 里仁篇 17章 (見賢思齊焉하며 見不賢而內自省也니라) 參照.

【解說】子貢이 사람(인물)을 비교하니, 孔子께서 말씀하시기를, 賜는 현명한가 보다. 하지만 나는 (그럴) 겨를이 없노라.

【主題】孔子의 自治 尤先的 態度.
※ 學者는 마땅히 먼저 스스로를 다스려야 함을 强調한 것임.

[32]

子曰 不患人之不己知요 患其不能也니라. <命令法>

【字解】省 略

【研究】

◎ 患其不能也 — [患己之無能也. <皇侃>
徒患己之無能也. (王弼)

◎ 此章은 凡四見而文皆有異하니 則聖人於此一事에 蓋屢言之니 其丁寧之意를 亦可見矣라. <朱子> 이 章은 모두 네 번 보이지만 문장이 모두 다름이 있으니, 그렇다면 聖人이 이 한 가지 일에 대해 그것을 여러 번 말씀하신 것이니, 그 정녕(간곡)하신 뜻을 또한 볼 수 있다.

【解說】孔子께서 말씀하시기를, 남들이 自己를 알아주지 못함을 걱정하지 말고, 그가(自己가) 能하지(道德과 學問이 能하지) 못함을 근심할지니라.

【主題】學者의 마음가짐 — 患其不能.

[33]

子曰 不逆詐하며 不億不信이나 抑亦先覺者是賢乎인저. <禁止法>

【字解】

逆(역) 거스리다, 미리, 앞지르다, 맞이하다. 億 억 억, 억측할 억.

【研究】

逆 : 未至而迎之也(아직 이르지 않았으나 그것을 짐작함이다).
億 : 未見而意之也(아직 보이지 않지만 그것을 생각함이다).
詐 : 人欺己(남이 자기를 속임).
不信 : 人疑己(남이 자기를 의심함).
抑亦 : 그러나 또한. '抑'은 反語辭.

◎ 雖不逆不億이나 而於人之情僞에 自然先覺이라야 乃爲賢也라. <朱子> 비록 逆探하지 않고 臆測하지 않으나, 남의 실정과 허위에 대하여 자연히 먼저 깨달아야 곧 어짊이 된다.

◎ 君子一於誠而已라. 然이나 未有誠而不明者라. 故로 雖不逆詐不億不信이라도 而常先覺也라. 若夫不逆不億이라가 而卒爲小人所罔焉이면 斯亦不足觀也已니라. <楊時> 君子는 誠實에 한결같이 할 뿐이다. 그러나 誠實하고도 밝지 않은 자는 있지 않다. 그러므로 비록 (남이 나를) 속일까 미리 짐작하지 않고 믿지 않을까 억측하지 않더라도 항상 먼저 깨닫는 것이다. 만약 무릇 미리 짐작하지 않고 억측하지 않다가 끝내 小人에게 속임을 당하면 이 또한 족히 볼 것이 없는 것이다.

【解說】 孔子께서 말씀하시기를, 남이 나를 속일까 미리 짐작하지 말며, 남이 나를 믿지 않을까 억측하지 말 것이나, 그러나 또한 먼저 깨닫는 것이 현명할 것인저.

【主題】 君子의 바른 對人態度 — 不逆詐 不億不信.
※ 君子는 對人에 있어서 먼저 깨닫는 지혜가 있어야 함을 말함.

[34]

微生畝謂孔子曰 丘는 何爲是栖栖者與오. 無乃爲佞乎아. 孔子曰 非敢爲佞也라 疾固也니라. <問答法・設疑法>

【字解】
畝 밭이랑 묘(무).
栖(서) 깃들이다, 편치 않다.
佞(녕) 간사하다, 말 잘하다.

【硏究】
微生畝 : 微生은 姓이요 畝는 名也라. 畝名呼夫子而辭甚倨하니 蓋有齒德而隱者라. <朱子> (微生은 姓이요 畝는 이름이다. 微生畝가 夫子 이름을 부르고 말이 매우 거만하니, 아마도 나이와 덕이 있으면서 은둔한 자인 듯하다.)
栖栖 : 依依也(의의함이다, 연연함이다). ※ 遑遑(정처없이 떠다님)의 뜻.
爲佞 : 言其務爲口給以悅人也(口辯을 해서 남을 기쁘게 하기를 힘씀을 말함).
疾 : 惡也(미워함이다).
固 : 執一而不通也(한 가지를 고집하여 통하지 못함이다).
◎ 聖人之於達尊에 禮恭而言直이 如此하니 其警之亦深矣라. <朱子> 聖人이 達尊에 대하여 예절이 공손하고 말씀이 곧음이 이와 같으셨으니, 그 경계함이 또한 깊은 것이다.

【解說】 微生畝가 孔子에게 일러 말하기를, 丘는 어찌하여 이리도 연연해하는 것인가? 말재주를 피움이 아니겠는가? 孔子께서 말씀하시기를, 감히 말재주를 피움이 아니라 고집불통을 미워하는 것이니라.

【主題】 隱者의 詰責에 대한 孔子의 단호한 態度.
※ 孔子의 以道救世의 뜻을 모르고 빈정대는 隱者에 대해 孔子께서는 獨善에 빠져 있는 그들 隱者에 대해 단호한 態度를 보이고 있다.

[35]

子曰 驥는 不稱其力이라 稱其德也라. <比喩法>

【字解】
驥 준마 기.

【硏究】
驥 : 善馬之名(좋은 말의 명칭). 良馬. 名馬. ※ 冀州에서 生産됨.
德 : 謂調良也(조련되어 양순함을 말함). ※ 漢의 學者 鄭玄은 '德'을 '덕택, 결과'로 보아 '其德'은 '調良之德'(조량된 덕택)이라 했음.
◎ 驥雖有力이나 其稱은 在德이니 人有才而無德則亦奚足尙哉리오. <尹焞> 기마는 비록 힘이 있으나 그 칭찬은 德에 있으니, 사람이 재주만 있고 덕이 없으면 또한 어찌 족히 숭상하리오.

【解說】 孔子께서 말씀하시기를, 기마는 그 힘을 칭찬함이 아니라 그 德을 칭찬함이니라.

【主題】 德의 重要性 强調.
※ 孔子께서 君子 또는 達士는 그 才能보다 그 德이 중요함을 비유적으로 표현함.

[36]

或曰 以德報怨이 何如하니잇고. 子曰 何以報德고. 以直報怨이오 以德報德이니라. <問答法·對句法>

【字解】省 略

【研究】

或 : 或人所稱은 今見(현)老子書라
(혹인이 말한 바는 지금 '老子'책에 보인다).

德 : 謂恩惠也(은혜를 이른 것이다).

直 : 於其所怨者에 愛憎取舍를 一以至公而無私가 所謂直也라
(원망하는 자에게 사랑하고 미워함과 취하고 버림을 한결같이 함으로써 지극히 공평하여 私가 없음이 이른바 直이다).

◎ 或人之言은 可謂厚矣라. 然이나 以聖人之言觀之면 則見其出於有意之私하여 而怨德之報 皆不得其平也니 必如夫子之言然後에 二者之報各得其所라. 然이나 怨有不讐而德無不報면 則又未嘗不厚라. <朱子>
혹인의 말은 후덕하다고 이를 만하다. 그러나 聖人의 말씀으로써 살펴보면 그 有意의 私心에서 나와서 원망과 은혜(덕)에 대한 갚음(보답)이 모두 그 公平함을 얻지 못하였음을 볼 수 있으니, 반드시 夫子(孔子)의 말씀과 같이 한 뒤에야 두 가지의 갚음이 各各 제자리를 얻게 된다. 그러나 원한이 있어도 원수로 여기지 않고 德으로 갚지 않음이 없다면 또한 일찍이 후덕하지 않음이 아니다.

【解說】或人(어떤 사람)이 말하기를, 德(은혜)으로써 원망(원한)을 갚음이 어떠합니까? 孔子께서 말씀하시기를, 무엇으로써 德(은혜)을 갚을꼬? 正直함(바른 것)으로써 원한을 갚고 德으로써 德(은혜)을 갚아야 하느니라.

【主題】公平無私의 接人之道.

※ 能好人 能惡人 함이 仁者의 態度이니, 接人(待人)에 있어서도 無私心의 公平한 마음으로 해야 함을 명백하고 간략하게 표현했다.

[37]

子曰 莫我知也夫인저. 子貢曰 何爲其莫知子也잇고. 子曰 不怨天하며 不尤人이요 下學而上達하노니 知我者는 其天乎인저. <問答法·列擧法>

【字解】省 略

【研究】

下學而上達 : 下學人事而上達天理. 其 : 그 아마도(未定之詞).

(아래로 인사를 배워서 위로 천리에 통달함).

◎ 不得於天而不怨天하고 不合於人而不尤人이요 但知下學而自然上達하니 此但自言其反己自修하여 循序漸進耳요 無以甚異於人而致其知也라. 然이나 深味其語意면 則見其中自有人不及知而天獨知之之妙라. <朱子> 하늘에게 (좋은 시운을) 얻지 못하여도 하늘을 원망하지 않고, 사람에게 합하지 못하여도 사람을 탓하지 않고, 다만 아래로 (인간사를) 배우며, 자연히 위로 (天理를) 통달하는 것만을 아나니, 이는 다만 自己를 반성하고 스스로 닦아서 차례를 따라 점점 나아갈 뿐이요, 남보다 심히 다르게 하여서 그 알아줌을 이루게 함이 없음을 自言한 것이다. 그러나 그 말씀의 뜻을 깊이 음미해 보면, 그 가운데 스스로 사람들은 미처 알지 못하고 하늘만이 홀로 그것을 알 수 있는 妙가 있음을 볼 수 있다.

◎ 不怨天 不尤人은 在理當如此니라. 又曰 下學上達은 意在言表니라. 又曰學者須守下學上達之語니 乃學之要라. 蓋凡下學人事면 便是上達天理라. 然이나 習而不察이면 則亦不能以上達矣니라. <程子>
하늘을 원망하지 않으며 사람을 탓하지 않는 것은 도리에 있어 마땅히 이와 같아야 하느니라. 또 말하기를, 下學과 上達은 뜻이 말 밖에 있다. 또 말하기를, 배우는 자들은 모름지기 下學·上達의 말씀을 지켜야 하니, (이것이) 곧 학문의 요점이다. 대개 아래로 인간의 일을 배우면 곧 위로 天理를 통하게 된다. 그러나 익히기만 하고 살피지 않으면 또한 능히 써 위로 통달할 수 없는 것이니라.

【解說】 孔子께서 말씀하시기를, 나를 알아주지 않는구나. 子貢이 말하기를, 어찌 선생님을 알아주지 않는다 하십니까? 孔子께서 말씀하시기를, (나는) 하늘을 원망하지 않으며 사람을 탓하지 않고 아래로 (人事를) 배워서 위로 (天理를) 통달하노니, 나를 아는 자는 그 아마도 하느님이실 것이로다.

【主題】 孔子의 學問之要 — 下學而上達.

※ 孔子께서 反己自修하여 下學而上達하는 學之要를 보임.

[38]

公伯寮愬子路於季孫이어늘 子服景伯이 以告曰 夫子固有惑志於公伯寮하나니 吾力이 猶能肆諸市朝니이다. 子曰 道之將行也與도 命也며 道之將廢也與도 命也니 公伯寮其如命何리오.

<問答法・對句法・設疑法>

【字解】

寮 동료 료.　　愬(소) 참소하다, 하소연하다.

肆(사) 방자하다, 늘어놓다, 가게.

【研究】

公伯寮 : 魯人으로서 姓은 公伯, 名은 寮, 字는 子周. 孔子의 弟子라는 說은 未詳임.

子服景伯 : 魯大夫로 三桓의 一族. 姓은 子服, 名은 何, 字는 伯, 謚는 景.

夫子 : 指季孫이니 言其有疑於寮之言也라(季孫을 가리키니, 그가 公伯寮의 말에 (子路를) 의심함이 있음을 말함이다).

肆 : 陳尸也니 言欲誅寮라

(시신을 늘어놓는 것이니, 公伯寮를 죽이려 함을 말한다).

[公伯寮其如命何] : 雖寮之愬行이라도 亦命也니 其實은 寮無如之何라 (비록 公伯寮의 참소가 행해져도 또한 命이니, 그 실상은 公伯寮가 어찌할 수 없음이다).

◎ 愚謂言此以曉景伯 安子路而警伯寮耳니 聖人이 於利害之際에 則不待決於命而後泰然也라. <謝良佐> 내가 생각하건대, 이를 말씀하여서 景伯을 깨우치고 子路를 安心시키고 公伯寮를 경계하였을 뿐이니, 聖人이 利害의 지음에 있어서 命에 결단함을 기다린 뒤에 泰然해짐은 아니니다.

【解說】 公伯寮가 季孫에게 子路를 참소하자, 子服景伯이 써 아뢰기를, 夫子(季孫)께서 진실로 公伯寮의 말에 마음(뜻)을 의혹함(미혹됨)이 있으니, 내 힘이 아직은 능히 거리에 그의 尸身을 늘어놓을 수 있습니다. 孔子께서 말씀하시기를, 道가 장차 행해짐도 命이며, 道가 장차 폐해짐도 命이니, 公伯寮가 그 命을 어찌하리오.

【主題】 邦道在命의 가르침.

※ 邦道之有無는 在於命이라는 孔子의 가르침인데, 이러한 가르침은

景伯을 깨닫게 하고, 子路를 편안케 하고 公伯寮를 경계하신 것이다.

[39]

子曰 賢者는 辟(避)世하고 其次는 辟地하고 其次는 辟色하고 其次는 辟言이니라. <列擧法>

【字解】
辟(벽) 임금, 임, 물리치다, (피) 피하다(避).

【研究】
辟世 : 天下無道而隱이니 若伯夷太公이 是也라(天下에 道가 없으면 은둔하는 것이니, 伯夷와 太公 같은 이가 그들이다).
辟地 : 去亂國適治邦이라
(어지러운 나라를 떠나 다스려진 나라로 감이다).
辟色 : 禮貌衰而去라(예모가 쇠약해지면 떠나는 것이다).
辟言 : 有違言而後去也라(말을 어김이 있은 뒤에 떠나는 것이다).
◎ 四者는 雖以大小次第言之나 然이나 非有優劣也요 所遇不同耳니라. <程子> 네 가지는 비록 크고 작은 차례로써 그것을 말씀하셨으나 우열이 있는 것이 아니요, 만난(당한) 바가 같지 아니할 뿐이니라.

【解說】孔子께서 말씀하시기를, 賢者는 (無道한) 세상을 피하고, 그 다음은 亂國을 피하고, 그 다음은 容色을 (보고) 피하고, 그 다음은 말을 (어기면) 피하느니라.

【主題】賢者의 出處進退의 處世法 — 辟世・辟地・辟色・辟言.
※ 孔子께서는 賢者의 出處進退의 處世法 四者를 들었으니, 이는 賢者가 때와 상황을 따라가는 의리를 보인 것이다.

[40]

子曰 作者七人矣니라. <平敍法>

【字解】省 略

【研究】

作者 : ① 일어나 은둔한 者(作 : 起). ② 해낸 者(作 : 爲).
③ 文物典章을 창작한 者(作 : '述而不作'의 '作'으로 봄).

七人 : 長沮·桀溺·丈人·石門(晨門)·荷蕢·儀封人·楚狂接輿 <包咸>

◎ 作은 起也니 言起而隱去者 今七人矣라. 不可知其誰何하니 必求其人以實之면 則鑿矣니라. <李郁> 作은 일어남이니, 일어나 은둔하려 떠나간 자가 지금 일곱 사람임을 말씀한 것이다. 그 누구인지는 알 수 없으니, 굳이 그 사람을 찾아서 그들을 채운다면 천착하는 짓이니라.

【解說】 孔子께서 말씀하시기를, 일어나 은둔한 자가 일곱 사람이니라.

【主題】 世道의 衰함에 대한 孔子의 개탄.

※ 隱者가 續出하는 世道의 衰退함을 孔子께서 보시고, 지난날을 생각하면서 현재를 아프게 여겨 하신 말씀인 듯하다.

※ 參考 : 이 [40]장을 앞 [39]장에 연결해 본 冊도 있음.

[41]

子路宿於石門이러니 晨門曰 奚自오. 子路曰 自孔氏로라. 曰 是知其不可而爲之者與아. <問答法>

【字解】

晨 새벽 신.

宿(숙) 묵다, 자다, 오래다, (수) 별.

【研究】

石門 : 地名으로 魯國의 城門이 있는 지역의 이름.

晨門 : 掌晨啓門이니 蓋賢人隱於抱關者也라
(새벽에 성문을 열어주는 일을 관장하니, 아마도 현인으로서 관문을 지키는 일에 은둔한 자인 듯하다).

自 : 從也니 問其何所從來也라
(~부터이니, 어느 곳으로부터 왔는가를 물은 것이다).

◎ 晨門은 知世之不可而不爲라. 故로 以是譏孔子라. 然이나 不知聖人之視天下에 無不可爲之時也니라. <胡寅> 晨門은 세상의 不可함을 알고 하지 아니한 者다. 그러므로 이 말로써 孔子를 기롱(조롱)한 것이다. 그러나 聖人께서 天下를 보심에 할 수 없는 때가 없음을 알지 못했던 것이니라.

【解說】 子路가 石門에서 유숙했는데, 晨門이 묻기를, 어디에서 왔는가? 子路가 말하기를, 孔氏에게서 왔노라. (晨門이) 말하기를, 바로 그가 不可함을 알면서도 하는 者인가?

【主題】 隱者의 孔子에 대한 誤解.
※ 隱者인 晨門은 孔子를 誤解하여 '知其不可而爲之者'라고 기롱했으나, 聖人은 道大德尊하므로 無不可爲之者인 것이다.

[42]

子擊磬於衛러시니 有荷蕢而過孔氏之門者曰 有心哉라 擊磬乎여. 旣而요 曰鄙哉라 硜硜乎여. 莫己知也어든 斯已而已矣니 深則厲요 淺則揭니라. 子曰 果哉라 末之難矣니라.
<問答法・比喩法・感歎法・倒置法>

【字解】
磬 경쇠 경. 荷 멜 하. 蕢 삼태기 궤. 擊 칠 격.
硜 단단할 경. 厲 옷 벗고 건널 려. 揭 옷 걷고 건널 게.

【硏究】
磬 : 樂器也(악기이다). 荷 : 擔也(멤이다).
蕢 : 草器也(풀로 만든 기구이다).
[荷蕢而過孔氏之門者] : 此荷蕢者亦隱士也라. 聖人之心이 未嘗忘天下어늘 此人이 聞其磬聲而知之하니 則亦非常人矣니라.<朱子>
(이 삼태기를 멘 자 또한 은사이다. 聖人의 마음은 일찍이 天下를 잊지 않았는데, 이 사람이 경쇠 소리를 듣고 그것을 알았으니, 그렇다면 또한 보통 사람이 아니니라.)
硜硜 : 石聲이니 亦專確之意라
(돌 소리이니, 또한 전일하고 확고한 뜻이다).
厲 : 脫衣涉水也(옷을 벗고서 물을 건넘이다).
揭 : 攝衣涉水也(옷을 걷고서 물을 건넘이다). 末 : 無也(없음이다).
[深則厲요 淺則揭] : 此兩句는 衛風匏有苦葉之詩也니 譏孔子人不知己而不止하여 不能適淺深之宜라. <朱子>
(이 두 句는 <詩經> 衛風'匏有苦葉'의 詩이다. 孔子가 남들이 自己를 알아주지 않는데도 그만두지 아니하여 능히 얕고 깊은 곳

의 마땅함에 적응하지 못함을 조롱(기롱)한 것이다.)

果哉 : 歎其果於忘世也(세상을 잊는 데에 과감함을 탄식함이다).

◎ 聖人이 心同天地하여 視天下猶一家하고 中國猶一人하여 不能一日忘也라. 故로 聞荷蕢之言하고 而歎其果於忘世하시니라. 且言人之出處를 若但如此면 則亦無所難矣라 하시니라. <朱子> 聖人은 마음이 天地와 같아서, 天下를 보기를 한 집안처럼 하고 中國 보기를 한 사람과 같이 하여 하루도 잊지 못한다. 그러므로 삼태기를 멘 자의 말을 듣고서 그가 세상을 잊는 데에 과감함을 탄식하신 것이다. 또 사람의 출처를 만약 다만 이와 같이 한다면 또한 어려울 것이 없다고 말씀하신 것이니라.

【解說】 孔子께서 衛나라에서 경쇠를 두드리셨는데, 삼태기를 메고 孔氏의 문 앞을 지나가는 者가 있어(듣고서) 말하기를, 마음이 (天下에) 있구나, 경쇠를 두드림이여! 조금 있다가 말하기를, 비루하다, 너무 확고하구나! 自己를 알아주지 않거든 그만둘 뿐이니, 물이 깊으면 옷을 벗고 건너고 얕으면 옷을 걷고 건너야 하느니라. 孔子께서 말씀하시기를, 과감하구나, 어려울 것이 없겠구나!

【主題】 隱者의 조롱과 孔子의 비판.

※ 避世의 隱者는 孔子가 救世의 확고한 뜻이 현실에 적응하지 못하고 있다고 조롱했고, 孔子는 隱者가 避世에 너무 과감함을 탄식하여 비판했다.

[43]

> 子張曰 書云 高宗이 諒陰三年不言이라 하니 何謂也잇고. 子曰 何必高宗이리오. 古之人皆然하니 君薨이어든 百官總己하여 以聽於冢宰三年하니라. <問答法·引用法>

【字解】

陰 어두울 암. 薨 죽을 훙. 冢 클 총.

【硏究】

高宗 : 商(殷)王武丁也(상왕인 무정이다).

※ 武丁 : 衰微한 殷을 復活시킨 王(B.C 1324~1266).

諒陰 : 天子居喪之名이니 未詳其義라

(天子가 居(執)喪하던 곳의 명칭인데 그 뜻은 미상이다).
總己 : 總攝己職(자기의 직책을 총괄함이다).
冢宰 : 太宰也(태재이다). ※ 太宰 : 지금의 국무총리.
◎ 百官聽於冢宰라. 故로 君得以三年不言也라. <朱子>
백관들이 총재에게 명령을 듣는다. 그러므로 君主가 三年 동안 능히 써 말하지 않을 수 있는 것이다.
◎ 位有貴賤이나 而生於父母는 無以異者라. 故로 三年之喪은 自天子達이라. 子張非疑此也요 殆以爲人君三年不言이면 則臣下無所稟令하여 禍亂或由以起也라. 孔子告以聽於冢宰하시니 則禍亂은 非所憂矣라. <胡寅> 地位는 귀천이 있으나 父母에게서 태어남은 써 다름이 없는 것이다. 그러므로 三年의 喪은 天子로부터 (庶人까지) 공통이다. 子張이 이것을 의심한 것이 아니요, 아마도 인군이 되어서 三年間 말하지 않으면 신하들이 명령을 아뢸 곳이 없어서 화란이 혹 이로 인하여서 일어날 것이라 여긴 것이다. 孔子께서 총재에게서 명을 듣는다 말씀해 주셨으니, 그렇다면 화란은 걱정할 바가 아니다.

※ 死
- 王(皇帝) — 薨(훙)·崩御(붕어)
- 諸侯(君) — 昇遐(승하)
- 卿·大夫 — 卒(졸)
- 士庶人 — 死(사)

【解說】 子張이 말하기를, 書經에 이르되 高宗이 양암에서 삼 년간 말하지 않았다 하니, 무엇을 말합니까? 孔子께서 말씀하시기를, 하필 高宗뿐이겠는가. 옛사람이 다 그러했으니, 君主가 죽으면 百官들은 자기 직책을 총괄하여 총재에게 (명령을) 듣기를 三年 동안 했느니라.

【主題】 天子의 三年喪 — 諒陰三年不言.
※ 군훙에 天子三年不言의 옛 법을 說明한 것임.

[44]

子曰 上이 好禮則民易使也니라. <平敍法>

【字解】 省 略

【研究】
◎ 禮達而分定이라. 故로 民易使니라. <謝良佐>

禮가 通達하면 분수가 定해진다. 그러므로 백성을 부리기가 쉬우니라.

【解說】 孔子께서 말씀하시기를, 윗사람이 예를 좋아하면 백성을 부리기 쉬우니라.

【主題】 使民의 方法 — 上好禮.
※ 임금이 먼저 禮를 실천해야 함을 强調한 것임.

[45]

子路問君子한대 子曰 修己以敬이니라. 曰 如斯而已乎잇가. 曰 修己以安人이니라. 曰 如斯而已乎잇가. 曰 修己以安百姓이니 修己以安百姓은 堯舜도 其猶病諸시니라. <列擧法·漸層法·問答法>

【字解】
病(병) 병, 병들다, 부족하다.

【硏究】
◎ 修己以敬은 夫子之言이 至矣盡矣어늘 而子路少之라. 故로 再以其充積之盛하여 自然及物者로 告之하시니 無他道也라. 人者는 對己而言이요 百姓則盡乎人矣라. 堯舜猶病은 言不可以有加於此니 以抑子路하여 使反求諸近也시니라. <朱子>
敬으로써 몸을 닦는다는 夫子의 말씀이 지극하고 지극하거늘 子路가 그것을 작게 여겼으므로, 다시 充積함이 성하여 자연히 남에게 미치는 것을 가지고 그에게 말씀하셨으니, 다른 방도가 없다. 人(남)이란 것은 自己와 상대하여서 말함이요, 百姓은 곧 남을 다한 것이다. 요순께서도 오히려 부족하게 여기셨다 함은 가히 써 이보다 더함이 있지 아니함을 말함이니, 이로써 子路를 억제하여 가까운 것에서 그것을 돌이켜 구하게 하심이니라.

※ 理想的君主
- 儒家
  - 孔子 — 文王·周公
  - 孟子 — 堯·舜
- 墨家 — 禹王
- 道家 — 伏羲·神農

【解說】 子路가 君子에 대해 물으니, 孔子께서 말씀하시기를, 敬으로써 自己를 닦는 것이니라. (子路가) 말하기를 이와 같을 뿐입니까? (孔子께서) 말씀하시기를, 自己를 닦아서 사람을 편안히 하는 것이니라.

(子路가) 말하기를, 이와 같을 뿐입니까? (孔子께서) 말씀하시기를, 자기를 닦아서 백성을 편안히 하는 것이니, 자기를 닦아서 백성을 편안히 함은 요순께서도 오히려 그것을 부족하게 여기셨느니라.

【主題】君子之修己 — 修己以敬.
※ 修己以敬하면 사람과 백성을 편안하게 할 수 있음을 말함.

[46]

原壤이 夷俟러니 子曰 幼而不孫弟(遜悌)하며 長而無述焉이요 老而不死가 是爲賊이라 하시고 以杖叩其脛하시다. <列擧法>

【字解】
夷(이) 오랑케, 상하다, 죽이다(멸하다), 평탄하다, 걸터앉다.
俟 기다릴 사. 孫(손) 손자, 공손하다(遜). 弟(제) 아우, 공손하다(悌).
述 말할 술. 杖 지팡이 장. 叩 두드릴 고. 脛 정강이뼈 경.

【研究】
原壤 : 孔子之故人이니 母死而歌라. 蓋老氏之類로 自放於禮法之外者라(孔子의 친구이니, 어머니가 죽자 노래를 불렀다. 이는 老子의 무리로서 스스로 禮法의 밖에 있는 방탕한 者이다).
夷 : 蹲踞也(걸터앉음이다). 述 : 稱也(칭찬함이다).
俟 : 待也니 言見孔子來而蹲踞以待之也라
(기다림이니, 孔子가 오는 것을 보고 걸터앉아서 기다림을 말한다).
賊 : 害人之名이니 以其自幼至老에 無一善狀하고 而久生於世하여 徒足以敗常亂俗이면 則是賊而已矣라. <朱子>
(사람을 해치는 것의 명칭이니, 그 어려서부터 늙음에 이르기까지 한 가지도 善한 實狀이 없고 세상에 오래 살아서 한갓 常道를 무너뜨리고 풍속을 어지럽히면 이는 賊일 뿐인 것이다.)
脛 : 足骨也라. 孔子旣責之하시고 而因以所曳之杖으로 微擊其脛하사 若使勿蹲踞然하시니라. <朱子> (발의 뼈(정강이)이다. 孔子께서 이미 그를 책망하시고 인하여서 끌던 바의 지팡이로 그의 정강이를 가볍게 쳐서 그로 하여금 걸터앉지 못하게 하려는 듯이 했다).

【解說】原壤이 걸터앉아서 (孔子를) 기다리니, 孔子께서 말씀하시기를, 어려서 공손하지 아니하며 장성해서 칭찬할 만한 일이 없고 늙어서

죽지 않는 것이 바로 賊이다 하고, 지팡이로 그의 정강이를 치시었다.

【主題】孔子의 친구에 대한 責望과 警戒.
※ 본문 앞부분에서 옛 친구의 허물 세 가지를 열거하여 人之賊이라 한 것은 지난 일을 책망함이고, 마지막에 정강이를 친 것은 장래를 경계함이다.

[47]

闕黨童子將命이어늘 或이 問之曰 益者與잇가 子曰 吾見其居於位也하며 見其與先生並行也하니 非求益者也라 欲速成者也니라. <問答法・列擧法>

【字解】
闕(궐) 대궐, 빠지다, 뚫다.　　　　黨(당) 무리, 마을.
將(장) 장수, 다스리다, 가지다, 받들다, 기르다, 나아가다, 전하다, 장차.

【研究】
闕黨 : 黨名也(마을의 이름이다).
童子 : 未冠者之稱也(관례를 하지 않는 자의 칭호다).
將命 : 謂傳賓主之言이라(손님과 주인의 말을 전달함을 이른다).
◎ 禮에 童子當隅坐隨行이라. 孔子言 吾見此童子 不循此禮하니 非能求益이요 但欲速成爾라. 故로 使之給使令之役하여 觀長少之序하고 習揖遜之容하니 蓋所以抑而教之요 非寵而異之也라. <朱子>
禮에 동자는 마땅히 모퉁이(구석)에 앉아 (뒤에서) 수행해야 한다 하였다. 孔子께서 말씀하시기를, 내가 보건대 이 동자가 이 禮를 따르지 않으니, (학문에) 益進(진전)을 구할 수 있는 자가 아니고 다만 빨리 이루려 하는 자일 뿐이다. 그러므로 그로 하여금 사령의 임무를 맡게 하여 어른과 어린이의 질서를 보고 사양하고 공손한 용모를 익히게 한 것이니, 이는 그를 억제하여 가르친 것이요, 총애하여 그를 특이하게 여긴 것이 아니다.

【解說】궐당의 동자가 명령을 전달하자, 혹인(어떤 사람)이 그(孔子)에게 묻기를, 학문이 진전된 자입니까? 孔子께서 말씀하시기를, 나는 그가 자리에 앉아 있는 것을 보았으며, 그가 선생과 나란히 걸어가는 것을 보았으니, 학문에 진전을 구하는 자가 아니라 빨리 이루고자 하는 자이니라.

【主題】 無禮한 童子에 대한 孔子의 指導.

※ 이 글에서는 '禮'字가 核心이니, 禮를 따르지 않는 童子의 行動을 지적하여, 孔子께서 그를 억제하여 가르치려 하신 것이다.

第十五　衛靈公篇

주제 :
- 전반 — 在衛國之事
- 중반 — 仁道之問答
- 후반 — 修身處世之道

凡四十一章이다.

[1]

衛靈公이 問陳於孔子한대 孔子對曰 俎豆之事는 則嘗聞之矣어니와 軍旅之事는 未之學也라 하시고 明日에 遂行하시다. 在陳絶糧하니 從者病하여 莫能興이러니 子路慍見(현)曰 君子亦有窮乎잇가. 子曰 君子는 固窮이니 小人은 窮斯濫矣니라. <問答法·比較法>

【字解】

陳(진) 베풀다, 진치다.　　俎(조) 도마, 적대(祭享器).

慍 성낼 온.　　見 볼 견, 뵐 현.　　濫 넘칠 람.

【硏究】

陳 : 軍師行(從)伍(橫)之列.　　濫 : 溢也(넘침이다).

俎豆 : 禮器(예를 행함에 사용하는 기물).

◎ 衛靈公은 無道之君也어늘 復有志於戰伐之事라. 故로 答以未學而去之시니라. <尹淳>
衛나라 靈公은 무도한 君主이거늘 다시(또) 전벌하는 일에 뜻을 두었다. 그러므로 배우지 못했다 함으로써 대답하고 떠나신 것이니라.

◎ 君子固有窮時하니 不若小人窮則放溢爲非니라. <何晏>
君子는 진실로 궁할 때가 있으니, 小人이 궁하면 방일하여(방종하고 넘치어) 비행을 함과는 같지 않느니라.

◎ 聖人은 當行而行하여 無所顧慮하고 處困而亨하여 無所怨悔를 於此可見이니 學者宜深味之니라. <朱子>　聖人은 마땅히 떠나게 되면(떠나야 할 경우가 되면) 떠나서 돌아보고 염려하는 바가 없고, 곤경에 처하여도 형통하여 원망하고 후회하는 바가 없음을 여기에서 볼 수 있으니, 배우는 자들은 마땅히 그것을 깊이 음미해야 하느니라.

【解說】 衛나라 靈公이 孔子에게 陳法을 묻자 孔子께서 대답하시기를, 조두(제기)에 대한(제례에 대한) 일은 곧 일찍이 들었거니와, 군대에 대한 일은 배우지 못하였다 하시고, 다음날 마침내 떠나가시었느니라. 陳나라에 있을 때에 양식이 떨어지니, 從者들이 병들어(脫盡하여) 일어날 수 없었는데, 子路가 성난 얼굴로 (孔子를) 뵙고 말하기를, 君子도 궁할 때가 있습니까? 孔子께서 말씀하시기를, 君子는 본디 궁한 것이니 小人은 궁하면 넘치느니라(함부로 구느니라).

【主題】 孔子의 去就之義理와 處困窮之道.
※ 1章을 두 章으로 보는 見解도 있음.

[2]

子曰 賜也아 女以予爲多學而識(지)之者與아. 對曰 然하이다. 非與잇가. 曰 非也라. 予는 一以貫之니라. <頓呼法 · 問答法>

【字解】 省 略

【硏究】

◎ 子貢之學이 多而能識矣니 夫子欲其知所本也라. 故로 問以發之시라. 說見(현)第四(里仁)篇이라. 然이나 彼以行言이요 而此以知言也라. <朱子> 子貢의 학문은 많이 배우고서 능히 기억하였으니, 夫子(孔子)께서는 그 근본 되는 바를 알게 하고자 하셨다. 그러므로 물음으로써 그것(근본 되는 바)을 유발하셨느니라. 설명이 제4편(里仁篇)에 보인다. 그러나 거기서는 행실로써 말함이요, 여기서는 지혜로써 말함이다.

◎ 聖人之道大矣라 人不能遍觀而盡識이니 宜其以爲多學而識之也라. 然이나 聖人豈務博者哉리오. 如天之於衆形에 匪物物刻而雕之也라. 故로 曰 予一以貫之라 하시니라. <謝良佐> 聖人의 道가 커서 사람들이 능히 두루 보고 다 알 수 없으니, 마땅히 많이 배우고서 그것을 기억함이라고 여기었다. 그러나 聖人이 어찌 박학하기를 힘썼으리오. 마치 하늘이 뭇 형상에 대하여 물건마다 새기었으나 그것을 조각함이 아님과 같다. 그러므로 나는 하나의 이치로써 그것(만물)을 꿰뚫는다 말씀하신 것이니라.

【解說】 孔子께서 말씀하시기를, 賜(子貢)야! 너는 내가 많이 배워서 기억하는 자라고 여기는가? 대답해 말하기를, 그렇습니다. 아닙니까? (孔子께서) 말씀하시기를, 아니다. 나는 하나의 이치로써 그것

(모든 사물)을 꿰뚫는 것이니라.

【主題】 孔子의 事物에 대한 認識方法 — 一以貫之.

[3]

子曰 由아 知德者鮮矣니라. <頓呼法>

【字解】 省 略

【研究】

由 : 子路(孔子의 弟子)의 이름. 仲由.

◎ 德은 謂義理之得於己者니 非己有之면 不能知其意味之實也니라. <朱子> 德은 義理가 自己에게 얻어진 것을 이름이니, 自己가 그것(德)을 갖고 있지 않으면 능히 그 意味의 실체를 알 수 없는 것이니라.

◎ 自第一章으로 至此는 疑皆一時之言이니 此章은 蓋爲慍見發也라. <朱子> 제1장으로부터 여기까지는 아마도 모두 한때의 말씀인 듯하니, 이 章은 아마도 (子路가) 성난 얼굴로 (孔子를) 뵈었기 때문에 말씀하신 듯하다.

【解說】 孔子께서 말씀하시기를, 由(子路)야! 德(行道而有得於心者)을 아는(알아서 실천하는) 者가 드무니라.

【主題】 知德者(仁政과 德治의 君主) 없음에 대한 孔子의 失望.
※ 子路에게 德에 나아가기를 권면하는 뜻이 담김.

[4]

子曰 無爲而治者는 其舜也與신저. 夫何爲哉시리오. 恭己正南面而已矣시니라. <設疑法・感嘆法>

【字解】 省 略

【研究】

無爲而治 : 人爲的인 조작 없이 자연스럽게 다스림. 저절로 다스려짐.

其 : 未定之辭(그 아마도). 恭己 : 自己 몸을 공손히 함.

◎ 無爲而治者는 聖人德盛而民化하여 不待其有所作爲也라. 獨稱舜者는 紹堯之後하고 而又得人以任衆職이라. 故로 尤不見其有爲之迹也라. 恭己者는 聖人敬德之容이니 旣無所爲면 則人之所見이 如此而已니라. <朱子> 無爲로 다스렸다는 것은 聖人의 德이 융성함에 백성들이 교화되어 作爲하는 바가 있기를 기다리지 않음이다. 유독 舜 임금만을 일컬은 것은 堯 임금의 뒤를 이었고, 그리고 또 인재를 얻어서 여러 직책을 맡겼기 때문이다. 그러므로 더욱 有爲의 자취를 볼 수 없어서이다. 몸(自己)을 공손히 한다는 것은 聖人의 敬德의 모습이니, 이미 作爲하는 바가 없으면 사람들이 보는 바는 이와 같을 뿐이니라.

※ 政治의 等級 : 無爲而治 · 德治(居敬而行簡) · 法治 · 力治의 順.

【解說】 孔子께서 말씀하시기를, 無爲로(저절로) 다스리신 者는 그 아마도 舜임금일진저. 무엇을 하셨으리오? 몸을 공손히 하고 바르게 南面하셨을 뿐이었느니라.

【主題】 舜의 至德 — 無爲而治.

※ 孔子는 舜의 無爲而治를 政治的理想으로 사모했음.

[5]

子張이 問行한대 子曰 言忠信하며 行篤敬이면 雖蠻貊之邦이라도 行矣어니와 言不忠信하며 行不篤敬이면 雖州里나 行乎哉아. 立則見其參(참)於前也요 在輿則見其倚於衡也니 夫然後에 行이니라. 子張이 書諸紳하니라. <問答法 · 設疑法 · 例示法>

【字解】

篤 도타울 독. 蠻 오랑캐 만. 貊 오랑캐 맥. 參 석 삼, 참여할 참.
衡(형) 저울대, 멍에. 紳 큰 띠 신. 輿(여) 무리, 수레.

【硏究】

篤 : 厚也(두터움이다). 蠻 : 南蠻也(남쪽 오랑캐이다).
貊 : 北狄也(북쪽 오랑캐이다). 州 : 二千五百家也(이천오백 가이다).
其 : 指忠信篤敬也(忠信과 篤敬을 가리킴이다). 衡 : 軛也(멍에이다).
參 : 讀如毋往參焉之參(가서 끼어들지 말라는 參과 같이 읽는다).

紳 : 大帶之垂者也(큰 띠가 드리워진 것이다).
書 : 欲其不忘也(잊지 않고자 함이다).
◎ 其於忠信篤敬에 念念不忘하여 隨其所在하여 常若有見하여 雖欲頃刻離之라도 而不可得이니 然後에 一言一行이 自然不離於忠信篤敬하여 而蠻貊可行也니라. <朱子> 그 忠信과 篤敬에 대하여 생각하고 생각하여 잊지 않아서 그 있는 곳에 따라 항상 눈에 보임이 있는 듯하여 비록 잠시 동안이라도 그것에서 떠나려 해도 떠날 수 없어야 하니, 그렇게 한 뒤에야 한마디 말과 한 가지 행동이 저절로(자연히) 忠信과 篤敬에서 벗어나지 아니하여 오랑캐의 나라에서도 행해질 수 있느니라.

【解說】 子張(顓孫師)이 행해짐을 물으니, 孔子께서 말씀하시기를, 말이 忠信하고 행실이 篤敬(돈후하고 공경스러움)하면 비록 오랑캐의 나라라 하더라도 행해질 수 있거니와, 말이 忠信하지 못하고 행실이 篤敬하지 못하면 비록 (自身이 사는) 州里라 하더라도 행해지겠는가? 일어서면 그것(忠信과 篤敬)이 앞에 참여함을 볼 수 있고, 수레에 있으면 그것이 멍에에 기댐을 볼 수 있어야 하니, 무릇 그런 뒤에야 행해지느니라. 子張이 띠에 그것(孔子의 말씀)을 썼느니라.

【主題】 行之道 — 言忠信 行篤敬.
※ 君子가 仁道나 理想을 實行하는 도리는 결국 忠信 篤敬 같은 言行의 誠實에 달려 있음을 孔子께서 말씀하신 것이다.

[6]

子曰 直哉라 史魚여. 邦有道에 如矢하며 邦無道에 如矢로다. 君子哉라 蘧伯玉이여. 邦有道則仕하고 邦無道則可卷而懷之로다.
<感歎法・倒置法>

【字解】
蘧 풀 이름 거. 卷(권) 책, 거두다. 懷(회) 품다, 생각하다, 감추다.

【硏究】
史 : 官名也(관명이다). 魚 : 衛大夫니 名鰌也(衛의 大夫니 名은 鰌다).
如矢 : 言直也(곧음을 말함이다). 卷 : 收也(거둠이다).
懷 : 藏也니 如於孫林父甯殖(영식)放弑之謀에 不對而出이 亦其事也니라(감춤이니, 예컨대 孫林父와 甯殖이 君主를 내치고 시해하려는 모의에

(거백옥이) 대답하지 않고 나간 것과 같은 것이 또한 그 일이다).

◎ 史魚自以不能進賢退不肖라 하여 旣死에 猶以尸諫이라. 故로 夫子稱其直하시니 事見家語하니라. 伯玉出處 合於聖人之道라. 故로 曰君子라. <朱子> 史魚는 스스로 어진 이를 등용시키고(나아게 하고) 불초자를 물리치지 못했다 하여서 죽고 나서도 오히려 시신으로써 (君主에게) 간하였다. 그러므로 夫子께서 그의 곧음을 칭찬하셨으니, 이 사실이 家語(孔子家語)에 보인다. 蘧伯玉의 出處(進退)가 聖人의 道에 合하였다. 그러므로 君子라고 말씀하신 것이다.

◎ 史魚之直은 未盡君子之道요 若蘧伯然後에 可免於亂世니 若史魚之如矢면 則雖欲卷而懷之라도 有不可得也니라. <楊時>
史魚의 곧음은 君子의 道를 다하지 못했고, 蘧伯玉과 같이 한 뒤에야 난세에 화를 면할 수 있으니, 史魚와 같이 화살 같다면 비록 그것을 거두어 품고자 하더라도 될 수 없는 것이니라.

【解說】孔子께서 말씀하시기를, 정직하도다, 史魚여! 나라에 道가 있을 때에도 화살같이 곧으며, 나라에 道가 없을 때에도 화살처럼 곧도다! 君子답도다, 蘧伯玉이여! 나라에 道가 있으면 벼슬하고, 나라에 道가 없으면 그것을 거두어 감추어 두는구나!

【主題】史魚와 蘧伯玉에 대한 孔子의 稱讚.
※ 孔子께서 두 大夫를 칭찬하셨으니, 한 분(史魚)은 때를 따라 直함을(節操를) 바꾸지 않았다 하셨고, 한 분(蘧伯玉)은 때를 보아서 뜻을 行하였다 하시었다.

[7]

子曰 可與言而不與之言이면 失人이요 不可與言而與之言이면 失言이니 知者는 不失人하며 亦不失言이니라. <對句法>

【字解】省 略

【研究】
可與言 : 더불어 말할 만하다. (反)不可與言.
失人 : 사람(사람다운 사람)을 잃는다.
失言 : 말(말의 값)을 잃는다.

【解說】 孔子께서 말씀하시기를, 가히 더불어 말할 만하나 그와 더불어 말하지 않으면 사람(사람다운 사람)을 잃는 것이요, 가히 더불어 말할 만하지 못하나 그와 더불어 말한다면 말(말의 값)을 잃는 것이니, 지혜로운 자는 사람을 잃지 않으며 또한 말을 잃지 않느니라.

【主題】 말하기의 重要性.
※ 사람을 알아보는 지혜의 중요성이 담겨 있음.

[8]

子曰 志士仁人은 無求生以害仁이요 有殺身以成仁이니라. <對句法>

【字解】 省 略

【研究】
志士 : 有志之士. 仁人 : 成德之人.
◎ 理當死而求生이면 則於其心에 有不安矣니 是害其心之德也라. 當死而死면 則心安而德全矣리라. <朱子>
이치상으로 마땅히 죽어야 하나 삶을 구한다면 그 마음에 불안함이 있을 것이니, 이것은 그 마음의 덕을 해치는 것이다. 마땅히 죽어야 함에 죽는다면 마음이 편안해지고 덕이 온전하리라.
◎ 古人有損軀隕命者하니 若不實見得이면 惡能如此리오. 須是實見得生不重於義 生不安於死也라. 故로 有殺身而成仁者하니 只是成就一箇是而已니라. <程子> 옛사람은 몸을 버리고 목숨을 바친(끊은) 자가 있었으니, 만약 실제로 見得하지 않았다면 어찌 능히 이와 같으리오. 모름지기 이는 삶이 의리보다 중하지 못하고, 삶이 죽음보다 편안하지 못함을 실제로 見得한 것이다. 그러므로 몸을 죽여서 仁을 이루는 경우가 있었으니, 다만 이것은 하나의 옳음을 성취할 뿐인 것이니라.

【解說】 孔子께서 말씀하시기를, 志士와 仁人은 삶을 求함으로써 仁을 해침이 없고, 몸을 죽임으로써 仁을 이룸이 있느니라.

【主題】 志士仁人의 삶의 態度 — 殺身成仁.
※ 仁(心之德)이 生의 最高價値임을 强調함.

[9]

子貢問爲仁한대 子曰 工欲善其事인댄 必先利其器니 居是邦也하여 事其大夫之賢者하며 友其士之仁者니라. <問答法 · 例示法 · 對句法>

【字解】
利(리) 이롭다(有利), 날카롭다(銳利), 이자(利子), 통하다(利尿).

【研究】
◎ 賢은 以事言이요 仁은 以德言이라. 夫子嘗謂子貢悅不若己者라. 故로 以是告之하시니 欲其有所嚴憚切磋하여 以成其德也시니라. <朱子> 賢은 일로써 말함이요, 仁은 德으로써 말함이다. 夫子(孔子)께선 일찍이 子貢은 自己만 같지 못한 자를 좋아한다고 말씀하셨다. 그러므로 이것으로써 그에게 말씀하신 것이니, 그가 두려워하고 꺼리며 절차하는 바가 있어서 그 德을 이루어 주고자 하신 것이니라.
◎ 子貢問爲仁이요 非問仁也라. 故로 孔子告之以爲仁之資而已시니라. <程子> 子貢은 仁을 행함을 물었고, 仁을 물은 것이 아니다. 그러므로 孔子께서는 仁을 행하는 자료로써 그에게 말씀하셨을 뿐이니라.

【解說】 子貢이 仁을 행함을 물으니, 孔子께서 말씀하시기를, 工人이 그 일을 잘하려면 반드시 먼저 그 기구(연장)를 예리하게 만들어야 하니, 이 나라에 삶에 그 大夫 가운데 어진 자를 섬기며, 그 선비들 가운데 仁한 자를 벗삼아야 하느니라.

【主題】 爲仁(行仁)之道 — 事其大夫之賢者 友其士之仁者.
※ 子貢의 실정에 맞게 말씀하신 것임. (因材施敎)

[10]

顏淵이 問爲邦한대 子曰 行夏之時하며 乘殷之輅하며 服周之冕하며 樂則韶舞요 放鄭聲하며 遠佞人이니 鄭聲은 淫하고 佞人은 殆니라. <問答法 · 列擧法>

【字解】
爲(위) 하다, 하게 하다(시키다), 위하다, 되다, 삼다, 여기다, 다스리다, ~이다.

輅 수레 로. 韶(소) 아름답다, 풍류이름. 放(방) 놓다, 내치다, 방자하다. 佞(녕) 아첨하다, 간사하다, 말잘하다. 淫(음) 음탕하다, 방탕하다, 빠지다.

【研究】

夏之時 : 夏나라의 時令. 夏의 曆法은 寅月을 歲首(正月)로 하여 農事에 중용함.

輅 : 商(殷)輅는 木輅也니 輅者는 大車之名이라. 古者에 以木爲車而已러니 至商而有輅之名하니 是爲質而得其中也시니라. (商나라 수레는 木輅이니, 輅라는 것은 큰 수레의 이름이다. 옛적에는 나무로써 수레를 만들었을 뿐이더니, 商나라에 이르러서 輅라는 이름이 있었으니, 이것이 질박하면서도 그 中을 얻었다고 여기신 것이니라.)

冕 : 周冕有五하니 祭服之冠也라. 其爲物小而加於衆體之上이라. 故로 雖華而不爲靡(화려할 미)하고 雖費而不及奢하니 夫子取之는 蓋亦以爲文而得其中也라. (周나라의 면류관은 다섯 가지가 있으니, 祭服에 쓰는 관이다. 그 물건 됨이 작고 여러 사람들의 몸 위에 얹는다(더한다). 그러므로 비록 화려하되 화려함이 되지 않고, 비록 허비하더라도 사치함에 미치지 아니하니, 夫子께서 이것을 취하심은 또한 문채나면서도 그 中을 얻었다 여겼기 때문이다.)

樂則韶舞 : 取其盡善盡美라
(그 지극히 좋고 지극히 아름다움을 취하신 것이다).

放 : 禁絶之(금하여 끊음이다). 鄭聲 : 鄭國之音也(鄭나라의 음악이다).

佞人 : 卑諂辯給之人也(낮추고 아첨하여 말 잘하는 사람이다).

殆 : 危也(위태로움이다).

◎ 問政多矣로되 惟顔淵告之以此라. 蓋三代之制 皆因時損益하니 及其久也엔 不能無弊라. 周衰에 聖人不作이라. 故로 孔子斟酌先王之禮하여 立萬世常行之道하사 發此以爲之兆耳시니 由是求之면 則餘皆可考也라. <程子> 政事를 물음이 많되 오직 안연에게 이로써 (그에게) 말씀해 주셨다. 대저 三代(夏殷周)의 제도가 모두 때에 따라 損益하였으니, 그것이 오래됨에 미쳐서는 폐단이 없을 수 없었다. 주나라가 쇠함에 聖人이 나오지(일어나지) 못했다. 그러므로 孔子께서 先王의 禮를 참작하여 만세에 항상 시행할 道를 세우려 하시어, 이것을 말씀하시어 그 兆(단서)로 삼으셨으니, 이것을 말미암아 그것을 찾는다면(구한다면) 나머지도 모두 상고할 수 있다.

◎ 此所謂百王不易之大法이니 孔子之作春秋는 蓋此意也라. 孔顔이 雖不得行之於時나 然이나 其爲治之法을 可得而見矣니라. <尹淳>
이것이 이른바 '百王이 바꿀 수 없는 大法(史記 : 律書)'이란 것이니, 孔子께서 春秋를 지으신 것은 아마도 이런 뜻이었을 것이다. 孔子와 顔子가 비록 당시에 그것을 行할 수 없었으나 그러나 그 政治하는 法을 얻어 볼 수 있는 것이니라.

【解說】 顏淵이 나라 다스림을 물으니, 孔子께서 말씀하시기를, 夏나라의 時(책력)를 행하며, 殷나라의 수레를 타며, 周나라의 면류관을 쓰며, 음악은 곧 韶舞를 할 것이요, 鄭나라 음악을 추방하며 말재주 있는 사람을 멀리해야 하니, 鄭나라 음악은 음탕하고 말 잘하는 사람은 위태로우니라.

【主題】 爲邦之大道 — 本於三代之文物.
※ 孔子께서 首弟子 顏淵에게 爲邦之道를 말씀하신 것인데, 역사와 전통을 존중하여 三代의 文物에서 爲邦之大法을 말씀하셨고, 끝 四句에서는 爲邦之警戒를 부연하셨다.

[11]

子曰 人無遠慮면 必有近憂니라. <假定法>

【字解】 省 略

【研究】
◎ 人之所履者는 容足之外에 皆爲無用之地나 而不可廢也라. 故로 慮不在千里之外면 則患在几席之下矣니라. <蘇軾> 사람이 밟는 것은 발을 용납하는 이외에는 모두 쓸데없는 땅이 되나 가히 버릴 수 없다. 그러므로 생각이 천 리 밖에 있지 않으면 근심(화)이 궤석(几席)의 아래에 있는 것이니라.

【解說】 孔子께서 말씀하시기를, 사람이 멀리 생각함이 없으면 반드시 가까운 근심이 있느니라.

【主題】 人之遠慮의 重要性.
※ 근심을 예방하는 도리(이치)를 말한 것임.
※ 周易 旣濟卦의 말이다.

[12]

子曰 已矣乎라 吾未見好德如好色者也로라. <比喩法>

【字解】省 略

【研究】
已矣乎 : 歎其終不得而見之也라
(그 끝내 그런 사람을 얻어 보지 못함을 탄식함이다).
※ 上文[12]은 子罕篇 [17]의 旣出文으로서, 孔子께서 居偉時에 靈公이 與夫人同車해 가는 醜態를 보고 하신 말씀인 듯함.

【解說】孔子께서 말씀하시기를, 어쩔 수 없구나(다 끝났도다)! 나는 德을 좋아하기를 女色을 좋아하듯이 하는 자를 아직 보지 못하였노라.

【主題】失德한 세상에 대한 孔子의 恨歎.

[13]

子曰 臧文仲은 其竊位者與인저. 知柳下惠之賢而不與立也로다.
<平敍法>

【字解】
臧(장) 착하다, 좋다, 숨다, 뇌물. 竊(절) 도둑, 도둑질하다, 몰래.

【研究】
臧文仲 : 魯國의 大夫. 其 : 그 아마도 (未定之辭).
柳下惠 : 魯大夫展獲이니 字禽이요 食邑柳下하고 謚曰惠라(魯나라 大夫 展獲이니, 字는 禽이요 食邑이 柳下이고 謚號를 惠라 했다).
竊位 : 言不稱其位而有愧於心하여 如盜得而陰據之也라
(그 지위에 걸맞지 않아 마음에 부끄러움이 있어 마치 도둑질해 얻어 몰래 점거함과 같음을 말한다).
與立 : 謂與之並立於朝라(그와 더불어 함께 조정에 섬을 말한다).
◎ 臧文仲이 爲政於魯에 若不知賢이면 是不明也요 知而不擧면 是蔽賢也니 不明之罪는 小하고 蔽賢之罪는 大라. 故로 孔子以爲不仁하시고

又以爲竊位하시니라. <范祖禹> 臧文仲이 魯나라에서 政事를 다스림에 만일 어진이(현자)를 알지 못했다면 이는 (지혜가) 밝지 못한 것이고, 알았으되 들어쓰지 않았다면 이는 어진 이를 엄폐한 것이니, 지혜가 밝지 못한 죄는 작고 어진 이를 엄폐한 죄는 크다. 그러므로 孔子께서 不仁하게 여기셨고 또 竊位라고 하신 것이니라.

【解說】孔子께서 말씀하시기를, 臧文仲은 그 아마도 지위를 도둑질한 者일 것이다. 柳下惠의 어짊을 알고서도 함께 (朝廷에) 서지 아니했구나.

【主題】臧文仲의 過誤에 대한 孔子의 叱責 — 竊位者.

※ 臧文仲은 大夫로서 柳下惠가 賢者임을 알면서도 천거해서 등용하지 아니한 잘못이 있으니 爲私忘公의 처사다. 孔子께서는 그러한 臧文仲을 竊位者(자리를 도둑질한 자)라 비난 질책하신 것이다.

[14]

子曰 躬自厚而薄責於人이면 則遠怨矣니라. <假定法>

【字解】省 略

【研究】

躬自厚 : 몸소 자책하기를 후히(많이, 엄히) 하다.

薄責於人 : 남을 책망하기를 가벼이(적게) 하다.

◎ 責己厚故로 身益修하고 責人薄故로 人易從하니 所以人不得而怨之니라. <朱子> 自己를 책하기를 후하게 하는 까닭으로 몸이 더욱 닦아지고, 남을 책하기를 박하게 하는 까닭으로 사람들이 따르기 쉬우니, 때문에 사람들이 그를 능히 원망하지 못하는 것이니라.

【解說】孔子께서 말씀하시기를, 몸소 자책하기를 후히(많이) 하면서 남을 책하기를 적게(가벼이) 한다면 원망이 멀어질 것이니라.

【主題】自責尤先의 삶의 態度.

[15]

子曰 不曰如之何如之何者는 吾末如之何也已矣니라. <反復法>

【字解】 省 略

【研究】
不曰如之何如之何者 → 自抛自棄者(자포자기자).
◎ 如之何如之何者는 熟思而審處之辭也라. 不如是而妄行이면 雖聖人이라도 亦無如之何矣니라. <朱子> 如之何如之何란 것은 익숙히 생각하고 살펴서 처리한다는 말이다. 이와 같이 하지 않고 함부로 행한다면 비록 성인이라도 또한 어찌할 수 없는 것이니라.

【解說】 孔子께서 말씀하시기를, 어찌할까 어찌할까 하고 말하지 않는 자는 나도 어찌할 수 없을 뿐이니라.

【主題】 自覺自勉의 重要性.

[16]

子曰 群居終日에 言不及義오 好行小慧면 難矣哉라. <假定法>

【字解】 省 略

【研究】
小慧 : 私智也(사사로운 지혜다). 잔재주.
難矣哉 : 곤란하다, 환난이 있다, 道를 이루기 어렵다.
※ 其無以入德而將有患害라. <朱子>
(그에게 덕이 들어 있지 않아서 장차 환해가 있다.)
◎ 言不及義면 則放辟邪侈之心滋하고 好行小慧면 則行險僥倖之機熟이라. <朱子> 말이 의리에 미치지 못하면 방벽하고 사치하는 마음이 불어날 것이요, 작은(사사로운) 지혜를 행하기 좋아하면 험한 것을 행하고 요행을 바라는 기틀이 익숙해지리라.

【解說】 孔子께서 말씀하시기를, 여럿이 거처하며 하루를 마치면서도 말이 의리에 미치지 못하고 작은 지혜(잔재주)를 행하기를 좋아한다면 患難이 있을지니라(道를 이루기 어려울지니라).

【主題】 不義한 交友에 대한 警戒.

[17]

子曰 君子는 義以爲質이요 禮以行之하며 孫(遜)以出之하며 信以成之하나니 君子哉라. <列擧法・漸層法>

【字解】 省 略

【研究】

義 : 制事之本也(일을 제재하는 근본이다). 質 : 본질, 바탕, 기간(基幹).

◎ 義者는 制事之本이라. 故로 以爲質幹이요 而行之必有節文하고 出之必以退遜하고 成之必在誠實이니 乃君子之道也라. <朱子>
義란 것은 일을 제재하는 근본이므로 質幹(根幹, 基幹)으로 삼고, 그것(義)을 행함에는 반드시 節文(禮)이 있어야 하고, 그것(義)을 냄에는 반드시 退孫(謙遜)으로써 하고, 그것(義)를 이룸은 반드시 誠實함에 있으니, (이것이) 바로(곧) 君子의 道이다.

◎ 義以爲質은 如質幹然이라. 禮行此하고 孫出此하고 信成此하니 此四句는 只是一事니 以義爲本이니라. 又曰 敬以直內면 則義以方外요 義以爲質이면 則禮以行之하고 孫以出之하고 信以成之니라. <程明道> 義를 바탕으로 삼는다는 것은 質幹과 같은 것이다. 禮는 이것(義)을 행하고 孫(겸손)은 이것을 내고 信은 이것을 이룬다. 이 네 句는 다만 한 가지 일이니, 義로써 근본을 삼는 것이니라. 또 말씀하시기를, 敬하여서 마음을 곧게 하면 義를 써서 밖을 방정하게 할 것이요, 義로써 바탕을 삼으면 禮로써 그것(義)을 행하고 겸손함으로써 그것을 내고 信으로써 그것을 이루는 것이니라.

【解說】 孔子께서 말씀하시기를, 君子는 義로써 바탕을 삼고, 禮로써 그것(義)을 행하며, 孫(겸손함)으로써 그것(義)을 내며, 信으로써 그것(義)을 이루나니, (이것이) 君子로다.

【主題】 君子의 義 實踐의 道 — 義・禮・孫・信.

※ 이 글의 核心은 義에 있으니, 君子는 이 義를 內心의 바탕으로 삼고 禮와 孫과 信으로서 이 義를 行하고 出하고 成하는 것이다.

[18]

子曰 君子는 病無能焉이요 不病人之不己知也니라. <平敍法>

【字解】
病(병) 병, 병들다, 앓다, 근심하다, 괴로워하다.

【硏究】
學而[16], 里仁[14], 憲問[25][32] 參照.

【解說】 孔子께서 말씀하시기를, 君子는 (自身의) 無能함을 病으로 여기고, 남들이 自身을 알아주지 않음을 病으로 여기지 않느니라.

【主題】 爲己之學에 대한 君子의 勞力强調.
※ 君子는 남들이 알아주기를 바라는 爲人之學을 해서는 아니 되고, 自身이 항상 無能하다고 생각해서 自身의 進德修業을 爲한 爲己之學을 함에 부단한 勞力을 해야 한다는 것이다.

[19]

子曰 君子는 疾沒世而名不稱焉이니라. <平敍法>

【字解】 省 略

【硏究】
疾 : 싫어한다, 꺼린다, 괴롭게 여긴다. 沒世 : 一世를 마침. 終身.
◎ 君子는 學以爲己하고 不求人知라. 然이나 沒世而名不稱焉이면 則無爲善之實을 可知矣니라. <范祖禹> 君子는 학문을 하여서 自身을 위하고, 남이 알아주기를 구하지 않는다. 그러나 종신토록 이름이 일컬어지지 않는다면 善을 행한 실제가 없음을 가히 알 수 있느니라.

【解說】 孔子께서 말씀하시기를, 君子는 終身토록 이름이 일컬어지지 (칭송되지) 못함을 싫어하느니라.

【主題】 君子及時修德의 重要性.

[20]

子曰 君子는 求諸己요 小人은 求諸人이니라. <對照法>

【字解】省　略

【研究】

諸 : 之於.

◎ 君子는 無不反求諸己요 小人은 反是니 此君子小人所以分也라. <謝良佐> 君子는 돌이켜서 자기 몸에서 (그것을) 구하지(찾지) 않음이 없고, 小人은 이와 반대이니, 이는 君子와 小人이 분별되는 이유이다.

◎ 君子雖不病人之不己知나 然이나 亦疾沒世而名不稱也요 雖疾沒世而名不稱이나 然이나 所以求者는 亦反諸己而已라. 小人은 求諸人이라. 故로 違道干譽하여 無所不至니라. <楊時>
君子는 비록 남들이 자신을 알아주지 않더라도 병으로 여기지 않으나, 그러나 또한 종신토록 이름이 일컬어지지 않음을 싫어하고, 비록 종신토록 이름이 일컬어지지 않음을 싫어하나, 그러나 써 구하는 바는 또한 자기 몸에서 (그것을) 돌이킬 뿐이다. 小人은 남에게서 (그것을) 구한다. 그러므로 道를 어기고 명예를 구하여 이르지 못하는 바가 없느니라.

【解說】孔子께서 말씀하시기를, 君子는 자기에게서 (그것을) 찾고, 小人은 남에게서 (그것을) 찾느니라.

【主題】君子와 小人의 마음 씀의 差異.

[21]

子曰 君子는 矜而不爭하고 群而不黨이니라. <對句法>

【字解】

矜 창자루 긍, 불쌍히 여길 긍, 자랑할 긍, 씩씩할 긍.

【研究】

◎ 莊以持己曰矜이라. 然이나 無乖戾之心故로 不爭하고 和以處衆曰群이라. 然이나 無阿比之意故로 不黨이라. <朱子>
씩씩함으로써 자기 몸을 가짐을 矜이라 말한다. 그러나 어그러지는 마음이 없으므로 다투지 않고, 和로써 여러 사람에 처함을 群이라 말한다. 그러나 아비하는 뜻이 없으므로 편당하지 않는다.

【解說】孔子께서 말씀하시기를, 君子는 씩씩하나 다투지 아니하고 무

리 지으나 편당하지 않느니라.

【主題】 君子處群之道 — 矜而不爭 群而不黨.
※ 矜而不爭은 남을 잃지 않는 方法이고, 群而不黨은 자신을 잃지 않는 方法이다.

[22]

子曰 君子는 不以言擧人하며 不以人廢言이니라. <對句法>

【字解】 省 略

【研究】
不以言擧人 : 말로써(말을 잘한다 해서) 사람을 들어 쓰지 않는다.
不以人廢言 : 사람으로써(사람이 나쁘다 해서) 말(그의 좋은 말)을 버리지 않는다.

【解說】 孔子께서 말씀하시기를, 君子는 말로써(말을 잘한다 해서) 사람을 들어쓰지 않으며, 사람으로써(사람이 나쁘다 해서) 말(그의 좋은 말)을 버리지 않는다.

【主題】 君子用人聽言之道 — 不以言擧人 不以人廢言.

[23]

子貢問曰 有一言而可以終身行之者乎잇가. 子曰 其恕乎인저. 己所不欲을 勿施於人이니라. <問答法・禁止法>

【字解】 省 略

【研究】
◎ 推己及物이면 其施不窮이라. 故로 可以終身行之니라. <朱子>
자기 마음을 미루어 남에게 미치면 그 베풂이 다함이 없다. 그러므로 가히 써 종신토록 (그것을) 행할 수 있는 것이니라.
◎ 學貴於知要하니 子貢之問은 可謂知要矣라. 孔子告以求仁之方也하

시니 推而極之면 雖聖人之無我라도 不出乎此하니 終身行之가 不亦宜乎아. <尹焞> 학문은 요점을 아는 것을 귀히 여기니, 子貢의 질문은 가히 요점을 알았다 이를 만하다. 孔子께서 (그에게) 仁을 구하는 방법으로써 말씀해 주셨으니, 이것을 미루어서 지극히 한다면 비록 聖人의 無我의 경지라도 여기에서 벗어나지 않을 것이니, 종신토록 그것을 행함이 또한 마땅하지 아니한가?

【解說】 子貢이 물어 말하기를, 한 말씀으로써 가히 종신토록 행할 만한 것이 있습니까? 孔子께서 말씀하시기를, 그 恕일 것이로다. 自己가 하고자 하지 않는 바를 남에게 베풀지 말지니라.

【主題】 終身行之言 — 恕(仁道實現의 方法).

[24]

子曰 吾之於人也에 誰毁誰譽리오. 如有所譽者면 其有所試矣니라. 斯民也는 三代之所以直道而行也니라. <倒置法·設疑法·假定法>

【字解】

毁(훼) 헐다, 헐어뜨리다, 훼방하다. 譽(예) 명예, 기리다(칭찬하다).

【硏究】

毁 : 稱人之惡而損其眞(남의 惡을 말하여서 그 진실을 덜어 냄이다).
譽 : 揚人之善而過其實(남의 善을 찬양하여서 그 실제보다 지나치게 함이다). 直道 : 無私曲也(私曲함이 없음이다).
如 : 猶若也(만약과 같음이다). 斯民 : 今此之人也(지금 이 사람이다).
三代 : 夏商周也(夏·商(殷)·周이다).

◎ 言吾之所以無所毁譽者는 蓋以此民이 卽三代之時에 所以善其善惡其惡하여 而無所私曲之民이라. 故로 我今亦不得而枉其是非之實也니라. <朱子> 내(孔子)가 남을 헐뜯거나 과찬하는 바가 없는 까닭은 지금 이 사람들이 곧(바로) 三代時代에 그 선을 선하게 여기고 그 악을 미워해서 私曲한 바가 없는 사람들이기 때문이다. 그러므로 내가 지금 또한 능히 그 是非의 실제를 굽힐 수 없다고 말씀하신 것이다.

◎ 孔子之於人也에 豈有意於毁譽之哉시리오. 其所以譽之者는 蓋試而知其美故也라. 斯民也는 三代所以直道而行이니 豈得容私於其間哉리오. <尹焞> 孔子께서 사람에 대하여 어찌 그들을 헐뜯거나 과찬함에 뜻

을 두었으리오. 칭찬하신 것은 시험해 보아서 그의 아름다움을 아셨기 때문이다. 지금 이 사람들은 三代 시대에 정직한 道를 행하던 이들이니, 어찌 그 사이에 私를 용납할 수 있으리오.

【解說】 孔子께서 말씀하시기를, 내가 남에 대하여 누구를 헐뜯고 누구를 과찬하리오. 만약 칭찬하는 바의 사람이 있었다면 그것은 시험해 볼 바가 있어서이니라. (지금) 이 사람들은 三代 시대의 정직한 道를 행해 왔기 때문이니라.

【主題】 三代直道之行의 重要性 强調.

※ 斯民들은 三代之直道를 行해 왔으므로 누구에게도 毁譽할 수 없다고 하셨으니, 孔子께서는 三代之直道를 行함이 重要함을 强調하신 듯하다.

[25]

子曰 吾猶及史之闕文也와 有馬者借人乘之러니 今亡(무)矣夫인저. <擧例法・感歎法>

【字解】

猶(유) 오히려, 같다, 아직. 闕(궐) 대궐, 빠지다(궐하다).
亡(망) 망하다, 죽다. (무) 없다.

【硏究】

◎ 史闕文馬借人此二事를 孔子猶及見之러니 今亡矣라 하시니 悼時之益偸也시니라. 愚謂此必有爲而言이니 蓋雖細故나 而時變之大者를 可知矣라. <楊時> 史官이 글을 빼놓음과 말을 남에게 빌려주는 이 두 가지 일을 孔子께서도 오히려 그것을 미쳐 보셨는데 지금은 없어졌다 하셨으니, 시대가 더욱 야박해졌음을 서글퍼하신 것이다. 내가 생각하건대 이것은 반드시 까닭이 있어서 하신 말씀일 것이니, 비록 사소한(하찮은) 연고(문제)이나 시변이 큰 것임을 알 수 있다.

【解說】 孔子께서 말씀하시기를, 내 오히려 史官들이 글을 빼놓음(빼놓고 기록하지 않음)과 말을 가진 자가 남에게 빌려주어 (그것을) 타게 함을 미쳐 보았는데, 지금엔 없어졌구나.

【主題】 時俗의 야박함에 대한 孔子의 歎息.

※ 禮에 바탕했던 옛 時俗이 지금 없어졌음을 보고 時俗의 야박함을 탄식하심이다.

[26]

子曰 巧言은 亂德이요 小不忍則亂大謀니라. <平敍法>

【字解】 省 略

【研究】

巧言 : 간교(공교)한 말, 약삭빠른 말.

小不忍 : 작은 것을 참지 못하다.

◎ 巧言은 變亂是非하니 聽之면 使人喪其所守라. 小不忍은 如婦人之仁 匹夫之勇이 皆是라. <朱子> 교언(간교한 말)은 是非를 변란시키니, 그것(교언)을 들으면 사람으로 하여금 그 지킬 바를 상실하게 한다. 小不忍(작은 것을 참지 못함)은 婦人의 仁(차마 못하는 마음으로 일을 결단하지 못함)과 匹夫의 용맹(하찮은 일을 참지 못함)과 같은 것이 모두 이것이다.

【解說】 孔子께서 말씀하시기를, 간교한 말은 德을 어지럽히고, 작은 것을 참지 못하면 큰 계책을 어지럽히느니라.

【主題】 巧言과 小不忍에 대한 경계.

[27]

子曰 衆惡之라도 必察焉하며 衆好之라도 必察焉이니라. <對句法>

【字解】 省 略

【研究】

◎ 惟仁者라야 能好惡人이니 衆好惡之而不察이면 則或蔽於私矣니라. <楊時> 오직 仁者라야 능히 사람(남)을 좋아하고 미워할 수 있는 것이니, 여러(많은) 사람들이 그를 좋아하고 미워한다 하여서 살펴보지 않는다면 혹 私에 가려질 수 있는 것이니라. ※ 里仁篇 第[3]章 參照.

【解說】 孔子께서 말씀하시기를, 여러 사람이 그를 미워하더라도 반드시 (그를) 살펴보며, 여러 사람이 그를 좋아하더라도 반드시 (그를) 살펴보아야 하느니라.

【主題】 世評 盲信에 대한 경계.

[28]

子曰 人能弘道요 非道弘人이니라. <比較法>

【字解】 省 略

【硏究】

弘 : 廓而大之也(넓혀서 크게 함이다).

◎ 人外無道하고 道外無人이라. 然이나 人心有覺하고 而道體無爲라. 故로 人能大其道요 道不能大其人也니라. <朱子> 사람 밖에 道가 없고 道 밖에 사람이 없다. 그러나 人心은 지각이 있고, 도체는 함이 없다. 그러므로 사람은 그 道를 크게 할 수 있고, 道는 능히 그 사람을 크게 할 수 없느니라.

◎ 心能盡性은 人能弘道也요 性不知檢其心은 非道弘人也니라. <張載> 마음이 능히 性을 다할 수 있음은 사람이 능히 道를 넓힐 수 있음이고, 性이 그 마음을 검속할 줄 모름은 道가 사람을 넓히지 못함이니라.

【解說】 孔子께서 말씀하시기를, 사람이 능히 道를 넓히는 것이요, 道가 사람을 넓히는 것은 아니니라.

【主題】 人間과 道의 關係 — 人能弘道.

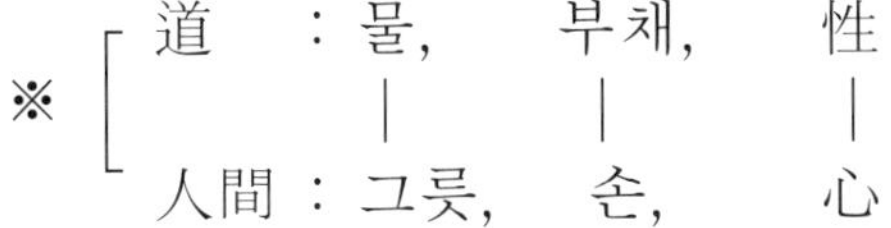

[29]

子曰 過而不改가 是謂過矣니라. <平敍法>

【字解】 省 略

【研究】

◎ 過而能改면 則復(복)於無過라. 唯不改면 則其過遂成하여 而將不及改矣니라. <朱子> 허물이 있으되 능히 고친다면 허물이 없는 데로 돌아간다. 오직 (허물을) 고치지 않는다면 그 허물이 마침내(드디어) 이루어져서 장차 고침에 미치지 못하니라.

※ 學而篇 第[8]章(過則勿憚改) 參照.

【解說】 孔子께서 말씀하시기를, 허물이 있으나 고치지 않음을 이것을 (진짜) 허물이라 이르니라.

【主題】 허물(過)의 참된 意味 — 過而不改.

※ 過則勿憚改의 內容을 強調하고 있음.

[30]

> 子曰 吾嘗終日不食하고 終夜不寢하여 以思호니 無益이라 不如學也로라. <列擧法>

【字解】 省 略

【研究】

◎ 此는 爲思而不學者言之라. 蓋勞心以必求가 不如遜志而自得也라. <朱子> 이것은 생각만 하고 배우지 않는 자를 위하여 (그에게) 말씀하심이다. 대개 마음을 수고롭게 하여서 반드시 구함이 뜻(마음)을 겸손히 하여서 스스로 터득함만 못하다.

◎ 夫子는 非思而不學者요 特垂語以敎人爾시니라. <李郁> 夫子는 생각하기만 하고 배우지 아니한 자가 아니요, 다만 (이러한) 말씀을 남겨서 (내려서) 사람을 가르치려 했을 뿐이시니라.

※ 爲政篇 [15]章 參照.

【解說】 孔子께서 말씀하시기를, 내 일찍 종일토록 밥을 먹지 아니하고 밤새도록 잠을 자지 않고서 생각하니 유익함이 없었으니, 배우는 것만 같지 못하도다.

【主題】學의 重要性 强調.
※ 思而不學에 대한 경계.

[31]

子曰 君子는 謀道요 不謀食하나니 耕也에 餒在其中矣요 學也에 祿在其中矣니 君子는 憂道요 不憂貧이니라. <列擧法·對句法>

【字解】
耕 밭갈 경. 餒 굶주릴 뇌. 祿(록) 복, 록.

【硏究】
耕 : 所以謀食이나 而未必得食이라
(밤을 도모하는 것이나 반드시 밥을 얻지는 못함이다).
學 : 所以謀道나 而祿在其中이라. 然이나 其學也는 憂不得乎道而已요 非爲憂貧之故하여 而欲爲是以得祿也니라.
(道를 도모하는 것이나 祿이 그 가운데 있다. 그러나 학문을 함에는 道를 얻지 못함을 근심할 뿐이요, 가난을 걱정하기 때문에 이것(학문)을 하여서 녹을 얻고자 함은 아니니다.)
◎ 君子는 治其本而不卹(근심할 휼)其末이니 豈以自外至者로 爲憂樂哉리오. <尹焞> 君子는 그 근본을 다스리고 그 말단(지엽)을 근심하지 않으니, 어찌 밖으로부터 이른 것으로써 근심하고 즐거워하리오.

【解說】孔子께서 말씀하시기를, 君子는 道를 도모하고 밥을 도모하지 않으니, 밭을 갊에 굶주림이 그 가운데에 있고, 학문을 함에 祿이 그 가운데에 있으니, 君子는 道를 걱정하고 가난을 걱정하지 않느니라.

【主題】君子의 求道之學 — 謀道·憂道.
※ 君子는 求道를 目標로 삼고 순수한 마음으로 학문을 해야 함을 말함이다.

[32]

子曰 知(智)及之라도 仁不能守之면 雖得之나 必失之니라. 知及之하며 仁能守之라도 不莊以涖之면 則民不敬이니라. 知及之

하며 仁能守之하며 莊以涖之라도 動之不以禮면 未善也니라.
<列擧法 · 漸層法>

【字解】
莊(장) 엄하다, 바르다, 별장. 涖(리) 임하다, 물소리.

【硏究】
涖 : 臨也니 謂臨民也(임함이니, 백성에게 임함을 이른다).
動之 : 動民也니 猶曰鼓舞而作興之云爾라
(백성을 흥동시킴이니, 고무하여 作興하게 한다는 말과 같다).
禮 : 謂義理之節文이라(義理의 節文을 이른다).
◎ 知足以知此理나 而私欲間之면 則無以有之於身矣니라. 知此理而無私欲以間之면 則所知者 在我而不失矣라. 然이나 猶有不莊者는 蓋氣習之偏이 或有厚於內而不嚴於外者라. 是以로 民不見其可畏而慢易之라. <朱子> 지혜가 충분히 이 이치를 알 수 있으나 사욕이 거기에 끼어들면 自己 몸에 그것을 소유할 수 없느니라. 이 理致를 알고 私欲이 거기에 끼어들지 못하게 하면 아는 것이 나에게 있어서 잃지 않을 것이다. 그러나 아직도 장엄하지 못함이 있는 것은 기질과 습관의 편벽됨이 혹은 내면에는 厚하나 외모에 엄숙하지 못함이 있어서이다. 이 때문에 백성들이 두려워할 만함을 보지 못해서 함부로 하는 것이다.
◎ 愚謂學至於仁이면 則善有諸己而大本立矣니 涖之不莊하고 動之不以禮는 乃其氣稟學問之小疵라. 然이나 亦非盡善之道也라. 故로 夫子歷言之하사 使知德愈全則責愈備하니 不可以爲小節而忽之也라. <朱子> 내가 생각하건대, 학문이 仁에 이르면 善을 自己 몸에 소유해서 大本이 확립되니, 그들(백성)에게 임하기를 장엄하게 하지 못하고 홍동시키기를 禮로써 하지 못함은 바로 그 기품과 학문의 작은 하자이다. 그러나 또한 盡善의 道가 아니다. 그러므로 夫子께서 그것을 일일이 말씀하시어 덕이 더욱 완전하면 책임이 더욱 구비되니 이것을 작은 일이라 여겨서 소홀히 해서는 안 됨을 알게 하신 것이다.

【解說】 孔子께서 말씀하시기를, 지혜가 거기(民 또는 王位)에 미치더라도 仁이 그것(民 또는 王位)을 지킬 수 없다면 비록 그것을 얻더라도 반드시 그것을 잃느니라. 지혜가 거기에 미치며 仁이 그것을 지킬 수 있더라도 장엄함으로써 그들에게 임하지 않으면 백성들이 공경하지 않을 것이니라. 지혜가 거기에 미치며 仁이 그것을 지킬 수 있으며 장엄함으로써 그들에게 임하더라도 그들을 興動시키기를

禮로써 하지 않으면 아직 善하지 못하니라.

【主題】 爲政者(君主)의 必備之德目 ― 知·仁·莊·禮.
※ 爲政者(君主)는 반드시 知·仁·莊·禮의 네 가지 德目을 구비해야 民이 공경함을 말씀하신 것이다.

[33]

子曰 君子는 不可小知而可大受也요 小人은 不可大受而可小知也니라. <對照法>

【字解】 省 略

【研究】
◎ 此는 言觀人之法이라. 知는 我知之也요 受는 彼所受也라. 蓋君子於細事에 未必可觀이나 而材德足以任重이요 小人은 雖器量淺狹이나 而未必無一長可取니라. <朱子>
이것은 사람을 관찰하는 방법을 말씀하신 것이다. 知는 내가 그것을 앎이요, 受는 저가 받는 것이다. 대체로 君子는 작은 일에 있어서 반드시 볼 만한 것은 아니나 재질과 德이 족히 써 중임을 맡을 만하고, 小人은 비록 기량이 얕고 좁으나 반드시 한 장점도 취할 만한 것이 없음은 아니니라.

【解說】 孔子께서 말씀하시기를, 君子는 가히 작은 일을 알 수는 없으나 큰일을 가히 받을(맡을) 만하고, 小人은 가히 큰일을 맡을 수는 없으나 가히 작은 일을 알 수 있느니라.

【主題】 君子와 小人의 差異.
※ 觀人之法에 대해 君子小人各用各才임을 말한 것이다.

[34]

子曰 民之於仁也에 甚於水火하니 水火는 吾見蹈而死者矣어니와 未見蹈仁而死者也로라. <比較法>

【字解】 省 略

【研究】

◎ 民之於水火에 所賴以生하여 不可一日無하니 其於仁也亦然이라. 但水火外物이요 而仁在己하며 無水火면 不過害人之身이요 而不仁則失其心하니 是는 仁有甚於水火하여 而尤不可以一日無者也라. 況水火는 或有時而殺人이나 仁則未嘗殺人하니 亦何憚而不爲哉리오. <朱子> 사람(백성)들이 물과 불에 대해서는 의뢰하여 사는 것이어서 가히 하루도 없어서는 안 되니, 그 仁에 있어서도 또한 그러하다. 다만 물과 불은 外物이요 仁은 自己에게 있으며, 물과 불이 없으면 사람의 몸을 해침에 불과하고, 仁하지 못하면 그 본심을 잃으니, 이는 仁이 물과 불보다 (필요성이) 심함이 있어서 더욱 가히 하루라도 없어서는 안 되는 것이다. 하물며 물과 불은 혹 때로는 사람을 죽임이 있으나 仁은 곧 일찍이 사람을 죽이지 아니하니, 또한 무엇을 꺼려서 하지 않으리오.

【解說】 孔子께서 말씀하시기를, 사람(백성)이 仁에 대하여 (필요성이) 물과 불보다 심하니, 물과 불은 밟다가 죽는 자를 내가 보았거니와 仁을 밟다가 죽는 자를 보지 못했노라.

【主題】 仁의 必要性과 重要性.

※ 사람들에 대하여 爲仁을 勸勉하는 內容임.

[35]

子曰 當仁하여는 不讓於師니라. <平敍法>

【字解】 省 略

【研究】

◎ 當仁은 以仁爲己任也라. 雖師나 亦無所遜은 言當勇往而必爲也라. 蓋仁者는 人所自有而自爲之니 非有爭也라 何遜之有리오. <朱子> 當仁은 仁으로써 自己의 책임을 삼음이다. 비록 스승이라도 또한 양보하는 바가 없음은 마땅히 용맹스럽게 나아가서 반드시 해야 함을 말함이다. 대개 仁이란 것은 사람이 스스로 가지고 있는 바여서 스스로 그것(仁)을 행함이요, 다툼이 있는 것이 아니니 무슨 양보함이 있으리오.

◎ 爲仁在己하니 無所與遜이요 若善名在外는 則不可不遜이니라. <程子> 仁을 행함은 自己에게 달려 있으니, 양보함에 간여되는 바가 없고, (그러나) 선한 이름이 밖에 있는 것으로 말할 것 같으면 가히 양보하지 않을 수 없느니라.

【解說】 孔子께서 말씀하시기를, 仁을(仁을 실천함을) 당하여서는 스승에게도 사양하지 않느니라.

【主題】 仁의 積極的인 實踐 强調.

[36]

子曰 君子는 貞而不諒이니라. <平敍法>

【字解】
諒 믿을 량, 말 잘할 량.

【研究】
貞 : 正而固也(올바르고 견고함이다).
諒 : 不擇是非而必於信(시비를 가리지 않고 信에만 기필함이다).

【解說】 孔子께서 말씀하시기를, 君子는 바르고 굳지만 信義에만 얽매이지(완고하지) 않느니라.

【主題】 君子의 處世之道 — 貞而不諒.
※ 君子의 處世之準則을 말함.

[37]

子曰 事君호되 敬其事而後其食이니라. <平敍法>

【字解】 省 略

【研究】
後 : 與後獲之後同(소득을 뒤에 함의 後字와 같다). 食 : 祿也(녹봉이다).
◎ 君子之仕也에 有官守者는 修其職하고 有言責者는 盡其忠하여 皆以敬吾之事而已니 不可先有求祿之心也니라. <朱子>
군자가 벼슬함에 官守(맡은 직책)가 있는 자는 그 직책을 수행하고, 言責(간언할 책임)이 있는 자는 그 충언을 다해서 모두 나(자신)의 일을 공경할 뿐이니, 가히 먼저 녹을 구하는 마음을 두어서는 안 되느니라.

【解說】孔子께서 말씀하시기를, 군주를 섬기되 그(自己의) 일을 공경히 수행하고 그 밥(녹봉)을 뒤에 해야 하느니라.

【主題】事君之道 — 敬其事而後其食.
※ 君子가 벼슬하여 그 군주를 섬김에 있어서 지켜야 할 도리를 孔子께서 말씀하신 것이다.

[38]

子曰 有教면 無類니라. <假定法>

【字解】
類(류) 무리, 비슷하다, 나누다, 좋다.

【硏究】
◎ 人性皆善이나 而其類有善惡之殊者는 氣習之染也라. 故로 君子有敎면 則人皆可以復於善이니 而不當復論其類之惡矣니라. <朱子> 사람의 性은 다 善하나 그 종류에 善惡의 다름이 있는 것은 기질과 습관에 물들기 때문이다. 그러므로 군자가 가르침이 있으면 사람들이 모두 善으로 돌아올 수 있으니, 다시 그 종류의 惡함을 논하는 것은 마땅하지 않느니라.

【解說】孔子께서 말씀하시기를, 가르침이 있으면 (선악의) 종류가 없어지니라.

【主題】人性敎育의 效果 — 有敎無類.
※ 善한 本性이 氣習에 물들어 善惡之殊가 생기므로 君子가 가르침을 베풀면 人皆復善된다는 孔子의 가르침이다.

[39]

子曰 道不同이면 不相爲謀니라. <假定法>

【字解】省 略

【研究】

◎ 不同은 如善惡邪正之類라. <朱子>
不同은 善과 惡, 邪와 正과 같은 종류이다.

【解說】 孔子께서 말씀하시기를, 道가 같지 않으면 서로 도모(계획)하지 말아야 하느니라.

【主題】 同謀의 條件 — 同道.

※ 修養 處世 爲政 등 모든 면에 있어서 함께 도모하려면 道가 서로 같아야 함을 孔子께서 强調하신 것이다. (例를 들어 義에 뜻을 둔 者와 利에 뜻을 둔 者가 서로 同謀할 수 없음이다.)

[40]

子曰 辭는 達而已矣니라. <平敍法>

【字解】 省 略

【研究】

◎ 辭는 取達意而止요 不以富麗爲工이니라. <朱子> 言辭는 뜻이 통함을 취할 뿐이요, 풍부하고 화려함을 훌륭함으로 삼지 않느니라.
※ 工 : 공교할 공.

【解說】 孔子께서 말씀하시기를, 言辭는 뜻을 통하게 할 뿐이니라.

【主題】 辭의 目的 — 達意(뜻의 전달).

※ 당시에 화려한 언어(문자) 표현을 일삼는 이들이 많아 뜻을 어둡게 함이 있었기에 孔子께서 辭의 본기능을 들어 그 目的을 밝히셨다.

[41]

師冕이 見(현)할새 及階어늘 子曰 階也라 하시고 及席이어늘 子曰 席也라 하시고 皆坐어늘 子告之曰 某在斯某在斯라 하시다. 師冕이 出커늘 子張이 問曰 與師言之道與잇가. 子曰 然하다. 固相師之道也니라. <問答法 · 列擧法>

【字解】

冕 면류관 면.　階 섬돌 계.　某 어느 모.
相(상) 서로, 재상, 돕다, 모양.　斯 이(그) 사.

【研究】

師 : 樂師니 瞽者라(악사이니 봉사이다).　冕 : 名也(이름이다).
某在斯 : 再言은 歷擧在坐(座)之人以詔之라.
(두 번 말씀하심은 자리에 있는 사람들을 일일이 들어서 그에게 말씀하심이다). ※ 詔 말할 소, 가르칠 조.
相 : 助也라. 古者에 瞽必有相하니 其道如此라(도움이다. 옛적에는 봉사는 반드시 相(도움이)이 있었으니, 그 방법이 이와 같았다).
◎ 聖人處己爲人이 其心一致는 無不盡其誠故也라. 有志於學者 求聖人之心인댄 於斯에 亦可見矣리라. <尹焞>
聖人은 自身을 처하고 남을 위함에 그 마음이 일치함은 그 정성을 다하지 아니함이 없기 때문이다. 배움에 뜻을 둔 자가 聖人의 마음을 찾으려 한다면 여기에서도 또한 볼 수 있을 것이다.
◎ 聖人 不侮鰥寡하고 不虐無告를 可見於此니 推之天下하면 無一物不得其所矣니라. <范祖禹> 聖人은 홀아비와 홀어미를 업신여기지 않고, 호소할 데 없는 이를 괄시하지 않으셨음을 여기에서 볼 수 있으니, 이것을 天下에 미루어 나간다면 한 물건(사람)도 제 살 곳을 얻지 못함이 없을 것이니라.

【解說】 樂師인 冕이 (孔子를) 뵈올 적에 섬돌(계단)에 이르자, 孔子께서 말씀하시기를, 섬돌이다 라고 하셨고, (師冕이) 자리에 이르자 孔子께서 말씀하시기를, 자리이다 라고 하셨고, 모두 앉자 孔子께서 그에게 일러 아무개는 여기에 있고 아무개는 저기에 있다고 말씀해 주시었다. 師冕이 나가자 子張(顓孫師)이 물어 말하기를, 악사와 더불어 말하는 도리(방법)입니까? 孔子께서 말씀하시기를, 그러하다, 진실로 악사를 도와주는 도리(방법)이니라.

【主題】 不成人接待之道.
※ 成人이 不成人(장애인)을 대함에 그를 측은히 여겨 예와 정성을 극진히 하는 道理를 보인 것이니, 仁과 禮가 日用動靜之間에 있음을 알 수 있다.

第十六 季氏篇

이 篇은 그 체제가 下論(第11～20篇) 中에서도 特異하다. 이를테면 길이가 긴 章이 있고, 三友·三樂·三愆·三畏 등 숫자로 묶여 있음이 많고, '子曰' 대신에 '孔子曰'이라 기록한 점이 있는 등이다. 論語에는 三論이 있으니, 古文으로 된 '古論', 魯의 學者가 전한 '魯論', 齊나라에서 傳한 '齊論'이 그것이다. 그런데 이 篇은 '齊論'이라는 意見이 있고(宋末의 洪興祖), 또 '魯論'이라 해도 上論(第1～10篇) 이후의 편찬일 것이라는 추측도 있다. 모두 14章이다.

[1]

季氏將伐顓臾러니 冉有季路見於孔子曰 季氏將有事於顓臾리이다. 孔子曰 求아 無乃爾是過與아. 夫顓臾는 昔者에 先王以爲東蒙主하시고 且在邦域之中矣라. 是社稷之臣也니 何以伐爲리오. 冉有曰 夫子欲之언정 吾二臣者는 皆不欲也로소이다. 孔子曰 求아 周任이 有言曰 陳力就列하여 不能者止라 하니 危而不持하며 顚而不扶면 則將焉用彼相矣리오. 且爾言이 過矣로다. 虎兕出於柙하며 龜玉이 毁於櫝中이 是誰之過與오. 冉有曰 今夫顓臾固而近於費하니 今不取면 後世에 必爲子孫憂하리이다. 孔子曰 求아 君子는 疾夫舍曰欲之요 而必爲之辭니라. 丘也聞호니 有國有家者는 不患寡而患不均하며 不患貧而患不安이라 하니 蓋均이면 無貧이요 和면 無寡요 安이면 無傾이니라. 夫如是故로 遠人이 不服이면 則修文德以來之하고 旣來之면 則安之니라. 今由與求也는 相夫子호되 遠人이 不服而不能來也하며 邦分崩離析而不能守也하고 而謀動干戈於邦內하니 吾恐季孫之憂 不在顓臾而在蕭墻之內也하노라. <問答法·設疑法>

【字解】

顓 어리석을 전. 臾 잠깐 유. 就 나아갈 취. 扶 도울 부.
兕 외뿔소 시. 柙 짐승우리 합. 櫝 궤 독. 蕭 쑥 소.

【研究】

顓臾 : 國名이니 魯附庸也라. 東蒙 : 山名也.

◎ 按左傳史記컨대 二子仕季氏不同時어늘 此云爾者는 疑子路嘗從孔子하여 自衛反魯하여 再仕季氏라. 冉求爲季氏聚斂하여 尤用事라. 故로 夫子獨責之시니라. 先王이 封顓臾於童蒙之下하여 使主其祭하니 在魯地七百里之中이라. 是時에 四分魯國하여 季氏取其二하고 孟孫叔孫이 各有其一하고 獨附庸之國이 尙爲公臣이러니 季氏又欲取以自益이라. 故로 孔子言顓臾는 乃先王封國이니 則不可伐이요 在邦域之中하니 則不必伐이요 是社稷之臣이니 則非季氏所當伐也라 하니라. <朱子> 左傳과 史記를 살펴보건대, 두 사람이 季氏에게 벼슬한 것은 때가 같지 않은데, 여기에서 이렇게 말한 것은, 아마도 子路가 일찍이 孔子를 따라서 衛 나라로부터 魯 나라로 돌아와 다시 季氏에게 벼슬한 듯하다. 冉求는 季氏를 위하여 세금을 거두어 들여 더욱 일을 주도했다. 그러므로 夫子께서 홀로 그를 꾸짖으셨느니라. 先王이 顓臾를 동몽산 아래에 봉하여 그 제사를 주관하게 하셨으니, 魯 나라 땅 칠백 리 안에 있다. 이때에 魯 나라를 四分하여 季氏가 그 둘을 차지하고, 孟孫 叔孫이 각각 그 하나씩을 소유하고, 유독 부용국만이 아직도 公臣이었더니, 季氏가 또 (이것을) 취하여 자기에게 더하려(보태려) 하였다. 그러므로 孔子께서 顓臾는 곧 先王이 봉한 나라이니 곧 정벌할 수 없고, 나라 안에 있으니 굳이 정벌할 필요가 없고, 이는 사직의 신하이니 季氏가 마땅히 칠 바가 아니다 라고 말씀하시었느니라.

【解說】 季氏(魯의 執政者)가 장차 顓臾를 치려 하니, 冉有(冉求)와 季路(仲由)가 孔子를 뵙고 말하기를, 季氏가 장차 顓臾에서 일을 벌이려 합니다. 孔子께서 말씀하시기를, 求(冉有)야! 이것은 너의 잘못(허물)이 아닌가? 저 顓臾는 옛적에 先王께서 童蒙山의 제주(祭主)로 삼으셨고, 또한 우리나라 안에 있으니, 이는 社稷의 신하이다. 어찌 써 정벌하리오. 冉有가 말하길, 夫子(季孫)께서 그것을 하려 했을지언정 저희 두 신하는 모두 하고자 하지 아니합니다. 孔子께서 말씀하시기를, 求(冉有)야, 周任이 말하기를, 능력을 펴서 반열(지위)에 나아가 능히 할 수 없으면 그만두라 했으니, 위태로운데도 붙잡아 주지 못하며 넘어지는데도 부축해 주지 못한다면 장차 저 相(瞽者之相)을 어디에 쓰리오. 또 너의 말이 잘못 되었도다. 범과 들소가 우리에서 나오며 귀갑과 玉이 궤 속에서 훼손됨이 누구의 허물이던가. 冉有가 말하기를, 지금 저 전유가 견고하며 費邑에 가까우니, 지금 취하지 않으면 후세에 반드시 자손의 우환이 될 것입니다. 孔子께서 말씀하시기를, 求야, 君子는 무릇 그것을 탐냄을 말하지 아니하고

군이 변명하는 말을 미워하느니라. 나(丘)는 들으니, 나라를 소유하고 가정을 소유한 자는 (백성이) 적음을 근심하지 않고 고르지 못함을 근심하며, 가난함을 근심하지 않고 편안하지 못함을 근심한다 했으니, 대저 고르면 가난함이 없고 和하면 적음이 없고 편안하면 기울어짐(나라의 경복)이 없느니라. 무릇 이와 같으므로 먼 지방 사람들이 복종하지 않으면 文德을 닦아서 그들을 오게 하고 이미 왔으면 그들을 편안하게 해야 하느니라. 지금 由와 求는 夫子(季氏)를 돕되 먼 지방 사람들이 복종하지 않음에도 오게 할 수 없으며, 나라가 분리되고 무너짐에도 지킬 수 없고, 그럼에도 나라 안에서 창과 방패를 동원함을 꾀하니, 나는 季孫의 근심이 전유에 있지 않고 병풍 안(집안)에 있을까 두렵도다.

【主題】 季氏將伐顓臾에 대하여 季氏의 無道함과 冉有 季路에의 질책.

[2]

孔子曰 天下有道면 則禮樂征伐이 自天子出하고 天下無道면 則禮樂征伐이 自諸侯出하나니 自諸侯出이면 蓋十世에 希不失矣요 自大夫出이면 五世에 希不失矣요 陪臣執國命이면 三世에 希不失矣니라. 天下有道면 則政不在大夫하고 天下有道면 則庶人不議하나니라. <比較法・列擧法・漸降法>

【字解】

希 드물 희(稀). 陪(배) 돕다, 모시다, 더하다, 배신(家臣).

【研究】

禮樂 : 국민을 교화시키는 文化로서 文物과 制度 등.

陪臣 : 家臣. 希 : 稀. 世 : 代.

◎ 先王之制에 諸侯不得變禮樂專征伐이라. 逆理愈甚이면 則其失之愈速하니 大約世數不過如此라. 上無失政이면 則下無私議니 非箝其口하여 使不敢言也라. <朱子> 先王의 제도에 제후는 禮樂을 변경하고 征伐을 마음대로 할 수 없다. 이치를 거스름이 더욱 심하면 그 잃음이 더욱 빠르니, 대략 世數(代數)가 이와 같음에 지나지 않는다. 위에서 失政이 없으면 아랫사람들이 사사로이 의론함이 없는 것이니, 그들의 입에 재갈을 물려서 감히 말하지 못하게 하는 것은 아니다.

【解說】 孔子께서 말씀하시기를, 天下에 道가 있으면 예악과 정벌이 天子로부터 나오고, 天下에 道가 없으면 예악과 정벌이 제후로부터 나온다. 제후로부터 나오면 10世에 (政權을) 잃지 않음이 드물고, 大夫로부터 나오면 5世에 잃지 않음이 드물고, 家臣이 國命을 잡으면 3世에 잃지 않음이 드무니라. 天下에 道가 있으면 政事가 大夫에 있지 아니하고, 天下에 道가 있으면 庶人들이 의론(비난)하지 않느니라.

【主題】 天下 政事에 대한 通論.

[3]

孔子曰 祿之去公室이 五世矣요 政逮於大夫가 四世矣라. 故로 夫三桓之子孫이 微矣니라. <例證法>

【字解】

祿(록) 복, 녹(녹봉).　　逮 미칠 체.　　桓 굳셀 환.

【研究】

五世 : 魯自文公薨(훙)에 公子遂殺子赤하고 立宣公하여 而君失其政으로 歷成襄昭定하여 凡五公이라. (魯나라는 文公이 죽자 公子遂가 子赤을 살해하고 宣公을 세워서 君主가 그 정권을 잃음으로부터 成公 襄公 昭公 定公을 거쳐 모두 다섯 公이다.)

四世 : 自季武子始專國政으로 歷悼平桓子하여 凡四世에 而爲家臣陽虎所執하니라. (季武子가 처음 국정을 專擅함으로부터 悼子 平子 桓子를 거쳐 모두 四世만에 (桓子는) 家臣 陽虎에게 붙잡힌 바가 되었느니라.)

逮 : 及也(미침이다).

三桓 : 三家니 皆桓公之後라(三家이니, 모두 桓公의 후손이다).

◎ 此章은 專論魯事하니 疑與前章으로 皆定公時語라. <朱子>
이 章은 오로지 魯나라 일을 논하였으니, 아마도 前章과 더불어 모두 定公 때의 말씀인 듯하다.

◎ 禮樂征伐이 自諸侯出이면 宜諸侯之强也로되 而魯以失政하고 政逮於大夫면 宜大夫之强也로되 而三桓以微는 何也오. 强生於安하고 安生於上下之分定이어늘 今諸侯大夫皆陵其上하니 則無以令其下矣라. 故로 皆不久而失之也니라. <蘇軾> 禮樂과 征伐이 諸侯로부터 나오면 마땅히 제후가 강성해야 할 터인데 魯나라가 정권을 잃고, 政事가 大夫에게 미치면 마땅히 大夫가 강성해야 할 터인데 三桓이 미약해짐은 어째서인

가? 强함은 安定에서 생기고 安定은 上下의 分數가 정해짐에서 생기거늘, 지금 諸侯와 大夫가 모두 그 윗사람을 업신여기니 그 아랫사람들에게 명령할 수 없다. 그러므로 모두 오래지 않아서 그것(정권)을 잃을 것이니라.

【解說】 孔子께서 말씀하시기를, 祿이 公室에서 떠난 지가 5世가 되었고, 政事가 大夫에게 미친 지가 四世가 되었다. 그러므로 저 三桓의 子孫이 미약한 것이니라.

【主題】 魯國政情과 三桓에 대한 警戒.
※ 魯國의 政治的 事情을 들어서 三桓之子孫이 微弱해질 수밖에 없는 理由를 말씀하시어 그들을 警戒하신 것이다.

[4]

孔子曰 益者三友요 損者三友니 友直하며 友諒하며 友多聞이면 益矣요 友便辟하며 友善柔하며 友便佞이면 損矣니라. <比較法・列擧法>

【字解】 省 略

【研究】
便 : 熟也(익숙함이다).
便辟 : 習於威儀而不直(외모에만 익숙하여 곧지 않음).
善柔 : 工於媚悅而不諒(아첨하여 기쁘게 함에만 잘하고 신실하지 못함).
便佞 : 習於口語而無聞見之實(말에만 익숙하여 견문의 실제가 없음).
◎ 友直則聞其過요 友諒則進於誠이요 友多聞則進於明이라. 三者損益은 正相反也니라. <朱子> 벗이 곧으면 그(自身)의 허물을 듣게 되고, 벗이 신실(성실)하면 성실함에 나아가고, 벗이 견문(문견)이 많으면 지혜가 밝음에 나아가게 된다. 세 가지의 손해됨과 유익함은 서로 정반대가 되느니라.
◎ 自天子以至於庶人에 未有不須友以成者요 而其損益이 有如是者하니 可不謹哉아. <尹焞> 天子로부터 庶人에 이르기까지 벗을 필요로 하여(求하여) 이루지 않은 자가 없고(있지 아니하고), 그 손해됨과 유익함이 이와 같음이 있는 것이니, 가히 삼가야 하지 않겠는가?

【解說】 孔子께서 말씀하시기를, 유익한 것이 세 가지 벗이요, 손해되는 것이 세 가지 벗이니, 정직한 이를 벗하며 성실한 이를 벗하며 견문이 많은 이를 벗하면 유익하고, 편벽한 이를 벗하며 선유하는

이를 벗하며 편영하는(말 잘하는) 이를 벗하면 해로우니라.

【主題】 擇友之道 — 益友와 損友의 구별.

[5]

孔子曰 益者三樂요 損者三樂니 樂節禮樂하며 樂道人之善하며 樂多賢友면 益矣요 樂驕樂하며 樂佚遊하며 樂宴樂이면 損矣니라. <比較法 · 列擧法>

【字解】
樂 풍류 악, 즐거울(방종할)락, 좋아할 요.　　佚 편안할 일.

【硏究】
節 : 辨其制度聲容之節(예의제도와 악의 성용의 절도를 분변함이다).
◎ 驕樂則侈肆而不知節이요 佚遊則惰慢而惡聞善이요 宴樂則淫溺而狎小人이니 三者損益이 亦相反也니라. <朱子>
교만하고 방종하면 잘난 체하고 방자해서 절도를 알지 못하고, 편안히 놀면 태만해져서 善을 듣기를 싫어하고, 행락(향락)에 빠지면 음탕함에 빠져 小人을 가까이 하니, 세 가지의 손해됨과 유익함도 또한 서로 반대되느니라.
◎ 君子之於好樂에 可不謹哉아. <尹焞>
君子가 좋아하고 즐김에 있어 가히 삼가야 하지 않겠는가?

【解說】 孔子께서 말씀하시기를, 유익한 것 세 가지를 좋아하고, 손해되는 것 세 가지를 좋아하나니, 예악을 절도 있게 함(규제하고 분변함)을 좋아하며, 사람의 선함을 말하기를 좋아하며, 어진 벗이 많음을 좋아하면 유익하고, 교만하고 방종함을 좋아하며, 편안히 노는 것을 좋아하며, 향락에 빠짐을 좋아하면 손해가 되느니라.

【主題】 三樂之益損 — 益者三樂와 損者三樂.

[6]

孔子曰 侍於君子에 有三愆하니 言未及之而言을 謂之躁요 言及之而不言을 謂之隱이요 未見顔色而言을 謂之瞽니라. <列擧法>

【字解】
侍 모실 시. 愆 허물 건. 躁(조) 떠들다, 성급하다.
隱(은) 숨다, 점치다, 가여워하다. 瞽 봉사(소경) 고.

【硏究】
隱 : 不盡情實也(정실을 다하지 못함이다).
君子 : 有德位之通稱(덕과 지위가 있는 자를 통틀어 일컬음이다).
愆 : 過也(허물이다).
瞽 : 無目하여 不能察言觀色이라
(눈이 없어 능히 말을 살피고 안색을 살필 수 없음이다).
◎ 時然後言이면 則無三者之過矣라. <尹焞>
때에 맞은 뒤에 말하면 세 가지 잘못이 없으리라.

【解說】 孔子께서 말씀하시기를, 君子를 모심에 세 가지의 허물이 있으니, 말씀이 (거기에) 미치지 말아야 함에도 말하는 것을 躁(조급함)라 이르고, 말씀이 (거기에) 미쳐야 함에도 말하지 않음을 隱(숨김)이라 이르고, 顔色을 보지 않고서 말함을 瞽(봉사)라 이르니라.

【主題】 侍於君子之三愆 — 躁·隱·瞽.
※ 말을 함에 때에 맞게 함이 중요함을 강조했음.

[7]

孔子曰 君子有三戒하니 少之時에는 血氣未定이라 戒之在色이요 及其壯也하여는 血氣方剛이라 戒之在鬪요 及其老也하여는 血氣旣衰라 戒之在得이니라. <漸層法·列擧法>

【字解】 省 略

【硏究】
血氣 : 形之所依以生者니 血陰而氣陽也라
(형체가 의지해서 살아가는 것이니, 혈은 음이며 기는 양이다).
得 : 貪得也(얻기를 탐함이다).
◎ 聖人이 同於人者는 血氣也요 異於人者는 志氣也라. 血氣는 有時而衰로되 志氣則無時而衰也라. 少未定 壯而剛 老而衰者는 血氣也요 戒

於色 戒於鬪 戒於得者는 志氣也라. 君子는 養其志氣라. 故로 不爲血氣所動이라. 是以로 年彌高而德彌卲也니라. <范祖禹>

聖人이 일반인과 같은 것은 혈기이고, 일반인과 다른 것은 志氣이다. 血氣는 때에 따라서 쇠함이 있으되, 志氣는 곧 때에 따라서 쇠함이 없다. 젊었을 적에 정해지지 않음과 장성하여서 강함과 늙어서 쇠해지는 것은 血氣이고, 女色을 경계하고 싸움을 경계하고 얻음을 경계하는 것은 志氣이다. 君子는 그 志氣를 기른다. 그러므로 血氣에 동요되지 않는다. 이 때문에 나이가 많아질수록 德이 높아지느니라.

【解說】 孔子께서 말씀하시기를, 君子는 세 가지 경계함이 있으니, 젊었을 때엔 혈기가 정해지지 않았으므로 경계함이 女色에 있고, 그가 장성함에 이르러서는 혈기가 한창 강하므로 경계함이 싸움에 있고, 그가 늙음에 이르러서는 혈기가 이미 쇠하므로 경계함이 얻음에 있느니라.

【主題】 君子之三戒 — 色·鬪·得.

※ 君子는 血氣보다는 志氣를 길러야 함을 强調함.

※ 人 [身 — 血[陰] 氣[陽] — [陰]
 心 — 志[陰] 氣[陽] — [陽]

[8]

孔子曰 君子有三畏하니 畏天命하며 畏大人하며 畏聖人之言이니라. 小人은 不知天命而不畏也라. 狎大人하며 侮聖人之言이니라. <比較法·列擧法>

【字解】

狎(압) 친압하다, 익다, 업신여기다. 侮 업신여길 모, 희롱할 모.

【研究】

畏 [嚴憚之意也(엄히 여기고 두려워함의 뜻이다). <朱子>
 心服也(마음으로 복종함이다). <皇侃>

天命 : 天命에는 德命과 祿命의 두 가지가 있으니, 德命은 하늘로부터 부여받은 道德上의 使命이며, 祿命은 인간이 遭遇하는 吉凶禍福의 宿命임.

大人 : 큰 인물로서 賢人과 聖人 등을 모두 포함함.

侮 : 戱玩也(희롱함이다).

◎ 天命者는 天所賦之正理也니 知其可畏면 則其戒謹恐懼가 自有不能已者하여 而付畀之重을 可以不失矣라. 大人聖言은 皆天命所當畏니 知畏天命이면 則不得不畏之矣리라. 小人은 不知天命이라. 故로 不識義理而無所忌憚이 如此라. <朱子> 天命이라는 것은 하늘이 부여해준 바의 正理이다. 그것이 두려워할 만한 것임을 안다면 그가 경계하고 삼가고 두려워하는 것이 스스로 능히 그만둘 수 없음이 있는 것이어서 부여받은 소중한 것을 가히 써 잃지 않을 것이다. 大人과 聖人의 말씀은 모두 天命에 마땅히 두려워해야 할 바이니, 天命을 두려워할 줄 알면 능히 그것(大人과 聖人의 말씀)을 두려워하지 아니할 수 없으리라. 小人은 天命을 알지 못한다. 그러므로 의리를 알지 못하여 꺼리는 바가 없음이 이와 같은 것이다.

◎ 三畏者는 修己之誠에 當然也라. 小人은 不務修身誠己하니 則何畏之有리오. <尹焞> 세 가지를 두려워하는 것은 몸을 닦는 성실함에 당연한 것이다. 小人은 몸을 닦고 自己를 성실하게 함을 힘쓰지 않으니, 그렇다면 어찌 두려워함이 있으리오.

【解說】孔子께서 말씀하시기를, 君子는 세 가지 두려워함이 있으니, 天命을 두려워하며, 大人을 두려워하며, 聖人의 말씀을 두려워하느니라. 小人은 天命을 알지 못하여서 두려워하지 아니한다. 大人을 업긴여기며 聖人의 말씀을 희롱한다.

【主題】君子之三畏 — 天命·大人·聖人之言.
※ 天理에 依해 修己하는 君子의 態度를 强調함.

[9]

孔子曰 生而知之者는 上也요 學而知之者는 次也요 困而學者는 又其次也니 困而不學이면 民斯爲下矣니라. <列擧法·漸降法>

【字解】省 略

【研究】

困 : 有所不通(통하지 못하는 바가 있다).

民斯爲下矣 : 백성 중에서 이 사람을 하위자라 한다.

◎ 言人之氣質不同이 大約有此四等이라. <朱子> 사람의 기질이 같지 않음이 대략 이 네 가지 등급이 있음을 말씀하신 것이다.

◎ 生知學知로 以至困學에 雖其質不同이나 然이나 及其知之하여는 一

也라. 故로 君子惟學之爲貴니 困而不學然後에 爲下니라. <楊時> 生知와 學知로부터 困學에 이르기까지는 비록 그 기질이 같지 아니하나, 그러나 그들이 그것을 앎에 미쳐서는 同一한 것이다. 그러므로 君子는 오직 배움을 귀하게 여기니, 不通하여도 배우지 아니한 뒤에야 下等이 되느니라.

【解說】 孔子께서 말씀하시기를, 태어나면서 아는 자가 上等이요, 배워서 아는 자가 다음이요, 不通하여서 배우는 자가 또 그 다음이니, 不通한데도 배우지 않으면 백성으로서 이 사람은 下等이 되느니라.

【主題】 知之者의 等級 — ┌ 生而知之者・學而知之者
└ 困而學者・困而不學者

※ 배움의 중요성을 强調함.

[10]

孔子曰 君子有九思하니 視思明하며 聽思聰하며 色思溫하며 貌思恭하며 言思忠하며 事思敬하며 疑思問하며 忿思難하며 見得思義니라. <列學法>

【字解】 省 略

【研究】

◎ 視無所蔽면 則明無不見이요 聽無所壅이면 則聰無不聞이라. 色은 見(현)於面者요 貌는 擧身而言이라. 思問則疑不蓄이요 思難則忿必懲이요 思義則得不苟니라. <朱子> 봄에 가리운 바가 없으면 밝아서 보지 못함이 없고, 들음에 막히는 바가 없으면 귀 밝아서 듣지 못함이 없을 것이다. 色은 얼굴에 나타나는 것이요, 貌는 온몸을 들어서 말함이다. 물을 것을 생각하면 의심이 쌓이지 않고, 어려움을 생각하면 분함이 반드시 징계될 것이요, 義를 생각하면 얻음에 구차하지 않을 것이니라.

◎ 九思는 各專其一이니라. <程子>
九思는 각각 그 하나에 오로지하는(전념하는) 것이니라.

◎ 未至於從容中道하여는 無時而不自省察也라. 雖有不存焉者라도 寡矣니 此之謂思誠이니라. <謝良佐> 조용히(자연스럽게) 道에 맞음에 이르지 못하면, 때때로 스스로 살피지 않음이 없어야 한다. (이렇게 하면) 비록 거기(本心)에 良心이 보존되지 못함이 있어도 적을 것이니, 이것을 誠을 생각한다 이르느니라.

【解說】孔子께서 말씀하시기를, 君子는 아홉 가지 생각함이 있으니, 봄에는 눈 밝음을 생각하며, 들음에는 귀 밝음을 생각하며, 얼굴빛은 온화함을 생각하며, 모양은 공손함을 생각하며, 말은 충성스러움을 생각하며, 섬김은 경건함을 생각하며, 의심스러움은 물음을 생각하며, 분함은 어려움을 생각하며, 얻음을 보면 義를 생각하느니라.

【主題】君子의 九思.
※ 君子가 학문을 함에 먼저 삼가야 할 아홉 가지를 말함.

[11]

孔子曰 見善如不及하며 見不善如探湯을 吾見其人矣요 吾聞其語矣로라. 隱居以求其志하며 行義以達其道를 吾聞其語矣요 未見其人也로라. <列擧法・對句法>

【字解】省 略

【研究】

◎ 眞知善惡而誠好惡之니 顏曾冉閔之徒 蓋能之矣라. 求其志는 守其所達之道也요 達其道는 行其所求之志也라. 蓋惟伊尹太公之流가 可以當之라. 當時에 若顏子亦庶乎此나 然이나 隱而未見(현)하고 又不幸而蚤死라. 故로 夫子云然이시니라. <朱子>

善과 惡을 참으로 알아서 진실로 그것(선악)을 좋아하고 미워하는 것이니, 顏子・曾子・冉伯牛・閔子騫의 무리가 아마도 거기에 能하였을 것이다. 그 뜻을 求한다는 것은 그 도달한 바의 道를 지키는 것이요, 그 道를 달성한다는 것은 그 구하던 바의 뜻을 행하는 것이다. 아마도 오직 伊尹과 太公의 유(무리)가 그에 해당될 것이다. 당시에 顏子 같은 분도 또한 이에 거의 가까웠으나, 그러나 숨어서 나타나지 아니하였고, 또 불행히 일찍 죽었다. 그러므로 夫子께서 그렇게 말씀하심이니라.

【解說】孔子께서 말씀하시기를, 善을 보면 미치지 못할 듯이 하며, 不善을 보면 끓는 물을 더듬는 듯이 하는 자를, 나는 그러한 사람을 보았고, 나는 그런 말을 들었노라. 숨어 살면서 그 뜻을 추구하며, 義를 行하여서 그 道를 달성하는 것을, 나는 그러한 말을 들었고, 그런 사람은 아직 보지 못하였노라.

【主題】 賢達者의 出現에 대한 孔子의 所望.
※ 몸을 깨끗이 하고 세상을 구제하는 사람을 바라고 있음.

[12]

齊景公은 有馬千駟호되 死之日에 民無德而稱焉이요 伯夷叔齊는 餓于首陽之下호되 民到于今稱之하나니라. 其斯之謂與인저. <例證法>

【字解】
駟 사마 사.
餓 굶주릴 아.

【研究】
駟 : 四馬也(네 필의 말이다).
首陽 : 山名也(산 이름이다).

◎ 程子以爲第十二篇錯簡誠不以富亦祇以異가 當在此章之首라 하시니 今詳文勢컨대 似當在此句(其斯之謂與)之上하니 言人之所稱이 不在於富而在於異也라. <胡寅>
程子(伊川)는 제12편의 錯簡인 '誠不以富亦祇以異'가 마땅히 이 章의 머리에 있어야 한다고 하셨으니, 지금 文勢(문의 형세)를 자세히 살펴보건대 마땅히 이 句(其斯之謂與)의 위에 있어야 할 듯하다(것 같다). (이는) 사람들이 칭송하는 것이 富에 있지 않고 특이한 행동에 있음을 말한 것이다.

【解說】 (孔子께서 말씀하시기를) 齊나라 景公은 말 千駟(四千匹)를 소유하였으되 죽는 날에 사람들이 德을 칭송함이 없었고, 伯伊와 叔齊는 首陽山 아래에서 굶주렸으되 사람들이 지금에 이르도록 그를 칭송하고 있느니라. (誠不以富 亦祇以異는) 그것은 이것을 말함일 것이로다.

【主題】 立德의 重要性 强調.
※ 사람들의 稱頌은 齊景公 같은 富에 있음이 아니라, 大義名分을 지킨 伯伊와 叔齊같이 立德함에 있음을 强調한 것이다.

[13]

陳亢(강)이 問於伯魚曰 子亦有異聞乎아. 對曰 未也로이다. 嘗獨立이어시늘 鯉趨而過庭이러니 曰 學詩乎아. 對曰 未也로이다. 不學詩면 無以言이라 하여시늘 鯉退而學詩호라. 他日에 又獨立이어시늘 鯉趨而過庭이러니 曰 學禮乎아. 對曰 未也로이다. 不學禮면 無以立이라 하여시늘 鯉退而學禮호라. 聞斯二者로라. 陳亢이 退而喜曰 問一得三호니 聞詩聞禮하고 又聞君子之遠其子也로라. <問答法・引用法>

【字解】

亢 높을 항(강). 趨 종종걸음칠(빨리 달릴) 추. 鯉 잉어 리.

【研究】

陳亢 : 孔子의 제자(孔子보다 40세 年下)로서 字 子禽. ※ 學而[10]參照.

伯魚 : 孔子 아들 孔鯉의 字. 孔子보다 先卒(孔子 71세)함.

子亦有異聞乎 : 亢以私意窺聖人하여 疑必陰厚其子라(陳亢이 私意로 聖人을 엿보아 반드시 그 아들에게 몰래 후하게 했으리라 의심했다).

學詩 : 事理通達而心氣和平이라. 故로 能言이라 (사리가 통달해지고 심기가 화평해진다. 그러므로 말을 잘하는 것이다).

學禮 : 品節詳明而德性堅定이라. 故로 能立이라(품절에 자세하고 밝아지며 德性이 굳게 정해진다. 그러므로 설 수 있는 것이다).

聞斯二者 : 當獨立之時하여 所聞이 不過如此하니 其無異聞을 可知라 (홀로 서 계실 때를 당하여 들은 바가 이와 같음에 불과하니 특이한 들음이 없음을 알 수 있다).

◎ 孔子之教其子가 無異於門人이라. 故로 陳亢이 以爲遠其子라 하니라. <尹焞> 孔子께서 그 아들을 가르침이 門人과 다름이 없었다. 그러므로 陳亢이 그 아들을 멀리한다고 하였다.

【解說】 陳亢이 伯魚에게 물어 말하기를, 그대는 역시 특이한 들음이 있는가? (伯魚가) 대답해 말하기를, 아직 없었습니다. 일찍이(아버지: 孔子께서) 홀로 서 계실 때 내(鯉)가 종종걸음으로 뜰을 지나가는데 말씀하시기를, 詩를 배웠는가? 대답해 말하기를, 아직 아닙니다. 시를 배우지 않으면 말을 할 수 없다 하시기에 내(鯉)가 물러나 詩를 배웠노라. 다른 날에 또 홀로 서 계실 때에 내가 종종걸음으로

뜰을 지나가는데 말씀하시기를, 禮를 배웠느냐? 대답해 말하기를, 아직 아닙니다. 禮를 배우지 않으면 설 수 없다 하시기에 내가 물러나와 禮를 배웠노라. 이 두 가지를 들었노라. 陳亢이 물러나와 기뻐하면서 말하기를, 하나를 물어서 세 가지를 얻었으니, 詩를 듣고 禮를 들었으며 또 君子가 그 아들을 멀리하는 것을 들었노라.

【主題】 孔子의 公平無私한 教育態度.
※ 孔子께서는 남을 가르치심에 아들에게나 門人들에게나 差異 없이 公平하고 無私한 마음과 태도였다. 陳亢은 그것을 몰랐던 것이다.

[14]

邦君之妻를 君稱之曰 夫人이요 夫人自稱曰 小童이요 邦人稱之曰 君夫人이요 稱諸異邦曰 寡小君이요 異邦人稱之에 亦曰 君夫人이니라. <列擧法>

【字解】 省 略

【研究】
寡 : 寡德이니 謙辭라.
邦君 : 나라의 임금. 즉 諸侯(제후).
◎ 凡語中所載에 如此類者는 不知何謂니 或古有之인지 或夫子嘗言之인지 不可考也라. <吳棫> 무릇 論語 가운데 기재된(실린) 바에 이와 같은 類들은 무엇을 말함인지 알지 못하겠으니, 혹 옛적에 그런 것이 있었는지, 혹은 夫子께서 일찍이 그것을 말씀하신 것인지 가히 상고할 수 없다.

【解說】 나라 임금(제후)의 妻를 임금이 그를 일컬어 夫人이라 하고, 夫人이 스스로 일컫기를 小童이라 하며, 나라 사람들이 그를 일컬어 君夫人이라 하고, 다른 나라에 대하여 그를 일컬어 寡小君이라 하고, 다른 나라 사람들이 그를 일컬음에 또한 君夫人이라 하느니라.

【主題】 邦君之妻에 대한 呼稱.
※ 孔子가 명분을 바로잡는 뜻을 보임.

第十七 陽貨篇

주제 : 無道한 世上과 道德 타락에의 한탄

凡二十六章.

皇侃曰 所以次前者 明於時凶亂 非唯國臣無道 至於陪臣賤 亦竝凶惡 故陽貨次季氏也. (皇侃이 말하기를, 전편 다음에 놓은 까닭은 당시의 흉란을 밝히기 위함이다. 오직 국신들만 무도함이 아니라 가신의 천함에 이르기까지 또한 아울러 흉악하므로 양화편을 계씨편 다음에 두었다.)

[1]

陽貨欲見孔子어늘 孔子不見하신데 歸孔子豚이어늘 孔子 時其亡(無)也而往拜之러시니 遇諸塗하시다. 謂孔子曰 來하라. 予與爾言하리라. 曰 懷其寶而迷其邦이 可謂仁乎아. 曰 不可하다. 好從事而亟失時가 可謂知乎아. 曰 不可하다. 日月逝矣라 歲不我與니라. 孔子曰 諾다. 吾將仕矣로리라. <問答法・比喩法>

【字解】

歸 선물할 귀. 時 틈탈(엿볼) 시. 迷 혼미할 미.
塗 길 도, 바를 도. 亟 자주 기. 逝 갈 서.

【研究】

陽貨 : 季氏家臣이니 名虎니 嘗囚季桓子而專國政이라(季氏의 가신이니, 名은 虎이니 일찍이 季桓子를 가두고 국정을 전횡했다).

懷其寶而迷其邦 : 謂懷藏道德하여 不救國之迷亂이라
(도덕을 감추고서 나라의 미란을 구하지 못함을 말함이다).

亟 : 數(삭)也(자주함이다).

失時 : 謂不及事幾之會라(일의 기회에 미치지 못함을 말함이다).

◎ 陽貨欲令孔子來見己나 而孔子不往하신대 貨以禮에 大夫有賜於士어든 不得受於其家면 往拜其門이라. 故로 瞰孔子之亡而歸之豚하여 欲令孔子來拜而見之也라. 陽貨之欲見孔子는 雖其善意나 然이나 不過欲使助己爲亂耳라. 故로 孔子不見者는 義也요 其往拜者는 禮也요 必時其亡而往者는 欲其稱也요 遇諸塗而不避者는 不終絶也요 隨問而對者

는 理之直也요 對而不辯者는 言之孫而亦無所詘(굽힐굴)也라.<朱子>
陽貨는 孔子로 하여금 찾아와서 自己를 만나게 하려고 하였으나, 그러나 孔子께서는 가지 않으셨다. 陽貨는 禮記에 大夫가 士에게 선물하면(士가) 自己 집에서 받지 못했으면 그(大夫) 집(문)으로 가서 배알해야 한다 했으므로, (陽貨는) 孔子가 없는(계시지 않는) 틈을 엿보고서 돼지(삶은 돼지)를 그에게 선물하여 孔子로 하여금 배알하러 오게 하여 그(孔子)를 만나고자 하였다. 陽貨가 孔子를 만나고자 한 것은 비록 그것이 좋은 뜻이었으나, 그러나 孔子로 하여금 自己를 도와 亂을 하려는 것에 불과하였을 뿐이다. 그러므로 孔子께서 만나보지 않은 것은 義요, 그가 찾아가서 배알하는 것은 禮요, 굳이 그(陽貨)가 없는 틈을 타서 찾아가는 것은 그(陽貨의 행동)에 걸맞게 하고자 함이요, 길에서 그와 만나서 피하지 않은 것은 끝까지 끊어버리지 않으심이요, 질문에 따라서 대답한 것은 이치의 바름이요, 대답하되 변론하지 않은 것은 말씀을 공손하게 하되 또한 굽히는 바가 없음이다.

◎ 揚雄謂孔子於陽貨也에 敬所不敬하여 爲詘身以信(伸)道라 하니 非知孔子者라. 蓋道外無身이요 身外無道하니 身詘矣而可以信道는 吾未之信也로라. <楊時>
揚雄은 孔子가 陽貨에게 공경하지 말아야 할 바에 공경하여 몸을 굽혀서 道를 펴려 했기 때문이라 말하였으니, 孔子를 아는 자가 아니었다. 무릇 道 밖에 몸이 (따로) 없고 몸 밖에 道가 (따로) 없으니, 몸이 굽혀지고서 가히 써 道를 펼 수 있다 힘은 나는 그것을 믿지 아니하노라.

【解說】 陽貨가 孔子를 만나고자 하거늘, 孔子께서 만나 주지 않으시니, (陽貨가) 孔子에게 돼지(삶은 돼지)를 선물로 보내주니, 孔子께서도 그가 없는 틈을 타서 그에게 사례하러 가시다가 길에서 그를 만나셨다. (陽貨가) 孔子에게 말하기를, 이리 오시오. 내가 그대와 말을 하리다. 말하기를, 그 보배(높은 도덕 또는 정치적 경륜)를 품고서 그 나라를 어지럽게 함을 仁이라 이를 수 있겠습니까? (孔子께서) 말씀하시기를, 불가합니다. (陽貨가) 종사하기를 좋아하면서 자주 때를 잃는(놓치는) 것을 가히 知라고 이르겠습니까? (孔子께서) 말씀하시기를, 不可합니다. (陽貨가 말하기를) 해와 달이 흘러가니, 세월은 나를 기다리지 않습니다. 孔子께서 말씀하시기를, 알았습니다. 나는 장차 벼슬을 할 것입니다.

【主題】 權臣에 대한 孔子의 굽힘 없는 態度.
※ 聖人이 權臣을 미워하지 않아도 엄히 함을 보인 것임.

[2]

子曰 性相近也나 習相遠也니라. <對照法>

【字解】 省 略

【研究】

※ 性 ─ ┌ 本質之性 [理] ──────── 性相近 [本性]
　　　　└ 氣質之性 [氣] ──────── 習相遠 [習性]

◎ 此所謂性은 兼氣質而言者也라. 氣質之性은 固有美惡之不同矣라. 然이나 以其初而言이면 則皆不甚相遠也로되 但習於善則善하고 習於惡則惡하여 於是에 始相遠耳니라. <朱子>
여기에서 이른바 性은 氣質을 겸하여서 말한 것이다. 氣質의 性은 본디 좋고 나쁨의 차이(같지 않음)가 있다. 그러나 그 처음을 가지고 말한다면 모두 서로 심히 멀지 않으나, 다만 善에 습관이 되면 선해지고 惡에 습관이 되면 惡해져서 여기에서 비로소 서로 멀어지게 될 뿐이니라.

◎ 此는 言氣質之性이요 非言性之本也라. 若言其本이면 則性卽是理니 理無不善이라. 孟子之言性善이 是也니 何相近之有哉리오. <程子>
이것은 氣質之性을 말한 것이요, 性의 근본(本然之性)을 말함이 아니다. 그 근본으로 말할 것 같으면 性은 곧 理니, 理는 善하지 않음이 없다. 孟子가 말씀하신 性善이 이것이니, 어찌 서로 비슷함(가까움)이 있으리오.

【解說】 孔子께서 말씀하시기를, 性(本質之性)은 서로 비슷하나 習慣으로 서로 멀어지게 되느니라.

【主題】 本質之性과 氣質之性의 差異.
※ 本性과 習性을 분별하여 보인 것임.

[3]

子曰 唯上知與下愚는 不移니라. <平敍法>

【字解】 省 略

【研究】

※ 漢書(班固) —
- 上知 : 生而知之者 (堯 舜 周公 孔子)
- 中知 [學而知之者 / 困而學者] 凡人
- 下愚 : 困而不學者 (桀 紂 盜跖)

上知 : 최상의(최고로) 지혜로운 사람. 下愚 : 최하의 어리석은 사람.

◎ 此는 承上章而言人之氣質이 相近之中에 又有美惡一定하여 而非習之所能移者라. <朱子> 이것은 上章을 이어서 사람의 氣質이 서로 비슷한 가운데에도 또 좋고 나쁨의 일정함이 있어서 습관이 능히 바꿀 수 있는 것이 아님을 말씀하신 것이다.

◎ 人性本善이어늘 有不可移者는 何也오. 語其性則皆善也나 語其才則有下愚之不移라. 所謂下愚有二焉하니 自暴自棄也라. 惟自暴者는 拒之以不信하고 自棄者는 絶之以不爲하니 雖聖人與居라도 不能化而入也니 仲尼之所謂下愚也라. <程子>
사람의 性이 본디 善하거늘, 가히 변화시킬 수 없음이 있다는 것은 무엇 때문인가? 그 性을 말한다면 모두 善하나 그 才를 말한다면 下愚로서 변화시킬 수 없음이 있다. 이른바 下愚는 두 가지(종류)가 있으니, 自暴者와 自棄者다. 오직(다만) 自暴者는 그것(善)을 막아서 믿지 않고, 自棄者는 그것(善)을 끊어서 행하지 않으니, 비록 聖人과 함께(더불어) 거처하더라도 능히 변화하여 들어갈 수 없으니, 仲尼(공사)께서 이른바 下愚이다.

【解說】孔子께서 말씀하시기를, 오직 최상의 지혜로운 자와 최하의 어리석은 자는 바꾸어질 수 없느니라.

【主題】上知와 下愚의 關係(限界) — 不移.
※ 사람으로 하여금 氣習을 삼가게 하고 성품을 증험해 보인 것임.

[4]

子之武城하사 聞弦歌之聲하시다. 夫子莞爾而笑曰 割鷄에 焉用牛刀리오. 子游對曰 昔者에 偃也聞諸夫子하니 曰 君子 學道則愛人이요 小人學道則易使也라 호이다. 子曰 二三子아 偃之言이 是也니 前言은 戲之耳니라. <問答法·設疑法·引用法>

【字解】
弦 줄 현. 莞 웃을 완. 割 벨 할. 焉 어찌 언.

偃(언) 눕다(쓰러지다), 쉬다, 편안하다, 그치다, 방죽.

【研究】

弦歌 : 琴瑟에 맞추어 부르는 노래로서 '禮樂'을 의미.
莞爾 : 小笑貌(빙그레 웃는 모습). 偃 : 子游의 名. 言偃.
武城 : 子游가 邑宰로 있었던 魯國 변방의 邑.
割鷄焉用牛刀 : 닭을 잡음에 어찌 소를 잡음에 쓰는 칼을 쓰리오.

※ 이 말씀은 能力이 있는 子游가 武城과 같은 小邑을 다스리게 됨을 개탄해서 하신 말씀인데, 子游는 오해하고 小邑에서 왜 禮樂을 쓰느냐는 뜻으로 듣고 공자께 反問하였다가 孔子의 말씀을 듣고 그 眞意를 알게 되었다.

◎ 時에 子游爲武城宰하여 以禮樂爲敎라. 故로 邑人皆弦歌也라. 因言其治小邑에 何必用此大道也리오. 子游所稱은 蓋夫子之常言이니 言君子小人이 皆不可以不學이라. 故로 武城雖小나 亦必敎以禮樂이라. 治有大小나 而其治之必用禮樂은 則其爲道一也라. 但衆人은 多不能用이어늘 而子游獨行之라. 故로 夫子驟聞而深喜之하시고 因反其言以戱之러시니 而子游以正對라. 故로 復是其言하여 而自實其戱也시니라. <朱子>
이때에 子遊가 武城의 邑宰가 되어 禮樂으로써 가르치었다. 그러므로 고을 사람들이 모두 현악에 맞추어 노래 부른 것이다. 인하여 그 작은 고을을 다스림에 어찌 반드시(굳이) 이 大道(以禮樂爲敎)를 쓰리오 라고 말씀하신 것이다. 子遊가 말한 것은 아마도 夫子(孔子)께서 항상 하시던 말씀일 것이니, 君子와 小人이 모두 가히 써 배우지 않아서는 안 된다는 말씀이었다. 그러므로 武城이 비록 작으나(작은 고을이지만) 또한 반드시 禮樂으로써 가르친다는 것이다. 다스림에 크고 작음이 있으나 그 다스림에 있어서 반드시 禮樂을 쓰는 것은 곧 그 道가 同一하다. 다만 많은 사람들이 대부분 능히 (禮樂을) 사용하지 않거늘, 그러나 子遊만이 홀로 그것(예악)을 행했다. 그러므로 夫子께서 그것(예악)을 갑자기 들으시고 심히 기뻐하시고, 인하여 그 말을 뒤집어서 그를 희롱하신 것인데, 그러나 子遊는 正道로써 대답했다. 그러므로 다시 그 말을 시인(옳다)하시어 스스로 그 농담을 실증하심이니라.

【解說】 孔子께서 武城에 가시어 현악에 맞추어 부르는 노래 소리를 들으셨다. 夫子께서 빙그레 웃으시면서 말씀하시기를, 닭을 잡음에 어찌 소 잡음에 쓰는 칼을 쓰리오? 子游가 대답해 말하기를, 옛적에 제가 선생님께 듣자오니, 君子가 道를 배우면 사람을 사랑하고, 小人이 道를 배우면 부리기가 쉽다 하셨습니다. 孔子께서 말씀하시길, 애들아, 偃(子游)의 말이 옳으니 앞에서 한 말은 농담일 뿐이니라.

【主題】 子游의 善治에 대한 孔子의 칭찬과 농담.
※ 다스림에 道를 重視해야 한다는 뜻이 담겨 있음.

[5]

公山弗擾以費畔하여 召어늘 子欲往이러시니 子路不說曰 末之也已니 何必公山氏之之也시리잇고. 子曰 夫召我者는 而豈徒哉리오. 如有用我者면 吾其爲東周乎인저. <問答法 · 設疑法>

【字解】
擾 흔들 요. 畔(반) 밭둔덕, 배반하다. 末(말) 끝, 없다. 召 부를 소. 豈 어찌 기. 徒(도) 무리, 한갓, 헛되다, 걷다, 맨발(맨손).

【研究】
公山弗擾 : 弗擾는 季氏宰니 與陽虎로 共執桓子하고 據邑以叛이라 (弗擾는 季氏의 家臣이니, 陽虎와 함께 桓子를 잡아 가두고 費邑을 점거하여 반란을 일으켰다). ※ 公山은 姓이요 弗擾가 이름이다.
末之也已何必公山氏之之也 : 言道旣不行하여 無所往矣니 何必公山氏之往乎리오(道가 이미 行해지지 아니하여 갈 곳이 없으니, 하필 公山氏에게 가리오 라고 말함이다).
豈徒哉 : 言必用我也(반드시 自身을 등용할 것임을 말함이다).
爲東周 : 言興周道於東方 (周나라 道를 동쪽 魯國에서 일으킬 것임을 말함이다).
◎ 聖人은 以天下無不可有爲之人이요 亦無不可改過之人이라. 故로 欲往이라. 然而終不往者는 知其必不能改故也시니라. <程子> 聖人께서는 天下에 훌륭한 일을 할 수 없는 사람이 없고 또한 허물을 고칠 수 없는 사람이 없다 여기셨다. 그러므로 찾아가려 하신 것이다. 그러나 끝내 가지 않은 것은 그가 반드시 고치지 못할 것을 아셨기 때문이시니라.

【解說】 公山弗擾가 費邑(季氏의 食邑地)을 가지고 배반하여 (孔子를) 부르기에 孔子께서 가려 하시니, 子路가 기뻐하지 아니하며 말하기를, 가실 곳이 없을 뿐이니, 하필 公山氏에게 가려 하십니까? 孔子께서 말씀하시기를, 대저 나를 부르는 것이 어찌 공연히 그러리오. 만약 나를 등용해 주는 자가 있으면 나는 東周(동쪽 周나라)를 만들 것이로다.

【主題】 周道 復興에 대한 孔子의 抱負.

※ 周道復興의 一念으로 叛亂을 일으킨 公山氏의 부름에 응하려 했으니, 세상에 쓰였으면 하는 뜻을 스스로 드러낸 것이다. 孔子 50세 전후의 일화다.

※ 이 章은 다음의 [7]章과 더불어 疑問이 있어 논란이 있는 章이니, 名分을 重視하는 孔子의 생각과 태도로 보면 叛亂을 일으킨 公山氏의 부름에 응하려 했던 것이 의문이라는 것이다. 지금의 '論語'는 '魯論'인데 漢의 張禹의 손을 거쳐서 옛날 본래의 '魯論'은 아닌 듯하다. 그래서 이 章과 같은 것도 張禹의 손을 거칠 때 戰國策士의 作爲가 그 속에 있었을 것으로 여겨진다.

[6]

子張이 問仁於孔子한데 孔子曰 能行五者於天下면 爲仁矣니라. 請問之한데 曰 恭寬信敏惠니 恭則不侮하고 寬則得衆하고 信則人任焉하고 敏則有功하고 惠則足以使人이니라. <問答法・列擧法>

【字解】 省 略

【硏究】

子張 : 孔子의 弟子로서 姓은 顓孫(전손), 名은 師, 字는 子張. 陳人으로서 孔子보다 48세 年下.

恭 : 공손함. 寬 : 너그러움. 信 : 믿음(신실함). 敏 : 민첩함.

惠 : 은혜로움. 請問之 : 그것을 청하여 물음.

◎ 行是五者면 則心存而理得矣라. 五者之目은 蓋因子張所不足而言耳라. <朱子> 이 다섯 가지를 행하면 마음이 보존되고 이치가 얻어질 것이다. 다섯 가지의 조목은 아마도 子張의 부족한 바에 인해서 말씀하신 듯하다.

◎ 能行此五者於天下면 則其心公平而周遍을 可知矣라. 然이나 恭其本與인저. <張敬夫> 능히 이 다섯 가지를 天下에 행할 수 있다면 그 마음이 公平해져서 두루 미침을 알 수 있다. 그러나 공손함이 그 근본일 것이로다.

【解說】 子張이 孔子에게 仁을 물으니, 孔子께서 말씀하시기를, 능히 다섯 가지를 천하에 행할 수 있으면 仁을 행함이니라. (子張이) 그것을 청하여 물으니, (공자께서) 말씀하시기를, 공손함・너그러움・신실함・민첩함・은혜로움이니, 공손하면 업신여김을 받지 않고, 너

그러우면 뭇 사람들을(민심을) 얻게 되고, 믿음이 있으면(신실하면) 남들이 의지하게(맡기게) 되고, 민첩하면 공이 있게 되고, 은혜로우면 족히 써 남들을 부릴 수 있게 되느니라.

【主題】 行仁의 德目 — 恭 寬 信 敏 惠.

[7]

佛肸(필힐)이 召어늘 子欲往이러시니 子路曰 昔者에 由也 聞諸夫子호니 曰 親於其身에 爲不善者어든 君子不入也라 하시니 佛肸이 以中牟畔이어늘 子之往也는 如之何잇고. 子曰 然하다 有是言也니라. 不曰堅乎아 磨而不磷(린)이니라. 不曰白乎아 涅(날)而不緇(치)니라. 吾豈匏瓜也哉라 焉能繫而不食이리오.
<問答法·引用法·倒置法·設疑法>

【字解】

佛(불) 부처, (필)크다. 肸 클 힐. 牟 보리 모. 磨 갈 마. 繫 맬 계. 磷 엷을 린. 涅 검을 날(녈). 緇 검을 치. 匏 박 포. 瓜 오이 과.

【硏究】

佛肸 : 晋大夫趙氏之中牟宰也(晋의 大夫 趙氏(趙簡子)의 中牟땅 邑宰다). ※ 中牟엔 范寅의 세력이 우세했는데, 이 范氏의 세력을 꺾기 위해 趙簡子가 衛를 征伐한 끝에 中牟를 포위하자 필힐이 반기를 들고 항거했다.

子之往也 如之何 : 子路恐佛肸浼(더러울 매)夫子라. 故로 問此以止夫子之行이라(子路는 佛肸이 夫子를 더럽힐까 염려했다. 그러므로 이것을 물음으로써 夫子께서 가심을 저지하려 한 것이다).

親 : 猶自也(自(직접)와 같다). 磷 : 薄也(엷음이다).

不入 : 不入其黨也(그 무리에 들어가지 않음이다).

涅 : 染皂(검을 조)物이니 言人之不善이 不能浼己라(검은 물을 들이는 물건이니, 남의 不善이 自己를 더럽힐 수 없음을 말함이다).

磨而不磷 涅而不緇 : 磨而不磷하고 涅不緇而後에 無可無不可니 堅白不足이어늘 而欲自試於磨涅이면 其不磷緇也者幾希니라. <楊時>(갈아도 엷아지지 않고 검은 물을 들여도 검어지지 않은 뒤에야 可함도 없고 不可함도 없을 수 있음이니, 단단함과 흼이 부족하거늘 스스로 갈

고 물들여지는 데에 시험하려고 한다면 엷아지고 검어지지 않는 자가 거의 드물 것이니라).

※ 無可無不可 : 꼭 한다는 것도 꼭 안 한다는 것도 없어, 때에 따라 道에 맞게 하는 것으로서 聖人만이 可能한 일이라 한다.

匏 : 瓠也라. 匏瓜는 繫於一處而不能飮食이어니와 人則不如是也라 (뒤웅박이다. 뒤웅박은 한 곳에 매달려 있어서 마시고 먹을 수 없지만 사람은 이와 같지 않다).

◎ 子路昔者之所聞은 君子守身之常法이요 夫子今日之所言은 聖人體道之大權也라. 然이나 夫子於公山佛肸之召에 皆欲往者는 以天下無不可變之人이요 無不可爲之事也며 其卒不往者는 知其人之終不可變而事之終不可爲耳시니 一則生物之仁이요 一則知人之智也니라. <張敬夫 : 張栻> 子路가 옛적에 들은 바(것)는 君子가 몸을 지키는 떳떳한 法이요, 夫子께서 今日에 말씀하신 바는 聖人이 道를 체행하는 큰 權道이다. 그러나 夫子께서 公山과 佛肸의 부름에 모두 가려 하셨던 것은 天下에 변화시킬 수 없는 사람이 없고 할 수 없는 일이 없다고 여겼기 때문이며, 그 끝내 가시지 않는 것은 그 사람을 끝내 변화시킬 수 없고 그 일을 끝내 할 수 없음을 아셨음이니, 하나는 만물을 생성시키는 仁이요 하나는 남을 알아보는 지혜이니라.

【解說】 佛肸이 (孔子를) 부르자, 孔子께서 가려고 하셨는데, 子路가 말하기를, 옛적에 저가 夫子께 들으니, 말씀하시기를 직접(친히) 그 몸에 不善을 행한 자이면 君子가 (그 무리에) 들어가지 않는다 하셨으니, 佛肸이 中牟를 가지고 반란하였거늘 夫子께서 가려 하심은 어째서입니까? 孔子께서 말씀하시기를, 그렇다, 이런 말이 있느니라. 단단하다고 말하지 않겠는가, 갈아도 엷아지지 않느니라. 희다고 말하지 않겠는가, 검은 물을 들여도 검어지지 않느니라. 내가 어찌 뒤웅박 같아서 어찌 (한 곳에) 매달려서 먹히지 않을 수 있으리오.

【主題】 聖人이 보여준 權道.

※ 聖人의 權道에서 仁(부름에 응함)과 智慧(응하지 않음)를 엿볼 수 있다.

[8]

子曰 由也아 女聞六言六蔽矣乎아. 對曰 未也로이다. 居하라 吾語女호리라. 好仁不好學이면 其蔽也愚하고 好知(智)不好學

이면 其蔽也蕩하고 好信不好學이면 其蔽也賊하고 好直不好學이면 其蔽也絞하고 好勇不好學이면 其蔽也亂하고 好剛不好學이면 其蔽也狂이니라. <問答法 · 列擧法 · 假定法>

【字解】

蔽 가릴 폐. 絞(교) 목매다, 목매어 죽이다, 급하다.
蕩(탕) 방자하다, 쓸다, 흔들리다, 넓고 크다, 평평하다, 방탕하다.
賊(적) 도적, 도적질하다, 해치다.

【研究】

蔽 : 遮掩也(가리움이다). 剛 : 勇之體也(勇의 體이다).
愚 : 若可陷可罔之類(함정에 빠뜨릴 수 있고 속일 수 있는 類와 같음이다).
蕩 : 窮高極廣而無所止(높음을 다하고 넓음을 다해 그치는 곳이 없음).
賊 : 謂傷害於物(사물을 상해함을 이른다).
狂 : 躁率也(조급하고 경솔함이다). 勇 : 剛之發(剛이 드러남이다).

◎ 六言은 皆美德이라. 然이나 徒好之하고 而不學以明其理면 則各有所蔽라. <朱子> 六言은 모두 아름다운 德이다. 그러나 한갓 좋아하기만 하고 배워서 그 理致를 밝히지 않으면 각각 가리워지는 바(폐단)가 있다.

◎ 子路勇於爲善이나 其失之者는 未能好學以明之也라. 故로 告之以此하시니라. 曰勇曰剛曰信曰直은 又皆所以救其偏也시니라. <范祖禹> 子路는 善을 行함에 용감하였으나 그의 결함은 능히 배움을 좋아해서 그것(이치)을 밝히지 못하는 것이었다. 그러므로 이것으로써 그에게 알려주신 것이니라. 勇 · 剛 · 信 · 直을 말하심은 또 모두 그의 치우친 점을 바로 잡아주신 것이니라.

【解說】 孔子께서 말씀하시기를, 由(子路)야, 너는 六言과 六蔽를 들었는가? (子路가) 대답해 말하기를, 아직 듣지 못하였습니다. (孔子께서 말씀하시기를) 앉거라, 내 너에게 말해 주리라. 仁을 좋아하되 배움을 좋아하지 않으면 그 가리워짐(폐단)이 어리석게 되고, 지혜를 좋아하되 배움을 좋아하지 않으면 그 가리워짐(폐단)이 방탕하게 되고, 믿음(信義)을 좋아하되 배움을 좋아하지 않으면 그 가리워짐(폐단)이 해치게 되고, 정직함을 좋아하되 배움을 좋아하지 않으면 그 가리워짐(폐단)이 급하게 되고, 용맹을 좋아하되 배움을 좋아하지 않으면 그 가리워짐(폐단)이 어지럽게 되고, 剛함을 좋아하되 배움을 좋아하지 않으면 그 가리워짐(폐단)이 경솔하게 되느니라.

【主題】 六言六蔽에 대한 孔子의 가르침 — [六言 : 仁·知·信·直·勇·剛
六蔽 : 愚·蕩·賊·絞·亂·狂

※ 이 章에서 가장 강조된 말은 '學'이니, 六言의 美德을 온전히 하려면 好學해야 함을 孔子께서 가르치신 것이다. 만일 好學하지 않으면 六蔽(여섯 가지 폐단)에 빠지게 되는 것이다.

[9]

子曰 小子는 何莫學夫詩오. 詩는 可以興이며 可以觀이며 可以群이며 可以怨이며 邇之事父며 遠之事君이오 多識於鳥獸草木之名이니라. <列擧法>

【字解】

夫(부) 남편, 사내, 무릇, 저.　　邇 가까울 이.

【硏究】

興 : 感發志意(뜻을 감발함).　　觀 : 考見得失(득실을 상고해 봄).

群 : 和而不流(남들과 和하면서도 저속하게 흐르지 않음).

怨 : 怨而不怒(원망하면서도 성내지 않음). 小子 : 弟子也(제자이다).

◎ 學詩之法을 此章盡之하니 讀是經者所宜盡心也니라. <朱子>

詩를 배우는 법을 이 章에서 (그것을) 다하였으니, 이 詩經을 읽는 자들이 마땅히 마음을 다해야 할 것이니라.

【解說】 孔子께서 말씀하시기를, 너희들은 어찌하여 저 詩(詩經)를 배우지 아니하느냐? 詩는 그것으로써 (의지나 감흥을) 일으킬 수 있으며, 그것으로써 (得失을) 살필 수 있으며, 그것으로써 (대중과 함께) 무리를 지을 수 있으며, 그것으로써 원망할 수 있으며, 그것을 가까이해서는 부모를 섬기게 하며, 그것을 멀리해서는 임금을 섬기게 하며, 새와 짐승 풀과 나무의 이름을 많이 알게 하느니라.

【主題】 詩經 學習의 效果(有益함).

[10]

子謂伯魚曰 女爲周南召南矣乎아. 人而不爲周南召南이면 其猶正牆面而立也與인저. <比喩法>

【字解】
牆 : 담장 장. 面(면) 쪽, 얼굴, 향하다.

【研究】
爲 : 猶學也(學과 같음이다).
周南召南 : 詩首篇名이니 所言이 皆修身齊家之事라(詩經의 첫머리 篇名이니, 말한 바가 모두 몸을 닦고 집안을 다스리는 일이다).
正牆面而立 : 言卽其至近之地로되 而一物無所見하고 一步不可行이니라(그 지극히 가까운 곳에 나아가되 한 물건도 보는 바가 없고 한 걸음도 나아갈 수 없음을 말함이다).

【解說】 孔子께서 (아들인) 伯魚(鯉)에게 일러 말하기를, 너는 周南과 召南을 배웠는가? 사람으로서 周南과 召南을 배우지 않으면 그것은 바로 담장을 향하여서 서 있음과 같을 것이로다.

【主題】 詩經學習의 重要性.
※ 孔子께서 아들에게 詩經學習의 重要性을 말하기 위하여 詩經을 學習하지 않을 경우의 폐단을 比喩로써 말씀하신 것이다.

[11]

子曰 禮云禮云이나 玉帛云乎哉아. 樂云樂云이나 鍾鼓云乎哉아. <對句法·設疑法>

【字解】
帛 비단 백. 鼓 북 고.

【研究】
◎ 敬而將之以玉帛則爲禮요 和而發之以鍾鼓則爲樂이라. 遺其本而專事

其末이면 則豈禮樂之謂哉리오. <朱子>
공경하면서 옥백으로써 그것을 받들면 禮가 되고, 和하면서 鍾鼓로써 그것을 나타내면 樂이 된다. 그 근본(敬과 和)을 빠뜨리고 오로지 그 끝(玉帛과 鍾鼓)만을 일삼는다면 어찌 그것을 禮樂이라 이르리오.

◎ 禮는 只是一箇序요 樂은 只是一箇和니 只此兩字가 含蓄多少義理라. 天下에 無一物無禮樂하니 且如置此兩椅(의)에 一不正이면 便是無序요 無序면 便乖(괴)요 乖면 便不和라. 又如盜賊이 至爲不道나 然이나 亦有禮樂하니 蓋必有總屬하여 必相聽順이라야 乃能爲盜요 不然이면 則叛亂無統하여 不能一日相聚而爲盜也라. 禮樂은 無處無之하니 學者要須識得이니라. <程子 : 伊川> 禮는 다만 하나의 질서일 뿐이요, 樂은 다만 하나의 조화일 뿐이니, 다만 이 두 글자(序와 和)가 많은 義理를 함축하고 있다. 天下에는 한 가지 사물도 禮樂이 없는 것이 없으니, 우선 (例를 들면) 만약 여기에 두 개의 의자가 놓여 있음에 하나가 바르지 않으면 곧 질서가 없어지고 질서가 없으면 곧 어그러지고 어그러지면 곧 조화롭지 못하다. 또 만일 도적들이 지극히 不道하나 그러나 또한 (그들에게도) 禮樂이 있으니, 반드시 수령과 부하가 있어서 반드시 서로 다스리고 따라야만 곧 도적질을 할 수 있고, 그렇지 않으면 반란하여 통제되지 않아서 하루라도 서로 모여서 도적질을 할 수 없다. 禮樂은 없는 곳이 없으니, 배우는 자들은 모름지기 알아야 할 것이니라.

【解說】 孔子께서 말씀하시기를, 禮라고 말하며 禮라고 말하지만 玉帛(玉과 폐백)만을 말하는 것이겠는가? 樂이라고 말하며 樂이라고 말하지만 鍾鼓(종과 북)만을 말하는 것이겠는가?

【主題】 禮와 樂의 根本(敬과 和)의 重視.

※ 禮樂을 말하는 者들이 흔히 그 末이 되는 玉帛과 鍾鼓를 말하면서도 그 本이 되는 敬(禮之本)과 和(樂之本)를 잊고 있다고 말씀하시어 形式的인 末보다 內容的인 本을 重視해야 함을 强調하시었다.

[12]

子曰 色厲而內荏을 譬諸小人컨대 其猶穿窬之盜也與인저. <諷喩法>

【字解】

厲 엄할 려.　　荏 유약할 임.　　譬(비) 비유하다, 깨우치다.
穿 뚫을 천.　　窬 넘을 유.

【研究】

厲 : 威嚴也(위엄스러움이다).　　　荏 : 柔弱也(유약함이다).

小人 : 細民也(평민이다).　　　　穿 : 穿壁也(벽을 뚫음이다).

窬 : 踰牆也(담을 넘음이다).

◎ 言其無實盜名하여 而常畏人知也라. <朱子>

실상이 없이 이름만 도둑질하여 항상 남이 알까 두려워함을 말함이다.

【解說】 孔子께서 말씀하시기를, 안색은 위엄스러우면서 내심이 유약함을 小人에게 비유하면 그것은 벽을 뚫고 담을 넘는 도적과 같을 것이로다.

【主題】 內實이 없는 사람에 대한 諷刺.

※ 외면으로 위엄스러워 난 척하지만 內實이 없는 사람을 諷刺하여 외면만 꾸미는 자를 경계하신 것이다.

[13]

子曰 鄕原은 德之賊也니라. <誇張法>

【字解】 省 略

【研究】

鄕 : 시골, 俗人들이 사는 마을. ※ 鄕者鄙俗之意.

原 : 근후한(파당적인) 사람. ※ 原與愿同.

鄕原 : 시골 사람들 중 근후한 사람. ※ 鄕人之愿者也.

◎ 鄕原은 蓋其同流合汚하여 以媚於世라. 故로 在鄕人之中에 獨以愿稱이라. 夫子以其似德非德而反亂乎德이라. 故로 以爲德之賊而深惡之하시니라. <朱子>

鄕原은 대개 그 流俗과 함께하고 더러움에 영합하여서 세상(세인)에 잘 보이려 한다. 그러므로 시골에 있는 사람들 중에서 홀로 근후한 것으로 칭송된다. 夫子(孔子)께서는 그가 德과 비슷하나 德이 아니어서 도리어 德을 어지럽히므로 德의 賊이라고 말씀하시어 그를 심히 미워하심이니라.

【解說】 공자께서 말씀하시기를, 鄕原은 德의 賊이다.

【主題】 鄕原에 대한 孔子의 비판.

※ 德을 해치는 사람을 막기를 엄히 한 것임.

[14]

子曰 道聽而塗說이면 德之棄也니라. <假定法>

【字解】
塗(도) 바르다(칠하다), 길, 진흙.

【研究】
◎ 雖聞善言이나 不爲己有면 是自棄其德也라. <朱子>
비록 좋은 말을 들었다 하더라도 자기의 소유(所有)로 삼지 않으면 이는 스스로 그 德을 버리는 것이다.
◎ 君子多識前言往行하여 以畜其德하니 道聽塗說이면 則棄之矣니라. <王安石> 君子는 前人들의 말씀과 행실을 많이 알아서 自己의 德을 기르니, 길에서 듣고 길에서 말하면 그것(德)을 버림이니라.

【解說】 孔子께서 말씀하시기를, 길에서 듣고서 길에서 말하면 德을 버리는 것이니라.

【主題】 가벼운 言行에 依한 棄德의 경계.
※ 사람들에게 德을 해치는 言行을 경계한 것임.

[15]

子曰 鄙夫는 可與事君也與哉아. 其未得之也에는 患得之하고 既得之하여는 患失之하나니 苟患失之면 無所不至矣니라. <設疑法>

【字解】 省 略

【研究】
鄙夫 : 庸惡陋劣之稱(용렬하고 악하며 비루하고 졸렬함의 칭호다).
患得之 : 患不能得之(능히 그것(부귀)을 얻을 수 없음을 걱정함).
無所不至 : 이르지 않는 곳이 없다. 즉 무슨 짓이든 다 한다.
◎ 小則吮癰舐痔와 大則弑父與君이 皆生於患失而已라. <朱子>
작게는 등창(종기)을 빨고 치질을 핥으며, 크게는 아비와 임금을 시해함이 모두 잃을까 걱정함에서 생기는 것일 뿐이다.

◎ 許昌靳裁之有言曰 士之品이 大概有三하니 志於道德者는 功名이 不足以累其心이요 志於功名者는 富貴不足以累其心이요 志於富貴而已者는 則亦無所不至矣라 하니 志於富貴는 卽孔子所謂鄙夫也니라. <胡寅> 許昌(地名)의 靳裁之가 말하기를, 선비의 등급이 대개 세 가지가 있으니, 道德에 뜻을 둔 자는 공명이 족히 써 그 마음을 얽맬 수 없고, 功名에 뜻을 둔 자는 부귀가 족히 써 그 마음을 얽맬 수 없고, 富貴에만 뜻을 두었을 뿐인 자는 곧 또한 이르지 못할 바가 없다 하였으니, 부귀에 뜻을 두는 자는 곧 공자께서 말씀하신 바 鄙夫이니라.

【解說】 孔子께서 말씀하시기를, 鄙夫와 가히 함께 임금을 섬길 수 있겠는가? 그것(부귀)을 얻기 전에는 그것을 얻을 것을 걱정하고, 이미 그것을 얻고서는 그것을 잃을까 걱정하니, 만일 그것을 잃을까 걱정한다면 이르지 못하는 곳이(못하는 짓이) 없게 되느니라.

【主題】 孔子의 鄙夫에 대한 비판 — 不可與事君.
※ 聖人께서 비루한 사람의 마음을 꾸짖은 것임.

[16]

子曰 古者에 民有三疾이러니 今也엔 或是之亡(無)也로다. 古之狂也는 肆러니 今之狂也는 蕩이요 古之矜也는 廉이러니 今之矜也는 忿戾요 古之愚也는 直이러니 今之愚也는 詐而已矣로다. <比較法·列擧法>

【字解】
狂(광) 미치다, 사납다, 경망하다.
戾(려) 어그러지다.
肆(사) 방자하다, 늘어놓다, 늦추다, 가게.
蕩(탕) 방탕하다, 쓸다, 흔들리다, 넓고 크다.
矜(긍) 창자루, 불쌍히 여기다, 자랑하다.

【研究】
狂 : 志願太高(뜻이 너무 높음을 바람이다).
肆 : 不拘小節(작은 예절에 구애받지 않음).
蕩 : 踰大閑矣(큰 한계를 넘어섬이다).
矜 : 持守太嚴((자신을) 잡아 지킴을 너무 엄히 함).

廉 : 稜角陗厲(모가 있어 엄격함).
忿戾 : 至於爭矣(다툼에 이르는 것이다).
愚 : 暗昧不明(어두워서 밝지 못함).
直 : 徑行自遂(지름길로 행하여 스스로 도달함).
詐 : 挾私妄作矣(사사로움을 끼고 함부로 행동함이다).
◎ 昔所謂疾이 今亦亡之하니 傷俗之益偸也라. <朱子>
옛날의 이른바 병폐가 지금에는 또한 그것이 없어졌다 하였으니, 풍속이 더욱 야박해진 것을 슬퍼하신 것이다.
◎ 末世滋僞하니 豈惟賢者不如古哉리오. 民性之蔽도 亦與古人異矣니라. <范祖禹> 末世에는 거짓이 불어나니, 어찌 오직 현자만이 옛날만 같지 못하리오. 백성들 성품의 가리워짐도 또한 옛날 사람과 달라졌느니라.

【解說】孔子께서 말씀하시기를, 옛적에는 백성들에게 세 가지 병폐가 있었는데, 지금에는 혹 그것도 없어졌도다! 옛날의 狂은 작은 예절에 구애받지 않았는데, 지금의 狂은 방탕하기만 하고, 옛날의 矜은 (행동에) 모가 있어 엄격했는데, 지금의 矜은 다툼에 이르고, 옛날의 愚는 정직했는데, 지금의 愚는 함부로 행동하기만 할 뿐이로다.

【主題】孔子의 末世的인 現世에 대한 한탄.
※ 氣習으로 風俗이 衰함을 증험하고 예전만 못함을 개탄했음.

[17]

子曰 巧言令色이 鮮矣仁이니라. <倒置擧法>

※ 重出 (學而篇 第[3]章의 重出임).

[18]

子曰 惡紫之奪朱也하며 惡鄭聲之亂雅樂也하며 惡利口之覆邦家者하노라. <列擧法>

【字解】
雅(아) 바르다, 곱다.　覆 뒤집을 복, 덮을 부.
惡(악) 악하다, 나쁘다. (오) 미워(싫어)하다, 슬프다, 어찌.

【研究】

朱 : 赤之正色也(赤色의 正色이다). ※ 正色 : 靑, 黃, 黑, 赤(朱), 白의 五色.
紫 : 赤黑之間色也(赤色과 黑色의 間色이다). 雅 : 正也(바름이다).
雅樂 : 典雅한 正道의 음악. 覆 : 傾敗也(기울어져 망하게 함이다).
鄭聲 : 春秋時代 鄭나라의 音樂. ※ 음란한 음악.
利口 : 捷給(민첩하게 말을 잘함). ※ 有言者不必有德.(憲問 5章)
惡鄭聲之 …… 邦家者 : 放鄭聲하며 遠佞人이니 鄭聲淫하고 佞人殆니라. (衛靈公篇 [10]章 參照)

◎ 天下之理가 正而勝者常少하고 不正而勝者常多하니 聖人所以惡之也라. 利口之人은 以是爲非하고 以非爲是하며 以賢爲不肖하고 以不肖爲賢하니 人君이 苟悅而信之면 則國家之覆也不難矣라. <范祖禹>
天下의 理는 올바르면서 이기는 경우는 항상 적고, 바르지 못하면서 이기는 경우는 항상 많으니, 聖人께서 이 때문에 그것을 미워하신 것이다. 말을 잘하는 사람은 옳은 것을 그르다 하고, 그른 것을 옳다 하며, 현인을 불초하다 하고, 불초한 사람을 현명하다 하니, 人君이 만일 그를 좋아하고 믿는다면 국가의 전복은 어렵지 않을 것이다.

【解說】 孔子께서 말씀하시기를, (나는) 자주색이 주색을 빼앗음을 미워하며, 鄭나라의 음악이 雅樂을 어지럽힘을 미워하며, 말 잘하는 입이 나라를 전복시키는 것을 미워하노라.

【主題】 正道를 해치는 似而非에 대한 憎惡.
※ 특히 말 잘하는 사람을 막음을 엄히 했음.

[19]

子曰 予欲無言하노라. 子貢曰 子如不言이시면 則小子何述焉이리잇고. 子曰 天何言哉시리오. 四時行焉하며 百物生焉하나니 天何言哉시리오. <問答法・例示法・設疑法・反復法>

【字解】 省 略

【研究】

◎ 學者多以言語觀聖人하고 而不察其天理流行之實이 有不待言而著者라. 是以로 徒得其言而不得其所以言하니 故로 夫子發此以警之니라.

四時行百物生이 莫非天理發見流行之實이니 不待言而可見이라. 聖人一動一靜이 莫非妙道精義之發이니 亦天而已라. 豈待言而顯哉리오. <朱子> 학자들이 대부분 언어로써 聖人을 관찰하기만 하고, 그 天理가 유행하는 실제는 말을 기다리지 않고도 드러나는 것을 살피지 못하였다. 이 때문에 한갓 그 말씀만을 터득하고, 그 말씀하신 이유를 터득하지 못하니, 그러므로 夫子께서 이것을 말씀하시어서 그를 깨우쳐 주신 것이니라. 四時가 운행되고 온갖 만물이 생장하는 것은 天理가 발현하여 流行하는 실체가 아님이 없으니, 말을 기다리지 않고도 볼 수 있다. 聖人의 一動一靜은 오묘한 道와 정밀한 義理의 발현이 아님이 없으니, 또한 하늘일 뿐이다. 어찌 말을 기다려야 드러나리오.

◎ 孔子之道는 譬如日星之明이로되 猶患門人未能盡曉라. 故로 曰予欲無言이라 하시니 若顔子則便默識이요 其他는 則未免疑問이라. <程子> 孔子의 道는 비유하면 日星의 밝음과 같되 오히려 문인들이 능히 다 깨닫지 못할까 걱정했다. 그러므로 나는 말하지 아니하려 한다고 말씀하셨으니, 만약 顔子였다면 곧 묵묵히 알았을 것이요, 그 다른 이들은 곧 의문을 면하지 못했을 것이다.

【解說】 孔子께서 말씀하시기를, 나는 말을 하지 않으려고 하노라. 子貢이 말하기를, 선생님께서 만일 말씀하시지 않으시면 저희들이 그것(道)을 어떻게 傳述하겠습니까? 孔子께서 말씀하시기를, 하늘이 무슨 말씀을 하시는가? 四時가 (거기에) 운행하며 백물이 (거기에) 生長하나니, 하늘이 무슨 말씀을 하시리오.

【主題】 無言의 天理之敎訓.

※ 學者는 行해지는 이치를 따라 몸소 道를 체득할 것이요, 언어에서 求하지 말라 깨우친 것임.

[20]

孺悲欲見孔子어늘 孔子辭以疾하시고 將命者出戶어늘 取瑟而歌하사 使之聞之하시다. <警戒法>

【字解】

孺(유) 젖먹이, 어린애, 딸리다. 辭(사) 말씀, 사양하다, 하직하다.
將(장) 장수, 거느리다, 나아가다, 받들다, 가지다, 장차, 전하다, 기르다.

【研究】

孺悲 : 魯人이니 嘗學士喪禮於孔子러니 當是時하여 必有以得罪者라. 故로 辭以疾하시고 而又使知其非疾하여 以警敎之也시니라. (魯나라 사람이니, 일찍이 孔子에게서 士喪禮를 배웠었는데, 이때를 당하여 반드시 써(어떤 일로써) 득죄함이 있었을 것이다. 그러므로 (孔子께서) 병으로 사양하시고, 또 그로 하여금 병 때문이 아님을 알게 하여서 그를 일깨워 주신 것이니라.)

◎ 此는 孟子所謂不屑之敎誨니 所以深敎之也니라. <程子 : 明道>
이것은 孟子께서 말씀하신 바 달갑게 여기지 않는 가르침이니, 그를 깊이 가르친 것이니라.

※ 不屑之敎誨 : 좋게(달갑게) 여기지 않는 가르침이란 뜻으로, <孟子>의 告子下 16章에 보이는 바, 상대방이 과오가 있을 경우 그를 거절해서 만나 주지 아니하여 그로 하여금 스스로 自身의 과오를 깨닫게 하는 교회다.

【解說】 孺悲가 孔子를 뵈옵고자 하니, 孔子께서는 병이 있다 함으로써 사양하시고, 命令을 전하는 者(전달자)가 문 밖으로 나가자 비파를 가져다가(取해서) 타면서 노래 부르시어 그로 하여금 그것(노래)을 듣게 하셨다.

【主題】 孺悲에 대한 孔子의 不屑之敎誨.

※ 孔子께서는 허물이 있는(得罪한) 孺悲가 뵈오려 해도 병을 핑계로 하여 만나 주지 아니하고, 또 그 사실을 알게 함으로써 孺悲가 스스로 깨닫게 하는 所謂 不屑之敎誨를 베푼 것이다.

[21]

宰我問 三年之喪이 期已久矣로소이다. 君子三年不爲禮면 禮必壞하고 三年不爲樂이면 樂必崩하리니 舊穀既沒하고 新穀既升하며 鑽燧改火하나니 期可已矣로소이다. 子曰 食夫稻하며 衣夫錦이 於女(汝)에 安乎아. 曰安하니이다. 女安則爲之하라. 夫君子之居喪에 食旨不甘하며 聞樂不樂하며 居處不安이라. 故로 不爲也하나니 今女安則爲之하라. 宰我 出이어늘 子曰 予之不仁也여 子生三年然後에 免於父母之懷하나니 夫三年之喪은 天下之通喪也니 予也有三年之愛於其父母乎아. <問答法・設疑法>

【字解】
鑽 뚫을 찬.　　　燧 부싯돌 수.　　　沒 다할 몰, 사라질 몰.

【研究】
期 : 周年也(일주년이다).　　　沒 : 盡也.　　　升 : 登也.
燧 : 取火之木也(불씨를 취하는 나무이다).　　　已 : 止也.
◎ 宰我言期年則天運一周하고 時物皆變하니 喪至此可止也라. 子言由其不仁故로 愛親之薄이 如此也라. 又言君子所以不忍於親而喪必三年之故하여 使之聞之하여 或能反求而終得其本心也시니라. <朱子>
宰我가 말하기를, 1주년이 되면 하늘의 운행이 한 바퀴 돌고, 時物이 모두 바뀌니 喪도 여기(1년)에 이르면 가히 그칠 수 있다 하였다. 孔子께서 말씀하시기를, 그(宰我)가 不仁한 까닭으로 말미암아 어버이를 사랑함에 박함이 이와 같다 하셨다. 또 君子가 써 어버이에게 차마 하지 못하는 바로서 喪을 반드시 三年間 하는 까닭을 말씀하여, 그(宰我)로 하여금 이것(이 말)을 듣게 하여 혹시라도 능히 돌이켜 (자신에게서) 求하여 끝내(마침내) 그 本心을 얻게 하신 것이니라.

【解說】 宰我가 묻기를, 三年喪은 期年만 하더라도 너무 오래다 할 것입니다. 君子가 三年 동안 禮를 行하지 않으면 禮가 반드시 무너지고, 三年 동안 음악을 익히지 않으면 음악이 반드시 무너지리니, 묵은 곡식이 이미 없어지고 새 곡식이 이미 오르며, 불씨를 만드는 나무도 개화가 되나니, 期年이면 가히 그칠 만한 것입니다. 孔子께서 말씀하시기를, 저 벼(쌀밥)를 먹으며 저 비단(비단옷)을 입음이 너(너 마음)에게는 편안한가? (宰我가) 말하기를, 편안합니다. (孔子께서 말씀하시기를) 너가 편안하면 그리하라. 무릇 군자가 거상함에 맛있는 것을 먹어도 달지 아니하며, 음악을 들어도 즐겁지 아니하며, 거처함에 편안하지 아니하다. 그러므로 하지 아니하나니 지금 너가 편안하면 그리하라. 宰我가 밖으로 나가자, 孔子께서 말씀하시기를, 予(宰我)의 不仁함이여! 자식이 태어나 三年이 지난 뒤에야 父母의 품에서 벗어나게 되나니, 무릇 三年의 喪은 天下의 공통된 상이니, 予는 三年의 사랑이 그 父母에게 있었던가?

【主題】 父母三年喪의 當然性.
※ 聖人께서 仁과 愛를 강조하여 사람의 良心을 일으키고자 했음.

[22]

子曰 飽食終日하여 無所用心이면 難矣哉라. 不有博奕者乎아. 爲之猶賢乎已니라. <例示法・設疑法>

【字解】 省 略

【研究】

博 : 局戲也(장기 놀이이다). 奕 : 圍棊也(바둑이다).

◎ 聖人非敎人博奕也요 所以甚言無所用心之不可爾시니라. <李郁>
聖人께서 사람들에게 장기와 바둑을 하라고 가르치심이 아니요, 써 마음을 쓰는 바가 없음이 不可함을 심히 말씀했을 뿐이시니라.

【解說】 孔子께서 말씀하시기를, 배부르게 먹고 하루해를 마치면서 마음을 쓰는 곳이 없다면 곤란한(딱한) 일이다. 장기나 바둑이라도 있지 않은가? 그런 것이라도 하는 것이 오히려 그만두는 것(않는 것)보다 현명할(나을) 것이니라.

【主題】 虛送歲月의 不當함. ※ 一日不去道의 뜻을 强調했음.

[23]

子路曰 君子尙勇乎잇가. 子曰 君子는 義以爲上이니 君子 有勇而無義면 爲亂이요 小人有勇而無義면 爲盜니라. <問答法・比較法>

【字解】 省 略

【研究】

尙 : 上之也(최상으로 여기다). 君子 : 統治者. 小人 : 被治者.

◎ 君子爲亂과 小人爲盜는 皆以位而言者也라. <朱子>
君子가 亂을 일으킴과 小人이 도둑질함은 모두 지위로써 말한 것이다.

◎ 義以爲尙이면 則其爲勇也大矣라. 子路好勇이라. 故로 夫子以此救其失也시니라. <尹焞> 義를 숭상하면 그 용감함이 크다 하겠다. 子路가 용맹을 좋아했다. 그러므로 夫子께서 이것으로써 그의 잘못을 救하심이니라.

【解說】 子路가 말하기를, 君子가 용맹을 최상으로 여깁니까(숭상합니까)? 孔子께서 말씀하시기를, 君子는 義로써 최상을 삼으니, 君子가 勇만 있고 義가 없으면 亂을 일으키고, 小人이 勇만 있고 義가 없으면 도둑질을 할 것이니라.

【主題】 君子의 義의 重要性 — 君子義以爲上.
※ 子路가 용맹을 좋아해서 義로써 그의 단점을 救한 것임.

[24]

子貢曰 君子亦有惡乎잇가. 子曰 有惡하니 惡稱人之惡者하며 惡居下流而訕上者하며 惡勇而無禮者하며 惡果敢而窒者니라. 曰 賜也亦有惡乎아. (子貢曰) 惡徼以爲知者하며 惡不孫以爲勇者하며 惡訐以爲直者하노이다. <問答法・列擧法>

【字解】
訕 비방할 산. 窒 막을 질. 徼 살필(엿볼) 요.
訐 고자질할 알, 들추어낼 알.

【硏究】
訕 : 謗毁也(비방하여 헐뜯음이다). 窒 : 不通也(통하지 않음이다).
徼 : 伺察也(엿보아 살핌이다).
訐 : 攻發人之陰私(남의 숨겨진 사사로움을 들추어 냄).
◎ 稱人惡則無仁厚之意요 下訕上則無忠敬之心이요 勇無禮則爲亂이요 果而窒則妄作이라. 故로 夫子惡之시니라. <朱子>
남의 나쁜 점을 말하면 仁厚한 뜻이 없고, 아랫사람으로서 윗사람을 비방하면 忠敬스러운 마음이 없고, 勇만 있고 禮가 없으면 亂을 일으키고, 과감하지만 융통성이 없으면(막혀 있으면) 함부로 행동한다. 그러므로 夫子께서 그것을 미워하신 것이니라.
◎ 仁者無不愛하니 則君子疑若無惡矣어늘 子貢之有是心也라. 故로 問焉以質其是非니라. <楊時> 仁者는 사랑하지 않은 이가 없으니, 그렇다면 君子는 아마도 미워함이 없을 것 같은데, 子貢이 이런 마음이 있었으므로 그에 대해 물음으로써 그 是非를 질정하심이니라.
◎ 聖賢之所惡如此하시니 所謂唯仁者能惡人也니라. <侯仲良>
聖賢께서 미워하신 바가 이와 같으시니, 이른바 오직 仁者라야 남을 능히 미워할 수 있다는 것이니라. ※ 里仁篇 [3]章 參照.

【解說】 子貢이 말하기(묻기)를, 君子도 미워함이 있습니까? 孔子께서 말씀하시기를, 미워함이 있으니, 남의 나쁜 점(단점)을 말하는 자를 미워하며, 하류에 처하면서 윗사람을 비방하는 자를 미워하며, 勇만 있고 禮가 없는 자를 미워하며, 과감하기만 하고 막힌(융통성 없는) 자를 미워하니라. (孔子께서) 말씀하시기를, 賜야! (너) 또한 미워함이 있느냐? (子貢이 말하기를) 살핀(엿본) 것을 지혜로 여기는 자를 미워하며, 불손함을 용기로 여기는 자를 미워하며, (비밀을) 들추어 냄을 정직으로 여기는 자를 미워합니다.

【主題】 君子의 미워하는 對象 — 悖德(孔子)과 亂德(子貢).
※ 孔子와 子貢이 미워하는 대상은 다르나 마음은 또한 일반이니, 모두 세상을 유지하려는 깊은 마음이 담겨 있음.

[25]

子曰 唯女子與小人은 爲難養也니 近之則不孫(遜)하고 遠之則怨이니라. <對句法>

【字解】 省 略

【研究】
小人 : 謂僕隸下人也(마부와 노예 등의 하인을 이른다).
◎ 君子之於臣妾에 莊以涖之하고 慈以畜(휵)之면 則無二者之患矣라. <朱子> 君子가 臣妾에 대하여 장엄함으로써 그들에게 임하고, 慈愛로움으로써 그들을 기르면 두 가지의 병폐가 없어질 것이다.

【解說】 孔子께서 말씀하시기를, 오직 女子와 小人은 기르기(다루기 또는 대하기)가 어려우니, 그들을 가까이하면 불손하고 그들을 멀리하면 원망하느니라.

【主題】 女子와 小人 다루기의 어려움(接於女子小人之難).
※ 사람들은 女子와 小人들을 가까이하지 않으면 멀리하기 쉬우므로 그들을 다루기가 어려움을 말씀하시어서 그 기르는 道를 깨닫게 함이다.

[26]

子曰 年四十而見惡焉이면 其終也已니라. <假定法>

【字解】 省 略

【研究】

◎ 四十은 成德之時니 見惡於人이면 則止於此而已니 勉人及時遷善改過也라. <朱子> 40세는 德을 이루는 때이니, 남에게 미움을 받는다면 거기에서 그치게 될 뿐이니, 사람들에게 제때에 미쳐서 허물을 고치어 善으로 나아가기를 권면하신 것이다.

◎ 此亦有爲而言이니 不知其爲誰也라. <蘇軾> 이것도 또한 까닭이 있어서 하신 말씀이니, 그것이 누구 때문이었는지는 알지 못하겠다.

【解說】 孔子께서 말씀하시기를, 나이 四十이 되어서도 미움을 받게 되면 그대로 끝나고 말 뿐이니라.

【主題】 年四十見惡者의 不幸.

※ 사람을 권면하여 及時修德할 것을 强調한 내용임.

第十八 微 子 篇

주제 : 記聖賢之逸話

◎ 此篇은 多記聖賢之出處하니 凡十一章이라. <朱子>

※ 이 篇은 總十一章으로 대개 聖賢들에 관한 逸話가 많으니, 그들의 出仕와 隱退를 記錄하고, 간접적으로 孔子의 思想을 浮刻하려 했다. 特히 隱者를 登場시켜 孔子의 現實參與的 改革思想을 强調한 글들이 많다. 그리고 이 微子篇에는 '子曰' 또는 '孔子曰'로 始作되는 章이 없음이 특이하다.

[1]

微子는 去之하고 箕子는 爲之奴하고 比干은 諫而死하니라. 孔子曰 殷有三仁焉하니라. <列擧法>

【字解】

箕 키 기.　　　諫 간할 간.

【研究】

微子 : 殷나라 末王인 紂王의 同母庶兄으로 名은 啓. 포악무도한 紂王을 諫했으나 듣지 않으므로 祭器를 가지고 微나라로 가서 殷나라 先祖의 祭祀를 보전했다. 後日 周가 세워지자 宋에 封해졌다.

箕子 : 殷나라 紂王의 伯父로서 名은 胥餘. 紂王을 諫해도 듣지 않으므로 스스로 狂人으로 가장하고 노예들 틈에 끼어 살았다. 周가 서자 朝鮮에 封해짐.

比干 : 殷나라 紂王의 叔父로서 격렬하게 紂王을 諫하다가 그에게 무참히 살해됨.

◎ 微箕는 二國名이요 子는 爵也라. 微子見紂無道하고 去之以存宗祀하며 箕子 比干은 皆諫한대 紂殺比干하고 囚箕子以爲奴하니 箕子因佯狂而受辱하니라. 三人之行이 不同이나 而同出於至誠惻怛之意라. 故로 不咈乎愛之理而有以全其心之德也라. <朱子> 微와 箕는 두 나라 이름이요, 子는 작위이다. 微子는 紂王(殷의 末王)이 무도함을 보고 떠나가서 宗祀를 보존하였으며, 箕子와 比干은 모두 간하였으니, 紂王이 比干을 죽이고 箕子를 가두어서 노예로 삼으니, 箕子는 因하여 거짓 미친 체하고 욕됨을 받았다. 三人의 행동은 같지 않으나, 독같이 지성스럽고 측달

한 뜻에서 나왔다. 그러므로 사랑의 이치에 어긋나지 않아서 써 그 마음의 德을 온전히 할 수 있었다.

◎ 此三人者는 各得其本心이라. 故로 同謂之仁이니라. <楊時> 이 세 사람은 各各 그 本心을 얻었다. 그러므로 똑같이 그들을 仁이라 이른 것이니라.

※ 三代(夏殷周)之 後孫國
- 舜之後 → 陳, 夏之後 → 杞
- 殷之後 → 宋, 姜太公 → 齊
- 周公(武王弟) → 魯, 蔡叔(武王弟) → 蔡
- 康叔(武王弟) → 衛, 唐叔(武王子) → 晋

【解說】 微子는 떠나가고, 箕子는 종이 되고, 比干은 諫하다가 죽었느니라. 孔子께서 말씀하시기를, 殷나라에 세 仁者가 있었느니라.

【主題】 殷의 三仁 — 微子・箕子・比干
※ 孔子는 三人의 행적은 달라도 至誠惻怛之意는 같다 판단했음.

[2]

> 柳下惠 爲士師하여 三黜이어늘 人曰 子未可以去乎아. 曰 直道而事人이면 焉往而不三黜이며 枉道而事人이면 何必去父母之邦이리오. <問答法・對照法・設疑法>

【字解】
黜 쫓겨날 출.　　焉(언) 어찌, 어디, 어조사, 於之.

【研究】
柳下惠 : 魯의 大夫로서 姓은 展, 名은 獲, 字는 禽. 柳下는 食邑. 惠는 諡號. ※ 衛靈公篇 [13]章 參照
士師 : 獄官. 罪人을 다스리는 벼슬로서 司寇에 속하는 刑吏長.

◎ 柳下惠三黜不去하고 而其辭氣雍容如此하니 可謂和矣라. 然이나 其不能枉道之意는 則有確乎不可拔者하니 是則所謂必以其道而不自失焉者也라. <朱子> 柳下惠가 세 번 내침을 당해도 떠나지 않고 그의 辭氣(말씨)가 和한 모습이 이와 같았으니, 가히 和하다 이를 만하다. 그러나 그 道를 굽힐 수 없는 뜻은 곧 확고함이 있어 빼앗을 수 없었으니, 이것이 곧 이른바 반드시 그 道로써 하여 스스로 그것(바른 道)을 잃지 않았다는 것이다.

◎ 此必有孔子斷之之言而亡之矣라. <胡寅> 여기에는 반드시 孔子께서 그것을 단정하신 말씀이 있었을 것이나 그것이 없어졌다.

【解說】 柳下惠가 士師가 되어 세 번 내침을 당하자, 사람들이 말하기를, 그대는 아직도 가히 써 (노나라를) 떠나지 아니하는가? (柳下惠가) 말하기를, 道를 곧게 하여서 사람(王)을 섬기면 어디를 간들 세 번 내침을 당하지 않겠으며, 道를 굽혀서 사람을 섬긴다면 어찌 반드시(굳이) 父母의 나라(祖國)를 떠나리오.

【主題】 魯國大夫 柳下惠의 爲人 — 不能枉道.

[3]

齊景公이 待孔子曰 若季氏則吾不能이어니와 以季孟之間待之하리라 하고 曰 吾老矣라 不能用也라 한대 孔子行하시다. <例示法>

【字解】 省 略

【硏究】

齊景公 : 齊나라 임금인 景公. 당시 나이가 60세.

魯의 三卿 : 兄弟의 順序는 孟孫氏가 長兄이고, 다음이 叔孫氏요, 그 다음이 季孫氏가 되지만, 孟孫氏의 慶父와 叔孫氏의 叔牙가 함께 得罪했기 때문에 그 뒤로는 季孫氏가 上卿이 되어 魯國收入의 절반을, 孟叔兩氏는 下卿으로 各各 四分之一을 차지하게 됨.

不能用也 : 魯昭公이 齊로 亡命하자 孔子도 齊로 갔다(당시 孔子 나이는 30세). 齊景公(60세)은 孔子를 登用하려 했으나 宰相인 晏嬰이 '孔子의 政治思想은 너무 비현실적이다' 하여 反對했으므로 '不能用也'라 한 것이다.

◎ 魯三卿에 季氏最貴하고 孟氏爲下卿이라. 孔子去之는 事見(현)世家라. 然이나 此言은 必非面語孔子요 蓋自以告其臣而孔子聞之爾시니라. <朱子> 魯나라 三卿에 季氏가 가장 貴하였고 孟氏는 下卿이었다. 孔子께서 (齊를) 떠나심은 일이 世家(史記의 孔子世家)에 보인다. 그러나 이 말은 반드시 孔子를 대면하여 말함이 아니고, 아마도 스스로 그 신하에게 말한 것인데 孔子께서 그것을 들었을 뿐이니라.

◎ 季氏는 强臣이니 君待之之禮極隆이라. 然이나 以季孟之間待之면 則禮亦至矣라. 然이나 復曰 吾老矣라 不能用也라 하니 故로 孔子去之라. 蓋不繫待之輕重이요 特以不用而去爾시니라. <程子>
季氏는 강력한 臣下이니, 임금이 그를 대우하는 禮가 지극히 융숭했을 것이다. 그러나 季氏와 孟氏의 中間으로서 그를 대우한다면 예우가 또한 지극한 것이다. 그러나 다시 말하기를, 내가 늙어서 능히 쓰지 못하겠다 하니, 그러므로 孔子께서 떠나신 것이다. (이는) 대우의 경중에 매인(달려 있는) 것이 아니요, 다만 쓰이지 아니함으로써 떠났을 뿐이니라.

【解說】 齊나라 景公이 孔子를 대우하여 말하기를, 季氏(魯의 上卿)같이는 내가 능히 (대우하지) 못하겠거니와 季氏와 孟氏(魯의 下卿)의 중간으로써 그를 대우하리라 하고는 (다시) 말하기를, 내 늙었으니 (그를) 능히 등용하지 못하겠다 하니, 孔子께서 떠나가시었다.

【主題】 齊國에서의 孔子 未登用의 逸話.
※ 孔子가 떠난 것은 대접의 輕重에 있지 않고 登用되지 않아서이다.

[4]

齊人이 歸女樂이어늘 季桓子受之하고 三日不朝한데 孔子行하시다. <因果法>

【字解】
歸(귀) 돌아가다, 주다(선물하다), 시집가다.

【硏究】
季桓子 : 魯의 大夫로서 名은 斯.
◎ 按史記에 定公十四年에 孔子爲魯司寇하여 攝行相事하시니 齊人懼하여 歸女樂以沮之하니라. <朱子>
史記를 살펴봄에 (魯나라) 定公 14年에 孔子께서 魯의 司寇(現 法務部長官)가 되시어 재상의 일을 섭행하시니(대신 행하시니), 齊人이 두려워하여 女樂(미녀 악공)을 보내어 그를 저지하였느니라.
◎ 受女樂而怠於政事如此하니 其簡賢棄禮하여 不足與有爲를 可知矣라. 夫子所以行也시니 所謂見幾而作하여 不俟終日者與인저. <尹焞>
女樂을 받고 政事에 태만함이 이와 같았으니, 그 어진 이를 소홀히 하고 禮를 버리어 족히 더불어 할 수 있음이 없음을 알 수 있다. 夫子께서 이 때문에 떠나셨으니, (周易에) 이른바 기미를 보고 일어나서 終日을 기다리지 않았다는 것일진저.
※ 魯나라 定公 12年(B.C. 498)에 孔子(당시 54세)께서 司寇(法院長)가 되어 宰相의 사무를 兼攝하면서 三桓氏를 견제하여 政治를 바로잡으려 했다. 그런데 이웃 齊나라가 魯의 中興을 시기하여 執權勢力을

타락시키려는 目的으로 80名의 女子 가무단을 魯의 實權者인 季桓子를 通해 보냈다. 이에 魯의 君臣이 미혹되어 여러 날이나 朝會도 안 보고 政事를 소홀히 하니, 마침내 孔子는 魯를 떠나 衛로 가셨다.

【解說】 齊나라 사람이 女樂(美女의 樂工)을 보내니, 季桓子가 그들을 받고 三日을 朝會하지 아니하니, 孔子께서 떠나셨다.

【主題】 孔子去魯의 逸話(理由).
※ 孔子는 禮貌가 쇠함을 보고 떠났으니 기미를 봄이 밝음을 보임.

[5]

楚狂接輿歌而過孔子曰 鳳兮鳳兮여 何德之衰오. 往者不可諫이어니와 來者는 猶可追니 已而已而어다. 今之從政者殆而니라. 孔子下하사 欲與之言이러시니 趨而辟(避)之하니 不得與之言하시다. <比喩法>

【字解】 省 略

【硏究】
楚狂接輿 : 楚人으로서 거짓 미친 척하고 난세를 한탄하며 숨어 살던 隱士. 姓名 陸通, 字 接輿. 接輿는 道家思想家임.
已 : 止也. 而 : 語助辭. 殆 : 危也.
鳳 : 東洋 상상의 瑞鳥로서 聖人이 出現하면 나타난다 하는데, 鳳은 수컷이고 凰은 암컷임. 여기서는 孔子를 가리켜 비유함. "禮記에 曰 麟鳳龜龍을 謂之四靈이라 하니라" 했으니, 鳳은 羽虫之靈이요, 麟은 毛虫之靈이요, 龜는 介虫之靈이요, 龍은 鱗虫之靈이다.
◎ 夫子時將適楚라. 故로 接輿歌而過其車前也라. 鳳은 有道則見하고 無道則隱이니 接輿以比孔子하고 而譏其不能隱은 爲德衰也라. 來者可追는 言及今尙可隱去라. <朱子>
夫子께서 당시에 장차 楚나라로 가려 하셨다. 그러므로 接與가 노래하면서 그 수레 앞을 지나간 것이다. 봉은 道가 있으면 나타나고 道가 없으면 숨으니, 接與는 써(봉황으로써) 孔子를 비유하고 그가 능히 숨지 못함은 德이 쇠했기 때문이라고 기롱한 것이다. 오는 것은 따를 수 있다는 것은 지금에 미쳐 오히려 숨을 수 있음을 말함이다.

◎ 孔子下車는 蓋欲告之以出處之意러시니 接輿自以爲是라. 故로 不欲聞而避之也라. <朱子> 孔子가 수레에서 내리신 것은 아마도 그에게 出處하는 뜻을 말씀해 주고자 해서였을 것이나, 接輿는 스스로 옳다고 여겼다. 그러므로 듣고자 하지 않고 그(孔子)를 피한 것이다.

【解說】 楚나라 狂人인 接輿가 노래하면서 孔子 앞을 지나며 말하기를, 鳳이여 鳳이여! 어찌 德이 쇠하였는가? 지나간 것은 가히 諫할 수 없거니와 오는 것은 오히려 가히 따를 수 있으니, 그만둘지어다 그만둘지어다! 오늘의 政事에 종사하는 자들은 위험하니라. 孔子께서 수레에서 내리시어 그와 더불어 말하고자 하시었더니, 빨리 걸어서 그(孔子)를 피하니, 능히 그와 더불어 말씀하시지 못하시었다.

【主題】 孔子의 隱居를 勸하는 楚狂接輿와 그를 만나려는 孔子의 뜻.
※ 儒家의 道가 궁해짐에 聖人이 隱者를 만나 보려는 뜻이 담겨 있음.

[6]

長沮桀溺이 耦而耕이러니 孔子過之하실새 使子路問津焉하신대 長沮曰 夫執輿者爲誰오. 子路曰 爲孔丘시니라. 曰 是魯孔丘與아. 曰 是也시니라. 曰 是知津矣니라. 問於桀溺한데 桀溺曰 子爲誰오. 曰 爲仲由로라. 曰 是魯孔丘之徒與아. 對曰 然하다. 曰 滔滔者天下皆是也니 而誰以易之리오. 且而與其從辟人之士也론 豈若從辟世之士哉리오 하고 耰而不輟하더라. 子路行하여 以告한대 夫子憮然曰 鳥獸는 不可與同群이니 吾非斯人之徒與요 而誰與리오. 天下有道면 丘不與易也니라. <問答法>

【字解】

沮 막을 저. 溺 빠질 닉. 耦 짝 우. 津 나루 진.
滔 물 흐를 도. 以 더불어 이. 而 너 이. 輿 수레 여.
耰 써레질할 우. 輟 그칠 철. 憮 실심할 무.

【研究】

長沮・桀溺 : 隱者也. 耦 : 並耕也. 津 : 濟渡處也.
知津 : 言數(삭)周流自知津處. 執輿 : 執轡在車也.

滔滔 : 流而不反之意.　　　以 : 猶與也.　　　而 : 汝也.
耰 : 覆種也.　　　辟人 : 謂孔子.　　　辟世 : 桀溺自謂也.
憮然 : 猶悵然이니 惜其不喩己意也라(창연과 같으니, 그가 자기 뜻을 깨닫지 못함을 안타깝게 여김이다).

◎ 言所當與同群者는 斯人而已니 豈可絶人逃世하여 以爲潔哉리오. 天下若已平治면 則我無用變易之러니 正爲天下無道라. 故로 欲以道易之耳니라. <朱子> 마땅히 더불어 함께 무리할 수 있는 것은 이 사람들뿐이니, 어찌 가히 사람을 끊고 세상을 피하여 써(그것으로써) 깨끗함으로 여기리오? 天下가 만약 이미 평안하게 다스려졌다면 내가 그것(天下)을 번역시킬 필요가 없으니, 바로 天下에 道가 없기 때문이다. 그러므로 道로써 그것(天下)을 번역시키고자 할 뿐이라고 말씀하신 것이니라.

◎ 聖人이 不敢有忘天下之心이라. 故로 其言如此也니라. <程子> 聖人은 감히 天下를 잊어 버리는 마음을 두지 못하신다. 그러므로 그 말씀이 이와 같으시니라.

※ 上章은 孔子께서 楚나라에서 蔡나라로 가시던 때였다.

【解說】 長沮와 桀溺이 짝지어 나란히 밭을 가는데, 孔子께서 지나시다가 子路를 시켜 (그들에게) 나루를 묻게 하시니, 長沮가 말하기를, 저 수레고삐를 잡고 있는 자가 누구인가? 子路가 말하기를, 孔丘이십니다. (長沮가) 말하기를, 이분이 魯나라 孔丘인가? (子路가) 말하기를, 그렇습니다. (長沮가) 말하기를, 이분은 나루를 알 것이니라. 桀溺에게 물으니, 桀溺이 말하기를, 그대는 누구인가? (子路가) 말하기를, 仲由라 하오. (桀溺이) 말하기를, 그대가 魯나라 孔丘의 무리인가? (子路가) 대답하기를, 그렇습니다. (桀溺이) 말하기를, 도도함이 天下가 모두 이러하니, 누구와 더불어 (세상을) 변역하리오. 또 그대는 그 사람을 피하는 선비를 따르는 것보다 어찌 세상을 피하는 선비를 따르는 것만 같으리오. 하고는 씨앗을 덮으며 그치지 않았다. 子路가 돌아와서 아뢰니, 夫子께서 憮然히 계시다가 말씀하시기를, 조수와는 함께 같이 무리 지어 살 수 없으니, 내가 이 사람의 무리와 함께하지 아니하고서 누구와 함께하리오. 天下에 道가 있으면 내(丘)가 더불어 변역시키려 하지 아니할 것이니라.

【主題】 孔子(儒家)와 隱者(道家)의 現實에 대한 思想的 差異.

※ ┌ 儒家 — 현실 참여로 道를 확립하려는 爲人之公心 [明哲保身]
　 └ 道家 — 현실 기피적 은둔으로 一身을 위하는 爲己之私心 [潔身亂倫]

[7]

子路 從而後러니 遇丈人以杖荷蓧하여 子路問曰 子見夫子乎아. 丈人曰 四體不勤하며 五穀을 不分하나니 孰爲夫子오 하고 植其杖而芸하더라. 子路拱而立한데 止子路宿하여 殺鷄爲黍而食之하고 見其二子焉이어늘 明日에 子路行하여 以告한대 子曰 隱者也라 하시고 使子路反見之하시니 至則行矣러라. 子路(反子)曰 不仕無義하니 長幼之節을 不可廢也니 君臣之義를 如之何其廢之리오. 欲潔其身而亂大倫이로다. 君子之仕也는 行其義也니 道之不行은 已知之矣시니라. <問答法>

【字解】

荷 멜 하. 蓧 대삼태기 조. 植 심을 식, 꽂을 치. 芸 김맬 운.
拱 팔짱 낄 공(斂手), 아름 공(兩手合把). 黍 기장 서.
食(식) 먹다, 어기다. (사) 먹이다, 밥.

【硏究】

丈人 : 亦隱者也. 蓧 : 竹器也. 分 : 辨也.
五穀 : 稻·粱·麥·黍·稷. 芸 : 去草也. 植(치) : 立之也.
五穀不分 : 猶言不辨菽麥爾니 責其不事農業而從師遠游也라
(쑥과 보리를 분별하지 못한다는 말과 같음이니, 그가 농업을 일삼지 않고 스승을 따라 원유함을 꾸짖음이다).
大倫 : 일반적으로 五倫之道를 말하나 여기서는 君臣之道.
四體 : 兩手兩足을 가리키나 身體를 말함.
不仕無義 : 출사(出仕)하지 않으면 君臣之義가 없음.
子路拱而立 : 知其隱者하고 敬之也라(그가 은자임을 알고 그를 공경함이다).
◎ 孔子使子路反見之는 蓋欲告之以君臣之義하니 而丈人意子路必將復來라. 故로 先去之하여 以滅其跡하니 亦接輿之意也라. 子路述夫子之意如此라. 蓋丈人之接子路甚倨나 而子路益恭한대 丈人因見其二子焉하니 則於長幼之節에 固知其不可廢矣라. 故로 因其所明以曉之라. 仕는 所以行君臣之義라. 故로 雖知道之不行이나 而不可廢라. 然이나 謂之義면 則事之可否와 身之去就를 亦自有不可苟者라. 是以로 雖不潔身以亂倫이나 亦非忘義以徇祿也라. <朱子> 孔子께서 子路로 하여금 돌아가서 그(丈人)를 만나게 하심은 君臣의 義로써 그에게 말하려고 하

심이었는데, 그러나 丈人은 子路가 반드시 장차 다시 오리라 생각했다. 그러므로 먼저 떠나가서 그 종적을 없앤 것이니, 또한 接輿의 뜻이다. 子路가 夫子의 뜻을 서술함이 이와 같았다. 丈人이 子路를 대함(접대함)이 심히 거만했으나 그러나 子路가 더욱 공손하니, 丈人은 인하여 그의 두 아들을 그에게 뵙게 했으니, 그렇다면 長幼之節에 있어 진실로 폐할 수 없음을 안 것이다. 그러므로 그의 밝은 바에 인하여서 그를 깨우치게 한 것이다. 벼슬하는 것은 써 君臣의 義를 행하는 것이다. 그러므로 비록 道가 행해지지 못할 것을 알면서도 폐할 수 없는 것이다. 그러나 그것을 일러 義라 한다면, 일의 可否와 몸의 去就를 또한 스스로 구차스럽게 할 수 없음이 있다. 이 때문에 비록 몸을 깨끗이 하여 인륜을 어지럽히지 않으나 또한 義를 잊고 祿을 따르지도 않는 것이다.

【解說】 子路가 따라가다가 뒤에 처져 있었는데, 지팡이로써 대바구니를 멘 丈人(隱者)을 만나서, 子路가 물어 말하기를, 그대는 夫子를 보았습니까? 丈人이 말하기를, 四體를 부지런히 하지 않고 五穀을 분별하지 못하니, 누구를 夫子라 하오 하고, 그 지팡이를 꽂아 놓고서 김을 매었다. 子路가 손을 모아 잡고 서 있으니, 子路를 머물러 자게 하고는 닭을 잡고 기장밥을 지어서 그에게 먹이고 그의 두 아들을 (그에게) 뵙게 하였다. 다음날에 子路가 떠나와서 (孔子께) 써 아뢰니, 孔子께서 말씀하시기를, 隱者이다 하시고, 子路로 하여금 돌아가 만나보게 하시었는데, 이르러 보니 떠나 버렸더라. 子路가 말하기를(子路가 돌아오자 孔子께서 말씀하시기를), 벼슬하지 않는 것은 義(君臣之義)가 없음이니, 長幼의 예절을 폐할 수 없으니 군신의 의를 어찌 폐할 수 있으리오. 그 몸을 깨끗하게 하고자 하여서 大倫(君臣之義)을 어지럽힘이로다. 君子가 벼슬함은 그 義(君臣之義)를 行함이니, 道가 行해지지 않고 있음은 이미 알고 있느니라.

【主題】 隱者에 대한 비판과 孔子의 現實參與的 意志.
※ 隱者는 君臣之義를 폐했으나 孔子는 그 義를 行하기 위해 벼슬하겠다는 뜻이 담겨 있음.

[8]

逸民은 伯夷와 叔齊와 虞仲과 夷逸과 朱張과 柳下惠와 少連이니라. 子曰 不降其志하며 不辱其身은 伯夷叔齊與인저. 謂柳下惠少連하사되 降志辱身矣나 言中倫하며 行中慮하니 其斯而已

矣니라. 謂虞仲夷逸하사되 隱居放言하나 身中淸하며 廢中權이니라. 我則異於是하여 無可無不可호라. <比較法・列擧法>

【字解】

逸(일) 잃다, 달아나다, 빠지다, 뛰어나다, 숨다. 虞(우) 나라, 헤아리다.
放(방) 놓다, 내쫓다, 방자하다, 버리다, 비슷하다. 慮 생각할 려.

【研究】

逸民 : 逸은 遺逸이요 民者는 無位之稱이라(逸은 벼슬길에서 빠져 있음이요 民이란 것은 지위가 없는 이의 칭호이다).

虞仲 : 卽仲雍이니 與泰伯으로 同竄荊蠻者라
(바로 仲雍이니 泰伯과 함께 荊蠻으로 도망한 者이다).

夷逸・朱張 : 不見經傳이라(경전에 보이지 아니한다).

柳下惠 : 魯大夫展獲이니 字禽이요 食邑柳下하고 謚曰惠라(魯國의 大夫인 展獲이니, 字는 禽이요 食邑은 柳下이고 시호를 惠라 한다).

少連 : 東夷人이라. 事不可考나 然이나 記에 稱其善居喪하여 三日不怠하고 三月不解(懈)하며 朞悲哀하고 三年憂라 하니 則行之中慮를 亦可見矣니라(東夷 사람이다. 일은 상고할 수 없으나, 그러나 <禮記>(雜記)에 그가 居喪을 잘하여 三日을 게을리하지 않고, 三月을 해태하지 않으며, 一年을 슬퍼하고, 三年을 근심했다 하였으니, 곧 행실이 사려에 맞았음을 또한 볼 수 있느니라).

無可無不可 : 孟子曰 孔子는 可以仕則仕하고 可以止則止하고 可以久則久하고 可以速則速이라 하시니 所謂無可無不可也니라(孟子가 말씀하시기를, 孔子는 벼슬할 만하면 벼슬하고, 그만둘 만하면 그만두시고, 오래 머물 만하면 오래 머무시고, 속히 떠날 만하면 속히 떠나셨다 하셨으니, 이른바 可한 것도 없고 不可한 것도 없다는 것이니라).

◎ 七人이 隱遯不汚則同이나 其立心造行則異라. 伯夷叔齊는 天子不得臣하고 諸侯不得友하니 蓋已遯世離群矣라. 下聖人一等이면 此其最高與인저. 柳下惠少連은 雖降志而不枉己하고 雖辱身而不求合하니 其心이 有不屑也라. 故로 言能中倫하고 行能中慮라. 虞仲夷逸은 隱居放言하니 則言不合先王之法者 多矣라. 然이나 淸而不汚也하고 權而適宜也하니 與方外之士害義傷敎而亂大倫者로 殊科라. 是以로 均謂之逸民이시니라. <謝良佐> 일곱 사람이 은둔하여 몸을 더럽히지 않은 것은 곧 같으나 그들의 立心과 造行(나아간 행실)은 달랐다. 伯夷와 叔齊는 天子가 신하로 삼지(얻지) 못하고 제후가 벗으로 얻지 못했으니 이미 세상에 운둔하여 무리를 떠난 것이다. 聖人에서 한 등급 내려오면 이들이 가장 높

을 것이로다. 柳下惠와 少連은 비록 뜻을 굽혔으나 몸을 굽히지 않았고, 비록 몸을 욕되게 하였으나 (세상에) 영합하기를 구하지 않았으니, 그 마음에 (불결한 것을) 달갑게 여기지 않음이 있었다. 그러므로 말이 능히 倫理에 맞고 행실이 능히 사려에 맞았다. 虞仲과 夷逸은 숨어 살면서 말을 함부로 하였으니, 곧 말이 先王의 법에 맞지 않음이 많았을 것이다. 그러나 깨끗하여서 (自身을) 더럽히지 않았고 저울질하여 義에 맞게 했으니, 방외의 선비가 義를 해치고 가르침을 손상시켜 大倫을 어지럽힌 것과는 등급(科)이 다르다. 이런 까닭으로 똑같이 그들을 일민이라고 이르신 것이니라.

【解說】 逸民은 伯夷와 叔齊와 虞仲과 夷逸과 朱張과 柳下惠와 少連이니라. 孔子께서 말씀하시기를, 그의 뜻을 굽히지 않고 그의 몸을 욕되게 하지 아니함은 伯夷와 叔齊일 것이로다. 柳下惠와 少連을 評하시되, 뜻을 굽히고 몸을 욕되게 하였으나 말이 의리의 차례에 맞으며 행실이 사려에 맞았으니, 그것이 이런 것일 뿐이니라. 虞仲과 夷逸을 評하시되, 숨어 살면서 말을 함부로 하였으나 몸은 깨끗함에 맞았고, 폐함(벼슬하지 않음)은 權道에 맞았느니라. 나는 이와 달라서 可한 것도 없고 不可한 것도 없도다.

【主題】 逸民의 삶과 孔子 삶과의 比較 —— [逸民의 삶 : 隱遯不汚 / 孔子의 삶 : 無可無不可]

※ 이 章의 궁극적인 意味는 孔子께서 逸士처럼 은둔하는 사람이 될 수 없는 뜻을 보임에 있다.

[9]

> 大(太)師摯는 適齊하고 亞飯干은 適楚하고 三飯繚는 適蔡하고 四飯缺은 適秦하고 鼓方叔은 入於河하고 播鼗武는 入於漢하고 少師陽과 擊磬襄은 入於海니라. <列擧法>

【字解】

摯 지극할지. 適(적) 맞다, 가다, 마침. 亞 버금 아. 繚 얽을 료.
播 뿌릴 파. 鼗 소고 도. 磬 경쇠 경. 襄 도울 양.

【硏究】

大師摯 : 大師는 魯樂官之長이요 摯는 其名也라
(大師는 魯國 樂官의 長이요, 摯는 그의 이름이다).

亞飯・三飯・四飯 : 以樂侑食之官也라((君王의 식사 시에) 음악 연주로 써 음식을 권하는 관직이다). ※ 侑(유) 권하다, 돕다.

※ 옛날 天子(王)는 새벽, 낮, 저녁, 밤 모두 네 번 식사했으며, 諸侯는 새벽밥을 먹지 아니하여 모두 세 번 식사하니, 魯는 諸侯國이므로 亞飯이 결국 첫 번째 식사가 된다. 그리고 옛날 天子(帝王)는 朔望에 盛饌을 드셨는데, 이때에 음악을 연주하여 흥을 돋우어 식사를 도왔던 것이다. 海 : 海島也(海島이다).

干・繚・缺・方叔・武・陽・襄 : 皆名也(모두 이름이다).

鼓 : 擊鼓者也(북을 치는 자이다). 河 : 河內也(河內이다).

播 : 搖也(흔듦이다). 少師 : 樂官之佐也(악관의 보좌관이다).

鼗 : 小鼓也(작은 북이다). 漢 : 漢中也(漢中이다).

◎ 此는 記賢人之隱遁하여 以附前章이라. 然이나 未必夫子之言也니 末章放此하니라. <朱子>

이것은 賢人들이 은둔한 것을 기록하여 앞장(8장)에 붙인 것이다. 그러나 반드시 夫子의 말씀은 아닐 것이니, 끝장(11장)도 이와 같다.

◎ 周衰樂廢어늘 夫子自衛反魯하여 一嘗治之하시니 其後에 伶人賤工도 識樂之正이러니 及魯益衰하여 三桓僭妄한대 自大師以下皆知散之四方하여 逾河蹈海以去亂이라. 聖人俄頃之助가 功化如此하니 如有用我면 期月而可가 豈虛語哉리오. <張載> 周나라가 쇠하여 음악이 폐해지자 夫子께서 衛나라에서 魯나라로 돌아오시어 한 번 일찍이 그것(음악)을 다스리시니, 그 후에 伶人(광대)과 미천한 악공들도 음악의 바름을 알게 되었는데, 魯나라가 더욱 쇠하여 三桓이 참람하고 망녕된 짓을 함에 미쳐 大師로부터 以下의 사람들이 모두 四方으로 흩어져 가서 黃河를 건너고 바다를 건너서 어지러운 나라를 떠날 줄을 알았다. 聖人께서 잠깐 동안 도우심에 그 功과 교화가 이와 같았으니, 만일 나를 써 줌이 있다면 일년이면 可하다고 하심이 어찌 빈 말씀이었으리오.

【解說】 太師인 摯는 齊나라로 가고, 亞飯인 干은 楚나라로 가고, 三飯인 繚는 蔡나라로 가고, 四飯인 缺은 秦나라로 가고, 북을 치는 方叔은 河內로 들어가고, 小鼓(작은 북)를 흔드는 武는 漢中으로 들어가고, 少師인 陽과 경쇠를 치는 襄은 海島로 들어갔느니라.

【主題】 魯의 衰亂에 依해 出國한 音樂人들.

※ 亂을 피해 出國한 魯의 음악인들을 기록하여 음악을 바로잡은 孔子의 功을 보인 것이다.

[10]

周公이 謂魯公曰 君子不施(弛)其親하며 不使大臣怨乎不以하며 故舊無大故면 則不棄也하며 無求備於一人이니라. <列擧法>

【字解】
施 베풀 시, 버릴 이.　　以 써 이, 쓸 이, 때문 이, 더불어 이.

【硏究】
周公 : 周의 武王의 아우로서 姬旦. 成王을 보좌한 聖人.
魯公 : 周公의 아들인 伯禽으로서 魯에 封해짐.
施(弛) : 遺棄也(버림이다).　　以 : 用也(씀이다).
大故 : 謂惡逆(악하여 도리를 어김을 말함).
大臣 : 卿大夫 등의 重臣.　故舊 : 오랫동안 일해 온 元老나 功臣.
◎ 大臣非其人則去之요 在其位則不可不用이라. <朱子> 大臣은 그 사람(적임자)이 아니면 버려야 하고, 그 자리에 있다면 쓰지 않을 수 없다.
◎ 四者는 皆君子之事니 忠厚之至也라. <李郁>
네 가지는 모두 君子의 일이니, 忠厚함이 지극한 것이다.
◎ 此伯禽受封之國할새 周公訓戒之辭니 魯人傳誦하여 久而不忘也라. 其或夫子嘗與門弟子言之歟아. <胡寅> 이는 伯禽이 封해진 나라(魯國)를 받을 적에 周公이 그(백금)에게 훈계한 말씀이니, 魯나라 사람들이 傳誦하여 오래도록 잊지 아니한 것이다. 혹은 夫子께서 일찍이 제자들과 (그것을) 말씀하셨던 것인가 보다.

【解說】 周公이 魯公에게 일러 말하기를, 君子는 그 친척을 버리지 아니하며, 大臣으로 하여금 쓰이지 않음을 원망하지 않게 하며, 옛 친구(원로공신)는 큰 사고(연고)가 없으면 버리지 아니하며, 한 사람에게 完備하기를(모든 것이 갖추어지기를) 求하지 않아야 하느니라.

【主題】 周公(父)이 魯公(子)에게 당부한 開國(爲政)之道.

[11]

周有八士하니 伯達과 伯适과 仲突과 仲忽과 叔夜와 叔夏와 季隨와 季騧니라. <列擧法>

【字解】
适 빠를 괄.　　騧 공골말 와. ※ 공골말 : 입 가장자리가 검은 말.

【研究】
◎ 或曰 成王時人이라 하고 或曰 宣王時人이라 하나 不可考矣라. <朱子> 혹자가 말하기를, 成王 때 사람이라 하고, 혹자는 宣王 때 사람이라 하나 상고할 수 없다.
◎ 記善人之多也라. 愚按此篇은 孔子於三仁逸民師摯八士에 旣皆稱贊而品列之하시고 於接輿沮溺丈人에 又每有惓惓接引之意하시니 皆衰世之志也이시니라. <張載> (이 章은) 善人이 많았음을 기록한 것이다. 내가 살펴보건대, 이 편은 孔子께서 三仁・逸民・師摯・八士에 대해 이미 모두 칭찬하시고 그들을 품평하여 차례하시고, 接輿・沮溺・丈人에 대해서도 또 매양 연연히 대하여 인도해 주려는 뜻이 있었으니, 모두 쇠한 세상을 근심하는 뜻이니라.

【解說】 周나라에 여덟 선비가 있었으니, 백달・백괄・중돌・중홀・숙야・숙하・계수・계와 이니라.
※ 이 八士는 一母四乳(한 어미의 네 쌍생아)라고도 전해지고 있음.

【主題】 周나라 人材의 盛함.
※ 周나라의 國運의 융성 시에 人材가 많았음을 나타냄이다.

第十九　子 張 篇

주제 : 記孔子弟子之言

此篇은 皆記弟子之言而子夏爲多하고 子貢次之라. 蓋孔門에 自顔子以下는 穎悟莫若子貢하고 自曾子以下는 篤實無若子夏라. 故로 特記之詳焉이라. 凡二十五章이라. <朱子>

※ 顔子나 子路는 孔門의 高弟이지만 그들 말의 不記는 아마도 此二人이 孔子보다 먼저 死沒했고, 이 篇의 편찬 시에는 그들의 말이 不傳한 까닭인지도 모른다. 그리고 此篇의 말들은 孔子의 教訓에 근거하고 있으므로 이미 나온 孔子의 말씀과 유사함이 많으며, 漢代의 여러 서적에는 孔子의 말씀이라고 되어 있기도 하다.

[1]

子張曰 士見危致命하며 見得思義하며 祭思敬하며 喪思哀면 其可已矣니라. <列擧法>

【字解】

致(치) 이르다(至), 맡기다, 주다(授), 부르다, 그만두다, 극진하다.

【研究】

致命 : 猶言授命也(授命이란 말과 같다).

◎ 四者는 立身之大節이니 一有不至면 則餘無足觀이라. 故로 言士能如此면 則庶乎其可矣라. <朱子> 이 네 가지는 몸을 세우는 큰일이니, 한 가지라도 지극하지 못함이 있으면 나머지는 족히 볼 것이 없다. 그러므로 선비가 능히 이와 같이 할 수 있다면 거의 괜찮다고 말한 것이다.

※ 憲問 [13]章(見利思義 見危授命) 參照.

【解說】 子張이 말하기를, 선비는 위태로움을 보면 목숨을 바치며, 利得을 보면 義를 생각하며, 祭祀에 恭敬함을 생각하며, 喪事에 슬픔을 생각한다면 그 可할 뿐이니라.

【主題】 士의 立身之大節. (士가 지킬 기본 태도)

※ 선비는 마땅히 四者之大節을 세워야 함을 强調한 것임.

[2]

子張曰 執德不弘하며 信道不篤이면 焉能爲有며 焉能爲亡(무)리오. <假定法·設疑法>

【字解】省 略

【研究】

焉能爲有 焉能爲亡 : 不足爲輕重(족히 경중을 말할 수 없음)이니, 곧 執德信道하는 일이 없다는 의미.

◎ 有所得而守之太狹이면 則德孤하고 有所聞而信之不篤이면 道廢라. 焉能爲有亡은 猶言不足爲輕重이라. <朱子> 얻은 바가 있으나 지킴이 너무 좁으면 德이 고립되고, 들은 것이 있으나 믿음이 독실하지 못하면 道가 폐해진다. 어찌 능히 있고 없다 하겠는가란 말은 족히 輕重이 될 것이 없다는 말과 같다.

【解說】子張이 말하기를, 德을 잡음(지킴)이 넓지 못하며, 道를 믿음이 독실하지 못하면, 어찌 능히 있다고 말할 수 있으며, 어찌 능히 없다고 말할 수 있으리오.

【主題】爲學之大道 — 執德과 信道.

※ 크고 굳센 학문은 執德(덕의 실행)과 信道(도를 깨우침)에 있음.

[3]

子夏之門人이 問交於子張한대 子張曰 子夏云何오. 對曰 子夏曰 可者를 與之하고 其不可者를 拒之라 하더이다. 子張曰 異乎吾所聞이로다. 君子는 尊賢而容衆하며 嘉善而矜不能이니 我之大賢與인댄 於人에 何所不容이며 我之不賢與인댄 人將拒我니 如之何其拒人也리오. <問答法·設疑法>

【字解】省 略

【研究】

◎ 子夏之言이 迫狹하니 子張譏之是也라. 但其所言이 亦有過高之弊하니 蓋大賢은 雖無所不容이나 然이나 大故는 亦所當絶이요 不賢은 固不可以拒人이나 然이나 損友는 亦所當遠이니 學者不可不察이니라. <朱子> 子夏의 말이 박절하고 좁으니 子張이 그를 비판한 것은 옳다. 다만 그(子張)가 말한 바도 또한 지나치게 높은 폐단이 있었으니, 대저 大賢은 비록 포용하지 않는 바가 없으나 그러나 큰 잘못은 또한 마땅히 거절(절교)해야 하는 것이고, 어질지 못한 이는 진실로 사람을 거절할 수 없으나 그러나 손해되는(해로운) 벗은 또한 마땅히 멀리해야 하는 것이니, 배우는 자들은 가히 살피지 않으면 안 되느니라.

※ 이 章에서 子夏가 한 말은 孔子의 '無友不如己者(學而 [8]章)'와 內容이 通하고, 子張이 한 말은 孔子의 '凡愛衆而親仁(學而 [6]章)'과 內容이 通한다.

※ 論語에 記載된 孔子 弟子들의 出現頻度 [子路 : 42회, 子貢 : 28회 / 顔回 : 21회, 子夏 : 21회]

【解說】 子夏의 문인이 子張에게 벗 사귐(交友)을 물으니, 子張이 말하기를, 子夏가 무엇이라 말하던가? 대답해 말하기를, 子夏께서 말씀하시되 可한 자는 그와 함께하고(사귀고), 不可한 자는 그를 거절하라(사귀지 말라) 하더이나. 子張이 말하기를, 내가 들은 바와는 다르도다. 君子는 어진 이를 존경하고 대중을 포용하며, 잘하는 이를 아름답게 여기고, 능하지 못한 이를 불쌍히 여길 것이니, 내가 크게 어질다면 남에 대하여 어찌 용납하지 못할 것이며, 내가 어질지 못하다면 남들이 장차 나를 거절할 것이니, 어떻게 남을 거절할 수 있으리오.

【主題】 子夏의 交友之道에 대한 子張의 비판.

※ 交友之道에 대한 의논으로 兩者의 단점이 일부 드러나 있음.

[4]

子夏曰 雖小道나 必有可觀者焉이어니와 致遠恐泥라. 是以로 君子는 不爲也니라. <因果法>

【字解】 省 略

【研究】

小道 ┌如農圃醫卜之屬 <朱子>
│諸子百家之書 <皇侃>
└異端之說 <何晏>

※ 人倫之道를 大道라 하는 데 대한 상대어임.

泥(빠질 니) : 不通也. 沈也. 君子不爲 : 군자는 (종사)하지 아니한다.

◎ 百家衆技는 猶耳目口鼻하여 皆有所明而不能相通하니 非無可觀也요 致遠則泥矣라. 故로 君子不爲也니라. <楊時>

百家의 여러 技藝는 마치 耳目口鼻와 같아서, 모두 밝은 바가 있으나 능히 서로 통하지 못하니, 볼 만한 것이 없음은 아니요, 원대함에 이름에 곧 장애가 된다. 그러므로 君子가 하지(종사하지) 않느니라.

【解說】 子夏가 말하기를, 비록 작은 道(技藝)라도 반드시 (거기에) 가히 볼 만한 것이 있을 것이거니와 원대함에 이름에는 장애가 될까(不通함이 될까) 두렵다. 이 때문에 君子는 (小道를) 하지(종사하지) 않는 것이니라.

【主題】 君子之學 — 君子不爲小道.

※ 君子의 학문은 큰 것에 힘쓰고 작은 것에 힘쓰지 않음을 보임.

[5]

子夏曰 日知其所亡(무)하며 月無忘其所能이면 可謂好學也已矣니라. <假定法>

【字解】 省 略

【硏究】

◎ 好學者는 日新而不失이니라. <尹焞>

학문을 좋아한다는 것은 날마다 새롭게 하고 잃지 않음이니라.

【解說】 子夏가 말하기를, 날마다 그 모르는(없는) 것을 알며, 달마다 그 能한 것을 잊지 않으면 가히 학문을 좋아한다 이를지니라.

【主題】 好學의 條件 — 日新而不失.

※ 순전한 마음으로 배우는 공부가 되어야 함을 보여 줌.

[6]

子夏曰 博學而篤志하며 切問而近思하면 仁在其中矣니라.
<假定法 · 列擧法>

【字解】 省　略

【研究】

博學而篤志 : 배우기를 널리 하고 뜻을 독실히 함. ※ 廣學而厚識之也.

切問 : 절실히(간절히) 물음.

※ 親切問於己所學而未悟之事 <何晏>
(自己가 배운 바이나 깨닫지 못한 일에 대해 친절히 물음.)
切猶急也니 若有所未達之事면 宜急諮問取解라. <皇侃>
(切은 急과 같으니, 만약 통달하지 못한 바의 일이 있으면 마땅히 급히 자문하여 이해를 취함이다.)

近思 : 가까이(가까운 것부터) 생각함.

※ 思己所未能及之事하며 不遠思也라. <何晏>
(自己가 미칠 수 없는 바의 일을 생각하며 멀리 생각하지 않음이다.)
以類而推니라. <程子> (유로써 추측함이니라.)

◎ 四者는 皆學(博學)問(審問)思(愼思)辨(明辨)之事耳니, 未及乎力行而爲仁也라. 然이나 從事於此면 則心不外馳하여 而所存自熟이라. 故로 曰仁在其中矣라 하니라. <朱子> 이 네 가지는 모두 博學 · 審問 · 愼思 · 明辨의 일일 뿐이니, 힘써 행해서 仁을 함에는 미치지 못한다. 그러나 여기에 종사하면 마음이 밖으로 달리지 않아서 보존한 바가 저절로 익숙해진다. 그러므로 仁이 그 가운데 있다 말함이니라.

◎ 學不博則不能守約이요 志不篤則不能力行이니 切問近思在己者하면 則仁在其中矣니라. <程子> 배우기를 널리 하지 않으면 능히 지킴이 요약하지 못하고, 뜻이 독실하지 못하면 능히 힘써 행하지 못하니, 自己에게 있는 것을 절실히 묻고 가까이 생각하면 仁이 그 가운데 있는 것이니라.

◎ 博學而志不篤이면 則大而無成이요 泛問遠思면 則勞而無功이니라. <蘇東坡> 배우기를 널리 하지만 뜻이 독실하지 못하면 크기는 하지만 이루지 못하고, 범연히 묻고 멀리 생각하면 수고롭지만 공효가 없느니라.

※ 이 章은 中庸의 博學 · 審問 · 愼思 · 明辨 · 篤行의 내용임.

【解說】 子夏가 말하기를, 배우기를 널리 하여 뜻을 독실히 하며, 절실히 물어서 가까이(가까운 것부터) 생각하면 仁이 그 가운데 있느니라.

【主題】 保仁之道 — 博學而篤志 切問而近思.
※ 仁한 마음을 보존하는 공부로서 네 가지를 열거했음.

[7]

子夏曰 百工은 居肆하여 以成其事하고 君子는 學하여 以致其道니라. <例示法·對句法>

【字解】
肆 자리 사, 가게 사, 방자할 사, 늘어놓을 사, 함부로 할 사.

【硏究】
肆 : 官府造作之處(관청에서 물건을 만드는 곳).
致 : 極也(지극히 함이다).
◎ 工不居肆면 則遷於異物而業不精하고 君子不學이면 則奪於外誘而志不篤이라. <朱子> 工人이 공장에 머물지 않으면 다른 사물(일)에 (마음이) 옮겨져서 業(일)이 精하지 못하고, 君子가 배우지 않으면 外物의 유혹에 (마음을) 빼앗겨서 뜻이 독실하지 못하니라.
◎ 學은 所以致其道也라. 百工居肆에 必務成其事하나니 君子之於學에 可不知所務哉아. <尹焞> 愚按二說相須라야 其義始備니라. <朱子>
학문은 써 그 道를 극진히 하는 것이다. 百工은 공장에 居함에 반드시 그 일을 이룸에 힘써야 하니, 君子가 학문에 있어 가히 힘쓸 바를 알아야 하지 않겠는가. 내가 살펴보건대, (위의) 두 말이 서로 보완하여야 그 뜻이 비로소 갖추어지나니라.

【解說】 子夏가 말하기를, 온갖 工人들은 공장에 居하여서(머물러서) 그 일을 이루고, 君子는 배워서 그 道를 지극히 하느니라.

【主題】 君子之致道 — 學以致道.
※ 君子는 학문에 뜻을 도탑게 해야 道를 극진히 할 수 있음을 말함.

[8]

子夏曰 小人之過也는 必文이니라. <平敍法>

【字解】省 略

【研究】

文 : 飾之也(문식함(꾸밈)이다).

◎ 小人은 憚於改過하고 而不憚於自欺라. 故로 必文以重其過니라. <朱子> 小人은 잘못(허물)을 고침을 꺼리고 스스로 속임을 꺼리지 아니한다. 그러므로 반드시 문식하여서(꾸며서) 그 잘못을 무겁게 하느니라.

※ 本篇 [21]章(君子之過) 參照.

【解說】子夏가 말하기를, 小人들은 허물이 있으면 반드시 文飾하(꾸미)느니라.

【主題】小人之過 — 必文.

※ 허물을 꾸미는 小人의 병통을 심히 경계한 것임.

[9]

子夏曰 君子有三變하니 望之儼然하고 卽之也溫하고 聽其言也厲니라. <列擧法>

【字解】

儼 엄숙할 엄. 厲 엄할 려. 卽 나아갈 즉.

【研究】

三變 : 세 가지의 변함(세 가지 다른 면). 厲 : 辭之確(말이 확실함).

儼然 : 貌之莊(용모가 씩씩함). 溫 : 色之和(얼굴빛이 온화함).

◎ 他人은 儼然則不溫하고 溫則不厲로되 惟孔子全之시니라. <程子> 다른 사람은 엄연하면 온화하지 못하고, 온화하면 명확하지 못한데, 오직 孔子만이 그것을 온전히 하셨느니라.

◎ 此非有意於變이니 蓋並行而不相悖也라. 如良玉溫潤而栗然이라. <謝良佐> 이것은 변함에 뜻을 둔 것이 아니었으니, 대저 함께 행해지지만 서로 어긋나지 않는 것이다. 마치 좋은 玉이 따뜻하고 윤택하면서도 단단함(栗然)과 같으니라.

※ 述而篇 37章의 溫而厲 威而不猛 恭而安이라든가, 鄕黨篇의 恂恂如也(1章)・侃侃如也・誾誾如也・與與如也(2章) 等 參照.

【解說】 子夏가 말하기를, 君子(孔子)는 세 가지 변함이 있으니, (멀리서) 그를 바라보면 엄연(의젓)하고, 그에게(그 앞에) 나아가면 온화하고, 그 말을 들어 보면 명확(엄숙)하니라.

【主題】 君子(孔子)之貌의 三變.
※ 君子의 세 번 변하는 듯이 보이는 모습을 말한 것임.

[10]

子夏曰 君子는 信而後에 勞其民이니 未信則以爲厲己也니라. 信而後에 諫이니 未信則以爲謗己也니라. <對句法>

【字解】
厲 해칠 려. 謗 비방할 방.

【研究】
信 : 誠意惻怛而人信之也(성의가 간곡하여 남들이 그를 믿음이다).
厲 : 猶病也(괴롭힘(해침)과 같다).
◎ 事上使下에 皆必誠意交孚而後에 可以有爲니라. <朱子>
윗사람을 섬기고 아랫사람을 부림에 모두 반드시 성의가 서로 믿어진 뒤에 가히 써 일을 할 수 있느니라.

【解說】 子夏가 말하기를, 君子는 (백성들에게) 신임을 얻은 뒤에 그 백성을 부려야 하니, 신임을 얻지 못하면 自身들을 괴롭힌다(해친다) 여기느니라. (임금에게) 신임을 얻은 뒤에 간해야 하니, 신임을 얻지 못하면 自己를 비방한다 여기느니라.

【主題】 君子(大夫)之信의 重要性.
※ 君子는 平日에 임금과 백성에게 信을 쌓아 두어야 함을 강조함.

[11]

子夏曰 大德이 不踰閑이면 小德은 出入이라도 可也니라. <假定法>

【字解】
踰 넘을 유. 　　閑(한) 한가롭다, 막다, 문지방, 울타리.

【硏究】
大德 小德 : 猶言大節小節(큰 일 작은 일이란 말과 같다).
閑 : 闌也니 所以止物之出入이라
(문지방이니, 外物의 出入을 중지시키는 것이다).
◎ 人能先立乎其大者면 則小節雖或未盡合理라도 亦無害也라. <朱子>
사람이 능히 먼저 그 큰 것을 확립하면 작은 일은 비록 혹 다 이치에 부합되지 않더라도 또한 해롭지 않다.
◎ 此章之言은 不能無弊니 學者詳之라. <吳棫> 이 章의 말에는 폐단이 없을 수 없으니, 배우는 자들이 그것을 자세히 살펴야 하느니라.
※ 이 章을 人間評價나 人材登用에서의 태도를 말했다고도 함.

【解說】 子夏가 말하기를, 큰 德이 한계를 넘지 않으면 작은 德은 (한계를) 넘나들어도 可하니라(괜찮을 것이니라).

【主題】 大德先立의 重要性.
※ 사람들에게 오로지 大德을 主로 하여 근본을 세우라는 것임.

[12]

子游曰 子夏之門人小子當灑掃應對進退則可矣나 抑末也라 本之則無하니 如之何오. 子夏聞之하고 曰 噫라 言游過矣로다. 君子之道孰先傳焉이며 孰後倦焉이리오. 譬諸草木컨데 區以別矣니 君子之道焉可誣也리오. 有始有卒者는 其惟聖人乎인저. <問答法·比喩法·設疑法>

【字解】
灑 물뿌릴 쇄. 　　掃 쓸 소. 　　孰 무엇(누구, 어느) 숙.

【硏究】
區 : 猶類也. 　　末 : 말단적인 것, 지엽적인 것.
焉可誣也 : 敎育의 先後 순서의 그르침을 道를 속이는 일로 본 것임.
◎ 君子之道非以其末爲先而傳之요 非以其本爲後而倦敎라. 但學者所至

가 自有淺深하니 如草木之有大小하여 其類固有別矣라. 若不量其淺深하고 不問其生熟하고 而概以高且遠者로 强而語之면 則是誣之而已니 君子之道 豈可如此리오. 若夫始終本末一以貫之는 則惟聖人爲然이니 豈可責之門人小子乎아. <朱子>

君子의 道는 지엽적인 것을 먼저라 하여 전수하는 것도 아니요, 그 근본적인 것을 뒤라 하여 가르치기를 게을리함도 아니다. 다만 배우는 자의 이르는 바가 저절로 얕고 깊음이 있으니, 마치 초목이 大小가 있어 그 종류가 진실로 구별이 있음과 같다. 만약 (경지의) 淺深을 헤아리지 않고, 그 (익힘의) 生熟을 묻지 않고, 대개 높고 원대함을 가지고 그것을 억지로 말한다면 이는 그것을 속이는 것일 뿐이니, 君子의 道가 어찌 가히 이와 같으리오. 무릇 始終과 本末이 一以貫之되는 것으로 말할 것 같으면 오직 聖人만이 그러하니, 어찌 가히 그 문인 제자들을 責하겠는가?

【解說】 子游가 말하기를, 子夏의 제자들은 물 뿌리고 청소하며 응대하고 진퇴하는 예절을 당해서는 괜찮으나, 그러나 (이는) 말단(지엽)적인 일이라 근본적인 것은 곧 없으니 어찌하리오. 子夏가 그것을 듣고 말하기를, 아! 言游의 말이 지나치도다. 君子의 道가 무엇을 먼저라 하여 (그것을) 전하며, 무엇을 뒤라 하여 (그것을) 게을리하리오. 초목에 그것을 비유하면 분류하여서 분별함이니, 君子의 道가 어찌 가히 속이리오. 처음이 있고 끝이 있는 것은 그 오직 聖人뿐일진저.

【主題】 子游와 子夏의 教授方法(教育觀)의 差異.

※ 子游 : 가르침에 本末을 편벽되게 하지 말아야 한다.
子夏 : 가르침에 일정한 차례를 따라야 하며 시종(본말)을 문란케 해서는 안 된다.

[13]

子夏曰 仕而優則學하고 學而優則仕니라. <連鎖法・對句法>

【字解】 省 略

【研究】

優 : 有餘力也(여력(여가)이 있음이다).

◎ 仕與學이 理同而事異라. 故로 當其事者는 必先有以盡其事而後에 可及其餘라. 然이나 仕而學則所以資其仕者益深이요 學而仕則所以驗

其學者益廣이니라. <朱子> 벼슬과 학문은 이치는 같으나 일이 다르다. 그러므로 그 일을 당한 자는 반드시 먼저 그 일을 다한 이후에 가히 그 나머지 것에 미칠 수 있는 것이다. 그러나 벼슬하면서 학문하면 써 벼슬하는 것에 자료되는(이용되는) 바가 더욱 깊어지고, 학문하고서 벼슬하면 써 그 배운 것을 실험하는 바가 더욱 넓어지느니라.

※ 學은 道를 求하는 일이요, 仕는 道를 行하는 일이니, 兩者는 일은 다르지만 理致는 같아서 상호 不可分이다.

【解說】 子夏가 말하기를, 벼슬하면서 여가가 있으면 학문을 하고, 학문을 하면서 여가가 있으면 벼슬을 하느니라.

【主題】 仕와 學의 不可分의 연관성.

※ 仕와 學은 理致가 같으니 상호 불가분의 연관이 있음을 말함.

[14]

子游曰 喪은 致乎哀而止니라. <平敍法>

【字解】 省 略

【硏究】

致 : 極也(다함이다, 지극히 함이다).

而止 : 그뿐이다, 그것만으로 그칠 것이다.

◎ 致極其哀요 不尙文飾也라. <朱子>

그 슬픔을 지극히(극진히) 하고 문식(文飾)을 숭상하지 않음이다.

◎ 喪은 與其易也론 寧戚이니 不若禮不足而哀有餘之意라. <楊時>

喪禮는 그것(喪具)이 잘 다스려지기보다는 차라리 슬퍼해야 하니, (이는) 禮文은 부족하더라도 슬픔이 有餘함만 같지 못하다는 뜻이다.

※ 喪思哀면 其可已矣이니라 <子張>과 관계 있음.

【解說】 子游가 말하기를, 喪(상례)은 슬픔을 극진히 할 뿐이니라.

【主題】 喪事以哀爲本(상사는 슬퍼함을 근본으로 삼는다).

[15]

子游曰 吾友張也 爲難能也나 然而未仁이니라. <抑揚法>

【字解】 省 略

【硏究】
張也 : 子張을 가리킴. 爲難能也 : 어려운 일 하기를 잘함이다.
◎ 子張은 行過高而少誠實惻怛之意라. <朱子>
子張은 행동이 지나치게 높으나 성실하고 간곡한 뜻이 부족했다(적었다).

【解說】 子游가 말하기를, 나의 벗 子張은 어려운 일을 하기를 잘하나, 그러나 아직 仁하지는 못하니라.

【主題】 子游의 子張에 대한 人物評.
※ 이는 子游가 子張을 비난함이 아니고, 子張의 不足한 바를 지적해서 善意로 충고한 내용임.

[16]

曾子曰 堂堂乎라 張也여. 難與竝爲仁矣로다. <倒置法·抑揚法>

【字解】 省 略

【硏究】
堂堂 : 容貌之盛(용모가 훌륭함).
◎ 言其務外自高하여 不可輔而爲仁이요 亦不能有以輔人之仁也라. <朱子> 그 外面만 힘쓰고 스스로 높은 체하여 가히 (서로) 도와서 仁을 할 수 없으며, 또한 능히 써 남의 仁을 도울 수 없음을 말씀하신 것이다.
◎ 子張이 外有餘而內不足이라. 故로 門人이 皆不與其爲仁하니라. 子曰 剛毅木訥이 近仁이라 하시니 寧外不足而內有餘면 庶可以爲仁矣니라. <范祖禹> 子張은 外面은 有餘하였으나 內面이 不足하였다. 그러므로 門人들이 모두 그와 仁을 함을 허여(인정)하지 않았느니라. 孔子께서 말씀하시기를, 강하고 굳세며 질박하고 어눌한 것이 仁에 가깝다 하셨으니, 차라리 外面이 부족하고 內面이 有餘하면 거의 仁을 할 수 있었을 것이다.

【解說】 曾子께서 말씀하시기를, 당당하구나, 子張이여! (그러나) 더불어 함께 仁을 하기(행하기)는 어렵도다.

【主題】 曾子의 子張에 대한 人物評.
※ 前章[15]의 內容과 유사하니 모두 子張의 단점을 바로잡고자 함임.

[17]

曾子曰 吾聞諸夫子하니 人未有自致者也나 必也親喪乎인저. <引用法>

【字解】 省 略

【研究】
致 : 盡其極也(그 지극함을 다함이다).
◎ 蓋人之眞情이 所不能自已者라. <朱子>
대체로 (親喪에는) 사람의 진정이 능히 스스로 그만두지 못하는 것이다.
◎ 親喪은 固所自盡也니 於此에 不用其誠이면 惡乎用其誠이리오. <尹焞> 親喪은 진실로 스스로 다해야 하는 것이니, 여기에 그 정성을 쓰지 않는다면 어디에 그 정성을 쓰리오.

【解說】 曾子께서 말씀하시기를, 내가 夫子께 (그것을) 듣자오니, 사람이 스스로 정성을 극진히 하는 자는 있지 아니하나 반드시 친상인저(친상에는 정성을 다함인저) 하였다.

【主題】 親喪에 대한 至極한 精誠.
※ 친상에는 사람의 극진한 정성이 드러나게 됨을 말함.

[18]

曾子曰 吾聞諸夫子하니 孟莊子之孝也는 其他는 可能也어니와 其不改父之臣與父之政은 是難能也니라. <引用法>

【字解】 省 略

【研究】

孟莊子 : 魯의 大夫인 仲孫速. 그의 父 孟獻子의 名은 蔑. 獻子는 魯 大夫로서 三君(宣公・成公・襄公)을 모신 賢德者.

◎ 獻子有賢德이어늘 而莊子能用其臣하고 守其政이라. 故로 其他孝行도 雖有可稱이나 而皆不若此事之爲難이라. <朱子> 헌자(獻子)가 현덕함이 있었기에 莊子도 능히 그(父의) 신하를 등용하고 그(父의) 政事를 (그대로) 지켰다. 그러므로 그 다른 孝行도 비록 칭송할 만한 것이 있으나 그러나 모두 이 일(能用其臣 守其政)의 어려움만 같지 못하다.

※ 三年을 無改於父之道라야 可謂孝矣니라. <學而 [11]> 參照.

【解說】 曾子께서 말씀하시기를, 내가 夫子께 듣자오니, 孟莊子의 孝는 그 다른 일은 능히 할 수 있거니와, 그가 아버지의 신하와 아버지의 政事를 고치지 아니한 일은 이는 능하기 어렵다 하셨느니라.

【主題】 孟莊子의 至孝.

※ 맹장자가 先親의 德을 온전히 이음이 어려운 일이라 칭찬한 것임.

[19]

孟氏使陽膚로 爲士師라. 問於曾子한대 曾子曰 上失其道하여 民散이 久矣니 如得其情이면 則哀矜而勿喜니라. <問答法>

【字解】

膚 살갗 부. 散 흩어질 산. 矜(긍) 창자루, 불쌍히 여기다, 자랑하다.

【研究】

孟氏 : 魯나라의 참월한 大夫인 孟武伯. 陽膚 : 曾子之弟子也.

士師 : 죄인을 다스리는 벼슬. 獄官長(옥관장).

民散 : 謂情義乖離하여 不相維繫라

(情義가 괴리되어 서로 끈으로 맨 듯이 결속되지 못함을 이른다).

◎ 民之散也는 以使之無道하고 敎之無素라. 故로 其犯法也는 非迫於不得已면 則陷於不知也라. 故로 得其情이면 則哀矜而勿喜니라. <謝良佐> 백성들이 흩어짐은 부리기를 무도하게 하고 가르치기를 평소에 하지 않았기 때문이다. 그러므로 그들이 법을 범했음은 부득이함에 핍박당함이 아니면 무지에 빠졌기 때문이다. 그러므로 그 실정을 터득했다면 불쌍히 여기고 기뻐하지 말아야 하느니라.

【解說】 孟氏가 陽膚로 하여금 士師가 되게 했다. (陽膚가) 曾子에게 (獄事의 처리에 대하여) 물으니, 曾子가 말하기를, 윗사람이 그 道理를 잃어 백성들이 흩어진(離叛한) 지가 오래되었으니, 만일 그 실정을 안다면(터득했다면) 불쌍히 여기고 기뻐하지 말아야 하느니라.

【主題】 士師의 올바른 마음가짐과 態度 — 哀矜而勿喜.
※ 士師는 罪人을 다스림에 있어서, 위정자가 失道한 탓으로 백성들이 犯法한 일이 많으므로 罪人을 잡았다고 기뻐하지 말고 그들을 불쌍히 여기라 했다.

[20]

子貢曰 紂之不善이 不如是之甚也니 是以로 君子는 惡(오)居下流하나니 天下之惡이 皆歸焉이니라. <例示法>

【字解】 省 略

【研究】
紂 : 殷나라의 끝 임금으로 暴惡無道한 군주의 대명사임.
下流 : 地形卑下之處로 衆流之所歸니 喩人身有汚賤之實이면 亦惡名之所聚也라 <朱子>
(지형이 낮은 곳으로 여러 물줄기가 돌아가는 곳이니, 인신이 더럽고 천한 실제가 있으면 또한 악명이 모이는 곳임을 비유함이다).
◎ 子貢言此는 欲人常自警省하여 不可一置其身於不善之地요 非謂紂本無罪而虛被惡名也니라. <朱子>
子貢이 이것을 말한 것은 사람들이 항상 스스로 경계하고 반성하여 가히 한 번이라도 그 몸을 不善한 곳에 두지 않게 하려고 함이요, 紂王이 본디 무죄한데도 공연히 惡名을 입었다고 말함은 아니니라.

【解說】 子貢이 말하기를, 紂王의 不善이 이처럼(이같이) 심하지는 않았으니, 이 때문에 君子는 下流에(下流라 할 수 있는 지위에) 처함을 싫어한다. 天下의 악행이 모두 (그에게로) 돌아가기 때문이니라.

【主題】 君子의 自省과 勿居下流의 强調.
※ 紂의 惡을 들어 경계하면서 勿居下流를 강조한 것임.

[21]

> 子貢曰 君子之過也는 如日月之食焉이라 過也에 人皆見之하고 更也에 人皆仰之니라. <比喩法・對照法>

【字解】
更 고칠 경, 다시 갱.

【研究】
日月之食 : 日食과 月食. 見之와 仰之의 之 : 代名詞로 目的語임.
※ 小人之過也는 必文이라 <子張 8>과 대조적 내용임.

【解說】 子貢이 말하기를, 君子의 허물은 일식 월식과 같아서, 허물이 있음에 사람들이 모두 그것을 보고, (허물을) 고침에 사람들이 모두 그를 우러러 보느니라.

【主題】 君子之過 — 更也人皆仰之.
※ 군자는 허물을 마땅히 고쳐야 함을 말한 것이다.

[22]

> 衛公孫朝問於子貢曰 仲尼焉學고. 子貢曰 文武之道未墜於地하여 在人이라. 賢者는 識(지)其大者하고 不賢者는 識其小者하여 莫不有文武之道焉하니 夫子焉不學이시며 而亦何常師之有시리오. <問答法・設疑法>

【字解】
焉(언) 어찌, 어디, 於之, 終結語助辭. 識(식) 알다, (지) 기억하다.

【研究】
公孫朝 : 衛國의 大夫. 姓은 公孫, 名은 朝.
文武之道 : 文王武王之謨訓功烈과 凡周之禮樂文章.
在人 : 言人有能記之者(사람들이 기억할 수 있는 자가 있음을 말함).
焉學 : 어디(누구)에서 배웠는가. 常師 : 일정한(고정된) 스승.

※ 孔子의 問學
- 問禮於老子(노자에게 예를 물음)
- 問官於郯子(담자에게 관직을 물음)
- 問樂於萇弘(장홍에게 음악을 물음)
- 學琴於師襄(사양에게 거문고를 배움)

【解說】 衛나라 公孫朝가 子貢에게 물어 말하기를, 仲尼(孔子)는 어디(누구)에서 배웠는가? 子貢이 말하기를, 文王 武王의 道가 아직 땅에 떨어지지 않아서 사람들에게 남아 있다. 어진 자는 그 큰 것을 기억하고, 어질지 못한 자는 그 작은 것을 기억하고 있어서 文王과 武王의 道를 가지고 있지 않음이 없으니, 夫子께서 어디서인들 배우지 않으셨으며, 또 어찌 일정한 스승이 계셨으리오.

【主題】 孔子의 學과 師 — 學文武之道而無常師.

[23]

叔孫武叔이 語大夫於朝曰 子貢이 賢於仲尼하니라. 子服景伯이 以告子貢한대 子貢曰 譬之宮牆컨대 賜之牆也는 及肩이라 窺見室家之好어니와 夫子之牆은 數仞이라 不得其門而入이면 不見宗廟之美와 百官之富니 得其門者或寡矣니 夫子之云이 不亦宜乎아. <比喩法·設疑法>

【字解】
譬(비) 비유하다, 깨우치다. 牆 담 장. 賜 줄 사. 肩 어깨 견.
窺 엿볼 규. 仞 길 인. 廟 사당 묘. 寡 적을 과.

【研究】
叔孫武叔 : 魯나라 大夫로서, 名은 州仇, 字는 叔, 諡號는 武다.
子服景伯 : 魯나라 大夫로서, 子服은 姓이요 景은 諡號요 伯은 字이다.
仞 : 七尺也(일곱 자이다).
夫子之云의 '夫子' : 指武叔也(武叔을 가르킴이다).
賜之牆~室家之好 : 牆卑室淺也(담장이 낮고 집이 얕음이다).
夫子之牆~百官之富 : 不入其門이면 則不見其中之所有니 言牆高而宮廣也라(그 門으로 들어가지 않으면 그 속에 있는 것을 보지 못하니, 담장이 높고 궁궐이 넓음을 말함이다).

【解說】 叔孫武叔이 朝廷에서 大夫들에게 말하기를, 子貢(端木賜)이 仲尼(孔子)보다 나으니라(현명하니라). 子服景伯이 이것을(써) 子貢에게 말하니, 子貢이 말하기를, 그것을 궁궐의 담장에 비유하면, 나(賜)의 담장은 어깨에 미쳐 집안의 좋은 것들을 엿볼 수 있거니와, 夫子(孔子)의 담장은 여러 길이어서 그 문을 얻어서 들어가지 못하면 종묘의 아름다움과 백관의 많음을 볼 수 없으니, 그 문을 얻는 자가 혹 적으니 夫子(武叔)의 말씀이 또한 마땅하지(당연하지) 아니한가?

【主題】 엿보기 어려운 聖人의 높고 넓은 道.
※ 孔子를 함부로 비평한 武叔의 우매함에 대해서 子貢은 孔子의 높은 道를 높은 담장으로 비유해서 점잖게 타이른 것이다.

[24]

叔孫武叔이 毁仲尼어늘 子貢曰 無以爲也하라. 仲尼는 不可毁也니 他人之賢者는 丘陵也라 猶可踰也어니와 仲尼는 日月也라 無得而踰焉이니 人雖欲自絶이나 其何傷於日月乎리오. 多(祇)見其不知量也로다. <比喩法・設疑法>

【字解】
毁(훼) 헐다(<u>헐뜯다</u>, 헐어뜨리다), 비방하다, 야위다.　踰 넘을 유.
多(다) 많다. <u>(지) 다만</u>.　量(량) <u>분량</u>, 기량, 국량, 헤아리다.

【研究】
無以爲 : 猶言無用爲此(이러한 짓을 하지 말라는 말과 같다).
丘 : 土高也(땅이 높음이다).　陵 : 大阜也(큰 언덕이다).
日月 : 喩其至高也(그 지극히 높음을 비유함이다).
自絶 : 以毁謗自絶於孔子(비방하고 헐뜯어서 스스로 孔子와 끊음).
多 : 與祇同하니 適也라(祇(다만 지)와 같으니, 適(다만 적)이다).
不知量 : 謂不自知其分量也(自身의 분량을 스스로 알지 못함을 이름이다).

【解說】 叔孫武叔이 仲尼(孔子)를 헐뜯자, 子貢(端木賜)이 말하기를, 그러지 말라. 仲尼는 헐뜯을 수 없으니, 타인의 어진 자는 丘陵과 같아 오히려 넘을 수 있거니와 仲尼는 해와 달 같아 능히 넘을 수 없으니, 사람들이 비록 스스로 끊고자 하나 그 어찌 해와 달을 손상하

리오. 다만 그 自身의 분수(분량)를 알지 못함을 보일 뿐이로다.

【主題】 넘을 수 없는 聖人(孔子)의 學德과 道.
※ 孔子의 높은 學德과 道를 日月에 비유하여 재치 있게 표현했다.

[25]

陳子禽이 謂子貢曰 子爲恭也언정 仲尼豈賢於子乎리오. 子貢曰 君子一言에 以爲知(智)하며 一言에 以爲不知니 言不可不愼也니라. 夫子之不可及也는 猶天之不可階而升也니라. 夫子之得邦家者인댄 所謂立之斯立하며 道之斯行하며 綏之斯來하며 動之斯和하여 其生也榮하고 其死也哀하니 如之何其可及也리오. <問答法・比喩法・列擧法>

【字解】
陳(진) 늘어놓다, 펴다, 말하다, 묵다, 나라(성)이름.
禽 새 금. 綏 편안할 수.

【硏究】
爲恭 : 謂爲恭敬하여 推(퇴)遜其師也라
(공경하여 그 스승에게 겸양함을 말한다).
君子 …… 愼也 : 責子禽不謹言이라
(자금이 말을 삼가지 않음을 꾸짖음이다).
階 : 梯(제)也라. 大可爲也어니와 化不可爲也라. 故로 曰不可階而升也라(사다리이다. 大人은 (억지로 해서) 될 수 있거니와 化는 억지로 할 수가 없다. 그러므로 사다리로 오를 수 없다고 말한 것이다).
※ 化不可爲也 : 化는 저절로 됨이니 聖人의 경우를 가리킴.
立之 : 謂植(치)其生也(그 삶을 세워줌을 말함이다).
道 : 引也니 謂教之也(인도함이니 그들을 가르침을 말함이다).
行 : 從也(따름이다). 綏 : 安也(편안함이다).
來 : 歸附也(귀부함이다). 動 : 鼓舞之也(고무시킴이다).
和 : 所謂於(오)變時雍이니 言其感應之妙가 神速如此라
(이른바 於變時雍(아, 변해서 이에 화하다)이란 것이니, 그 감응의 묘가 신속함이 이와 같음을 말함이다).
榮 : 謂莫不尊親(높이고 친애하지 않음이 없음을 이른다).

哀 : 如喪考妣(父母를 잃음과 같이 함이다).
※ 考 죽은 아비 고. 妣 죽은 어미 비.
夫子之得 …… 其死也哀 : 此는 聖人之神化가 上下與天地同流者也라 (이것은 聖人의 신묘한 교화가 上下로 天地와 함께 유행함이다).
◎ 觀子貢稱聖人語하면 乃知晩年進德이 蓋極於高遠也라. 夫子之得邦家者인댄 其鼓舞群動이 捷於桴鼓影響하니 人雖見其變化나 而莫窺其所以變化也라. 蓋不離於聖이요 而有不可知者存焉하니 聖而進於不可知之之神矣니 此는 殆難以思勉及也니라. <謝良佐>
子貢이 聖人을 칭찬한 말을 보면, 마침내 만년의 進德이 고원함에 지극함을 알 수 있다. 夫子께서 國家를 얻으신다면 그 (백성들을) 고무하여 중인들을 움직임이 북채로 북을 두드림과 그림자와 메아리보다도 빠를 것이니, 사람들이 비록 그 변화함을 볼 수 있으나 그 변화하는 까닭(所以)은 엿보지 못한다. 이는 聖人의 경지에서 떠나지 않고 알 수 없는 것이 거기에 存在해 있음이니, 聖人이면서 알 수 없는 신비함에 나아간 것이니, 이는 자못(거의) 생각과 노력으로써 이르기(미치기) 어려운 것이니라.

【解說】 陳子禽이 子貢에게 일러 말하기를, 그대가 (스승을) 공경할지언정 仲尼(孔子)가 어찌 그대보다 나으리오(현명하리오)? 子貢이 말하기를, 君子는 한마디 말로써 지혜롭다 하며 한마디 말로써 지혜롭지 않다 하는 것이니, 말을 삼가지 않을 수 없느니라. 夫子를 미칠 수 없음은 마치 하늘을 사다리로 오를 수 없음과 같으니라. 夫子께서 邦家(나라)를 얻으신다면 이른바 서면 이에 서고 인도하면 이에 따르며 편안하게 해 주면 이에 따라오며 고무시키면 이에 和하여, 그 살아계시면 영광스럽게 여기고 그 죽으면 슬퍼한다는 것이니, 어떻게 미칠 수 있으리오.

【主題】 孔子의 높은 德과 偉大한 政治의 道.
※ 子貢은 孔子의 하늘같이 높은 德과 偉大한 敎化力을 지닌 政治(德治)의 道를 嘆美하였다.

第二十 堯曰篇

주제 : 堯・舜・禹・湯 等 聖王과 孔子의 말씀

此篇은 論語의 끝 편으로서 三章으로만 이루어진 特異한 체제이다. 主로 經典에서 格言의 句節을 뽑아서 論語를 總括하려는 意圖인 듯하다.
凡三章의 內容을 대체로 살펴보면,
제1장은 聖王(堯・舜・禹・湯・武王)의 禪位之辭요,
제2장은 孔子께서 政治에 대한 五美四惡을 말씀하셨고,
제3장은 孔子께서 君子의 修身之事를 强調하셨다.

[1]

(가)

堯曰 咨爾舜아 天之曆數在爾躬하니 允執其中하라. 四海困窮하면 天祿이 永終하리라. 舜亦以命禹하시니라. <頓呼法・命令法>

【字解】

咨 탄식할 자. 祿 복 록. 允 진실로 윤.

【硏究】

咨 : 嗟嘆聲(감탄하는 소리). 天祿 : 하늘이 준 복.
允 : 信也. 中 : 無過不及之名. 四海 : 天下.
曆數 : 帝王相繼之次第니 猶歲時氣節之先後也라(제왕들이 서로 계승하는 차례이니, 세시와 절기의 선후(차례)와 같기 때문이다).

◎ 此(堯日~永終)는 堯命舜而禪以帝位之辭라. 四海之人困窮하면 則君祿亦永絶矣니 戒之也라. 舜後遜位於禹에 亦以此辭命之라. 今見於虞書大禹謨하니 比此加詳이라. <朱子> 이것은 요임금이 순임금에게 명하여서 제위(帝位)를 선양해 주신 말씀이다. 四海의 인민들이 곤궁하면 君祿 또한 영원히 끊어진다는 것이니, 그(순임금)를 경계함이다. 舜이 뒤에 禹에게 제위를 선양하실 적에도 또한 이 말씀으로써 그(禹)에게 命하시었다. 지금 '우서 대우모'에 보이니, 여기(堯의 말씀)에 비하면 더 자세하다.

※ 舜이 禹에게 傳한 말씀[虞書大禹謨]은 '人心惟危 道心惟微 惟精惟一 允執厥中'임.

【解說】 堯임금께서 말씀하시기를, 아! 너 舜아, 하늘의 역수(운수)가

너의 몸에 있으니, 진실로 그 中을 잡도록 하라. 四海가 곤궁하면 天祿이 영원히 끊어질 것이니라. 舜임금도 또한 이 말씀으로써 禹임금에게 命(훈계)하셨느니라.

【主題】 堯舜禪位之辭 — 允執其(厥)中.

(나)

(湯)曰 予小子履는 敢用玄牡하여 敢昭告于皇皇后帝하노니 有罪를 不敢赦하며 帝臣不蔽하여 簡在帝心이니이다. 朕躬有罪는 無以萬方이요 萬方有罪는 罪在朕躬하니라. <連鎖法・列擧法>

【字解】

牡 수컷 모(무). 簡 가릴 간. 蔽 가릴 폐. 朕 나 짐.

【研究】

履 : 蓋湯名也(아마도 湯王(殷의 개국왕)의 이름인 듯하다).
玄牡 : 희생으로 쓰는 검은 황소. ※ 夏尙黑 未變其禮也.
皇皇 : 大也, 宏大한 모양. 后帝 : 天帝, 上帝.
帝臣 : 당시의 제후 대부들을 天帝의 家臣으로 보아서 한 말.
簡 : 擇也(가려냄이다). 萬方 : 天下 四方의 백성.

◎ 此는 引商書湯誥之辭니 言桀有罪하니 己不敢赦요 而天下賢人은 皆上帝之臣이니 己不敢蔽니 簡在帝心하여 惟帝所命이라. 此는 述其初請命而伐桀之詞也라. 又言君有罪는 非民所致요 民有罪는 實君所爲라 하니 見其厚於責己薄於責人之意라. 此는 其告諸侯之辭也라. <朱子>
이것은 '商書湯誥'의 말을 인용한 것이니, (이는) 桀王이 죄가 있으니 내가 감히 용서해 줄 수 없고, 천하의 현인들은 모두 上帝의 신하이니 내가 감히 가리울 수 없으니, 간택함이 상제의 마음에 달려 있어 오직 상제의 命에 따를 것임을 말씀하신 것이다. 이는 그 처음에 (상제의) 命을 청하여 桀王을 칠 때의 말씀을 서술한 것이다. 또 임금이 죄가 있음은 백성들의 소치가 아니요, 백성들이 죄가 있음은 실로 임금이 한 것이라고 말씀하셨으니, 自身을 책함에 후하고 남을 책함에 박한 뜻을 볼 수 있다. 이것은 제후들에게 고한 말씀이다.

【解說】 (湯王이) 말씀하시기를, 나 小子 履는 감히 검은 황소를 (희생으로) 써서 감히 크나큰 上帝께 아뢰노니, 죄 있는 사람(夏의 末王

인 桀)을 감히 용서하지 못하오며, 上帝의 신하들은 가리우지(묻어두지) 않을 것이오니, 가려내는 것은 天帝의 마음에 달려 있습니다. 내 몸에 죄가 있음은 萬方 때문이 아니요, 萬方에 죄가 있음은 그 죄가 내 몸에 있습니다.

【主題】 湯王告於上帝及諸侯之辭.

※ ┌湯王告於上帝 : 曰 予小子履～簡在帝心
  └湯王告於諸侯 : 朕躬有罪～罪在朕躬

(다)

(武王曰) 周有大賚하신대 善人이 是富하니라. [周書武成篇] (武王曰) 雖有周親이나 不如仁人이요 百姓有過는 在予一人이니라. [周書泰誓之辭] 謹權量하며 審法度하며 修廢官하신대 四方之政이 行焉하니라. 興滅國하며 繼絶世하며 擧逸民하신대 天下之民이 歸心焉하니라. 所重은 民食喪祭러시다. 寬則得衆하고 信則民任焉하고 敏則有功하고 公則說이니라. <列擧法>

【字解】

賚 줄 뢰. 予 나 여, 줄 여. 周 지극할 주, 두루 주.

【研究】

賚 : 予也(줌이다). 周 : 至也(지극함이다).

雖有周親 不如仁人 : 紂至親雖多 不如周家之多仁人.

(紂王은 지친이 비록 많으나 周의 王家에 仁人이 많음만 같지 못하다.)

權量 : 權은 稱錘(저울 추)요 量은 斗斛(두곡)이니 곧 도량형.

法度 : 禮樂制度皆是也(예・악・제도가 모두 이것이다).

興滅繼絶 : 謂封黃帝 堯 舜 夏 商之後

(황제・요・순・하・상의 후손을 책봉했음을 말함).

擧逸民 : 謂釋箕子之囚하고 復商容之位

(기자의 갇힘을 풀고 상용의 지위를 회복시킴을 말함).

◎ 論語之書는 皆聖人微言이어늘 而其徒傳守之하여 以明斯道者也라. 故로 於終篇에 具載堯舜咨命之言과 湯武誓師之意와 與夫施諸政事者하여 以明聖學之所傳者一於是而已니 所以著明二十篇之大旨也라. 孟子於終篇에 亦歷敍堯 舜 湯 文 孔子相承之次하시니 皆此意也니라.

<楊時> 論語의 글(내용)은 모두 聖人의 은미한 말씀이거늘 그 문도들이 그것을 전하고 지켜서 써 斯道(유학의 도)를 밝힌 것이다. 그러므로 마지막 편에 요·순이 불러 명하신 말씀과 탕·무가 군사들에게 맹세한 뜻과 그 정사에 시행한 것들을 자세히(갖추어) 기록하여 聖學의 전하는 바가 이(여기)에 한결같음을 밝혔을 뿐이니, 써 이십 편의 大旨를 드러내어 밝힌 것이다. 孟子도 마지막 편에 또한 요·순·탕·문·공자가 서로 계승한 차례를 일일이 서술했으니, 모두 이런 뜻이니라.

【解說】(武王께서 말씀하시기를) 周나라에 크게 베푸는 일이 있으니, 善人이 이에 富하게 되었느니라. 비록 지극히 가까운 친척이 있으나 어진 사람만 같지 못하며, 백성들이 허물 있음은 (그 책임이) 나 한 사람에게 있다. 도량형을 삼가고, 법도를 살피며, 폐지된 관직을 정비하시니, 四方의 정치가 (거기에서) 행해졌느니라. 멸망한 나라를 일으켜 주고, 끊어진 세대를 이어주며, 숨겨진(빠뜨린) 사람을 등용하시니, 天下의 백성들이 (그리로) 마음을 돌렸다. 소중히 여긴 것은 백성들이 먹는 것과 喪禮와 祭禮였다. 너그러우면 大衆을 얻고, 信義가 있으면 백성들이 (그를) 신임하고, 민첩하면 공적이 있고, 公正하면 (백성들이) 기뻐하느니라.

【主題】周 武王의 王道之事.

[2]

子張이 問於孔子曰 何如라야 斯可以從政矣니잇고. 子曰 尊五美하며 屛四惡이면 斯可以從政矣리라. 子張이 曰 何謂五美니잇고. 子曰 君子惠而不費하며 勞而不怨하며 欲而不貪하며 泰而不驕하며 威而不猛이니라. 子張이 曰 何謂惠而不費니잇고. 子曰 因民之所利而利之니 斯不亦惠而不費乎아. 擇可勞而勞之어니 又誰怨이리오. 欲仁而得仁이어니 又焉貪이리오. 君子無衆寡하며 無小大히 無敢慢하나니 斯不亦泰而不驕乎아. 君子正其衣冠하며 尊其瞻視하여 儼然人望而畏之하나니 斯不亦威而不猛乎아. 子張이 曰 何謂四惡이니잇고. 子曰 不敎而殺을 謂之虐이요 不戒視成을 謂之暴요 慢令致期를 謂之賊이요 猶之與人也로되 出納之吝을 謂之有司니라. <問答法·列擧法·設疑法>

【字解】

屛 물리칠 병.　　儼 근엄할 엄.　　吝 아낄 린.

【硏究】

從政 : 政治에 從事하다.　　五美 : 다섯 가지의 美德.
屛 : 除也(물리침이다).　　四惡 : 네 가지의 惡德.
因 : 由也, 依也.　　衆寡 : 상대의 수의 多少.
小大 : 상대의 지위의 高低.　　有司 : 出納官.
虐 : 謂殘酷不仁(잔혹하여 仁愛롭지 못함을 이름).
暴 : 謂卒遽無漸(갑작스러워 차츰차츰 하지 않음을 이름).
致期 : 刻期也(기일을 각박하게 함이다).
賊 : 切害之意(해친다는 뜻이다).
猶之 : 猶言均之也(均之라는 말과 같음이다).

◎ 告問政者多矣로되 未有如此之備者也라. 故로 記之하여 以繼帝王之治하니 則夫子之爲政을 可知也리라. <尹焞> 정치를 묻는 것에 말씀한 것이 많되 이와 같이 구비된 것은 있지 아니하다. 그러므로 이것을 기록하여 써 제왕의 정치에 이었으니, 그렇다면 夫子의 정치하심을 가히 알겠다.

【解說】 子張이 孔子께 물어 말하기를, 어떻게 하여야 政事에 從事할 수 있습니까? 孔子께서 말씀하시기를, 五美(다섯 가지의 美德)를 높이고, 四惡(네 가지의 惡德)을 물리치면 이에 政治에 從事할 수 있으리라. 子張이 말하기를, 무엇을 五美라 이릅니까? 孔子께서 말씀하시기를, 君子는 은혜롭게 하되 허비하지 않으며, 수고롭게 하되 원망을 받지 않으며, 하고자 하되 탐하지 않으며, 태연하되 교만하지 않으며, 위엄스럽되 사납지 아니함이니라. 子張이 말하기를, 무엇을 은혜롭게 하되 허비하지 않은 것이라 이릅니까? 孔子께서 말씀하시기를, 백성들이 이롭게 여기는 바에 의해서 그들을 이롭게 해주니, 이것이 또한 은혜롭게 하되 허비하지 않는 것이 아니겠는가? 수고롭게 할 만한 일을 가려서 그들을 수고롭게 하니 또 누가 원망하리오. 仁을 하고자(행하고자) 하여서 仁을 얻으니 또 무엇을 탐하리오. 君子는 많거나 적거나 작거나 크거나 관계없이 감히 교만함이 없으니, 이것이 또한 태연하면서도 교만하지 아니함이 아니겠는가? 君子는 그 의관을 바르게 하며, 보는 것을 높이하면 엄숙해서 사람들이 바라보고 그를 두려워하나니, 이것이 또한 위엄스럽되 사납지 아니함이 아니겠는가? 子張이 말하기를, 무엇을 네 가지 惡이라 이릅니까? 孔子께서 말씀하시기를, 가르치지 않고 죽이는 것을 虐(학

정)이라 이르고, (미리) 경계하지 않고 成功을 보이라 함(요구함)을 暴(포악)라 이르고, 명령을 태만히 하면서 기일을 각박하게 함을 賊(해침)이라 이르고, 똑같이 남에게 주되 출납을 인색하게 함을 有司라 이르니라.

【主題】 孔子의 政事에 대한 의론 — 帝王의 治道로서의 尊五美와 屛四惡.

[3]

子曰 不知命이면 無以爲君子也요 不知禮면 無以立也요 不知言이면 無以知人也니라. <列擧法>

【字解】 省 略

【研究】

知命 : 知有命而信之也(命이 있음을 알고 그것(命)을 믿음이다).

◎ 人不知命이면 則見害必避하고 見利必趨하리니 何以爲君子리오. 不知禮면 則耳目無所加요 手足無所措라. 言之得失에 可以知人之邪正이니라. <程子> 사람이 命을 알지 못하면 害를 보면 반드시 피하고 이익을 보면 반드시 따를 것이니, 어찌 써 君子라 하리오. 禮를 알지 못하면 耳目을 加할 곳이 없고 手足을 둘 곳이 없다. 말의 잘잘못에 따라 가히 써 사람의 간사함과 올바름을 알 수 있느니라.

◎ 知斯三者면 則君子之事備矣라. 弟子記此以終篇하니 得無意乎아. <尹焞> 이 세 가지를 안다면 君子의 일이 갖추어진다. 제자들이 이(이 말씀)를 기록하여서 편을 마쳤으니, 어찌(능히) (깊은) 뜻이 없겠는가?

【解說】 孔子께서 말씀하시기를, 命을 알지 못하면 써 君子가 될 수 없으며, 禮를 알지 못하면 써 서지 못하며, 말을 알지 못하면 써 사람을 알 수 없느니라.

【主題】 君子의 修身之事 — 知命·知禮·知言.

※ 知命·知禮·知言이면 自修之事를 갖추었음을 말함.

孔子年譜

B.C. 551	(周靈王21年, 魯哀公22年, 庚戌年) 11月 庚子日(陰21日)에 魯의 昌平鄕 鄹邑에서 誕生.
B.C. 549 3歲	父親 叔梁紇이 別世하다.
B.C. 544 8歲	遊戲를 함에 祭器를 벌여 祭祀지내는 놀이를 하였다.
B.C. 542 10歲	子路가 生하다. 魯襄公이 죽고 아들 昭公 즉위.
B.C. 533 19歲	宋의 亓官氏(기관씨)와 結婚하다.
B.C. 532 20歲	아들 孔鯉가 生하다. 魯의 委吏가 되다.
B.C. 531 21歲	魯의 司職(樴)吏가 되다.
B.C. 528 24歲	母親 顔氏가 別世하다.
B.C. 525 27歲	郯子에게 옛날 官制를 배우다.
B.C. 522 30歲	仲弓·有若이 生하다. 老子에게 禮를 묻다.
B.C. 518 34歲 (魯昭公 24년)	魯의 孟僖子가 臨終時에 그의 두 아들을 공자에게 禮를 배우라고 遺言하다. 萇弘에게 問樂하다.
B.C. 517 35歲	齊에 갔다가 魯에 돌아오다. 벼슬을 하지 않고 敎授를 하니 弟子들이 많이 오다. 魯昭公이 齊로 亡命.
B.C. 514 38歲	顔回가 生하다.
B.C. 507 45歲	子夏가 生하다.
B.C. 506 46歲	子游가 生하다.
B.C. 505 47歲	曾參이 生하다.
B.C. 503 49歲	子張이 生하다.
B.C. 501 51歲	閔子騫이 生하다.
	(B.C. 514–501) 出仕하지 않고 敎學에 專念. 孔子學團이 形成되기 시작함.
B.C. 500 52歲	魯의 大司寇 벼슬을 하다. 魯定公을 도와 齊景公과 夾谷에서 會談하다.
B.C. 498 54歲	三桓氏의 세력을 약화시키려다 실패하고 사임함.
B.C. 497 55歲	魯에서 뜻을 얻지 못하고 衛로 가다. 齊에서 魯에게 女樂을 보내다.
B.C. 496 56歲	衛靈公의 부인 南子를 만나다. 匡땅에서 難을 當하다.
B.C. 495 57歲	魯定公이 죽고 哀公이 즉위하다.

B.C. 493 59歲	衛를 떠나다. 桓魋가 孔子를 죽이려 하다.
B.C. 492 60歲	鄭을 지나 陳으로 가다. 陳閔公이 孔子를 대우하다.
B.C. 489 63歲	陳에서 蔡로 가다가 포위되어 식량이 끊기다.
	蔡에서 葉公을 보고 衛로 돌아오다.
	途中에 隱者를 만나다.
B.C. 488 64歲	衛에 있으면서 正名을 주장하다.
B.C. 487 65歲	夫人 亓官氏가 別世하다.
B.C. 484 68歲	魯人이 幣帛으로 孔子를 부르므로 13년간 방랑을 끝내고 魯로 돌아오다.
	詩, 書, 禮, 樂, 春秋 등을 整理하다.
B.C. 483 69歲	孔鯉와 顔回가 죽다.
B.C. 482 70歲	魯哀公이 政事를 묻다.
B.C. 481 71歲	魯에서 사냥하여 麒麟을 잡다. 春秋를 짓다.
B.C. 480 72歲	衛에서 政變이 일어나 子路가 죽다.
B.C. 479 73歲	魯 哀公 16(壬戌)년 夏四月 己丑((陰11日)에 孔子 卒하시다. 曲阜北 泗水에 埋葬.

孔門 七十子

＊ 七十子 : 孔子의 弟子 가운데 六藝에 通한 72명

番號	姓名	字	番號	姓名	字	番號	姓名	字
1	顔回	子淵	27	有若		53	鄡單	子家
2	閔損	子騫	28	公西赤	子華	54	句井疆	
3	冉耕	伯牛	29	巫馬施	子旗	55	罕父黑	子索
4	冉雍	仲弓	30	梁鱣	叔魚	56	秦商	子丕
5	冉求	子有	31	顔幸	子柳	57	申黨	周
6	仲由	子路	32	冉孺	子魯	58	顔之僕	叔
7	宰予	子我	33	曹卹	子循	59	榮旂	子祈
8	端木賜	子貢	34	伯虔	子析	60	縣成	子祺
9	言偃	子游	35	公孫龍	子石	61	左人郢	行
10	卜商	子夏	36	冉季	子産	62	燕伋	思
11	顓孫師	子張	37	公祖句茲	子之	63	鄭國	子徒
12	曾參	子輿	38	秦祖	子南	64	秦非	子之
13	澹臺滅明	子羽	39	漆雕哆	子斂	65	施之常	子恒
14	宓不齊	子賤	40	顔高	子驕	66	顔噲	子聲
15	原憲	子思	41	漆雕徒父		67	步叔乘	子車
16	公冶長	子長	42	壤駟赤	子徒	68	原亢籍	
17	南宮括	子容	43	商澤		69	樂欬	子聲
18	公晳哀	季次	44	石作蜀	子明	70	廉絜	庸
19	曾蒧	晳	45	任不齊	選	71	叔會	子期
20	顔無繇	路	46	公良孺	子正	72	顔何	子冉
21	南瞿	子木	47	公處	子里	73	狄黑	子晳
22	高柴	子羔	48	秦冉	開	74	邦巽	子斂
23	漆彫開	子開	49	公夏首	乘	75	孔忠	
24	公伯僚	子周	50	奚容蒧	子晳	76	公西輿如	子上
25	司馬耕	子牛	51	公肩定	子中	77	公西箴	子上
26	樊須	子遲	52	顔祖	襄	78		

中國의 歷史

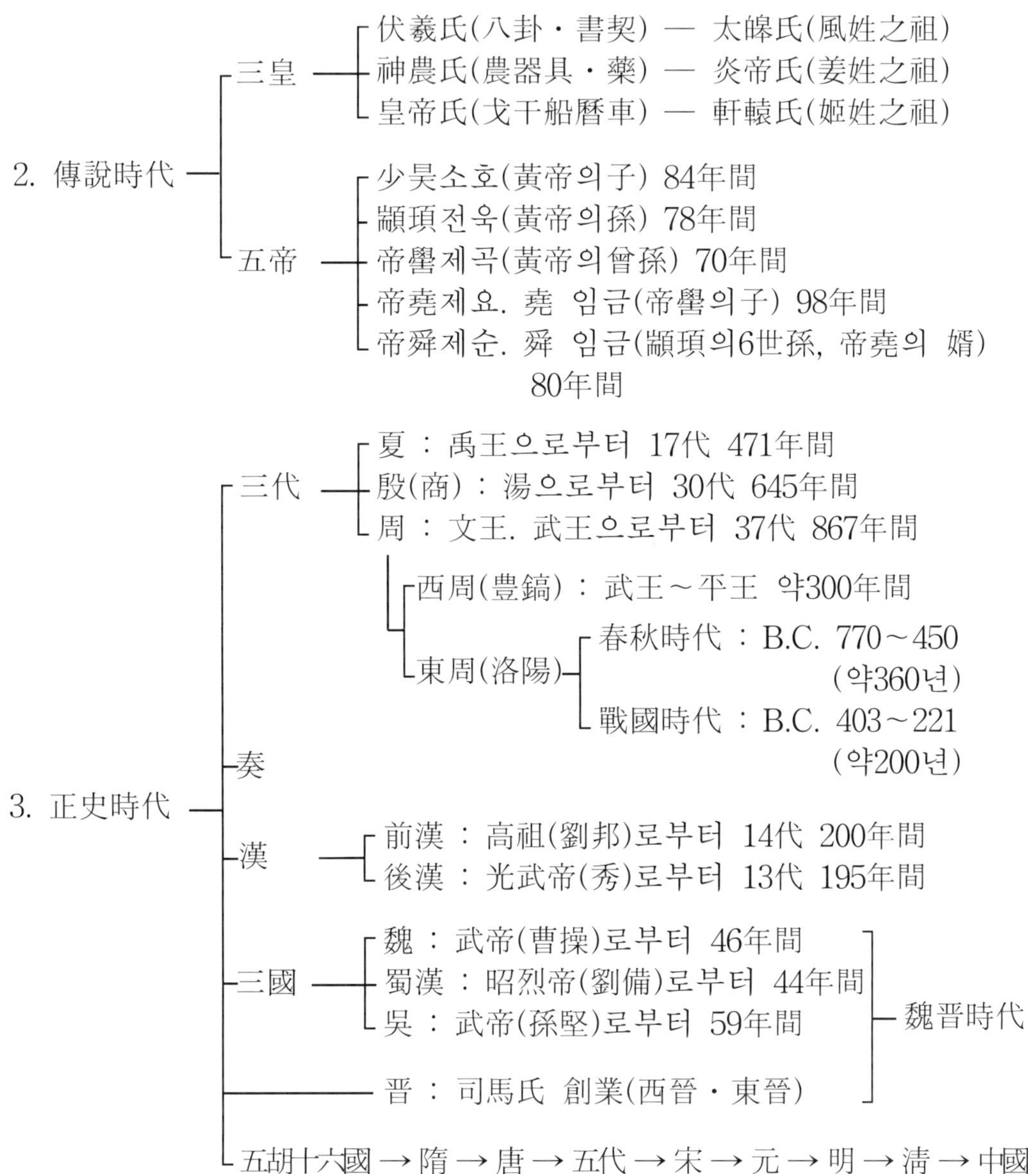

1. 原始時代 — 天皇氏・地皇氏・人皇氏・有巢氏・燧人氏

2. 傳說時代
- 三皇
  - 伏羲氏(八卦・書契) — 太皞氏(風姓之祖)
  - 神農氏(農器具・藥) — 炎帝氏(姜姓之祖)
  - 皇帝氏(戈干船曆車) — 軒轅氏(姬姓之祖)
- 五帝
  - 少昊소호(黃帝의子) 84年間
  - 顓頊전욱(黃帝의孫) 78年間
  - 帝嚳제곡(黃帝의曾孫) 70年間
  - 帝堯제요. 堯 임금(帝嚳의子) 98年間
  - 帝舜제순. 舜 임금(顓頊의6世孫, 帝堯의 婿) 80年間

3. 正史時代
- 三代
  - 夏 : 禹王으로부터 17代 471年間
  - 殷(商) : 湯으로부터 30代 645年間
  - 周 : 文王. 武王으로부터 37代 867年間
    - 西周(豊鎬) : 武王～平王 약300年間
    - 東周(洛陽)
      - 春秋時代 : B.C. 770～450 (약360년)
      - 戰國時代 : B.C. 403～221 (약200년)
- 秦
- 漢
  - 前漢 : 高祖(劉邦)로부터 14代 200年間
  - 後漢 : 光武帝(秀)로부터 13代 195年間
- 三國 (魏晋時代)
  - 魏 : 武帝(曹操)로부터 46年間
  - 蜀漢 : 昭烈帝(劉備)로부터 44年間
  - 吳 : 武帝(孫堅)로부터 59年間
- 晋 : 司馬氏 創業(西晉・東晉) (魏晋時代)
- 五胡十六國 → 隋 → 唐 → 五代 → 宋 → 元 → 明 → 淸 → 中國

春秋時代歷史圖

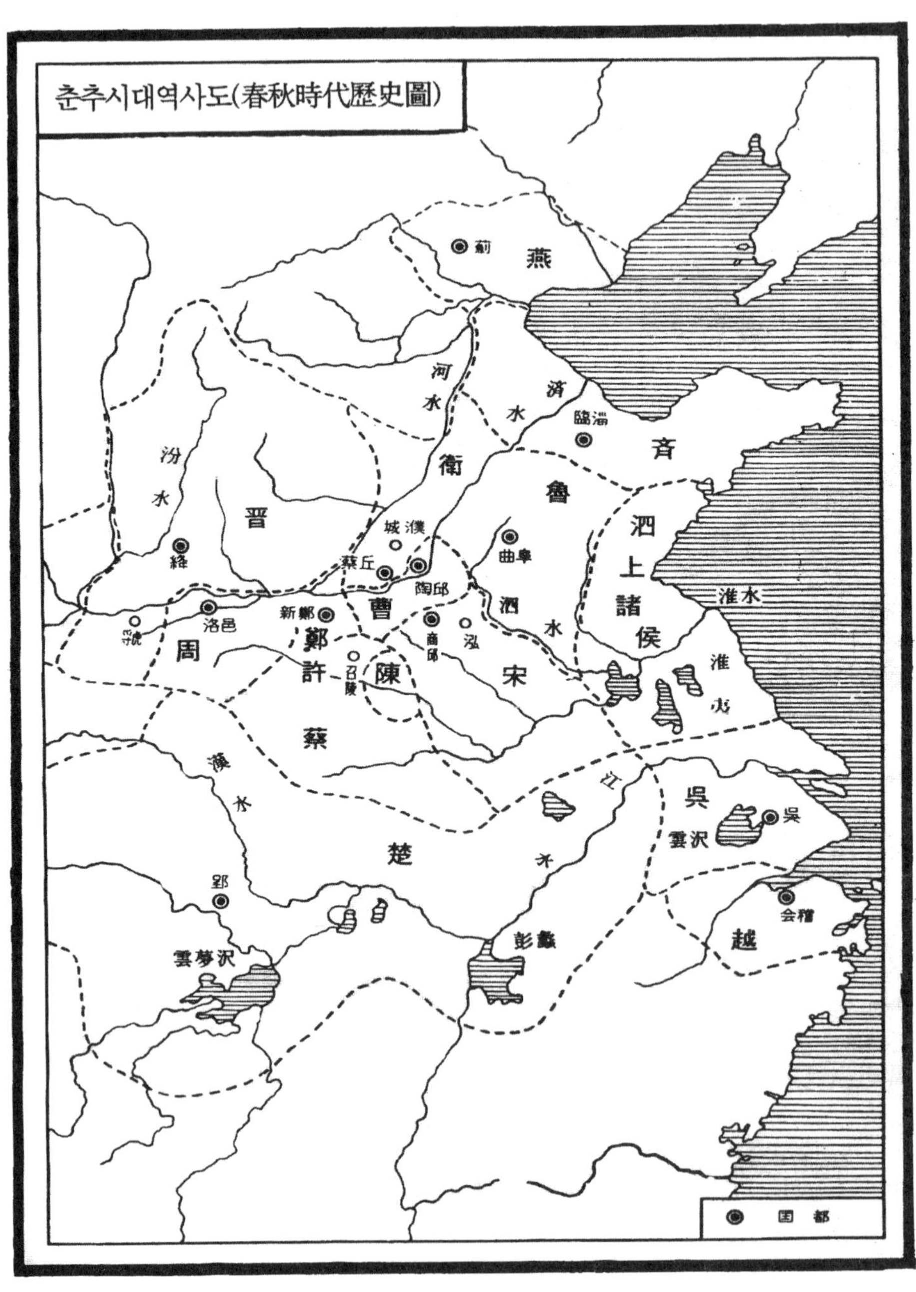
춘추시대역사도(春秋時代歷史圖)
薊
燕
河水
濟水
臨淄
齊
衛
魯
汾水
晉
城濮
曲阜
泗上諸侯
絳
葵丘
陶邱
淮水
洛邑
新鄭
曹
泗水
周
鄭
許
召陵
陳
商邱
泓
宋
淮夷
蔡
漢水
江水
吳
雲沢
楚
郢
会稽
越
彭蠡
雲夢沢
国都

<儒學用語解說>

天 : 理之所從以出者也
天道 : 天理自然之本體也
天命 [天所賦之正理也 / 天道之流行而賦於物者也]
道 [事物當然之理也 / 人倫日用之間所當行者也]
德 [行道而有得於心者也 / 禮之本也, 所得之善也]
仁 [愛之理 心之德也 / 私欲盡去而心德之全也]
義 [天理之所宜也 / 所守之正也 / 心之制 事之宜也]
禮 [天理之節文也 / 人事之儀則也 / 哀慶之準則也]
敬 [恭之主於中者也 / 人之則也]
恭 : 敬之發於外者也, 致敬也
愛 : 仁之施也
忠 : 盡己之謂
信 : 以實之謂, 誠意惻恒而人信之也
性 : 人所受之天理也 [理]
情 : 性之動也 [氣]
(性·情 → 心)

志 : 心之所之也(一貫之心也)
意 : 所圖之心也(可變之心也)
讓 : 禮之實也
利 : 人情之所欲也
文 : 道之見乎外者也
(禮樂文物制度皆是也)
藝 : 禮樂之文與射御書數之法也
孝 : 善事父母也
弟(悌) : 善事兄長也
和 : 從容不迫之意也
溫 : 和厚也
良 : 易直也
儉 : 節制也
恕 : 推己及人也
學 : 效也, 覺也
達 : 通事理也
朋 : 同道之類也
中 : 不偏不倚者也 無過不及者也
庸 : 平常之理也 不易也
淫 : 樂之過而失其正也
傷 : 哀之過而害於和也
依 : 不違之謂
君子 : 才德出衆之名也
聖人 : 神明不測之號也
倫理 : 天理所賦之人間正理也

(蒼巖 鄭在七 蒐集所記)

天理分定表

作成
(鄭在七)

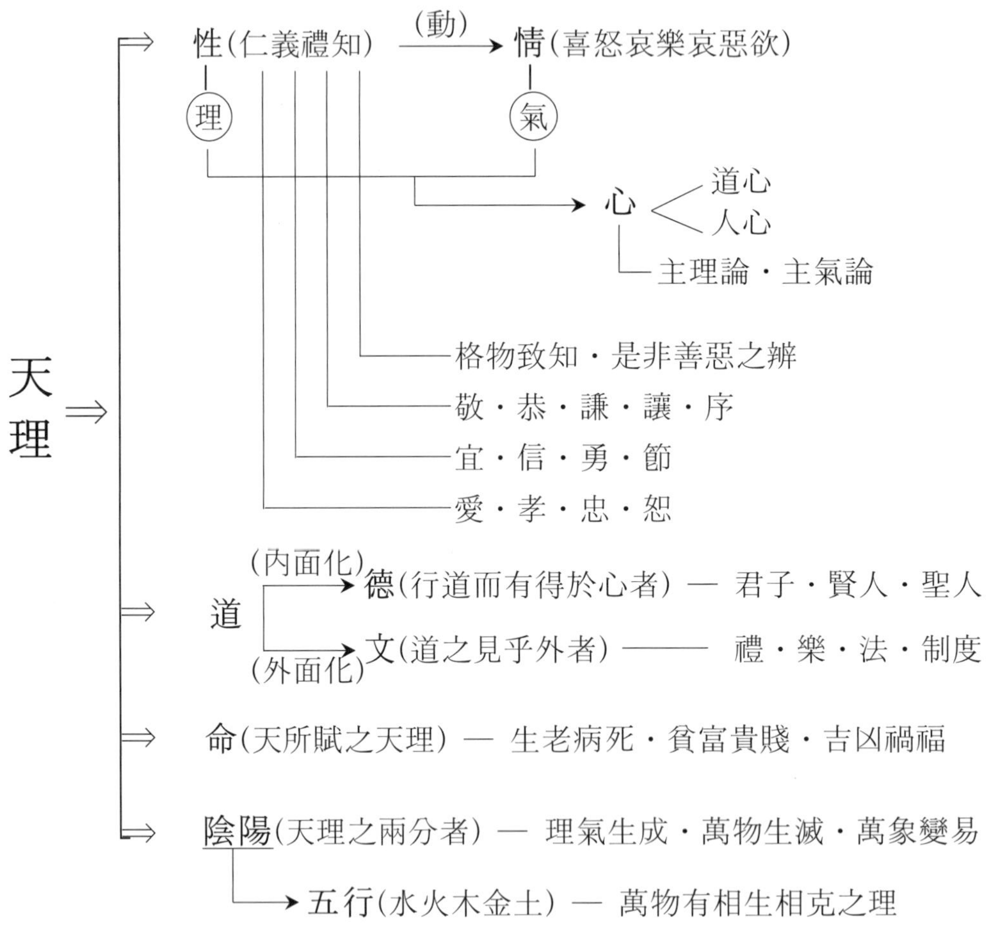

※ 天의 形而下學的概念은 '푸른 虛空'에 不過하다. 그러나 우리 儒家에서 보는 天의 形而上學的概念은 '理之所從以出者' 곧 '理之出處'이다. 따라서 儒學에 있어서의 道學 心學 命理學 陰陽理氣學 等 모든 分野는 그 根本이 '天理'에 바탕한다. 따라서 小生의 愚見에는 根本的으로 儒學은 '天理學'이요, 儒敎는 '天理敎'라 여겨진다.

論語精解

1판 1쇄 인쇄 2018년 9월 5일
1판 1쇄 발행 2018년 9월 10일

편저자 정재칠
편집인 최현문
발행인 이연희
표 지 정현옥
발행처 황금사자
출판신고 2008년 10월 8일 제300-2008-98호
주 소 서울시 종로구 백석동길 276(302호, 부암동)
문의전화 070-7530-8222
팩 스 02-391-8221

ISBN 978-89-97287-12-3 03140
값 20,000원